Designing for Behavior Change

행동의 과학, 디자인의 힘

| 표지 설명 |

표지 그림은 다양한 종으로 이루어진 산호다. 산호는 해양 무척추동물로, 과거에는 광물이나 식물로 여겨졌다. 사실 산호초는 폴립polyp이라고 불리는 수천 개의 작은 부착생물로 구성된다. 폴립은 열대 및 아열대 해역에서 번성한다. 가장 유명한 곳은 호주 연안의 그레이트 배리어 리프Great Barrier Reef다. 이 생태계는 지구에서 가장 오래된 숲에 견줄 만큼 크고 다양한 생물이 서식하는 곳이다. 수온 상승과 해양 산성화로 인해 산호 자체는 물론, 해양 생물과 이에 의존하는 모든 사람의 생존이 위협받고 있다.

오라일리 표지에 있는 동물들은 대부분 멸종위기종이며, 이들은 모두 소중한 존재다. 표지 그림은 『Meyers Kleines Lexicon』에 실린 흑백 판화를 기반으로 캐런 몽고메리Karen Montgomery가 그린 작품이다.

행동의 과학, 디자인의 힘

사용자의 행동을 이끄는 제품과 서비스 디자인

초판 1쇄 발행 2018년 7월 17일
2판 1쇄 발행 2024년 12월 23일

지은이 스티븐 웬델 / **옮긴이** 이미령 / **펴낸이** 전태호
펴낸곳 한빛미디어(주) / **주소** 서울시 서대문구 연희로2길 62 한빛미디어(주) IT출판2부
전화 02-325-5544 / **팩스** 02-336-7124
등록 1999년 6월 24일 제25100-2017-000058호 / **ISBN** 979-11-6921-325-7 13000

총괄 송경석 / **책임편집** 박지영 / **기획·편집** 김지은 / **교정** 홍원규
디자인 표지 박정우 내지 최연희 / **전산편집** 홍원규
영업 김형진, 장경환, 조유미 / **마케팅** 박상용, 한종진, 이행은, 김선아, 고광일, 성화정, 김한솔 / **제작** 박성우, 김정우

이 책에 대한 의견이나 오탈자 및 잘못된 내용은 출판사 홈페이지나 아래 이메일로 알려주십시오.
파본은 구매처에서 교환하실 수 있습니다. 책값은 뒤표지에 표시되어 있습니다.

한빛미디어 홈페이지 www.hanbit.co.kr / **이메일** ask@hanbit.co.kr

© 2024 Hanbit Media Inc.
Authorized Korean translation of the English edition of **Designing for Behavior Change, 2nd Edition** ISBN 9781492056034 © 2020 Stephen Wendel
This translation is to be published and sold by permission of O'Reilly Media, Inc., the owner of all rights to publish and sell the same.

이 책의 저작권은 오라일리와 한빛미디어(주)에 있습니다.
저작권법에 의해 보호를 받는 저작물이므로 무단 전재와 무단 복제를 금합니다.

지금 하지 않으면 할 수 없는 일이 있습니다.
책으로 펴내고 싶은 아이디어나 원고를 메일(writer@hanbit.co.kr)로 보내주세요.
한빛미디어(주)는 여러분의 소중한 경험과 지식을 기다리고 있습니다.

Designing for
Behavior Change

행동의 과학, 디자인의 힘

O'REILLY® 한빛미디어

지은이 소개

지은이 스티븐 웬델 Stephan Wendel

디지털 제품을 통해 개개인이 자신의 재정을 더 효과적으로 관리할 수 있도록 돕는 행동 사회 과학자다. 캘리포니아 대학교 버클리에서 학사 학위를, 존스 홉킨스 대학교 국제관계대학원에서 석사 학위를, 메릴랜드 대학교에서 박사 학위를 취득했다. 메릴랜드 대학교에서는 시간의 흐름에 따른 행동 변화의 역학을 분석했다. 현재 투자 연구 회사 모닝스타 Morningstar에서 행동 과학 책임자로 재직 중이며, 모닝스타에서 행동 과학자와 실무자로 이루어진 팀을 이끌고 있다.

저서로는 응용 행동 과학에 관한 세 권의 책, 『마음을 움직이는 디자인 원리』(위키북스, 2013)[1], 『Improving Employee Benefits』(Longfellow, 2014), 『Spiritual Design』(Northeast, 2019)이 있다. 업무 외적으로는 비영리 단체인 행동 디자인 네트워크 Action Design Network의 창립자 겸 의장직을 맡고 있다.

---

[1] 옮긴이_ 『Designing for Behavior Change』의 초판이다. 이 책의 2판에서는 『행동의 과학, 디자인의 힘』으로 제목을 정했다.

옮긴이 소개

옮긴이 이미령

가치 있는 콘텐츠를 우리말로 공유하려고 자원봉사로 시작한 일이 번역가의 길까지 이어졌다. 모든 일을 재미있게 하는 비결은 아이 같은 호기심을 잃지 않는 데 있다고 믿고 있으며, 사람과 사람, 사람과 컴퓨터 간의 연결 분야에 관심이 많다. 개인 블로그(https://everysingle.page)를 통해 신간 소식, 번역 뒷이야기 등을 전한다.

한빛미디어에서 『사라진 개발자들』(2023), 『복붙 개발자의 벼락 성공기』(2023)를, 길벗에서 『개발자 오늘도 마음 튼튼하게 성장하기』(2023), 『테크 커리어』(2023), 『소프트 스킬』(2022), 『이펙티브 엔지니어』(2022)를, 책만에서 『UX/UI의 10가지 심리학 법칙』(2024) 등을 번역했다.

옮긴이의 말

많은 현대인이 그렇듯이 나도 의자병sitting disease을 앓고 있다. 의자병이란 허리 디스크, 목 디스크, 거북목 증후군, 혈액 순환 장애 등 장시간 앉아 있는 습관이 유발하는 다양한 질환을 일컫는다. 평소보다 좀 더 집중해서 일한 날이면 저녁에는 으레 몸 여기저기가 불편해서 체형 가꾸기 같은 호사스러운 목적이 아니라 오로지 '살기 위해' 운동한 지 벌써 여러 해가 지났다. 이런 신조어가 생기고 '오래 앉아 있는 습관은 흡연만큼이나 해롭다sitting is the new smoking'라는 경구가 널리 알려진 것은 그 위험성을 누구나 알지만 바로잡기 쉽지 않기 때문일 것이다. 나도 여러 해에 걸쳐 새해 계획 중 하나로 컴퓨터 앞에 오래 앉아 있는 이 해로운 습관을 고치겠다고 다짐했지만 의지대로 되지 않았다. 눈앞의 일에 골몰하다 보면 이런 다짐은 쉽게 잊혔다.

그러던 중 애플워치를 착용한 이후부터 상황이 조금 달라졌다. 애플워치는 내가 한 시간 이상 앉아 있으면 알림을 보냈고 작업에 몰두하다가도 억지로라도 일어나 스트레칭을 할 수 있게 했다. 이 단순한 알림 덕에 '일어나기' 하루 목표를 쉽게 채울 수 있었고, 덕분에 고질적인 통증도 크게 줄었다. 그런데 나약한 의지를 딛고 내 행동을 변화시킨 이런 힘은 어디에서 온 것일까? 이 책을 만나기 전까지는 그 답을 알기는커녕 궁금해한 적도 없었다. 하지만 이 책은 바로 이런 질문에 해답을 제시했다.

행동 변화가 단순히 결심과 의지로 이루어진다면 세상에 목표를 이루지 못할 사람이 별로 없을 것이다. 그러나 반복적인 목표 달성 실패의 경험이나 실천하지 못한 계획을 돌이켜보면 사람은 의외로 자신의 의지와 상관없이 행동하는 경우가 많다. 이 책은 바로 이런 행동의 메커니즘을 파헤쳐서 행동 변화를 끌어내는 제품 디자인에 관여하는 사람들, 즉 '좋은 제품'을 만들어도 왜 사용자가 꾸준히 사용하지 않는지 궁금해하는 실무자들에게 실질적인 지침을 제공한다. 동시에 이 책은 현대를 살아가는 모두에게도 유용하다. 오늘날 우리는 우리의 행동을 이끌거나 변화시키려는 수많은 제품에 둘러싸여 산다. 이 책에서 소개하는 행동 과학 기반의 다양한 디자인 전략을 이해하면 누구나 자신에게 꼭 필요한 개입은 적극적으로 받아들이고 불필요한 개입은 효과적으로 거리를 두는 안목을 기를 수 있을 것이다.

이 책이 특히 훌륭하다고 느낀 이유는 초판에서 소개한 방법론을 저자가 실무에서 꾸준히 활용하고 발전시켜 2판에서는 더욱 발전된 버전으로 업데이트하여 소개한다는 점이다. 초판에서 제시한 방법론을 실험적으로 도입하는 데 그치지 않고 다양한 연구와 실무 경험을 반영하여 현실적이고 실질적인 개선을 이루어냈기에 가능한 결과일 것이다. 이러한 점에서 2판은 단순한 재출간을 넘어 실질적 진보를 담고 있어 그 가치가 더욱 깊다.

또한 눈에 띄는 또 다른 장점은 디자인 원칙과 방법론에 대해 구체적인 연구를 근거로 제시한다는 점이다. 단순한 이론적 주장에 그치지 않고, 저자는 이를 뒷받침하는 연구 데이터를 꼼꼼히 제시해 독자가 구체적인 근거를 직접 확인할 수 있게 했다. 이에 따라 독자는 '행동 변화를 위한 디자인'에 필요한 근거를 직접 확인하며 더욱 확신을 가지고 실무에 적용할 수 있다.

게다가 이 책은 행동 과학을 활용한 디자인 방법론을 설명하는 데 그치지 않고, 그 기초가 되는 인간 마음의 작동 방식을 다각도로 다루고 있어 더욱 흥미롭다. 덕분에 행동 변화 설계를 직접 다루지 않는 일반 독자도 사람의 행동과 의사결정 과정을 깊이 있게 이해할 수 있다. 번역자인 나 역시 실무자가 아닌 일반 독자의 입장에서 이 책을 읽으며 인간의 행동과 마음에 대한 통찰 덕분에 끝까지 흥미롭게 빠져들 수 있었다.

번역하다 보면 어느 책에서나 마음에 남는 구절을 만난다. 이 책에서는 '변화를 일으킨다는 것은 행동에 변화를 일으키는 것이다'라는 한 문장이 유독 마음에 남았다. 단순하지만 여러 해 동안 행동 변화를 고민한 저자의 통찰이 담긴 한 줄이기에 기억에 남았으리라. 행동 변화를 위한 디자인을 다루는 책인 만큼 독자 여러분도 이 책의 통찰을 마음에 새기는 데 그치지 않고 실제 행동으로 옮겨 행동 변화를 끌어낼 제품과 서비스를 만들어나가기를 기대한다.

이미령

> **이 책에 대하여**

8년 전 이 책의 초판을 쓰기 시작할 무렵 '행동 경제학'이라고 하면 몇몇 저명한 연구자, 경영대학원, 심리학과에 흩어져 있는 박사 과정 학생들, 그리고 사람들이 저지르는 실수에 관한 유머러스한 책 몇 권이 전부였다. 학문적 이론과 실제 사람들의 삶에 도움이 되는 실제 제품 사이의 간극을 메우려 노력하는 회사는 거의 없었다. 관련 교육을 정식으로 받은 사람은 고사하고 이런 연구의 존재를 아는 사람이 있는 회사조차 찾기 어려웠다. 사용자 행동을 변화시키기 위해 제품을 의도적으로 디자인한다는 생각을 이상하게 여기거나 심지어 우려하는 사람도 많았다. 영국 정부의 넛지 유닛Nudge Unit, B. J. 포그B. J. Fogg의 설득 기술 연구소Persuasive Technology Lab, 행동 컨설팅 회사 아이디어스42ideas42 같은 혁신적인 사례도 일부 존재하지만 이들의 존재는 해당 커뮤니티 외부로는 잘 알려지지 않았다.

그러나 이제는 모든 게 바뀌었다. 최근 우리는 행동 과학의 실용적인 응용을 돕는 데 전념하는 비영리 단체인 행동 디자인 네트워크Action Design Network, 행동 과학 정책 협회Behavioral Science Policy Association와 협력하여 '응용 행동 과학'의 지형을 조사했다. 두 단체 모두 8년 전에는 존재하지 않았다. 우리는 1,500명 이상의 구성원으로 이루어진 행동 과학 팀을 대표하는 200개 이상의 팀으로부터 응답을 받았고 이제 이 외에도 더 많은 팀이 존재한다는 것을 안다.

현재는 행동 과학을 적용하여 카타르부터 워싱턴주 스포캔까지 전 세계 사용자에게 서비스를 제공하는 새로운 제품, 커뮤니케이션, 정책을 개발하는 전담 팀이 존재한다. 구글, 우버 같은 실리콘 밸리 기업은 이런 경향을 잘 보여주고 있으며 월마트, 애트나Aetna[1]처럼 오랫동안 주요 산업에서 중심 역할을 해온 기업을 비롯해 미국, 유럽을 비롯한 기타 지역에 흩어져 있는 수십 개의 소규모 컨설팅 업체도 이런 시류를 따르고 있다.

---

[1] 옮긴이_ 미국의 의료 보험 회사다.

그런 그룹은 어떤 일을 할까? 각 팀이 하는 활동은 모두 고유하지만 이런 그룹은 각기 사용자가 자신의 인생에서 새로운 행동을 하게 하는 제품이나 커뮤니케이션, 정책을 개발하려고 노력한다. 다시 말해 이들은 **행동 변화를 위해 디자인한다**. 전통적인 디자인이 근본적으로 사용자의 필요를 해결한다면 행동 디자인은 사용자의 필요를 해결하되 그 과정에서 어느 정도 '사용자가 변화'하는 과정, 즉 문제를 해결하기 위해 사람을 변화시키는 과정도 수반한다.

그리고 바로 이 지점에서 이 책이 탄생했다. 이 책은 여러분이 직접 행동을 디자인할 수 있도록, 그 방법을 알려주는 가이드북이다. 이 책에는 사용자가 직면하는 행동 문제를 식별하고, 똑똑한 해결책을 개발하여 사용자가 그런 장애물을 극복하도록 돕고, 그 과정에서 반복적으로 배우고, 이러한 작업을 하는 팀을 만들어서 조직 내에서 성공적으로 운영하는 방법을 담고 있다. 그리고 더 깊이 들어가 이 작업을 윤리적이고 사려 깊은 방식으로 생각하는 방법, 일부 실무자가 직면하고 있고 우리 분야 전체를 위협하는 심각한 실수와 오용을 피하는 방법도 다룬다.

그 과정에서 나 같은 행동주의자 다수가 지닌 정신, 즉 사용자의 결정과 행동을 인도하는, 기발하고 우아하지만 필연적으로 불완전한 의사결정 과정을 근본적으로 이해하도록 알려주겠다. 그러므로 이 책을 통해 '행동 과학 이론'에 대한 연구 문헌의 핵심 내용을 이해하고 관련 프레임워크도 배울 수 있지만 근본적으로 이 책은 행동 과학 이론에 관한 책은 아니다. (나는 여전히 노벨상 수상자인 대니얼 카너먼의 『생각에 관한 생각』(김영사, 2018)이 시중에 출간된 행동 과학에 관한 입문서 중 가장 훌륭한 책이라고 생각한다. 이 책을 읽어보길 강력히 추천한다.) 그 대신 우리는 행동에 집중할 것이다. 즉, 여러분이 지금 당장 업무에서 무엇을 할 수 있는지를 중점적으로 살펴본다.

> 이 책에 대하여

이 책의 탄생 배경

2019년 오라일리 출판사는 나에게 이 책의 2판을 써줄 수 있는지 물었다. 초판 출간 이후에 이 분야가 엄청나게 성장한 것을 고려해서 이 책을 업데이트해 줄 수 있겠냐는 것이었다. 그런 기회가 주어져서 기뻤다. 행동 과학 분야의 성장을 기념하고 앞으로의 발전에 나도 조금이나마 기여할 수 있으면 좋겠다고 생각했다.

이 책에서 논하는 아이디어나 프로세스는 11년 이상 이 분야에 몸담아 온 나의 개인적인 경험에서 왔다. 처음에는 금융 회사 헬로월릿^{HelloWallet}에서 근무했고, 투자 연구 회사 모닝스타^{Morningstar}를 거치며 행동 과학을 실무에 적용해왔다. 이 책의 내용은 이 분야의 다른 실무자들과 수없이 많은 대화를 나누며 풍부해졌다. 여기에는 관련 팀에서 현재 일하고 있는 분들과 이 분야에 입문하려는 지망생이 모두 포함된다. 2013년 내가 출범을 도왔던 비영리 단체, '행동 디자인 네트워크'에 특히 감사한다. 이 단체는 이제 북미 전역에서 응용 행동 과학 행사를 개최할 정도로 성장했으며, 이는 내가 처음 꿈꾸거나 의도했던 것을 훨씬 뛰어넘는 성과다. 이 책에는 앞서 언급한 설문조사를 통해 얻은 교훈들도 담아낼 예정이다. 이는 아마도 지금껏 행동 변화를 위해 디자인하는 팀을 대상으로 진행한 설문조사 중 가장 크고 포괄적인 설문조사일 것이다(하지만 이 분야가 얼마나 빠르게 성장하고 있는지를 고려할 때 이 타이틀을 오래 지속하긴 어려울 것이다!).

개인적으로 응용 행동 과학을 활용하기 시작한 건 박사 학위를 마치고 헬로월릿에서 일하면서부터였다. 헬로월릿은 대부분의 스타트업처럼 열정과 비전은 충만했지만 근본적으로 잘못된 방식으로 문제에 접근했다. 우리는 일반적인 미국인들의 재정 상태를 개선하도록 돕고 싶었고, 이들이 예산을 정하고 미래를 위해 저축하도록 장려할 애플리케이션을 만들었다. 그러나 거기에는 한 가지 사소한 문제가 있었으니 그렇게 할 방법을 누구나 이미 알고 있다는 점이었다. 사람들이 직면한 문제는 이해 부족에서 오는 게 아니었다. 이해한 바를 행동으로 옮기지 않는 게 문제였다. 사람들의 의도와 행동 사이에는 엄청난 간극이 존재했다.

다행히도 우리에게는 훌륭한 (하지만 잘못된) 아이디어뿐 아니라 목표를 향해 성공적으로 나아가고 있는지 측정할 능력도 있었다. 우리는 사람들이 우리 앱을 사용하는지 살펴봤다. 사용하지 않았다. 우리가 만든 앱이 얼마 안 되는 앱 사용자의 재정 상태를 개선하는 데 도움을 주고 있는지도 살펴봤다. 도움이 되지 않았다. 이렇듯 실패를 통해 어렵게 얻은 교훈에 감사한다. 뭔가 제대로 작동하지 않을 때는 그렇다는 사실을 조기에 알아차리고 그로부터 교훈을 얻어서 개선하는 것이 낫기 때문이다. 그리고 이는 이 책 전체에서 반복적으로 등장하는 주제가 될 것이다.

헬로월릿에서는 행동 실험을 위한 엔진을 제작했다. 애플리케이션의 바탕이 되는 플랫폼에 과학적 실험을 구축한 것이다. 당시 모토는 '논쟁보다 테스트가 더 쉽도록' 만드는 것이었다. 기능의 어떤 버전이 소비 행동을 더 효과적으로 변화시킬지 제품 관리자와 디자이너의 의견이 엇갈릴 때가 있었다. 이럴 때 어떤 버전이 **옳을지 모른다**고 논쟁하기보다는 두 가지 방법을 실제로 테스트해보는 것이 더 나았다. 그리고 테스트를 쉽게 실행하게 만들고 추구하는 효과를 얻는다는 두 가지 측면에서 전반적으로 성공을 거두었다.

우리는 사람들의 은행 이용 습관을 변화시켜 ATM 수수료를 비롯한 기타 은행 수수료로 인해 손실되는 비용을 25% 줄일 수 있다는 걸 발견했다. 매월 저소득층 가정의 하루치 임금을 절약하는 셈이었다. 우리는 사람들에게 저축용 자금을 따로 떼어두도록 성공적으로 유도할 수 있다는 것을 알아냈다. 비슷한 나이의 다른 사람들과 비교하여 본인의 재정 상태가 어떤지 간단하고 이해하기 쉽게 보여주었다. 재정 계획을 성공적으로 세운 것을 축하하는 일부 기능이 오히려 사람들의 소비를 증가시키는 역효과를 낸다는 사실도 발견했다. 그래서 그 기능을

이 책에 대하여

신속하게 중단했다. 여러 면에서 볼 때 이 책의 초판(『마음을 움직이는 디자인 원리』(위키북스, 2018))은 우리가 배운 바를 실시간으로 기록한 책이었다. 이 책은 우리가 실제 사용 중이던 프로세스를 상세하게 설명했다. 사실 이 책은 동료들을 위해 쓴 응용 행동 과학에 관한 내부 가이드북에서 유래했다.

그 이후로 사람들의 행동 변화에 도움이 되는 제품을 디자인하는 어려운 과제를 통해 훨씬 더 많은 경험을 얻었다. 하지만 기본적인 접근 방식이 타당하다는 것도 확인했다. 이 책의 초판을 통해 제시한 4단계 프로세스는 지금도 사용한다. 다만 각 단계는 다른 이름으로 부르고 있다. 프로세스의 주변부를 다듬어서 더 효율적이고 유연하게 만들었는데도 업무에는 엄청나게 유용하게 작용한다. 초판 이후에 다른 많은 팀이 이와 유사한 반복적인 접근 방식을 독립적으로 개발했다는 것도 알게 되었다.

2015년 모닝스타로 이직했고(헬로월릿의 일부 동료들과 함께했다) 더 큰 행동 과학 팀을 만들 기회를 얻었다. 우리는 효과적인 투자부터 퇴직연금 저축, 소비 습관, 기업 내부 의사결정과 관련된 어려운 과제까지 다양한 문제에 대해 회사 전반에 걸쳐 일하고 있다. 그리고 사내 팀이나 학계의 주요 행동 과학자들과 응용 연구를 수행한다.

이번 2판은 모닝스타에서의 최근 작업, 우리 분야의 다른 조직과 함께했던 공식, 비공식 컨설팅, 특히 행동 디자인 네트워크를 통한 작업을 바탕으로 작성했다. 행동 디자인 네트워크는 워싱턴 D.C.에서 열렸던 초창기 월례 모임에서 시작해 북미 15개 도시에 걸쳐 행사를 조직하는 광범위한 자원봉사자 기반으로 성장했다. 이를 통해 다른 많은 팀이 직면하는 어려운 과제, 이들이 사용한 접근 방법과 해결책을 배울 수 있었다.

이번 2판에서는 다양한 통찰을 종합하여 업계 실무자를 위한 일관성 있는 가이드북을 만들고자 했다. 이를 통해 여러분이 이 분야 최고의 지식을 익혀서 사용자들이 자신의 행동을 변화시키는 과정을 더 효과적으로 돕는 제품을 디자인할 수 있기를 바란다.

대상 독자

이 책은 특정 행동 목표를 달성하기 위해 제품이나 커뮤니케이션을 설계하고 구축하는 실무자를 대상으로 한다. 행동 변화를 목표로 디자인하는 팀은 보통 다음과 같은 역할들로 구성되며, 이 책은 그 역할을 맡은 이들이 업무를 효과적으로 수행할 수 있도록 실질적인 지침을 제공한다.

- 인터랙션 디자이너, 정보 아키텍트, UX 리서처, 휴먼 팩터 전문가, HCI 실무자를 비롯한 UX 담당자
- 프로덕트 매니저, 프로덕트 오너, 프로젝트 매니저
- 마케터와 커뮤니케이션 전문가
- 최신 연구를 적용한 제품과 커뮤니케이션에 관심이 있는 행동 과학자(행동 경제학자, 심리학자, 판단과 의사결정 전문가 포함)

행동 변화를 위한 디자인 업무를 하는 사람은 이들 중 누구든 될 수 있다. 모닝스타에는 이런 역할이 각각 존재하지만 우리 팀 대부분은 행동 연구자로 구성된다. 이 업무는 UX 담당자들이 훌륭하게 해낼 수 있고, 실제 자주 담당한다. 이들은 제품의 룩 앤 필look and feel을 가장 밀접하게 다루며 제품의 성공이 바로 이들의 손에 달려 있다. 이 접근법은 디자인 가설과 테스트에 추가적인 이론적 층위layer를 더하여 현재 디자인 관행을 풍부하게 해준다.

이 책에 대하여

프로덕트 오너와 프로덕트 매니저도 행동 변화를 위한 디자인 기술을 매끄럽게 통합하여 제품을 효과적으로 만들 수 있는 적절한 위치에 있다. 마지막으로 아이디어스42나 고급통찰센터Center for Advanced Hindsight 같은 조직의 응용 제품 개발 및 컨설팅 분야의 업무를 담당하는 (나 같은) 행동 과학자도 있다. 따라서 행동 변화를 위한 디자인을 하는 사람들은 아마 여러 가지 다양한 역할도 맡을 것이다.

게다가 이 책은 기업가나 관리자를 위한 책이다. 『넛지: 파이널 에디션』(리더스북, 2022), 『블링크』(김영사, 2020), 『상식 밖의 경제학 10주년 기념판』(청림출판, 2018)[2]을 읽었고 이를 자신의 제품과 사용자에게 어떻게 적용할지 궁금한 사람이라면 이 책을 계속 읽어보길 바란다. 이 책이 사용자가 자신의 삶에서 행동을 취하도록 돕는 책이긴 하지만, 그렇다고 해서 행동 변화를 위한 디자인이 영리 목적의 비즈니스 모델에 도움이 되지 않는다는 뜻은 아니기 때문이다. 기업은 이윤을 낸다. 그것이 기업이 존재하는 방식이다. 따라서 여러분은 이 책에서 자발적인 행동 변화를 기반으로 성공적인 비즈니스 모델을 구축할 방법을 찾을 수 있을 것이다. 만약, 이윤을 내는 동시에 사용자가 행동을 취하고 변화하도록 돕고 싶다면 이 책에서 도움을 받을 수 있을 것이다.

비영리 단체와 일부 정부 기관은 사용자가 자신의 행동을 변화하도록 돕는 데 명시적으로 초점을 맞추는 경우가 많다. 이런 경우에도 이 책이 도움이 될 수 있다. 예를 들어, 영국의 행동통찰 팀Behavioural Insight Team (BIT)[3]은 행동 연구를 전 세계 공공 정책과 서비스에 널리 적용하고 있다. 관련이 있는 경우 NGO(비정부기구)나 정부 기관에 특히 중요한 부분은 언급하겠다. 이 책에서는 글을 더 간결하게 유지하기 위해 '회사(기업)'라는 용어를 주로 사용하겠지만 거의 모든 경우 이는 회사, 조직, 정부 기관을 아우르는 의미로 사용한다.

---

2 Thaler and Sunstein(2008), Gladwell(2005), Ariely(2008).
3 https://www.bi.team

마지막으로 내 전문 분야는 소프트웨어 개발이므로 애플리케이션, 소프트웨어, 프로그램처럼 일상생활에서 사용하는 용어를 사용할 것이다. 그러나 이 책의 내용은 소프트웨어 개발 분야에 있는 사람에게만 관련 있는 게 아니다. 사실 이 책의 영감이 된 분야 중 하나는 설득력 있는 디자인이다. 그중에서도 가장 혁신적인 작업 중 일부는 일상적인 사물을 디자인하는 데 있다.[4] 이 책의 내용을 소프트웨어 분야를 비롯한 어떤 분야에서든 자신의 작업에 적용할 여러분과 대화를 나누고 의견을 공유하고 싶다! steve@behavioraltechnology.co로 메일을 보내면 나와 의견을 나눌 수 있다.

연구, 데이터, 제품 관련 전문 지식의 결합

이 책에 반복적으로 등장하는 주제 중 하나는 마음이 어떻게 작동하는지를 이해하는 것만으로는 효과적으로 행동을 변화시키는 제품을 만들기에 충분하지 않다는 것이다.

이런 제품을 만들려면 행동 과학 연구 외에도 두 가지 기술이 있어야 한다.

첫째, 정성적, 정량적으로 데이터를 분석하고 그 데이터를 바탕으로 제품을 개선하고 반복 개발할 계획을 세워야 한다. 즉, 애플리케이션에 지표를 추가하고 유저 리서치를 통해 각 행동을 이해한 후에 데이터를 분석하고 이러한 데이터를 바탕으로 지속적으로 제품을 개선해 나가야 한다.

둘째, 사람들이 실제로 즐겨 사용하는 제품을 만들어야 한다. 당연한 말로 들린다는 건 나도 안다. 하지만 교육하고 동기를 부여하는 등의 방식으로 사용자를 돕도록 설계된 제품을 만

---

[4] 댄 록턴(Dan Lockton)은 의도적인 행동 변화가 적용된 다양한 영역을 광범위하게 검토하는 일련의 논문을 냈다. https://danlockton.com/publications을 참고하기 바란다.

들 때 우리는 이런 부분을 종종 간과한다. 행동 변화에, 그리고 행동 변화가 얼마나 중요한지에 초점을 맞추느라 우선 그 제품이 사용자의 선택을 받아야 한다는 사실을 놓치는 경향이 있다. 지루하고 답답하고 보기 싫은 애플리케이션은 사람들에게 선택받지 못하므로 좋은 제품 디자인의 교훈을 마음에 새기고, 사용자의 요구와 불만을 파악하고, 직관적이고 아름다운 사용자 인터페이스를 설계해야 한다.

행동 연구, 제품 디자인, 마케팅 전문 지식, 데이터 분석 등의 원재료를 한데 모았다면 행동 변화를 위한 디자인에 필요한 것을 갖춘 셈이다.

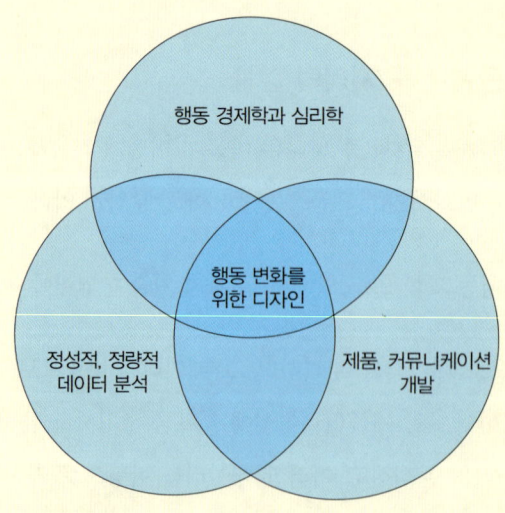

이 책에서 유용한 지식을 얻기 위해 알아야 할 것

이 책은 이 세 가지 영역에 대한 충분한 지식을 제공하여 방향을 잡고 구체적인 제품과 커뮤니케이션에 대한 작업을 시작할 수 있도록 돕는다. 이 책이 제품을 완성하는 데 필요한 대부분의 행동 연구를 다루긴 하지만 작업이 어느 정도 진행된 시점에는 정성적 또는 정량적 데이터나 제품 디자인에 대한 전문가도 필요하다. 17장에서는 행동 변화를 위해 디자인하는 팀에 필요한 기술을 살펴보고 이런 기술을 찾거나 개발할 수 있는 방법도 제시한다.

여러분이 이런 분야의 전문가라면 오히려 더 좋다. 이 책은 행동 변화를 위한 디자인이 어떻게 여러분의 기존 전문 지식을 기반으로 만들어지는지, 그리고 어떻게 이를 보완하는지 보여줄 것이다. 여러분은 효과적으로 행동을 변화시키는 제품과 커뮤니케이션의 개발에 있어 자신의 기존 기술을 활용하여 조직 내에서 주도적인 역할을 하는 방법을 알게 될 것이다.

이런 기법으로 도울 수 있는 행동 유형

이 책이 소개하는 기법은 사람들이 열망하지만 실행하는 데 어려움을 겪는 행동을 제품이 지원한다고 가정하고 선별했다. 언어 배우기, 다이어트하기, 새로운 사람 만나기 같은 행동 말이다. 적용되는 제품의 범위가 너무 좁은 것처럼 보일지 모르지만 이런 기준에 맞는 행동은 크게 두 그룹으로 나뉜다.

- 사용자들이 **일상생활**에서 바꾸고 싶어 하는 행동
- 제품을 효과적으로 사용하는 데 필요한 **제품 내** 행동

제품을 만드는 회사의 관점에서는 크게 다음 두 그룹으로 나눌 수 있다.

- 제품이 사용자에게 제공하는 핵심 가치
- 사용자가 제품이 제공하는 가치를 누리기 위해 필요한 행동

> **이 책에 대하여**

첫 번째 경우, 사용자는 일상생활에서 행동 문제를 겪고 있고 이를 해결하기 위해 제품을 구매한다. 두 번째 경우, 사용자는 다른 요구를 충족시키기 위해 제품을 구매하지만 제품이 기대한 결과를 제공하려면 사용자가 적응해서 자신의 행동을 변화해야 한다.

첫 번째에 포함되는 항목은 이러하다.

- 당뇨병 관리
- 신용카드 대금 상환
- 체중 조절
- 지역 사회 활동 참여

이런 행동은 종종 건강이나 웰빙 같은 더 큰 사회적 문제와 관련이 있다. 이런 행동을 지원하는 제품을 디자인한다면 개인에게 도움이 될 뿐 아니라 사회에도 영향을 미친다. 예를 들어 오라클Oracle의 유틸리티Utilities, 오파워Opower나 구글의 네스트Nest 같은 제품은 개인이 에너지 사용을 줄이도록 도와줌으로써 개인의 비용을 절약해주는 동시에 환경에도 도움이 된다. 이런 방식으로 행동을 변화시키는 다른 제품으로는 핏빗Fitbit(운동)과 웨이트 워처스Weight Watchers(다이어트)가 있다.

출간을 앞두고 최종 원고를 보낼 무렵 코로나19가 전 세계로 퍼지고 있었다. 우리는 헬스케어 커뮤니티의 빠른 대응을 목격했다. 사회적 거리두기와 손 씻기를 장려하기 위해 행동 과학자들이 한 일도 여기에 포함된다.[5] 사람들을 안전하게 지키는 기법을 테스트하려는 목적으로 결과를 빠르게 낼 수 있는 대규모 연구에 착수한 연구자들은 커뮤니케이션과 제품의 디자

---

5 예를 들어 아일랜드 정부의 권장사항(https://oreil.ly/PPEYJ)을 참고하라.

인에 행동 과학을 적용했다.[6] 이는 행동 과학의 힘을 인상적으로 보여주는 사례다. 행동 과학은 사람들이 개인과 사회 전체에 최선의 이익이 되는 행동을 하도록 도왔다.[7]

두 번째 유형의 행동 변화는 더 일상적인 사례에 해당한다. 사람들은 종종 목표를 이루기 위한 방법으로 행동 변화를 추구한다. 사용자가 새로운 언어를 배우고 싶어서 여기에 도움이 되는 소프트웨어 패키지를 다운로드했다고 가정해보자. 소프트웨어를 효과적으로 사용하는 방법을 배우는 것만으로도 사용자는 **제품 내** 행동에 상당한 변화를 경험할 수 있다. 매일 로그인하고 언어를 연습하는 새로운 습관을 형성하고 그 과정에서 서툴러 보이는 것에 대한 두려움을 극복해야 하기 때문이다. 사용자는 어떤 행동(새로운 언어 배우기)을 하고 싶지만 어려움을 겪는다. 잘 설계된 제품은 사용자가 이러한 변화를 쉽게 이루도록 도와줄 수 있다.

두 번째 유형의 행동 변화를 요구하는 제품은 첫 번째 유형보다 훨씬 더 광범위하다. 이 유형에는 사용자가 사용하기로 한 제품에서 혜택을 얻기 위해 자발적으로 행동을 변화시키는 사례가 포함된다. 옐프Yelp, 스퀘어Square, 로제타스톤Rosetta Stone에 이르기까지 소비자 제품 분야의 막대한 영역을 망라한다. 소프트웨어 제품 내에 사람들이 개선하려고 시도할 만한 행동의 예를 몇 가지 들자면 다음과 같다.

- 이메일 주소록 정리하기
- 적절한 순서도 그리기
- 문서 서식 지정하기

---

[6] Kwon(2020, https://oreil.ly/GwXA4), Jachimowicz(2020, https://osf.io/4m2vh)
[7] 우리는 행동 과학에서 얻은 교훈이 과학적으로 엄격한 테스트와 실증적 확인을 거치지 않고 불완전하게 적용될 때 어떤 일이 일어나는지 목도했다. 영국 정부가 행동 피로(behavioral fatigue)라는 개념을 근거로 엄격한 사회적 거리두기를 미뤘던 것을 두고 격렬한 반발이 있던 때를 이야기하는 것이다. 이와 관련된 정치 논쟁을 확인하려면 예이츠의 글(https://oreil.ly/KdYx2)을, 국민의 생사가 걸려 있는 정부 정책에 사용할 개념이라면 적절한 과학적 테스트를 거쳐야 한다고 요구하는 영국 행동 과학자들의 신중한 대응을 확인하려면 이들의 공개서한(https://oreil.ly/XwQgN)을 참고하라.

> **이 책에 대하여**

다른 많은 행동 과학자나 디자이너와 마찬가지로 나도 중립적인 디자인은 없다고 믿는다.[8] 우리가 디자인하는 커뮤니케이션, 제품, 서비스 등 다른 사람과 상호작용하는 모든 것은 이들의 행동에 영향을 미치고 궁극적으로 이들의 인생과 성과에도 영향을 미친다. 이 책은 이 과정을 의도적으로 계획하고 가능한 한 유익하게 만들 방법을 소개한다.

행동 변화의 두 유형 모두, 사용자가 행동을 하도록 돕고 기업이 제공하는 가치를 전달하는 것을 목표로 한다. 행동 변화를 위한 자발적이고 투명한 지원은 기업의 성공에도 기여한다.

이 책이 다루지 않는 내용

사람들이 여러분의 의도대로 행동하게 하는 방법(심지어 사람들이 하고 싶어 하지 않는 행동까지 하게 할 방법)에 대한 책을 찾고 있다면 번지수가 틀렸다. 그런 동기나 목표를 비판하려는 것이 아니다. 그저 이 책에선 그 방법을 얻을 수 없다는 말이다.

특히 이 책은 설득을 도와주는 책이 아니다. 세상에는 상대를 윤리적이고 신중하게 설득하는 방법이 많이 존재하며 우리는 모두 일상적으로 다른 사람을 설득하려 한다. 자발적인 행동 변화를 위한 디자인은 많은 면에서 설득과 유사하지만, 설득에 관해 이야기하려면 다른 주제들도 다뤄야 한다. 제품에 대해 사용자 교육하기, 설득력 있게 주장하기, 수사적으로 표현하기, 시간을 들여 라포르rapport 형성하기 등이 여기에 해당할 것이다. 이 책은 그런 내용을 다루지 않는다. 자발적인(설득하기 전이라는 의미) 행동 변화라는 주제는 그 자체만으로도 충분히 방대하다.

---

8 예컨대 탈러와 선스타인도 『넛지: 파이널 에디션』에서 이러한 주장을 펼친다. 디자인 커뮤니티에서는 디자인의 의도하지 않은 영향과 의도한 영향에 대한 논의가 오랜 기간 이어져왔다(Nusca 2019, Vinh 2018).

게다가 이 책에는 사기나 강요를 도우려는 의도가 없다(실용적, 윤리적 이유 때문이다). 애석하게도 그런 일을 시도하는 회사가 많고 이는 우리 분야에 해를 끼친다. 업계 전반에서 어떤 일이 일어나고 있는지, 우리가 어떻게 정부 규제 기관과 신중한 기술전문가 양측으로부터 받아 마땅한 반발에 직면하기 시작했는지 4장에서 샅샅이 살펴보겠다.

각 장에서 다루는 내용 미리보기

이 책에서는 행동 변화를 위한 디자인에 필요한 기술을 하나씩 설명한다. 우선 마음이 결정을 내리는 방식에 대해 확고한 기초를 쌓으며 시작한다. 그리고 신제품을 개발하는 데 필요한 각 단계를 차례로 보여준다. 발견부터 디자인, 구현, 개선까지 이어지는 과정이다. 각 개념은 해당 개념이 처음 필요한 시점에 소개할 것이다. 3부에서는 한 걸음 뒤로 물러서서 업계의 범위(그리고 일자리가 있는 곳), 자신의 조직 내에서 행동 팀을 구성하는 방법, 그 과정에서 직면할 수 있는 문제에 대해 추가적으로 알려주겠다. 이것이 전부다.

하지만 조금 더 공식적인 개요를 원하는 이들을 위해 각 장의 내용을 다음과 같이 정리했다.

1부. 마음은 어떻게 작동하는가

1장. 결정하고 행동하기

'마음이 의사결정을 내리는 방법에 대한 이해'라는 첫 번째 기술을 익힌다. 의사결정에 대한 최신 문헌을 개략적으로 파악하고 10여 가지 핵심 교훈과 이런 교훈이 디자인 과정에서 지니는 의미를 알게 될 것이다.

> **이 책에 대하여**

2장. 행동 만들기

사람이 행동을 취하기 위해 동시에 충족되어야 하는 여섯 가지 핵심 요소를 설명한다. 단서cue, 반응reaction, 평가evaluation, 능력ability, 타이밍timing, 경험experience이라는 요소는 CREATE 행동 퍼널CREATE action funnel을 형성하며 이 퍼널은 제품으로 무엇을 해결해야 할지, 사용자가 보통 어느 지점에서 이탈하는지 보여준다.

3장. 부정적인 행동 멈추기

정반대의 문제, 즉 사용자가 원하지 않는 습관에서 벗어나거나 잘못된 결정을 개선하는 방법을 살펴본다.

4장. 행동 과학의 윤리

우리 업계가 직면하고 있는 윤리적 과제를 낱낱이 파헤친다. 많은 업계 종사자가 이런 기법을 사용해서 사용자에게 제품을 구매(또는 남용)하도록 어떻게 유도해왔는지, 우리가 자신은 이들과 다르게 행동할 것이라고 어떻게 스스로를 기만하는지, 이런 문제에 어떻게 정면으로 대응할 수 있는지를 알아본다.

2부. 행동 변화를 위한 청사진

5장. 프로세스 요약

행동 변화를 위한 디자인의 전체적인 프로세스, 즉 새롭게 익힌 마음에 대한 지식을 실무에 활용할 방법을 소개한다. 이 프로세스는 DECIDE라는 머리글자로 기억할 수 있으며,

문제 정의define the problem, 맥락 탐색explore the context, 개입 제작craft the intervention, 제품 내 구현implement within the product, 영향 확인determine its impact, 다음 단계 평가evaluate next steps, 총 여섯 단계로 이루어진다.

6장. 문제를 정의하라

문제를 정의하여 경로 설정을 시작한다. 즉, 제품을 통해 전달하는 전체적인 결과, 그리고 제품으로 돕고자 하는 대상을 정한다. 그런 다음, 행동 변화를 위한 잠재적인 아이디어를 어떻게 끌어내는지 보여준다. 예를 들면 사용자가 어떻게 적정 체중에 도달할지, 재정을 어떻게 관리할지를 구체적으로 알아내는 것 등이다.

7장. 맥락을 탐색하라

사용자가 행동하는 맥락을 행동 지도behavioral map를 통해 탐색한다. 행동 지도란 제품 팀이 예상하는 사용자와 제품의 상호작용 방식, 사용자가 자신의 행동을 변화시키는 방식을 서술한 것이다. 그런 다음 사용자가 제품을 통해 **변화할 수 있는** 다양한 행동을 사용자의 요구, 관심사, 이전 경험에 비추어 평가한다. 그리고 초기 계획을 다듬어서 제품이 지원할 구체적인 행동을 확정한다.

8장. 노력 이해하기: 물고기에 대한 짧은 이야기

DECIDE 프로세스의 핵심인 '개입'의 디자인 과정을 소개한다. 여러분이 사용자의 행동을 변화시키는 데 사용할 수 있는 주요 전략을 전체적으로 조망할 예정인데, 해변에 떠내려온 물고기 이야기 비유를 들어서 설명한다.

> 이 책에
> 대하여

9장. 개입을 제작하라: 단서, 반응, 평가 & 10장. 개입을 제작하라: 능력, 타이밍, 경험

행동 연구를 기반으로 구체적인 개입을 만들어서 사용자가 행동을 취하도록 지원하는 방법을 살펴본다. 9장에서는 사용자가 단서, 반응, 평가의 문제에 직면할 때 적절한 개입을 제시한다. 이어지는 10장에서는 능력, 타이밍, 경험을 위한 개입을 다룬다.

11장. 개입을 제작하라: 고급 주제

개입 제작에 관한 논의를 마무리하며 여러 단계로 이루어진 복잡한 개입을 처리하는 방법, 사용자가 원하지 않는 부정적인 행동을 방지하는 방법을 추가로 다룬다.

12장. 제품 내에 구현하라

제품 내에 개입을 구현하는 몇 가지 팁을 소개한다. 응용 행동 과학은 특정한 개발 접근법이나 기술을 요구하지 않지만 결과에 대한 고품질 데이터를 필요로 한다. 이러한 지표를 만들고 변화를 측정하는 방법을 제품 개발 초기 단계에 통합하여 뒤늦게 부랴부랴 추가하는 일이 없도록 할 방안을 논의한다.

13장. A/B 테스트와 실험으로 영향을 확인하라

제품의 영향, 즉 제품의 성공 여부를 확인하는 데 초점을 맞춘다. 영향을 측정하는 가장 강력한 도구, 그 유명한 A/B 테스트로 시작한다. 대부분의 독자가 A/B 테스트를 익히 알고 있을 가능성이 높으므로 이 장에서는 이를 효과적으로 활용하여 데이터를 철저하게 수집하는 방법과 업계 종사자들이 직면하는 일반적인 함정에 대해 자세히 들여다본다.

14장. A/B 테스트가 불가능해도 영향을 확인하라

A/B 테스트나 그 외에 무작위 대조군 연구를 사용할 수 없을 때 영향을 확인하는 다른 방법을 살펴본다. 통계 모델을 활용하여 통찰을 얻는 방법을 다룬다. 그리고 소프트웨어가 실제 행동에 미치는 인과적 영향을 측정하는 문제와 이를 극복할 방법을 이야기한다.

15장. 다음 단계를 평가하라

행동 디자인을 위한 DECIDE 청사진을 마무리하며 구현의 다음 단계인 평가하는 방법을 살펴본다. 영향을 제한하는 문제를 식별하는 방법을 탐구하고, 그 과정에 정성적, 정량적 분석이 둘 다 필요한 이유와 이 둘이 상호 협력하여 작동하는 방법도 알아본다.

3부. 팀을 구성하고 성공으로 이끌어라

16장. 행동 과학 분야의 현재 상태

행동 팀 설문조사의 결과를 자세히 알려준다. 여러 사례 연구를 책 전반에 걸쳐 소개하겠지만, 16장에서는 수치를 파고들어서 이 업계의 규모가 어느 정도인지, 일자리는 어디에 있는지, 다른 팀이 경험하고 있는 과제와 성공은 무엇인지 소개한다.

17장. 행동 팀에 필요한 사항

조직 내 팀(1~20명)에 행동 과학을 적용하는 데 필요한 요소를 탐구한다. 사내 이해관계자들에게 주장을 펼치는 방법과 팀원에게 필요한 기술이 무엇인지도 알아본다.

> **이 책에 대하여**

18장. 결론

행동 변화를 위한 디자인 프로세스와 이를 자신의 조직 내에서 실현할 방법에 대한 핵심 교훈을 빠르게 검토하며 마무리한다. 또한 이런 교훈을 실천할 때 마주할 수 있는 여러 질문도 다룬다.

이 책의 말미에는 더 깊이 공부하고 싶은 이들을 위한 정보가 있다.

- **워크북**: 이 책의 내용을 실습해볼 수 있는 모든 연습문제를 한데 모았다.
- **용어집**: 행동 지도 behavioral map, 데이터 브리지 data bridge 같은 핵심 용어를 정리했다.
- **참고문헌**: 이 책에 인용된 자료의 전체 목록을 정리했다.

1부에서 각 장의 마지막 부분에는 '이 장의 짧은 요약'이 있다. 시간이 몇 분밖에 없더라도 읽을 수 있는 분량이다. 본문을 상세히 읽기 전에 전체적으로 훑어보려는 사람에게도 유용한 요약본이다.

2부 각 장의 끝부분에는 '실천하기'가 있다. 해당 섹션 section에서는 각 장의 아이디어를 실행하는 데 도움이 되는 구체적인 사례와 연습문제를 제공한다.

대화합시다

내가 이 책을 통해 이루고자 하는 바는 자발적인 행동 변화에 대한 논의를 확장하고 효과적인 행동 변화 제품 개발에 필요한 도구를 만드는 데 보탬이 되는 것이다. 그러나 2판까지 집필했음에도 이 책이 완벽하리라는 환상은 품지 않는다(20판이 나와도 마찬가지일 것이다). 여전히 알아내야 할 것이 엄청나게 많다. 우리 모두 함께 배우며 나아갈 것이다.

나는 배우고 공유하고 협력할 길을 언제나 모색하고 있으므로, 공유할 만한 멋진 이야기, 우리 분야를 더 발전시킬 연구 프로젝트에 대한 아이디어, 다른 사람과 논의하고 싶은 행동 변화 프로젝트 아이디어가 있다면 주저 말고 내게 연락하라. X(구 트위터), 링크드인에서 'sawendel'로 검색하면 찾을 수 있다. 내 연락처 정보는 웹사이트[9]에 있다.

사용 허가 관련 안내

이 책의 초판을 출간한 이후 나는 이 책에 제시된 이론적이고 실용적인 도구를 꾸준히 발전시키고 개선해왔다. 현재 우리 팀에서 사용하고 있고, 다른 기업과 조직에 교육해 온 도구는 이런 초기 아이디어의 확장판이다(초판은 실제로 당시 헬로월릿에서 우리가 실천한 바와 접근법을 묘사하고 있다). 이번 2판에서는 지난 6년 이상 이 접근법을 적용하면서 얻은 다수의 유산과 교훈을 한데 모았다. 특히 다음과 같은 내용이 포함된다.

- 1장, 3장, 4장에는 행동 과학을 개인적인 생활과 정신적인 생활에 적용하는 방법을 탐구하기 위해 작성된 행동 과학의 기초 내용을 포함했다.
- 6장~14장의 '실천하기'의 연습문제에는 헬로월릿의 팀에서 내가 개발한 워크북(부록 A)의 일부를 활용했다.
- 13장에는 모닝스타 팀을 위해 작성한 실험 가이드 일부를 활용했다.
- 16장에서는 2019년 내가 비영리 단체인 행동 과학 정책 협회, 행동 디자인 네트워크와 함께 실시하고 웹사이트에 별도로 공개한 설문조사에 대해 설명한다.

---

[9] http://about.me/sawendel

> 이 책에 대하여

각각의 경우 원본 자료를 출발점으로 사용했으며 많은 부분을 각색하고 수정했다. 모든 자료는 허가를 받아서 사용했다.

감사의 글

이 책의 초판에서 제시한 아이디어와 프로세스를 개발하는 데 도움을 준 많은 이에게 감사의 인사를 전한 바 있다. 이제 그 목록은 더 늘어났다.

초판부터 함께 일했던 사람들, 롭 핑커턴, 케이티 밀크먼부터 행동 디자인 팀까지, 특히 자락 칸, 매슈 레이, 에릭 존슨과 여전히 대화를 나누고 영감을 얻는다. 여기에서는 초판을 출간한 이래 알게 된 추가적인 분들에게도 감사의 마음을 전하고 싶다. 그 목록의 맨 처음에는 나의 지적인 스파링 상대인 라이언 머피와 모닝스타의 우리 팀, 헤이미카 바티아, 사르와리 다스, 자틴 자인, 샘 라마스, 새그니트 카우르, 앨리스터 머리, 세라 뉴컴, 슈웨타브 사미르, 스탠 트레거, 리언 쩡이 있다. 사려 깊은 연구를 해준 레이 신에게도 고맙다.

모닝스타 외부 인물 중에서는 초고를 읽고 의견을 준 폴 애덤스, 훌리안 아랑고, 플로랑 뷔송, 메이 C., 제시 다셰프스키, 클레이 델크, 바버라 둘라스, 대린 헤네인, 혼다 후미, 피터 호바드, 앤 마리 레제, 옌스 올리버 마이어트, 브라이언 멀롭, 샤피 레만, 닐라 살다냐, 넬슨 타루크, 마크 와이너에게 특히 감사한다.

이 책에 인용된 풍부한 행동 연구에 관해서는 일일이 언급할 수 없을 정도로 감사할 사람이 너무 많다. 대중을 대상으로 출판한 책에서 그렇게 하는 것이 요즘 추세는 아니지만 전체 문헌을 검토할 지면은 없더라도 이 책 본문 전체에 걸쳐 인용한 특정 연구의 저자를 언급하려고 노력했다. 과하게 학술적이라거나 솔직히 말해 지루하다고 볼 만한 독자도 있을 수 있다. 그런 느낌을 주려는 의도는 없었다! 그보다는 훌륭한 업적을 남기고 나와 이 책의 독자인 여러분에게 혜택을 제공한 사려 깊은 연구자들을 인정하고 싶었을 뿐이다. 나는 결코 내 독창성을 과장하거나 그들의 탁월한 성과를 흐리고 싶지 않았다. 내가 가장 두려워하는 실수는 다른 연구자들의 놀라운 업적의 공로를 충분히 인정하지 못하는 것이다. 혹시라도 있을지 모를 누락된 인용을 부디 용서해주길 바란다.

그리고 언제나처럼 나와 집필에 대한 내 집착을 참아주고 그럼에도 불구하고 사랑을 베풀어준 알렉시아, 루크, 마크에게 고맙다.

목차

지은이 소개_ 4
옮긴이 소개_ 5
옮긴이의 말_ 6
이 책에 대하여_ 8

PART 01 마음은 어떻게 작동하는가

결정하고 행동하기_ 39

행동 변화 …_ 40

… 그리고 행동 과학_ 42

행동 과학의 기초: 우리의 마음은 어떻게 구성되는가_ 44

잘못될 수 있는 부분_ 63

의사결정 과정이라는 지도_ 68

`이 장의 짧은 요약` _ 71

행동 만들기_ 73

문제에서 해결책으로_ 74

행동하는 시점과 이유에 대한 단순한 모델_ 75

CREATE 행동 퍼널_ 94

`이 장의 짧은 요약` _ 101

Chapter 03 부정적인 행동 멈추기_ 103

CREATE를 활용하여 행동에 장애물 추가하기_ 105

기존 습관 고치기_ 107

성급한 선택과 후회스러운 행동_ 115

`이 장의 짧은 요약` _ 118

Chapter 04

행동 과학의 윤리_ 121

디지털 도구, 특히 사용자를 조종하려는 도구_ 123

문제가 발생하는 지점: 행동 변화의 네 가지 유형_ 126

윤리의 행동 과학_ 131

우리도 돈을 따른다_ 133

앞으로 나아갈 길: 행동 과학을 스스로에게 적용하기_ 134

행동 변화를 위한 디자인이 특히 민감한 문제인 이유_ 140

`이 장의 짧은 요약` _ 142

PART 02   행동 변화를 위한 청사진

Chapter 05

프로세스 요약_ 147

이해만으로는 부족하다. 프로세스가 필요하다_ 148

프로세스는 일반적이다_ 151

세부사항은 중요하다_ 152

우리도 인간이다. 실용적인 지침과 워크시트_ 155

`실천하기` _ 156

Chapter 06

문제를 정의하라_ 159

문제를 명확히 정의하지 못할 때_ 160

제품의 비전으로 시작하라_ 163

목표 결과를 확실히 정하라_ 164

누가 행동을 취하는가?_ 176

목차

Chapter 06

행동에 대한 초기 아이디어를 기록하라_ 177

행동 변화를 위한 가설_ 183

다양한 도메인 예시_ 185

알림: 행동!= 결과_ 186

실천하기 _ 187

✏️ 워크시트: 행동 프로젝트 요약_ 189

Chapter 07

맥락을 탐색하라_ 191

사용자에 대해 무엇을 알고 있는가?_ 193

행동 지도: 어떤 미세 행동이 행동으로 이어지는가?_ 202

더 나은 행동이 있을까?_ 209

CREATE로 문제 진단하기_ 216

실천하기 _ 220

✏️ 워크시트: 행동 지도_ 222

✏️ 워크시트: 행위자와 행동 다듬기_ 223

Chapter 08

노력 이해하기: 물고기에 대한 짧은 이야기_ 225

가능할 때 대신해주기_ 228

사용자를 대신할 수 없을 때 CREATE를 활용하라_ 239

실천하기 _ 244

Chapter 09 개입을 제작하라: 단서, 반응, 평가_ 247

사용자에게 행동에 대한 단서를 제공하라_ 251

직관적인 반응_ 259

의식적인 평가_ 267

의사결정에 관한 몇 가지 참고사항_ 277

　실천하기 _ 280

　✎ 워크시트: CREATE로 여러 개입 평가_ 282

Chapter 10 개입을 제작하라: 능력, 타이밍, 경험_ 283

사용자의 행동 능력_ 284

타이밍을 적절히 잡아라_ 290

이전 경험 다루기_ 293

　실천하기 _ 299

Chapter 11 개입을 제작하라: 고급 주제_ 301

다단계 개입_ 303

습관 만들기_ 308

행동 방해하기_ 312

　실천하기 _ 316

목차

Chapter 12 제품 내에 구현하라 _ 319

윤리적 검토 실행하기 _ 321

창의적인 프로세스를 위한 여지를 남겨라 _ 321

처음부터 행동 지표를 기준으로 삼아라 _ 325

실천하기 _ 331

워크시트: 윤리적 체크리스트 _ 333

Chapter 13 A/B 테스트와 실험으로 영향을 확인하라 _ 337

무작위 대조군 실험의 방법과 이유 _ 339

세부적인 실험 설계 _ 342

실험 결과 분석 _ 351

실험 유형 _ 353

실천하기 _ 361

워크시트: 실험 설계 _ 363

Chapter 14 A/B 테스트가 불가능해도 영향을 확인하라 _ 367

영향을 판단하는 다른 방법 _ 368

제품 내에 결과를 측정할 수 없다면 어떻게 할까? _ 374

실천하기 _ 380

Chapter 15 다음 단계를 평가하라 _ 381

구현할 변경사항을 정하라 _ 383

각 주요 변경사항의 영향을 측정하라 _ 387

언제쯤이면 '충분'할까? _ 390

실천하기 _ 391

PART 03 팀을 구성하고 성공으로 이끌어라

Chapter 16 행동 과학 분야의 현재 상태_ 395

우리가 한 일: 행동 팀 글로벌 설문조사_ 396

어떤 팀이 있을까?_ 399

행동 과학에 관심을 보이는 곳_ 402

광범위한 적용 범위_ 405

과제_ 408

  실천하기 _ 413

Chapter 17 행동 팀에 필요한 사항_ 415

지금까지 행동 팀이 거둔 성과와 앞으로 여러분이 나아갈 길_ 416

논거 마련하기_ 416

필요한 기술과 인력_ 420

  실천하기 _ 430

Chapter 18 결론_ 433

우리는 어떻게 결정하고 행동하는가_ 433

제품으로 행동 형성하기: CREATE 행동 퍼널_ 435

행동 개입을 위한 DECIDE와 이를 구축하는 방법_ 437

기타 주제_ 438

자주 묻는 질문_ 440

미래를 내다보며_ 449

목차

PART 04 부록

Appendix A
워크북: 행동 변화를 위한 디자인 도구 상자_ 453

『행동의 과학, 디자인의 힘』 한눈에 보기_ 455

실전 연습_ 462

- 실습: 문제 정의 _462
- 실습: 맥락 탐색 _464
- 실습: 개입 제작 _472
- 실습: 개입 구현 _477
- 실습: 영향 확인 _479
- 실습: 다음 단계 평가 _481

Appendix B
용어집_ 483

Appendix C
참고문헌_ 489

PART
01

마음은 어떻게 작동하는가

1장   결정하고 행동하기

2장   행동 만들기

3장   부정적인 행동 멈추기

4장   행동 과학의 윤리

CHAPTER 01

결정하고 행동하기

결혼식 날, 나는 교회 화장실 바닥에 누워 있었다. 허리가 너무 아파서 꼼짝할 수 없었다. 제대로 움직이지 못하고 침대에 누워 있은지 거의 3주째였다. 하지만 지금은 가족들과 예비 신부인 알렉시아가 결혼식장에서 나를 기다리고 있다. 신랑 들러리였던 폴이 바닥에 늘어져 있던 나를 일으켜서 데리고 나와준 덕에 결혼 서약은 할 수 있었다. 지난 몇 주간 허리가 심하게 뻣뻣했다. 운동을 충분히 하지 않아서였다.

마른 체형으로 태어난 덕에 하부 요추 문제, 손과 목의 신경 압박 등 근골격계 문제로 평생 고생하고 있다는 사실이 잘 드러나지 않았다. 수 년간 많은 의사가 모두 똑같은 말을 했다. 운동만 정기적으로 하면 괜찮을 거라고.

그래서 오래전부터 운동의 중요성은 잘 알고 있었기에 운동에 대한 동기를 부여하는 데는 문제가 없었다. 결혼식을 거의 취소해야 하는 상황까지 가는 것보다 더 큰 동기를 부여하는 것, 더 무서운 것은 없었다. 나에게는 분명히 운동할 마음이 있었다. 하지만 운동을 하는 데 어려움을 겪는 다른 많은 사람이 그렇듯이 나는 필요한 만큼 운동하지 못했다.

행동하겠다는 진심 어린 의도와 실제 행동 사이의 간극은 나뿐 아니라 다른 많은 이에게 존재한다. 우리의 마음과 삶에는 해야 할 일에 대한 단순한 비용 이익 분석 이상으로 여러 요인이 작용한다. 들인 비용에 비해 얻는 이익이 명백히 더 클 때조차 행동하기 어렵다. 이 패턴을 바꾸려면, 즉 필요할 때 행동하도록 자기 자신과 다른 사람을 도우려면 우리의 마음이 어떻게 구성되어 있는지부터 이해해야 한다.

나를 비롯한 많은 행동 과학자들의 연구를 통해 우리는 사람들이 항상 단순하게 의사결정하고 행동하는 것이 아니라는 사실을 알게 되었다. 사람들은 자신의 의도를 행동으로 옮기는 데 어려움을 겪는다. 평소 별문제 없이 좋은 결정을 내리던 사람들도 때로 좋은 결정을 내리기 어려워한다.

우리는 자신이 이렇게 산다는 것을 잘 알면서도 사용자를 생각할 때 이런 사실을 잊는 경향이 있다. 우리는 사용자들이 우리 제품이 마음에 들면 사용할 것이고, 하고 싶은 일이 있으면 그 방법을 알아낼 것이라고 가정한다. 하지만 현실은 그렇지 않다.

운동 부족으로 어려움을 겪는 것은 나만이 아니다. 많은 사용자도 마찬가지일 것이다. 아니면 좋지 않은 식습관이나 수면 습관, 가족과 친구에게 집중하지 못하게 하는 방해 요소와 싸우고 있을지도 모른다. 동기 부여는 문제가 아닌 경우가 많다. 이들도 나처럼 자신이 해야 할 일을 알고 있으며 심지어 하고 싶어 한다. 그런데 다른 요인이 이들을 방해한다. 그래서 이 책은 사용자, 그리고 우리 자신이 필요할 때 행동을 변화하도록 돕는 방법을 다루고 있다.

행동 변화 …

우리 주변은 자신의 행동 그리고 서로의 행동을 바꾸려고 노력하는 사람들로 가득하다. 필요하지 않은 물건을 사도록 유혹하는 광고부터 우리의 주의력과 시간을 빼앗으려는 앱까지, 부정적인 예는 대체로 분명히 드러난다. 긍정적인 예도 있지만 부정적인 예만큼 분명히 드러나지 않는 편이다. 예컨대 아이에게 다른 사람과 나누라고 가르치는 다정한 부모, 중독자들이 중독에서 벗어나도록 돕는 지원 프로그램, 체중 기록과 운동 관리로 다이어트를 돕는 앱 등이 긍정적인 예에 해당한다.

어떤 의미에서 우리는 모두 '행동 변화'를 일으키는 활동에 참여하고 있다. 목표를 달성하지 못했고 삶의 변화를 원할 때 행동부터 변해야 하는 경우가 많다. 게다가 우리는 사회적인 존재다. 목표를 달성하려면 설사 그 목표가 다른 사람의 성공을 돕겠다는 이타적인 목표일지라도 대개 누군가의 행동에 변화가 있어야 한다. 변화를 일으킨다는 것은 **행동에 변화를 일으키는 것**이다.

하지만 이렇게 대놓고 이야기하는 경우는 드물다. 제품의 세계에서는 제공하는 기능, 사용자 요구 충족 등을 언급한다. 그런 요소도 모두 중요한 것이 분명하지만 사람들이 우리 제품을 선택하고 사용하지 않는다면 이 모든 것에는 아무 의미가 없을 수 있다(즉, 의미 있는 방식으로 사용자의 행동을 변화시켜야 한다).

대체로 행동 변화에 대해 그렇게 직접적으로 언급하지 않는다. 말하기 불편해서 그렇다. 사용자를 조종한다거나 사용자에게 강제로 뭔가 시키는 것처럼 보이고 싶지 않기 때문이다. 그래서 우리가 만든 제품이나 커뮤니케이션이 실제 사람들의 행동을 변화시킨다는 사실에 대한 언급을 피하며 채택률이나 잔존율에 대한 KPI$^{key\ performance\ indicator}$(핵심 성과 지표), 클릭률과 사용률에 대한 목표와 핵심 결과에 대한 정제된 대화를 나누게 된다.

그래서는 안 된다. 실제로 무슨 일을 하는지 얘기하지 않으면 다른 사람을 도와야 할 때 더 효과적으로 돕지 못하거나 잘못된 방식으로 행동을 바꾸려 할 가능성이 높아진다. 이 책은 행동을 변화시키도록 제품을 의도적으로 설계하는 것, 바라건대 사기나 조종으로 빠지지 않고 윤리적인 부분을 신중하게 고려해서 다른 이들의 성공을 돕는 방법에 대해 다룬다.

우리는 이 책을 통해 사람들이 무엇을 할지 결정하는 데 도움이 될 방법, 사람들이 자신의 의도와 개인적인 목표에 따라 행동하도록 도울 방법에 대해 열린 논의를 할 것이다. 그 과정에 영향을 미칠 제품을 만들 방법, 그러한 작업을 하는 팀을 구성하고 운영하는 방법을 이야기할 것이다. 여기에 제시된 어떤 내용도 완벽하지 않다. 하지만 여러분이 더 나은 제품을 만들고 사용자에게 더 나은 서비스를 제공하는 데 이 책이 보탬이 되길 바란다.

… 그리고 행동 과학

행동 변화를 위해 '의도적으로 디자인하기'라는 작업을 완수할 최고의 도구 중 하나는 행동 과학에서 나온다. 그리고 행동 과학은 유용할 뿐 아니라 매력적이다.

행동 과학은 여러 학문 분야 중에서도 심리학과 경제학을 결합하여 사람들이 어떻게 의사결정을 내리는지, 그리고 그 결정을 어떻게 행동으로 옮기는지 더 세밀하게 이해하려는 학제적 분야(학문 간의 경계를 아우르는 분야)다. 행동 과학자들은 퇴직을 위한 저축에서부터 운동에 이르기까지 광범위하게 행동을 연구해왔다.[1] 그 과정에서 사람들이 도움을 받지 못한다면, 해야 함에도 하지 못하고 미루는 행동이나 끝까지 해내기 어려운 행동을 해낼 수 있도록 돕는 독창적인 방법들을 발견했다.

환경 그리고 환경의 변화가 선택과 행동에 미치는 영향이라는 주제는 행동 과학에서도 연구가 가장 활발한 분야 중 하나다. 환경을 사려 깊고 주의 깊게 디자인하면 사람들이 스스로의 선택을 더 잘 인식하고 좋은 쪽으로든 나쁜 쪽으로든 결정을 내리며 자신의 선택에 따라 행동을 취하도록 유도할 수 있다. 우리는 그 과정을 **선택 아키텍처** 또는 **행동 디자인**이라고 부른다.

지난 10년 동안 이 분야에 대한 연구가 엄청나게 발전했으며 그 교훈을 공유하는 베스트셀러 도서가 쏟아져 나왔다. 리처드 탈러와 캐스 선스타인이 함께 쓴 『넛지: 파이널 에디션』, 대니얼 카너먼의 『생각에 관한 생각』, 댄 애리얼리Dan Ariely의 『상식 밖의 경제학 10주년 기념판』[2] 등이 그 예다. 이러한 책들은 이 분야를 재미있게 소개하며 다음과 같은 일화도 담고 있다.

- 남성용 소변기 중앙에 파리 그림을 넣는 것이 소변기를 더럽히지 말라고 권고하는 것보다 소변기 주변을 깨끗하게 유지하는 데 훨씬 더 효과적이다.
- 팝콘을 더 작은 봉투 여러 개에 나눠서 주면 사람들의 팝콘 섭취량이 줄어든다.[3]

---

1 참조할 논문과 서적이 천 권은 아니어도 수백 권은 존재한다. 베나르치와 탈러의 논문(Benartzi, Thaler 2004, `https://doi.org/10.1086/380085`)은 퇴직 연구의 좋은 출발점이다.
2 Ariely(2008), Thaler, Sunstein(2008), Kahneman(2011)
3 Krulwich(2009, `https://oreil.ly/D_iSB`), Soman(2015)

사실 탈러와 카너먼은 행동 과학에서의 업적을 바탕으로 각각 노벨상을 수상했다.

그렇다고 해서 이 책에서 『넛지: 파이널 에디션』이나 『상식 밖의 경제학 10주년 기념판』을 재현하겠다는 건 아니다. 이 책은 **행동 과학에서 유래한 교훈을 제품 개발에 적용하는 방법**, 특히 사용자들이 실천하고 싶어 하지만 실천에 어려움을 겪고 있는 일을 실천에 옮기도록 도와줄 방법에 관한 책이다. 그 목표가 다이어트든, 자녀와 더 많은 시간을 보내는 것이든, 소셜 미디어 앱에 지배당하는 생활에서 벗어나는 것이든 무엇이든 상관없다. 이 책은 행동 변화를 위한 디자인이라는 간단한 프로세스로 여러분을 무장시킬 것이다.

이런 교훈 중에는 예상할 만한 것도 있다. 제품을 디자인할 때 불필요한 마찰이나 사용자가 자신감을 잃는 부분이 생기지 않도록 주의하고, 일관된 맥락에서 행동을 반복하여 습관을 형성하라는 것이다. 예상을 크게 벗어나며 심지어 듣기 싫을 수 있는 교훈도 있다. 바로 대부분의 제품이 대체로 사용자의 삶에 특별한 영향을 미치지 않는다는 점이다. 그래서 엄격한 도구를 사용해서 제품을 조기에 자주 테스트해야 한다. 아니면 그저 재미있고 놀라운 교훈도 있다. 사용자가 주의 깊고 신중하게 결정해야 하는 지점에서는 텍스트를 읽기 **어렵게** 만드는 것이 효과적일 수 있다는 것이다.

자, 그럼 이제 행동 과학의 기본을 본격적으로 살펴보자!

행동 과학과 디자인

디자인 커뮤니티에는 행동 과학 연구 외에도 사용자 중심 디자인user-centered design부터 디자인 싱킹Design Thinking까지 행동 변화를 위해 의도적으로 디자인하는 데 도움이 되는 훌륭한 도구들이 존재한다. 사실 이 책에서 행동 과학의 교훈을 논하는 많은 부분을 디자인 커뮤니티에서 쓰는 용어로 쉽게 대체할 수 있고 그 반대도 가능하다. 사용자 중심 디자인 기법과 행동 과학은 각자의 용어로 인간을 이해하려고 노력하지만 결국 인간의 본성은 동일하다. 많은 디자이너가 특히 심리학과 행동 과학을 교육 과정의 일부로 배우는 이유, 나 같은 많은 행동 과학자가 디자인 세계의 교훈을 배우는 이유도 바로 이 때문이다.

이 책 전반에 걸쳐 디자인 커뮤니티의 기존 전문 지식과 기술을 존중하며 아직 그 분야에 존재하지 않는 특별한 도구와 기법을 제공할 것이다.

행동 과학은 마음을 독특한 방식으로 이해하고 있으며, 이러한 이해가 논의를 풍부하게 만들고, 현재의 디자인 관행을 뛰어넘는다. 또한 행동 과학은 실험적 테스트를 헌신적으로 수행하므로 이런 헌신도 매우 귀중하다. 그래서 이 책 전반에 걸쳐 두 분야가 공유하고 있거나 디자인 분야에만 해당하는 많은 교훈과 기법에 대해 이야기하겠지만, 이 책의 초점은 지금까지 덜 다뤄진 영역, 행동 과학에서 유래하는 더 고유한 영역에 맞춰져 있다. 앞으로 확인할 수 있겠지만 행동 과학과 디자인은 여러 가지 멋진 방식으로 서로 중첩되고 보완한다.

행동 과학의 기초: 우리의 마음은 어떻게 구성되는가

지난 여름, 나는 가족과 함께 휴가를 떠나서 즐거운 시간을 보냈다. 어느 오후, 우리는 지금까지 외식을 너무 많이 했다는 생각에 식당 음식보다 더 저렴하고 익숙한 음식을 먹고 싶어서 식료품점으로 향했다.

가장 먼저 찾은 것은 시리얼이었다. 시리얼이 있는 진열대를 발견했고 거기에는 선택할 수 있는 시리얼 종류가 너무 많았다. 여느 때처럼 아이들은 서로 잡아당기고 흔들며 통로를 뛰어다니느라 멈추라는 우리의 외침을 듣지 못했다. 분명 엄청나게 재미있었겠지만, 그건 무언가를 들이받기 전까지의 일이다. 이럴 때 필요한 것은 빠른 결정이다.

안타깝게도 우리 아이들과 나는 알레르기가 많다. 내 알레르기는 치명적일 수 있었고 아이들의 알레르기는 통증을 일으킬 뿐 다행히 그 이상으로 심각해지지는 않았다. 시리얼을 고르는 동시에 아이들이 문제를 일으키지 않도록 지켜보느라 나와 아내는 진열대 앞에서 진땀을 뺐다. 상자에 적힌 재료명을 꼼꼼히 살펴볼 여유가 없었다.

다행히 우리에게는 따라야 할 간단한 규칙이 있었다. 우선 상자에 만화가 그려진 시리얼은 자동으로 제외했다. 그런 시리얼은 대체로 설탕이 많이 들어 있고 그것을 먹지 않아도 우리 아이들의 에너지는 이미 충분했다. 둘째, 글루텐프리 시리얼(한 아이에게 필요하다)을 찾아야 하는데, 보통 글루텐프리라는 제품은 그렇다는 사실을 상자에 자랑스럽게 적어두기 때문에 쉽게 알아볼 수 있다. 셋째, 원재료를

> 꼭 확인해야 한다. 이는 어렵지 않다. 나에게는 수십 년의 연습 끝에 기른, 정말 유용한 습관이 하나 있기 때문이다. 식품을 집어 들면 원재료 목록에서 내가 먹으면 위험한 성분을 자동으로 알아보는 것이다. 문제가 될 만한 재료가 눈에 띄는 것이 아닌 한, 거의 아무 생각 없이 눈 깜짝할 사이에 확인할 수 있다.
>
> 잠시 후 괜찮아 보이는 콘플레이크 한 봉지와 그래놀라 같이 보이는 상자 하나를 집어 들고 진열대로 향했다. 별 문제가 없다고 생각했다. 하지만 사실 그 진열대에서 챙겨야 할 우유를 비롯한 몇 가지를 깜빡했다. 살 생각이었지만 그 순간 머릿속 체크리스트에서 그 항목들을 놓친 것이다.
>
> 숙소로 돌아와보니 그래놀라는 실제로 정말 맛있었다. 콘플레이크는 형편없었다. 우리는 서두르느라 중요한 신호를 놓쳤다. 바로 봉지 겉면에 쌓인 먼지였다. 오랜 시간 진열대에 놓여 있었던 것으로 미루어 볼 때 사면 안 되는 제품이라는 것을 다른 사람들은 모두 알고 있던 것이 분명했다.

일상생활에서, 그리고 방금 들려준 (실제 일어났던) 이야기에서 행동 과학의 핵심 교훈을 찾을 수 있다. 단, 어디에서 찾아야 할지 알아야 한다. 기본적이지만 종종 간과되는 교훈으로 시작하고 싶다. 우리 모두에게는 인간으로서 한계가 있다. 우리는 어떤 시리얼이 최고인지 그냥 생각하는 것만으로 바로 알 수 없다. 시간과 에너지를 들여서 옵션을 분류하고 결정을 내려야 한다. 그런데 들일 수 있는 시간과 에너지는 한정적이다. 어떤 것에 너무 많은 시간을 들이면 그에 따른 비용이 발생한다(이 경우 아이들이 진열대에 부딪혔을 것이다). 마찬가지로 우리의 주의력, 의지력, 암산 능력 등에도 한계가 있다. 이쯤되면 내가 무슨 말을 하고 싶은 것인지 이해했으리라고 생각한다.

우리의 한계가 그 자체로 **나쁜** 것은 아니다. 그냥 어쩔 수 없는 현실에 불과하다. 예컨대 나로서는 **무한한 주의력**을 갖는다는 것, 즉 절대적으로 모든 것을 동시에 인식한다는 것이 어떤 의미인지 상상조차 할 수 없다. 우리는 그렇게 만들어진 존재가 아니다.

이런 한계를 감안할 때 우리의 마음은 가진 것을 최대로 활용하는 능력이 정말 뛰어나다. 우리는 단순한 의사결정 경험칙(經驗則, 관찰과 측정에서 얻은 법칙)을 사용해서 시간, 주의력, 멘탈 에너지를 **절약한다.** 예컨대 만화가 그려진 시리얼을 배제하듯이 말이다. 연구자들은 이런 경험칙을 **휴리스틱**heuristics이라고 부른다. 우리의 마음이 절약하는 또 다른 방법은 순식간에 **무의식적인** 판단을 내리는 것이다. 예를 들어 **무의식적인 습관**은 머릿속에 자동화되어 있는 연관성이다. 이 연관성은 모르는 식품에서 치명적인 원재료가 눈에 띌 때처럼 특정 자극이 눈에 띌 때 특정 행동을 취하게 한다. 습관 덕분에 의식적 마음은 다른 생각을 할 수 있는 여유를 얻는다.

이런 절약 기법이 정말 인상적이긴 하지만 완벽하지 않다. 크게 두 가지 면에서 문제가 생긴다. 첫째, 항상 올바른 결정을 내리는 것은 아니다. 예를 들어 때로 중요한 부분(봉지에 쌓인 먼지)에 주의를 기울이지 못하기도 한다. 연구자들은 휴리스틱이나 다른 지름길이 기대에 어긋난 결과를 내는 것을 **인지 편향**cognitive bias이라고 부르며, 이는 사람들이 특정 상황에서 어떻게 행동하리라 예상하는 바와 사람들이 실제로 하는 행동 사이에 나타나는 시스템상의 차이를 가리킨다.[4] 둘째, 올바른 선택을 할 때조차 타고난 인간의 한계로 인해 우리는 자신의 의도(우유 구매)를 항상 따르지는 못한다. 이는 **의도-행동 차이**intention - action gap라고 부른다.

그리고 마지막으로 맥락이 매우 중요하다. 아이들이 뛰어다닌다는 사실이 우리에게는 중요한 맥락이었다. 그래서 제한된 주의력을 작업(원재료 확인, 우유 구매)에 제대로 기울이지 못했다. 만약 우유가 다른 진열대에 있었다면 이를 보고 기억했을지도 모른다. 만약 아이들이 뛰어다니지 않았다면… 아, 아니다. 그럴 가능성은 없었을 것이다.

따라서 수십 년간의 행동 연구를 몇 개의 요점으로 요약하자면(이 행동에 대해서는 동료 연구자분들에게는 미리 용서를 구한다!) 다음과 같을 것이다.

- 우리는 주의력, 시간, 의지력 등에 **한계가 있는** 존재다.
- **우리에게는 두 가지 마음이 있다.** 우리의 행동은 의식적인 생각과 습관 같은 무의식적인 반응, 두 가지 모두 영향을 받아서 결정된다.

---

[4] Soman(2015). 모든 편향의 직접적인 원인이 휴리스틱 오작동에 있는 것은 아니지만 많은 편향이 마음속의 시간 절약 장치나 에너지 절약 장치에서 기인한다. 휴리스틱에서 유래하지 않은 주요 카테고리 중 하나는 과신 편향(overconfidence bias) 같은 정체성 보존 편향(identity preserving bias, 자신을 더 기분 좋게 만드는 정신적 특이성)으로 구성된다.

- 두 경우 모두, 우리의 마음은 이러한 한계 때문에 **지름길을 사용**하여 자원을 절약하고 빠른 결정을 내린다.
- 우리의 결정과 행동은 우리가 처한 **맥락에 깊은 영향**을 받아 편향과 의도-행동 차이를 악화하거나 개선한다.
- **맥락을 영리하고 신중하게 디자인하면** 사람들의 의사결정을 개선하고 의도-행동 차이를 줄일 수 있다.

그럼 각 사항을 조금 더 자세히 살펴보자.

우리에게는 한계가 있다

살다가 한번쯤 뭔가 깜빡해 본 적 없는 사람이 있을까? 아니, 지난 한 시간이나 5분 동안 뭔가 깜빡하지 않은 사람이 있을까? 건망증은 인간의 수많은 약점 중 하나다. 개인적으로는 나이가 들수록 깜빡하는 것이 더 느는 것 같다. 안타깝게도 우리의 마음을 제한하여 최선이 아닌 선택을 하게 하는 많은 요인이 존재하는데, 여기에는 제한적인 주의력, 인지능력, 기억력이 포함된다.

이런 제한은 서로 맞물려 있다. **주의력** 측면에서 볼 때 어느 순간이든 주의를 기울일 만한 대상은 무수히 많다. 자신의 심장 박동 소리, 자신에게 말을 거는 사람, 주변에서 들리는 흥미로운 대화, 기한이 지나서 빨리 마무리해야 할 보고서 등 다양한 것에 주의를 기울일 수 있다. 안타깝게도 연구자들은 의식적인 마음이 한 번에 오로지 한 가지에만 제대로 집중할 수 있다는 사실을 거듭해서 입증했다. 대중매체에서 멀티태스킹이 많이 다루어지긴 하지만, 사실 멀티태스킹은 신화에 불과하다.[5] 우리는 주의를 이리저리 **전환**할 수 있다. 한 대상에서 다른 대상으로 집중을 옮길 수 있고 이를 계속해서 반복할 수 있다. 하지만 집중을 자주 전환하는 것은 비용이 든다. 그러면 사고 속도가 느려지고 명료하게 사고하기가 더 어려워진다. 우리는 한번에 한 가지 대상에만 집중할 수 있고 집중할 수 있는 대상은 너무 많다(그중 다수가

---

5 Hamilton(2008, https://oreil.ly/90J55)

긴급하고 흥미롭다)는 점을 고려하면 자신이 하고 있는 일에 대해 집중하지 못하는 것은 별로 놀라운 일이 아니다.

마찬가지로 우리의 **인지능력**에도 한계가 있다. 우리의 마음은 관련 없는 아이디어나 정보를 동시에 많이 담을 수 없다. 여러분은 아마 미국의 전화번호가 일곱 자리 숫자에 지역 번호가 더해진 이유에 관한 유명한 이야기를 들어보았을 것이다.[6] 연구자들은 우리가 한번에 기억할 수 있는 관련 없는 숫자가 7개에서 플러스마이너스 2개 정도라는 사실을 발견했다.[7] 물론 그 외에도 우리의 인지능력은 많은 방식으로 제한된다. 우선, 한 가지 예로 우리는 확률이나 불확실한 사건을 처리하거나 어떤 일이 미래에 일어날 가능성을 현실적으로 예측하는 것을 특히 어려워한다. 우리는 발생할 확률은 낮지만 생생하고 널리 보도되는 사건(상어 공격, 테러 공격, 낙뢰 사고 등)의 발생 가능성을 과하게 높다고 보는 경향이 있다.[8]

게다가 우리는 다양한 옵션을 마주할 때 압도되거나 결정을 내리지 못할 수 있다. 심지어 우리가 의식적으로 더 많은 선택의 여지나 옵션을 추구하는 데도 그렇다. 연구자들은 이를 **선택의 역설** paradox of choice이라고 부른다. 의식적 마음은 더 많은 선택의 여지가 있는 것이 대체로 더 낫다고 믿지만 막상 의사결정을 해야 할 시점에 다다르면 제한적인 인지능력과 선택의 어려움 때문에 주저하게 된다.[9]

마지막으로 기억력에 관하여 이야기하자면 기억력은 완벽하지 않고 이를 바꿀 방법은 없다. 사람들의 기억력은 대부분 '완벽하지 않은' 정도가 아니다. 우리의 기억력은 고화질 동영상이 아니라 머릿속 동영상과 사진을 재구성할 때 사용하는 커닝 페이퍼 뭉치에 불과하다. 우리는 자주 일어나는 사건(아침 먹기)을 특정한 양식으로 기억하며 개별 사건의 세부 사항을 잊고 반복된 경험을 합성한 형태로 기억한다. 게다가 특정 상황에서는 그 경험의 실제 지속 시간

---

[6] 옮긴이_ 이는 인간이 작업 기억에 저장할 수 있는 정보의 양이 약 7(±2)개라는 밀러의 법칙을 의미한다. 이 법칙은 미국 전화번호의 자리 수와 관련된 이론적 배경을 설명하는 데 자주 인용된다.
[7] Miller(1956)
[8] Manis et al.(1993). 이런 결과는 사실 마음이 한계에 대응하기 위해 사용하는, 합리적이지만 불완전한 지름길의 결과다. 이런 지름길에 대해서 곧 이야기하겠다.
[9] Schwartz(2004, 2014), Iyengar(2010), Solman(2014, https://oreil.ly/iVV7f) 참고. 모든 행동 메커니즘과 교훈에 있어 예상되는 바와 마찬가지로 선택의 역설도 보편적이지 않을 수 있고 반박하는 의견이 있을 수 있다.

이나 강도보다 전체 경험 중에서 특히 강렬했던 순간과 마지막 순간을 주로 기억한다.[10]

이 모든 인지적 한계는 무엇을 의미할까? 이런 한계가 제품 담당자들에게 중요한 이유는 두 가지다.

첫째, 이런 한계는 **사용자가 최선의 선택을 하지 않을 때가 있다**는 뜻이다. 설사 사용자에게 최고의 이익을 제공한다고 해도 마찬가지다. 이들이 나쁜 사람이어서가 아니다. 그냥 사람이어서 그렇다. 사람은 주의가 분산되고 기억해야 할 것을 깜빡하고 상황에 압도된다. 몇 차례 나쁜 선택을 했다고 해서 더 나은 선택을 하는 데(또는 우리 제품을 사용하는 데) 근본적으로 관심이 없다는 신호로 해석해서는 안 된다. 그저 인간적인 약점이 발현된 것일 뿐이다. 우리는 사용자의 제한된 능력에 지나친 부담을 주지 않도록 제품을 디자인할 수 있다.[11]

둘째, **우리의 한계가 중요하다**는 뜻이다. 우리의 마음은 이러한 한계를 고려하여 뇌 안에 두 가지 반독립적인 시스템을 갖추고 수많은 지름길을 사용하여 영리하게 작동하기 때문이다. 제품이나 커뮤니케이션을 개발할 때는 이러한 지름길을 이해하고 자신에게 유리하도록 활용하거나 한계를 우회해야 한다.

> ### 한계에서 시작하라. 그러면 좋아질 일밖에 없다
>
> 일반 독자를 대상으로 하는 행동 과학 관련 서적에 친숙한 사람이라면 이 책이 행동 과학을 다른 방식으로 설명하고 있다는 것을 눈치챘을 것이다. 많은 책이 우리가 저지르는 인지적 실수나 정신적 편향 같은 어리석은 행동을 다루며 시작한다. 그러나 이는 제품을 개발하는 사람에게 그리 좋은 출발점이 아니다. 그러면 사용자가 둔감하다는 잘못된 인상을 줄 수 있다. 그리고 실제로 사람과 마음을 그런 식으로 보는 행동 연구자는 많지 않다. 내가 이 책을 통해 이루고자 하는 목표는 여러분이 의사결정과 행동의 작동 방식, 그리고 겉보기에 어리석은 선택이 발생하는 이유를 더 깊이 이해하도록 돕는 것이다. 인간의 한계를 고려할 때 여러분의 사용자, 그리고 여러분 자신은 정말로 똑똑하다.

---

10 Kahneman et al.(1993)
11 Krug(2006). 크루거를 포함한 많은 디자이너가 이렇게 주장한다.

우리에게는 두 가지 마음이 있다

뇌는 두 가지 유형으로 사고한다고 볼 수 있다. 하나는 신중한 사고, 다른 하나는 반응적 사고다. 이는 뇌의 복잡한 사고 프로세스를 설명하기에 유용한 비유다.[12] 반응적 사고(직관적 사고 또는 시스템 1이라고 부름)는 엄청나게 빠르고 자동으로 작동하지만 내면에서 어떻게 작용하는지 일반적으로 의식하지 못한다. 이는 과거 경험과 일련의 간단한 경험칙을 사용하여 상황에 대한 직관적인 평가를 거의 즉각적으로 제공한다. 여기서 말하는 직관적인 평가란 감정을 통해, 그리고 '직감' 같은 신체의 주변 감각을 통해 느낀 평가다.[13] 반응적 사고는 일반적으로 과거 경험과 관련된 익숙한 상황에서 꽤 효과적이고 익숙하지 않은 상황에서는 효과가 덜하다.

신중한 사고(의식적 사고 또는 시스템 2라고 부름)는 느리고 집중적이며 자각할 수 있고 '사고'라는 말을 들었을 때 대부분의 사람들이 떠올리는 개념이다. 우리는 시스템 2를 사용해서 익숙하지 않은 상황에서 합리적으로 경로를 분석하고 복잡한 문제를 처리할 수 있다. 안타깝게도 시스템 2가 한번에 처리할 수 있는 정보의 양은 한심할 정도로 제한적이다. 7개 이상의 관련 없는 숫자를 단기 기억에 한꺼번에 저장하기가 어려운 것처럼 말이다! 그러므로 실제 사고의 대부분은 시스템 1에 의존한다. 이 두 가지 시스템은 독립적으로 병렬 작동할 수 있으며 서로 의견이 다를 수 있다. 신중한 사고를 거쳤는데도 자신이 내린 결정에 대해 '뭔가 잘못됐다'는 느낌 때문에 괴로워할 때처럼 말이다.[14]

이는 우리가 종종 '사고' 없이 행동한다는 뜻이다. 적어도 의식적으로 선택하지 않는다는 의미다. 일상 행동 대부분은 직관적인 모드에 좌우된다. 우리는 습관(학습된 행동 패턴), 본능(과거 경험을 기반으로 한 엄청나게 빠른 상황 판단) 또는 간단한 경험칙(정신적 기계 장치

---

[12] 심리학에서 이중 과정 이론(dual process theory)이라고 부르는 이론 계열이다. 이중 과정 이론은 뇌의 복잡한 프로세스를 단순화하면서도 일반적으로 정확한 사고 방법을 제공하는 유용한 추상화다.
[13] Damasio et al.(1996)
[14] 이중 과정 이론과 마음, 두 부분의 작동 방식에 관한 훌륭한 책들이 존재한다. 카너먼의 『생각에 관한 생각』, 말콤 글래드웰의 『블링크』, 두 권 모두 입문용으로 좋은 책이다. https://www.behavioraltechnology.co/resources/ 페이지에 이중 과정 이론을 포함하여 마음의 작동 방식에 관한 자료를 정리해두었으니 참고하기 바란다.

에 내장된 인지적인 지름길이나 휴리스틱)에 따라 행동한다.[15] 연구자들은 우리의 일상생활 절반가량이 습관과 같은 직관적인 행동에 쓰이며 자신이 하고 있는 행동을 의식적으로 생각하지 않는다고 추정한다.[16] 의식적 마음은 보통 새로운 상황에 있거나 의도적으로 작업에 주의를 기울일 때만 관여한다.[17]

안타깝게도 우리는 의식적 마음이 항상 통제하고 있다고 믿는다. 실제로 그렇지 않을 때도 그렇게 믿는다. 철학자 조너선 하이트는 『조너선 하이트의 바른 행복』(부키, 2022)에서 기수와 코끼리라는 붓다의 비유를 들어 이 개념을 설명한다. 커다란 코끼리가 있고 그 위에 기수가 앉아 있다고 상상해보라. 코끼리는 엄청나게 강하지만 무비판적이고 직관적인 자아다. 기수는 의식적인 자아이며 코끼리에게 어디로 가라고 지시하려 한다. 기수는 항상 자신이 통제하고 있다고 생각하지만 실제로 움직이는 건 코끼리다. 만약 코끼리와 기수의 의견이 다를 때는 보통 코끼리가 이긴다.

이런 관계가 실제로 어떻게 작동하는지 보여주는 아주 흥미로운 연구가 있다. 좌뇌와 우뇌가 수술로 분리되어서 양측이 (물리적으로) 소통할 수 없는 사람들에 대한 연구다. 이들의 좌뇌는 우뇌가 하는 일에 대해 설득력은 있지만 완전히 조작된 이야기를 지어낸다.[18] 이는 마치 통제할 수 없는 코끼리 위에서 모든 것을 통제하고 있다고 외치는 기수나 다름없다![19] 더 정확히 말하자면 코끼리가 취하는 모든 행동이 전적으로 기수가 원하는 대로 이루어졌다고 외치며 그 말을 **기수가 진심으로 믿는 상황**이다.

그러므로 우리는 한 가지 **행동**을 하면서 동시에 전혀 다른 것을 **생각**할 수 있다. 출근하는 도

---

[15] 습관과 기타 프로세스(직관 등)의 경계는 다소 모호하다. 하지만 이런 용어는 시스템 1 반응 유형 간의 차이를 파악하는 데 도움이 된다. 습관과 그 외 자동 시스템 1 행동에 대한 구분은 우드와 닐의 2007년 논문을 참조하고(Wood, Neal 2007) 시스템 1에 관한 일반적인 논의는 카너먼의 저작을 참조하기 바란다(Kahneman 2011).

[16] Wood(2019), Dean(2013)

[17] 의식적 마음이 활성화되는 상황을 강조해서 보여준 닐 마틴에게 감사한다. 직관적인 프로세스와 신중한 프로세스가 언제 작동하는지에 대한 연구 문헌을 훌륭하게 요약해서 보여준 그의 책 『Habit 해빗』(위즈덤하우스, 2009)을 참고하기 바란다.

[18] Gazzaniga, Sperry(1967)

[19] 기수가 좌뇌, 코끼리가 우뇌와 같다는 이야기를 하는 게 아니다. 신중한 사고와 직관적인 사고는 이런 식으로 깔끔하게 나누어져 있지 않다. 이는 신중한 사고가 인식이나 통제 밖에서 일에 대해 설명하라고 요청받을 때 합리화가 어떻게 일어나는지 보여주는 수많은 예시 중 하나일 뿐이다. 해당 구절의 의도하지 않은(그리고 잘못된!) 함의를 포착해준 서배스천 디터딩에게 거듭 감사한다.

중에 실제로는 회사에 도착해서 해야 할 온갖 일을 생각할 수 있다(그림 1-1). 기수는 앞으로 할 일을 준비하는 데 깊이 빠져 있고 코끼리는 걷기라는 동작을 수행하고 있는 것이다. 따라서 행동 변화를 일으키려면 기수와 코끼리 양측 모두와 협력해야 한다.[20]

그림 1-1 의식적 마음이 회사에서 해야 할 일을 생각하는 동안 무의식적 마음은 몸이 계속 걷게 하고(습관과 기술) 어두운 골목을 피하며(직관적인 반응) 빵집의 달콤한 냄새를 따른다(습관).

우리는 지름길을 사용한다(1부: 편향과 휴리스틱)

의식적 마음과 무의식적 마음, 모두 지름길에 크게 의존하여 제한된 능력을 최대로 활용한다. 무수히 많은 지름길(휴리스틱)은 우리가 일상에서 마주하는 다양한 옵션을 낱낱이 살펴보고 무엇을 할지 빠르고 합리적인 결정을 내리도록 도와준다.

이런 휴리스틱은 우리가 평생 사용하는 규칙의 혼합물이며 우리 삶에 뚜렷한 영향을 미친다.

---

20 Heath, Heath(2010)

현상 유지 편향

선택할 수 있는 옵션이 많고 고민할 시간과 에너지가 없거나 어떻게 해야 할지 확신이 없을 때 일반적으로 가장 좋은 방법은 무엇일까? 아무것도 바꾸지 않는 것이다. **우리는 사람들이 대체로 현재 상태를 고수할 것이라고 가정해야 한다.** 현재 상태가 오래된 것이든 임의로 선택된 것이든 마찬가지다. 변화는 손실 위험을 감수하는 것이기 때문이다.[21]

기술적 규범: 우리는 사회적 신호에 깊은 영향을 받는다

결정의 불확실성을 처리하는 또 다른 방법은 다른 사람의 행동을 보고 모방하는 것(이를 기술적 규범이라고 한다)이다.[22] 이는 우리가 가장 흔히 사용하는 지름길 중 하나다. 예를 들면 술집에서 '여기에서는 사람들이 술을 마시며 좋은 시간을 보내고 있으니 똑같이 해도 괜찮겠구나'라고 생각하는 것이다.

확증 편향

우리는 자신의 기존 생각과 일치하는 정보를 찾고 주목하고 기억하는 경향이 있다.[23] 예를 들어 정치적 견해가 강한 사람이라면 자신의 견해를 지지하는 뉴스는 주목하고 기억하지만 그렇지 않은 이야기는 무시하거나 잊어버릴 수 있다. 어떻게 보면 이런 경향은 압도적인 정보의 홍수에서 자신에게 중요한 정보에 집중할 수 있게 해준다. 하지만 여기에는 부작용이 있다. 세상을 더 진실되게 이해하거나 새로운 것을 시도하는 데 도움이 될 수 있는 새로운 정보를 무시하게 하는 것이다.

현재 편향

제한된 주의력은 시간에도 적용된다. 그래서 한번에 하나의 순간에만 집중할 수 있다. 마음은 단순한 지름길을 사용하는 것으로 보이는데, 가장 중요하게 보는 순간은 바로 현재

---

21 현상 유지 편향에 대한 초기 연구는 새뮤얼슨과 제크하우저의 1988년 논문을 참조하라(Samuelson, Zeckhauser 1988).
22 Gerber, Rogers(2009)
23 Watson(1960)

다. 우리는 현재에 과도한 주의를 기울이고 미래의 이익보다 눈앞의 이익을 중요하게 생각한다. 심지어 그것이 자신의 장기적인 건강과 안녕을 위험에 빠뜨린다고 하더라도 마찬가지다. 경제학 분야에서 이런 개념을 공식적으로 연구하기 시작한 것은 1990년대부터다. 하지만 즉각적인 만족에 대한 욕구와 그로 인한 미루기는 오래된 개념이다.[24]

앵커링

어떤 답변을 명확하고 철저하게 평가하기 어려울 때가 종종 있다. 그래서 어떤 사건의 확률이나 물건의 가격 같은 수치를 모를 때는 흔히 초기 추정치(직접 정한 것이든 타인이 제공한 것이든)로 시작하여 추가 정보나 피드백을 바탕으로 이를 위아래로 조정해나간다. 안타깝게도 이런 조정이 대개 충분하지 못하며 초기 기준점이 결과에 강한 영향을 미친다.[25] 앵커링은 기준점을 중심으로 판단을 내리는 여러 방법 중 하나다.

그 외에도 우리의 행동을 이끄는 흥미롭고 적용 범위가 좁은 지름길이 있다. 예를 들면, 다음과 같다.

가용성 휴리스틱

우리는 쉽게 떠올릴 수 있는 사건이 더 자주 일어날 것이라고 믿는 경향이 있다.[26] 예를 들어 최근에 학교 총기난사 사건 뉴스를 접했다면 자연스럽게 그런 사건이 실제보다 훨씬 더 흔하게 발생한다고 생각하게 된다.

이케아 효과

우리는 어떤 대상에 시간과 에너지를 투자할 때 자신의 기여가 객관적으로는 미미하더라

---

[24] 경제학의 초기 모델링 작업에 대해서는 레이브슨의 논문을 참조하고(Laibson 1997), 비교적 최근 요약을 보려면 오도너휴와 라빈의 2015년 논문을 참조하기 바란다(O'Donoghue, Rabin 2015).
[25] Tversky, Kahneman(1973)
[26] Tversky, Kahneman(1973)

도 그 결과물이나 성과의 가치를 훨씬 더 높게 평가하는 경향이 있다.[27] 예를 들어 자신이 직접 조립한 이케아 가구를 다른 사람이 조립한 비슷한 가구보다 더 가치 있게 여긴다. 다른 사람이 조립한 가구의 품질이 더 좋아도 마찬가지다. 자신이 흘린 땀의 가치가 시장 가치 측면에서는 중요하지 않지만 자신에게는 큰 의미를 부여한다.

후광 효과

상대(또는 대상)를 전반적으로 좋게 평가하는 경우 때때로 그 사람(또는 물건)의 나머지 특성들도 지나치게 긍정적으로 판단하게 된다. 마치 그들의 능력과 품질에 '후광'이 드리워진 것처럼 말이다.[28] 예를 들어 개인적으로 좋아하는 상대라면 그 사람의 춤 실력이 어떤지 전혀 모르더라도 그 능력을 과대평가할 수 있다.

연구자들이 발견한 이런 지름길(휴리스틱)이나 마음의 경향(편향)은 100가지가 넘는다. 안타깝게도 이런 지름길은 우리를 잘못된 방향으로 이끌 수 있다. 좋은 선택을 하면서 살아가려고 노력해도 결과는 마찬가지다. 예를 들어 아무리 종교적인 사람이라고 하더라도 사람들이 종교 이야기를 하지 않는 환경에 살고 있다면 종교 언급을 피하게 하는 기술적 규범의 미묘한(어쩌면 그다지 미묘하지 않은) 압박을 느낄 수 있다. 아니면 노숙인이 지저분해 보이고 악취가 난다면 (부정적인) 후광 효과로 인해 부정적인 이미지가 생겨서 그 사람의 정직성이나 지적 능력이 실제에 비해 평가절하될 수 있다. 지름길과 편향의 몇 가지 부정적인 결과를 언급하긴 했지만 지름길은 근본적으로 마음의 제한된 자원을 다루는 영리한 방법이라는 점을 이해하는 것이 중요하다.

이제 다음으로는 마음의 또 다른 절약법인 습관을 자세히 살펴보자.

---

[27] Norton et al.(2011, https://oreil.ly/nPot9)
[28] Nisbett, Wilson(1977)

우리는 지름길을 사용한다(2부: 습관)

우리는 일상 대화에서 **습관**이라는 용어를 다양한 의미로 느슨하게 사용한다. 하지만 구체적으로 정의하자면 습관은 주변 환경의 단서에 의해 촉발되는 반복적인 행동이라고 볼 수 있다. 습관은 **자동**이어서 습관적인 행동은 의식적인 통제 바깥에서 일어나고 심지어 행동이 일어나고 있는 것을 인식하지 못할 때도 있다.[29] 습관은 마음의 일을 덜어준다. 사실상 행동에 대한 통제권을 환경에 있는 단서에 위임하는 것이다.[30] 덕분에 의식적 마음은 더 중요한 다른 일에 집중할 수 있다. 의식적 사고가 진짜로 필요한 일들 말이다.

습관은 다음 둘 중 한 가지 방식으로 형성된다.[31] 먼저, 단순 반복을 통해 형성된다. X(단서)를 볼 때마다 Y(루틴)를 실행한다. 시간이 지나면 뇌에는 단서와 루틴 사이에 강력한 연관성이 구축되고 단서가 발생하면 무엇을 할지 생각하지 않고 바로 행동하게 된다. 예를 들어 아침에 잠이 깨면(단서) 항상 침대의 같은 위치에서 일어난다(루틴). 잠이 깬 후 침대에 누워 정확히 어느 지점에서 일어날지 고심하는 일은 거의 없다. 이것이 바로 습관의 작동 방식이다. 너무 일상적이고 생활에 너무 깊이 배어들어서 그 존재를 거의 알아차리지 못한다.

단서와 루틴 외의 세 번째 요소인 **보상**이 있을 때도 있다. 보상은 루틴이 끝나는 시점에 일어나는 좋은 일을 가리킨다. 보상은 우리를 움직이게 한다. 이는 그 행동을 반복할 이유가 된다. 맛있는 음식처럼 본질적으로 즐거운 것일 때도 있고 사용한 그릇을 전부 치우는 일처럼 스스로 설정한 목표를 완수하는 것일 때도 있다.[32] 예를 들어 카페 옆을 지나며 커피 향을 맡을 때마다(단서) 카페에 들어가서 크림을 올린 더블 모카 에스프레소를 사고(루틴) 초콜릿과 카페인이 주는 만족감을 느끼는 것이다(보상). 커피를 사는 것처럼 명확한 습관은 알아차릴 수 있다. 하지만 덜 명확하고 보상이 있는 다른 습관들(이메일을 확인하는 도중에 흥미로운 메시지 발견하기 같은 무작위 보상받기)은 알아차리지 못할 수도 있다.

---

[29] 습관 같은 자동 행동의 핵심 특징 네 가지(통제할 수 없음, 의도적이지 않음, 인식하지 못함, 인지적으로 효율적임(인지적 노력이 들지 않음))에 대한 논의는 바르지의 논문을 참조하기 바란다(Bargh et al. 1996).
[30] Wood, Neal(2007)
[31] 뉴스 인 헬스(News in Health, https://oreil.ly/0Kspd)와 CBS 뉴스(https://www.cbsnews.com/news/hooked-why-bad-habits-are-hard-to-break/)에 이를 요약한 좋은 기사가 있다.
[32] Ouellette, Wood(1998)

일단 습관이 형성되면 보상 자체가 행동을 직접 주도하지 않는다. 습관은 자동화되어 의식적으로 통제할 수 없다. 그러나 마음은 과거에 경험한 보상을 무의식적으로 '기억'하여 직감적으로 이를 원하거나 갈망할 수 있다.[33] 마음은 사실상 다시는 받지 못할 보상을 계속 원할 수 있고 심지어 받았을 때 즐거워하지 않을 수도 있다![34] 나도 그런 경험을 한 적이 있다. 감자칩을 먹는 습관이 생긴지 한참 지난 요즘에도 여전히 습관적으로 감자칩을 먹는다. 그다지 즐기지 않을 뿐 아니라 사실 그 감자칩이 몸에 안 좋은 영향을 미치는 데도 말이다.[35] 습관이 형성된 후에도 보상은 중요하다. 보상은 의식적으로 습관적 행동을 반복하도록 유도하고 변화에 더 강하게 저항하도록 만들 수 있다.

쉽게 사라지지 않는다는 습관의 특성은 매우 유용할 수도 있다. 달리 생각해보자. 일단 형성된 '좋은' 습관은 새로운 행동을 유지하는 가장 회복력 있고 지속 가능한 방법이 된다. 찰스 두히그Charles Duhigg는 『습관의 힘』(갤리온, 2012)에서 이를 잘 보여주는 사례를 소개한다. 1900년대 초반 광고 전문가 클로드 홉킨스는 극소수의 사람들만 양치하던 미국 사회를 단 10년 만에 대다수의 사람이 양치하는 사회로 탈바꿈시켰다. 이런 업적을 달성할 수 있었던 것은 미국인들에게 양치하는 습관을 심어주었기 때문이다.[36]

- 그는 사람들에게 단서를 가르쳤다. 치아 피막을 느끼게 한 것이다. 자연스럽게 치아를 덮고 있는 다소 끈적끈적하고 누르스름한 (그 자체로는 크게 해롭지 않은) 물질 말이다(그림 1-2).
- 치아 피막을 느낀 사람들의 반응은 (펩소던트 치약을 써서) 양치하는 루틴이었다.
- 보상은 양치하자마자 입안에서 느껴지는 민트 향의 얼얼한 느낌이었다.

---

33   습관이 형성된 후에 보상이라는 개념이 인간에게 정확히 어떤 영향을 미치는지에 대해서는 심리학 분야에서 활발한 논쟁이 이루어지고 있다. 해당 논의는 우드와 닐의 논문을 참조하기 바란다(Wood, Neal 2007).
34   원하기와 좋아하기 사이의 차이점에 대해서는 베리지의 2009년 논문을 참조하면 유용하다(Berridge et al. 2009, https://doi.org/10.1016/j.coph.2008.12.014). 원하기와 좋아하기의 차이를 알면 특정 약물이 중독자에게 강한 갈망을 불어 넣지만 오래 복용하면 더 이상 즐거움을 주지 않는 이유를 설명할 수 있다.
35   그렇다. 이 책의 초판에 등장했던 이 예시를 기억하는 독자들을 위해 말하자면 이 예시는 여전히 사실이다.
36   두히그가 한 이야기는 행동 변화의 복잡한 윤리를 보여주는 예이기도 하다. 홉킨스는 미국과 미국 사회에 엄청나게 유익한 일을 성취했다. 동시에 그는 부분적으로 날조된 '문제(유해하지 않은 치아 피막의 가짜 문제를 강조하고 실제로 유해한 충치는 강조하지 않음)'를 바탕으로 상업적 제품을 매우 성공적으로 판매했다.

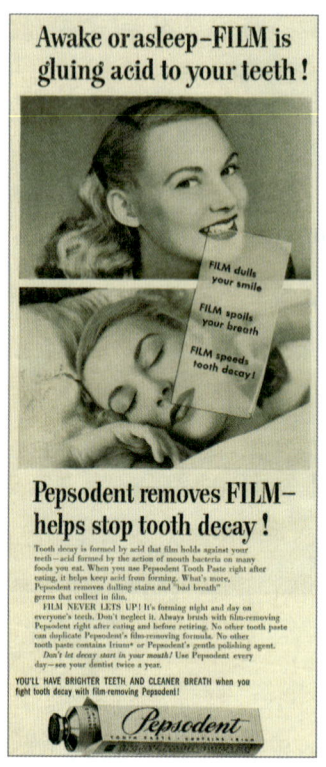

그림 1-2 1950년대 펩소던트 치약 광고. 단서를 강조하여 양치 습관이 형성되도록 유도한다.[37]

시간이 지나자 습관(피막을 느끼고 양치하기)이 형성되었고 마지막에 있는 보상이 이 습관을 강화했다. 그러자 갈망, 즉 펩소던트 치약이 입안에 일으키는 시원하고 얼얼한 느낌을 느끼고 싶은 마음도 더 강해졌다. 사람들은 이 느낌을 깨끗하고 아름다운 치아와 연관지었다.

두히그의 예에서 한 걸음 물러나서 보상을 중심으로 형성되는 습관의 세 가지 부분을 다시 살펴보자.

- **단서**는 지금 행동해야 한다고 알려준다. 단서는 환경(커피 향)이나 신체(배고픔)에 나타나는 모호하지 않고 명확한 신호다. B. J. 포그와 제이슨 레아는 행동 연구를 **단서 행동**cue behavior과 **주기 행동** cycle behavior, 두 가지 방식으로 나눈다. 외부에서 단서가 행동하라고 알려주는지(식사 후에 양치질

---

37 이 그림은 빈티지 어드벤처에서 제공받았다(http://vintage-adventures.com).

하기), 아니면 특정 시간대에 주기적으로 발생하는지(평일 오후 5시에 퇴근 준비하기)에 따라 분류하는 것이다.[38]

- **루틴**은 단순할 수도 있고(전화 수신음 듣고 전화받기) 복잡할 수도 있다(커피 향을 맡고 스타벅스에 들어가서 커피를 사서 마시기). 행동이 발생하는 상황이 일관되기만 하면 된다. 의식적 사고가 **필요**하지 않다면(즉, 일관성으로 인해 새로운 의사결정을 내리지 않고 이전 행동을 반복한다면) 그 행동은 습관이 될 수 있다.

- **보상**은 매번 일어날 수도 있고(가장 좋아하는 브랜드 커피 마시기) 더 복잡한 **보상 일정**에 따라 발생할 수도 있다. 보상 일정은 행동이 일어날 때마다 보상이 일어나는 빈도와 가변성을 나타낸다. 예를 들어 슬롯머신의 레버를 당기거나 버튼을 누를 때는 무작위 보상을 받는다. 당첨될 때도 있고 그렇지 않을 때도 있다. 우리 뇌는 무작위 보상을 **정말 좋아한다**. 타이밍 측면에서는 루틴 직후에 발생하는 보상이 가장 좋다. 그러면 단서와 루틴 사이의 연관성을 강화하는 데 가장 효과적이다.

보상의 정확한 작동 방식에 대해 활발한 연구가 이루어지고 있지만 가능성이 높은 시나리오 중 하나는 이 세 가지 요소가 결합하여 시간이 지나면 단서는 보상과 연관 지어진다는 것이다.[39] 단서를 볼 때 우리는 보상을 **기대**하며 이런 기대는 우리가 루틴을 실행하여 보상을 얻도록 유도한다. 이 과정에는 시간이 든다. 하지만 시간이 얼마나 들지는 사람이나 상황에 따라 몇 주에서 몇 개월까지 달라진다. 다시 말하지만 보상에 대한 욕구는 보상이 더 이상 존재하지 않게 된 이후에도 오래 지속될 수 있다.[40]

우리는 맥락의 큰 영향을 받는다

그리고 마지막으로 중요한 교훈을 소개할 차례다. 바로 우리의 행동에 영향을 미치는 **맥락의 중요성**이다. 맥락적 환경은 명확한 방식으로 우리의 행동에 영향을 미친다. 마치 건축물의 건축 양식이 우리의 주의와 활동을 중앙 정원에 집중시키는 것과 비슷하다. 또한 맥락은 명확

---

[38] Fogg, Hreha(2010, https://doi.org/10.1007/978-3-642-13226-1_13)
[39] 이는 동기 부여를 통한 단서 주기(motivated cueing)의 한 형태로, 분산된 동기가 습관에 신호를 주는 맥락에 적용되는 경우다(Wood, Neal 2007). 심리학 분야에서는 동기가 이미 형성된 습관에 정확히 어떤 영향을 주는지에 대해 논의가 활발하다.
[40] 지속 기간에 대해서는 랠리 논문(Lally et al. 2010), 지연에 대해서는 베리지의 논문(Berridge et al. 2009, https://doi.org/10.1016/j.coph.2008.12.014), 우드의 저서에서 다루고 있다(Wood 2019).

하지 않은 방식으로도 영향을 미친다. 우리가 말하고 듣는 대상이 되는 사람들**(사회적 환경)**, 보고 상호작용하는 것**(물리적 환경)**, 오랜 시간에 걸쳐 익힌 습관과 반응**(정신적 환경)**이 영향을 미치는 것이다. 이렇게 명확하지 않은 영향은 질문의 표현이 약간만 바뀌어도 쉽게 드러난다. 환경이 인간 행동에 어떻게 영향을 미치는지 이 책 전반에 걸쳐 살펴볼 예정이지만 우선 한 가지 유명한 예로 시작해보겠다.

- 600명의 생명을 앗아갈 것으로 예상되는 희귀병이 발생했고 여러분이 정부 대응책을 마련하는 담당자라고 가정해보자.

여러분에게는 두 가지 선택지가 있다.

- 옵션 A는 200명을 구할 수 있다.
- 옵션 B는 1/3의 확률로 600명을 구하고 2/3의 확률로 아무도 구하지 못한다.

여러분이라면 어떤 옵션을 선택하겠는가?

이번에도 600명의 생명을 앗아갈 것으로 예상되는 다른 질병이 발생했다고 가정해보자. 여러분에게는 두 가지 선택지가 있다.

- 옵션 C는 400명이 확실히 사망한다.
- 옵션 D는 1/3의 확률로 아무도 죽지 않고 2/3의 확률로 모두가 죽는다.

이번에는 어떤 옵션을 선택하겠는가?

이런 옵션을 제시하면 사람들은 일반적으로 첫 번째 상황에서는 옵션 A를, 두 번째 상황에서는 옵션 D를 선호한다. 이런 상황을 활용한 트버스키와 카너먼의 초기 연구에서[41] A를 선택한 사람이 72%였고(B는 28%) C를 선택한 사람은 22%뿐이었다(D는 78%). 이미 알아챘겠지만 이런 결과는 논리적으로 일관성이 없다. A와 C 둘 다 400명의 사람이 확실히 사망하고

41　Tversky, Kahneman(1981)

200명을 구할 수 있는 점에서 동일하다. 논리적으로는 A를 선호하는 사람이라면 C를 선택해야 한다. 하지만 평균적으로 그렇지 않았다.

많은 연구자는 수학적으로 똑같은 옵션(A와 C)이라도 **어떤 프레임**frame**으로 보여주는지**에 따라 사람들의 선택에 그토록 극명한 차이가 난다고 본다. 하나는 200명의 생명을 **구하는** 프레임을 썼고 다른 하나는 400명의 생명을 **잃는** 프레임을 썼다.[42] C의 설명은 (동시에 200명의 생명을 구하는 대신) 400명의 생명을 잃는 데 초점을 맞춘다. A의 설명은 (400명의 생명을 잃는 대신) 200명의 생명을 구하는 데 초점을 맞춘다. 그리고 사람들은 긍정적이거나 **이득**이 있는 프레임이 있을 때(A 대 B) 불확실하거나 위험한 옵션(B와 D)을 피하는 경향이 있고 부정적이거나 **손실**이 있는 프레임이 있을 때(C 대 D) 위험을 추구하는 경향이 있다.

글쎄, 좀 **이상한** 결론이다. 이는 사소한 표현의 변화가 사람들의 선택을 어떻게 근본적으로 다른 방향으로 이끄는지 보여준다. 그런데 사람들이 왜 그런 선택을 했는지 모른다는 점이 더더욱 이상하다. 두 가지 선택 조합을 마주했을 때 사람들은 "음, A와 C가 완전히 똑같은 결과라는 걸 알겠지만 그냥 직감적으로 손실을 생각하는 것이 마음에 들지 않아요. 표현상의 속임수라는 걸 알더라도요"라고 하지 않는다. 그 대신 그냥 이렇게 말할 것이다. "사람들을 구할 수 있다는 걸 아는 것이 중요하고(A) 사람들이 확실히 죽는다는 것을 알고도 그냥 내버려둔다는 생각은 절대 하고 싶지 않아요(C)."

기수와 코끼리 비유를 다시 사용하자면 기수는 자신이 통제하고 있다고 생각하지만 실제로 통제하는 것은 코끼리다. 의식적 기수는 행동이 벌어진 후에 진짜 이유를 알지 못한 채로 설명을 지어낸다. 사회 심리학자 팀 윌슨이 멋지게 표현한 바와 같이 우리는 '자신에게 낯선 사람'이다.[43] 이를 다시 제품 개발에 적용하자면 사용자들은 자신의 행동을 이해하지 못한 채로 일단 행동하고 나중에 설명을 지어낸다.

---

[42] 많은 연구자가 이 설명을 받아들이지만 모두가 그런 것은 아니다. 과학계에서 흔히 있는 일이지만 이 같은 프레이밍 효과가 발생하는 이유에 대해서도 의견이 분분하다. 대안적 견해로는 사람들이 옵션에 대해 매우 단순화된 분석을 하고 두 가지 다른 옵션을 두 가지 다른 단순화된 답변으로 본다는 것이다. 이런 관점에 대한 논의는 쾨베르거와 태너의 논문을 참조하기 바란다(Kühberger, Tanner 2010).

[43] Wilson(2002), 초기 요약은 니스벳, 윌슨의 논문을 보기 바란다(Nisbett, Wilson 1997b).

미래의 행동에 대한 자기 인식도 부족하다. 우리는 미래에 어느 정도 수준의 감정을 느낄지, 어떤 행동을 할지 예측하는 데 서투르다.[44] 예를 들어 사람들은 이혼이나 질병 같은 미래의 부정적인 사건이 감정에 미칠 영향을 심각하게 과대평가한다. 우리는 환경의 세부적인 부분의 영향을 받을 뿐 아니라 과거에 환경이 미쳤던 영향을 종종 인식하지 못하기 때문에 미래의 행동을 생각할 때 이러한 영향을 고려하지 않는다. 제품 개발의 맥락에서 이는 사람들에게 미래의 행동이나 상황이 어떠할지 물었을 때 신뢰할 수 있는 답변을 얻기 어렵다는 뜻이다.

트버스키와 카너먼의 연구는 행동 과학의 핵심 원칙 중 하나인 준거 의존성 reference dependence 을 보여준다. 절대적인 관점에서 옵션 A와 C의 결과는 동일하다. 하지만 첫 번째 프레임은 준거점 reference point 을 사람들이 죽는 것으로 설정하고 이를 구할 가능성이 있다고 했고, 두 번째 프레임은 준거점을 사람들이 생존하는 것으로 설정하고 이를 죽도록 내버려둘 가능성이 있다고 했다. 무엇이 손실인지 이득인지는 준거점에 달려 있다. 그리고 트버스키와 카너먼의 연구에서 볼 수 있듯이 준거점은 변할 수 있다. 다시 말해 준거점은 디자인에 따라 달라질 수 있다.

우리는 맥락을 디자인할 수 있다

의사결정과 행동은 환경의 영향을 받으므로 환경을 디자인하면 의사결정과 행동을 변화시킬 수 있다. 우리는 이런 지식을 고려하여 사람들이 더 나은 결정을 내리고, 습관을 현명하게 사용하며, 자신이 원하는 대로 행동할 수 있도록 제품 디자인과 커뮤니케이션을 신중하게 개발할 수 있다. 이 책의 나머지 부분에서는 이러한 주제에 초점을 맞출 것이다.

---

[44] 감정과 다른 예시는 윌슨과 길버트의 논문에서(Wilson, Gilbert 2005), 행동은 윌슨과 러플러의 논문에서 다룬다(Wilson, LaFleur 1995).

잘못될 수 있는 부분

우리는 마음의 특이성이 나쁜 결과로 이어질 수 있는 영역에 대해 이미 어느 정도 살펴본 바 있다. 그렇지만 이 영역을 더 명확하고 분명하게 밝혀두는 것이 좋다. 이러한 이해가 상황을 개선하는 기초이기 때문이다. 이는 두 가지 주요 연구 분야로 나뉘며 두 분야 모두 우리의 목적에 유용하다. 행동 과학은 광범위하게 볼 때 **의사결정**의 특이성과 **행동**의 특이성을 이해하는 데 도움이 된다.

의사결정의 특이성

마음이 사용하는 지름길은 우리로 하여금 모든 옵션을 철저히 평가하지 않고 일반적으로 괜찮은 결정을 신속하게 내리게 한다. 이런 장치는 제한된 능력을 최대한 활용하게 해준다는 면에서 필요하며 일반적으로는 큰 도움이 된다. 하지만 때로는 그렇지 않을 때도 있다.

여러분이 낯선 도시에서 식사할 곳을 찾고 있다고 한번 상상해보자.

- 아마 휴대전화로 평점이 높은 식당이 어디인지 확인할 것이다. 아니면 창문 너머로 손님이 많은 식당을 찾아볼 수도 있다. 파리만 날린다는 것은 좋은 징조일 리가 없으니까. 이것이 **사회적 증거**social proof 휴리스틱이다. 어떻게 해야 할지 모르겠을 때 다른 사람이 하는 것을 따라 하는 것이다.

- 어떤 식당을 홍보하는 광고를 봤다면 그 식당 옆을 지나갈 때 간판이 눈에 들어올 것이다. 들어본 적 있다는 것은 긍정적인 신호다! **가용성 휴리스틱**이 그 느낌을 뒷받침한다.

- 최근에 가봤더니 괜찮았던 체인점이 눈에 띈다면 지난번에 괜찮았으니 다시 먹어도 괜찮을 거라고 생각할 수 있다. 이때 여러분의 선택을 돕는 것은 **최신 편향**recency bias이다.

- 한 식당에서 버거를 10달러에 팔고 다른 식당에서 2달러에 판다. 절약도 좋지만 차이가 너무 크다. 2달러짜리는 싼 게 비지떡일 것이 틀림없다. 이는 **가격을 품질의 신호**로 보는 지름길이다.

각각의 경우 지름길이 빠른 결정을 내리도록 도와준다. 확실한 것은 그중 어떤 결정도 완벽하지 않다는 점이다. 더 나은 결정을 내릴 방법도 찾으려면 찾을 수 있겠지만 이 모든 선택은 대체로 합리적이다. 무엇보다 중요한 것은 빠르다는 점이다. 이런 지름길은 그 도시에 있는 식당의 장단점을 맛과 영양, 가는 데 걸리는 시간, 분위기, 예상되는 사회적 환경 등 50가지 측면에서 전부 검토하느라 몇 시간이나 허비하지 않도록 도와준다. 이런 지름길은 의사결정을 가능하게 하고 의사결정 마비를 방지한다.

맥락을 전환해서 이번에는 주식 시장에 돈을 투자한다고 상상해보자. 최근에 뜻밖의 추가 소득이 생겨서 미래를 위해 그 일부를 투자할 예정이다. 투자 경험은 많지 않다. 이럴 때 여러분이라면 어떻게 하겠는가?

- **사회적 증거**를 활용하여 다른 사람들이 어떤 이야기를 하고 어디에 투자하는지 온라인에서 확인한다. 훌륭하다! 바로 그것이 거품경제가 생기는 방식이라는 점만 제외하면 말이다. 비트코인이나 닷컴버블dot-com bubble을 생각해보라.
- **가용성 휴리스틱**을 활용하여 들어본 곳에 투자한다. 멋지다! 그 또한 거품경제가 생기는 방식이라는 점만 제외한다면 말이다.
- **최신 편향**을 활용하여 과거에 좋은 성과를 냈던 곳을 살펴보고 거기에 투자한다. 문제는 과거 성과가 미래 성과를 보장하지 못한다는 점이다. 훌륭한 지침이라고는 볼 수 없다.
- 가격을 살펴본다. 가격이 정말 높은 주식이라면 좋은 투자처일 게 분명하지 않은가? 잘 될 것이 분명하다.

이쯤이면 내가 무슨 말을 하고 싶은 것인지 이해했으리라고 생각한다.

지름길이 잘 작동하면 알아채지 못하는 경우가 많다. 쉽고 빠르게 결정을 내리기 때문이다. 아니면 드물게 알아채기도 하지만 그럴 때는 지름길이 **영리하다**고 평가한다. 학계에서는 이를 긍정적인 의미로 빠르고 검소한 휴리스틱fast and frugal heuristics이라 부른다(휴리스틱은 지름길의 다른 말이다).[45]

하지만 똑같은 지름길이 우리를 곤경에 빠뜨릴 때는 그 지름길을 어리석다고 평가한다. 어쩜 그렇게 어리석게 군중을 따랐는지 자책하게 된다. 이 책의 독자라면 아마 **편향**bias이라는 용어를 들어본 적 있을 것이다. 이 용어는 지름길과 밀접한 관련이 있다. 편향은 엄밀히 말해 사

---

45 Gigerenzer, Todd (1999), Gigerenzer (2004)

고나 행동의 경향을 가리킨다. 긍정적이지도 부정적이지도 않은 가치 중립적인 용어다. 많은 연구자를 포함한 대부분의 사람은 이를 명시적으로 부정적인 의미로 사용하며 사람들이 어떻게 **행동해야 하는지**에 대한 '규범 모형 같은 객관적인 표준에서 벗어난 것'으로 간주한다.[46] 어긋난 지름길이나 휴리스틱은 편향을 만든다.

일단 무언가를 편향이라고 부르고 나면 '그렇다면 그냥 편향을 그냥 제거해야 되겠군요! 사람들의 편향을 없앱시다!'라는 논리적 결론에 성급하게 도달하기 쉽다. 하지만 그렇게 간단한 문제가 아니다. 이런 지름길을 바꾸기 어려운 이유는 지름길이 너무 영리하고 똑똑하기 때문이다. 만약, 편향이 단순히 어리석은 장치였다면 결국은 하지 않는 법을 배웠을 것이다(개인 인생의 차원이든 인류 역사의 차원이든 마찬가지다). 하지만 이런 지름길은 어리석기는커녕 매우 유용하다. 다만 때로는 맥락에서 벗어나 잘못된 시점에 사용되기도 한다. 사회적 증명이나 가용성 휴리스틱의 사용을 한순간에 중단하는 것은 불가능할뿐더러 그렇게 해서도 안 된다. 그러면 해결하는 것보다 망가지는 것이 더 많을 것이다.

정신적 지름길을 **완전히 피할 수 없는 것**이 현실이다. 오히려 의식적, 무의식적 지름길이 환경의 세부 사항에 의해 어떻게 촉발되는지 이해함으로써 이를 사용할 때 오는 부정적인 결과를 일부 피할 방법을 배울 수 있다. 따라서 행동 변화를 위해 디자인하는 행동 과학의 첫 번째 과제는 우리 모두가 사용하는 소중하지만 불완전한 지름길을 고려하여 사람들이 더 나은 결정을 내리도록 돕는 것이다.

행동의 특이성

> 온통 결함으로 이루어진 나는 선의라는 실로 기워져 있다
>
> **어거스텐 버로스**

우리는 행동 과학을 통해 결정 너머에 있는 행동의 특이성을 이해할 수 있다. 특히 어떤 행동

---

[46] 배런(Baron 2012)의 연구를 바탕으로 한 솔의 연구(Soll et al. 2015)

을 하기로 했다가 실제로는 다른 행동을 하는 이유를 이해할 수 있다. 행동의 특이성을 이해하는 출발점은 결정의 특이성을 이해하는 출발점과 똑같다. 바로 우리가 주의력, 기억력, 의지력에 한계가 있는 제한적인 존재라는 점이다. 우리의 마음은 제한된 자원을 절약하고 부담을 덜기 위해 영리한 지름길을 사용한다. 하지만 이런 사실은 결정을 내린 후에도 우리에게 다양한 방식으로 영향을 미친다. 특히 행동하지 않는 오류, 의도하지 않은 행동을 하는 오류를 일으킨다.

연구 문헌에 언급되는 **의도-행동 차이**는 행동하지 않는 데서 오는 주요 오류 중 하나다. 우리 모두 어떤 방식으로든 이런 차이를 느껴본 적 있다. 혹시 주변에 체육관 회원권이나 운동 기구를 가지고 있는데 자주 이용하지 않는 친구가 있는가? 그 친구는 체육관에 돈을 내는 행위 자체를 즐기는 걸까? 당연히 그럴 리는 없다. 체육관은 정말 다니려고 등록했을 것이고, 멋진 기구는 진짜 사용하려고 샀을 것이다. 그저 그렇게 하지 않은 것뿐이다. 체육관이 제공하는 혜택에는 변함이 없다. 과거에 연이은 실패를 했는데도 이들은 자신이 정신을 차리고 꾸준히 다닐 것이라고 계속 희망하고 믿고 있다. 하지만 무언가가 이들을 방해한다. 동기 부족은 그 원인이 아니다. 그래서 계속 돈은 내면서도 체육관에 가는 데 실패하고 있는 것이다.

의도-행동 차이가 발생하면 행동하려는 의도가 있어도 이를 끝까지 따르거나 행동하지 못하게 된다. 이때 부족한 것은 진정성이나 동기가 아니다. 그저 마음이 그렇게 구성되어 있어서 이런 차이가 발생하는 것이다. 이는 행동 과학의 핵심 교훈 중 하나를 보여준다. **무언가를 하겠다는 좋은 의도와 진실한 열망만으로는 충분하지 않다**는 것이다.

그렇다면 의도하지 않은 행동은 왜 일어날까? 여기서 말하는 의도하지 않은 행동이란 다음날 아침에 후회하는 흥청망청 파티를 말하는 것이 아니다. 그보다는 하려는 의도가 없는데도 하고 있는 행동을 가리킨다. 이러한 일은 종종 인식하지 못하거나 깊이 생각하지 않아서 발생한다. 이런 행동의 한 가지 원인은 이미 살펴본 바와 같이 습관에 있다. 습관은 생각 없이 행동하게 한다. 그 덕분에 우리는 쉽게 자전거를 타고 애플리케이션의 인터페이스를 탐색하며 어떤 스포츠든 익힐 수 있다. 하지만 이러한 습관이 잘못 작동할 때도 있다.

주변에 정크푸드를 끊임없이 먹는 사람이 있는가? 이들은 매일 밤 지친 몸을 이끌고 집으로 돌아와서 초코바 하나와 감자칩 한 봉지를 집어 들고 소파에 앉아 노트북을 펼쳐놓고 동영상을 보기 시작한다. 한 시간 정도 지나 정신을 차리고 보면 어느새 눈앞에는 구겨진 빈 봉지뿐이다. 그런데도 배는 여전히 고프고 계속 입으로 들어가는 간식을 거의 알아채지 못한다.

이 외에도 비슷한 예는 많다. 흡연(사실 니코틴보다 습관의 영향이 더 큰 것 같다)[47], 늦은 밤 TV 시청, 소셜 미디어 앱 확인에 중독되었을 때처럼 말이다. 습관을 단순히 학습된 행동 패턴으로 본다면 본질적으로 가치 중립적이다. 나쁜 습관이든 좋은 습관이든 똑같이 반복을 통해 배운다. 우리의 마음은 인지 작업을 절약하기 위해 이를 자동화한다. 어떤 사람이 정크푸드를 끊임없이 먹게 된 건 요즘 특별히 직장 생활이 어려워서일 수 있다. 아니면 그 도시로 처음 이사 왔을 때 괜찮은 식재료를 살 곳을 찾아서 자동 루틴을 설정해두지 못한 까닭에 그렇게 되었을 수 있다. 어떻게 시작되었든 간에 이런 습관이 일단 자리를 잡으면 떨쳐내기 어렵다.

의사결정 지름길을 살펴봤을 때처럼 이번에도 습관이 없는 세계를 상상해보자. 운전을 처음 배울 때처럼 모든 결정, 모든 행동을 신중하게 생각해야 하는 세계 말이다. 우리는 금세 지쳐 나가떨어질 것이다. 우리 스스로도 습관에 의존하지 않을 수 없듯이 제품 사용자들에게 습관에 의존하지 말라고 요청할 수 없다. 행동 변화를 위한 제품과 커뮤니케이션을 개발하는 사람이라면 오히려 습관을 이해하고 활용해야 한다. 오작동한 지름길, 원하지만 가지지 못한 습관, 의도와 행동 사이의 큰 격차, 이런 것이 우리가 해결해야 할 문제이자 행동 변화를 위한 디자인이 존재하는 이유다.

왜 문제에 집중하는가?

지금쯤이면 이 책이 의사결정의 **문제**에 집중하고 있다는 것을 눈치챘을 것이다. 이 책은 사람들이 일반적으로 어떻게 결정을 내리는지에 주목하지 않는다. 즉, 이 책은 사람들이 항상 적절하고 **올바른** 결정을 내리는지 신경 쓰지 않는다. 이는 의도된 것이다. 이 책이 행동 변화를

---

47 Wood(2019)

위한 디자인을 통해 사용자가 더 나은 결정을 하도록 돕기 위해 쓰였기 때문이다. 이미 제대로 결정하고 행동하고 있는 사용자에게는 도움이 필요 없다.

기업이라면 사람들의 결정이 달라지길(그래서 해당 기업의 제품을 구매하길) 바랄 수 있다. 하지만 사람들 스스로 충분한 고민 끝에 내린 결정이 아니라면 우리가 개입해서는 안 된다. 우리는 아무것도 바꾸려 해서는 안 된다. 우리가 개입해야 할 순간은 오로지 사람들이 신중하게 내린 결정과 순간적인 실수 사이에 간극이 존재할 때뿐이다. 그래서 나를 비롯한 많은 행동 과학자가 의사결정의 오류에 집중한다. 사람들의 바람과 상관없이 그들을 '설득하거나 무언가 하게 만드는 일'에는 집중하지 않는다. 행동 변화를 위한 디자인의 윤리에 대해서는 4장에서 더 자세히 다룰 것이다.

의사결정 과정이라는 지도

우리는 지금까지 신중하고 깊이 있는 사고부터 지름길, 완전히 자동화된 습관까지 마음이 결정을 내리는 다양한 방법에 대해 이야기했다. 이런 정신적 도구들은 얼마나 많은 사고가 관여하느냐를 기준으로 스펙트럼의 일부로 생각할 수 있다. 익숙하지 않은 상황(대부분의 사람에게 수학 퍼즐이 여기에 해당한다)은 많은 의식적 사고를 요구한다. 차까지 걸어가기처럼 익숙한 상황은 그렇지 않다. 마찬가지로 '어떤 직업을 가져야 할까?'처럼 중대한 결정도 '어떤 베이글을 먹을까?'처럼 가벼운 결정보다 더 많은 의식적 사고를 필요로 한다. '오늘 아침에는 칫솔을 어떤 방식으로 들까?'처럼 자주 반복되고 부담이 적은 결정은 거의 사고가 필요 없으며 습관이 될 수 있다.

[그림 1-3]의 스펙트럼은 의도적으로 뭔가를 다르게 행동하지 않을 때 마음이 반응하는 **기본적이고 에너지가 가장 적게 드는 방법**을 보여준다.

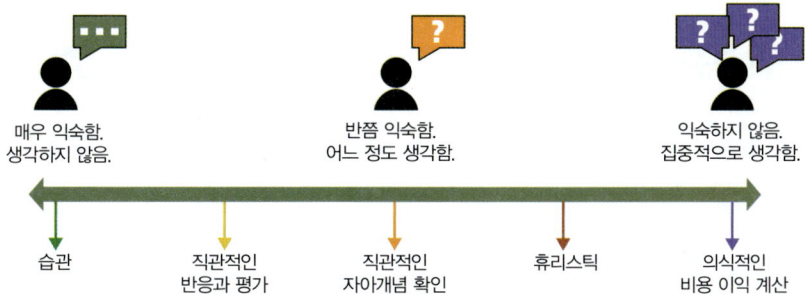

그림 1-3 익숙한 상황에서 우리의 마음은 습관과 직관적인 반응을 사용하여 수고를 줄인다.

몇 가지 간단한 예를 들어보겠다. 다이어트를 하기로 결심했지만 다이어트 경험은 많지 않은 사람을 상상해보자.

- **감자칩 봉지째 먹기:** 매우 익숙함. 거의 생각하지 않음. 습관.

- **좋아하는 뷔페에서 무엇을 먹을지 고르기:** 익숙함. 조금 생각함. 직관적인 반응 또는 평가.

- **사무실에서 열리는 다이어트 워크숍 신청하기:** 반쯤 익숙함. 어느 정도 생각함. 자아개념이 선택을 주도함.

- **치즈버거가 그날의 다이어트 칼로리 제한을 위반할지 판단하기:** 익숙하지 않음. 생각이 필요하지만 단순화할 수 있는 쉬운 방법이 있음.[48] 휴리스틱.

- **수백 가지 음식의 개별 칼로리와 영양 총량을 기반으로 가족들을 위한 주간 식사 계획 만들기:** 익숙하지 않음. 많은 주의력과 사고가 필요함. 의식적인 비용 이익 계산.

[표 1-1]은 스펙트럼상의 각 도구가 쓰일 가능성이 있는 상황에 대해 조금 더 자세히 보여준다.

---

[48] 흔하게 쓰이는 한 가지 휴리스틱은 음식의 양이다. 맞다. 음식의 부피를 말하는 것이다. 펜실베이니아 주립 대학교 인간 섭취 행동 연구소 소장인 바버라 롤스(https://oreil.ly/7Sh5p)는 이 휴리스틱을 활용해서 사람들의 체중 감량을 돕는 휴리스틱을 개발했다. 이와 관련해서는 롤스의 저작을 참고하기 바란다(Rolls 2005).

표 1-1 마음이 올바른 행동을 선택하기 위해 사용하는 다양한 도구

메커니즘	쓸 가능성이 가장 높은 상황
습관	익숙한 단서가 학습된 루틴을 촉발한다.
기타 직관적인 반응	익숙하거나 반쯤 익숙한 상황이다. 이전 경험을 바탕으로 반응한다.
마인드셋 또는 자아개념 활성화	여러 해석이 가능한 모호한 상황이다.
휴리스틱	의식적 주의력이 필요한 상황이지만 선택은 암묵적으로 단순화될 수 있다.
집중적이고 의식적인 계산	의식적으로 선택해야 하는 익숙하지 않은 상황 또는 주의를 집중해야 하는 매우 중요한 결정이다.

이 스펙트럼은 익숙한 상황에서 항상 습관을 사용한다거나 익숙하지 않은 상황에서 의식적 마음만 사용한다는 것을 의미하지 않는다. 의식적 마음은 행동을 통제할 수 있고 실제로 통제할 때가 있으며, 습관적으로 할 수 있는 행동에 강하게 집중할 수 있고 실제로 집중하기도 한다. 가령 자세를 바로잡기 위해 컴퓨터 앞에 어떻게 앉을지 아주 주의 깊게 생각할 수 있다. 평소에는 너무 익숙해서 잘 신경 쓰지 않는 부분이다. 하지만 자세를 바로잡으려면 노력해야 한다. 의식적 주의력과 능력은 몹시 제한적이라는 것을 잊지 말자. 우리는 가장 강력한 무기(의식적인 비용 이익 계산)를 써야 할 타당한 이유가 있을 때에만 꺼낸다. 뭔가 특이한 것이 주의를 끌 때, 정말로 결과에 관심을 갖고 성과를 개선하려고 노력할 때처럼 말이다.

행동 변화를 위한 디자인 분야의 종사자로서 말하건대 스펙트럼에서 '감자칩 한 봉지 더 먹기' 쪽에 가까운 **행동을 하게** 하는 것이 '신중하게 식사 계획하기' 쪽의 행동을 하게 하는 것보다 훨씬 더 쉽다. 반대로 식사 계획하기 쪽의 행동보다 감자칩 먹기 쪽에 가까운 **행동을 중단**시키는 것이 훨씬 더 어렵다. 다음 두 장에서는 좋은 행동을 유발하는 방법과 나쁜 행동을 멈추는 방법을 둘 다 살펴볼 것이다.

이 장의 짧은 요약

행동 과학은 강력한 도구를 제공하여 사람들이 어떻게 결정을 내리고 행동을 취하는지 이해하고 그들이 우리의 도움을 원할 때 이들이 더 나은 결정을 내리고 자신의 의도에 맞게 행동하도록 도울 수 있게 한다.

여러분이 알아야 할 내용은 다음과 같다.

우리는 제한적인 존재다

우리의 주의력, 시간, 의지력 등은 한계가 있다. 반면, 사용자가 언제든 주의를 기울일 수 있는 대상은 거의 무한하다.

우리의 마음은 지름길(휴리스틱이라고도 함)을 사용한다

우리는 우리의 한계 때문에 지름길을 사용하여 자원을 절약하고 빠른 결정을 내린다. 휴리스틱이 잘못된 맥락에 적용되면 **편향**, 즉 행동이나 의사결정의 부정적이고 의도하지 않은 경향을 일으키는 한 가지 원인이 된다. 종종 이런 편향 때문에 사람들의 의도와 행동 사이에 큰 차이가 생긴다.

우리에게는 두 가지 마음이 있다

우리가 무엇을 결정하고 무엇을 할지는 의식적 사고와 습관 같은 무의식적인 반응, 양쪽 모두의 영향을 받아서 결정된다. 이는 사용자가 종종 '생각'하지 않고 행동한다는 뜻이다. 적어도 의식적으로 선택하지는 않는다.

결정과 행동은 맥락의 깊은 영향을 받는다

이 때문에 우리의 편향과 의도-행동 차이는 악화되거나 개선된다. 맥락적 환경은 명확한 방식으로 사용자의 행동에 영향을 미친다. 마치 사이트의 아키텍처가 사용자들을 중앙 홈

페이지나 대시보드로 안내하는 것처럼 말이다. 그리고 맥락은 분명하지 않은 방식으로도 영향을 미친다. 사용자들이 말하고 듣는 대상이 되는 사람들(**사회적 환경**), 보고 상호작용하는 것(**물리적 환경**), 오랜 시간에 걸쳐 익힌 습관과 반응(**정신적 환경**) 등에 영향을 받는 것이다.

우리는 영리하고 신중하게 맥락을 디자인할 수 있다

우리가 행동 변화를 위해 디자인하는 이유는 사람들의 의사결정을 개선하고 의도-행동 차이를 줄이도록 돕기 위해서다. 바로 이것이 **이 책**과 이 도구 상자^{toolkit}의 핵심이다.

CHAPTER 02

행동 만들기

미국인들은 학자금 대출로 1조 5천 억 달러(한화로 약 2,049조 원) 이상의 빚을 지고 있다. 그런데도 무료 정부 지원금 신청 자격을 갖춘 학생 중 매년 200만 명 이상이 신청하지 않는다.[1] 무료로 받을 수 있는 돈인데도 신청하지 않는 것이다.[2]

신청하지 않은 이유를 질문받은 학생들은 자격이 있는 줄 몰라서 지원하지 않았다고 답했다. 하버드 대학교 연구진은 이러한 대답의 진위를 확인하려 실험을 진행했고 지원금 지원 자격에 대한 정보 부족은 지원율에 영향을 미치지 않는다는 것을 알아냈다. 이들의 연구는 행동 과학의 핵심 교훈 중 하나를 보여준다. 사람들은 자신이 어떤 행동을 한 이유를 항상 아는 것이 아니며 진짜 이유가 항상 명확하지는 않다는 것이다.

이레이셔널 랩스Irrational Labs의 공동 창립자 크리스틴 버먼은 자신이 이끄는 팀과 지원금 신청율을 높이는 작업에 착수했다. 이들은 학생들이 지원금을 신청하려면 거의 한 시간을 들여서 20가지 다른 행동을 취해야 한다는 사실을 알아냈다. 인지 과부하가 학생들에게 영향을 미친 것으로 보였다. 학생들은 신청할까 말까 고민하다가 복잡해서 결정을 피했다. 그렇게 다음날로 미루고 또 다음날로 미뤘다.

이레이셔널 랩스는 인지 과부하와 미루는 습관에 대처하기 위해 학생들에게 간단한 문자 메시지를 보내는 실험을 진행했다. 메시지 내용은 지원금 신청이 등록 절차의 일부이며(많은 학생이 그 단계를 건너뛴 것이라는 가정이 추가된 셈이다) 마감일까지 신청을 완료하라고 학생들에게 다시 한번 알리

---

1 뉴욕 연방 준비은행(2019, https://oreil.ly/ME9bU), 칸트로위츠(2018, https://oreil.ly/MND3w)
2 이 사례 연구는 이레이셔널 랩스의 크리스틴 버먼과의 전화 인터뷰와 후속 이메일 교환에서 비롯되었다.

> 는 것이었다. 다시 말해 '결정'을 미리 내려둔 것이다.
>
> 이 간단한 문자 메시지는 지난해에 신청하지 않았던 학생들의 신청률을 3배 높였다. 이 결과를 미국 학생 전체로 확장한다고 가정하면 이 개입을 통해 매년 약 23만 명의 학생이 추가로 재정 지원금을 신청하게 된다. 이는 행동 과학의 또 다른 핵심 교훈을 보여준다. 사람들이 마주하는 장애물을 이해하면 이들이 행동하도록 도울 수 있다는 것이다.

문제에서 해결책으로

이렇듯 마음의 특이성을 이해하면 어떤 일이 생길까? 그러면 사람들이 더 나은 결정을 내리고 행동을 바꾸도록 도울 수 있는 도구가 생긴다.

이 장에서 다룰 내용을 미리 살펴보자면 우리에게는 사용자를 돕는 데 사용할 두 가지 주요 도구가 있다.

첫 번째는 의도-행동 차이를 다루는 데 쓰인다. 단순히 행동에 대해 좀 더 생각하는 것으로는 부족하다. 그 대신 행동을 만드는 데 작용하는 모든 요인을 살펴보아야 한다. 이런 행동 개입은 한 가지 핵심 교훈을 기반으로 한다. 일정한 시점이 지나면 동기는 유일한 결정 요인이 아니며 심지어 주요 결정 요인도 되지 못한다는 것이다. 우리가 하고 싶거나 기꺼이 하려는 행동은 정말 많다. 실제 어떤 행동을 할지는 맥락에 크게 좌우된다. 즉 그 순간의 상황이 영향을 미친다는 것이다.

사람들은 어떤 순간에 행동하는 데 성공하거나 실패한다. 의지와 욕구는 확실히 중요하지만 그것만으로는 충분하지 않다. 특히 현재와 다른 행동을 유도하는, 행동 변화를 위한 디자인을 하려고 할 때는 더욱 그렇다. 여러 행동 중에서 특정 행동에 주목하게 만드는 요인이 무엇인지 이해해야 한다.

이를 위해 **CREATE** 프레임워크를 활용할 수 있다. 단서^{cue}는 직관적이고 자동적인 반응^{reaction}을 촉발하며 이는 의식적인 비용과 이익의 평가^{evaluation}로 발전한다. 여기에 행동할 능력

ability과 행동에 적합한 타이밍timing이 갖추어지고 과거 경험experience이 이를 뒷받침하면 행동이 일어난다.

이 여섯 요소는 대부분의 의식적 행동의 전제 조건이다.

두 번째 도구는 엉성한 사고를 거쳐 내린 결정과 의도치 않은 행동을 다룰 때 사용할 것이다. 습관에 개입하고 성급한 결정을 늦춰서 더 의도적으로 결정하고 행동하게 할 것이다. 습관을 대체하거나 정신적 지름길을 중단시키는 데 CREATE 프레임워크를 역으로 사용할 수 있다. 즉, 부정적인 결정이나 행동으로 이끄는 핵심 요소를 하나 이상 제거하는 것이다. 특히 **단서**를 피하고 **반응**을 대체하며 **평가**를 재고하거나 **능력**을 없앨 것이다.

행동하는 시점과 이유에 대한 단순한 모델

매 순간 사용자들이 취할 수 있는 수많은 행동 중에서 특정 행동을 하는 이유는 무엇일까? **의식적인 행동**은 CREATE라는 여섯 요소가 동시에 충족되어야만 일어난다. 행동 변화를 유도하는 제품은 단서, 반응, 평가, 능력, 타이밍, 경험이라는 전제 조건 중 하나 이상에 영향을 주어서 의도–행동 차이가 줄어들도록 돕는다.

이 여섯 요소가 어떻게 작용하는지 이해를 돕기 위해 여러분이 소파에 앉아서 TV를 보고 있다고 가정해보자. 휴대전화에는 가족을 위해 식사 계획을 세우고 건강한 식사를 준비하려고 지난주에 다운로드해둔 앱이 있다. 갑자기 그 앱을 사용하려고 휴대전화를 집어 든다면 그 시점은 언제이고 이유는 무엇일까?

이상한 질문이라는 건 나도 안다. 평소 우리는 사용자 행동을 이런 식으로 생각하지 않는다. 대개는 사용자가 어떻게든 우리 제품을 찾아내고, 마음에 들어 하며, 필요할 때마다 다시 사용할 것이라고 가정한다. 하지만 연구자들이 마음의 의사결정 방식을 바탕으로 알아낸 바에 따르면 여기에는 더 많은 요소가 작용한다. 그러니 TV 시청 중이던 상상으로 되돌아가보자. **지금 당장** 식사 계획 앱을 사용하려면 어떤 일이 일어나야 할까?

단서

첫째, 어떤 이유로든 앱을 사용하겠다는 생각이 떠올라야 한다. 그런 생각이 들게 하는 단서가 있어야 한다. 배가 고프다거나 TV에서 건강한 음식에 대한 광고를 본다거나 하는 것처럼 말이다.

반응

둘째, 앱을 사용하겠다는 생각이 들면 여러분은 즉시 직감적으로 반응한다. 앱을 사용하는 것이 흥미로운가? 여러분이 아는 다른 사람들도 그 앱을 사용하고 있는가? 떠오른 다른 선택지는 무엇이며 그에 대한 느낌은 어떠한가?

평가

셋째, 비용과 이익을 평가하면서 의식적으로 앱에 대해 잠시 생각한다. 앱에서 무엇을 얻을 수 있는가? 앱이 제공하는 가치는 무엇인가? 일어나서 식사 계획을 세우는 수고를 할 만한 가치가 있는가?

능력

넷째, 앱을 지금 실제로 사용할 수 있는지 확인할 차례다. 휴대전화가 어디에 있는지 아는가? 앱의 ID과 비밀번호를 알고 있는가? 모른다면 앱을 사용하기 전에 이러한 실행상의 문제를 해결해야 한다.

타이밍

다섯째, 언제 행동을 취할지 가늠한다. 지금 당장 할 가치가 있는가? 아니면 TV 프로그램이 끝난 후가 나은가? 긴급한가? 더 적절한 때가 있는가? 이는 행동할 능력을 확인하는 전후로 이루어질 것이다. 어쨌든 둘 다 이루어져야 한다.

경험

여섯째, 논리적으로 볼 때 앱을 사용할 가치가 있고 지금 사용하는 것이 타당하더라도 이전에 그 앱(또는 비슷한 앱)을 썼을 때 뭔가 부족하다거나 답답하다고 느꼈다면 다시 시도하기가 꺼려질 것이다. 즉, 개인적인 경험이 '일반적인' 반응을 무력화할 수 있다.

단서를 감지하고, 그에 반응하고, 평가하고, 능력을 확인하고, 타이밍이 적절한지 판단하고, 과거의 경험이라는 렌즈로 이 모든 것을 해석하는 이 여섯 가지 정신적 프로세스는 행동을 막거나 촉진하는 관문이다. 또는 어떤 행동이든 반드시 거쳐야 하는 '테스트'로도 볼 수 있다. 여러분이 어떤 행동을 의식적으로, 의도적으로 실행하려면 이 모든 과정을 성공적으로 완료해야 한다. 그리고 모든 것이 동시에 함께 이루어져야 한다.[3] TV 시청을 멈추고 바로 해야 할 정도로 긴급한 행동이 아니라면 분명 나중으로 미룰 수 있다. 하지만 '나중'이 되어도 이 여섯 가지 테스트를 반드시 거쳐야 한다. 여러분은 그 시점에 그 행동이 급한지 (아니면 '반려견과 산책하기' 같은 다른 일이 우선인지) 재평가할 것이다. 아니면 행동하라는 단서가 사라지고 앱에 대해 잠시 완전히 잊을 수도 있다.

따라서 특정 행동을 장려하는 제품이라면 단서를 제공해서 그 행동을 떠올리게 하고, 부정적인 직관적 반응을 피하며, 의식적 마음에 그 행동의 가치를 설득하고, 지금 당장 해야 한다는 점을 강조해야 하며, 실제로 행동할 수 있게 해야 한다. 할 일이 정말 많다! 이 책은 많은 분량을 할애하여 이 프로세스를 어떻게 구성하고 단순화하고 구조화할지 (그리고 제대로 하고 있는지 테스트할지) 설명한다.

누군가에게 이미 습관이 있고 그 습관을 실행하게 하는 상황이라면 다행히 그 과정이 짧아진다. 이럴 때는 첫 두 단계(단서와 반응)가 가장 중요하다. 물론, 행동을 실행할 능력도 갖춰야 한다. 평가, 타이밍, 경험도 하는 역할이 있긴 하지만 덜 중요하다. 의식적 마음이 자동으로 조종되는 상태이기 때문이다.

---

[3] 행동 전제 조건이 동시에 갖춰져야 한다는 점을 강조한 B. J. 포그에게 감사한다. 이는 포그 행동 모델(Fogg Behavior Model, Fogg 2009a)에서 논한 사항이고 그의 작업을 다른 행동과 의도적 행동 모델로부터 차별화하는 요소이기도 하다. 다른 모델들은 행동의 원료(자원, 동기 등)에 초점을 맞추는 데 반해 포그는 행동에 필요한 타이밍의 중요성을 강조한다.

그럼 이제 의식적인 행동의 여섯 가지 전제 조건에 대해 조금 더 자세히 살펴보자.

다양한 목적에 맞는 다양한 프레임워크

행동 변화 디자인 분야에서는 CREATE 프레임워크 외에도 BIT^{Behavioral Insight Team}의 EAST 프레임워크, 미키 등이 개발한 COM-B 행동 변화 휠^{behaviour change wheel}[4]과 같은 다양한 프레임워크가 사용된다. 이들 접근법도 일반적으로 같은 연구 문헌과 마음에 관한 교훈을 기반으로 하지만 해결하려는 문제가 조금씩 다르다. 이 책에서 해결하려는 문제는 실용적인 제품 개발이다.

예를 들어 EAST는 사람들에게 쉽고^{easy}, 매력적이고^{attractive}, 사회적이고^{social}, 시의적절한^{timely} 행동을 취하려는 경향이 있다는 점을 강조하는 간단한 프레임워크다. 전적으로 맞는 말이다. 다만 제품 개발의 세부사항을 다루기에는 적합하지 않다. 많은 회의에서 "뭐, 그냥 소셜^{social}하게 만들죠. 그건 항상 통하니까요"라는 말을 자주 들었다. 이는 EAST를 잘못된 목적으로 사용하는 것이다. 마찬가지로 계획 행동 이론^{theory of planned behavior}처럼 행동과 관련된 오래된 학문적 이론도 의식적이고 의도적인 행동을 예측하는 데 매우 유용하지만 의식적인 (그리고 무의식적인) 행동을 지원하는 제품을 만드는 데에 그다지 유용하지 않다.

이 책은 두 가지 개념적 도구를 제시한다. 하나는 행동을 만드는 데 필요한 것을 이해하도록 도와주는 CREATE 프레임워크이고 다른 하나는 사용자가 직면한 장애물을 발견하고 (40여 개의 기법 중에서) 그 문제에 적절한 기법을 결정하는 데 도움이 되는 DECIDE다. CREATE에 관한 논의는 이 장부터 살펴보기 시작해서 3~4장까지 이어갈 것이고 DECIDE에 대해서는 5~15장에서 다룰 것이다. 이 두 가지 내용이 이 책의 대부분을 차지한다.

단서

매일 매 순간 우리는 다음에 무엇을 할지 결정한다. 우리에게 주어진 시간에 할 수 있는 일들은 실로 무한하다. 우리의 마음은 그 정도로 많은 정보를 처리할 수 없어서 일련의 정신적 필터를 사용하여 과부하로부터 자신을 보호한다. 예컨대 **무주의 맹시**^{inattentional blindness}란 무언가

---

4 Service et al.(2014, https://www.bi.team/wp-content/uploads/2015/07/BIT-Publication-EAST_FA_WEB.pdf), Michie et al.(2011)

에 매우 집중할 때 다른 것을 보지 못하는 현상을 가리킨다. 차브리스와 사이먼스의 유명한 연구에서 확인한 현상이 바로 무주의 맹시다. 이 연구에서는 농구공을 주거니 받거니 패스하는 영상 속 사람들을 관찰하던 실험 참가자 절반이 고릴라 의상을 입고 화면을 가로지르는 남성을 보지 못했다![5] 우리의 정신적 필터는 필요에 따라 우리가 할 수 있는 일 중 일부만 고려하게 한다. 시끄럽고 붐비는 파티에서도 비슷한 효과가 나타난다. 주의를 빼앗길 만한 것이 많은 상황에서도 우리는 대화 상대에게 집중할 수 있다.[6]

게다가 **확증 편향**은 환경에서 무엇에 주목하는지에 영향을 미친다. 복잡한 환경이나 버거울 정도로 방대한 정보를 맞닥뜨렸을 때 평소 자신이 자주 생각하고 동의하는 개념이 우리의 주의를 끈다. 소셜 미디어나 정치 토론에서 흔히 목격할 수 있는 현상이다. 사람들은 자신의 주장이나 정치적 신념을 지지하는 것에만 집중하는 경향이 있다. 우리의 많은 정신적 특이성이 그러하듯, 이 또한 훌륭하고 유용한 메커니즘이 오작동한 사례다. 우리 마음은 압도적인 정보의 홍수에서 집중하고 싶은 것에 주의를 기울일 수 있도록 도와준다. 다만, 똑같은 메커니즘이 정치적 대화에서는 우리를 편협한 바보로 만드는 것뿐이다.

그렇다면 어떤 단서가 우리의 주의를 끌까? 우리가 어떤 행동을 떠올리는 것은 대개 두 가지 이유다.[7]

외적 단서

환경에 있는 무언가(이메일, 문자 메시지 등)가 우리로 하여금 그 행동을 떠올리게 한다. 운동화를 보고 달리기가 떠오를 수도 있고 공원에서 함께 뛰자는 친구의 전화처럼 조금 더 명시적인 단서가 달리기를 떠올리게 할 수도 있다.

---

5 Chabris, Simons(2009)
6 칵테일 파티 효과(Cocktail Party Effect)라고도 한다. 이를 언급할 수 있도록 제안해준 피터 호버드에게 감사한다.
7 더 나은 용어가 없어서 사고라는 용어를 전의식(前意識)적인 감각 처리와 반응, 그리고 나중에는 의식적 사고를 지칭하는 것으로 사용하겠다.

내적 단서

우리 마음은 연관된 생각들로 이루어진 미지의 망을 통해 어떤 행동을 저절로 떠올릴 수 있다(외적인 단서가 있을 때도 있고 배고픔 같은 내적인 상태가 단서가 될 때도 있다).[8]

간혹 무조건적으로 주의를 끄는 단서도 있다. 자신을 향해 돌진하는 자동차가 그런 예다. 하지만 그렇지 않은 경우에는 명시적으로 행동할 단서를 찾는다. 받은 편지함에서 이메일 제목을 훑어보거나 휴대전화 알림을 확인하는 것처럼 말이다. 때로는 어떤 행동이 마음속에 떠오르는 이유를 진짜로 전혀 모를 때도 있다.

행동 제품을 위한 교훈

사용자가 새로운 행동을 막 시작할 무렵에는 외적 단서가 매우 중요하다. 예를 들어 매일 아침 달리기를 시작하려면 문 앞의 운동화가 좋은 단서가 된다. 제품이 외부에서 단서를 제공할 때 사용할 수 있는 몇 가지 전략이 있다.

- 사용자의 일상 환경에 제품 배치하기
- 쉽게 무시하지 못하도록 매번 단서에 변화주기
- 그 사람의 기존 루틴의 일부와 강력한 연관성 형성하기

행동이 더 익숙해지면 제품은 사용자가 내적 단서(배고픔, 지루함 등)와 행동 사이에 강력한 연관성을 형성하도록 도와줄 수 있다.[9]

행동 변화를 위해 디자인할 때는 사용자의 주의를 분산시키는 단서를 피하거나 아니면 활용할 방법을 고민해야 한다. 예를 들어 이메일의 받은 편지함은 아침에 행동을 유도하는 수많은 단서로 매우 혼잡하다.

사용자의 주의가 백지상태가 아니라는 점 또한 인식할 필요가 있다. 사용자의 주의는 다른 여러 항목 중에 특정 항목에 자연스럽게 끌릴 것이다. 디자인 때문일 수도 있고 이미 머릿속에서 떠돌고 있던 생각 때문일 수도 있다. 우리는 이러한 사용자의 기존 생각을 파악하고 관찰할 수 있다.

---

8 내적 단서의 중요성에 대해 상기시켜주고 외적 단서를 의존하던 제품이 시간이 지남에 따라 어떻게 내적 단서에 의존하게 될 수 있는지 알려준 니르 이얄에게 감사한다.

9 Eyal(2014)

반응

마음이 실행할 가능성이 있는 행동을 생각하면 시스템 1이 자동 반응한다. 시스템 1은 뇌의 매우 빠르고 직관적이며 무의식적인 부분으로, 이 책의 1장과 『생각에 관한 생각』에서 논의한 부분이다. 가스 냄새가 나서 건물 밖으로 뛰쳐나가려는 욕구처럼 이런 반응이 놀랍고 강력히 나타날 때도 있다. 운동화를 벗거나 앱을 사용할 때처럼 더 일반적인 상황에서는 반응이 덜 요란스럽다. 하지만 시스템 1이 행동을 인도한다는 사실에는 변함이 없다. 의식적 사고는 자동 반응 시스템 내에서 어떤 일이 일어나고 있는지를 제대로 통찰하지 못한다.

연구자들은 이 과정을 완전히 이해하지 못했지만 무엇이 무의식적 반응을 유발하는지에 대한 몇 가지 중요한 단서를 찾았다.

사회성이 강하다

우리는 여러 면에서 사회적 상호작용에 주의를 기울이고 집중하도록 구성되어 있다. 자신과 비슷한 다른 사람들이 하는 행동을 보고 그 행동이 자신에게 적합한지 직관적으로 평가한다. 주변 사람들이 못마땅해할 것 같으면 실행하기가 꺼려진다. 우리는 사회적 약속이나 자신의 정체성에 일관되게 부합하는 행동을 하려고 노력하는데, 둘 다 다른 사람과의 상호작용의 영향을 받아 형성된다. 사회적 관계는 예상 결과에 대한 단순한 비용 이익 분석보다 더 깊고 본능적인 수준에서 우리에게 영향을 미친다.

유사성을 통해 연결된다

우리 마음은 낯선 대상에 대한 감상을 익숙한 대상과의 유사성을 기반으로 빠르게 평가한다(유사성 휴리스틱). 때로 책이나 영화 장르처럼 본질적인 유사성을 기준으로 평가하지만, 형태, 색상, 냄새처럼 피상적인 차이에 따라 평가하기도 한다. 이는 과일을 평가할 때나 사람을 평가할 때도 마찬가지이며 고정관념의 근본 원인이 되기도 한다. 다른 모든 정신적 지름길이 그렇듯이 유사성 휴리스틱도 유용한 인지적 도구지만 오작동할 수 있다.[10]

---

10 Pomeroy(2013, https://oreil.ly/OqOhl)

익숙함에 의해 형성된다

(다른 조건이 모두 동일하다면) 어떤 아이디어나 대상에 더 많이 노출될수록 더 좋아하게 되는 경향이 있다. 연구자들은 이를 **단순 노출 효과**mere exposure effect라고 부른다.[11] 광고주들은 이 원칙에 따라 광고를 구매해서 브랜드 이미지를 반복적으로 보여준다. 광고를 보는 것만으로도 사람들이 브랜드를 더 좋아하게 될 수 있기 때문이다(물론, 다른 모든 조건이 동일하다고 가정할 때다). 일반적으로 우리의 마음은 기억하기 쉬운 것을 진실과 혼동한다. 쉽게 떠오르는 것이 더 옳다고 느껴지기 때문이다.

경험에 의해 훈련된다

직관적인 반응은 마음이라는 땅에 잦은 통행으로 인해 생기는 발자국 같은 것이다. 시간이 지나면 마음은 연관성을 학습한다. 과거에 즐거웠던 경험에 대해 미래에도 긍정적으로 반응하도록 학습하는 것이다(**조작적 조건화**). 심지어 과거의 즐거운 경험과 관련된 것조차 긍정적인 반응을 유도할 수 있다(**고전적 조건화**).[12] 공식적인 조건화가 없더라도 마음은 익숙한 상황에서 무엇을 기대해야 할지 학습한다. 예를 들어 10층까지 계단으로 걸어 올라갈지 말지 고민 중이라고 상상해보자. 그러면 과거에 계단으로 올라가다가 거의 심장마비가 올 뻔한 기억이 다시 계단을 오를지 말지에 대한 현재의 느낌에 영향을 미친다(그리고 이런 일은 행동할지 말지를 의식적으로 고민하기 전에 일어날 수 있다). 이전 경험은 더 즉각적으로 영향을 미치기도 한다. 화가 난 상태에서는 기분이 좋을 때에 비해 모호한 상황을 더 적대적으로 해석할 가능성이 높다.[13]

행동 과학 교훈 중 하나인 준거 의존성을 기억하는가? 우리의 경험은 준거점을 설정하는 데 도움이 되며 어떤 상황에서 무엇을 기대해야 할지 알려준다. 그래서 식당 음식이 좋았음에도 부정적으로 평가하는 경우가 있다. (우리의 경험이나 과거에 다른 사람들에게 들은 바에 근

---

[11] Zajonc(1968)
[12] 광범위한 연구에 대한 요약과 링크는 조작적 조건화(https://oreil.ly/_ISN7)와 고전적 조건화(https://oreil.ly/Z3NPr)에 관한 위키피디아 글을 참고하라.
[13] 요약한 내용은 리트박의 논문을 참고하라(Litvak et al. 2010).

거해) **더 좋은** 음식을 기대했기 때문이다.[14]

이런 반응이 어떤 결과로 이어질까? 첫째, 무의식적 사고는 행동에 대한 **판단**이나 '직감'을 만들 수 있다. 여기서 말하는 직감이란 우리의 사고와 의식적인 심사숙고에 영향을 미치는 감정을 가리킨다. 행동이 반드시 직감에 좌우되는 것은 아니다. 직관적인 시스템이 하는 말을 의식적 사고가 무효화하거나 무시할 수 있다. 하지만 그렇게 되면 잘못된 것처럼 느껴지며, 직관적으로 잘못된 것처럼 느껴지면 행동 변화를 유지하기가 어렵다.

이런 반응은 다른 기억이나 아이디어를 유발하기도 한다. 우리가 한 가지 행동에 대해 생각하기 시작하면 관련된 다른 개념에 대한 기억이나 생각도 활성화된다. 특정 요구(배고픔 등)에 대해 생각하기 시작하면 마음은 그러한 필요에 대응할 수 있는 다른 답을 찾아내고 평가할 것이다. 예를 들어 계단을 볼 때 내 마음은 나의 통제를 벗어나 자동으로 엘리베이터나 에스컬레이터를 사용하겠다는 생각을 활성화할 것이다.[15] 이렇게 정신적 연관성으로 이루어진 망은 우리를 완전히 다른 방향으로 인도해서 원래 단서와 당면 작업에서 주의를 분산시킬 수도 있다.

그리고 마지막으로 이런 반응은 **행동**을 직접 유발하기도 한다. 습관적인 행동의 경우 단서가 주어지면 행동을 자동으로 유발하는 반응이 일어날 수 있다. 내가 매일 엘리베이터를 탄다면 건물에 들어가는 순간 의식적인 사고 없이 엘리베이터 버튼을 누를 것이다.

행동 제품을 위한 교훈

사용자들은 여러분의 제품과 제품이 지원하는 행동에 눈 깜짝할 사이에 반응한다. 이런 반응은 피할 수 없으며 자동으로 일어난다. 하지만 행동 변화의 관점에서는 이런 자동 평가의 몇 가지 측면에 주의를 기울여야 한다.

---

14 심리학에서 대비 효과(contrast effect)를 확인하라. 예를 들어 초기 연구를 보려면 캐시의 논문을 참고하라(Cash et al. 1983, https://doi.org/10.1177/0146167283093004).

15 이 장의 초안에 피드백을 제공하고, 직관적인 요구 평가를 제시하고, 대안 모색에 대해 제안해준 케리 케틀과 레미 트루델에게 깊이 감사한다.

신뢰

제품은 사용자에게 어떤 행동을 하도록 장려한다. 하지만 하고 싶은 행동이라도 이를 권장하는 회사를 신뢰할 수 없다면 행동하기를 주저할 것이다. 사용자가 제품과 회사를 신뢰할 것인지는 직감에 따라 결정될 때가 많다.

제품 신호를 어떻게 받는지 관찰하라

만약, 사람들에게 무엇을 하고 싶은지, 아니면 앱을 사용할 마음이 있는지 묻는다면 의식적 사고의 수준에서 소통하는 것이다. 하지만 여러분이 먼저 통과해야 할 것은 이들의 직관적 사고이며 이런 사고는 사람들이 설문조사에서 분명히 표현하지 않는다. 따라서 이들이 하는 말보다 하는 행동을 관찰하는 것이 좋다.

사용자의 첫 경험이 정말 중요하다

처음에는 제품이나 행동을 시도해보도록 설득하거나 유도할 수 있을지 모른다. 하지만 반복 사용이 필요한 행동일수록 직관적인 반응에 의존하게 된다. 그리고 이런 반응은 이들의 실제 경험, 형성된 연관성, 제품이나 행동에 대해 느낀 감정을 기반으로 형성된다.

평가

마음이 특정 행동을 생각하라는 신호를 받았고 직관적인 반응이 방해하지 않았다면 그 행동은 의식적인 수준에서 인식할 수 있다. 특히 이런 인식은 새로운 상황에 직면했고 자동으로 유발되는 행동이 없을 때 일어난다. 이때 의식적 사고가 개입하여 여러 비용과 이익을 고려하여 그 행동의 실행 여부를 평가한다.

이 단계는 행동 변화를 시도할 때 가장 먼저 떠올리는 단계다. 사람들에게 행동을 통해 얻는 이익을 교육하고, 금전 등의 보상으로 동기를 높이며, 행동할 때 드는 (인지되는) 비용을 줄이려고 노력한다.

예를 들어 사람들이 몇 층을 올라갈 때 계단을 이용할지 엘리베이터를 탈지 선택하는 상황을 다시 한번 떠올려보자(그림 2-1). 이때 이들의 의식적 사고가 개입된다고 가정해보자. 계단을 이용하라고 권하는 일반적인 접근법은 다음과 같은 부분에 집중한다.

- **이익 강조:** 계단을 이용하면 체형이 좋아지고 수명이 길어질 수 있다.
- **비용 최소화:** 계단으로 올라갈 때 추가되는 시간은 3분에 불과하며 천천히 올라가면 땀도 나지 않을 것이다.
- **대안의 단점 강조:** 이 시간대에는 엘리베이터가 느리고 혼잡하다.

그림 2-1 잠재의식적 사고가 계단을 보고 '힘들겠구나'라고 생각할 때 의식적 사고는 비용과 이익을 생각한다(이익: 좋은 운동, 비용: 단 3분, 그리고 이 시간대에는 어차피 엘리베이터가 붐빈다. 결정 완료!).

물론, 행동할지를 결정하기 위해 심사숙고하는 과정은 엄청나게 복잡하다. 행동의 비용과 이익에 대해 실제로 알고 있는 정보는 얼마나 될까? 그 정보는 어디에서 얻었으며 과연 신뢰할 수 있는 정보일까? 더 많은 정보를 구하려 노력할 가치가 있을까? 아니면 있는 정보를 사용해도 될까? 결정을 내리는 순간에 어떤 동기가 가장 강력한 영향을 발휘할까?

모두 필수 질문이다. 그렇지만 지금은 이 정도로 마무리하자. 우리가 그 행동을 할 가치가 있고 대안보다 낫다고 생각한다면 그것으로 충분하다. 행동하기로 결정한 것이다.

이때 이루어진 '사고^{thinking}'가 극히 제한적이고 빠를 수 있다는 사실에 유의하자. 행동이 그다지 중요하지 않거나 익숙하다면 의식적 사고는 별 노력 없이 행동하기로 할 것이다. 익숙하지 않은 행동이거나 마음이 더 많은 주의를 기울이기로 한다면 더 집중적인 사고가 이루어진다.

사용자가 '해야 하는'(그리고 어느 정도 하고 싶어 하는) 중요한 행동을 장려하는 것으로는 충분하지 않다. 제품은 사용자가 지금 당장 다른 대안보다 더 원하는 무언가를 제공해야 한다. 행동을 변화시키는 제품도 다른 모든 제품과 마찬가지로 사용자의 문제를 해결해야 한다. 사용자의 문제를 해결하지 못하면 나머지 논의는 모두 무의미해진다. 의식적 사고가 노력할 가치가 있는 행동이라고 보지 않는다면 의도적으로 그 제품을 사용하거나 행동하지 않을 것이다. 순수하게 실용적인 가치일 필요는 없다. 사회적인 가치, 정서적인 가치를 지녀도 되고 그 활동에 내재된 즐거움을 가치로 제공해도 된다(동기의 유형에 대해서는 나중에 더 자세히 이야기하겠다). 하지만 어떤 형태로든 반드시 가치가 있어야 한다.

습관적인 행동에서는 이런 의식적 인식과 평가가 전혀 일어나지 않는다는 것을 기억하자. 하지만 의식적 사고는 습관적인 일을 하는 이유를 즐겨 지어낸다. 이런 이야기는 소음에 불과하며 우리의 행동을 실제로 반영하지 않는다.[16]

> **행동 제품을 위한 교훈**
>
> 제품 디자이너 대부분이 자연스럽게 의식적인 평가 단계를 목표로 삼고, 애플리케이션이 제공하는 혜택을 명확히 하고, 불만이나 마찰(비용)은 제거한다. 이 모든 노력은 제품이 제공하는 의식적이고 정량화할 수 있는 가치를 강조하기 위한 것이다.
>
> 행동 변화를 위한 디자인의 핵심은 **사용자가 제품과 행동에 부여하는 가치**이지 **여러분이 부여하는 가치**가 아니다. 만약, 여러분의 회사와 제품은 엘리베이터 대신 계단을 이용하는 것을 장기적으로 건강을 개선하는 중대한 변화의 시작(즉, 엄청난 이익)으로 보는데, 사용자가 그렇게 생각하지 않는다면 여러분의 관점이 사용자의 관점과 일치하지 않는 것이다.

---

16 전체적인 개요는 딘의 저작을 참고하라(Dean 2013).

능력

어떤 사람이 비용과 이익에 대한 저울질을 마치고 행동하기로 결정했다고 가정해보자. 그 행동을 실제로 **실행할 수 있는가?** 마침내 은퇴를 위해 돈을 모으기로 결심했다면 지금 당장 실행에 옮길 수 있는가? 이 사람은 행동을 즉시 실행할 수 있어야 한다. 행동할 능력에는 네 가지 차원이 있다.[17]

행동 계획

행동하는 데 일반적으로 무엇이 필요한지 알아야 한다. 예를 들어 퇴직연금 계좌를 개설하려면 특정 웹사이트에 가서 고용주에게 받은 정보를 입력하는 등의 작업을 해야 한다는 것을 알아야 한다.

자원

행동하는 데 필요한 자원이 실제로 있어야 한다. 예를 들어 퇴직연금 계좌 관련 웹사이트에 접속해서 계좌를 개설하려면 여유 자금과 사용할 수 있는 컴퓨터가 있어야 한다.

기술

행동하는 데 필요한 기술이 있어야 한다. 예를 들어 온라인으로 퇴직연금 계좌에 가입하려면 컴퓨터를 사용할 줄 알아야 하고 사용자 인터페이스를 탐색할 줄 알아야 한다(너무 복잡해서 이해하기 어려울 때가 너무 많다).

---

[17] 여기에서는 능력이라는 개념을 설명하기 위해 자기 효능감 관련 자료(Bandura 1977, https://doi.org/10.1037/0033-295X.84.2.191), 목표와 실행 의도에 대한 연구(Gollwitzer 1999), 시민 자원봉사 모델(Verba et al. 1995) 같은 자원 제약의 '약한' 합리적 선택 모델에서 나온 여러 이질적인 요소를 함께 활용하고 있다. 여러분은 포그 행동 모델의 '능력'이라는 용어를 들어본 적 있을 것이다. 나는 이 책에서 이 용어를 개인이 행동을 취할 수 있는지에 대한 인지된 실제 능력이라는 다른 의미로 사용한다. 포그는 이 용어를 행동이 얼마나 '쉬운지' 또는 '단순한지', 즉 비용이 적다는 의미로 사용한다(Fogg 2009a).

성공에 대한 믿음

실패하고 싶어 하는 사람은 없다. 창피할 일이 없이 행동을 성공적으로 수행할 수 있다고 합리적으로 확신할 수 있어야 한다. 이는 **자기 효능감**self-efficacy이라고도 한다.

어떻게 행동할지 기본적인 계획이 없거나, 즉시 행동하는 데 필요한 자원이 없거나, 행동하기가 부담스러워서 망설이는 등의 문제는 극복할 수 있다. 하지만 이럴 때는 지연이 불가피하다. 즉, 그 사람은 **지금 당장** 행동하지 않는다. 그리고 이는 행동 변화의 측면에서 볼 때 부분적인 실패다.

학계에서는 이런 순간을 **의사결정 지점**이라고 부른다.[18] 어떤 일을 하기로 이미 결정한 사람이 행동 계획의 다음 단계를 생각하고 실행하기 위한 자원을 수집하거나 자신에게 실행할 능력이 있는지 파악하려고 멈출 때마다 새로운 의사결정 지점이 생긴다. 의사결정 지점을 순조롭게 넘어가고 마찰이나 장애물을 해결해야만 이 사람은 행동을 취할 수 있다. 다만 이 사람이 행동할 능력을 갖춘 그 순간에 행동을 위한 다른 전제 조건이 여전히 유효한 상태여야 한다. 그렇지만 상황은 바뀔 수 있다. 다른 방해 요소가 일어나고 행동의 비용이 올라가는 등의 변화가 있을 수 있다.

사소한 마찰이 제품 디자인에서 매우 중요한 이유는 바로 이러한 의사결정 지점 때문이다. 예를 들어 퇴직연금 제도 등록 양식에서 확인란을 선택하는 행동이 그 자체로는 사소하다. 특히 얻는 혜택에 비하면 미미한 비용이다. 그런데도 등록을 기본값으로 설정해두고 원하는 경우 선택을 해제하여 반대 의사를 표현할 수 있게 해두면 퇴직연금 제도 등록이 엄청나게 늘어난다. 마찰이 줄어든 것이 부분적으로 도움이 된 것이다. 비용 이익 평가의 측면에서는 마찰이 중요하지 않다. 하지만 마찰 때문에 의사결정 지점이 생긴다. 의사결정 지점에서 사람들은 주의가 분산되고 자신의 수학적 능력과 능숙도를 의심하며 이 문제에 대해 나중에 더 생각해 봐야겠다고 결론지을 수 있다.

---

18 이에 대한 비즈니스 맥락에서의 좋은 논의는 소먼의 저작을 참고하라(Soman 2015).

> **행동 제품을 위한 교훈**
>
> 이 단계에서는 행동을 막는 네 가지 장벽이 생길 수 있다. 좋은 제품이라면 이런 장벽을 피해야 한다. 제품은 명확한 행동 계획을 제공하여 사용자가 쉽게 행동을 취하도록 도울 수 있다. 구체적인 계획은 행동으로 이어지는 경로를 원활하게 해준다. 예를 들어 다른 사용자가 성공한 사례를 들려주면 사용자는 자기 의심과 실패에 대한 불안을 극복할 수 있다. 사용자가 양식 필드의 다른 페이지를 작성하지 않거나 다음 단계에 대해 명확하게 이해하지 못하는 경우처럼 사소한 마찰 때문에 의사결정 지점(이전 단계를 전부 재평가하고 주의가 산만해지거나 단념할 수 있는 새로운 지점)이 생길 수 있다.
>
> 자원과 기술의 깊은 격차를 해결하는 것은 더 까다롭다. 적절한 유저 리서치 user research를 통해 특정 사용자 그룹이 직면한 자원 제한과 이들의 현재 기술 수준을 파악할 수 있다. 그 결과 제품이 일부 사용자에게 만족스러운 서비스를 제공하지 못한다는 사실을 받아들이거나 이 문제를 해결하기 위한 방안을 마련할 수 있다.

타이밍

사람들의 주의를 끄는 데 성공했고 사람들은 그 행동은 하고 싶어 하며 실행할 능력도 갖췄다. 그렇다면 언제 행동을 취해야 할까? 나중에 하면 어떨까? (그렇게 계속해서 나중으로, 나중으로, 미룰 수 있다) 이것이 운동하기, 재정 관리하기, 정원 가꾸기처럼 우리가 하고 싶어 하는 많은 '유익한' 행동의 주요 문제다. 어떤 행동이든 나중에 할 수 있다. 그 행동을 하고 싶더라도 비슷하게 가치가 있지만 더 긴급하다고 느끼는 일이 있으면 그 행동을 하지 않는다. 그 행동은 나중에 할 수 있다. 하지만 능력 장벽에서 확인했듯이 지금이 행동하기 적절한 시기라고 결정하지 않으면 문제가 발생한다. 타이밍이 적절하다고 느낄 때쯤이면 상황이 변해서 다른 이유로 행동하지 않을 수 있다.

언제 행동할지(행동할 타이밍)의 결정은 명확한 당장의 긴급성뿐 아니라 긴급성은 덜하지만 여전히 중요한 다른 요소의 영향도 받을 수 있다. 긴급성이 발생하는 출처는 다양하다.[19]

---

[19] Beshears, Milkman(2013). 이런 요소들은 긴급성뿐 아니라 단서의 역할도 한다. 이런 요소는 우리의 주의를 끌고 지금 행동할 긴급성을 제공한다. 이에 대해 폴 애덤스에게 정중한 감사의 인사를 보낸다.

외적 긴급성

미국에서는 4월 15일까지 세금을 납부하거나 연장 신청을 해야 한다. 그렇지 않으면 국세청의 추징을 받는다. 이는 진정한 외적 긴급성이다. 세무 당국에 내야 할 세금을 내지 않으면 좋지 않은 결과가 뒤따른다.

내적 긴급성

무시할 수 없는 생물학적 요구(배고픔, 갈증 등) 때문에 행동의 변화가 긴급할 때도 있다. 그러나 이런 요구가 발생하는 행동이나 제품은 많지 않다. 지루함 같은 부정적인 정신 상태는 생물학적 요구보다는 덜 긴급하지만 여전히 꽤 강력한 긴급성을 유발할 수 있다.

마찬가지로 아주 긴급하지 않더라도 지금이 행동하기 적절한 시점이라고 정할 수 있는 다양한 이유가 있다.

구체성

'은퇴를 위해 저축해야 한다'와 '목요일 저녁식사 직후 8시에 퇴직연금 계좌를 개설해야 한다'라는 두 가지 진술을 비교해보자. 후자가 더 구체적으로 와닿지 않는가? 행동할 시간을 구체적으로 설정하는 것만으로 '언제' 행동할지의 문제를 해결할 수 있다. 게다가 이렇게 하면 그 시점에 행동하도록 기억하는 데도 도움이 된다!

일관성

언제 행동할지 정하고 이를 따르는 데 도움이 되는 또 다른 방법은 미래의 구체적인 시간을 미리 약속하는 것이다. 이런 약속을 다른 사람에게 이야기하면 더욱 좋다. 그러면 그 행동이 '언젠가 할 수 있는 일'의 영역에서 '자신의 발언에 대해 일관성을 지키는 문제'로 옮겨간다. 과거 진술의 일관성을 유지하려는 욕구 덕분에 행동하겠다고 말한 바로 그 시점이 행동할 적절한 시점이 된다.

특정 시점에 행동하겠다는 결정에는 감정적 동기와 이성적 동기가 복합적으로 작용할 수 있다. 진짜 흥미롭고 즐거워 보이는 행동은 더 긴급하게 느껴져서 미루지 않고 지금 당장 행동에 옮기겠다는 결심을 유도할 수 있다. 나는 두 가지 개념을 구별하여 각각을 분석하고 다루고 있지만 실제로 매우 강한 동기를 느끼는 행동에서는 이 두 개념의 구분이 상당히 모호해질 수 있다(그림 2-2).

그림 2-2 초콜릿 케이크 먹기가 긴급하다고 느껴지는 순간은?(왼쪽 위: 배고플 때!, 오른쪽 위: 식당 종업원이 '마지막 남은 한 조각!'이라고 할 때, 왼쪽 아래: 새해 전야라 어느 정도 풀어져도 괜찮을 때, 오른쪽 아래: 일을 마친 후에 케이크를 먹기로 스스로와 약속한 시간이 되었을 때)

행동 제품을 위한 교훈

행동할 타이밍은 두 가지 요인으로 생각할 수 있다. 첫째는 제품이 적극적으로 행동하기 적절한 타이밍을 **만드는 것**이고, 둘째는 사람이 자연스럽게 행동을 취하는 시점과 제품의 타이밍을 **일치**시키는 것이다. 행동에 긴급성을 부여하려면 본질적으로 시간에 민감한 콘텐츠, 즉 뉴스처럼 시간이 중요한 콘텐츠를 활용할 수 있다(단, 사람들이 해당 콘텐츠에 관심이 있어야 한다). 미국 공영 라디오 방송인 NPR^{National Public Radio}이 제공하는 콘텐츠가 여기에 해당하며 메타(구 페이스북)도 이와 비슷하게 '친구'들의 최신 소식을 전한다. 제품은 사용자가 앞으로 할 일을 미리 약속하거나 계획해 둔 행동을 위해 특정 일자를 지정하게 함으로써 긴급성을 조성할 수 있다.

행동에 긴급성을 부여하는 대신 원래 긴급성이 있는 사용자 일정에 제품이 똑똑하게 조화를 이루는 방법도 있다. 예컨대 사용자가 업무의 일환으로 유사한 행동을 해야 할 때 제품이 적절하게 끼어들어서 그 기회를 잘 활용할 수 있다. 이는 '적절한 시기'를 의미했던 고대 그리스의 **카이로스**^{Kairos}라는 개념과 유사하다. 행동하기 적절한 시점에 제품이 거기에 있는 것이다.[20]

제품은 지루함 같은 내적 상태를 사용하여 행동을 유도할 수 있지만 이러한 내적 상태는 양날의 검이다. 사용자가 그 제품이 자신의 부정적인 감정을 완화해 줄 것으로 본다면 이런 내적 상태가 목표 행동을 유도하는 긍정적인 역할을 할 수 있다. 그러나 이런 내적 상태 때문에 지루함을 해소하는 다른 행동이 유도되기도 한다. 여러분이 보기에 어느 쪽이 발생할 가능성이 더 높겠는가? 여러분의 사용자들이 지루함을 해소하려고 할 때 인터넷 서핑을 할까? 아니면 건강한 식사 계획에 도움이 되는 모바일 애플리케이션을 켤까?

경험

행동 변화를 디자인할 때 이전 경험은 특별히 강력하고 중요하다. 이전 경험이 직관적인 연관성과 반응을 형성하는 데 어떤 역할을 하는지는 이미 논의한 바 있다. 이 외에도 이전 경험은 행동의 비용과 이익을 우리가 더 정확히 이해하도록 도와주고, 불확실성을 제거하며 마케팅이 주장하는 바나 사용자가 임의로 기대한 결과 대신 제품의 실제 장단점에 맞춰 우리의 평가를 보정하도록 도와준다. 또한 그 행동을 시도할 자신감이 있는지 판단하는 데 도움이 되

---

20 나에게 카이로스의 개념을 소개해준 B.J. 포그에게 깊이 감사한다.

며 확신 편향과 선택적 주의력selective attention으로 인해 애초에 그 행동에 주의를 기울일 것인지 결정하는 데도 큰 영향을 미친다.

예를 들어 같은 회사에 재직 중이고 사무실까지 도보로 30분 거리인 한동네에 사는 두 사람을 상상해보자. 한 사람은 걷는 동안 종아리 근육을 과시할 생각에 도보 출근을 선호할 수 있다. 반면, 나머지 한 사람은 똑같이 체형이 좋고 같은 동네에 사는데도 가난하게 자라서 차를 탈 기회가 없었던 과거를 떠올리며 도보 출근을 꺼릴 수 있다. 사람은 원래 이렇게 다양한 법이다. 겉으로는 똑같아 보이더라도 개개인의 역사가 그 사람을 관통하고 있으며 드러나지 않는 예상치 못한 방식으로 각 사람을 인도한다.

행동 변화를 위한 디자인 분야의 종사자로서 말하건대 이전 경험을 별도의 요소로 언급하여 이전 경험이 본질적으로 개인적이라는 점, 즉 사용자마다 다르다는 점을 상기시키는 것이 유용하다고 본다. 경험은 사람마다 너무 다르기 때문에 우리가 반드시 알거나 이해할 필요는 없다. 다만, 사용자들은 우리 제품을 사용하기 전에 비슷한 환경에서 비슷한 제품을 접했던 자신의 경험을 바탕으로 우리 제품을 판단한다. 사용자가 제품을 사용할 때는 역사가 중요하다. 제품이 아무리 훌륭해도 과거에 형편없는 제작과 설계를 경험했다면 이를 극복하기 어렵다. 또한 여러분의 앱을 사용하여 행동 변화를 시도했다가 진전을 보지 못했다면 다시 시도할 가능성은 적다.

행동 제품을 위한 교훈

사용자의 이야기를 경청하고 사용자를 알아가되 비슷한 두 사용자가 각자의 과거 경험 때문에 똑같은 상황에서 다르게 행동한다고 해도 놀라지 말라.

각 사용자의 제품 사용 이력을 계획하고 가능하다면 적절히 기록하라. 과거에 불운하게도 특정 버그나 사용할 수 없는 인터페이스를 경험한 사용자라면 제품이 완벽하게 수정된 이후에도 다르게 반응할 것이다.

CREATE 행동 퍼널

이 여섯 가지 정신적 테스트는 의식적 행동 대부분의 전제 조건이다. 이 여섯 가지는 **행동이 일어나는 데 필요**하다.

100명의 사람이 있고 이들 모두 이메일을 잘 정리하고 제때 답장하려고 한다고 가정해보자(항상 엄청 멋진 행동 변화만 다루는 것은 아니니까!). 100명 모두 '받은 편지함'을 비우기 위해 오래된 메시지를 검토하고 삭제하거나 답장하라는 알림을 설정해두었다. 빡빡한 일정과 정신없는 바탕화면에도 불구하고 이들 중 75%가 실제로 알림을 보고 주의를 기울인다고 해보자(우리 모두 75%가 정말 낙관적인 수치라는 것을 알지만 일단 이 가정을 따라가보자). 안타깝게도 이들 중 일부는 성가신 작업을 꺼리는 마음에 직감적으로 재빨리 알림을 닫는다. 하지만 75%의 사람들은 받은 편지함을 정리한다는 생각에 정서적으로 긍정적인 반응을 보인다(이 또한 굉장히 낙관적이라는 것은 안다). 나머지 사람들은 이 문제를 잠시 생각할 것이고 그중 75%는 받은 편지함 정리가 진짜로 가치 있다고 생각할 것이다.

호의적으로 평가한 사람 중 일부는 받은 편지함을 정리할 정신적 에너지와 시간이 충분하지 않다는 것을 깨닫고 뒤로 미룰 것이다. 하지만 그중 75%라는 인상적인 수치의 사람들이 여전히 이 작업을 하기로 한다. 놀랍게도 남은 사람 중 75%가 '맞아. 진짜 이게 지금 내가 할 수 있는 가장 급하고 중요한 일이야'라고 생각한다(나머지 사람들은 더 급한 일이 있어서 이 작업을 나중으로 미룬다). 마지막으로 그중 20%는 과거에 받은 편지함을 정리하려다 실패한 경험 때문에 의욕을 잃었거나, 정리했는데도 금세 다시 어지럽혀진 경험 때문에 이 활동에 대한 흥미를 잃었다.

결국, 진심으로 받은 편지함을 비우고 싶어 했던 100명 중에서 실제로 행동으로 옮긴 사람은 몇 명일까? 약 18명뿐이다. 게다가 이는 굉장히 낙관적인 가정이다. 원래 100명 중 극소수만이 실제로 단서에 반응하고 행동하기에 이른다. 바로 의도-행동 차이가 작용한 것이다.

예일대학교의 제임스 최를 비롯한 연구진은 은퇴를 위한 저축이라는 맥락에서 의도-행동 차이를 측정한 훌륭한 연구를 진행한 바 있다(안타깝게도 CREATE 행동 퍼널이 만들어지기 전에 수행된 연구다). 이들은 더 저축하겠다고 명시적으로 약속한 이들 중 10%만이 실제로 그 약속을 지켰다는 것을 발견했다.[21] 다시 말해 실제로 어떤 일이 일어나고 있는지 살펴보고 사람들이 행동을 취하기 위해 넘어야 하는 수많은 장벽에 대한 간단한 수학적 계산을 해본다면 다음과 같은 결론에 이른다.

> "충분한 동기가 있는 진실된 사람들이 행동하지 않더라도 놀라서는 안 된다"

이 프로세스를 생각하는 또 다른 방식은 퍼널funnel(깔때기)이 샌다고 보는 것이다. 즉, 프로세스를 시작한 사람들이 각 단계에서 조금씩 이탈하여 끝까지 가는 인원수는 극소수에 불과하다(그림 2-3). 웹사이트 잠재 고객을 실제 고객으로 전환하는 데 집중하는 영업, 마케팅, 제품 담당자들은 퍼널 비유를 흔히 사용한다.

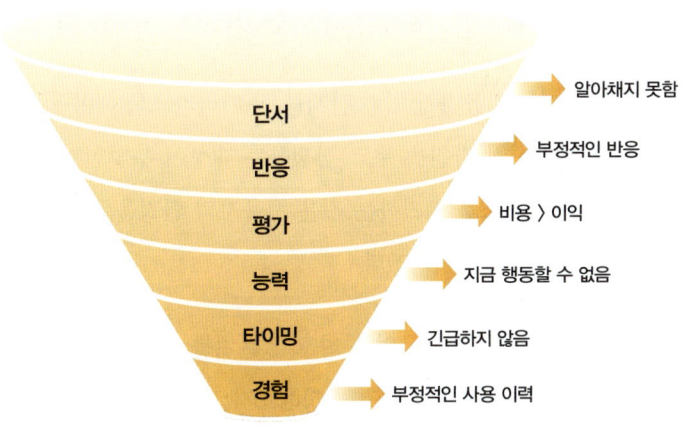

그림 2-3 CREATE 행동 퍼널: 잠재적 행동이 수행되기 위해 거쳐야 하는 여섯 단계. 매 단계에서 사람들이 이탈할 수 있다.

퍼널의 각 단계에는 2개의 새는 구멍이 있다. 첫 번째 구멍은 가치나 긴급성이 충분하지 않다는 이유로 사람들이 행동(또는 단서)을 거절하는 것이다. 두 번째 구멍은 사람들의 주의가 다른 일에 분산되는 것이다. 같은 효과를 내는 다른 활동을 하거나(예: 식사 계획 앱 대신 인

---

21 Choi et al.(2002)

터넷 서핑을 하면서 지루함을 해소하기) 완전히 다른 활동에 주의를 빼앗기기 때문이다(예: 걸려온 전화받기).

습관적인 행동이라면 의식적인 행동보다 퍼널이 더 단순해져서 단서–반응–능력만 남는다. 습관은 의식적인 평가에서 생길 수 있는 이탈을 효과적으로 방지하므로(습관적 행동을 인식하고 멈추려고 의도적으로 노력하지 않는 한 그렇다) 행동에 대해 의식적으로 평가하거나 긴급성을 평가하는 지점에서의 이탈이 매우 적다.

각 단계는 대안보다 나아야 한다

퍼널에 대해 기억해야 할 중요한 점은 각 단계에서 해당 행동이 대안보다 더 효과적이거나 나아야만 행동을 이어간다는 것이다. 언제나 대안은 있다. 주의를 사로잡으려는 다른 단서, 직관적 또는 의식적으로 평가하는 다른 행동, 긴급할 수 있는 다른 우선순위가 그 예다.[22]

제품 디자인의 관점에서 이는 사용자가 이런 단계를 잘 따라가도록 해야 할 뿐 아니라 아니라 사용자의 부족한 시간과 정신적 자원을 두고 경쟁하는 대상이 무엇인지도 고려해야 한다는 의미다. 주의를 분산시키는 요소를 제거하는 것은 사용자의 환경을 구성하는 핵심적인 부분이다. 이 이야기는 9장에서 다시 이어가겠다.

또한 사용자가 행동과 관련하여 현재 무엇을 하고 있는지를 생각해야 한다. 예를 들어 제품이 다이어트를 통한 체중 감량을 권장한다고 가정해보자. 사용자는 다이어트를 위해 현재 무엇을 하고 있는가? 다이어트 생각을 꺼리는가? 시도했다가 실패했는가? 친구에게 조언을 구하지만 절대 실천하지 않는가? 사용자가 현재 하고 있는 행동이 무엇이든 그 행동이 제품이 극복해야 할 주요 경쟁 대상이다. 제품이 백지 상태의 사용자와 상호작용한다고 가정해서는 안 된다. 제품은 기존 행동을 이겨야 하며 이런 승리를 CREATE 행동 퍼널의 각 단계에서 거둬야 한다. 각 단계는 대안보다 나아야 한다.

---

22 상존하는 경쟁이라는 이 개념은 소셜 마케팅 분야에서 발견되지만(Grier, Bryant 2005) 다른 행동 변화의 관점에서는 거의 고려되지 않는다.

단계끼리 서로 상호작용할 수 있다

지금까지는 여섯 단계로 이루어진 깔끔한 모델을 제시했다. 큰 틀에서는 맞는 모델이다. 물론 세부적으로는 훨씬 더 복잡하다. 아직 충분히 다루지 못한 한 가지 문제는 이러한 단계들이 서로 어떻게 상호작용하는가다.

의식적인 행동을 수행하려면 여섯 요소를 모두 어느 정도 갖춰야 하지만 한 영역의 약점을 다른 영역의 강점으로 보완할 수 있다. 예를 들어 수행하기 매우 쉬운 일이라면(건강에 해로운 경화유 대신에 건강에 좋은 올리브 오일을 찬장에서 꺼내기처럼) 상당한 의식적 이익이나 (약간 더 건강해지는 정도의 이익이 있을 것이다) 긍정적인 직감이 없어도 된다. B. J. 포그 행동 모델[23]도 이러한 교훈을 포함하고 있다. 경제적인 용어로 설명하자면 각 요소가 부분적으로 서로 대체될 수 있다.

CREATE라는 순서로 나열된 퍼널의 이름은 마음이 수행하는 활동을 기억하기에 유용하다. 하지만 이 이름이 해당 프로세스의 순서를 완벽하게 나타내는 것은 아니다. 처음 두 단계는 의식적으로 인식하기 전에 발생하는 것이 일반적이다. 하지만 직관적인 반응은 의식적 심사숙고 이후에 (또는 그 일부로) 일어날 수 있다.[24] 이어지는 세 단계도 아이디어(가치, 타이밍, 능력)에 대한 평가가 마음의 여러 부분에서 동시에 이루어질 수 있다는 몇 가지 증거가 있으며[25] 이들 사이에 상호작용도 있을 수 있다. 하지만 이런 복잡성은 핵심 교훈에 영향을 미치지 않는다. 의도적 행동은 여섯 단계를 모두 통과해야 하며 각 단계에서 상당한 이탈이 있는 경우가 많다.

---

23 Fogg(2009a)
24 신중한 사고와 직관적 사고 사이에 상호작용이 있을 수 있다. 의식적 주의가 이동하면서 자동 프로세스에 개입하거나 자동 프로세스에 제어권을 되돌려줄 가능성이 있기 때문이다. 이런 시나리오 일부에 대한 논의는 우드와 닐의 논문을 참고하라(Wood, Neal 2007).
25 Brass, Haggard(2008)

더 노력해도 효과가 크지 않다

B. J. 포그가 행동 모델에 포함한 한 가지 중요한 교훈은 행동을 더 쉽게 만들거나 사용자의 동기를 높이는 것이 기대만큼 효과적이지 않을 수 있다는 것이다. 이 모델은 동기, 능력, 계기라는 세 가지 요소로 구성된다. 그는 동기를 쾌감/고통, 희망/공포, 수용/거절(정서적 반응과 의식적 평가 요소가 포함된다)로 정의하고, 능력은 대략적으로 얼마나 적은 비용이 드는지로 정의했다. 그는 동기와 능력 양쪽에 직관적인 요소와 의식적인 평가 요소를 둘 다 반영했다. 이 모델에서 말하는 계기는 이 책이 제시하는 모델의 단서에 해당한다(그림 2-4).

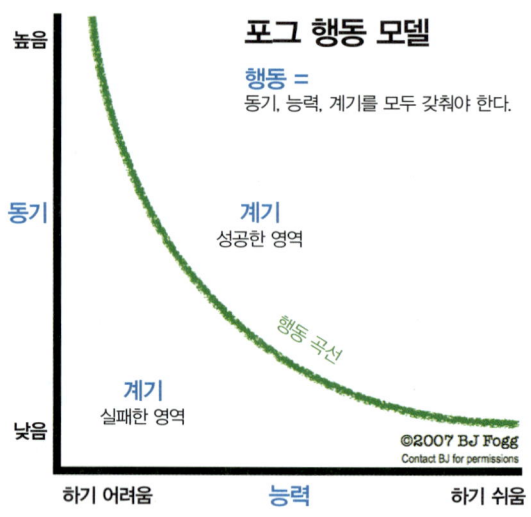

그림 2-4 포그의 행동 모델(http://behaviormodel.org). 행동할 동기가 추가되거나 능력이 늘어날 때 일어나는 한계 수확 체감을 보여준다.[26]

포그는 의도적 행동이 일어나려면 세 가지 요소가 모두 필요하다고 주장한다. 사람들의 행동할 능력을 높이거나(비용을 줄이거나) 동기를 높여서 행동을 장려할 수 있다.

각각의 경우 행동이 더 쉬워지고 동기가 늘어날수록 행동을 장려하는 효과는 줄어든다(즉, 행동이 매우 어려우면 행동하기 쉬워지도록 조금만 도와도 매우 강력한 효과를 낼 수 있다). 원래 쉬운 행동은 더 쉽게 만들어도 행동에 큰 변화가 없다. 경제학 용어로 이를 한계 수익 체감diminishing marginal return이라고 한다. 제품 디자이너가 활용하기 좋은 실용적 교훈이다.

---

[26] @ 2007 B. J. 포그(B. J. 포그에게 사용 허가 요청)

퍼널은 행동이 이루어질 때마다 반복되며 매번 달라진다

사람들은 퍼널에 오래 머물지 않는다. 도중에 이탈하거나 행동을 수행한다. 행동을 하든 안 하든 그 순간은 지나가고 사람들은 퍼널을 벗어난다. 사람들이 행동을 하려고 할 때마다 이 프로세스는 반복된다. 단서가 행동에 대한 생각으로 인도하고 사람들은 직감적으로 반응하는 식으로 이어지는 것이다. 따라서 행동을 반복하려면 CREATE 행동 퍼널을 여러 차례 거쳐야 한다. 하지만 퍼널은 매번 미묘하게 달라진다. 사람들이 같은 행동을 두 번째, 세 번째 다시 할지 정할 때 이런 변화가 더 두드러지게 나타난다.

여러분이 체육관에 이미 한 번 가본 적 있다고 가정하고 첫 방문을 계획할 때와 두 번째 방문을 생각할 때 달라지는 몇 가지 사항을 나열해보자.

여러분이 행동과 맺은 관계가 바뀌었다

이제 여러분은 체육관이 어떻게 돌아가는지, 기구가 어디에 있는지 등을 안다. 따라서 체육관 이용이라는 행동에 드는 비용이 줄어든다. 하지만 체육관 방문 의사도 더 명확해졌다. 그래서 직관적 반응과 의식적 평가도 바뀌었다.

여러분이 바뀌었다

첫날 운동을 잘했다면 자신감이 커진다(실행할 수 있다는 확신이 커진다). 반대로 운동 목표를 제대로 소화하지 못했다면 자신감이 줄어든다.

환경이 바뀔 수 있다

체육관에 다시 가려고 알림을 설정하거나(단서 만들기) 꾸준히 체육관을 다닐 것이라고 가족들에게 기대하게 할 수 있다(긴박감 조성, 이익 향상). 또한 여러분의 재방문을 기대하는 친구가 생길 수도 있다.

사용자를 방해하는 것은 무엇일까?

CREATE 행동 퍼널과 잠재적 행동이 거치는 여섯 단계를 사용자의 행동을 **방해**하는 요소의 관점에서 생각해보는 것도 가능하다. 이들이 직면하는 인지적, 현실적 장벽은 무엇일까?[27]

단서 문제

사용자가 행동을 깜빡하거나 주의력이 부족할 수 있다. 사용자의 환경에 행동을 상기시키는 단서가 없다.

직관적 반응 문제

사용자가 제품이나 회사를 신뢰하지 않는다. 행동이 익숙하지 않고 낯설게 느껴진다.

의식적 평가 문제

사용자에게 행동할 동기가 별로 없다. 행동에 드는 비용이 너무 크다.

능력 문제

사용자가 실제로 행동할 방법을 모르거나 행동하는 데 필요한 것이 사용자에게 없다. 사용자는 실패를 두려워한다.

긴급성 부족 문제

사용자가 행동을 계속해서 내일로 미루는데, 이 사람이 말하는 내일은 결코 오지 않는다. 아니면 다른 긴급한 문제 때문에 행동하지 못한다.

이전 경험 문제

제품이 사용자에게 과거에 사용했던 다른 제품을 떠오르게 한다. 그 제품은 디자인이 형편없었고 사용하기 어려웠다. 그래서 사용하기도 전에 부정적인 평가를 내린다.

행동에 필요한 요소(CREATE 행동 퍼널)의 측면에서 보든, 즉각적인 행동을 방해하는 요소의 측면에서 보든 사용자가 성공적으로 행동하려면 동일한 요소가 필요하다.

---

[27] 2013년 4월 행동 디자인 밋업(Action Design Meetup)에서 행동을 막는 기본적인 인지적 장애물(미루기, 건망증, 동기 부족)에 대해 발표해준 존 베시어스와 케이티 밀크먼에게 감사한다(Beshears, Milkman 2013).

이 장의 짧은 요약

여러분이 알아야 할 사항은 다음과 같다. 어떤 사람이 의식적 행동을 취하려면 여섯 요소가 즉시 일어나야 한다.

1. 사람들은 행동을 상기시키는 **단서**에 반응한다.
2. 직관적 사고는 행동에 대한 생각에 직감적으로 자동 **반응**한다.
3. 의식적 사고는 특히 비용과 이익의 측면에서 아이디어를 **평가**한다.
4. 행동할 **능력**이 있는지 확인한다. 즉, 무엇을 해야 할지 알고, 필요한 것을 가지고 있으며, 성공할 수 있다고 믿는지 확인한다.
5. 행동하기 적합한 **타이밍**인지 판단한다. 특히 행동이 긴급한지 확인한다.
6. 이전 경험이 해당 행동이 제공하는 명확한 이익에 비해 압도적으로 부정적이지 않은 한 과거의 부정적인 **경험**으로 인해 행동을 중단하지 않는다.

이 여섯 가지 항목은 전자상거래 웹사이트의 전환 퍼널$^{\text{conversion funnel}}$처럼 퍼널, 즉 깔때기 형태로 시각화할 수 있다. 여섯 단계를 모두 통과한 사람은 행동할 것이다.

행동의 전제 조건을 빠르게 기억하려면 단서^{cue}, 반응^{reaction}, 평가^{evaluation}, 능력^{ability}, 타이밍^{timing}, 경험^{experience}의 머리글자를 따서 만든 **CREATE**라는 줄임말을 사용하는 것이다. 사람들은 각 단계에서 이탈한다. 단서를 보지 못하거나, 실행할 가치가 없다고 생각하거나, 긴급하다고 생각하지 않기 때문이다. 각 단계마다 주의가 분산되어서 다른 행동에 빠질 수 있다.

의식적 사고(시스템 2)가 필요한 행동이라면 여섯 가지 모든 단계를 통과해야 한다. 의식적 사고가 필요하지 않다면(시스템 1만 필요하다면) 프로세스 일부를 건너뛰고 단서, 반응, 능력$^{\text{cue, reaction, ability}}$(CRA)이 가장 중요해진다.

CHAPTER 03

부정적인 행동 멈추기

> 속보: 힐러리 이메일 유출 용의자였던 FBI 요원이 살인 후 극단적 선택을 한 채 발견되었다

이는 내셔널 퍼블릭 라디오에 소개된 뉴스이며[1] 인터넷에서 화제를 일으켰다. 하지만 완벽한 가짜 뉴스다.

이런 뉴스는 정말 흥미롭다. 우리의 감정을 자극하고, 우리가 품은 의혹을 확인해주며, 나와 생각이 같은 사람들이 세상에 존재한다는 것을 보여준다. 다시 말해 이런 뉴스는 사람들의 신중하지 않은 '빠른' 시스템 1을 기반으로 하며 확증 편향, 사회적 증거를 비롯한 여러 행동 기법을 활용한다. 사람들이 이런 가짜 뉴스를 믿고 이를 다른 사람에게 전달하며 세계관을 구축하는 데에도 영향을 받는 사실은 놀라운 일이 아니다.

그렇다면 이런 뉴스에 어떻게 대응하는 것이 좋을까?[2] 연구자 샌더 반 데르 린덴, 존 루젠비크는 인지 예방접종 이론으로 알려진 연구를 바탕으로 Get Bad News(나쁜 뉴스 듣기)라는 심리학적 백신을 개발했다. Get Bad News란 플레이어들이 가짜 뉴스 웹사이트를 만들고 실제 가짜 뉴스 공급자들이 쓰는 전술을 써서 충성도 높은 팔로워 기반을 구축하는 온라인 게임이다. 참가자들은 가짜 뉴스 전술에 속을 일 없이 그 작동 방법을 볼 수 있는 통제된 환경에서 이런 전술을 경험하면서 실제 가짜 뉴스

---

1 이 진술은 사실이지만 오해의 소지가 있다. 내셔널 퍼블릭 라디오에 나온 뉴스인 건 맞지만 가짜 뉴스를 비판하는 기사에 나온 내용일 뿐이다(https://oreil.ly/GmCNa).
2 이 사례 연구는 B4D 재단과 넛지 레바논의 파디 마키, 나빌 살레와의 이메일 전화 인터뷰와 후속 이메일 교환에서 비롯되었다.

에 면역력을 키웠다. 반 데르 린덴과 루젠비크의 연구는 15,000명의 참가자를 대상으로 플랫폼을 테스트한 후 사람들이 가짜 뉴스를 더 잘 알아보고 저항하는 데 이 플랫폼이 도움이 된다는 사실을 알아냈다.[3]

카타르의 B4D 재단 B4Development Foundation과 넛지 레바논 Nudge Lebanon은 반 데르 린덴, 루젠비크와 협력하여 똑같은 접근법으로 테러리스트의 급진화에 대응함으로써 테러리스트를 비롯한 다른 극단주의 단체에 모집될 수 있는 사람들이 그런 단체에서 사용할 만한 수법을 알아보고 저항하도록 돕고 있다.

이들은 Radicalise(급진화하다)라는 게임을 공동 개발했다. 참가자들은 게임 속에서 가상의 극단주의 단체의 최고 채용 책임자 역할을 맡는다. 플레이어들은 소셜 미디어를 통해 청중을 사로잡아 자신의 단체와 편협한 세계관에 관심을 갖게 하고 이에 반대하는 사람을 증오하게 만든다. 참가자들은 게임을 사용하는 실험군과 사용하지 않는 대조군에 무작위로 배정되었고 연구진은 참가자들이 왓츠앱 WhatsApp이라는 샘플 게시물의 조작된 정도를 얼마나 잘 알아채는지 테스트했다. 프로젝트를 진행하는 동안 실험군은 조작된 메시지와 모집에 취약할 수 있는 사람들을 더 잘 식별할 수 있는 것으로 드러났다.

Radicalise와 이를 바탕으로 하는 가짜 뉴스 연구는 행동 기법을 활용하여 미래의 나쁜 결정과 행동을 어떻게 막을 수 있는지 보여주는 희망적인 사례다.

사용자들은 때때로 목표 달성에 실패한다. 이는 연이어 원하지 않는 나쁜 결정을 내리거나 몸에 밴 나쁜 습관대로 행동하기 때문인 경우가 많다. 두 경우 모두 행동 과학에서 얻은 교훈이 도움이 될 수 있는데, 그 출발점은 동일한 환경에서 바람직한 선택과 바람직하지 않은 선택, 둘 다 발생할 수 있다는 사실을 이해하는 것이다. 예를 들어 술이 눈앞에 있으면 술을 찾아야 마실 수 있을 때보다 과음할 가능성이 훨씬 더 높다. 마찬가지로 주변 사람들이 자제력을 잃을 때 우리에게는 더 많은 자제력이 필요해지며 흔들릴 가능성도 더 높아진다.[4]

간혹 사람들은 유혹에 저항하려면 강철 같은 의지력이 필요하다고 생각한다. 하지만 성급한 결정이나 행동을 막는 데 도움이 되는 아주 효과적인 한 가지 방법은 의도적으로 환경을 디자

---

[3] Roozenbeek, van der Linden(2019, `https://oreil.ly/24kS_`)
[4] Hofmann et al.(2012)

인하여 그러한 행동을 방지하는 것이다. 연구자들은 이를 **상황에 따른 자제력**이라고 부른다.[5] 예를 들어 폭음하는 사람과 거리를 두거나 더 책임감 있게 음주를 즐기는 사람들로 주변을 채워서 과음을 권하는 또래집단의 압력을 줄일 수 있다.

그 프로세스는 사실상 CREATE를 역으로 적용하며 다음 네 단계로 구성된다.

1. **CREATE가 부정적인 행동을 지지하는 방식을 식별하라.** 무엇이 **단서**를 제공하는가? 무엇이 긍정적인 **반응**과 **평가**를 이끌어내는가? 그 행동을 즉시 실행하게 하고 다른 일보다 우선시하여 적절한 **타이밍**에 **실행할 수 있게** 하는 것은 무엇인가?
2. 마찰을 추가하고 단서를 제거하는 등 **환경을 변화시켜서 장애물을 만들고** 시간이 지나도 유지되도록 할 수 있는 전략을 세워라.
3. **어떤 유형의 행동인지 다시 한번 확인하라.** 습관적인 행동(의도 없이 하는 무의식적인 행동)이라면 사용할 수 있는 추가 기법이 있다(107쪽의 '기존 습관 고치기'에서 설명하겠다). 의식적으로 한 선택이라면 평가 부분을 특별히 신경써야 한다.
4. **피드백 루프를 설정**하여 행동을 중단시키는 데 성공했는지 확인하라. 행동을 시작할 때와 마찬가지로 행동을 중단시킬 때도 피드백 루프가 필요하다. 우리는 행동의 평균과 추세를 장기적으로 파악하는 능력이 뛰어나지 않기 때문이다.

특히 두 번째 단계를 신경 써야 한다. 장애물은 어떻게 **만들까?** 지금까지는 장애물을 제거하는 방법을 이야기했다. 하지만 같은 논리로 장애물을 추가할 수 있다.

CREATE를 활용하여 행동에 장애물 추가하기

행동 퍼널의 각 단계를 살펴보며 문제적 행동에 어떻게 개입하면 좋을지 알아보자. 휴대전화를 자주 확인하면서도 가족이나 친구의 연락을 무시하는 사람이 있다고 상상해보자. 이런 행동은 같은 맥락에서 얼마나 오래 지속되었는지에 따라 자동적인 습관이 될 수도 있고 되지 않을 수도 있다. 우선 휴대전화를 자동으로 확인하지 않는 상황부터 살펴보자.

---

[5] Duckworth et al.(2016)

1. 단서

어떤 물건을 시야에 두는 것이 주의를 끄는 비결이듯이 주의를 피하려면 **시야에서 사라지게 해야 한다.** 나와 아내는 휴대전화 확인을 피하기 위해 방에서 휴대전화를 치워둔다. 그러면 함께 있는 시간 동안 방해를 덜 받는다.

2. 반응, 특히 사회적 반응

어떻게 하면 타고난 사회적 감각을 활용하여 나쁜 행동을 피할 수 있을까? (유혹의 순간이든 아니든) 그렇게 행동하지 **않는** 사람들이나 그 행동을 적극적으로 반대하는 사람들 곁에 의도적으로 머무르는 것이 한 가지 방법이다. 반대로 그런 행동을 하거나 권유하는 친구들을 피하는 것도 또 하나의 방법이다. 휴대전화 확인을 피하려면 휴대전화에 별 관심이 없거나 공공장소에서 휴대전화를 확인할 때마다 구박하는 성가신 사람들과 의도적으로 시간을 보내면 된다.

3. 평가

행동의 결과를 생각해보고 그 결과를 더 명확히 드러내거나 그 행동을 하지 않을 때 얻는 이익을 더 생생하고 현실감 있게 느낄 방법을 찾아라. 굳이 장기적인 비용과 이익의 가장 중요한 측면을 찾을 필요는 없다. 그 순간에 집중할 수 있고 행동에 대한 프레임을 바꿀 수 있는 정도면 충분하다. 예컨대 잠금 해제하지 않은지 얼마나 지났는지 보여주는 타이머를 휴대전화에 추가하는 것이다. 행동의 비용을 크게 높여 **행동하기 더 어렵게 만드는 방법**도 있다. 나에게는 휴대전화로 하루에 여러 번 뉴스를 확인하는 나쁜 습관이 있는데, 이를 어렵게 만들기 위해 온라인 뉴스 구독을 취소하고 휴대전화 뉴스 앱을 삭제했다.

4. 능력

행동의 전반적인 비용과 이익에 근본적인 변화를 주지 않으면서 그저 잠시 행동을 중단시키는 **작은 마찰**을 추가해도 좋다. 나는 주의를 상당히 분산시키는 (그런데도 도저히 삭제할 수 없는) 앱을 한 폴더에 모으고 그 폴더에 '방해 요소'라는 이름을 붙였다. 단 몇 초면 극복할 수 있는 마찰이지만 속도를 늦추고 무슨 행동을 하고 있는지 한번 더 생각할 기회를 준다. 같은 이유로 아마존 프라임 비디오에 간단한 비밀번호를 설정해두었다.

5. 타이밍

목표에 집중해야 하는데 다른 일들이 더 긴급하다고 느껴서 목표를 달성하는 데 방해받는 상황을 어떻게 극복할 수 있을까? 나도 이 문제로 골머리를 앓고 있으며 아직 효과가 있는 답을 찾지 못했다. 나는 중요한 일의 긴급성을 높여서 다른 일을 밀어내려 노력한다. 이 책의 마감일을 스스로 설정해두었던 것처럼 말이다. 물론, 어느 정도 도움이 되지만 원하는 만큼 효과적이지는 않다. 많은 이가 인생의 수많은 방해 요소에서 오는 가짜 긴급성을 제거하는 데 마음챙김 명상이 도움된다고 한다.

6. 경험

부정적인 행동을 자발적으로 멈추려고 하는 사람이라면(우리는 이렇게 자발적인 시도만 도와야 한다) 그 행동과 관련된 부정적인 경험이 있을 가능성이 크다.

기존 습관 고치기

사람들이 행동하도록 도우려면 습관을 의도적으로 고쳐야 할 때도 있다. 예를 들어 운동을 통해 건강을 개선하려면 운동 시간을 늘리는 데 그치지 않고 앉아 있는 시간을 줄여야 한다. 이는 기존 습관을 끊어야 한다는 뜻이다. 안타까운 사실이지만 습관을 단번에 끊는 것은 무척 어려운 일이다. 뇌 손상, 수술, 심지어 알츠하이머나 치매로 인해 다른 인지 기능이 심각하게 손상된 상황에서도 습관을 끊지 못할 때가 많다.[6] B. J. 포그는 기존 습관을 끊는 것이

---

[6] 예를 들어 엘드리지의 논문을 참조하라(Eldridge et al. 2002, https://doi.org/10.1037/0735-7044.116.4.722).

행동 변화 중 가장 어려운 작업이라고 주장하기도 했다.[7]

습관을 고치는 것이 왜 그토록 어려울까?

첫째, 습관적인 행동은 의식을 거치지 않고 자동으로 일어난다. 습관을 고치려고 하는 것은 우리의 의식적인 마음인데, 의식적인 마음은 습관이 실행되는 것을 어렴풋하게 인지할 뿐이다.[8] 습관적인 행동은 일어나도 알아채지 못하거나 행동한 이후에 행동했다는 사실을 기억조차 하지 못할 때가 많다. 연구자들은 행동 변화 개입에 대한 수많은 연구를 통해 행동을 바꾸려는 의식적 마음의 진실되고 집중적인 노력과 **실제 행동 변화 사이에 거의 관계가 없다**는 것을 밝혔다.[9]

둘째, 습관은 결코 완전히 사라지지 않기 때문이다. 일단 습관이 형성되면(즉, 자극과 반응이 연결되도록 뇌가 재배선되면) 쉽사리 사라지지 않는다. 잠재된 상태로 남아 있거나 사용되지 않을 수 있지만 적절한 상황이 되면 뇌의 이 회로가 활성화되어서 습관적인 행동이 다시 나타날 수 있다.[10]

습관 고치기에 대해 이렇게 생각해보자. 만약 나쁜 습관을 끊는 것이 쉬웠다면 금연부터 다이어트까지 온갖 관련 주제를 다루는 책이 그토록 많이 출간될 이유가 없었을 것이다.[11] 그럼에도 우리는 습관 형성과 개선에 관한 문헌에서 교훈을 얻을 수 있으며 이는 제품 팀에서 겪어야 할 불필요한 고통과 고난을 줄이는 데 도움이 될 수 있다. 제품 팀이 기존 습관을 다루는 데 활용할 수 있는 네 가지 주요 선택지가 있다.

---

7 Fogg(2009b, https://doi.org/10.1145/1541948.1542001)
8 Dean(2013)
9 Webb, Sheeran(2006)
10 화학적 중독의 경우 중독을 끊기 위해 겹겹이 쌓인 더 많은 난관을 극복해야 하며 이런 내용은 이 책의 범위를 넘어선다. 예를 들어 약물은 주요 신경전달물질을 받아들이는 뇌 수용체에 변화를 일으켜서 약물을 사용하기 전에 했던 똑같은 경험을 하기 위해 더 높은 수준의 자극이 필요하게 만든다. 이런 기법 중 다수는 중독에도 쓰이지만 이 책은 중독에 대한 연구를 광범위하게 다루지는 않는다.
11 습관을 스스로 고치는 것은 어려운 일이며 또래집단의 압력이나 화학적 중독처럼 습관을 고치기 더 어렵게 만드는 다른 요소도 있다.

- **주의:** 단서를 피하라.
- **반응:** 반응을 가로채서 루틴을 대체하라.
- **평가:** 의식을 영리하게 활용하여 개입하라. 마음챙김을 통해 단서에 따라 행동하는 것을 피하는 등의 방법이 여기에 포함된다.
- **능력:** 새로운 행동으로 기존 습관을 몰아내라.

각각의 경우 단순히 직접적으로 습관을 억제하려 하지 않는다. 그렇게 하려면 지속적으로 의지력을 발휘해야 하는데 의지력은 유한하며 지속 가능하지 않다.

주의: 단서를 피하라

단서는 뇌에 신호를 보내서 문제 행동을 촉발한다. 습관을 끊는 한 가지 방법은 단서를 피하는 것이다. 예를 들어 중독 상담사는 중독자에게 환경에 변화를 주어서 중독 행동을 상기하는 것을 멀리하라고 조언한다. 퇴근길에 술집이 보일 때마다 들어가서 술을 마셨다면 퇴근 경로를 바꿔 술집이 더 이상 눈에 띄지 않게 만드는 것이다.[12]

단서를 피하도록 돕는 제품을 디자인하기가 특별히 까다로운 몇 가지 이유가 있다.

첫째, 나쁜 습관의 단서 대부분이 행동 변화 제품 외부에 있다. 사람들은 습관을 고치려고 제품을 사용한다. 나쁜 습관의 원인은 제품이 아니다. 따라서 제품은 사람들이 단서를 스스로 피하도록 돕기 위해 안내와 지침을 제공해야 한다. 그리고 사람들은 무엇이 단서인지 알고 그 단서를 성공적으로 피할 수 있어야 한다.

둘째, 루틴이 제품 밖에 존재하므로 일반적으로 애플리케이션은 사용자들이 문제 행동을 했는지 알지 못한다. 따라서 사용자가 참지 못하고 다시 문제 행동을 했는지는 사용자의 보고에 의존해서 파악해야 하는데 이 과정은 더욱 어렵다. 알코올 중독자가 음주운전을 피하

---

12 상황에 변화를 주는 건 중독 상담 외의 분야에서도 광범위하게 사용된다. 이 방법에 대한 연구는 우드의 논문을 참조하라(Wood et al. 2005).

기 위해 차에 설치하는 음주 측정기 같은 외부 모니터링 시스템이 필요하다. 알코올 중독 같은 화학적 중독은 일반적인 습관을 고칠 때보다 훨씬 더 많은 노력이 든다. 그렇지만 이런 활동에서 얻은 교훈은 비교적 다루기 수월한 습관을 고치는 제품을 디자인할 때도 적용할 수 있다.

이 과정이 도전적인 것은 분명하지만 이를 성공적으로 해낸 제품도 존재한다. 그중 한 예시는 CovenantEyes(https://oreil.ly/nV0Bs)다. 이 소프트웨어는 성적 중독으로 힘들어하거나 습관이 형성되기 전에 유혹을 피하고 싶어 하는 사람들을 도와준다(그림 3-1). 사용자가 단서를 피하도록 돕고(노골적인 콘텐츠가 있는 사이트를 필터링해준다) 웹 사용을 자동으로 모니터링하여 사용자가 포르노에 접근할 때 책임 파트너에게 알려준다.

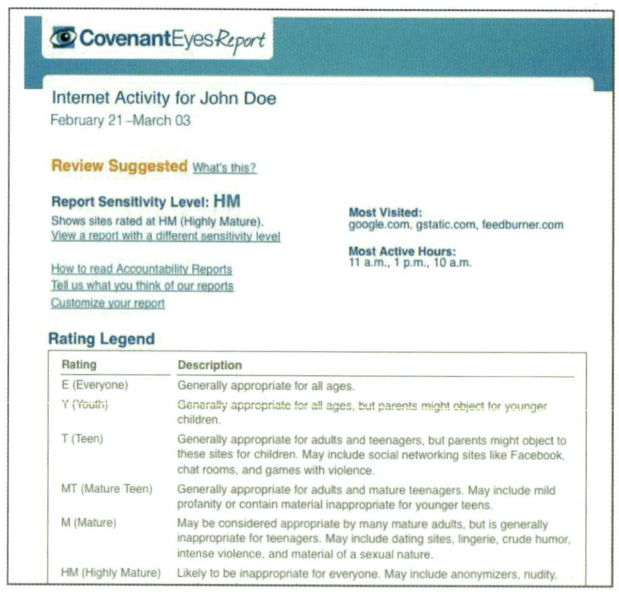

그림 3-1 필터링과 자동 모니터링을 통해 온라인으로 성적인 콘텐츠를 보는 습관을 끊도록 도와주는 애플리케이션 CovenantEyes

반응: 반응을 가로채서 루틴을 대체하라

나쁜 습관을 고치기 위해 제품이 쓸 수 있는 다른 전략은 기존 단서와 보상을 (더 유익한) 다른 행동으로 전환하는 것이다. 두히그는 『습관의 힘』에서 습관을 고치려면 루틴 대체하기, 그리고 습관을 고칠 수 있다는 진정한 믿음, 이 두 가지 요소가 필요하다고 설명한다.

루틴을 대체하려면 단서와 보상을 가로채서 그 사이에 다른 루틴을 넣어야 한다. 그는 진짜 배고프지 않을 때 먹는 간식을 예로 든다. 직장에서의 우울한 순간이나 TV에 나온 광고가 단서일 수 있다. (일시적으로) 지루함을 해소하고 과자의 기분 좋은 바삭거림을 느끼는 것이 보상이다. 이 과정을 가로채려면 이렇게 해야 한다.

❶ 심리적 방아쇠인 트리거trigger와 보상을 식별한다(해당하는 경우).
❷ 트리거가 발생하면 비슷한 보상을 제공하는 다른 루틴을 의식적으로 실행하라(예를 들어 광고를 보는 동안 십자말풀이를 하라).
❸ 새로운 습관이 자리 잡을 때까지 의식적으로 루틴 전환을 이어가라.

루틴을 의식적으로 대체하는 과정은 **경쟁 반응 훈련**competing response training이라고도 부른다. 이는 비자발적 틱이 나타나는 투렛 증후군 환자 치료에 사용되었으며 실험적 테스트에서 극적인 결과를 보였다.[13]

하지만 흡연이나 음주처럼 고치기가 특별히 어려운 습관이라면 새로운 루틴으로 대체하는 것만으로는 부족하다. 새로운 보상이 기존 보상만큼 좋을 리 없다. 일상적인 행동은 대체하면 되지만 고치기 어려운 습관이라면 힘든 시기가 되면 '더 이상 못 참겠다'는 엄청난 유혹을 느낄 수 있다. 그렇게 힘든 시기를 극복하고 이들이 감당할 수 있는 단조로운 일상으로 돌아오려면 다른 무언가가 필요하다. 여기서 말하는 다른 무언가는 힘든 시기가 지나갈 것이라는 믿음일 수 있다. 종교적인 믿음일 수도 있고 자신에 대한 믿음일 수도 있으며 이겨낼 수 있도록 도와줄 다른 이들에 대한 믿음일 수도 있다. 어쨌든 상황이 나아질 것이라는 내면의 목소리다.

---

[13] Piacentini et al.(2010), Dean(2013)

루틴 대체하기는 실제로 어떻게 작동할까? 그 방식은 둘 중 하나다.

첫째, 평소 단서가 발생하는 순간에 제품이 사용자의 눈에 띄게 해서 사용자가 기존 루틴 대신 새로운 루틴을 실행하도록 상기시키거나 유도하는 것이다. 루틴 실행을 완료한 후에 제품을 통해 사용자에게 보상을 제공하거나 사용자 스스로 보상하도록 장려할 것이다.

둘째, 이 방식은 더 까다로우며 사용자가 제품 없이 단서를 마주하는 경우에 필요하다. 단서를 피할 때와 마찬가지로 제품은 사용자가 유혹적인 순간에 어떻게 대처할지 조언하고 대비시켜야 하며 사용자가 어떤 행동을 하는지 추적할 방법을 찾아야 한다. 체인지테크 Changetech(https://www.changetech.no)는 이러한 목표를 달성하기 위해 사용자를 집중적으로 지원하고 추적하는 금연 프로그램을 운영하고 있는데 이 프로그램은 400회 이상 접촉을 통해 참가자와 지속적으로 소통한다. 그리고 이 방법은 무작위 대조군 시험에서 긍정적인 결과를 보였다.[14]

누구에게나 익숙한 실시간 습관 가로채기의 예로는 오프라인 매장에서 스마트폰으로 쇼핑하기를 들 수 있다.

- ❶ **단서**: 카메라, 컴퓨터 등 사고 싶던 제품이 눈에 띈다.
- ❷ **기존 루틴**: 원하는 것을 집어 들고 계산대로 가서 구매한다.
- ❸ **새 루틴**: 휴대전화로 해당 제품을 검색해서 가격을 비교한 후 구매한다(대개 온라인이 더 싸다).
- ❹ **보상**: 절약하는 기쁨 느끼기, 멋진 카메라를 사용하는 자신의 모습 상상하기 등의 보상을 받는다.

물론, 이러한 습관 가로채기 때문에 오프라인 매장들은 사양길에 접어들었다.

---

14 이 예를 언급해준 서배스천 디터딩에게 감사한다. 더 자세한 정보는 브렌드리엔과 크래프트의 논문을 참조하라(Brendryen, Kraft 2008, https://doi.org/10.1111/j.1360-0443.2007.02119.x).

평가: 의식이 개입하게 하라

우리의 영리한 뇌는 자동 조종 모드를 스스로 곧잘 방해하곤 한다. 이런 개입을 적절히 사용하면 **행동을 극복하기 위해 의지력을 직접적으로 발휘하지 않더라도** 작동 중인 습관을 방해할 수 있다. 생각하는 것은 나쁘다. 적어도 습관에 관해서는 그렇다. 스포츠 분야에서 어떤 종목의 대가들이 긴장한 탓에 평소 자동 조종 모드로 수행되는 프로세스를 의식하다가 실력을 제대로 발휘하지 못하는 일이 종종 발생한다. 이런 현상은 어떤 분야에서든 일어날 수 있다.[15] 습관에 개입하려면 습관에 대해 생각해야 한다. 특히 습관을 촉발시키는 것을 찾은 후 평소 자동으로 이루어지는 루틴을 면밀히 살펴보라. 의식적으로 이에 대해 생각하는 것만으로도 매끄러운 실행을 방해할 수 있다.

이런 역할을 하는 제품은 행동이 일어나는 순간에 사용자 곁에 있어야 하며 사용자가 자기 행동을 의식하게 해야 한다. 프리우스^{Prius}는 이러한 역할을 하는 기능으로 유명하다. 프리우스 연료 소비 모니터링 시스템은 휘발유를 얼마나 소비하고 있는지 지속적이고 즉각적으로 피드백한다. 이러한 실시간 피드백은 휘발유를 얼마나 사용하고 있는지 의식적으로 인식하게 만들어서 기존 운전 습관을 벗어나게 하고, 결과적으로 휘발유 사용량을 줄여준다. 이것이 일명 **프리우스 효과**다.

습관을 방해하거나 형성하는 모든 접근법이 그렇듯이 이 접근법도 효과를 발휘하려면 사용자가 자발적으로 참여해야 한다. 연료 소비율에 관심이 없거나 자동차의 연료 소비 모니터링이 성가시다고 느끼는 사람은 이런 피드백을 신경 쓰지 않을 것이다. 결국 모든 것은 행동하려는 의식적인 선택에서 시작된다.

평가: 마음챙김으로 주의력을 향상시켜라

나쁜 습관을 극복하는 또 다른 섬세한 방법은 마음챙김을 활용하는 것이다. 마음챙김은 불교

---

[15] Baumeister(1984, https://doi.org/10.1037/0022-3514.46.3.610), Gallwey(1997)

에서 온 개념으로 현재 순간과 경험을 판단하거나 통제하려 하지 않고 인식하는 것을 가리킨다. 이는 사건이나 감각을 있는 그대로 열린 마음으로 수용하는 정신 상태다. 마음챙김을 기반으로 하는 치료법은 급성 스트레스, 불안, 우울 같은 정신 상태를 다루는 방법으로 점점 더 인기를 얻고 있다. 이 치료법도 불교의 마음챙김 명상과 비슷하게 개입이나 판단 없이 의도적으로 현재 순간에 집중하게 한다.[16]

습관적인 행동을 유발하는 단서를 의식적으로 인식함으로써 트리거를 인식하되 그에 따라 행동하지 않을 수 있다. 실천해본 사람으로서 말하건대 이 접근법은 매우 흥미로우며 직관을 거스른다. 이 방법을 쓸 때는 습관과 싸우지 않는다. 대신에 트리거(그리고 반응하려는 충동)를 알아채서 습관의 힘을 약화시킨다. 마음챙김 상태에서는 습관에 반응할 필요가 없다.

마음챙김은 다양한 맥락에서 강력한 효과를 내는 것으로 나타났다. 예를 들어 원하지 않는 습관적인 폭음을 다스릴 때도 큰 효과를 냈다.[17] 헤드스페이스Headspace (https://www.headspace.com), 캄Calm (https://www.calm.com) 등 다수의 앱이 마음챙김을 지원하여 스트레스를 줄이거나 집중력을 높이도록 도와주지만 특정하게 습관 변화를 목표로 하지는 않는다.

능력: 다른 행동의 힘을 키워라

새로운 행동으로 기존 습관을 몰아내는 것은 습관을 고치는 또 다른 방법이다. 이 방법은 **원하지 않는 행동을 줄이고 원하는 행동을 늘리는 데 집중한다**. 그 결과 이전에 하던 행동을 할 수 있는 시간이나 에너지가 부족해지며 그 행동을 수행할 능력이 상대적으로 줄어든다.

예를 들어 건강 상태가 좋지 않고, TV를 많이 보며, 식습관도 좋지 않은 사람이 있다고 상상해보자. 이 사람이 운동량을 늘리기 위해 체육관에 다니기 시작한다(새로운 습관 만들기). 체육관에서 만난 새로운 사람들과 함께 운동 수업과 요리 수업에 등록한다. TV 시청에 쓸 수

---

16 Hofman et al.(2010), Shapiro et al.(2006)
17 Chatzisarantis, Hagger(2007, https://doi.org/10.1177/0146167206297401)

있는 시간이 점점 줄어든다. 집에 있는 시간이 줄어들면서 자연스럽게 TV 시청을 상기하는 기존 단서를 피하게 된다. 요리 수업에서 음식을 해 먹는 방법을 깨우친 덕에 전처럼 배고픔을 느끼지 않고 기존의 식습관대로 먹을 기회도 줄어들면서 기존 습관은 서서히 새로운 습관으로 대체된다.

이 사람의 생활에는 자아 정체성의 변화, 사회적 규범의 변화 같은 여러 힘이 자연스럽게 작용하고 있다. 그러나 일상의 구조가 변하면서 기존 습관이 점차 사라진다. 습관을 직접적으로 고친 것은 아니지만 다른 일들이 이 사람의 시간을 차지하고 허기를 잠재운 덕이다. 이 접근법은 습관 변화의 경로를 충분히 밟아야 하고 많은 사람이 그렇듯이 등록하자마자 체육관 출석을 멈추지 않아야만 효과가 있다. 새로운 습관이 형성되기까지 밀고 나가는 초반의 선택은 의식적으로 이루어져야 한다.

성급한 선택과 후회스러운 행동

사용자가 중요한 결정을 앞두고 서두르거나 제대로 심사숙고하지 못할 때 성급한 선택이나 행동을 방해할 방법은 무엇일까? 성급한 선택은 이미 단서가 존재하고(이들은 이미 결정을 내리는 중이다) 신중하게 심사숙고하거나 평가하지 않고 직관적인 반응에 따라 결정하는 데에서 발생한다는 점에서 의도-행동 차이와는 다르다.

수년 전 행동 연구자인 솔, 밀크먼, 페인은 편향을 없애는 방법에 대한 몇 가지 훌륭한 조언이 담긴 가이드를 출간했다.[18] 이 책의 핵심 교훈은 사람이나 환경을 바꾸라는 것이다.

사람을 바꾸려면 이렇게 해야 한다.

❶ 사전에 교육하라. 결정해야 할 때 필요한 정보를 미리 갖추고 있게 하라. 예를 들어 캠퍼스 파티에서 음주가 지나치면 폭행 사태가 일어날 수 있다고 미리 알려주는 것이다.

---

18 Soll et al.(2015)

❷ 사람들이 여전히 빠른 결정을 내릴 수 있도록 효과적인 경험칙을 제공하되, 그 규칙이 장시간 신중하게 고민한 것과 비슷한 결과를 얻을 수 있게 해야 한다. 대출을 받을 때는 상환금이 수입의 28%를 넘지 않게 하라는 규칙을 예로 들 수 있다.

❸ 보다 공식적인 의사결정 도구를 사용하도록 가르쳐라. 조종사들이 비행기 착륙 시 고려해야 할 많은 요소를 체크리스트로 확인하는 것처럼 말이다.

환경을 바꾸려면 이렇게 해야 한다.

❶ 사람들의 속도를 늦춰라. 특히 마찰을 추가하는 것이 좋다. 사람들이 직관적으로 잘못된 선택을 할 때 마찰을 추가해서 시스템 1 사고에서 시스템 2 사고로 전환하게 하라(즉, 즉시 행동할 **능력**이 줄어들게 하는 것이다).

❷ 편향이 초래하는 결과를 완화하라. 퇴직연금 계좌 기본 불입률을 정해두면 (앞서 논의한 바와 같이) 불입이라는 행동을 취하기 더 쉬워지고 적절한 불입액을 정하기도 쉬워진다. 단, 기본 불입률이 본인에게 적절한 수준이어야 한다.

금융 서비스의 공시 규칙은 사람들의 속도를 늦추고 주택 담보 대출 같은 중요한 결정에 대해 충분히 생각할 시간을 주기 위해 존재한다. 안타깝게도 사람들은 결국 이러한 감속 장치를 무시하는 데 익숙해진다. 그래서 때로는 더 강력한 감속 장치가 필요하다. 덴마크에서는 충동적인 대출을 줄이기 위해 급여일 대출$^{payday\ loan}$[19]을 받기 전에 48시간의 **유예 기간**을 둔다.[20] 미국에서는 총기를 구매하기 전에 24시간 대기 기간을 요구해야 한다는 논의가 활발히 이루어지고 있다(https://oreil.ly/7EWHu).

성급한 선택과 후회스러운 행동을 피하는 방법 중 하나는 시간 전망$^{time\ perspective}$을 바꾸려 노력하는 것이다. 이미 이야기한 바와 같이 우리는 한번에 모든 시점에 집중할 수 없기 때문에 현재와 가까운 시점의 비용과 이익에 지나치게 집중하게 된다. 호랑이를 마주쳤을 때는 그렇게 하는 것이 타당하지만 술을 한 잔 더 마실지, 시청 중이던 시리즈물을 한 편 더 볼지 결정할 때는 그렇지 않다. 사인필드는 이 차이를 정확히 포착했다. 더 마실지, 더 볼지 정하는 건

---

[19] 옮긴이_ 다음 급여일에 상환하는 조건으로 받는 단기 소액 대출이다.
[20] 이에 대해 폴 애덤스에게 감사한다. 급여일 대출 상품을 판매하는 회사들은 이 때문에 사람들이 단념할 것을 알고 법을 피하기 위해 상품의 이름을 바꾸고 타기팅을 다시 진행했다(Toft 2017, https://oreil.ly/d45vv).

현재만 생각하는 '밤의 사나이'지, 그 결정으로 인해 고통받을 '아침의 사나이'가 아니다.[21] '밤 (또는 현재의 마음이 집중하는 시점)의 사나이'가 미래를 고려하게 하는 것은 나쁜 선택을 피하는 데 도움이 될 수 있다.

마지막으로 또 다른 기법은 결정할 때 무시하기 쉬운 측면에 주의를 환기시키는 것이다. 영국의 금융감독청Financial Conduct Authority이 실시한 한 실험은 팝업 경고 메시지가 참가자들의 주의를 구매 관련 주요 세부사항, 즉 이들이 내는 수수료로 돌리는 데 성공했다는 것을 밝혔다.[22] 그리고 투자 자산의 성급한 매도를 피하도록 실시간 개입을 테스트했던 베터먼트Betterment의 댄 이건Dan Egan의 실험도 내가 가장 좋아하는 실험 중 하나다. 그는 사람들이 투자 자산을 매도하려고 할 때 매도에 따르는 세금을 상기시키는 팝업 상자를 띄워서 이들의 행동을 늦추고 다른 관점에서 결정을 바라보게 했다.[23] 사람들이 투자 손실보다 더 싫어하는 것이 한 가지 있다면 그것은 바로 세금이다!

복잡한 의사결정 개선하기에 대해 더 알아보고 싶다면

사람들이 아무리 신중하게 생각하더라도 항상 좋은 선택을 하는 건 아니며 도움이 필요한 순간도 있을 수 있다. 선택의 복잡성에 압도되거나 필요한 암산이 불가능할 때도 있다. 다시 말해 평가 단계에서 문제가 발생할 수 있다. 이 책이 이런 유형의 과제를 중점적으로 다루는 건 아니지만(암산 방법보다는 행동 변화에 집중하는 책이다) 적어도 올바른 방향은 알려줄 수 있다. 처음에 읽기 좋은 두 권의 책을 소개하자면 다음과 같다.

- 루소와 슈메이커가 쓴 『Winning Decisions』(Crown Currency, 2001)
- 해먼드가 다른 이와 함께 쓴 『스마트 초이스』(21세기북스, 2001)

판단과 의사결정은 이러한 연구 분야를 아우르는 포괄적인 용어다.

---

[21] 사인필드가 제이 레노와 나눈 밤의 사나이에 대한 대화를 참조하라(https://vimeo.com/441791484).
[22] Hayes et al.(2018)
[23] 이 건의 연구에서 'Tax Impact Preview(세금 영향 미리보기)' 항목을 참조하기 바란다(Egan 2017, https://oreil.ly/ZWGCm). 그리고 세금 회피에 대한 이전 연구는 서스먼과 올리볼라의 논문을 참조하면 유용하다(Sussman, Olivola 2011).

> **이 장의 짧은 요약**

사용자는 백지상태가 아니다. 예를 들어 가족과 더 많은 시간을 보내기 위해 휴대전화에 쓰는 **시간을 줄여야 하는 사람**도 있고, 더 건강하게 먹기 위해 한번에 아이스크림 한 통을 **다 먹지 말아야 하는 사람**도 있다. 그래서 행동 변화를 위해 디자인하려면 새로운 행동을 시작하게 하는 것뿐 아니라 기존의 (부정적인) 행동을 중단시키고 방해하는 방법도 생각해야 한다.

여러분이 알아야 할 내용은 다음과 같다.

- 자제력만으로는 부족할 때가 있다. 부정적인 행동을 멈추려고 노력하는데 잘 되지 않아서 고생하는 사람을 더 강하게 밀어붙이는 것은 효과가 없거나 강압적으로 보일 수 있으며, 때로는 두 가지 결과를 동시에 초래할 수도 있다.
- 그 대신 **상황에 따른 자제력**으로 알려진 개념을 활용해서 사람들을 도울 수 있다. 행동을 장려하는 환경을 조성할 수 있듯이 성급한 결정을 늦추고 바람직하지 않은 습관과 행동을 방해하는 환경도 조성할 수 있다. 우리는 행동을 통제하기 위해 상황(환경)을 통제한다.
- 이 프로세스는 CREATE 프레임워크를 역으로 활용한다.
  - **CREATE가 부정적인 행동을 어떻게 지지하는지 식별하라:** 무엇이 단서가 될까? 사람들이 그 단서에 긍정적으로 반응하고 평가하게 하는 것은 무엇일까?
  - **환경에 변화를 주어서 장애물을 만들 방법을 찾아라:** 마찰을 추가하고 단서를 제거하는 등의 방법을 써라. 예를 들어 스크린타임이 정해둔 시간이 되면 휴대전화가 자동으로 잠기게 할 수 있다.
  - **피드백 루프를 설정하라:** 행동을 성공적으로 중단시켰는지 확인하고 그 결과에 맞춰 조정하라.
- 습관적인 행동이라면 다음 기법에 집중하는 게 좋다.
  - **단서를 완전히 피하라:** 예를 들어 술집이 눈에 띌 때 들어가서 술을 마셨다면 술집이 눈에 띄지 않게 하라.
  - **단서를 가로채고 다른 행동을 촉발하라:** 같은 단서를 사용하는 새로운 (긍정적인) 습관을 길러라. 예를 들어 술집이 눈에 띄면 배우자에게 전화해서 오늘 하루에 대해 대화하는 습관을 들여라.
  - **의도적으로 마음챙김을 사용하라:** 의지력을 과도하게 발휘하지 말고 트리거를 인정하고 의식하라.

이 장, 더 나아가 이 책은 행동에 집중하지만, 예컨대 '주택 담보 대출'이나 '직장을 더 신중하게 선택하게 하기'처럼 의사결정의 정신적 과정을 개선하는 데 집중하는 문헌들도 있으니 참고하면 도움이 된다. 관련 연구를 간략히 정리해둔 솔(Soll et al. 2015)의 논문을 참조하라. 하지만 주요 접근법을 소개하자면 다음과 같다.

- **사람들을 사전에 교육**해서 결정의 순간에 필요한 정보가 준비되어 있게 하라. 예컨대 주택 담보 대출 절차에 대해 상세한 교육을 제공하라.
- **경험칙을 제공**해서 빠르게 결정할 수 있게 하라. 대출을 받을 때는 상환금이 수입의 28%를 넘지 않게 하라는 규칙을 예로 들 수 있다.
- **공식적인 의사결정 도구**를 사용하게 하라. 즉, 사람들이 대출 평가 도구를 사용하도록 교육하라(대출을 스스로 평가하는 방법을 배우도록 훈련시키는 것보다 이 편이 더 효과적이다).
- **사람들의 속도를 늦춰라**. 특히 마찰을 활용하라. 시간 지연 공개(HUD-1)는 미국에서 찾아볼 수 있는 한 가지 예다.[24]
- **편향의 결과를 완화하라.** 예를 들어 대출기관이 대출자, 특히 정보가 부족하거나 처음 대출을 받는 사람에게 부과할 수 있는 이율과 수수료에 제한을 두는 규정을 사용하는 것이다.

---

[24] 옮긴이_ 미국 부동산 거래에 사용되는 문서 중 하나로 부동산 거래 최종 단계에서 거래 내역을 상세히 제공하는 역할을 한다. 내역을 충분히 검토할 시간을 확보하기 위해 거래가 완료되기 최소 3일 전에는 제공해야 한다.

CHAPTER 04
행동 과학의 윤리

프린스턴 대학교Princeton University의 연구자들은 웹사이트에서 다크 패턴dark pattern을 자동으로 찾는 도구를 개발했다. 다크 패턴이란 '온라인 서비스가 이익을 얻기 위해 사용자를 강제하고 유도하거나 기만하여 사용자가 의도치 않게 잠재적으로 해로운 결정을 내리게 하는 사용자 인터페이스 디자인'을 가리킨다. 이들은 11,000개의 웹사이트를 분석해서 1,841개의 다크 패턴을 찾아냈다. 또한 '다크 패턴을 턴키 솔루션turnkey solution'으로 제안하는, 다시 말해 디지털 조작을 서비스로 제공하는 서드파티 업체 22곳도 발견했다.[1]

다크 패턴이라는 용어는 UX 전문가인 해리 브링널(http://darkpatterns.org)이 만들었고 그는 다크 패턴을 감정적 선택 강요confirmshaming(죄책감을 유발해서 선택하도록 유도)부터 개인정보 저커링Privacy Zuckering(아마 이름을 보면 무슨 뜻인지 추측할 수 있을 것이다)[2]까지 11가지 유형으로 분류했다. 그는 명백히 사용자를 속이려는 회사들을 '수치의 전당hall of shame' 페이지에 정리해두고 아마존이 어떻게 계정을 취소하기 거의 불가능하게 만들어두었는지 보여준다. 브링널은 들어갈 수는 있지만 나올 수 없다는 의미를 담아서 이를 '로치 모텔roach motel'[3]이라고 재치 있게 표현했다.

슬프게도 이런 기만적인 기법의 사례는 어렵지 않게 발견할 수 있다. 일례로 최근 뉴욕 타임스는 폭

---

1 Mathur et al.(2019)
2 옮긴이_ 메타(구 페이스북)의 창업자 마크 저커버그 이름에서 따 온 용어로 사용자가 의도한 것보다 더 많은 개인정보를 공유하게 하는 것을 의미한다.
3 옮긴이_ 'Roaches check in, but they don't check out!(바퀴벌레는 체크인할 뿐 체크아웃할 수 없습니다)'라는 태그라인을 사용했던 바퀴벌레 퇴치 트랩 브랜드를 뜻한다.

> 로 기사를 통해 스레드업thredUP[4]이 가짜 사용자를 만들어서 마치 다른 사람들이 스레드업을 이용하며 돈을 절약하고 있는 것처럼 보이게 해서 실제 고객의 구매를 유도한 방법을 자세히 보도했다.[5]

제품 디자인과 마케팅에 심리학과 행동 기법을 적용하는 풍조는 받아 마땅한 반발을 마주하고 있다. 사용자를 조종해서 제품 구매나 중독에 이르게 하거나 감정처럼 깊고 개인적인 부분까지 변화시키려고 하는 제품들은 비판적인 관점에서 면밀한 검토를 받기 시작했다.

버지니아주 상원의원 마크 워너와 네브래스카주 상원의원 뎁 피셔는 「DETOUR Deceptive Experiences To Online Users Reduction (온라인 사용자의 기만적 경험 감소)」라고 불리는 법안을 2019년 4월에 발의하여 대규모 온라인 서비스의 다음과 같은 행위를 불법화하고 했다.[6]

- 사용자의 자율성, 의사결정, 선택을 모호하게 하거나 뒤집거나 손상시켜 동의나 사용자 데이터를 얻으려는 목적이나 실질적인 효과를 위해 사용자 인터페이스를 설계, 수정, 조작하는 행위
- 고지에 입각한 동의를 구하지 않고 '행동 실험이나 심리 실험의 목적'을 위해 사용자를 세분화하거나 별도의 그룹으로 분류하는 행위
- 행동 실험이나 심리 실험의 승인을 위해 독립적인 검토 위원회 없이 운영하는 행위

두 상원의원의 활동은 분명히 소셜 미디어, 검색엔진, 전자상거래 기업을 겨냥하고 있으며, 이들 기업은 데이터 프라이버시를 심각하게 훼손하고 데이터 사용에 대한 사용자 동의를 기만적으로 얻은 최악의 위반자들이다. 다크 패턴에 대한 연구, 그리고 슬프게도 이메일의 받은 편지함이나 휴대전화가 있는 사람이라면 누구나 겪는 일상적인 경험은 기만과 남용이 여기서 끝나지 않는다는 것을 보여준다. 자신이 이러한 문제와 무관하다고 생각한다면 이는 자기기만에 불과하다.

지금까지 이 책은 사용자들이 목표를 달성하도록 도울 방법에 대해 이야기했다. 이 장에서는 관점을 바꿔서 다음 네 가지 목표를 달성하려고 한다.

---

4 옮긴이_ 중고 의류 거래 플랫폼이다.
5 Valentino-DeVries(2019, https://oreil.ly/M9dgE)
6 로이터 통신(Reuters 2019, https://oreil.ly/6ARpC)과 고브트랙(GovTrack 2019, https://oreil.ly/5pN2B)에서 인용했다.

- 사용자에 대한 비윤리적인 조종이 어느 정도까지 이루어지는지를 보여주기
- 문제가 어디에서 발생하는지를 살펴보기
- 상황이 주어지면 누구나 비윤리적인 행동을 할 수 있음을 보여주기
- 자신이 한 행동의 정화 방법을 모색하기

디지털 도구, 특히 사용자를 조종하려는 도구

프린스턴 대학교의 연구는 다크 패턴이 얼마나 흔한지 정량적으로 훌륭하게 보여준다. 하지만 이 분석은 2019년 쇼핑 사이트 사례에만 초점을 맞추고 있다. 이런 문제가 다른 분야에도 광범위하게 퍼져 있을까? 아직 대규모 정량적 연구는 없는 것으로 보이지만(적어도 아직은 그렇다) 여러 정부와 감시 단체가 주요 디지털 기업의 관행을 분석한 결과, 거의 업계 전반에서 이런 조작이 이루어지고 있는 것으로 드러났다. 예를 들어 노르웨이 소비자 위원회는 2018년 보고서에서 메타(구 페이스북), 구글, 윈도가 사용자들의 개인정보 보호 권리 행사를 어떻게 저지하는지 분석했다. 구글은 기만적인 방법으로 위치 추적에 대한 동의를 얻었다는 이유로 비난받고 있다. 프로퍼블리카ProPublica[7]는 원래 무료로 할 수 있는 세금 신고를 유료 서비스를 통해 하도록 속인 인튜이트Intuit[8]의 사례를 보여준다. 애플은 심지어 앱이 사람들을 속여서 원치 않는 구독을 하게 하는 것을 막기 위해 앱 스토어 지침을 변경해야 했다.[9]

최근 두드러지고 있는 이런 문제들은 분명 과거에도 일어났던 일이다. 사람들이 메타(구 페이스북)을 신뢰하던 때, 아니면 적어도 악하다고 생각하지 않던 때를 기억하는가? 메타(구 페이스북)의 신뢰에 균열이 생긴 초기 사례는 이들이 사용자 감정을 조작했던 실험에서 시작되었으며 이는 뉴욕 타임스, 월스트리트 저널 등의 언론에 보도되었다.[10] 뉴욕 타임스의 기사

---

7 옮긴이_ 미국의 비영리 인터넷 언론이다.
8 옮긴이_ 금융 소프트웨어를 전문으로 하는 미국의 소프트웨어 기업이다.
9 Norwegian Consumer Council: Forbrukerrådet(2018, https://www.forbrukerradet.no/side/facebook-and-google-manipulate-users-into-sharing-personal-data/), Google: Meyer(2018, https://oreil.ly/4Nei3), Intuit: Elliot, Waldron(2019, https://oreil.ly/fZer2), Apple: Lanaria(2019, https://oreil.ly/_jTa4)
10 Goel(2014, https://oreil.ly/EaxaF), Albergotti(2014, https://oreil.ly/_j8xy)

는 '메타(구 페이스북)에게 우리는 모두 실험실 쥐다'라는 문장으로 시작해서 점점 더 내리막 길로 치닫는다.

> 메타(구 페이스북)는 무작위로 선택한 사용자 50만 명 이상의 뉴스 피드를 조작해서 이들이 보는 긍정적, 부정적 게시물의 개수를 조정했다고 밝혔다. 소셜 미디어에서 감정이 어떻게 전파되는지 조사하는 심리학 연구의 일환이었다.
>
> 메타(구 페이스북)의 감정 조작 곡예에 누가 죽어나갔을지 궁금하다. 메타(구 페이스북)의 규모와 세상에 우울한 사람이 많다는 점을 고려하면 '충분히 가능한 일이다'라는 글을 개인정보 보호 활동가 로런 와인스틴은 X(구 트위터)에 올렸다.

이 연구는 학계 연구자들과 공동 연구의 일환으로 진행되었으며 널리 비난을 받았다. 비록 이 연구가 오해를 받고 심각성이 부풀려진 측면이 있긴 하지만 말이다.[11] 그 이후 케임브리지 애널리티카(Cambridge Analytica)[12] 사건을 비롯해 메타(구 페이스북)와 다른 주요 기업들의 신뢰를 무너뜨리고 세간의 주목을 끄는 여러 사건들이 이어졌다. 링크드인은 사람들의 연락처 목록을 이용하려고 속임수를 쓰다가 집단 소송을 당해서 수백만 달러를 배상했다.[13]

독자 여러분에게 이런 질문을 하고 싶다. 데이터 사용에 동의하도록 속이거나, 원하지 않는 것에 가입하게 하거나, 과도하고 무분별한 제품 사용을 부추기지 않는 주요 디지털 기업 세 곳을 떠올릴 수 있는가? 파이낸셜 타임스가 잘 요약한 바와 같이 많은 기업에게 '조작은 디지털 비즈니스 모델'이다.[14] 최근 부정적인 관점에서 주목을 받고 있는 와중에도 유감스러운 폭로는 계속되고 있다. 예를 들어 플로 헬스(Flo Health) 앱은 사용자의 임신 계획과 생리 주기를 사용자에게 고지하지 않고 메타(구 페이스북)에 전달했다.[15]

하지만 이것이 '나와 상관없는 대기업'의 문제가 아님을 기억하는 것 또한 중요하다. 더 넓은 제품 개발, 마케팅, 디자인, 행동 과학 커뮤니티에서는 원하는 행동을 하도록 사용자를 조종

---

11 Kramer et al.(2014), 효과의 크기가 매체에 표현된 것보다 훨씬 더 작을 수 있다는 것을 지적해준 이선 퓨에게 감사한다.
12 옮긴이_ 메타(구 페이스북) 가입자의 개인정보를 동의 없이 수집하여 사회적 물의를 빚은 영국의 정치 컨설팅 기업이다.
13 Roberts(2015, https://oreil.ly/MhDyd)
14 Murgia(2019, https://oreil.ly/skPIF)
15 Schechner, Secada(2019, https://oreil.ly/Vt_Rg). 이에 대해 앤마리 레제에게 감사한다.

하는 방법을 꽤 공개적으로 자랑한다. 예를 들어 수많은 행동 마케팅 콘퍼런스에서 강연자들이 고객의 심리적 동인을 이해하고, 이를 활용하여 원하는 결과를 도출하고, 사용자 행동을 변화시키는 특수한 전문 지식을 강조한다. 이들은 종종 또래 비교$^{peer\ comparison}$ 같은 기법을 제시하며 고객에게 엄청난 성공률을 보인다고 주장한다.

마찬가지로 마케팅 회사나 디자인 회사는 사용자 구매 행동을 변화시키는 자신들의 능력을 자랑스럽게 내세운다. 하지만 판매 중인 제품이 최종 사용자에게 적절한지, 사용자들이 원하는 제품인지에 대한 우려나 논의는 이루어지지 않는다. 이러한 많은 사례 중 하나로 시스템 1 그룹$^{system\ 1\ group}$을 들 수 있다. 의사결정의 심리학적(그리고 행동학적) 핵심 모델의 이름을 본뜬 이 마케팅 에이전시의 웹사이트는 자신들이 '브랜드와 마케터가 수익성 있는 성장을 이루도록 행동 및 마케팅 과학을 활용한다'고 광고한다. 이들의 홍보 책자 『System 1: Unlocking Profitable Growth(시스템 1: 수익성 있는 성장 실현)』[16]에는 '시스템 1을 위해 디자인하기(즉, 고객의 의식적 사고를 피하기)는 홍보와 POSM$^{point-of-sale\ material}$의 수익성 또한 높일 수 있다. 매출 비율을 높이려면 쇼퍼 마케팅$^{shopper\ marketing}$이 사람들로 하여금 더 빠르고 쉽고 자신감 있는 결정을 내리도록 도와야 한다'라고 쓰여 있다.

시스템 1 그룹이 특별히 심각한 사례는 아니다. 나는 개인적으로 그 회사 사람들이나 그와 비슷한 회사에 있는 사람들을 알고 있다. 이들은 심리학(특히 행동 과학)에 대한 관심의 물결에 편승하여 고객을 위해 마케팅과 광고를 더 효과적으로 하려는 합리적인 사람들이다. 그러한 관심의 물결과 거기에 수반되는 조작적인 기법은 이들이 만든 것이 아니다.

미심쩍은 일을 하는 디지털 회사(또는 온라인에 광고하는 디지털 시대의 회사)의 사례는 쉽게 찾을 수 있지만 이는 새로운 문제가 아니다. 이 분야의 위대한 선구적 연구자 중 한 명인 로버트 치알디니$^{Robert\ Cialdini}$는 중고차 판매원을 비롯해 사람들과 대면하여 설득하는 업무를 하는 사람을 대상으로 현장 연구를 진행하며 설득의 전략과 요령을 배웠다.[17] 또한 이 외에도 카지노의 물리적, 심리적 설계에 대한 다수의 분석이 이루어졌다.[18] 차이점이 있다면 행동 과

---

16 Kearon et al.(2017)
17 Cialdini(2008)
18 일례로 슐의 저작을 참조하기 바란다(Schüll, 2012).

학이 특히 디지털 제품에 대한 이런 노력을 문서화하고 명시적으로 기여하고 있다는 점이다.

연구자들 그리고 나와 같은 다른 저자들은 이런 기법을 적극적으로 널리 알려왔다. 우리 커뮤니티에서 출간되는 책들은 주로 다음 주제를 다룬다.[19]

- 게임과 앱을 '거부할 수 없게' 만들어서 '사용자를 모으고 … 유지'하는 방법
- '제품이 행동에 미치는 영향'에 대한 이해를 바탕으로 습관을 형성하는 제품을 만드는 방법
- 행동 연구를 바탕으로 포장, 가격 책정 등 다른 요소를 조절하여 소비를 창출하는 방법
- '응용행동심리학과 행동 경제학의 힘을 활용하여 무의식적 필터를 돌파하고 구매 행동을 유도'하는 방법

이런 책의 저자 중 일부는 나와 수년간 알고 지낸 사이이며 이들은 나쁜 사람들이 아니다. 이들은 사람들이 즐겨 사용하는 더 나은 제품을 만드는 데 도움이 되는 기법을 제품 디자이너들에게 공유해주고 있다. 이들은 청중의 관심사에 맞춘 적절하고 매력적인 마케팅 캠페인을 개발하려고 노력한다. 하지만 경험적으로 볼 때 우리가 이야기한 기법들은 그다지 유익하지 않은 다른 방식으로도 이용되고 있다.[20]

이 책의 초판을 포함한 나의 글도 명백히 이 범주에 속한다. 사용자를 돕고 싶은 마음이 앞선다고 해도 실제로 일어난 일을 외면해서는 안 된다.

문제가 발생하는 지점: 행동 변화의 네 가지 유형

서문과 이 책의 전반에 걸쳐서 우리가 논한 행동 제품은 두 가지 유형으로 나뉜다.

---

19 다음 인용구는 루이스(Lewis, 2014), 이얄(Eyal, 2014), 앨바(Alba, 2011), 리치(Leach, 2018)의 저서에 대한 아마존 책 설명에서 따온 것이다.
20 니르 이얄(Nir Eyal)의 책이 아마도 가장 명확한 예일 것이다. 한 저자는 그의 책을 이렇게 설명했다. "사용자 경험 전문가 니르 이얄이 쓴 잘 알려진 이 책은 중독성이 있는 제품을 만들 방법을 개발자들에게 정확하게 알려준 덕에 큰 인기를 끌었다. 하지만 독자들은 이얄이 이런 '초능력' 사용에 대한 윤리적 지침을 제공했다는 사실을 종종 잊는다." Gabriel(2016, https://oreil.ly/899Pr).

- 행동 변화가 사용자를 위한 제품의 핵심 가치인 제품
- 사용자가 제품에서 원하는 가치를 효과적으로 얻기 위해 행동 변화가 필요한 제품

첫 번째 유형의 제품은 운동용 밴드, 수면 습관 앱, 마음챙김 앱처럼 사용자가 생활 방식을 변화시키도록 직접적으로 돕는다. 두 번째 유형의 제품은 행동 기법을 이용하여 사용자가 제품을 더 효과적으로 활용하도록 돕는다. 후자의 경우 행동 과학은 앱 메뉴를 쉽게 관리할 수 있게 하거나 디스플레이를 원하는 대로 설정해서 자신이 중요하게 여기는 사항에 집중하도록 돕는 등 다양한 역할을 한다.

이 둘 사이에는 분명한 공통점이 있다. 두 유형 모두, 사용자가 하고 싶은 행동을 하도록 도와준다는 점이다. 지금까지 이 책의 초점은 이처럼 자발적이고 투명한 변화에 맞춰져 있었다. 하지만 이제 주목해야 할 다른 유형의 행동 변화도 존재한다.

> 행동 변화가 사용자들이 알지 못하거나 원하지 않는 방식으로 기업의 목표를 달성하기 위해 사용된다.

업계에서 본 바로는 이것이 가장 흔한 유형이고 이제 검은 것을 검다고 말할 때가 되었다. 우리 업계에서는 소비자 심리학, 행동 과학을 비롯한 온갖 기법을 사용하여 사람들이 제대로 깨닫지 못한 일, 깨달았다면 하지 않을 만한 일을 하도록 밀어붙이고 있다.[21]

메타(구 페이스북)의 감정 연구는 메타(구 페이스북)를 위한 것이지 사용자를 위한 것이 아니었다. 심리학을 사용해서 제품을 홍보하는 마케팅 캠페인(제품의 종류나 대상 고객에 상관없이)은 분명히 비즈니스의 이익을 위한 것이다. 사용자와 이들의 목표나 요구는 고려하지 않는다. 만약, 어떤 연구에서 사람들을 불편하게 만드는 문제(종종 사용자가 눈치채지 못하게 감춰둔 효과적인 설득이나 강요)를 언급하면 해당 연구는 모든 이의 비상 알림을 울린다.

---

21 앞서 언급한 브링널의 다크 패턴 사이트(http://darkpatterns.org) 외에도 사바르 샤리아트의 『Tragic Design』(O'Reilly, 2017)은 (대개 의도하지 않은) 나쁜 디자인이 사용자에게 어떻게 해를 끼칠 수 있는지를 분석한다(Savard Shariat, 2019). 이에 대해 앤마리 레제에게 감사한다.

공정을 기하기 위해 언급하자면 행동 기법을 **의도치 않게** 비윤리적으로 사용하는 경우도 많다. 기만하려는 의도가 없는데도 우연히 또는 경쟁의 압박으로 인해 사용자를 속이는 방법을 채택하는 경우도 있다. 티저 금리^{teaser rate}[22]가 한 예다. 이 제도는 신용카드 업계의 경쟁 압박과 오랜 관행 때문에 신규 금리를 지속 불가능한 수준으로 낮게 책정하다가 생겨났다. 사실 티저 금리는 회사에만 유리한 제도다. 이 금리는 나중에 훨씬 더 높은 금리로 대체되거나(똑똑한 소비자는 이런 사실을 알지만 그렇지 않은 소비자는 속는다) 사용자가 살인적으로 높은 금리를 유발할 만한 행동을 하게 해서 결국 회사의 손실을 보충하기 때문이다. 이론상으로는 신용카드 회사들이 티저 금리를 없애고 더 투명하게 가격을 책정하면 좋겠지만 한 회사만 그렇게 다른 회사가 가지 않는 길을 가다가는 시장 점유율을 잃을 것이다. 조작적인 기법이 언제나 악의를 나타내는 것은 아니지만, 의도하지 않은 조작이라도 명백히 조작이 있었다면 의도적인 조작과 마찬가지로 책임을 져야 한다.[23]

그래서 해결책이 단순히 '그러니까 하지 마라'일까? 그렇게 간단하면 얼마나 좋겠는가? 하지만 우리는 모두의 물을 흐리는 나쁜 행위자, 중독성을 추구하는 제품, 문제적 사용을 조장하는 업계의 인센티브라는 문제를 해결해야 한다.

물 흐리기

응용 행동 과학은 평판에 문제가 있다. 사용자가 '좋은' 행위자와 '나쁜' 행위자, 즉 행동 과학을 사용해서 사용자를 돕는 회사와 해를 끼치는 회사를 쉽게 구별할 방법이 없기 때문이다. 특히 행동 과학이 행동 변화에 얼마나 효과적인지 회사들이 과장해서 홍보한다면(흔히 마케팅이 그렇듯이 말이다) 사람들은 행동 기법이 원래 강압적이라고, 즉 사람들로 하여금 원하지 않는 일을 하게 한다고 추정할 수 있다. 사람들이 『설득 코드: 신경 마케팅은 언제 어디서나 누구든 설득하는 데 어떻게 도움이 되는가』, 『사람들이 행동하게 만드는 방법: 설득과 동

---

22 옮긴이_ 신용카드 회사가 새로운 고객을 유치하기 위해 처음 몇 개월 동안 적용하는 낮은 이자율이다.
23 가려진 속성 모델에 관하여 가베와 레입슨의 논문을 참조하기 바란다(Gabaix, Laibson's 2005, http://doi.org/10.3386/w11755). 이에 대해 폴 애덤스에게 감사한다.

기 부여의 예술과 과학 마스터하기』 같은 책 제목을 보고 달리 무엇을 기대하겠는가?

하지만 이런 기대는 실제 연구가 아니라 과장된 홍보 때문에 생긴 것이다. 학계에서 행동 과학의 영향과 관련하여 주로 논의되는 문제는 재현되지 않는 기법(실제로 효과를 전혀 내지 않는 것으로 보인다는 뜻), 일반화 여부가 불투명한 기법(맥락에 따라 효과가 달라지며 해당 기법이 어떤 맥락에 도움을 주는지 완전히 이해하지 못하고 있다는 뜻), 역효과가 나는 기법(어떤 맥락에서는 긍정적인 효과를 내지만 다른 맥락에서는 상황을 악화시킨다는 뜻)에 있다. 바로 이러한 이유 때문에 이 책은 실험의 중요성을 강조한다. 행동 과학은 훌륭한 도구를 제공하지만 그런 도구가 마법의 지팡이는 아니다. 업계의 과장된 홍보는 우리의 도구를 마법의 지팡이처럼 보이게 했고, 그 때문에 행동 과학 분야 전체에 대한 부정적인 인식이 생겨났다.

책임감 있는 기업들에게 단순히 사용자가 인정하지 않는 방식으로 행동 과학을 사용하지 **말라고** 권하는 것으로는 부족하다. 우리는 멈추려 하지 않는 나쁜 행위자를 막을 방법, 아니면 적어도 이들을 나머지 선의의 행위자와 구별할 방법을 모색해야 한다.

중독성 있는 제품

사용자의 단기적인 요구에 어긋나는 제품 말고도 매우 문제가 많은 또 다른 사용 범주가 있다.

> 행동 변화를 통해 사용자가 현재 원하는 일을 하게 되지만, 이로 인해 사용자가 미래에 후회할 가능성이 높다는 것을 우리는 알고 있다.

무엇을 예로 들 수 있을까? 게임부터 소셜 미디어까지 사용자가 요구하지 않는데도 사용자를 중독시키거나 유혹하는 모든 제품이 여기에 속한다. 이언 보고스트[Ian Bogost]가 휴대전화(당시 블랙베리)를 '금세기의 담배'라고 부른 사건부터 뉴욕 타임스(https://oreil.ly/IN-h3), 워싱턴 포스트(https://oreil.ly/9MB5B), NPR(https://oreil.ly/7KzUZ)의 최신 기사까지 업계에 이는 반발과 불편감을 확인할 수 있다.[24] 이런 제품은 사용자에게 직접적으로 해를 끼치기도 하고(마치 흡연자의 폐를 망가뜨리는 담배처럼) 또는 주의력 경제attention economy라는 개념을 통해 간접적으로 해를 끼치기도 한다.[25] 이는 사용자의 시간과 주의력을 갉아먹어서 친구, 가족 등 다른 사람들과 의미 있는 상호작용할 시간을 빼앗아 버리는 것을 가리킨다.

이제 중독이라는 말은 업계에서 매우 포괄적인 의미로 쓰이고 있어서 의사들이 중독이라고 부르는 엄격한 정의에 해당하지 않을 때도 있다. 일부 연구자들이 주장하듯이 기술 제품이 실제로 중독성을 띠는지에 대한 건전한 논의도 이루어지고 있다.[26]

하지만 행동 변화를 위해 디자인하는 사람의 관점에서 볼 때 어떤 제품이나 제품 디자이너가 사용자를 중독시키려는 **시도**를 한다면 문제가 있다(의학적 의미의 중독이 아니라도 마찬가지다). 사람들을 사로잡으려는 디자인 업계에서는 우려스러운 언어가 쓰이고 있다. 극단적인 예로 믹스패널Mixpanel은 성과를 축하하는 보고서의 제목을 '중독'이라고 붙였다.[27] 디지털 제품은 사람들이 지금 원하는(광고 캠페인을 보거나 고립 공포감fear of missing out(FOMO)을 느끼기 전에는 원치 않았던), 그렇지만 장기적으로 볼 때 해가 되는 것으로 사람들을 유혹하려고 한다. 개별 사용자는 자연스럽게 나쁜 결과를 초래하는 일련의 선택을 하게 된다. 우리는 공동체로서 우리 행동에 책임을 져야 한다. 그렇다고 해서 개개인의 책임이 면제된다는 의미는 아니다.

물론 간단히 "사용자를 중독시키지 말자"라고 말할 수 있다. 그리고 실제로 클로버 헬스Clover Health의 최고 행동 책임자인 맷 월러트처럼 업계의 일부 용기 있는 목소리가 그렇게 말하고 있기도 하다.[28] 하지만 이 문제는 사용자의 바람에 명백히 반하는 제품의 문제보다도 해결하기 더 어렵다. 자기 합리화는 쉽고 비즈니스 인센티브는 막대하다. 제품으로 사용자를 중독시킬

---

24 Bogost(2012), 중독성 있는 제품과 그 영향에 대한 책 한 권 분량의 분석은 알터의 저작에서 확인하래(Alter 2018).
25 이 부분에 주의력 경제를 포함시키도록 제안해준 플로랑 뷔송에게 감사한다.
26 Gonzalez(2018, https://oreil.ly/r1_iF)
27 이 보고서는 믹스패널 웹사이트에서 사라졌지만 내가 마지막으로 접근한 2019년 6월까지는 사이트 내에서 사용자를 중독시킨다는 장점을 자랑하고 있었다.
28 Wallaert(2019)

수 있다면 엄청난 수익이 뒤따를 것이다.

이 문제는 결국 **인센티브** 문제로 귀결된다. 간단히 말해서 행동 변화를 위한 디자인이 비즈니스에 해가 될 때 회사가 이런 디자인을 포기하겠는가? 객관적으로 윤리적 문제가 있다고 보이는 행동이라면 그 프로젝트에 참여하는 프로덕트 매니저, 디자이너, 연구자도 **그 행동이 이뤄지는 순간**에 그렇게 생각할 것인가?[29] 많은 경우 이 질문에 대한 답은 '아니요'다. 이런 과제를 이해하고 해결하기 위해 행동 과학의 윤리에서 윤리의 행동 과학으로 잠시 우회해보자.

윤리의 행동 과학

행동 과학 분야와 더 오래된 사회심리학 연구 전통, 양측에는 윤리적 행동이 환경에 의해 어떤 영향을 받는지 명시적으로 보여주는 중요한 연구 문헌이 다수 존재한다.

연구자들이 밝힌 바에 따르면 환경은 일상적 행동뿐 아니라 **도덕적** 행동에도 영향을 미친다. 환경적 요소들이 책임감 있는 행동에 대해 어떤 영향을 미치는지 탐구해온 오랜 연구의 역사가 있다. 예를 들면 다음과 같다.[30]

- 다른 방에 있는 사람이 간질 발작을 일으키는 소리를 들을 때 그 소리를 함께 듣는 사람이 많아질수록 누군가가 반응할 가능성은 낮아진다.
- 도움을 요청하는 사람이 아무 이유도 말하지 않는 것보다 별 의미가 없는 이유라도 댈 때 사람들이 도와줄 가능성이 높아진다.
- 시험에서 부정행위가 들킬 가능성이 없거나, 다른 사람이 부정행위하는 것을 보거나, 부정행위를 통해 다른 사람을 돕는다고 합리화할 수 있는 경우 사람들이 부정행위를 할 가능성이 높아진다.

---

[29] 아니면 의도적으로 무시하거나 '어떤 디자인도 중립적이지 않으므로' 모든 디자인이 허용된다는 냉소적인 견해 뒤에 숨을 것인가?

[30] 요약한 내용은 아피아의 저작을 참조하기 바란다(Appiah 2008). 이러한 예는 라터네와 달리의 저작(Latané, Darley 1970), 랭어의 논문(Langer et al. 1978), 애리얼리의 저작(Ariely 2013)에서 온다. 애리얼리의 저작은 자기기만이 일상에서 어떻게 작동하는지, 무엇이 이를 악화시키고(모호성, 타인을 돕기 위한 부정행위, 다른 사람의 부정행위 보기) 최소화하는지(무엇이 정직하지 않은 것인지에 대한 명확한 피드백, 감독/감시)도 잘 요약하고 있다.

나는 개인적으로 신학생을 대상으로 진행한 한 연구를 가장 좋아한다.[31] 연구자들은 신학생들에게 어떤 활동을 마친 후 다른 건물로 이동하라고 요청했다(사실상 이동 부분이 이 연구의 핵심이었지만 신학생들에게는 알리지 않았다). 연구자들은 이동 요청의 긴급성을 다양하게 조정하고 이동 전에 하는 활동도 다양하게 구성했다. 이동 전 활동으로는 신학생으로서 해야 할 일에 관한 토론 준비와 선한 사마리아인 이야기에 대한 토론 준비가 포함되었다. 이동 요청의 긴급성은 세 단계로 나뉘었다. 모든 신학생은 이동 중에 골목에 쓰러져 신음하며 기침하는 남성을 지나쳐야 했다. 관찰자들은 신학생들이 그 사람을 돕기 위해 멈추는지 기록했다.

긴급성의 정도는 중요했다. 긴급성이 높을수록 학생들이 멈출 가능성은 낮아졌다. 이동 전에 한 활동(선한 사마리아인 이야기 생각하기)은 중요하지 않았다. 선한 사마리아인 이야기를 상기시킨 것이 효과가 없었다는 점 때문에 연구가 더 극적이고 흥미로워졌다. 하지만 진짜 중요한 발견은 서두르라는 요청만으로 평소 도덕적이고 다른 사람을 기꺼이 도왔을 사람의 행동이 어떻게 변했는지였다. 특히 주목할 만한 부분은 다음과 같다.

- 긴급성이 가장 낮을 때 63%의 사람들이 골목에 쓰러진 남성을 도왔다.
- 긴급성이 중간 정도일 때 45%가 멈춰서 도왔다.
- 긴급성이 가장 높을 때 10%가 도왔다.

전체적인 그림에서 중요하지 않은 일시적인 세부사항(서두르라는 요청을 받았는지 여부)이 사람들의 행동에 엄청난 영향을 미친다. 솔직히 말해서 이런 부분은 **중요하지 않아야 한다**. 우리가 착하고 사려 깊다면 그래야 하지 않겠는가? 그런데 실제로는 중요하다. 비록 이 유명한 연구에 참여한 학생들을 비난할 수도 있겠지만 사실 누구나 살면서 비슷한 경험을 한 기억이 있을 것이다. 해야 할 일 때문에 도움이 필요한 사람을 돕지 못한 일 말이다.

도덕적 행동에 대한 연구, 그리고 도덕적 행동이 환경에 의해 어떻게 형성되는지에 대한 연구는 재미있는 연구부터 정말 심각한 상황을 다루는 연구까지 다양하다. 이는 큰 우려를 불

---

31 Darley, Batson(1977, https://doi.org/10.1037/h0034449)

러 일으킨다. 어떻게 윤리적이던 사람이 상황이 아주 약간 달라지는 것만으로 비윤리적인 사람이 될 수 있을까?

이는 선하고 도덕적인 사람이 된다는 것이 무엇을 의미하는지 의문을 제기한다. 길 햄스Gil Hamms는 내면의 악을 피하는 방법에 대해 이런 결론을 내린다. "우리는 선해질 수 있는 상황을 추구하고 그렇지 않은 상황을 피해야 한다." 콰메 아피아Kwame Appiah는 이렇게 말하기도 했다.

> 다른 사람의 상황에 공감할 수 있는 사람이라면 이 연구의 도움을 받을 수 있다. 이 연구를 활용해서 세상을 보는 방식을 '지각적으로 보정perceptual correction'하고 이를 통해 자신의 행동에서 선한 면을 강화하고 악한 면을 피할 수 있다.[32]

우리도 돈을 따른다

이 연구는 우리에게 무엇을 말해주는가? 그 첫 번째 교훈은 좋은 의도만으로는 충분하지 않다는 것이다. 사람들의 환경은 다른 영역에 영향을 미치듯 윤리적 행동에도 영향을 미친다. 그리고 '사람'에는 우리 자신도 포함된다(우리 대부분은 애초에 신학생만큼 윤리적이지 않다). 좋은 의도만으로 충분하다고 생각하는 것은 강력한 오만과 자기 기만에서 비롯된 착각에 불과하다.

우리가 처한 환경은 어떠한가? 우리가 행동 과학을 적용하는 환경은 전반적으로 개인이 번영하고 성공하도록 돕는 데 초점을 맞추고 있지 않다. 많은 기업이 진심으로 사용자의 행복과 성공을 바라지만 행동 과학을 적용함에 있어서 이들의 최우선 사항은 기업의 이익을 늘리는 것이다. 이는 직접적으로 자사의 이익을 추구하거나 컨설턴트로서 다른 회사의 이익을 도모하는 방식으로 이루어진다. 가장 큰 수익을 올리는 방법은 행동 과학을 적용하여 (사용자의 관심사나 요구와 관계없이) 제품의 수익성을 높이거나 단기적으로 흥미로워 보이지만 장기적으로는 심각한 문제를 초래할 수 있는 제품에 사용자를 끌어들이는 것이다.

---

[32] Appiah(2008)

기업이 이익을 늘리고 싶어 하는 것은 새삼스러운 일도 아니고 반드시 부정적인 것도 아니다. 좋은 결과와 나쁜 결과 모두 우리의 시스템에서 비롯된다. 그러나 제품, 디자인, 연구 커뮤니티에 있는 사람들도 환경의 영향을 받는다는 사실을 무시하면 문제가 발생한다. 우리는 다른 모든 사람과 마찬가지로 자신도 돈을 따를 것이며 행동 과학을 비윤리적이고 의문스러운 방식으로 사용할 수 있음을 인식해야 한다. 우리의 **행동**이 **의도**와 다르게 나타날 리 없다고 순진하게 생각해서는 안 된다.

그렇지만 두 번째 교훈은 훨씬 더 희망적이다. 우리가 자기기만에 뛰어나고 환경이 다양한 방식으로 비윤리적인 행동을 유도하고 있는 것이 사실이지만 그럼에도 윤리적 행동을 **장려**하는 환경을 디자인할 수 있다. 즉, 윤리적으로 행동하려는 의도를 실행에 옮기는 환경을 조성할 수 있다.

앞으로 나아갈 길: 행동 과학을 스스로에게 적용하기

어떻게 하면 기업이나 개인이 행동 과학의 윤리적인 사용을 지원하는 환경을 조성할 수 있을까? 이 문제를 행동의 문제로 접근한다면, 특히 의도–행동 차이의 문제로 본다면 이를 해결하는 데 도움이 되는 많은 기법을 찾을 수 있다.

의도 평가

다른 의도–행동 차이 문제를 다룰 때처럼 사용자의 성공을 돕는 것이 우리의 의도이자 우선순위가 맞는지부터 물어야 한다. 다시 말해서 이 책이 정의한 윤리적 행동 과학에 기업들이 실제로 관심을 갖고 있는지, 즉 투명하고 자발적인 방식으로 최종 사용자의 행동 변화를 돕고 싶어 하는지를 확인해야 한다.

이는 피상적인 질문이 아니며, 우선순위가 다른 기업이 악하다거나 나쁜 사람으로 가득 차 있다는 의미도 아니다. 많은 기업이 이전에 해본 적 없는 일을 해내거나 직원들에게 안정적인 일자리를 제공하는 것을 진정한 목표로 삼는다. 대부분의 컨설팅 기업도 고객에게 가치를 제공하는 것을 최우선으로 생각하지 그 일이 최종 사용자에게 어떤 의미를 지니는지 판단하는 데 집중하지 않는다. 이런 기업이 본질적으로 나쁜 것은 아니다. 단지 이 섹션의 나머지 부분이 이런 기업과 관련이 없을 뿐이다. 행동 변화는 우리 자신의 회사에서도 **자발적이고 투명하게** 이루어져야 한다.

행동 장벽 평가

여러분의 회사에서 이미 행동 과학을 적용하고 있고 미래(또는 현재)에 어디에서 문제가 일어날지 예상되는 경우도 있을 수 있다. 특정한 윤리적 행동을 취하지 않는 것이 문제라면 이 책 전반에 걸쳐 활용한 CREATE 행동 퍼널로 해당 문제를 디버깅하라. 문제되는 기존 습관이 있다면 이런 습관의 단서를 찾아서 방해하라. 무엇보다 핵심 인센티브를 점검하라. 행동 과학이 사람들의 결정이 사회적 단서 등의 요소에 의해 어떻게 형성되는지 세밀하게 설명해 주는 것은 사실이나, 결국 우리는 돈을 벌기 위해 행동한다는 점에서 가장 단순한 경제적 이유를 먼저 살펴보는 것이 더 효과적인 경우가 많다. 여러분의 회사가 아직 행동 과학을 적용하지 않더라도 앞으로의 상황이 걱정된다면 (의도가 아닌) 기본 인센티브부터 살펴보는 것이 최선일 때가 있다.

구체적인 장벽이나 문제가 중요하다. 행동 변화 업무의 다른 모든 부분과 마찬가지로 여기에도 마법의 지팡이는 없다. 다만 여러분의 회사가 직면할 특정 행동 장벽에 극복하는 데 도움이 될 수 있는 몇 가지 기법이 있다.

윤리적 체크리스트로 기억을 되살려라

응용 행동 과학의 윤리적 사용을 가장 중요한 가치로 지키는 아주 간단한 방법이 있다. 간단한 체크리스트로 기억을 되살리는 것이다. 프로젝트에서 중요하게 생각하는 부분이 있는가? 그렇다면 기록하라. 이를 몇 가지 질문으로 압축하여 각 프로젝트를 평가하라. 이는 모닝스타의 우리 팀에서 사용한 방법이다. 그리고 그 체크리스트나 질문리스트를 인쇄해서 눈에 띄게 게시하라. 가능하다면 팀 외부 사람들의 검토를 받는 절차를 설정하라.

윤리적인 행동도 다른 행동처럼 우리의 의도대로 이루어지지 않을 때가 있다. 다른 일에 주의가 분산되고 집중력을 잃거나 깜빡하기 때문이다. 체크리스트는 이런 문제를 고치는 데 도움이 된다.

존 자키모비츠Jon Jachimowicz와 동료들이 만든 행동 과학자의 윤리적 체크리스트부터 네덜란드 금융감독청의 선택 아키텍처에 대한 원칙에 이르기까지 이 분야의 여러 그룹이 윤리적 지침을 마련해두었다.[33]

그중에서 행동 과학의 윤리적 사용이라는 목적에 유용하다고 생각하는 몇 가지 규칙을 소개하겠다.

- **제품으로 사람들을 중독시키지 마라.** 당연한 얘기지만 반복해서 이야기할 필요가 있다.
- **사용자에게 해를 끼치지 마라.** 나는 팀원들에게 우리의 작업을 항상 '중립에서 선함'으로 유지하자고 이야기한다. 사용자에게 명시적으로 도움이 되는 일, 사용자가 꺼리지 않는 일, 사용자에게 해를 끼치지 않는 일을 하자는 뜻이다. 사용자를 돕고 있는지를 확실히 알기는 어려울 수 있지만 여러분의 팀조차 도움이 된다고 생각하지 않거나 해가 되는 건 아닌지 의문을 품는다면 이는 커다란 경고 신호다.
- **투명성을 유지하라.** 여러분이 하고 있는 일을 사용자에게 알려라. 여러분이 무엇을 하고 있는지 사용자에게 직접적으로 알려도 문제가 되지 않아야 하며 이는 사용자를 과도하게 조작하려는 시도를 방지하는 간단하고 좋은 방법이다. 이를 실행하는 한 가지 기법은 여러분의 작업이 뉴스 1면 기사가 된다고 상상해보는 것이다. 사용자들이 분노할까? 회사가 살아남을 수 있을까? 이 기법은 유용하지만 가정에 불과하므로 한계가 있다. 결국 가장 좋은 방법은 사용자에게 정직하게 말하는 것이

---

[33] Jachimowicz et al.(2017, `https://oreil.ly/qQkfx`), 네덜란드 금융감독청(Dutch Authority for the Financial Markets 2019, `https://oreil.ly/Z-E1b`), 이에 대해 줄리안 아랑고에게 감사한다.

다.[34]

- **행동이 확실히 자발적으로 이루어지게 하라.** 제품이나 서비스에 참여할지를 사용자가 결정할 수 있어야 한다. 예를 들어 직장에서 직원의 생산성을 모니터링하는 데 필요한 앱은 선택사항이 아니다. 그 회사에서 일할지는 '선택사항'일 수 있지만 그 앱은 그렇지 않다.

- **다른 누군가가 자신에게 그 제품의 사용을 권해도 괜찮을지 자문하라.** 그 제품이 정말 자신에게 도움이 되겠는가? 자녀들이나 부모님에게도 사용을 권하겠는가?

- **다른 사람에게 물어보라.** 특히 낯선 사람에게 애플리케이션을 신뢰할 수 있는지 물어보라.

검토 기관을 만들라

체크리스트는 무척 유용하다. 하지만 사용하지 않거나 모든 질문에 기계적으로 완료 표시하는 습관이 생기면 아무 소용이 없다. 이럴 때 팀 외부나 회사 외부에 검토 기관이 있으면 도움이 된다. 학계에서는 기관 감사 위원회^{Institutional Review Board}(IRB)가 독립적인 위원회를 통해 모든 연구에서 윤리적으로 고려해야 할 사항을 검토하는 역할을 수행한다.

대부분의 민영 기업은 IRB 등의 외부 기관과 협업하지 않는다. 하지만 내부 기관은 큰 어려움 없이 만들 수 있다. 다만, 자기기만에 대한 연구를 기억해야 한다. 검토 기관이 검토 대상과 가까울수록(검토자들이 검토 대상을 지지해야 할 친구나 동료로 볼수록) 기관의 신뢰도가 떨어진다. 따라서 검토 기관에 낯선 사람을 포함하는 것이 좋다. 낯선 사람을 찾을 수 없다면 까다로운 사람들을 포함하는 것도 한 방법이다.

퍼지 요인을 없애라

애리얼리^{Ariely}, 마자르^{Mazar} 등이 수행한 자기기만 연구의 핵심 교훈 중 하나는 자기기만이 '퍼

---

[34] 여러분이 무슨 일을 하고 있는지 사람들에게 말한다고 해서 반드시 "주목하세요, 저희는 이 버튼의 색상이 반응 속도에 미치는 영향을 테스트하는 중입니다"라고 적힌 큰 배너를 내걸라는 의미가 아니다. 그러면 사용자에게 성가신 경험을 제공하고 개입의 영향을 측정하기 위한 자연스러운 환경이 훼손된다(실험에 대해서는 13장을 참고하라). 그보다는 여러분이 테스트를 진행 중이고 전체적으로 여러분이 무엇을 달성하려고 하는지 명확히 하라는 의미다. 이 문제를 제기한 혼다 후미에게 감사한다.

지 요인fudge factor', 즉 규칙을 살짝 어기면서도 자신을 정직한 사람으로 여길 수 있는 능력에 기반한다는 것이다.[35] 퍼지 요인은 특히 모호한 상황(규칙 위반 여부가 명확하지 않을 때)과 규칙 위반을 합리화하기 쉬운 상황(앞서 언급했듯이 다른 사람을 도울 때나 다른 사람이 규칙을 위반하는 모습을 보았을 때)에서 가장 크게 작용한다.

자기기만을 제한하려면 퍼지 요인, 특히 모호성과 합리화를 제한하려고 노력해야 한다. 모호성을 없애기 위해 쉽게 이해할 수 있는 언어로 명확하게 작성한 내부 정책을 마련하거나 내부 규칙 위반 여부를 자주 확인하는 피드백 절차를 만들 수 있다. 합리화를 없애려고 의도적으로 최고 수준의 윤리적 준거 집단을 설정할 수 있다. 그러면 고위직들이 비윤리적인 행동을 용납하지 않을 뿐 아니라 이런 행동이 장기적으로 회사나 동료 직원들에게도 도움이 되지 않는다는 분위기를 조성할 수 있다.

더 무거운 대가를 치르게 하라: 사회적 힘을 활용해서 인센티브에 변화를 주어라

자신이 약속한 바를 다른 사람에게 말해서 윤리적 경로를 벗어날 때 의도적으로 더 큰 책임을 지게 하는 기법도 사용할 수 있다. 다시 말해 체크리스트를 만드는 데 그치지 말고 스스로 한 약속을 고객, 직원, 친구, 가족에게 알려라. 여러분이 제품을 디자인하고 행동 과학을 적용할 때 따르는 규칙도 널리 이야기하라.

여러분의 회사가 정직하다는 평판을 얻고 있다면(그럴 수 있다면 좋다) 그 평판을 활용해서 스스로 규칙을 지키게 할 수 있다. 규칙을 어기면 평판이 무너질 수 있다. 이 기법의 일환으로 외부의 관심을 기꺼이 받아들여라. 행동 과학을 적용할 방법을 투명하게 공개하는 것은 그 자체로도 유익하지만 규칙을 어길 때 치러야 할 대가를 더 무겁게 만드는 데도 도움이 된다. 회사 문화에 부합한다면 약간의 쓴소리도 도움이 된다. 업계 다른 그룹의 남용 사례를 지적하라. 이는 업계를 정화하는 데 도움이 될 뿐 아니라 부가적인 효과도 낸다. 사람들은 위선자를 혐오하므로 이 접근법을 사용하면 규칙을 어길 때 더더욱 큰 대가를 치르게 된다.

---

[35] 요약은 애리얼리의 저작을 참조하기 바란다(Ariely, 2013).

기본적인 귀인편향을 유념하라

회사에서 행동 변화를 추구하면 복잡성이 한층 더 추가된다. 회사 내부에는 심사숙고를 거친 다양한 의견과 우선순위가 있을 수 있다. 어떤 사람들은 윤리적 행동을 개선하려는 노력이 불필요하다거나 실제로는 역효과를 낸다면서 반기지 않을 수 있다. 그들은 자신의 마음에 들지 않는 접근법을 순진하고 기만적이며 비윤리적이라고 생각하기 쉽다. 쉽게 말해 문제가 있는 접근법이라고 본다는 것이다. 행동 과학자로서 말하건대 나는 우리 모두가 틀릴 수 있다는 가정에서 출발하는 것이 중요하다고 본다. 즉, 다른 사람들도 선을 추구하지만 나와 마찬가지로 불완전할 뿐이라고 생각하는 것이다.[36] 이는 기본적인 귀인편향(歸因偏向), 즉 다른 사람들은 나쁜 사람이어서 '나쁜 행동'을 하는 것이고 자신의 나쁜 행동은 변명하고 싶어 하는 경향에 맞서는 작은 조치다.

법적, 경제적 인센티브도 활용하라

행동 과학은 의도와 행동의 차이를 줄이는 훌륭한 도구를 제공한다. 하지만 세상에는 고객이나 직원을 올바르게 대하려는 의도가 전혀 없는 진짜 나쁜 행위자들도 있다.[37] 이런 경우 폭력적인 행위를 규제하는 더 전통적인 기법(법적 처벌과 경제적 인센티브)을 사용하는 것도 두려워해서는 안 된다. 법적 접근법에는 발의 중인 「DETOUR$^{Deceptive\ Experiences\ To\ Online\ Users\ Reduction\ Act}$(온라인 사용자의 기만적 경험 감소)」 법안이 포함될 수 있다. 이 책을 쓰는 시점에는 아직 불완전한 법안이지만 향후 개정하고 재구성해서 세심한 법적 관리와 처벌이 필요한 부분을 채워줄 수 있을 것이다. 경제적 인센티브의 예로는 개인 정보의 사용과 이전에 대해 세금을 부과하는 방안을 들 수 있다(이를 통해 일부 기만적인 관행의 수익성을 떨어뜨릴 수 있으리라 기대한다).

---

[36] '어리석음으로 충분히 설명할 수 있는 일을 악의 탓으로 돌리지 마라'는 의미가 있는 핸런의 면도날(Hanlon's Razor)이라는 격언으로도 알려져 있다. 이를 상기시켜준 폴 애덤스에게 감사한다. 이 격언에 대한 간략한 역사를 위키피디아(https://oreil.ly/_Lwok)에서 확인할 수 있다.

[37] 의도적으로 나쁘게 구는 행위자들을 다룰 도구가 필요하다는 점을 강조해준 클레이 델크에게 감사한다. 세상에는 행동과 사회를 규제하는 도구를 구성하는 다양한 프레임워크가 존재하지만 내가 가장 좋아하는 프레임워크는 『Code』(Basic Books, 1999)에 나오는 법, 시장, 아키텍처, 규범이다. 행동 과학은 아키텍처와 규범에 초점을 맞추는 경향이 있다. 우리는 법과 시장의 힘을 잊으면 안 된다.

행동 변화를 위한 디자인이 특히 민감한 문제인 이유

지금까지는 업계의 남용과 이에 대응할 방법에 대해 이야기했다. 그러나 이런 남용이 행동 과학 분야에서만 일어나는 일일까? 나는 사실 그렇지 않다고 생각한다. 사람들을 중독시키는 제품은 디자인하면 안 된다. 행동 과학을 사용하든 하지 않든 마찬가지다. 사용자를 속여서 원하지 않는 것을 사게 하거나 고지 없이 데이터 판매에 대한 '허락'을 받아서는 안 된다.

행동 과학은 디자인(개선사항)과 측정(효과 여부 확인 방법)을 위한 일련의 아이디어를 제공한다. 디자인 아이디어의 출처보다는 목표로 하는 변화(결과)와 그 목표를 성취하는 방법(수단)이 윤리적인지가 더 중요하다. 다시 말해 "행동 과학을 통해 사용자 행동을 변화시키는 것이 윤리적인 상황은 언제일까?"라는 질문에 대한 가장 간단한 답은 "행동 과학 없이 사용자 행동을 변화시키는 것이 윤리적인 상황과 동일하다"라는 것이다. 비윤리적인 시도는 어떤 방법을 사용하든지 용납해서는 안 되며 행동 과학 적용 유무와 관계없이 디자인에는 윤리적인 결함이 없어야 한다.

이론적으로는 맞는 말이지만 이런 답은 실질적으로 큰 도움이 되지는 않는다. 제품 디자인에 적용되는 행동 과학에는 사람들을 불편하게 만드는 **독특한 측면이 있다.** 그 이유를 이해하려고 노력해보자면 사용자의 관점에서는 다음 네 가지 요소가 작용할 가능성이 있다.

- **설득:** 어떤 제품이 우리에게 무언가 하게 '만들려고' 시도한다는 생각에는 본질적으로 불안한 측면이 있다.
- **유효성:** 어떤 기법이 보편적으로 효과를 보인다면 특별히 더 불안하다. 그 기법이 우리에게 어떤 행동이나 일을 하도록 강제하는데, 우리가 그것을 통제할 수 없다면 말이다.
- **투명성:** 그 기법이 숨겨져 있다면 더욱 나쁘다. 그 기법이 작용하고 있는 동안 모르다가 작용이 끝난 후에나 알게 된다(그러면 속았다고 느낀다).
- **관심:** 행동 과학에는 행동이라는 단어가 포함되어 있고 행동 변화를 꾀한다고 명시적으로 이야기한다. 그래서 이러한 사실은 우리의 관심을 끈다. 하지만 행동 과학이 아닌 다른 기법으로 행동을 변화시키려는 시도는 쉽게 알아채지 못할 수 있다.

처음 세 가지 요소, 설득, 유효성, 투명성은 사실 행동 과학만의 문제가 아니다. 이런 부분은 원래 관심을 가져야 한다. 상대에게 알리지 않고(투명성 부족) 상대의 의지에 반하여 무언가를 하게 하는 것(사실상 강제)은 해결하기 어려운 문제를 일으킬 것이다.

하지만 관심의 측면에서 보면 행동 과학이 특별하다. 행동 과학이 더 많은 주목을 받고 있기 때문에 이를 의문스럽게 사용하는 일에 대해 사람들이 더욱 불안해한다. 디자인 업계와 학계는 이러한 비판적인 관심을 받아들여야 한다. 행동 과학이 부당한 대우를 받는다고 일축하기보다 이러한 관심을 설득, 유효성, 투명성에 대한 솔직한 대화를 나누는 기회로 활용하자.

사람들의 관심을 받지 않아야만 할 수 있는 일을 하고 있다는 것은 그 일을 하지 말아야 한다는 꽤 명확한 신호다. 그리고 맞다. 행동 과학 기법 적용 여부와 관계없이 사람들의 관심을 피해서 만든 제품들이 분명히 존재한다. 이런 제품이 어떻게 설계되고 작동하는지 알게 되면 사람들은 당연히 분노한다. 다시 말해 행동 과학을 우리 자신에게 적용하여 관심과 철저한 조사를 기꺼이 받아들이고 우리 분야에서 비윤리적인 행동에 대해 무거운 대가를 치르도록 특별히 신경 쓰자. 안타깝지만 우리에게 필요한 일이어서 그렇다.

전반적으로 보는 행동 데이터와 사용자 데이터

이 장에 등장하는 '행동 과학'이라는 단어는 '사용자 데이터'로 쉽게 대체할 수 있으며 문제점도 거의 동일할 것이다. 최근 몇 년간 우리는 사용자 데이터와 관련하여 신뢰를 무너뜨리는 사태를 여러 차례 목도했다(사실 몇몇 같은 회사가 이런 일을 반복적으로 저질렀다). 사용자 데이터를 판매하거나 신중하게 처리하지 않는다는 등의 폭로가 거의 날마다 이어졌다. 행동 과학을 적용할 때와 마찬가지로 데이터 처리에 있어서도 사용자가 자신의 결과물에 대해 가지는 통제력, 진행 상황에 대한 투명성과 관련하여 유사한 문제가 발생했다.

사용자 데이터의 적절한 처리를 두고 활발한 논의가 오가고 있으며 이러한 논의는 솔직히 말해서 사용자에게 행동 기법을 적용하는 것에 대한 논의보다도 더욱 성숙하고 신중하게 이루어지고 있다. GDPR$^{\text{General Data Protection Regulation}}$(일반 데이터 보호 규칙)이 있는 유럽에서는 사용자 데이터의 적절한 사용에 대한 기준을 설정하고 있으며 캘리포니아, 워싱턴을 비롯한 미국의 여러 주에서도 곧 그렇게 될 가능성이 있다.

GDPR이라는 새로운 규칙의 경우 투명성과 통제라는 몇 가지 간단한 원칙을 중심으로 한다. 즉, 데이터 사용자는 투명해야 하며 통제권은 해당 데이터의 주체인 개인에게 남아있어야 한다. 이런 지침이 완벽하지는 않더라도 좋은 템플릿을 제공하는 것은 사실이다. 이런 지침으로 인해 기술 기업과 그 외 데이터 수집업체들의 인센티브가 바뀌어서 이를 따르지 않을 경우 상당한 벌금과 과태료가 부과될 위험이 있다. 규칙을 피하려 하는 기업은 늘 있기 마련이지만 이런 규칙은 명확한 기준을 설정한다. 이 규칙은 이런 문제에 사람들의 관심, 특히 소비자와 데이터 과학자들의 관심을 끄는 데 도움이 되었다.

하지만 행동 과학 분야에 대해서는 아직 이러한 정부 지침이 없다. 상원의원 워너와 피셔가 발의한 법안이 향후 그런 지침을 설정하게 되겠지만 지침이 마련되기 전까지는 우리 스스로 그런 지침을 정하려고 노력해야 한다.

이 장의 짧은 요약

여러분이 알아야 하는 사항은 다음과 같다.

- 애매한 영역은 언제나 존재하겠지만 윤리적 행동 변화는 주관적이고 모호한 영역이 아니다. 우리 업계에는 조작적이고 의문스러운 관행이 존재하며 저널리스트와 규제 기관이 정당하게 이를 지적하고 있다. 우리는 우리의 행동을 정화할 필요가 있다.
- 다른 분야에도 조작적인 관행이 있다. 치알디니가 중고차 판매원에게 배웠던 내용처럼 말이다. 그러나 행동 변화 디자인은 특별한 주목을 받고 있다. 우리 분야에서 이러한 조작적인 관행이 의도적이고 대규모로 이루어지고 있기 때문이다. 우리는 그러한 철저한 조사를 기꺼이 받아들여야 한다. 모호한 상태에 머무르는 것은 결코 견고한 윤리적 방어막이 될 수 없기 때문이다.
- 우리의 작업에 다음과 같은 지침이 필요하다.
  - 제품으로 사람들을 중독시키지 마라.
  - 사용자 개인에게 이익이 되는 경우에만 행동 기법을 적용하라.
  - 여러분이 하고 있는 일을 사용자에게 알려라.
  - 행동 여부를 선택할 수 있게 하라.

- 그 제품을 사용하고 싶은지 자신에게 묻고 다른 사람에게 물어라.
- 하지만 우리는 모두 인간이고 지침만으로 충분하지 않다. 우리는 다른 모든 사람과 마찬가지로 무언가를 숨기고 규칙을 위반한다. 자신에게 행동 과학을 적용한다는 것은 다음 규칙을 준수한다는 뜻이다.
  - **인센티브를 수정하라:** 만약, 여러분이 판매를 촉진해서 돈을 받는다면 판매를 촉진하려고 할 것이다. 제품이나 서비스가 고객에게 이익이 되도록 명확한 목표나 인센티브를 설정해두지 않는다면 모호한 영역에 빠지기 쉽다.
  - **명확한 선을 그어라:** 설정한 지침은 간단하고 명확해야 하며 합리적인 관찰자라면 누구나 위반 여부를 판단할 수 있어야 한다.
  - **독립적인 검토를 받아라:** 팀 외부에 있는 제3자가 여러분의 작업에 행동 과학이 어떻게 적용되는지 검토하는가?
  - **규제를 지지하라:** 제대로 들은 게 맞다. 「DETOUR」 법안에 부족한 점이 있지만 일부 규제가 예정되어 있으며 그렇다면 이런 규제를 신중하고 효과적으로 만드는 것이 낫다. 좋든 싫든 인센티브를 조정하고 명확한 선을 긋고 독립적인 검토를 지지하는 가장 좋은 방법은 이를 따르지 않는 조직에 법적 책임을 묻는 것이다. 규제와 처벌은 문제에 관심을 갖도록 강제한다.

강요하지 않는다고 해서 사용자가 하고 싶은 모든 것을 하게 해줘야 한다는 의미는 아니다. 여러분의 회사는 장려하려는 행동에 대한 입장이 있을 것이고, 반드시 있어야 한다. '다이어트'와 '먹고 싶은 대로 먹기'는 체중 감량에 똑같은 효과를 내는 선택지가 아니다. 하나는 (때로) 효과가 있고 다른 하나는 효과가 없다. 자신의 입장을 솔직히 밝혀도 된다. 사람들의 다이어트를 돕고 있다면 그렇다는 사실을 부끄러워하지 말고 자랑스럽게 여겨라. 다만 투명성을 확보하고 참여 여부를 사용자가 스스로 선택할 수 있게 하라.

많은 제품들, 심지어 명시적으로 강압적인 제품조차도 유용할 수 있다. 가택 연금(house arrest)에 쓰이는 발찌도 이 범주에 속한다. 이 제품을 사용하면 사회에 전반적으로 도움이 된다. 그러나 우리가 개발하려고 하는 제품은 이런 제품이 아니며 이런 제품은 철저한 검토와 숙고가 필요하다. 이 책의 목표는 자발적인 행동 변화를 촉진하는 제품에 대한 아이디어를 장려하여 우리가 어떤 일을 하고 있는지, 그리고 사용자 행동에 영향을 미치기 위해 사용하는 수단이 무엇인지 명확히 이해하는 것이다.

윤리 문제는 업계 종사자를 위한 책에서 흔히 다루지 않는 주제일 수 있다. 하지만 윤리는 외부에 위탁할 수는 없다. 우리는 우리 일에 자부심을 느껴야 한다. 그러려면 제품이 진정으로 자발적인 변화를 지향하고 변화시키려는 행동을 투명하게 밝히며 사용자에게 유익한 변화를 추구하는지 꼼꼼히 확인해야 한다.

PART 02

행동 변화를 위한 청사진

5장 프로세스 요약

6장 문제를 정의하라

7장 맥락을 탐색하라

8장 노력 이해하기: 물고기에 대한 짧은 이야기

9장 개입을 제작하라: 단서, 반응, 평가

10장 개입을 제작하라: 능력, 타이밍, 경험

11장 개입을 제작하라: 고급 주제

12장 제품 내에 구현하라

13장 A/B 테스트와 실험으로 영향을 확인하라

14장 A/B 테스트가 불가능해도 영향을 확인하라

15장 다음 단계를 평가하라

CHAPTER 05

프로세스 요약

월마트와 샘스클럽Sam's Club[1]의 응용 행동 과학 팀은 마음의 작동 방식을 알고 있으며 때로 마음과 행동에 차이가 있다는 사실을 이해하고 있다. 그래서 제품에 관심이 있는 고객이라 할지라도 매장에 재방문하지 않을 수 있다는 것을 안다. 또한 이들은 아이디어를 현실에 적용하려면 이론으로는 충분하지 않으며 반복 가능한 단계별 프로세스가 필요하다는 것도 안다.

월마트, 샘스클럽의 응용 행동 과학 책임자인 민 공Min Gong은 자신이 사용하는 프로세스를 각 단계의 앞글자를 따서 **4D**라고 부른다.

- 비즈니스 사례와 문제를 정의define한다.
- 현 상태는 어떠한지, 개선할 여지가 없는지 진단diagnose한다.
- 제안된 문제의 해결책을 디자인design하고 테스트한다.
- 해결책의 규모를 키우고 더 넓게 구현할지 결정decide한다.

가령 이들은 최근에 샘스클럽의 매장 방문과 멤버십 갱신을 유도해달라는 요청을 받았다. 우선 비즈니스 파트너와 함께 협력하여 문제와 제약사항을 더 엄격하게 정의했다. 그 결과 비용 대비 효과가 좋고 고객들의 행동 편향을 해결하며 멤버십 갱신을 지원하는 마케팅 전략이 필요한 상황이라는 것을 알아냈다.

이들은 샘스클럽 회원의 현재 참여도와 갱신 여부 결정을 연구하여 회원들의 현재 행동과 바라는 행

---

[1] 옮긴이_ 월마트 계열의 대형 창고형 회원제 할인점이다.

동 사이의 차이를 진단하고 실질적인 비즈니스 영향으로 이어질 습관을 형성할 전략을 파악했다. 그리고 이러한 이해를 바탕으로 여섯 차례의 테스트 걸쳐 20가지 무작위 대조군 실험randomized control trial(RCT) 또는 A/B 테스트를 설계했다. 그는 자신이 했던 노력에 대해 이렇게 말했다. "해결책을 반복적으로 수정하는 데 70%의 시간을 들이기도 합니다. 이런 일은 한번에 제대로 될 것이라고 기대하지 말아야 해요."

최종적으로 채택된 아이디어는 매장에 재방문할 때마다 점진적으로 더 나은 보상을 제공하는 인센티브 프로그램이었으며 이 프로그램은 고객들과 장기적인 관계를 맺고 습관을 형성하는 데 도움이 되었다. 효과가 입증되었고 비용도 적게 들었기 때문에 이들은 이 프로그램을 샘스클럽 전 지점에 도입하기로 했다. 이들은 명확하고 반복 가능한 프로세스 덕분에 자신들이 얻은 통찰을 현실적인 개입으로 전환하여 현장에서 테스트하고 적용하는 데 집중할 수 있었다.

이해만으로는 부족하다. 프로세스가 필요하다

지금까지는 쉬운 부분, 즉 마음의 작동 방식을 살펴봤다. 또한 의사결정과 행동 프로세스에 **개입**해서 사람들이 더 나은 선택을 하도록 도울 방법을 배우기 시작했다. 그러나 문제가 있다. 이런 개입은 효과가 없을 가능성이 크다. 더 정확히 말하자면 사전 계획을 세우고, 적응하고, 현장에서의 학습이 이루어지지 않는다면 특정 상황에서 개입이 효과를 내지 못할 것이다. 행동 과학 적용 여부와 상관없이 모든 새로운 제품과 기능은 특정 환경과 대상 청중에 맞게 조정하지 않는 한 사용자의 삶에 의미 있는 영향을 미치기가 어렵기 때문이다.

행동 과학은 환경이 우리의 결정과 행동에 깊은 영향을 미치는 방식을 이해하는 데 도움이 된다. 연구실 같은 하나의 환경에서 테스트한 기법이 사람들의 실생활에 동일하게 작용하지 않는다고 해서 놀랄 필요는 없다. 행동 변화를 효과적으로 디자인하려면 마음에 대한 이해, 그 이상이 필요하다. 특정 청중과 상황에 맞는 적절한 개입과 기법을 찾는 데 도움이 되는 프로세스가 필요하다.

이 프로세스는 어떻게 진행될까? 나는 이 과정을 여섯 단계로 구성하는 방식을 선호하며 이는 머리글자를 따서 DECIDE로 줄여 기억할 수 있다. 이 프로세스를 통해 우리는 제품과 커뮤니케이션에 가장 적절한 행동 변화 개입을 선택할 수 있다.[2]

첫째, 문제를 **정의**^{define}하라. 청중은 누구이고 추구하는 결과는 무엇인가? 둘째, 맥락을 **탐색**^{explore}하라. 청중과 그들의 환경에 관한 정성적이고 정량적인 데이터를 수집하라. 가능하다면 무언가를 만들기 전에 행동을 다시 구상하여 사용자가 실행하기 쉽고 실행하고 싶은 마음이 들게 하라.

그다음으로는 개입, 즉 제품이나 커뮤니케이션에서 행동을 변화시키는 기능을 **제작**^{craft}하라. 우리는 개념적 디자인^{conceptual design}(제품의 기능 정의)과 인터페이스 디자인^{interface design}(제품의 시각적 경험 설계)을 제작한다. 개입을 **구현**^{implement}하면서 윤리적 영향, 그리고 결과를 추적할 도구를 제품에 통합할 방법을 고려한다.

마지막으로 새로운 디자인을 현장에서 테스트하며 눈에 띄는 변화가 있는지 아니면 실패하는지, 그 영향을 **확인**^{determine}한다. 그렇게 파악한 내용을 토대로 다음 단계를 **평가**^{evaluate}한다. 지금까지 한 것으로 충분한가? 처음부터 완벽한 것은 없으므로 제품을 반복적으로 다듬어야 할 때가 많다. 이 과정을 간단히 요약하면 다음과 같다.

1. 문제를 **정의**하라.
2. 맥락을 **탐색**하라.
3. 개입을 **제작**하라.
4. 제품 내에 **구현**하라.
5. 영향을 **확인**하라.
6. 다음 단계를 **평가**하라.

---

2 이 책의 초판을 읽은 독자라면 구조의 변화를 눈치챘을 것이다. 초판의 세 단계(발견-디자인-수정) 각각을 둘로 나누어서 여러분이 거치는 과정을 더 구체적으로 설명했다. 핵심 아이디어는 비슷하지만 구조가 달라졌고 새로운 세부 정보와 팁을 추가했다.

> **'제품'이라는 용어의 의미**
>
> 행동 변화를 위한 디자인 프로세스는 새로운 제품이나 기능을 개발하거나, 기존 제품을 개선하거나, 마케팅과 커뮤니케이션을 개발하는 등 다양한 상황에 쓰인다. 독자들이 쉽게 이해할 수 있도록 이 책은 이 모든 활동을 일반적으로 '제품' 개발이라고 칭한다. 다만 개발 대상이 전체 제품인지, 하나의 기능인지, 아니면 커뮤니케이션인지의 차이가 중요한 경우에는 본문에서 이를 구체적으로 언급한다. 그렇지 않은 경우 제품이라는 용어는 행동 변화를 일으키기 위해 우리가 개발하는 것을 포괄적으로 가리키는 의미로 사용된다.

이 프로세스가 본질적으로 반복적이라는 점을 강조할 필요가 있다. **인간의 행동은 복잡**하며 그렇기 때문에 이 작업은 어렵다! 마법의 지팡이를 흔드는 것만으로 다른 사람의 행동을 변화시킬 수 있다면 행동 변화를 위한 세부적인 디자인 프로세스가 필요 없었을 것이다(그리고 그럴 수 있었다면 매우 불쾌했을 것이다). 그 대신 사용자와 이들의 요구에 대해 배우고 목표를 달성하지 못했을 때 이를 해결하기 위해 노력하는 반복적인 학습 과정이 존재한다. 이 프로세스에서 가장 간과되지만 가장 필수적인 부분은 훌륭한 아이디어와 멋진 행동 과학 기법이 아니다. 우리의 노력이 빗나간 지점을 신중하게 측정하고 이런 실수로부터 배우겠다는 의지, 그리고 이를 실행하는 데 필요한 도구를 갖추는 것이다. [그림 5-1]이 이 프로세스를 보여준다.

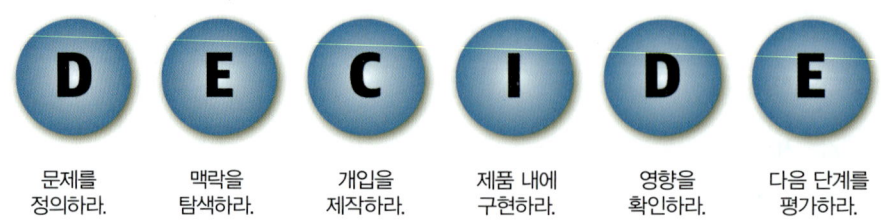

문제를 정의하라.   맥락을 탐색하라.   개입을 제작하라.   제품 내에 구현하라.   영향을 확인하라.   다음 단계를 평가하라.

그림 5-1 DECIDE: 행동 과학을 적용하여 의도적으로 사용자의 행동을 변화시키는 여섯 단계 프로세스

이 책의 1부에서는 마음이 어떻게 결정을 내리는지 이해하며 기초를 다졌다. DECIDE는 이러한 기초 위에 실제로 영향력 있는 제품을 구축한다. 하지만 이 프로세스가 독창적이라고 과장할 생각은 없다.

프로세스는 일반적이다

제품과 커뮤니케이션에 행동 과학을 적용하는 이 분야는 이제 다양한 접근법을 이용할 수 있을 정도로 성장했다. 이 책의 초판을 쓸 무렵에는 영국의 행동 통찰 팀, 미국의 아이디어스42 같은 그룹이 이런 작업을 하기 시작했지만 이들의 기본적인 디자인 프로세스는 널리 알려지지도 완전히 확립되지도 않았다. 편향과 넛지에 관한 책은 당시에도 많았고 지금도 여전히 많다. 그러나 제품과 커뮤니케이션에 행동 과학을 적용하는 작업을 수행하는 방법에 대한 공개적인 설명서는 많지 않았고 이 책은 이 분야를 소개하는 초창기 서적 중 하나였다.

하지만 지금은 달라졌다. 아이디어스42는 자신들이 사용하는 프로세스를 공개했다.[3] 딜립 소먼의 책, 『The Last Mile』(Rotman-UTP, 2017)은 '행동 변화를 위한 엔지니어링' 방법을 간략히 소개한다. 최근 클로버 헬스Clover Health의 맷 월러트Matt Wallaert는 개입 디자인 프로세스에 대한 책, 『끝에서 시작하라』(김영사, 2019)를 출간했다. 그리고 솔직히 말해서 이 모든 책의 내용은 거의 비슷해 보인다. 나머지 모든 사람이 이 책의 프로세스를 베꼈다고 말할 수 있다면 좋겠지만 사실 그렇지는 않다. 오히려 나를 포함한 모두가 상식과 과학적 방법을 모방했다고 봐야 할 것이다.

큰 틀에서 볼 때 모두가 비슷한 아이디어에 도달했다. 돌이켜보면 그 아이디어가 이 작업을 효과적으로 수행하는 데 필요하기 때문일 것이다. 우리에게는 인간 행동에 대한 지식의 기반이 필요하다. 이 책의 1~3장은 행동 변화를 위해 디자인하기 전에 갖춰야 할 기초를 다룬다. 아이디어스42나 소먼 같은 다른 이들도 마찬가지로 이를 필수 조건으로 삼았다. 당면 상황과 문제의 세부 정보를 살펴봐야 한다(아이디어스42에서는 '정의와 진단', 이레이셔널 랩스에서는 '행동 진단'이라고 한다). 해결책을 제시하고 이를 구현해야 한다(소먼에서는 '넛지와 레버 선택'이라고 한다). 그리고 해결책이 작동하는지 확인하고 작동하지 않는 경우 이 과정을 반복해야 한다. 그렇다. 이제 우리는 행동 디자인 분야의 청사진을 가지고 있다. 세부적인 각 단계와 도중에 거치는 하위 단계도 다르지만, 전반적인 청사진을 공유한다. 그리고 실제로

---

[3] 아이디어스24는 이 프로세스를 다양한 분야에 맞게 조정하여 적용하지만 핵심은 비슷하다. 일례로 달링이 공개한 플레이북을 참고하라(Darling 2017, https://oreil.ly/i16qH). 이레이셔널 랩스의 댄 애리얼리, 제이슨 레아, 크리스틴 버먼은 『Hacking Human Nature for Good』(Irrational Labs, 2014)이라는 도구 모음을 작성했다.

다양한 측면에서 이 청사진을 디자인 커뮤니티와 공유하고 있다. 이와 유사한 디자인 프레임워크, 문제 해결 프레임워크가 많다. 원래 2004년에 시작된 디자인 위원회$^{Design\ Council}$의 더블 다이아몬드$^{Double\ Diamond}$가 그중 두드러지는 사례다. 이는 디자인 프로세스에 대한 비선형적 접근 방식이자 전반적인 문제 해결법이다.

따라서 여러분이 이 책에서 제시한 프로세스를 사용하지 않더라도 나는 개의치 않을 것이다. 체계적으로 잘 다듬어진 다른 프로세스를 사용해도 비슷한 경로를 따르는 것이다. 정말 중요한 것은 세부사항이다. 실제로 이 프로세스를 어떻게 실행하는지, 어떤 도구를 사용하여 행동 장애물을 신중하게 진단하는지, 개입은 어떻게 선택하는지가 중요하다. 디자인 분야에서 흔히 쓰이는 용어로 표현하자면 여러분이 생성하는 **산출물**^{artifact}과 이를 생성하기 위해 사용하는 구체적인 프로세스가 중요하다. 지금부터 바로 이와 관련된 내용을 살펴보려고 한다. 이 책의 나머지 부분에서 다룰 세부 도구와 산출물이 여러분이 속한 조직에서 행동 변화를 위한 디자인을 실현하는 작업에 도움이 되기를 바란다.[4]

세부사항은 중요하다

구체적으로 설명하자면 [그림 5-2]는 행동 변화를 위해 디자인하는 DECIDE 여섯 단계와 각 단계에서 만들어진 결과물(또는 산출물)이 어떻게 적용되는지 보여준다. 이 그림을 통해 프로세스의 각 단계에서 생성되는 결과를 알 수 있다.

---

[4] 이 책이 소개하는 세부 프로세스와 다른 저자의 프로세스 사이에는 여러 유사점이 있다. 중간중간 이를 인용할 것이다. 우리는 모두 동일한 근본적인 문제를 해결하려고 노력했다. 나는 이 책이 대부분의 다른 책보다 더 포괄적이고 상세한 도구 모음을 제공한다고 생각하지만 동의하지 않아도 괜찮다. 결국 중요한 것은 여러분과 여러분의 팀이 사용자에게 좋은 일을 하는 데 도움이 되는 것이다. 자신에게 효과가 있는 것을 사용하라!

문제를 정의하라	맥락을 탐색하라	개입을 제작하라	제품 내에 구현하라	영향을 확인하라	다음 단계를 평가하라
• 프로젝트 개요 • 행동 변화를 위한 가설 (행위자, 행동, 결과)	• 상세한 행동 지도 • 도중에 발생하는 문제 진단	• 개입	• 윤리적 검토 • 제품	• 영향 측정	• 통찰 • 우선순위

그림 5-2 프로세스의 각 단계에서 행동 변화를 위한 디자인의 결과

어떤 회사(또는 NGO, 정부 기관, 개인 기업가도 될 수 있다. 이 책은 행동 변화 제품을 만드는 모든 개인과 조직을 대변하는 약칭으로 '회사'라는 용어를 사용한다)가 신제품을 개발하는 중이라고 가정해보자.

개발 업무에 착수하기 위해 회사는 사람들이 어떻게 결정을 내리는지, 인지 메커니즘이 행동 변화를 어떻게 지원하거나 방해하는지를 이해해야 한다. 이 책이 다루는 두 가지 주요 주제는 행동의 전제 조건과 CREATE 행동 퍼널인데, 행동의 전제 조건은 CREATE 행동 퍼널에 요약되어 있다. 그 후 DECIDE로 넘어갈 것이다. DECIDE 프로세스의 작동 방식과 각 단계에서 생성할 결과는 다음과 같다.

1. 정의

문제를 정의하면 회사가 제품을 통해 구체적으로 무엇을 이루려고 하는지, 그 목표가 누구를 대상으로 하는지가 명확해진다. 즉, 결과가 명확해진다. 예를 들어 회사는 건강을 되찾은 사람으로 가득한 세상을 목표로 삼을수 있다. 그런 다음 건강을 되찾아주고 싶은 그룹(예컨대 사무직 노동자)과 목표 달성에 도움이 될 것이라 **생각하는 행동**(더 많이 걷기)을 식별한다. 이것이 **행위자**actor와 **행동**action이다. 기존 프로그램을 다루고 있다면 현재 병목이 발생하는 지점(기존 걷기 프로그램에 정기적으로 참여하지 않는 사무직 노동자들)에 조치를 취할 것이다.

2. 탐색

목표를 정했다면 이제 현장으로 나가서 이런 목표가 실제로 현실적이고 타당한지 확인할 차례다. 목표 청중은 이 행동에 대해 어떻게 생각할까? 취할 수 있는 대안 행동은 무엇이고 이런 행동은 어떻게 평가할까? 탐색은 사용자가 직면한 행동 장애물을 더 명확하게 **진단**하고 사려 깊은 디자인을 만드는 데 필요한 **데이터**를 수집하는 과정이다.

3. 제작

회사는 장애물을 극복하는 데 도움이 되는 하나 또는 일련의 **개입**을 제작하고 이를 행동 가설, 즉 사용자가 제품과 어떻게 상호작용할지를 보여주는 이야기로 작성한다. 개입은 **행동** 자체, **환경**, 그리고 **사용자의 준비 상태**를 변화시킴으로써 점진적으로 구축된다.

4. 구현

다음은 **제품**을 실제로 만들 차례다. 우리는 한발 물러나서 최종 **윤리 검토**를 한다. 만약 모든 것이 확인되면 개발을 진행한다. 이때 몇 가지 엔지니어링 타협안과 절충안이 자연스럽게 발생한다. 그러면 이에 대한 행동적 영향도 검토한다.

5. 영향 확인

제품의 현장 테스트용 버전이 준비되면 사용자 행동에 대한 정량적, 정성적 데이터를 수집하여 제품이 어떤 영향을 미치고 있는지 초기 **영향 평가**를 진행한다.

6. 다음 단계 평가

이 데이터에 대한 신중하고 체계적인 분석은 제품을 개선하는 **통찰과 아이디어**로 이어진다. 팀원들은 이 과정에서 돕는 대상과 방법에 대한 기존 개념을 수정하고 그에 맞추어 새로운 행동 지도와 개입을 디자인할 수 있다. 원하는 수준의 영향을 낼 때까지 이 프로세스는 지속적으로 반복된다. 개정이 이루어질 때마다 **변경사항**을 적용하고 이런 변화가 사용자의 행동에 미친 영향을 **측정**한다.

회사에 이미 기존 제품이 있고 이를 개선하고 싶은 경우라면 이와 비슷하지만 더 짧고 집중적인 프로세스를 활용한다. 이때도 역시 제품의 기존 과제나 병목 같은 문제에서 시작한다. 다만 추측에 더 많이 의존하는 신제품 개발과 달리 장애물과 그 원인을 식별하는 데 도움이 되는 실제 사용자 행동 패턴에 대한 실증적인 데이터가 있을 가능성이 높다. 회사 내부에는 어떤 작업을 해야 한다는 견고한 의견이 존재할 것이다. 이는 축복인 동시에 저주다. 이로 인해 분석은 쉬워지지만 대안적인 해석을 하기가 어려워진다(즉 확증 편향이 발생할 수 있다). 그렇기 때문에 탐색 단계에서 '자명한' 해법을 재구상하는 시간을 의도적으로 마련한다. 이를 통해 새로운 경로나 기회를 발견할 수 있고, 그럴 경우 프로세스의 나머지 부분이 신제품 개발 작업과 더 비슷해진다.

우리도 인간이다. 실용적인 지침과 워크시트

앞서 행동을 변화시키는 방법을 **이해**하는 것만으로는 충분하지 않다고 이야기했다. 특정한 청중과 상황에 맞게 개입을 조정해야 하기 때문이다. 이는 분명한 사실이자 행동 변화를 위한 디자인에 **프로세스**가 필요한 하나의 이유이기도 하다. 하지만 다른 이유도 있다. 우리는 다른 모든 사람과 마찬가지로 한낱 인간에 불과하다. 우리는 1부에서 소개한 내용을 실천할 가능성이 낮다. 편향에 대한 이야기가 재미있을 수도 있고 심지어 제품을 다르게 디자인하는 영감이 되었을 수도 있다. 하지만 행동을 효과적으로 변화시키는 것은 이와 차원이 다른 일이다.

그 대신 우리는 프로덕트 매니저, 디자이너, 연구자로서의 자신에게 행동 과학 렌즈를 적용하여 행동 변화를 위한 디자인 과정에서 **우리가 직면하는 장애물**을 생각하고 극복해야 한다. 이를 수행하는 최고의 방법 중 하나는 체크리스트와 워크시트가 포함된 프로세스를 문서화하고 이를 따르는 것이다. 그러면 프로젝트 도중에 혹사 당하는 시스템 2에 의존하지 않아도 된다. 이어지는 대부분의 장 마지막 부분에 활용할 수 있는 워크시트를 마련했다.

해당 내용은 프로세스의 처음부터 끝까지 모든 과정을 담은 워크북(부록 A)에 정리되어 있으며 여러분이 업무에서 행동 변화를 위해 디자인하는 데 사용할 수 있는 실용적인 도구가 되어줄 것이다.

나는 이렇게 생각한다. 1~3장은 대부분의 사람들이 행동 변화를 위한 디자인에 관한 책에서 원하고 기대하는 내용이다. 책의 나머지 부분은 그 작업을 효과적으로 수행하는 데 실제로 필요하다고 내가 진심으로 믿는 내용이다. 그러니 나를 끝까지 따라와보라. 우리는 프로세스, 체크리스트, 실험적 디자인에 대해 이야기할 것이다. 그런 주제가 흥미진진하거나 인기가 있어서가 아니라 여러분을 성공으로 이끄는 데 도움이 되기 때문이다.

실천하기

응용 행동 과학의 기초가 되는 이론은 1부에서 잘 설명했으니 이제 그 아이디어를 실행에 옮길 차례다. 응용 행동 과학은 행동 디자인을 위한 구체적인 청사진을 마련했다. 여러 팀이 독립적으로 비슷한 성공 프로세스를 고안해냈다. 이 장에서는 이렇듯 공유된 프로세스에 대한 우리의 접근법인 DECIDE를 소개한다. 앞으로 2부에서 다룰 프로세스의 각 단계를 따라가다 보면 각 장의 마지막 부분에 '실천하기'가 등장할 것이다. 여기에는 핵심 교훈에 대한 요약과 소개한 기법을 실천할 때 활용할 수 있는 연습문제가 포함될 수 있다.

여러분이 해야 할 일은 다음과 같다. 팀마다 사용하는 이름이 다르지만 우리는 이 프로세스를 줄여서 DECIDE라고 부른다.

1. **문제를 정의하라:** 행동 변화의 대상(행위자), 이들과 함께 성취하려는 목표(결과), 그 결과를 이끌어낼 계획(행동)을 알아내라.
2. **맥락을 탐색하라:** 사용자가 생활하고 행동하는 맥락에 대해 더 배우고 행동에 대한 초기 계획을 사용자의 실제 상황과 현실적 필요에 맞추어 수정하라.
3. **개입을 제작하라:** 개입은 새로운 화면, 기능, 제품, 커뮤니케이션 등 누군가가 직면한 장애물을 극복하는 데 도움이 되는 것을 가리킨다.

❹ **제품 내에 구현하라:** 제품이나 기능, 커뮤니케이션에 새로운 개입을 구축하고 지표와 행동 추적을 제품 자체의 핵심 부분으로 포함하라.

❺ **영향을 확인하라:** 반응을 측정하고 원하는 효과를 내고 있는지 확인하라.

❻ **다음 단계를 평가하라:** 영향을 더 발전시키고 추가적인 반복 작업이 타당한지 판단하는 방법을 배워라.

DECIDE 프로세스의 근본적인 목표는 문제 해결이다. 응용 행동 과학을 활용하는 최상의 방법은 사용자가 자신의 삶에서 원하는 선택과 행동을 하는 데 방해가 되는 장애물을 극복하도록 돕는 것이기 때문이다. 이는 사용자 중심 디자인을 비롯한 다른 많은 커뮤니티와 공유하는 프로세스다.

행동 변화를 위한 디자인이 일반적인 문제 해결 프로세스와 다른 점은 그 과정에서 사용하는 도구에 있다. 일례로 행동 장애물을 식별하는 구체적인 절차가 마련되어 있다. 우리는 이를 **행동 지도**라고 부른다. 우리는 사용자 행동 변화를 여러 방식으로 잘못 해석할 수 있다는 사실을 이해하고 있으며 이러한 이해를 바탕으로 엄격한 객관적 측정 도구를 마련했다. 유혹 묶음temptation bundling부터 실행 의도implementation intention까지 연구자들이 수 년에 걸쳐 알아낸 행동 기법 세트도 있다. 이 책의 나머지 부분에서는 바로 이러한 도구에 초점을 맞출 것이다.

📖 연습문제

2부의 각 장 마지막 부분에 있는 워크시트에서 해당 장의 기법을 적용하는 데 도움이 되는 도구를 확인하라. 사용할 수 있는 모든 워크시트를 한곳에 모아둔 전체 워크북은 책의 마지막 부분에 있는 '부록 A'에서 확인할 수 있다.

CHAPTER
06

문제를 정의하라

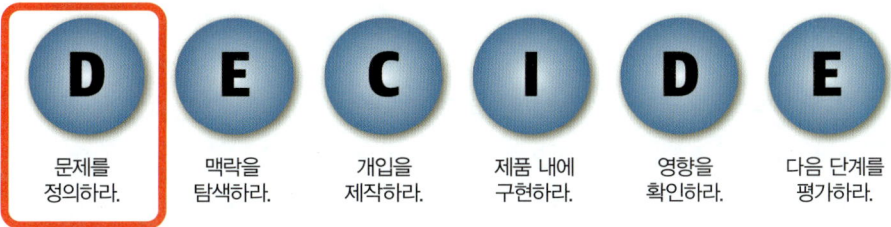

D	E	C	I	D	E
문제를 정의하라.	맥락을 탐색하라.	개입을 제작하라.	제품 내에 구현하라.	영향을 확인하라.	다음 단계를 평가하라.

혹시 미래를 위해 저축하고 있는가? 그렇다면 그 목표는 무엇인가? 진짜 그럴까 싶을지 모르지만 지금 하는 답변과 몇 시간 뒤에 하는 답변이 서로 다를 수 있다. 우리는 평소 자주 생각하거나 최근에 접한 것에 따라 떠오르는 대로 답하는 경향이 있기 때문이다.

부유한 동네에 다녀온 직후에 질문을 받는다면 좋은 집과 라이프스타일을 누릴 정도까지 저축하고 싶다고 답할지 모른다. 반면, 병원에서 회복 중인 아버지와 통화한 직후라면 미래에 필요한 의료비를 대비하려고 저축하고 싶다고 답할 수도 있다. 하지만 실제로는 둘 다 사실이고 어느 쪽이 더 중요한지 판단하기 어렵다.

모닝스타에서 일하던 당시 우리 팀은 이런 문제가 일반적인 미국인들이 경험하는 문제일지 모른다고 생각했고 특정 상황에서 이런 현상이 발생하는 것을 기록한 연구를 발견했다. MBA 학생들이 하계 인턴십 목표를 계속 바꾸어 말한다거나, 회사의 중역들이 회사의 목표를 바꾸어 말하는 예처럼 말이다.[1] 이런 연구가 사실이라면 사람들에게 저축하고 투자하라고 장려하기가 정말 어려울 것이다. 저축하는 이유를 아는 것이 저축 목표에 전념하고 오랜 시간 꾸준히 저축하도록 돕는 열쇠이기 때문이다.

우리는 18세 이상의 미국인 근로자 전국 대표 표본과 투자자로 구성된 하위 표본, 두 집단의 문제를 평가하기로 했다. 우리는 목표의 불안정성이 실제로 해결할 가치가 있는 문제인지 확인하고 싶었고, 만약 가치가 있다면 도움이 될 수 있을 만한 한 가지 방법을 테스트해보고 싶었다. 바로 사람들이 더 폭넓게 사고하도록 유도하기 위해 참고할 수 있는 일반적인 목표 목록을 제시하는 방법이었다.

결과(목표 불안정성 감소), 행동(마스터 목록), 두 목표 집단이 정해지니 개입, 즉 사람들이 자신의 목표를 분석하는 데 도움이 되는 온라인 도구를 설계할 수 있었다. 이 문제는 정말 중요해보였고 해결할 수 있을 것이라고 생각했다. 사람들에게 목표에 대해 묻는 여러 방법을 테스트하는 무작위 대조군 연구에서 우리가 제작한 도구를 제시하자 참가자 중 거의 3/4이 재평가를 통해 자신이 애초에 보고했던 상위 목표 3개 중 하나를 바꾸었고, 놀랍게도 24%나 되는 참가자가 최상위 목표를 변경했다.

참가자들의 새로운 목표는 처음 답변에 비해 전반적으로 더 장기적이고 구체적이었다. 우리는 연구 결과를 발표하고 고객을 위한 소프트웨어 도구에 이러한 개념을 구현했다. 이런 결과를 낼 수 있었던 것은 우리가 문제, 추구하는 결과, 행위자가 취할 구체적인 행동을 명확히 이해한 상태에서 시작했기 때문이었다.[2]

문제를 명확히 정의하지 못할 때

안타까운 일이지만 누구나 이런 상황에 처해본 적이 있을 것이다. 2개월짜리 프로젝트에 6개월 동안 매달렸는데 끝은 보이지 않는 상황. 처음에는 모든 것이 뻔하다는 생각으로 작업을 시작한다. 할 일이 분명하다고 믿으며 열심히 일하다 보니 6개월이 흐른다. 하지만 돌이켜보면 그 많은 시간이 어떻게 흘러갔는지, 제품은 왜 경로를 이탈했는지 알 수가 없다.

---

1 Bond, Carlson, Keeney(2008); Bond, Carlson, Keeney(2010)
2 이 연구의 자세한 결과는 신, 머피, 라마스의 2018년 연구에서 찾을 수 있다(Sin, Murphy, Lamas 2018).

경험상 나쁜 디자인의 근본 원인은 애초에 명확성이 부족했기 때문인 경우가 많다. 행동 변화를 위한 디자인뿐 아니라 어떤 디자인에서든 마찬가지다. 나쁜 디자인은 문제를 해결할 훌륭한 아이디어가 있는 연구자나 프로덕트 매니저가 실제로 무엇이 필요한지 충분히 생각하지 않고 아이디어를 서둘러 구현하려 할 때 발생한다. "그냥 이걸 만들라"는 임원진의 지시를 받은 제품 팀이 그 제품을 **왜** 만들어야 하는지 깨닫지 못했거나 자신들이 선택한 방법이 올바른지 의문을 품을 기회를 얻지 못했을 때도 발생한다. 그러면 결국 엉망으로 끝난다. 아니면 목표에서 어긋난 제품이 탄생한다. 요기 베라의 말마따나 "어디로 가는지 모르면 아마 엉뚱한 곳에 가게 될 것이다."[3]

물론, 이런 문제는 행동 변화를 위한 디자인에만 국한되지 않으며, 비즈니스 세계와 디자인 커뮤니티 전반에 걸쳐 문제를 정의하는 좋은 도구들이 존재한다. 이 책에서는 이 오래된 문제를 해결하기 위해 행동적인 접근법을 취할 것이다. 우리가 문제를 정의할 때 중점적으로 다루는 사항은 다음과 같다.

목표 결과

제품이 달성해야 하는 것은 **무엇**인가? 제품이 성공할 때 현실 세계에서 달라지는 것은 무엇인가? 예를 들어 사용자의 허리와 목 통증 감소, 6개월 동안 병원에 방문한 횟수와 물리치료 횟수를 50% 감소하는 것을 목표로 삼을 수 있다.

목표 행위자

제품을 **누가** 사용하겠는가? 행동 변화를 통해 목표 결과를 달성하는 것이 누구인가? 예를 들어 주로 앉아서 일하고 정기적으로 운동하지 않는 화이트칼라 사무직 노동자를 생각해 볼 수 있다.

---

[3] 요기 베라(Yogi Berra)는 프로 야구선수이자 코치였고 (말실수가 녹아든) 경구로 유명했다. 예컨대 로스앤젤레스 타임스의 'Yogi Berra Dies at 90(요기 베라 90세에 사망하다. https://oreil.ly/H6Md3)' 기사를 참조하라.

목표 행동

행위자가 이런 행동을 (우리가 파악할 수 있는 범위 내에서) **어떻게** 실천할 것인가? 사람들이 실제로 어떤 행동을 할 것인가(또는 중단할 것인가)? 예를 들어 주 2회 체육관에 가서 최소 30분간 운동하기를 목표로 할 수 있다.

> ### 앞으로 사용할 예시: 플래시 앱
>
> 이제부터 여러 장에 걸쳐서 행동 변화를 위한 디자인의 작동 방식을 보여주기 위해 운동 앱을 예시로 들겠다. 여러분이 웰니스 프로그램을 고객사 직원들에게 제공하는 B2B 회사의 직원이라고 상상해보자. 시중에는 이미 다양한 프로그램이 있지만 회사는 신제품을 개발해서 사람들이 운동을 통해 신체적으로 더욱 건강해지도록 도우려 한다. 특히 체육관 출석을 돕는 것이 목표다. 핏빗과 유사한 B2B용 앱이라고 생각하면 된다. 가칭은 플래시^{Flash}다. 사용자의 삶에 빠르고 긍정적인 변화를 일으킨다는 이미지가 떠오르도록 지은 이름이다.
>
> 회사는 웨어러블 컴퓨팅 기기 제품군이 시장에서 실패하는 것을 보고, 이보다 단순하고 개발 비용이 적게 드는 제품을 만들어보기로 했다. 바로 직원의 휴대전화에 설치하는 앱이다. 특히 여러분에게 주어진 문제의 정의는 다음과 같다.
>
> - **목표 결과**: 앞으로 6개월간 허리와 목의 통증 감소, 병원 방문과 물리치료 횟수를 50% 줄인다.
> - **목표 행위자**: 주로 앉아서 생활하며 정기적으로 운동하지 않는 사무직 노동자(고객사 직원)다.
> - **목표 행동**: 사용자는 주 2회 체육관에 가서 최소 30분 이상 운동한다.
>
> 우리는 맥락 탐색, 개입 제작 등 전체 DECIDE 프로세스를 거치며 이 예시를 구체화할 것이다. 앞으로 보게 되겠지만 이는 어려운 문제이며 성공적인 앱을 제작하는 것은 쉽지 않다. 이 예시를 활용해서 행동 변화를 위한 디자인의 과제와 프로세스를 설명하겠다. 그 과정에서 이런 기법을 적용할 수 있는 다양한 상황을 보여주고 더욱 흥미롭게 진행하기 위해 다른 예시도 사용할 것이다.

이 책 전반에 걸쳐 결과, 행위자, 행동이라는 세 가지 용어를 사용하여 해결하려는 문제를 정의할 것이다. 우선 이 용어들을 사용하여 회사의 초기 **의도**, 즉 목표 청중, 행동, 결과를 표현할 것이다. 하지만 현실 세계는 그렇게 간단하지 않다. 사용자와 이들이 처한 상황에 대해 더 알게 되면 우리의 의도가 현실적이지 않다는 것을 종종 깨닫게 된다. 주요 이해 관계자가 같은 이해 기반을 갖추고, 잠재적인 문제를 식별하고, 해결할 때까지 이 세 가지 개념을 평가하고 다듬어갈 것이다. 이렇게 시간이 지나면서 이 세 가지 개념을 중심으로 점차 더 명확하고 영향력 있는 문제 정의를 완성해나갈 것이다.

행동 문제를 명확히 정의하기 위해 이 장에서 다룰 내용은 다음과 같다.

1. 제품의 전체적인 행동 비전을 명확히 한다.
2. 서비스를 제공할 대상, 즉 사용자를 식별한다.
3. 추구하는 사용자 결과를 식별한다.
4. (초기) 목표 행동을 문서화한다.
5. 그 행동에 따른 성공과 실패를 정의한다.

회사에서 문제 정의 프로세스의 초기 단계를 이미 완료해둔 경우도 있을 것이다. 그렇다면 자신의 작업과 관련된 부분으로 자유롭게 건너뛰어도 좋다. 하지만 앞부분을 빠르게 훑어보며 빠뜨린 사항은 없는지 확인하는 것이 유용할 수 있다. 이 장의 끝부분에는 문제 정의에 도움이 되는 워크시트(워크시트: 행동 프로젝트 요약)를 소개한다. 만약, 워크시트에서 완료하지 못한 부분이 있다면 해당 섹션으로 돌아가서 어떻게 해결할지 확인하라.

제품의 비전으로 시작하라

제품이나 새로운 기능에 대한 영감은 다양한 경로로 찾아온다. 고객에게 요청을 받기도 하고 샤워하다가 갑자기 깨달음을 얻기도 한다. 영감이 어디에서 오든 문제 정의는 제품의 비전을 간단히 종이에 적는 것으로 시작한다. 비전은 일반적이고 다소 모호할 수 있다. 그래도 괜찮다. 이는 제품이 발휘해야 할 더 구체적이고 명확한 영향, 즉 목표 결과를 논의하는 기반이 된다.

일례로 조직의 사명에서 시작된 제품의 비전을 살펴보자. 정부 투명성을 위해 일하는 비영리 단체인 선라이트 재단^{Sunlight Foundation}(`https://oreil.ly/6n0Z1`)의 사명 선언문을 예로 들어보자.

> 우리의 사명: 선라이트 재단은 시민 기술, 공공 데이터, 정책 분석, 저널리즘을 사용하여 정부와 정책이 더 책임감 있고 투명해지도록 돕는 전국적이고 초당적인 비영리 단체다.

각 제품의 비전은 이 조직적 사명을 명확히 따른다. 예를 들어 선라이트 재단의 웹 무결성 프로젝트^{Web Integrity Project}는 "정부 웹사이트의 변경사항을 모니터링하며 공적 정보와 웹 리소스 접근에 변화를 공개함으로써 정부에 책임을 묻는다."

건강과 웰니스 프로그램을 개발하는 회사라면 제품의 비전을 '사람들이 체중과 건강을 관리하도록 돕는 것'이라고 정할 수 있을 것이다.

목표 결과를 확실히 정하라

제품에 대한 일반적인 비전을 기록한 다음에는 제품이 성공할 때 세상에서 무엇이 달라져야 할지 자문할 차례다. 제품이 일으켜야 할 명확하고 구체적인 변화는 무엇일까? 제3자가 보고 듣고 느끼는 건 무엇일까? 여러분이 임무를 수행할 때 현실 세계에는 어떤 의미 있는 변화가 일어날까?

이 질문에 대한 답이 제품(또는 기능)이 추구하는 **결과**다. 이는 회사가 제품을 통해 이루고자 하는 구체적인 것이다(이 책에서는 '회사'가 기업, 비영리 단체, 정부 기관을 대표한다는 것을 기억하자). 이를 **목적**이라고 부르고 싶을지 모르지만 나는 목적보다 **결과**라는 단어를 선호한다. 더 구체적인 느낌이 들기 때문이다. 이는 세상에서 변화하는 대상에 초점을 맞춘다.

원하는 결과를 적어라.

결과를 명확히 하라

다음으로 몇 가지 심도 있는 질문으로 목표 결과를 다듬을 차례다. 환경 정화 프로그램 예시를 사용하여 모호한 결과(오염 감소)에서 명확하고 더 구체적인 결과로 이동할 것이다. 구체적으로 다음과 같은 질문을 해보자.

- 어떤 유형: 제품이 궁극적으로 추구하는 변화의 대상은 환경인가(예: 수질 개선), 인간인가?
- 어디서: 영향의 지리적 범위는 어느 정도인가(예: 체서피크만)?
- 무엇을: 환경이나 사람에게 실제 어떤 변화가 있는가(예: 질소 오염 감소)?
- 언제: 제품이 어떤 시점에 영향을 주는가? 우리가 원하는 것은 대략적인 범위다. 다른 것과 달리 이 항목은 이 시점에 정확할 필요가 없다. '몇 달 이내', '5년 이내' 정도면 괜찮다.

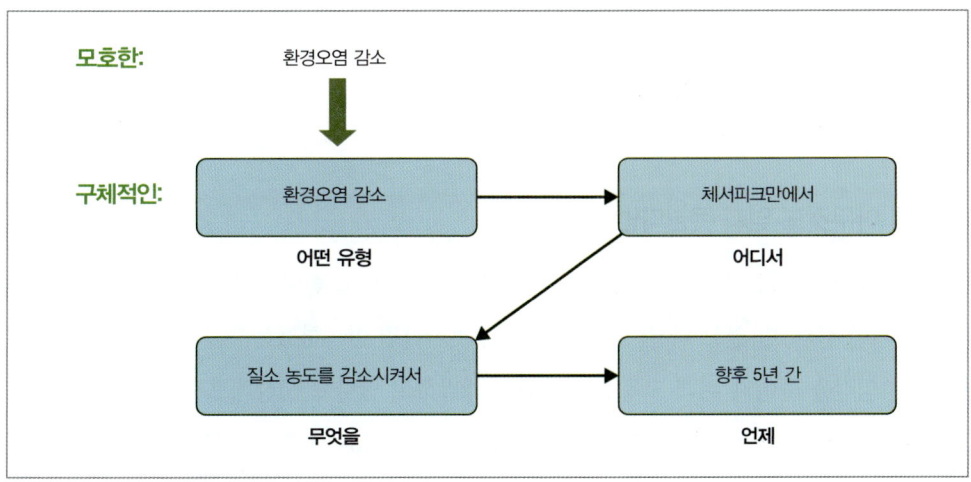

그림 6-1 모호한 결과를 구체적이고 측정 가능한 결과로 바꾸는 방법

이런 질문에 대한 답을 요약하여 단순하고 명확한 문장으로 적어라. 예를 들어 '이 제품은 향후 5년간 체서피크만에서 환경오염 물질인 질소 농도를 감소시켜야 한다'라고 적는 것이다. [그림 6-1]에서 새롭고 더 명확한 결과를 담은 문장을 볼 수 있다.

원하는 결과를 적은 문장을 토대로 제품의 성공 여부를 평가하는 지표를 정의하라. 예를 들어 수중 질소 농도나 직원들의 체중을 지표로 사용할 수 있다. 아직 정확한 측정 방법을 결정할 필요는 없지만 하나도 정의할 수 없다면 결과가 충분히 구체적이지 못한 것이다.

측정할 수 있는 명확한 결과와 그렇지 않은 결과를 예시로 들자면 다음과 같다.

- 명확하고 측정할 수 있는 결과: BMI가 25 이상인 직원은 4.5kg 감량할 것이다. 산호세의 10대들은 금연할 것이다.
- 명확하지 않고 측정하기 어려운 결과: 사용자들은 운동을 통해 경험을 얻을 것이다. 사용자들은 흡연의 위험성을 깨달을 것이다.

명확한 결과를 정해둔다고 해서 모든 것을 안다거나 향후 몇 년간 회사가 나아갈 길을 엄격히 제한한다는 의미는 아니다. 그 대신 이를 확실한 참고 기준으로 삼는 것이다. 문제가 발생하면 결과를 기준으로 측정하여 의견 충돌을 해결할 수 있다(즉, 디자인이 효과적인지 아닌지 평가할 수 있다). 비전에 대한 의견 차이도 필요할 경우 목표 결과를 재정의하여 해결할 수 있다(즉, 제품 목표의 적절성을 판단할 수 있다). **새로운 결과도 명확히 정의되는 한 기존 목표와 마찬가지로 적용할 수 있다.**

그 외에 아무것도 얻지 못한다면

원하는 결과를 다듬는 여러 기법 중에서 이렇게 묻는 방법도 좋아한다. "정확히 원한 것(지금껏 정의한 결과)만 얻고 다른 것은 전혀 얻지 못한다면 만족하겠는가?" 예를 들어 어떤 팀이 10대 임신을 줄이기 위해 교육 프로그램을 개발하고 있다고 상상해보자. 이들이 정한 목표 결과는 임신이 학교 교육과 진로를 어떻게 방해할 수 있는지를 10대들에게 알리는 것이다. 10대들이 교육을 받았지만 신경 쓰지 않는다면(그래서 행동 변화가 전혀 일어나지 않는다면) 이들이 이를 성공으로 간주할까? 당연히 그럴 리 없다. 이들은 목표 결과를 구체적으로 다듬을 것이다. 이들이 원하는 것은 10대 임신의 감소다. 교육은 그 결과로 이어질 것이라고 **믿는** 하나의 전술일 뿐이다.

허영 지표vanity metric, 즉 기분은 좋게 만들어주지만 제품과 회사가 올바른 방향으로 가고 있는지 정확히 확인해주지 못하는 지표는 이런 기준을 충족하지 못한다. 예컨대 전형적인 허영 지표인 페이지 조회수를 생각해보자. 어떤 회사의 주력 제품이 수익이 **전무**한데 웹사이트 페이지의 조회수는 많다고 가정해보자. 이는 일반적으로 성공으로 간주하지 않는다. 그리고 그 반대도 마찬가지다. 제품이 많은 수익을 올리고 있다면 페이지 조회수가 적더라도 **성공**으로 간주할 것이다.

마음 상태에 대한 언급을 피하라

10대 임신에 관한 예시는 많은 회사가 제품 목표 결과를 정의하며 직면하는 일반적인 문제를 보여준다. 이들은 교육, 자신감, 기술처럼 사용자의 머릿속에 있는 무언가에 관해 말하고 싶어 한다. 이렇게 마음 상태를 언급하는 것이 문제가 되는 이유는 두 가지다.

첫째, 일관적이고 명확한 방법으로 측정하기가 어렵다. 마음의 상태를 설문조사로 측정할 수 있긴 하지만 설문조사의 결과는 질문의 프레임, 질문 순서, 조사의 진행 시기와 방법 등에 **크게 좌우된다**. 크게 좌우된다는 말은 토론, 오해, 논쟁의 여지가 있다는 뜻이다. 이는 모두 우리가 피해야 하는 것들이다.

하지만 아마도 더 중요한 둘째 이유는 마음 상태가 **회사가 실제로 원하는 것이 아니라는 점**이다. 어떤 NGO가 개발도상국의 저소득층을 대상으로 기업가 교육을 진행하고 있다고 상상해 보자. 이들이 원하는 것이 사람들에게 기업가가 되는 데 무엇이 필요한지 알려주는 것일까? 아니면 사람들이 실제로 신규 비즈니스를 성공적으로 시작하는 것일까?

기업가가 되는 방법을 배운 사람들이 실제로 비즈니스를 시작하지 않는데도 이 프로그램이 성공했다고 볼 수 있을까? 아마 아닐 것이다.

우리가 바라는 것은 개개인의 머릿속이 아니라 외부에서 명확하게 관찰할 수 있는 결과다. 이런 결과는 결코 모호하지 않아야 하고(성공 여부를 두고 사내 논쟁이 벌어지지 않도록) 쉽게 측정할 수 있어야 한다(신속하게 성공을 평가할 수 있도록). **목표 결과는 제품의 성공과 실패를 정의할 것이다.** 목표 결과에 마음 상태를 언급하지 않아야 한다고 해서 마음 상태가 중요하지 않다는 의미는 아니다. 특정한 관점(예컨대 10대 시절에 아이를 갖지 않고 밝은 미래를 꿈꾸는 것처럼)은 절대적으로 필요할 수 있다.⁴ 그러나 그것만으로는 충분하지 않다.

효과적인 것은 때로 논란을 일으킬 수 있다

우리는 종종 마음 상태에 초점을 맞춘다. 마음 상태에는 논란의 여지가 없기 때문이다. 교육은 누구나 지지할 수 있다. 하지만 교육이 하는 역할, 다시 말해 사람들의 행동을 변화시키고 더 나아가 현실 세계의 무언가를 변화시키는 일에 대해 편하게 이야기하기 어렵다.

우리의 목표가 논쟁을 피하는 것이 아니라는 점을 명심하라. 우리의 목표는 **효과적으로** 행동을 변화시키고 사용자를 돕는 것이다. 그러려면 자기 성찰과 정직이 필요하다. 여러분의 진짜 목표는 무엇인가?

우선순위를 정하고 결합하라

목표 결과가 하나 이상이라고 당황하지 말자. 다만, 결과가 여러 개면 추가 작업이 필요하다. 우선 정리가 필요하다. 명확하고 최우선시되는 결과가 있다면 좋다. 그렇지 않다면 이해 관계자들이 모여서 무엇이 가장 중요한지 다수의 의견을 확인하라. 아니면 원하는 결과 목록을 가지고 각각에 대해 이 결과가 없어도 여전히 '성공'했다고 볼 것인지 물어보라. 그리고 하나씩 제거하라.

목표를 걸러내는 것이 불가능하다면 더 어려운 경로도 고려해볼 수 있다. 최우선 순위를 다투는 결과들을 하나로 합쳐서 종합적인 결과를 만들어라. 이렇게 하려면 모든 사람이 같은

---

4 이 점을 지적해준 브라이언 멀롭(Brian Merlob)에게 감사한다.

이해 기반을 갖추도록 결과들을 결합하는 공식을 매우 구체적으로 정의해야 한다. 이 공식이 제품 성공의 기준이 되는 정의다.

예를 들어 '직원들의 혈압을 낮출 것이다'와 '직원들이 체중을 4.5kg 감량할 것이다'라는 두 가지 **최우선 순위** 결과가 있다고 가정해보자. 이 둘을 결합한 성공의 정의는 '제품의 성공은 목표 집단의 평균 혈압이 감소할 때마다 1점, 체중이 0.5kg 감소할 때마다 2점으로 정의된다'일 것이다.

안타깝게도 대부분의 회사는 제품을 실제로 만들기 전에 제품이 관련 행동 전반에 미치는 복잡한 영향을 이해할 수 있을 정도로 충분한 정보를 가지고 있지 않다. 개인적으로는 여러 결과를 결합하는 공식을 만들기보다는 최우선 결과 하나를 정하는 것을 선호하는 편이다.

제품의 (예상) 작동 방식을 언급하지 마라

아직 한 가지 중요한 질문을 하지 않았다는 것을 눈치챈 독자도 있을지 모른다. 그 질문은 바로 '어떻게?'다.

아직은 제품이 어떻게 마법을 발휘하는지(즉, 원하는 결과를 얻기 위해 사용자에게 어떤 행동을 권장하는지) 깊이 파고들지 마라. 곧 추가 정보를 준비하여 그 작업에 돌입할 것이다.

우리가 행동 대신 결과에 초점을 맞추는 데에는 세 가지 이유가 있다. 첫째, 행동을 달성하는 방법은 여러 가지인데 '최고'의 방법은 가려내기가 어려울 수 있다. 둘째, 어떤 행동과 결과 사이의 연결이 확실하지 않으므로 정말 중요한 것, 즉 결과에 주목하는 것이 낫다. 그리고 마지막으로 '보상 행동'도 문제가 된다. 인간의 행동은 견제와 균형의 복잡한 그물망이어서 한 번 변화를 준다고 해서 명확한 효과가 나는 것이 아니다. 잘 알려진 예로는 '도덕적 허가 효과moral licensing'가 있다. 이는 사람들이 운동한 후 운동했다는 사실에 기분이 좋아져서 건강에 해로운 음식을 먹게 되는 현상이다. 이렇게 되면 운동이 체중에 미칠 수 있었던 좋은 영향이 모두 무효화된다.[5]

---

5 이 부분에 대해서도 브라이언 멀롭에게 감사한다.

왜 이렇게까지 해야 할까?

왜 원하는 결과를 이렇게까지 신중하고 명확하게 정의하려고 하는 걸까? 문제를 현재로 가져와서 해결하기 위해서다. 팀에 상충되는 많은 목표가 있다거나 측정할 수 없는 목표가 있다면 미래에 문제가 도사리고 있는 것이나 마찬가지다. 팀원 각자가 명시하지 않은 상충된 목표를 이루려고 제품을 어떻게 만들어야 할지를 두고 논쟁을 벌일 가능성이 높아진다. 회사 대표는 제품이 성공하지 못했다고 생각하는데 엔지니어들은 성공했다고 생각할 수 있다. 제품이 해야 할 역할에 대한 암묵적인 기대에 부응하지 못했다는 이유로 (NGO를 위한) 보조금 지원 기관에서 자금 지원을 끊을 수 있다.

측정할 수 있는 결과를 프로젝트 초반에 명확한 문장으로 적고 핵심 이해 관계자들의 서명을 받아두면 많은 문제를 조기에 해결할 수 있다. 모든 제품 개발 프로세스와 마찬가지로 초반에 문제를 찾고 해결하는 비용이 나중에 고치는 비용보다 훨씬 더 적다.

게다가 명확히 적어둔 결과는 향후 제품 개정을 통해 제품의 영향을 개선하는 데 필수다. 이는 제품의 성공을 측정하고 문제 영역을 찾고 제안된 제품 변경사항이 제구실을 하는지 가늠하는 기초가 된다.

제품의 목표 결과에 대해 동의하지 못하는 사람이 있을 때는 어떻게 해야 할까?

이런 프로세스를 거치고도 제품이 달성할 결과를 명확히 정의하지 못할 때도 있다. 이해 관계자들이 근본적으로 동의하지 못하거나 제품이 제대로 구상되지 않아 현실에서 실질적인 결과를 내지 못할 때도 있다. 이럴 때는 제품 제작을 그대로 이어가면 안 된다. '빠르게 실패하기'의 정신으로 볼 때 이 또한 정말 좋은 결과이므로 고통스럽더라도 실패를 받아들여야 한다.

그렇다고 해서 이상적인 제품이 어때야 하는지 모두가 **합의**에 이를 필요는 없다. 그렇게 운영되는 회사는 거의 없다. 일단 제품의 목표 결과가 정해지면 모든 이해 관계자가 기대할 사항을 알고 목표에 동의해야 한다. 팀 내 분열이 심각하다면 아직도 문제가 해결되지 않은 것이다. 궁극적으로 실패할 제품을 두고 몇 달에 걸쳐 논쟁하기보다는 다른 흥미로운 제품으로 넘어가거나 팀 구성원에 변화를 주는 게 좋다.

결과를 측정할 지표를 정의하라

다음으로는 결과 지표를 정의해야 한다. 지표란 목표 결과를 달성했는지, 어느 정도 수준으로 달성했는지를 최대한 명확하게 알려주는 도구다. 결과 지표는 목표 결과로부터 직접적으로 도출되어야 한다. 이는 결과 달성 여부를 판단하는 방법이다. 결과 측정 방법이 명시된 공식을 정의하고 문서화해야 한다. 아주 간단해도 괜찮다.

몇 가지 쉬운 예를 들어보겠다.

- **회사 수입:** 한 달 동안 고객사로부터 받은 돈으로 정의한다.
- **사용자 체중:** 아침식사 후 오전에 신발을 벗고 잰 체중을 기준으로 한다.

조금 더 복잡한 예를 들어보겠다.[6]

- **이웃 연결성:** 사용자가 한 달 동안 이웃 사교 모임에 참석한 횟수로 파악한다.

이상적인 지표는 다음과 같은 특성을 지녀야 한다.[7]

- **정확성:** 측정하려는 결과를 실제로 측정한다.
- **신뢰성:** 똑같은 대상을 한 번 이상 측정할 때 정확히 같은 결과가 나와야 한다.
- **신속성:** 지표 값을 빠르게 알 수 있어야 한다. 신속하게 측정할 수 있으면 반복 측정이 용이해지고 제품 변화가 효과적인지 더 쉽게 확인할 수 있다.
- **반응성:** 지표는 사용자 행동의 변화를 빠르게 반영해야 한다. 변화의 영향을 측정하는 데 한 달이

---

6 원래 커뮤니티 연결 스타트업인 네이버세이션(neighborsation, 현재 폐업함)에서 영감을 받았다.
7 좋은 지표를 이루는 조건에 대해서는 다양한 관점이 존재하며 일반적으로 받아들여지고 적용되는 정의는 없다. 여기에 언급한 것은 내가 중요하다고 생각하는 특징이다.

걸린다면(측정하는 데 1분밖에 들지 않더라도, 즉 측정 과정은 신속하게 진행되더라도) 제품을 배우고 개선하는 데 쓸 수 있는 29일을 낭비하는 것이다.

- **민감성:** 결과나 행동에 작은 변화가 일어나더라도 알 수 있어야 한다. 개발자의 언어로 이야기하자면 부동소수점 값은 유용하지만 불리언 값은 그렇지 않다.
- **저비용:** 여러 번 측정해도 비용이 많이 들지 않아야 한다. 그렇지 않으면 제품에 대한 개별 변경사항의 영향을 측정하는 것을 꺼리게 되고 제품을 개선하기가 어려워진다.[8]

꽤 많지 않은가? 그렇다. 하지만 그렇다고 해서 완벽한 지표에 집착해야 한다는 의미는 아니다. 우리가 정말 원하는 것은 필요한 조건이 충분히 충족되었는지 신속하게 확인하는 것이다. 주어진 결과 지표를 체크리스트라고 생각하고 이렇게 자문하라. 측정 시 의견이 분분하지 않을 만큼 충분히 구체적인가? 제품이 실제로 효과가 없는데, 효과가 있다고 착각하지 않을 만큼 충분히 신뢰할 만한가?

회사 중심 목표에 맞춰 작업하기

지금까지는 주로 사용자에게 초점을 맞춘 제품 개발 프로세스와 제품이 사용자에게 제공하는 가치에 대해 이야기했다. 하지만 회사들이 때때로 행동 변화에 대해 매우 다른 두 가지 접근법을 취한다는 것을 발견했다. 그 두 방식은 다음과 같다.

❶ 제품이 **사용자에게 어떤 혜택을 제공**할지에 초점을 맞추며 이는 결과적으로 회사의 수익에 도움이 된다.

❷ 제품이 **회사에 어떤 혜택을 제공**할지에 초점을 맞추며 이는 사용자에게 제공하는 가치를 바탕으로 이루어진다.

---

8 반복 측정 비용을 줄이려면 사전 투자가 필요할 수 있으며 여기에 드는 비용은 적지 않을 수 있다. 우리가 구축하고 싶은 것은 애플리케이션에 변화가 있을 때마다 적은 비용으로 쉽게 확인할 수 있는 데이터 수집 체계다. 예를 들어 설문조사 데이터를 처음에는 적은 비용으로 측정할 수 있지만 보통 반복할 때마다 같은 비용이 든다(그리고 375쪽의 '설문조사 말고' 어떻게 해서든 결과와 행동을 측정하는 방법을 파악하라'에서 논한 바와 같이 설문조사 데이터는 편향으로 가득 차 있다). 이상적인 상황이라면 우리는 인간의 개입이나 추가 비용 없이 원본 출처에서 자동으로 수집된 관리 데이터를 원할 것이다. 사람들에게 어디에 돈을 쓰는지 묻는 것은 설문조사다. 이들의 실제 신용카드 결제 내역은 행정적으로 수집되는 데이터다.

이 차이는 회사들이 행동 변화의 가치를 어떻게 평가하는지에 따라 달라지며 행동 자체와는 무관하다. 목표 행동은 제품 내부 또는 외부에서 발생할 수 있고 사회적으로 중요할 수도 그렇지 않을 수도 있는데 이런 점은 그다지 중요하지 않다.[9]

1번은 **사용자 중심 접근법**으로, 에이콘스Acorns[10]나 민트Mint[11]처럼 재무 건전성 개선을 목표로 삼은 회사가 취할 만한 방식이다. 이 경우 회사는 사용자가 주어진 목표를 달성하기 위해 합리적으로 취할 수 있는 행동을 찾아내야 한다. 2번은 **회사 중심 접근법**으로, 고객 갱신 늘리기처럼 순수하게 자사 이익에 집중하는 목표를 가진 회사가 취할 만한 방식이다. 하지만 이 목표를 달성하려면 사용자에게 실제 가치를 제공해야 한다. 이 접근법은 열정적인 자본주의자뿐 아니라 지원받을 사유를 보조금 지원 기관에 논리적으로 피력해야 하는 NGO도 사용한다. 사람들이 좋아하는 제품을 만드는 한 어떤 접근법을 사용하든 상관없다. 하지만 프로세스는 달라진다.

사용자 중심 접근법에서 행동 문제를 정의하는 프로세스는 다음과 같다.

> (사용자를 위한) 제품 비전 → 사용자 결과 → 행위자 → 행동

회사 중심 접근법에는 새로운 단계가 추가된다.

> (회사를 위한) 제품 비전 → **회사 목표** → 사용자 결과 → 행위자 → 행동

제품 비전은 **제품이 개발되는 이유**를 고차원적인 관점에서 설명하며 회사 목표는 회사가 그 제품을 통해 **회사 스스로 달성하고자 하는 바**를 나타낸다.

이전 섹션에서 사용자 중심 접근법의 예시를 강조했으니 이제 회사 중심 프로세스를 살펴보자(사용자 중심 접근법을 사용하는 독자라면 이 부분을 마음 편히 건너뛰어도 된다).

---

[9] 즉, 이 장에서 하는 구분은 서문에서 제품 내 행동에 영향을 미치는지, 아니면 외부 행동에 영향을 미치는지 보았던 것과는 구분이 다르다. 두 경우 모두 회사는 사용자를 위한 혜택이든, 회사를 위한 혜택이든 선택할 수 있다.
[10] 옮긴이_ 소액 투자를 전문으로 하는 미국의 금융 서비스 회사다.
[11] 옮긴이_ 북미 지역을 대상으로 개인 재무 관리 서비스를 제공하는 회사다.

비전을 명시하라

앞서 살펴봤던 바와 같이 정의 프로세스는 회사가 제품을 위해 정해둔 고차원적인 비전을 적는 것으로 시작한다. 하지만 이번에는 제품이 회사에 전반적으로 어떤 혜택을 제공하는지에 대한 비전을 제시해야 한다. 예를 들어 제품은 다음과 같은 역할을 해야 한다.

- 회사의 입지를 새로운 시장으로 확장한다.
- 수익을 늘린다.
- 새로운 프로젝트를 맡고 새로운 보조금을 지원받을 수 있도록 조직의 전문성과 능력을 보여준다.
- 조직에 대한 대중의 인식과 관심(또는 브랜드 명성)을 높인다.

회사의 목표를 명시하라

제품에 대한 회사의 비전을 염두에 두고 그 비전을 회사에 도움이 되는 더 구체적이고 측정할 수 있는 목표로 전환하라. 예컨대 이런 질문을 하라.

- 제품이 회사의 비전을 충족하는 데 성공했는지 실패했는지 어떻게 판단할 것인가? 성공을 어떻게 측정할 것인가?
- 제품으로 인해 회사가 달라졌다는 사실을 제3자가 어떻게 확인할 수 있는가? 고객 유지율 증가? 업셀링 upselling[12] 증가? 신규 고객 추천 증가?

회사의 목표가 내년 기술 기업 웰니스 프로그램 시장 점유율을 35%까지 높이는 것일 수 있다. 아니면 내년에 최소한 1백만 달러의 보조금 지원을 추가로 받는 것일 수 있다. 이러한 초기 회사 목표를 적어라.

초기 회사 목표를 담은 문장을 토대로 (이전 섹션에서 했듯이) 목표 달성의 주체, 시기, 장소, 내용을 질문하여 목표를 세밀하게 조정하라.

---

[12] 옮긴이_ 기존 고객이 더 높은 가격의 상위 버전 제품이나 서비스를 구매하도록 유도하여 매출을 늘리는 판매 전략이다.

사용자 결과를 정의하라

비즈니스를 구축하거나 자금 지원 기관에 자신의 전문성을 입증하는 것은 훌륭한 일이다. 그렇지만 유감스럽게도 사용자들은 이에 대해 아무 관심이 없을 것이다. 여러분은 사용자에게 가치를 제공해야 한다. 가치를 제공하지 못하면 비즈니스 목표를 달성할 수 없다.

그러니 재정적인(또는 기타 이기적인) 목표를 잠시 제쳐두고 제품이 사용자에게 어떤 의미가 있는지 생각해보자. 우리는 사용자가 관심을 가질 만한 제품이 발생시킬 수 있는 측정 가능한 변화를 정의하고자 한다.

이런 결과를 도출하는 데 도움이 될 몇 가지 질문을 소개한다.

- 제품이 무엇을 제공하는가? 사용자가 확인하고 측정할 핵심 가치 제안은 무엇인가?
- 사용자가 제품을 사용한 후에 세상에 어떤 변화가 생기는가?
- 사용자가 제품을 사용하고 시간이 지나 무언가를 보거나 듣거나 경험할 때 "아, 그 제품을 다시 사용해야 되겠군"이라고 생각하겠는가? (아쉽지만 제품 자체를 보고 떠올리는 것은 여기에 포함되지 않는다.)
- 사용자가 제품에서 최대의 가치를 얻었는지 어떻게 알 수 있는가?
- 회사의 브랜드 인지도가 높아지면 사용자가 어떤 **행동**을 하게 되는가?

예를 들어 내년에 기술 기업 웰니스 프로그램 시장 점유율 35%를 차지하겠다는 회사 목표를 생각해보자. 사용자가 얻을 수 있는 구체적인 결과의 예시는 어떤 것이 있을까? 앞서 플래시 앱 예시에서 확인한 것처럼 제품이 향후 6개월간 사용자의 병원 방문과 물리치료 횟수를 50% 줄여줄 수 있다. 아니면 제품이 사용자의 허리 사이즈를 두 치수 줄이도록 도와줄 수도 있다.

이전 섹션에서는 목표 결과를 명확히 하기 위한 규칙과 팁에 대해 이야기했다. 이런 규칙과 팁은 회사 중심 목표에도 모두 적용된다. 마음 상태를 언급하지 말고 결과를 측정할 수 있게 하며 의견 차이를 조기에 발견하고 아직은 제품이 이런 결과를 **어떻게** 달성할지를 세세히 따지지 마라.

간단한 체크리스트

요약하자면 사용자 중심 목표, 회사 중심 목표, 둘 다 고려한 좋은 결과는 다음과 같다.

- 결과는 제품이 성공했을 때 현실 세계에서 **달라지는 것**이다.
- 결과는 **실재**하는 것이어야 하며 사용자 머릿속에 있는 것이어서는 안 된다. 사용자의 머릿속에 있는 것은 회사가 진짜 신경 쓰는 대상, 즉 사용자의 지식이나 감정이 변해서 발생하는 실제 결과의 대체재일 뿐이다. 예를 들어 운동과 체중 유지의 중요성에 대한 지식이 아니라 BMI 낮추기, 체중 감량을 목표 결과로 삼아라.
- 결과는 **명확하게 측정**할 수 있어야 한다. 예를 들어 여러분의 제품이 '정부 부패 감소'를 목표로 한다고 가정해보자. 그렇다면 부패란 정확히 무엇이고 어떻게 측정하는가?
- 결과는 **성공의 신호**가 될 수 있어야 한다. "X가 발생하지 않았어도 제품은 여전히 성공일 거야…"라고 말할 수 있다면 X는 우리가 찾는 결과가 아니다.
- 결과는 **실패의 신호**가 될 수 있어야 한다. 결과를 보면 제품이 실패했다고 판단할 수 있는 그럴듯한 경우를 떠올릴 수 있어야 한다.

누가 행동을 취하는가?

회사의 비즈니스 목표와 시장 조사는 일반적으로 제품의 대상이 누구인지 명시한다. 사기업이라면 제품 구매자일 것이고 NGO, 정부 기관이라면 도와야 할 대상이 여기에 해당한다. 여기서 우리는 조금 더 깊게 파고들 필요가 있다. 제품의 대상이 누구인지 아는 데 그치지 말고 실제로 행동을 취하는 사람이 누구인지, 우리가 변화시키려 하는 행동의 주체가 누구인지 알아야 한다.

서비스를 제공받는 사람과 행동하는 사람이 같은 경우도 종종 있다. 즉, 사용자 = 행위자인 것이다. 하지만 항상 그런 것은 아니다. 사용자가 다른 사람에게 영향을 주어서 그 사람이 행동을 취하는 경우도 있다. B2B 판매(사용자와 구매자가 서로 다름)나 정책 입안자들에게 영향을 미쳐서 정책을 바꾸려 하는(예: 휘발유 비용 관련) 압력 단체의 웹사이트에서 흔하게 볼 수 있다. 이런 경우 정책이 변경되면 사회의 행동이 변해서 결과(예: 온실가스 배출 감소)를 유발한다.[13] 하지만 논의를 단순화하고 사람들에게 익숙한 언어를 사용하기 위해 여기에서는 사용자와 행위자가 동일하다고 가정하겠다.

나이, 성별, 지역, 인원수 등 목표 행위자를 가능한 한 구체적으로 적어라. 목표로 하지 않는 사람이 누구인지 적는 것도 도움이 된다(예: 스마트폰이 없는 사람, 부유한 사람, 국외 거주자).

십중팔구 일부 목표 행위자는 제품에 잘 맞지 않을 것이고 그들을 대상으로 삼으려다가 시간을 낭비할 가능성이 크다. 지금으로서는 더 조사해야 할 잠재적인 행위자를 알아내는 것이 목표다. 결국 그중 일부만 목표 행위자가 될 수 있다.

누구에게 서비스를 제공할지 누가 행동을 취해야 하는지 회사가 전혀 모른다면 기본으로 돌아가라. 행동을 변화시키는 제품은 다른 모든 제품과 마찬가지로 사용자의 요구를 충족시켜야 한다. 제품은 사용자가 제품에 관심을 보여야만 이들의 행동을 바꿀 수 있다. 충족되지 않은 사용자의 요구를 파악하려면 전통적인 시장 조사나 (비행동적인) 제품 발견 프로세스가 필요하다. 이런 내용은 이 책의 범위를 벗어나므로 이제부터 이미 목표 사용자를 파악했다고 가정하겠다.

행동에 대한 초기 아이디어를 기록하라

지금까지는 행위자가 결과를 달성할 방법을 의도적으로 언급하지 않았다. 특정한 방법을 가정하지 않고 결과를 분리해서 명확히 생각하기 위해 그렇게 한 것이다. 하지만 당연히 사용자가 취해야 할 행동에 대한 아이디어가 있을 것이다. 그 아이디어를 기록해야 한다. 반드시 정확할 필요는 없지만 기록해두면 아이디어를 더 잘 평가하고 다듬을 수 있다.

---

[13] 이 점을 지적해준 포럼원(ForumOne) 분들에게 감사한다.

행동을 정의하려면 무엇을 해야 할까? 나는 다음 문장의 두 빈칸을 채우면 된다고 생각한다.

우리 제품은 사용자가 [어떤 행동]을 [시작/정지]하도록 돕는다.

대부분의 회사, 특히 출시된 기존 제품이 있는 회사에서는 사용자 행동의 범위가 비즈니스 모델, 제품 전략, 내부 문화에 의해 엄격히 제한된다. 예를 들어 헬로월릿에서는 다양한 사용자에게 적합하고, 기존 제품이 잘 다루지 못하며, 회사의 사명에 부합하는 행동을 찾았다. 따라서 구직 도구, 담보대출 검색 서비스, 순수한 리드 생성 도구는 제외되었다. 다음으로 "행동으로 목표 결과를 어떻게 이끌어낼까?"라고 구체적으로 물어라. 행동은 직접적이고 명확하게 목표 결과를 유발해야 한다. 현재 행동이 그렇게 하지 못한다면 결과를 이끌어내는 다른 후속 행동이나 결과를 이끌어내는 데 필요하지만 누락된 부분이 있는지 찾아라. 만약, 그렇다면 그쪽에 집중하라. 결과를 직접적으로 지지하는 행동을 목표로 삼아야 한다.

예를 들어 커뮤니티 자원봉사를 활성화하고 싶은 상황이라고 가정해보자. '커뮤니티 참여의 중요성에 관한 세미나 참석'이라는 행동은 사람들의 커뮤니티 활동 참여를 유도할 수 있다. 단, 행동(세미나 참석)과 결과(커뮤니티 구성원의 자원봉사) 사이의 직접적인 연결은 조금 약한 편이다. 목표 행위자가 관심을 보이지 않는다면 어떻게 될까? 과거에 배우자가 억지로 이런 행사에 참석하라고 강요한 적이 있다면? 더 직접적이고 나은 행동은 '지역 무료 급식소 자원봉사'다. 이것이 세미나의 진짜 목적이며 우리가 신경 쓰는 결과와 직접적으로 관련이 있다. 세미나는 도중에 쓸 수 있는 유용한 전술이지만 목표한 행동 자체는 아니고 행동을 지원하는 전술에 불과하다.

행동을 명확히 하라

회사의 목표 결과를 명확히 했던 것처럼 행동도 명확하고 구체적으로 정의해야 한다. 누군가가 취할 수 있는 물리적이고 측정 가능한 행동이어야 한다. 교육 자료 읽기처럼 사람들의 정신 상태에만 영향을 미치는 행동은 피하고 사람들이 새로운 교육을 받은 후 실제로 어떤 행동을 하여 결과를 달성하는지 더 깊이 파고들어라.

다음 예시를 살펴보자.

- **추구하는 결과:** 사람들이 폐 질환에 걸리지 않는다.
- **모호한 행동:** 사용자가 흡연을 피한다(흡연을 줄인다는 뜻인가? 아니면 완전히 끊는다는 뜻인가?).
- **결과에서 동떨어진 행동:** 사용자가 흡연의 위험성에 대한 세미나에 참석한다(좋다. 하지만 우리가 신경 쓰는 것이 참석 여부인가? 아니면 실제 금연 여부인가?).
- **명확한 행동:** 사용자가 담배를 전혀 구매하지 않는다.

사용자가 담배를 사지 않도록 제품이 정확히 어떻게 도울 것인지 행동에 명시되어 있지 않다는 점을 알아챘을 것이다. 담배 가게를 피하게 하거나 니코틴 패치로 흡연 욕구를 줄이는 방법을 사용할 수 있을 것이다.

목표 결과와 마찬가지로 목표 행동도 확정된 것이 아니다. 목표 행동을 명확히 정의한 후 제품에 반영해서 명확하게 측정할 수 있어야 한다. 이런 정의와 측정은 제품을 섬세하게 조정하는 데 도움이 된다. 또한 필요할 때 목표 행동 자체를 재검토하고 수정하는 데에도 도움이 된다.

행동을 위한 지표

결과가 그랬듯이 목표 행동도 사람들이 실제로 행동을 취했는지 평가하는 구체적인 지표로 변환해야 한다. 행동 지표는 사용자가 목표 행동을 했는지, 했다면 어떤 수준으로 했는지 알려주며 목표 행동은 원하는 결과를 유도하는 역할을 한다. 원하는 결과가 특정 수준의 체중 감량이고 목표 행동이 운동이라면 예시 지표는 '사용자가 얼마나 자주, 어느 정도 운동하느냐'가 될 것이다. 좋은 행동 지표는 결과 지표와 마찬가지로 정확성, 신뢰성, 신속성, 반응성 등의 기준을 충족해야 한다.

행동 지표는 **무엇**을 측정할지, **어떻게** 측정할지, **얼마나 오랫동안** 측정할지를 규정한다. 예를 들어 특정 제품의 구매 행동을 정의하는 한 가지 방법은 30일간 제품 판매와 구독을 통해 소비한 금액을 측정하는 것이다(확정되지 않은 미래의 약속은 제외된다).

또한 지표는 구체적이어야 한다. 시간의 경과에 따라 값이 변하는 경우 구체적인 정의가 있으면 이런 변화가 제품 때문인지 확인하는 데 도움이 되기 때문이다. 정의가 명확하지 않으면 해석이나 측정 방법의 변화로 인해 데이터가 변할 수 있다.

행동 지표의 두 가지 예시를 들어보겠다.

행동: '사용자가 운동한다'

- 나쁜 지표: 사용자 운동 = 사용자가 매일 보고하는 운동량으로 확인한다. 이는 나쁜 지표다. (a) 타이머, 심박수 모니터 등 기타 추적 도구가 없는 사용자는 운동 강도를 정확히 알 수 없고 (b) 사용자가 진실을 왜곡할 수 있기 때문이다.
- 좋은 지표: 사용자 운동 = 매일 심박수 모니터가 자동으로 추적하는 사용자의 운동 시간과 강도다.

행동: '사용자가 새로운 언어를 공부한다'

- 나쁜 지표: 사용자 공부 = 장문의 필기시험을 통해 이루어지는 전문적인 언어 능력 평가를 치르게 한다. 이 지표는 의도된 **결과**에 초점을 맞춘다는 면에서 문제가 있다. 우리가 의도된 결과를 유발할 것이라 가정한 **활동**이 옳든 그르든, 그 활동을 측정해야 한다. 또한 측정하는 데 오랜 시간이 걸리고 (사용자를 번거롭게 하지 않는 한) 자주 측정하는 것이 불가능하다.
- 좋은 지표: 사용자 공부 = 애플리케이션을 사용한 시간이나 최소한의 정확도를 유지하며 완료한 연습문제 개수다.

행동 지표를 만들면 명확한 트레이드오프가 있다. 정확한 지표는 데이터 수집에 오랜 시간이 걸릴 수 있고 비용이 적게 드는 지표는 신뢰성이 떨어질 수 있다. 다시 말하지만 여기에 집착할 필요는 없다. 우리가 원하는 것은 문제가 있을 때 빠르게 발견할 수 있을 정도의 민감성, 팀을 혼란에 빠뜨리지 않을 정도의 정확성을 갖춘 행동 지표다.

'최소 실행 가능 행동'을 찾아라

최소 실행 가능 행동$^{minimum\ viable\ action}$(MVA)이란 목표 행동의 가장 짧고 간단한 버전으로, 제품 아이디어가 효과적인지(그리고 제품이 기대되는 영향을 내는지) 테스트하기 위해 사용자가 반드시 수행해야 하는 행동을 가리킨다.[14] 이는 린 스타트업의 최소 기능 제품$^{minimum\ viable\ product}$(MVP) 개념을 기반으로 한다. 최소 기능 제품이란 제품이 현장에서 배포되고 테스트될 수 있게 해주는 가장 적은 기능 집합을 의미한다.

최소 실행 가능 행동은 어떻게 찾을까? 자신이 제안한 행동을 검토해보라. 처음에 자연스럽게 떠오른 생각을 줄여가다 보면 최소 실행 가능 행동에 도달할 수 있다. 처음에 떠올린 아이디어에서 필요한 부분만 남을 때까지 줄이는 것이다.

1. 반복 행동을 일회성 행동으로 줄여라

반복 행동을 요청하기 전에 일회성 행동부터 지원하는 것이 좋다. 다른 모든 조건이 똑같다면 반복 행동보다 일회성 행동이 사용자가 수행하기에도 쉽고 엔지니어링 팀이 만들기도 쉽다. 일회성 행동으로도 해당 소프트웨어가 원하는 행동을 지원하는지 소중한 통찰을 얻을 수 있다. 예를 들어 사람들이 매주 2회 3km를 달리게 하여 체중을 감량하도록 돕고 싶다면 정기적인 루틴을 바꾸기 전에 그들이 달리기나 조깅을 한 번이라도 하는지부터 확인하라.

2. 큰 행동을 더 단순한 행동으로 줄여라

처음에는 목표 결과를 달성하지 못하더라도 행동을 더 작고 짧지만 근본적으로 같은 기본 작업으로 줄일 수 있다면 줄여라. 목표는 최소 실행 가능 제품처럼 핵심 전제를 테스트하는 것이다(즉, 사람들에게 자주 달리라고 요청하기보다 그룹 조깅을 시작할 수 있는지부터 확인하는 것이다).

---

[14] B. J. 포그는 습관에 관해 그의 신간 『습관의 디테일』(흐름출판, 2020)에서 비슷한 아이디어를 표현했다.

3. 일련의 단계 중 특정 단계를 완전히 제거하라

행동에서 위험도가 높고 가장 불확실한 측면(예: 새로운 장소에서 혼자 달리는 것에 대한 불안감)을 찾아내서 목표 행동에서 완전히 제거하거나(예: 직장에서 동료들과 함께 달리기) 위험도가 낮은 측면을 개발하기 전에 위험도가 높은 측면을 먼저 현장에서 테스트할 수 있겠는가? 또는 있으면 좋지만 필수적이지 않은 단계를 제거할 수 있는가?

나는 사람들이 행동을 변화시키려 할 때 최소 실행 가능 행동을 자연스럽게 떠올리지 않는다는 것을 깨달았다. 우리는 큰 그림을 그리는 것을 좋아한다. 그래도 괜찮다. 큰 비전을 먼저 표현하는 것이 유용하고 좋고 가장 자연스럽다(즉, 가장 쉽다). 이런 큰 그림은 제품을 개발하는 동안 다시 돌아가서 참고할 수 있는 청사진을 제공한다.

하지만 큰 행동 변화 아이디어를 계획하다가 사용자가 마주할 고충을 떠올리고 현실을 깨닫는다. 사용자가 해야 할 일이 많을수록 사용자가 실행할 가능성이 낮아진다(단, 뒷부분에서 다룰 일부 중요한 예외가 존재한다). 그래서 최소 실행 가능 행동이 필요한 것이다.

사용자의 스페인어 학습을 돕는 예를 들어서 설명해보겠다. 이럴 때 목표로 삼을 수 있는 행동은 다음과 같다.

- 온라인 교육 과정을 완료한다.
- 스페인에서 몇 주간 머물며 스페인어에 몰두한다.
- 집안의 모든 물건에 스페인어 이름표를 붙인다.

이보다 단순한 최소 실행 가능 행동을 활용하면 접근법의 핵심 가정과 영향력을 빠르게 확인할 수 있다.

- 온라인 교육 과정의 한 모듈을 완료한다.
- 스페인어로만 대화하는 스페인어 대화 파트너를 구한다.
- 매일 사용하는 몇 가지 물건에 스페인어로 이름표를 붙인다.

좋다. 이제 우리에게는 사용자가 취할 수 있는 행동에 대해 몇 가지 아이디어가 생겼다. 다음 장에서는 사용자가 정확히 누구인지, 이들이 실제로 이런 행동을 취할 수 있는지 더 자세히 살펴보겠다.

행동 변화를 위한 가설

이제 제품을 만들기 전에 제품의 성공과 실패를 정의하는 데 필요한 모든 것을 갖추었다. 제품을 누구에게 제공해야 하는지 알고 있다. 행동이 현실 세계에서 어떤 결과를 초래해야 하는지 알고 있다. 물론, 모든 세부사항을 알고 있는 것은 아니지만 그래도 괜찮다. 이 단계에 필요한 대략적인 개요는 갖췄다.

제품이 누구를 위해 어떤 역할을 해야 하는지를 한 문장으로 작성하라. 예를 들어보겠다.

> 우리 제품은 앉아서 일하는 시간이 과도하게 긴 화이트칼라 사무직 노동자(행위자)가 체육관에 가도록(행동) 도와서 이들의 허리와 목의 통증을 줄이고 병원 방문 횟수, 물리치료 횟수를 50% 줄인다(결과).

다른 책에서도 언급한 바와 같이 우리는 이를 행동 변화를 위한 가설로 생각할 수 있다.[15] 일반적인 형식은 다음과 같다.

> 우리는 [행위자]가 [어떤 행동]을 [시작/중단]하도록 도와서 [결과]를 달성한다.

이는 결과-행동-행위자를 구조화하는 좋은 방법이며 우리가 계획한 모든 것이 계획에 불과하다는 것을 상기시켜준다. 이는 현실 세계에 대한 가정으로 가득 차 있다. 이를 가설이라고 부르는 이유는(실제 그렇기 때문이지만) 우리가 올바른 방향으로 가고 있는지, 바라는 효

---

[15] 이 아이디어를 내게 처음 소개해준 라제쉬 네를리카르에게 감사한다. 맷 월터트도 『기획에서 마케팅까지 끝에서 시작하라』(김영사, 2019)에서 비슷한 아이디어를 언급했다.

과를 얻을 수 있을지 확인하기 위해 이를 테스트해야 한다는 사실을 기억하게 해주기 때문이다.

이제 사용자가 이룰 수 있는 행동 변화에 대한 유저 리서치, 제품을 차별화하고 판매할 방법에 대한 시장 조사를 통해 제안한 제품과 그 제품이 비즈니스에 미치는 영향에 대한 구체적인 내용을 추가할 수 있어야 한다. 예를 들면 이러하다.

> 이 제품은 도시 지역 기술 기업의 25~35세 사무직 직원들이(행위자) 주 2회 체육관에 가서 최소 30분 운동하도록(행동) 도와서 향후 6개월간 제품을 사용하지 않았을 경우와 비교하여 허리와 목 통증으로 인한 병원 방문 횟수와 물리치료 횟수를 50% 줄이도록 할 것이다(결과). 성공하면 회사의 수익이 현재의 2배가 될 것이다(회사 목표).

이 문장은 다음과 같은 의미를 담고 있다. 이런 일이 일어나면 제품은 성공한 것이다. 그렇지 않다면 (전체적 또는 부분적으로) 실패한 것이다. 나중에 이 문장을 지표로 변환하여 제품이 실제로 목표 달성에 성공했는지 실패했는지 판단할 것이다.

우리의 목표는 제품이 실제로 어떻게 작동할지 미래를 예측할 수 있다는 착각에 빠져 거짓된 안정감을 만드는 것이 아니다. 이러한 결과, 행위자, 행동의 정의에는 많은 가정이 포함되어 있다. 우리가 바라는 것은 이런 가정을 이끌어내어 명시적으로 테스트하고 이를 통해 얻은 교훈에 따라 수정해나가는 것이다. 이런 가정을 문서화하면 사전 검시pre-mortem, 생각의 모자 검토thinking-hat review 등의 방법을 통해[16] 가정을 검토하고 개선할 수 있다. 아마도 가장 중요한 점은 우리가 빠르게 실패해서 사내 핵심 이해 관계자가 제품을 만들기에 앞서 같은 이해 기반을 갖추고 있는지 확인하는 데 도움이 된다는 점이다. 만약, 이해가 일치하지 않는다면 그 부분을 바로잡아야 한다.

---

[16] 사전 검시에 대해서는 클라인의 글을 참조하라(Klein 2007). 이를 알려준 폴 애덤스에게 감사한다. 생각의 모자에 대해서는 드 보노의 저작을 참조하라(De Bono 2006). 의사결정이나 프로세스에서 가정과 질문을 도출하는 가정 매핑 기법도 많다. 부스(Booth 2019, https://oreil.ly/OPNxs)의 글에 논의된 바와 같이 쇼피파이에서는 가정 슬램(assumption-slam)이라고 명명한 재미있는 기법을 활용한다. 이점을 알려준 앤 마리 레제에게 감사한다.

성공과 실패를 미리 정의한다고 해서 나중에 목표를 변경할 수 없다는 뜻은 아니다. 시장, 제품, 회사의 다른 기회에 대해 더 알게 될수록 '충분히 좋은' 것에 대한 이해는 변할 것이다. 다만 팀 구성원들이 변경사항에 대해 알고 그 이유를 이해하게 해야 한다. 목표가 자주 바뀌는 것을 좋아하는 사람은 없다. 특히 일하던 도중에 설명 없이 업무가 어려워지거나(기준 높이기) 실패를 용인하는 것처럼 보인다면(기준 낮추기) 더욱 그렇다.

다양한 도메인 예시

원하는 결과와 목표 행동은 다소 추상적일 수 있다. 사용자 행동에 영향을 줄 수 있는 제품의 범위가 엄청나게 넓다는 사실을 고려할 때 특히 그렇다. 그러니 몇 가지 구체적인 예시를 살펴보자(표 6-1, 표 6-2). 사용자 중심 제품과 회사 중심 제품의 접근법이 다르므로 표를 2개로 나누었다. 두 가지 표를 통해 모두 예시 제품인 플래시 달리기 앱을 통해 각각의 경우 분석이 어떻게 진행되는지 보여주겠다.

표 6-1 사용자 중심 예시

구분	예시 1	예시 2	예시 3
제품	플래시, 운동 앱	재무 건전성 앱(에이콘스)	금연
비전	사람들이 자신의 건강을 관리하도록 돕는다.	재무 관련 가이드를 폭넓게 제공한다.	흡연자가 금연하도록 도와서 암을 예방한다.
결과	허리와 목의 통증을 줄인다(병원 방문, 물리치료 횟수 줄이기).	미국인들이 충분한 비상 자금을 저축하게 한다.	흡연자가 금연한다.
행위자	기술 기업의 사무직 직원	샌프란시스코의 긱 경제gig economy 노동자[17]	금연하고 싶어서 니코틴 패치를 시도했다가 실패한 장기 흡연자
행동	주 2회, 체육관에 가서 최소 30분간 운동한다.	매달 사용자는 저축 계좌로 자동이체한다.	흡연자는 전자담배로 전환하여 총 니코틴 섭취를 50% 줄인다.

---

[17] 옮긴이_ 노동자가 단기 계약직이나 프리랜서 형태로 일하는 경제 활동을 의미하며, 주로 운송업, 배달업, 그리고 프리랜서 직종에서 많이 볼 수 있다.

표 6-2 회사 중심 예시

메커니즘	예시 1	예시 2	예시 3
제품	플래시, 운동 앱	식료품점 웹사이트	음주 측정기
비전	인접한 웰니스 시장으로 진출한다.	고급 식료품 구매자 시장으로 사업을 확장한다.	회사의 음주 측정기를 전국 자동차 표준으로 만든다.
회사 목표	기업용 웰니스 프로그램 고객으로부터 수익을 늘린다.	고급 식료품 구매자 수를 2배로 늘린다.	새롭게 진출한 3개 주에서 시장 점유율 25%를 달성한다.
사용자 결과/사용자 요구	허리와 목의 통증을 줄인다(병원 방문, 물리치료 횟수 줄이기).	건강한 음식 조리법을 배운다.	음주 운전으로 인한 사고와 단속 적발을 방지한다.
행위자	기술 기업 사무직 직원	외곽에서 통근하는 고소득층 덴버 시민	목표로 삼은 주에서 과거에 음주 운전으로 인한 면허 정지, 단속 적발, 사고를 경험한 적 있는 운전자
행동	주 2회, 체육관에 가서 최소 30분간 운동한다.	사용자가 식료품점 웹사이트에서 무료 요리 수업을 받는다.	과음 후 시동을 걸기 전에 회사의 음주 측정기를 사용해서 음주 운전 귀가 횟수를 75% 줄인다.

알림: 행동!= 결과

최선의 노력을 기울이더라도 결과와 행동 사이에 깊은 간극이 남을 수 있다(사용자가 다른 계좌로 다시 이체해서 써버릴 수도 있는 경우). 저축 계좌로 적은 금액을 이체하는 것이 미국의 광범위한 비상 저축 부족 문제를 진짜로 해결할 수 있을까? 답하기 어렵다. 이 장의 목적은 제품 개발 프로세스를 위한 명확한 방향을 제공하고, 숨겨진 가정을 밝히며, 때로는 방향을 바꾸어 다른 접근법이나 행동을 목표로 삼아야 하는지를 정하도록 하는 것이었다.

사실상 중요한 결과가 사용자의 행동일 때도 있다. 첫 번째 예에서는 '사용자 운동'이 결과이자 행동일 수 있다. 이는 행동 자체가 운동처럼 현실 세계의 명확한 결과일 때 가능하다. 하지만 대부분의 경우 회사들이 이 두 개념을 동일시하는 것은 피해야 한다고 주장한다. 그러면 해당 행동이 중요한 이유에 대한 가설이 감춰지고 잠재적으로 잘못된 행동을 선택하게 만들기 때문이다.

실천하기

이 장에서는 DECIDE 프로세스를 소개하며 맨 처음으로 문제 정의하기를 중점적으로 다뤘다. 특히 달성하려고 하는 결과, 그 결과를 필요로 하는 대상, 그리고 이를 실현하기 위한 초기 아이디어(행동)에 초점을 맞추었다. 이제 핵심 교훈을 요약하고 워크북을 사용하는 방법에 대해 설명하겠다.

여러분이 해야 할 일

- 제품이 달성해야 하는 현실 세계의 결과를 정의하라. 마음 상태를 언급하기보다는 제품의 성패를 정의하는, 측정할 수 있는 결과에 초점을 맞춰라.
- 수익 증가 같은 회사의 목표를 사용자가 실제로 신경 쓰는 현실 세계 결과로 변환하라.

문제의 징후

- 제품의 의도된 결과에 대해 회사 내부에서 합의에 이르지 못할 때다.
- 회사가 원하는 것에만 치중하고 사용자가 신경 쓰는 것을 제공하지 않을 때다.

결과물

- 행동 프로젝트 요약: 명확하게 정의한 결과, 명확하게 정의한 목표 집단(행위자), 행위자가 취할 행동에 대한 초기 아이디어에 해당한다. 이 모든 것을 한데 모아 **행동 변화를 위한 가설**을 구성한다.

기법에 대한 학습만으로 충분하지 않을 때가 있다. 이 책 초판의 독자가 직면했던 가장 큰 장애물은 아마도 행동으로 정확히 어떻게 옮겨야 하는지가 명확하지 않아서 책에서 배운 내용을 최대한 활용하지 못한다는 점이었을 것이다.

그래서 프로세스를 구현하며 문제 정의하기를 비롯해 DECIDE 프로세스의 각 단계를 시도해볼 수 있는 연습문제를 준비했다. 모든 연습문제(워크시트)에서는 이 장의 앞부분에 소개된 플래시 앱을 일관된 예시로 활용할 것이다. 이 예시에서 여러분의 회사는 고용주들에게 웰니스 소프트웨어를 제공하고 고용주들은 이를 직원들에게 제공한다. 여러분은 사람들이 운동하도록 돕는 모바일 웰니스 앱을 개발하는 중이다. 이는 회사의 신제품이 될 것이며 여러분은 해당 프로젝트를 막 시작한 상태다.

워크시트: 행동 프로젝트 요약

- **목표:** 신제품의 목적, 즉 목표로 삼아야 하는 결과, 행동, 행위자를 이해하고 설명한다.

- **프로젝트:** 플래시 앱

    ☑ 새로운 제품이나 기능, 커뮤니케이션인가?
    ☐ 기존 제품이나 기능, 커뮤니케이션을 수정하는 중인가?

- **비전:** 행동을 변화시킬 싶은 이유와 이 제품이 활용될 방식을 간략히 설명하라.

  ≫ 모든 연습문제(워크시트)에서는 이 장의 앞부분에 소개된 플래시 앱을 일관된 예시로 활용할 것이다.

- **결과:** 제품을 통해 달성하려는 목표는 무엇인가? 회사의 목표뿐만 아니라 사용자가 인식하고 가치 있게 여기는 현실 세계의 측정 가능한 변화도 고려하라. 그다음 팀이 제품의 성과를 평가할 때 사용할 수 있는 대략적인 지표를 구체화하고 성공을 어떻게 수치로 나타낼지 정의하라.

    회사 목표: 기업용 웰니스 프로그램 고객으로부터 얻는 수익 증가
    현실 세계 결과: 통증 감소(허리, 목 등)
    성과 지표: 병원 방문, 물리치료 횟수
    성공 정의: 병원 방문, 물리치료 횟수 50% 줄이기

- **행위자:** 결과를 낼 특정 사용자(또는 제품과 관련된 사람)는 누구인가? 누가 행위자인가?

  ≫ 주로 앉아서 생활하는 사무직 노동자

- **행동:** 행위자가 결과를 달성하기 위해 시작하거나 중단해야 하는 행동은 무엇인가?

  ≫ 이는 초기 아이디어다. 나중에 다듬을 것이다.

무엇이 행동인가?

  ≫ 주 2회 체육관 출석

- **행동 변화를 위한 가설:** 또한 이 정보를 명시적인 가설로 작성하여 팀에게 무엇도 확정되지 않았다는 것을 상기시키고 제품을 통해 해당 가설을 실제로 테스트해야 한다.

  [행위자] 주로 앉아서 생활하는 사무직 노동자를 도와서 [행동] 주 2회 체육관에 가서 세션당 30분 운동을 ☑ 시작 ☐ 중단하게 한다. [결과] 6개월에 걸쳐 통증을 줄이고 병원 방문과 물리치료 횟수를 50% 줄이기를 달성할 것이다.

CHAPTER 07
맥락을 탐색하라

> 클로버 헬스의 행동 과학 팀의 사례는 정성적, 정량적 연구를 결합하여 사용자 생활의 맥락을 어떻게 탐색할 수 있는지 보여준다. 이들은 설문조사 데이터를 통해 일부 회원이 필요한 치료를 받는 데 어려움을 겪고 있다는 것을 알았다. 그래서 근본적인 원인을 밝히는 작업에 착수했다.[1]
>
> 행동 과학 팀은 고객과 대화를 나누고 데이터를 확인한 후 특히 저소득층 지역 주민이 양질의 치료를 받지 못하고 있다는 사실을 발견했다. 그래서 가설을 세웠다. 접근성 문제를 일으키는 근본 원인이 저소득층 지역의 수준 낮은 의사들이 많아서일까?
>
> 그러나 데이터를 통해 이 가설은 사실이 아니라는 것이 드러났다. 저소득층 지역에는 수준 높은 의사들이 있었고 그 지역 클로버 헬스 회원들에게 서비스를 제공하기에 충분한 수였다. 단지 회원들이 그런 의사를 찾지 못하는 것이었다. 그 원인이 무엇이었을까?

---

1   이 사례 연구는 맷 월러트와의 인터뷰와 후속 이메일 교환을 기반으로 한다.

> 행동 과학 팀은 회원들을 인터뷰하면서 접근성이 아니라 학습된 행동이 문제라는 것을 알게 되었다. 많은 회원이 평생 의료적 인종차별에 시달린 탓에 좋은 의사가 있다는 것을 더 이상 믿지 않았고 그래서 좋은 의사를 찾으려 하지 않았다. 과거에 직면했던 불평등이 현재에도 이어진 것이다. 이들은 자기 충족적인 예언으로 인해 지속적인 불평등을 벗어나지 못하고 있었다. 이들은 아무 의사에게 진료를 받았다. 우연히 좋은 의사를 만난다면 좋은 치료를 받았다. 하지만 나쁜 의사를 만나더라도 이를 부당한 시스템의 탓으로 돌리며 계속 같은 의사에게 진료를 받았다.
>
> 이렇게 사람들 생활의 맥락에 대한 이해를 바탕으로 행동 과학 팀은 다양한 개입을 개발했다. 해당 지역 내 좋은 의사들이 표시된 지도를 제공하고, 회원들에게 직접 연락하여, 지역에 있는 더 나은 의사를 소개했다.[2] 그 결과, 목표로 삼은 회원의 80% 이상이 수준 높고 공정한 치료를 받을 수 있게 되었다.

사람마다 루틴, 경험, 세상에 반응하는 방식이 다르다. 행동 변화를 위해 디자인하려면 이렇게 복잡한 루틴, 경험, 반응의 지형을 기반으로 사용자에게 맞는 올바른 행동을 찾아야 한다. 행동은 반드시 목표를 달성하는 효과를 내야 한다. 그리고 동시에 사용자 요구와 제품을 만드는 회사 요구 사이에서 균형을 찾아서 수익을 내고 디자인과 엔지니어링 자원을 비용 대비 효과적으로 사용해야 한다.

6장에서는 회사가 제품을 통해 달성해야 하는 것(허리와 목 통증 감소 같은 **목표 결과**)을 명확히 하고 사용자가 이를 실현하기 위해 취할 수 있는 잠재적인 행동(체육관 출석, 다이어트 등)을 식별했다. 이러한 단계는 **우리**가 성취하고자 하는 것을 식별하는 데 도움이 된다. 사람들이 우리의 계획대로 행동하도록 강제할 수 있다면 좋겠지만, 현실은 그렇지 않다.

이제 우리가 세운 가정과 목표를 실제 사용자와 마주하여 검증할 차례다. 우리는 결과, 행위자, 행동을 회사와 사용자의 요구에 맞춰서 평가할 것이다. 그 과정에서 제품 디자인을 위해 목표 사용자에 대한 필수 정보도 수집할 것이다. 최종 결과는 문제에 대한 정의로, 특히 목표로 하는 **행동**과 그 행동이 현재 일어나지 않는 이유에 대한 **진단**이 포함될 것이다.

---

2 이들은 자가 보고한 환자 만족도, 환자 결과, 비용, 이용 가능성의 조합으로 의사의 수준을 평가했다.

이 과정은 다음과 같이 진행된다.

1. 사용자에 대해 알아보고 이들이 목표 결과와 행동에 대해 어떻게 느끼는지 파악한다.
2. 사용자가 취할 수 있는 다른 행동에 대한 목록을 만든다.
3. 행동 목록을 평가하고 가장 좋은 행동을 선택한다.
4. 큰 행동을 일련의 세부 단계로 표현한다.
5. 행동이 현재 일어나지 않는 이유를 진단한다.

사용자에 대해 무엇을 알고 있는가?

서비스를 제대로 받지 못하고 있는 환자들과 의료적 인종 차별에 대한 클로버 헬스의 사례는 사용자에 대해 배우는 것이 얼마나 중요한지 보여준다. 이들의 실제 생활, 환경, 욕구, 관심사, 특히 여러분이 변화시키고자 하는 행동과 맺고 있는 관계에 대해 배우는 것이 중요하다. 데이터를 정성적, 정량적으로 수집하여 목표에 더 잘 맞도록 개입을 수정하고 사용자의 삶에 맞는 현실적인 해결책을 찾아야 한다.

사용자들은 일상 생활에서 어떻게 행동할까?

우선 사용자가 어디에서 시작하는지 파악해야 한다. 특히 이들이 현재 무엇을 하고 있는지 알아야 한다.

과거 마이크로타깃러microtargeter(많은 개인에 대한 데이터를 분석하여 행동을 취할 가능성이 높은 사람과 무엇이 그들의 마음을 끌지 식별하는 직군)로 일하며 경험한 한 가지 예를 들겠다. 회사 고객 중에는 압력 단체가 있었는데 혹시 모를 소송을 피하기 위해 여기에서는 이 단체를 액트모어ActMore라 부르겠다. 액트모어는 환경 관련 NGO였으며 이들은 뜻이 비슷한 환경운동가들이 모여 있는 액트모어 커뮤니티 회원들이 더 열심히 활동하도록 돕고 싶어 했다.

이들의 이메일 목록, 뉴스레터 등록자 중에는 더 많은 활동을 하고 싶어 하지만 아직 실제로 참여해본 적은 없는 사람이 많았다. 우선 액트모어에 필요한 것은 나이, 지역, 소득 수준, 인종, 성별, 정치적 관심사 등 기본적인 정보였다. 우리 회사는 단체가 이미 가지고 있는 데이터를 활용해서 대부분의 기본 정보를 채웠다. 그 정보를 사용해서 이들의 관심을 끌 내용을 타기팅하고 웹사이트에 대한 지침을 제공할 수 있었다.

이런 분석은 모두 표준적인 것이며 이렇게 기본적인 분석 과정은 제품 개발이나 시장 기회 평가에 관한 책에서 잘 다루고 있다(액트모어 사례는 정치적 지지와 관련된 책에서도 다룰 것이다). 그다음 우리는 행동에 집중하는 더 흥미로운 부분으로 넘어갔다. 우리는 액트모어에서 여는 지구의 날 집회 같은 특정 행사에 회원들이 어느 정도의 관심을 보일지 파악하고 싶었다. 특히 회원 중에서 집회 참석 요청에 다르게 반응하는 그룹을 찾고 있었다. 그래서 각 그룹의 배경과 경험 수준을 고려해 맞춤형으로 접근했다. 우리가 제작 중이던 제품은 봉사활동 캠페인과 관련 웹사이트였다(전화 걸기 작업도 포함되었던 것으로 기억한다). 그래서 우리는 회원들에 관해 얻을 수 있는 데이터를 파고들어서 제품이 서비스를 제공할 대상이 누구인지 파악하기 시작했다.

액트모어를 비롯한 다른 단체들과 함께 일하면서 행동 변화 측면에서 사용자 기반을 이해하는 데 가장 유의미했던 질문은 다음과 같다.

해당 행동에 대한 이전 경험

사용자들이 목표 행동을 취했던 경험이 있는가? (액트모어의 경우라면 이들이 이와 비슷한 다른 집회에 참여한 적이 있는가?) 이들이 이 행동에 대해 어떻게 생각하는가? 강력한 감정적 연관 관계가 이미 형성되어 있는 행동인가? 아니면 처음 해보는 행동인가? 새로운 행동을 시작하는 것보다 기존 행동을 늘리는 것이 훨씬 더 쉽다. 목표와 관련된 기존 습관이 특히 중요하다.

비슷한 제품과 채널에 대한 이전 경험

제품이 이메일과 웹사이트를 이용하는 경우, 컴퓨터에 정기적으로 접근하는(그리고 사용 방법을 아는) 사용자와 그렇지 않은 사용자가 있는가?

회사나 조직과의 관계

단도직입적으로 사용자가 여러분을 신뢰하는가? 이미 여러분을 알고 좋아하는 사람이 아니라 신뢰하지 않는 사람을 대상으로 한다면 설득하기가 더 어렵고 접근하는 방식도 달라져야 할 것이다.

기존 동기

제품이 제공하는 기능과 별개로 사용자가 그 결과를 달성하려는 이유는 무엇인가? 즉, 회사가 활용할 수 있는 동기가 무엇일까? 기존 동기가 있으면 회사가 모든 작업을 처음부터 다하지 않아도 된다. 동기 중에서도 사회적 동기는 특별히 강력하다(긍정적이든 부정적이든 마찬가지다). 사용자가 목록에 있는 각 행동을 취할 때 사용자의 친구와 가족은 어떻게 생각할까? 그들이 직면하게 될 커뮤니티의 반응은 지원일까, 조롱일까, 아니면 무관심일까?

물리적, 심리적, 경제적 장애물

아주 흔하지는 않지만 가끔 있는 경우다. 행동하기가 특히 어려운 사용자 그룹이 있는가? 예를 들어 집에 틀어박혀 지내는 사용자이거나 집회에 참석할 비용이 없는 사용자가 있을 수 있다(액트모어에서 실제로 이 문제를 경험한 바 있다).

이 다섯 가지가 사용자의 행동 프로필을 구성한다. 이런 정보를 수집하려면 시장 연구와 제품 개발의 표준 도구를 사용하여 사용자 인구 통계에 대한 기존의 정량적인 데이터를 찾아보고, 현장 설문조사를 실시하고, 포커스 그룹과의 일대일 인터뷰를 통해 사용자에 대한 정성적인 조사를 수행할 수 있다.[3] 가능하다면 **현장에서의 직접 관찰을 포함하라.** 사람들이 어떻게 행동한다고 하는 말을 듣는 데 그치지 말고 실제로 어떻게 행동하는지 확인하라. 제품에 대한 아이디어를 비공식적으로 탐색하고 있다거나 사용자들에게 직접적으로 연락할 수 없는 경우(회사나 개인정보 보호 관련 제한으로 인해 불가능한 경우) 대상 사용자와 접촉한 적 있는 사람들과 대화를 나누고 이들에게서 얻을 수 있는 정보를 최대한 활용하라.

이 접근법은 명백히 기존 도구와 기법을 토대로 한다. 혁신적인 부분이라면 목표 행동에 직접적으로 초점을 맞춘 질문이 추가된 점이다. 즉, 제품이나 '사용자 요구'에 대한 느낌보다는 회사의 목표 결과와 목표 행동에 대한 사용자들의 실제 경험, 동기, 문제를 중점적으로 다룬다.

사용자를 관찰하면서 변화시킬 행동에 대해 완전히 새로운 아이디어를 발견하거나 떠올릴 수 있다. 예를 들어 플래시 운동 앱의 경우 처음에는 사용자를 체육관에 보내는 것이 목표였지만 사용자를 관찰한 후에 더 건강한 음식을 먹는 것(다른 식료품점에서 쇼핑해야 가능한다)이 체중을 조절하고 허리 통증을 줄이는 데 훨씬 더 큰 효과를 낸다는 것을 깨달을 수 있다. 이 아이디어를 목록에 추가하고 다른 아이디어와 함께 평가해야 한다. 또한 어떤 아이디어 하나(여러 개일 수도 있다!)가 말이 되지 않는다는 것을 깨달을 수도 있다. 하지만 이 시점에 초기 아이디어 중 하나가 확실히 실현 불가능하다는 것을 알게 된다면 해당 아이디어를 목록에서 지워서 시간을 절약해야 한다.

그 과정에서 특정 용어와 개념이 사용자의 공감을 불러일으킨다는 것을 발견할 수도 있다. 지금은 그 부분에 초점을 맞추지 않더라도 유용한 발견이니 기억해두었다가 나중에 UX 디자인할 때 참고하기 바란다.

---

[3] 마이크로타기팅을 하고 있었기 때문에 이 프로세스의 최종 결과는 액트모어 회원들이 다양한 제품 기능에 반응하는 경향을 나타내는 일련의 머신러닝 모델이었다. 우리는 제품을 실제로 출시하기 전에 현장 테스트를 거쳤다. 액트모어와 서드파티 제공업체에서 받은 정량적인 데이터를 사용했다. 하지만 정량적인 데이터가 적은 환경에서도 핵심 개념은 똑같다. 사용자가 누구이며 이들이 행동을 변화를 유도하는 요청에 어떻게 다르게 반응할 것인가?

> **아는 것을 기반으로 하라**
>
> 사용자를 알아가는 것은 제품 개발과 디자인에 있어서 중요하다. 행동 과학이라는 렌즈를 적용하든 하지 않든 마찬가지다. 직접 관찰, 여정 지도, 페르소나 등 실제로 여러분이 사용해야 하는 많은 기법은 제품 개발과 디자인 분야 전반에서 공통적으로 쓰인다.
>
> 여기에서는 이런 기법 중에서 응용 행동 과학 업무에 특히 관련이 있다고 생각하는 기법들을 소개한다. 하지만 여러분은 이런 기법을 다른 방식으로 배웠을 수 있다. 그래도 괜찮다. 자신이 아는 것을 기반으로 발전시켜라. 5장에서 논의한 바와 같이 사용자 중심 문제 해결 프로세스는 행동 과학 분야에서만 쓰이는 것이 아니다. 이는 우리가 서로에게서 배우고 공유하는 프로세스다. 자신이 유용하다고 생각하는 부분을 선택하여 이미 세워둔 기초에 적용하라.[4]

사용자들은 애플리케이션에서 어떻게 행동할까?

여러분의 회사나 조직에 기존 애플리케이션이나 제품이 있다면 유리하다. 이런 애플리케이션이나 제품을 통해 여러분이 가지고 있는 다양한 사용자 그룹에 대해 알아보고 고려 중인 신제품이나 기능에 대한 이들의 반응을 파악할 수 있다. 사용자에게 서비스를 제공하는 제품이 없다면 마음 편히 이 단계를 건너뛰어도 좋다.

실제 액트모어의 사례에서는 이전 제품을 써서 사용자에 대해 배울 수 없었기 때문에 이 사례를 조금 확장해보겠다. 액트모어에 정치적 행동을 촉진하는 모바일 겸 웹 플랫폼, 액트모어 나우!(ActMore Now!)가 있었다고 가정해보자. 액트모어 나우! 같은 기존 제품을 연구할 때 사용자 테스트 분야의 표준 질문으로 시작하라. 예를 들어 애플리케이션에 대한 사용자의 감상은 어떠한지, 어떤 기능이 부족한지, 어떤 사람들이 제품을 사용하는지, 시스템에서 가장 활동적인 사용자는 누구이며 그 이유는 무엇인지 등의 질문이 여기에 해당한다. 그런 다음 행동에 초점을 맞춘 새로운 질문을 추가하라.

---

[4] 우리가 공유하는 기법의 기반에 대해 강조해준 대린 헤네인(Darrin Henein)에게 감사한다.

비슷한 행동에 대한 경험

기존 애플리케이션의 어떤 기능이 목표로 하는 행동과 유사한가? 사용자들이 새롭게 목표로 삼은 행동에 활용할 수 있는 기존 습관이 있는가?

비슷한 제품에 대한 경험

어떤 기능이 성공적이지 못했는가? 이런 실패는 사용자들의 특징(짧은 주의 집중 시간, 성급함, 주제에 대한 배경 지식 부족)에 대해 무엇을 보여주는가?

회사나 조직과의 관계

사용자들이 현재 애플리케이션을 사용하면서 여러분에게 신뢰를 표하는가?

기존 동기

애플리케이션의 가장 성공적인 기능 뒤에는 어떤 동기나 관심사가 있는가? 현재 애플리케이션 사용은 사용자의 일상생활, 특히 사회생활과 어떻게 상호작용하는가? 애플리케이션과 관련한 커뮤니티가 존재하는가?

보다시피 동기, 이전 경험, 신뢰를 다루는 질문은 제품 맥락 바깥에서 사용자를 분석할 때 묻는 질문과 매우 유사하다. 하지만 이 답변들은 제품을 실제로 사용하는 맥락에서의 사용자 행동과 밀접한 관련이 있다는 점에서 지침으로서 더욱 가치가 있다.

사실상 이 프로세스는 사용자에 대한 관찰, 인터뷰, 설문조사를 통해 애플리케이션에 대한 이들의 관점, 불만, 만족도를 이해한다는 뜻이다. 사람들이 일상생활을 하면서 애플리케이션을 사용하는 모습에 대한 직접적인 관찰도 확실히 포함하라.[5] 또한 이는 애플리케이션 내 기존 사용 패턴을 분석하여 애플리케이션의 어떤 부분이 사용자의 관심을 끄는 데 성공했는지

---

[5] 직접 관찰의 중요성을 강조해준 짐 버크(Jim Burke)에게 감사한다.

확인하는 것을 의미하기도 한다. 특히 중요한 것은 애플리케이션의 최상위 수준 목표와 관련된 작업에서 사용자의 행동을 측정하고 사용자 집단이 기존 개입에 어떻게 반응했는지 분석하는 것이다.

행동 페르소나

그다음에는 수집한 정보를 사용하여 대상 집단 내에 존재하는 광범위한 (잠재적) 사용자 그룹을 식별할 수 있다. 용어가 조금 부담스럽게 들릴 수 있지만 그래도 나는 전형적인 사용자의 생활에 대한 간단한 배경 진술을 포함하는 공식 사용자 페르소나를 만드는 것을 선호한다(생활 이야기 부분을 생략하고 자신이 원하는 방식으로 진행해도 된다. 대상 집단 내 사용자 그룹에 대해 명확한 아이디어만 얻어도 된다). 행동 변화를 위한 디자인은 생활 속 핵심 세부 사항을 변화시키는 것이므로 '우리 사용자'라는 모호한 개념이 아니라 생생하고 현실적이며 구체적인 페르소나를 염두에 두는 것이 중요하다.

전통적인 사용자 페르소나와 달리 이 페르소나는 행동에 중점을 둔다. 애플리케이션과 상호작용하는 방식이 다르거나 **행동 개입에 대한 반응이 다를 가능성이 있는** 사용자 그룹을 식별하는 것이다. 각 페르소나에는 논의한 주제에 대한 정보가 포함되어야 한다. [표 7-1]은 이를 정리하는 한 가지 방법을 보여준다. 이 예시는 헬로월릿과 모닝스타에서 했던 작업에서 영감을 받았으며 목표 행동은 이전에 온라인 저축 도구를 사용해본 적 없는 사람들이 비상시에 대비해 저축하는 것이다.

표 7-1 비상 시에 대비한 저축에 대한 두 가지 행동 페르소나

구분	절약하는 사람	낭비하는 사람
비슷한 행동에 대한 경험	항상 비상금을 저축한다.	비상 시에 대비해 저축한 경험이 없다.
비슷한 제품에 대한 경험	굳이 온라인 제품을 사용할 필요가 없었고 자연스럽게 저축해왔다.	온라인 저축 도구를 피상적으로만 이해하고 있으며 흥미롭다고 느끼지 않는다.
회사와의 관계	없다.	없다.
비상 시를 위한 저축에 대한 기존 동기	비상 시를 위한 저축은 분명히 중요하며 이 그룹은 이미 하고 있는 행동이다. 그렇다면 이들이 조언을 들어야 하는 이유는 무엇이겠는가? 이들이 느끼는 핵심 동기와 불확실성은 이러하다. • 충분한 금액을 저축하고 있는가? • 기존 목적 외에 무엇을 위해 언제 저축해야 하는가?	미래를 위한 저축은 멀게 느껴지며 그 자체만으로는 동기가 되지 않는다. 하지만 이 그룹은 즐거운 라이프스타일을 계속 누릴 수 있기를 바란다. 미래의 즐거움(특히 현금이 부족해보이거나 지루하게 사는 것처럼 보이기를 원치 않을 때)을 위한 저축은 동기가 될 가능성이 있다.
행동을 가로막는 견고한 장벽	해당하지 않는다.	현재 저축할 여유 자금이 없다.
견본 프로필	제인은 33세이고, 기혼이며, 어릴 적 아버지가 자동차 공장에서 실직했을 때처럼 다시 형편이 어려워질 것을 두려워한다.	존은 28세이고, 친구들과 함께 살며, 좋은 음식을 먹고 즐거운 시간을 보내는 데 번 돈을 모두 소비한다.

행동 페르소나를 만들어내는 세 가지 접근법이 있다.

첫째, 앞선 네 가지 질문(비슷한 행동에 대한 경험, 비슷한 제품에 대한 경험 등)을 활용하여 페르소나에 대한 아이디어를 자유롭게 떠올릴 수 있다. 예를 들어 해당 행동을 한 경험이 다른 이들보다 명확히 더 많은 사용자 그룹이 있을까? 그들은 어떤 사람들일까? 그 그룹의 전형적인 예는 누구일까?

둘째, 이 네 가지 질문을 조금 더 공식적인 방식으로 활용하여 탐색할 선택지 세트를 정해둘 수 있다. 예를 들어 이 네 가지 질문을 "예" 또는 "아니요"로 답할 수 있는 간단한 질문으로 바꾸는 것이다. 각 질문에 대한 답변 조합(총 16개)을 살펴보자. 처음 살펴볼 때 대상 집단과 관련 없는 결과 선택지 대부분을 제거할 수 있다(예를 들면 신체적 장애는 아마 제품과 관련이 없을 것이다. 그러면 즉시 선택지가 반으로 줄어든다). 이렇게 선택지를 빠르게 훑어본 후

그런 기준에 맞는 사용자가 실제로 있는지, 그룹으로서 어떤 사람들인지 물을 수 있다. 남은 각 선택지가 여러분의 페르소나가 된다.

셋째, 사용자와 이들의 행동에 대한 과거 데이터가 있는 경우 통계 기법이나 머신러닝 기법을 사용하여 사용자의 어떤 특징이 결과의 측면에서 대상 집단을 가장 잘 분류하는지 알아볼 수 있다. 랜덤 포레스트random forest[6] 같은 결정 트리나 단순 회귀 분석[7]을 통해 이를 수행할 수 있다. 모닝스타에서는 이 방법을 사용한다.

내가 선호하는 것은 데이터 주도적인 접근법이다. 하지만 과거 데이터가 없을 경우, 다소 낯설게 느껴질 수 있는 두 번째 방법이 실제로는 모든 잠재적인 사용자 그룹을 충분히 포괄할 수 있다. 이를 통해 각 '유형'에 대해 생각해보고 관련이 있는지 정할 수 있다. 페르소나는 **포괄적이고 상호배타적인 것**이 이상적이다. 즉, 대상 집단의 각 사람에게 잘 맞는 단 하나의 페르소나가 있어야 한다. 이를 위해 하나의 사각형 안에 전체 사용자를 넣고 여러 그룹으로 나누어볼 수 있다(그림 7-1). 모든 사용자가 구분될 때까지 선을 그어서 집단의 서로 다른 세그먼트를 표시할 수 있다.

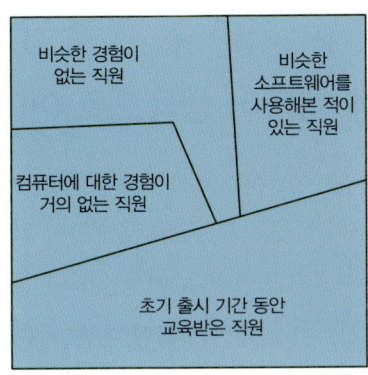

그림 7-1 페르소나를 만들기 위한 표본 집단 명세(고용주가 직원들을 위해 구입한 새로운 소프트웨어 패키지를 사용하도록 장려하는 스타트업의 예)

---

6 옮긴이_ 다수의 결정 트리를 결합하여 분류 및 회귀 분석을 수행하는 방법이다.
7 옮긴이_ 독립 변수와 종속 변수 간의 관계를 분석하는 방법이다.

그룹의 대략적인 크기를 고려해서 각 페르소나를 사각형의 일부로 나누어 표시하라. 페르소나가 겹치거나 한 페르소나가 다른 페르소나의 일부여도 괜찮다. 겹치는 각 부분을 별도의 그룹으로 보라. 더 이상 그룹을 나눌 새로운 아이디어가 떠오르지 않으면 "현재 나누어진 그룹에 속하지 않는 사람은 누굴까? 그들은 어떤 특성이 있을까?"라고 자문하라. 각 그룹에 이름을 붙이고 그중 일부가 행동의 관점에서 중복되는지 확인하라(즉, 행동 변화를 일으키려는 제품에 똑같이 반응할 것으로 예상되는지 확인한다는 뜻이다). 그런 다음 이렇게 임의로 나눈 그룹을 사용하여 더 구체적인 페르소나를 정의하라.

사용자들을 연구하는 동안 대상 집단에 속하는 다양한 세그먼트를 (행동적으로) 이해하는 과정에서 이들이 하는 행동의 맥락도 파악하기 시작한다. 누군가 서비스에 가입한다는 것이 진짜로 어떤 의미일까? 단순하고 간단한 일처럼 보인다. 그냥 가입하면 된다! 하지만 우리에게는 간단한 것이 그들에게는 간단하지 않다. 우리는 행동으로 가는 경로에 있는 미세 행동을 파헤치면서 우리에게 간단한 일이 사용자에게는 복잡하다는 사실과 사용자가 직면하는 진짜 장애물을 발견한다.

행동 지도: 어떤 미세 행동이 행동으로 이어지는가?

버락 오바마는 '오바마케어'라고도 불리는 「Affordable Care Act(부담적정보험법)」을 둘러싼 투쟁의 한가운데 있었다. 그의 팀은 지지자들을 동원하여 입법을 지지하는 라디오 프로그램에 전화를 거는 활동에 참여시키기를 원했다. 이들은 지난 선거기간 동안 잠재적 지지자들을 모집하고 선거운동에 참여시키기 위해 인상적인 온라인 도구 세트를 구축해서 잠재적인 유권자들에게 전화를 걸거나 기부 활동에 참여시키는 등의 다양한 활동을 했다.

하지만 라디오 프로그램에 전화를 한다? 이 활동은 특히 어려운 과제였고 특히나 전화를 걸어서 복잡한 신규 법안에 대해 설명하는 것은 대부분의 미국인에게 생소한 일이었다.[8]

---

8 이 전술은 오바마 선거운동에서만 국한된 것이 아니며 법안에 대해 (특별한) 지지를 이끌어내려는 시도로 다소 논란이 있었다. 하지만 이는 사람들이 스스로 취하지 않을 행동을 자발적으로 취하도록 도운 훌륭한 예시다.

이들은 어떻게 했을까? [그림 7-2]는 선거운동 온라인 플랫폼의 스크린숏을 보여준다. 이들은 자원봉사자들이 활동을 합리적으로 수행할 수 있도록 똑똑하게 구성했다. 행동을 관리 가능한 3개의 부분으로 나누었다. 전화를 걸어야 할 번호를 알아내는 등의 프로세스 일부를 자동화했다. 프로세스를 단순화하고 통화 중에 언급할 논점에 대한 대본과 함께 기본 설정을 제공했다. 명확한 지시를 내리고 긍정적으로 격려했다.

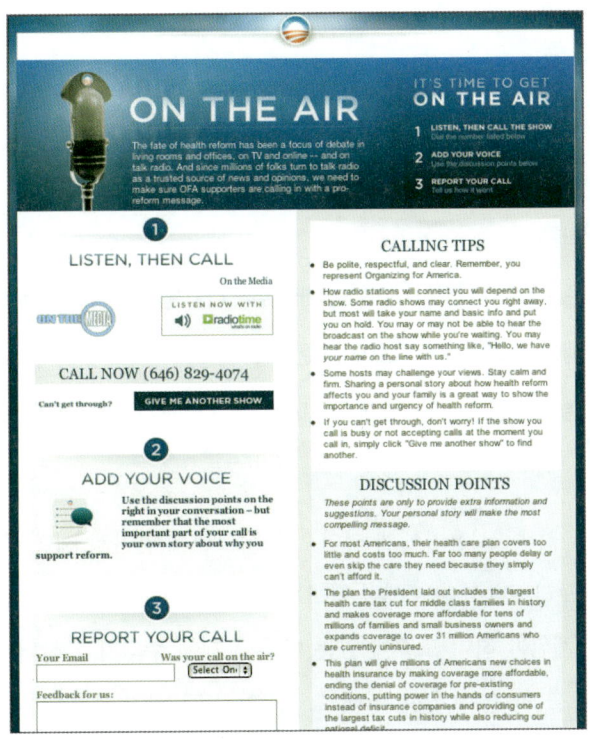

그림 7-2 barackobama.com 이미지. 2010년 2월 폴리티컬 가이드(The Political Guide)가 촬영한 스크린숏

행동 지도 만들기

여러분은 무엇을 하고 싶은지(자원봉사자들이 선거운동을 대표해서 라디오 프로그램에 전화하도록 돕기) 알고 있다. 사용자에 대해서도 알고 있다(이들은 관심 있는 자원봉사자들이지

만 대부분은 선거운동의 일환으로 라디오 프로그램에 전화해본 경험이 없다). 그러면 이제 무엇을 해야 할까?

자, 자원봉사자가 라디오 프로그램에 전화를 걸기 위해 해야 할 일은 다음과 같다.

❶ 조용한 시간과 장소를 찾고 라디오와 전화기를 준비한다.
❷ 라디오 프로그램을 찾는다.
❸ 라디오 프로그램을 들으며 전화하기 적절한 시간을 파악한다.
❹ 전화번호를 알아낸다.
❺ 실제로 전화할 용기를 낸다.
❻ 프로그램에 전화한다.
❼ 자신이 흥미로운 (이상하지 않은) 이야기를 해줄 수 있다고 통화 대상을 선별하는 사람을 설득한다.
❽ 라디오 프로그램에서 알아듣기 쉽게 이야기한다.
❾ 통화했다는 사실을 자원봉사자 본부에 알려서 다른 자원봉사자들이 다른 프로그램에도 시도할 수 있게 한다.

할 일이 정말 많다. 제품이 사용자에게 라디오 프로그램을 찾아서 해당 주제에 대해 전화하라고 했다고 상상해보라. 각 사람은 해야 할 일의 목록을 길게 작성하고 이 새롭고 낯선 일을 시도해볼 자신감을 채워야 하며 도중에 있는 다른 문제에 주의가 분산되지 않아야 한다. 프로그램 찾기, 라디오를 들을 수 있는 상태로 전화할 시간 찾기, 무슨 얘기를 할지 고민하기 등 사전에 많은 계획을 세워야 한다.

행운을 빈다. 사실상 토크쇼에 전화를 해본 미국인은 극소수에 불과하며 선거운동의 일환으로 사전 계획하에 전화를 해본 사람은 훨씬 더 적다.[9]

---

[9] 이 주제에 대한 데이터는 많지 않지만 라디오가 더 인기 있던 시절에도 퓨 리서치 연구센터(Pew Research Center)의 전신인 국민과 언론을 위한 타임스 미러 센터(Times Mirror Center for the People and the Press)가 1993년에 진행한 설문조사에 따르면 평생 토크쇼에 전화해본 적 있는 미국인의 비율이 11%이고 그중 약 절반 정도가 실제로 방송에 출연했다고 한다. 피즈와 데니스의 논문을 참고하라(Pease, Dennis 1995).

또 다른 예시를 들어보겠다. 누군가 운동 삼아 달리기를 시작하려면 현관문을 걸어 나가 달리기 시작하는 것 이상으로 훨씬 더 많은 준비가 필요하다. 준비 단계에는 (a) 운동화 구입하기 (b) 경로와 적절한 거리 설정하기 (c) 달리기에 적합한 시간 찾기 (d) 달려야 한다는 사실 기억하기 (e) 달리기 전에 과식하지 않기 등이 포함된다. 다시 한번 말하지만 할 일이 정말 많다.

바로 이러한 이유 때문에 복잡한 작업을 실현하고 행동을 돕는 제품이 필요하다. 이 과정은 사용자가 해당 행동을 완료하기 위해 일반적으로 거치는 명백한 단계를 적는 것으로 시작한다. 가능한 한 상세히 적는 것이 좋다. 라디오 프로그램 예시에서 그랬듯이 필요한 신체적, 정신적 작업을 각각 나열하라. 행동을 중단하려 할 때도 행동 지도는 사람들이 그 행동을 시작하기까지 거치는 모든 미세 단계를 서술한다. 각 단계는 사람들의 변화를 돕기 위해 개입할 여지를 제공한다. 이 또한 같은 아이디어다. 큰 행동을 미세 행동으로 나누는 것이다.

자, 이제 단계에 대한 기본 목록을 만들었으니 전체 행동 지도로 구체화해보자.

글이나 그림으로 정리하고 행동 세부사항을 추가하라

행동 지도는 사용자가 현재 하고 있는 행동에서부터 제품을 사용하고 목표 행동을 완료하기까지의 각 단계를 묘사한다. 행동을 중단하려는 경우라면 중단하려는 행동으로 이어지는 단계를 묘사한다. 행동 중 일부는 제품 내부에서, 나머지 일부는 제품 외부에서 일어난다. 이 지도는 각 단계에서 사용자에게 일어나는 일과 이들이 다음 단계로 가려는 이유를 시각적으로 표현한다.

UX 분야 종사자라면 많이 들어본 이야기일 것이며 그렇게 들리도록 의도한 것이다. 행동 지도는 다양한 디자인 도구로 표현할 수 있다. 나는 [그림 7-3]과 같은 고객 경험 지도를 좋아한다. 여기에는 각 경험의 단계가 포함될 뿐 아니라 '고객 유형(페르소나와 유사)', 불만과 만족의 영역, 그리고 그 과정에서 경험하는 사용자 감정도 나타낼 수 있다. 관련 도구로는 터치

포인트 목록과 지도, 공감 지도, 여정 지도가 있다.[10]

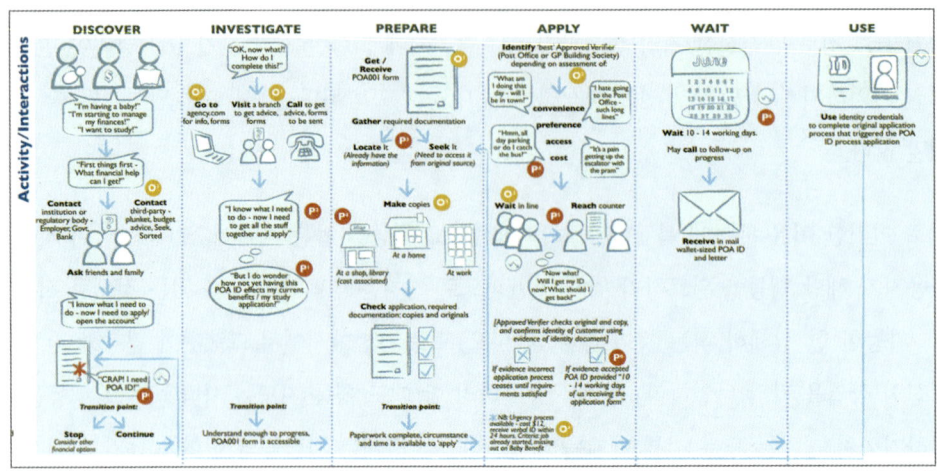

그림 7-3 데저넌스(Desonance, https://desonance.wordpress.com)의 멜 에드워즈가 제공한 고객 경험 지도의 일부

나는 그래픽 디자인에 능숙하지 않아서 같은 작업을 훨씬 더 간단한 도구로 수행한다.

- 상자글에 메모가 있는 간단한 순서도
- 각 단계에서의 사용자 경험과 정신적 상태를 묘사한 서술형 이야기
- 각 최상위 항목이 사용자 여정의 한 단계이고 각 지점마다 해당 단계에서 사용자에게 일어나는 일을 설명한 계층적 개요

일반적인 고객 경험 지도 프로세스에 익숙한 사람을 위해 이야기하자면 초기 행동 지도 개발은 어떤 도구를 사용하든지 일반적인 프로세스와 약간 다르다(만약, 일반적인 프로세스를 모른다고 해도 걱정할 필요는 없다). 다시 말해 다음 사항을 반드시 다뤄야 한다는 얘기다.

---

10 여정 지도, 터치포인트, 개념 지도의 다양한 예시는 콜코의 저작을 참조하라(Kolko 2011). 화이트보드나 접착식 메모지를 활용하는 방식도 효과적이다.

❶ 사용자가 행동을 완료하기 위해 제품 내부뿐 아니라 외부에서 거치는 대략적인 순서를 글로 적거나 그림으로 그려라(이는 이전 섹션에서 한 작업으로, 어떤 사람이 라디오 프로그램에 전화하기 위해 거쳐야 하는 9단계를 목록으로 정리한 것을 가리킨다).

① 성공하려면 제품이 외부에서 거치는 단계에 간접적으로 어떻게 영향을 미치는지 계획해야 한다.[11]

❷ 다음과 같이 각 단계에 이름을 붙여라.

① 사용자가 **제품 내부에서 해야 하는 작업**

② 사용자에 대한 응답으로 **제품이 해야 하는 작업**

③ 행동 지도 중 '현실 세계(제품 외부)'에서 달성해야 하는 나머지 모든 것

❸ 빠진 단계를 찾아라. 특히 새로운 사용자를 고려하라.

① 제품과 한 번도 상호작용을 한 적 없는, 완전히 새로운 사용자의 관점에서 보라. 등록하기처럼 처음에 해야 하는 추가 단계가 있을까?

❹ 반복할 필요가 없는 단계를 찾아라.

① 제품과 자주 상호작용한 숙련된 사용자의 관점에서 보라. 경험이 많은 사람이 건너뛸 수 있는 단계가 있을까?

예를 들어 자원봉사자들이 라디오 프로그램에 전화하게 한 오바마 선거운동의 경우 '조용한 시간과 장소를 찾고 라디오와 전화기를 준비한다.' '라디오 프로그램을 들으며 전화하기 적절한 시간을 찾는다.' 같은 일부 단계는 명확히 제품 외부에서 일어나야 한다. 나머지 대부분은 앱 내부에서 수행할 수 있었다. 반복적으로 전화한 사람들은 2번 '라디오 프로그램을 찾는다.' 또는 4번 '전화번호를 알아낸다.' 단계를 다시 해야 할 것이다.

이것이 초기 행동 지도다. 거창한 내용은 없지만 필요한 내용은 다 담겨 있다. 자, 이제 어디에 주의를 집중해야 할지 알아보자.

---

[11] 현실 세계에서 시작하는 이유는 재정 관리, 운동, 정치 활동 참여, 에너지 사용 줄이기 등 많은 행동에서 제품이 전체 과정의 일부에만 개입하지만 이 모든 과정이 사용자가 실제로 행동을 바꿀지를 결정하기 때문이다.

> ### 큰 선택은 드물다
>
> 응용 행동 과학은 사람들의 행동을 일반적인 관점과 조금 다른 시각에서 바라본다. 우리는 사람들이 명확한 선택을 하고 그에 따라 하나의 결단력 있는 행동을 취한다고 가정하지 않고, 사람들이 하는 여러 작은 행동이 모여서 어떻게 큰 행동을 형성하는지 살펴본다. 사람들이 매우 의도적으로 신중하게 행동할 때조차 큰 결정이 진행되는 도중에 여러 지점에서 어떻게 탈선할 수 있는지 살펴본다. 우리에게 행동 지도가 필요한 이유는 이처럼 단순하고 큰 선택 안에 숨겨진 작은 단계들을 찾기 위해서다.

새로운 제품 또는 기능 vs. 기존 제품 또는 기능

행동 지도는 목표 행동으로 이어지는 일련의 미세 행동을 보여준다. 기존 제품의 지도는 **구체적인 설명을 제공한다.** 라디오 프로그램 자원봉사 시스템처럼 사람들이 현재 무엇을 해야 하는지 설명한다. 우리는 기존 제품에서 수집한 데이터와 사람들이 제품과 상호작용하는 실제 생활에 대한 데이터를 사용해서 미세 행동을 신중하게 추적한다.

새로운 제품(또는 기능)의 행동 지도는 불가피하게 추론에 근거한다. 이는 제품이나 기능을 사용하는 데 필요한 것이 무엇인지 세밀하게 추적하여 미래의 가상 사용자 상호작용을 더 현실적으로 만드는 데 도움을 준다.

두 경우 모두, 현실 즉 사람들이 실제로 하는 행동(또는 할 행동)이 예상보다 훨씬 더 복잡하다는 것을 알게 된다. 그리고 사람들이 행동하는 과정에서 걸림돌이 될 수 있는 수많은 단계가 존재한다. 앞으로 보게 되겠지만 행동 지도는 행동상의 문제를 진단하는 데 도움이 된다. 여기서 말하는 문제는 기존 제품에서 나타나는 기존 문제일 수도 있고 만들려고 계획 중인 제품과 기능의 문제일 수도 있다. 후자의 경우 지금 충분히 고민하고 제거하지 않으면 나중에 우리를 곤란하게 할 수 있다.

행동을 중단하는 행동 지도

금연하는 데 진짜 필요한 것은 무엇일까? 사람들은 "당장 끊어! 담배(또는 전자담배) 피우지 마"라는 간단한 지시를 따르면 금연할 수 있을 것이라 생각하는 경우가 많다. 하지만 현실은 그보다 복잡하다. 흡연자 주변에는 흡연으로 이어지는 사회적, 물리적 경로가 있다. 담배를 피우는 동료들이 있고, 쉽게 구할 수 있는 담배나 전자담배가 있다. 그리고 물론 내적인 의존성과 습관의 힘도 작용한다. 행동 시작하기와 마찬가지로 행동 중단하기도 한순간에 되는 것이 아니다. 그보다는 일련의 순간과 미세 행동이 모여서 운명적인 선택이나 행동을 이끌어내는 것이다.

이러한 미세 행동이 유익한 행동을 방해할 수 있듯이 부정적인 행동을 저지할 기회도 된다. 행동을 중단시키는 행동 지도를 만들 때는 최종 행동으로 이어지는 미세 행동에 세심한 주의를 기울여서 취약한 단계, 쉽게 방해할 수 있는 단계를 찾아야 한다.[12] 담배가 눈앞에 있을 때 흡연 충동을 막는 것보다 흡연으로 이어지는 미세 행동 중 하나를 방해하는 것이 훨씬 더 쉬울 수 있다.

예를 들어 담배가 눈에 띄지 않거나 담배 피우러 가겠냐고 묻는 직장 동료가 없다면 '담배를 피울까 말까'라는 중대한 결정이 애초에 일어나지 않을 것이다. 행동 지도는 프로세스의 가장 어려운 지점(주로 마지막 단계)을 막으려 하기보다는 도중에 창의적으로 개입할 기회를 찾는 데 도움을 준다.

더 나은 행동이 있을까?

행동 지도를 통해 개입할 지점을 파악할 수 있다. 다시 말해 실제 주의가 필요한 행동으로 이어지는 미세 행동을 파악할 수 있다. 또한 행동 지도는 개입이 얼마나 어려운지, 행동을 바꾸는 것이 얼마나 어려운지 이해하는 데에도 도움이 된다.

---

[12] 이 점을 강조해준 클레이 델크(Clay Delk)에게 감사한다.

계획을 끝까지 밀고 나가는 것보다 완전히 재고하는 것이 가장 현명한 선택일 때도 있다. 이는 6장에서 설명한 대로 목표를 더 효율적이고 효과적으로 달성할 수 있는 더 나은 행동이 있는지 찾아보라는 의미다. 이제 사용자가 취해야 하는 행동에 대한 핵심 가정을 신중하게 재평가하는 방법을 살펴보자.

아이디어 발상 기법

그렇다면 다른 행동은 어떻게 알아낼 수 있을까? 목표 결과가 일어나게 하는 것은 어떤 행동일까?

세상에는 다양한 브레인스토밍 기법과 창의적 사고 기법이 존재한다. 나는 **수평적 사고**lateral thinking라는 용어를 널리 알린 에드워드 드 보노의 책을 읽으며 이 분야를 처음 접했다.[13] 하지만 여러분은 자신에게 맞는 방법을 사용하면 된다. 중요한 것은 적어도 다섯 가지 다른 행동을 찾을 때까지 멈추지 않는 것이다.

어디서부터 시작해야 할지 모르는 사람들을 위해 몇 가지 접근법을 소개한다.

- 결과가 발생하기 직전에 사람들이 하는 행동은 무엇인가?
- 회사의 고유한 특징은 무엇인가? 그 특징(전문 기술, 사용자와의 특별한 관계 등)을 활용할 때 사용자가 더 쉽게 할 수 있는 행동은 무엇인가?
- 이미 사용자가 하고 있는 비슷한 행동은 무엇인가?
- 사람들이 결과를 달성하지 못하는 이유는 무엇인가?
- 사용자들이 결과를 이루고 싶어 하는 이유는 무엇인가? 동기가 생긴다면 이들이 취하기에 가장 자연스러운 행동은 무엇인가?
- 실제로 사용자를 관찰하라. 사람들은 항상 자기 행동을 조정할 창의적인 방법을 찾는다. 이들을 관찰하여 제품이 그런 일을 할 방법에 대한 영감을 얻어라.

---

13   De Bono(1973)

- 무작위 단어 목록에서 선택하라(정말 무작위 단어를 의미한다. 이는 에드워드 드 보노의 기법이다). 그 단어를 결과와 어떻게 연결 지을 수 있는가? 그 단어를 바탕으로 사람들이 결과를 이루기 위해 어떤 행동을 할 수 있을지 생각해보라.

가능하다면 작게 시작하라. 사람들이 결과를 달성하기 위해 할 수 있는 아주 간단하고 쉬운 일을 선택하라. 그러면 더 빠르게 테스트할 수 있고 필요하면 나중에 확장할 수 있다. 가능한 한 사용자의 기존 기술과 습관을 찾아 이를 기반으로 구축하라. 다소 엉뚱한 아이디어도 시도해보라. 이 단계에서는 스스로 검열하지 말고 불가능해보이는 행동도 제한하지 마라.

사용자가 제품을 사용하는 동안에만 할 수 있는 행동일 필요는 없다. 다이어트가 좋은 예다. 사람들은 일반적으로 컴퓨터나 휴대전화의 다이어트 앱을 사용하는 동시에 음식을 먹지는 않는다. 다이어트가 이루어지는 시점은 **사람들이** 무엇을 얼마나 먹을지 선택하는 순간이다. 많은 다이어트 애플리케이션은 사람들이 음식을 만들고 선택할 때 유혹을 피하고 더 나은 선택을 할 수 있도록 정보를 제공하고 준비하도록 설계되어 있다. 그러나 여기에는 위험 요소가 있다. 제품이 행동과 멀리 떨어져 있을수록 그 제품이 사람들의 행동을 유발할 가능성은 낮아진다.

목표 행동을 구상할 때 행동과 결과 사이에는 필연적으로 도약이 존재한다. 여기서 말하는 도약이란 행동이 실제로 작동하여 사용자와 회사가 원하는 결과를 낼 것이라는 가정을 가리킨다. 일단 이런 가정을 도출하고 그 위험성은 나중에 판단할 것이다. 지금은 그중 일부가 불확실하더라도 멋진 새 아이디어를 떠올리는 데 집중하라.

뻔한 답은 우리의 적이다

이렇게 대안 행동을 떠올리는 기법은 막다른 길에 다다랐을 때 유용하다. 사용자 생활의 맥락을 탐색하고 행동으로 이어지는 미세 행동을 계획한 후 그 계획을 실행하기가 너무 어렵다는 것을 알게 되었을 때 말이다. 그럴 때는 다시 처음으로 돌아가서 계획을 세운다.

나는 막다른 길에 다다르기 전에 처음부터 이런 기법을 사용하려고 노력한다. 누군가 행동 변화 아이디어나 문제를 가지고 와서 목표 행동을 어떻게 지원할지 물어볼 때부터 속도를 늦추고 신중하게 접근하려고 노력한다. 우리가 지원하려는 행동 자체가 적합한지 다시 검토해 보려는 것이다. 물론 항상 성공하는 것은 아니다.

오래 지속되고 있는 어려운 문제라면 대개 사용자가 취해야 하는 '뻔한' 행동이 있다. 하지만 이런 문제에서는 **뻔한 답이 우리의 적**일 수 있다. 일단 문제에 대해 생각하기 시작하면 해결책이 머리에 떠오르는 경우가 종종 있다. 그 해결책이 직관적으로 옳다고 느껴져서 실행하고 싶어진다. 하지만 이것은 인지적인 신기루다. 우리의 마음은 쉽게 떠오르는 생각을 진실로 혼동하는 나쁜 습관이 있다. 여기에는 가용성 휴리스틱이 작용한 것이다. 그러나 어려운 문제에 대해 쉽게 떠오른 해결책은 이미 **실패**한 방법일 가능성이 높다.

예를 들어 목표 결과를 사용자가 더 많은 돈을 저축하도록 돕는 것이라고 정의했다고 해보자. 뻔한 답은 예산을 설정하고 지출을 줄이는 것이다. 하지만 이는 대부분의 사용자가 정말 실행하기 어려워하는 행동이다(적어도 곧바로 실천하기는 어렵다). 너무 뻔하지 않은 다른 행동이 더 효과적일 수 있다(예를 들어 월급에서 저축 계좌로 자동이체를 설정해두면 계좌에 남은 잔고를 쓰고 싶다는 유혹을 피할 수 있다). 마찬가지로 퇴직연금 저축을 하지 않는 문제의 뻔한 해결책은 금융 이해력을 높이는 것이다. 퇴직 이후의 경제적 상황에 대해 제대로 알면 저축할 것이라는 생각이다. 하지만 안타깝게도 이를 뒷받침하는 증거는 없다.[14]

그러므로 어려운 문제에 직면했을 때는 뻔하지 않은 답을 찾아보라. 뻔한 답을 적어두고 그 답과 관련이 없는 다른 해결책을 억지로라도 다섯 개 떠올려라. 무작위 단어 연상법을 사용하라. 수평적 사고를 사용하라. 직관적으로 **옳다고 느껴지는** 해결책을 넘어서는 데 도움이 되는 모든 방법을 동원하라.

그렇다고 해서 언제나 강력한 수단만 필요한 것은 아니다. 쉬운 문제에 대해서는 뻔한 방법이 실제로 올바른 접근법일 수 있다. 뻔한 경로를 택하고 따라가기만 하면 된다. 이 책의 초

---

14 Fernandes, Neydermeyer, Lynch(2014, https://doi.org/10.1287/mnsc.2013.1849)

판에서는 이 섹션을 앞부분에 배치해서 모든 사람이 문제 정의 단계에서 대안적인 행동을 고민하도록 했다. 2판에서는 이 섹션을 현재 위치로 옮기고 선택사항으로 두어서 이 정도 수준의 노력이 필요하지 않을 때 시간과 에너지를 절약할 수 있게 했다.

이상적인 목표 행동을 골라라

대안 행동 목록을 만들었다면 이 목록을 어떻게 활용해야 할까? 이제는 이 목록을 조합하여 줄일 차례다.

복잡하게 생각할 것 없이 이미 알고 있는 장애물이 방해할 행동부터 제거하라. 특히 과거에 시도했다가 성공하지 못했던 행동부터 삭제하라. 그다음으로 각 행동을 다음 기준에 따라 평가하면서 **낮음, 중간, 높음**으로 순위를 매겨라. 이 과정을 보다 구체적으로 살펴볼 수 있도록 사용자의 새로운 언어 학습 도와주기를 목표 결과로 상정했다고 상상해보자.[15]

(결과에 대한) 영향

결과를 얼마나 효과적으로 달성하는가?

다시 말해 모든 사용자가 해당 행동을 주저 없이 취한다고 가정할 때 결과를 달성하는 데 얼마나 도움이 되는가? 예를 들어 새로운 언어를 배울 때 한 단어를 반복하는 행동은 큰 효과를 내지 못하므로 '낮음'으로 분류된다. 몇 문장을 연습하는 행동은 '중간', 해당 언어를 사용하는 나라에 가서 그 언어만 사용하며 생활하는 것은 '높음'일 것이다.

(사용자를 위한) 동기

사용자에게 해당 행동을 수행할 어떤 동기가 있는가?

---

[15] 잠재적인 행동을 평가하는 이 기법은 B. J. 포그의 우선순위 매핑(Priority Mapping) 방법에서 영감을 받았는데 이 방법에서는 행동의 구현 용이성과 효과성을 평가한다. 또한 새로운 언어를 가르치는 데는 분명 과학적인 방법이 존재하지만 여기에서는 그 방법을 다루지 않을 것이다. 여기서 든 것은 전형적인 예시에 불과하다.

사용자의 기존 동기와 제품과 관련된 사회적 상호작용에 대한 데이터를 활용하라. 예를 들어 외국으로 여행을 가거나 새로운 친구를 사귀어 새로운 언어를 직접 연습한다면 사용자들은 아마도 큰 흥미를 느낄 것이다(따라서 이 두 가지 선택지는 '높음'으로 분류된다). 반면 기계적인 암기에는 별 흥미를 느끼지 못하고 부정적인 느낌을 받을 것이다('낮음'으로 분류된다).

(사용자를 위한) 용이성

이 행동이 사용자가 이미 일상에서 하고 있는 행동(기존 제품과의 상호작용을 포함하여)과 얼마나 비슷한가?

외국에서 생활하며 새로운 언어를 배우는 것은 (일반적으로) '낮음'이다. 단어를 반복하거나 문장을 연습하는 행동은 사용자의 특성을 고려할 때 '중간'이나 '높음'일 수 있다. 기존 습관과 유사한 행동은 항상 '높음'으로 분류된다. 반면 기존 습관을 멈춰야 하는 행동은 항상 '낮음'으로 분류된다(3장 참고). 기존 습관과의 유사성을 평가할 때는 새로운 행동이 사용자에게 미치는 영향에 대한 해당 분야 전문가의 평가가 필요할 수 있다.

(회사를 위한) 비용

회사가 해당 행동에 대한 해결책을 구현하기가 얼마나 쉬운가?

온라인 제품의 경우 언어에 대한 진정한 몰입도는 '낮음'으로 평가될 것이다. 원어민과의 실시간 대화는 회사의 기존 자원과 역량에 따라 '중간'이 될 수 있다. 사용자에게 반복할 대본을 제공하는 것은 '높음'으로 분류될 것이다. 이런 평가가 이루어질 때는 잠재적인 자원 비용에 대한 수석 엔지니어의 검토가 필요할 수 있다.

이런 평가를 통해 명백하게 우수한 선택지를 찾아라. 독보적인 승자가 있다면 좋다. 아니면 명백한 패자를 제거하라. 목록을 충분히 줄일 수 없다면 회사의 비즈니스 전략을 고려하여 가장 중요하고 실현 가능한 것이 무엇인지 판단하라. 자원이 빠듯하다면 구현 비용이 당연히 더 중요해진다!

이런 상황에서 행동 경제학이 도움이 될 수 있다. 특정 행동과 사고방식은 본질적으로 (대부분의) 사용자에게 더 어려우며 이와 관련한 고차원적인 내용에 대해 1장에서 다뤘다. 예를 들어 많은 암산이 필요한 행동은 어려워서 종종 기피의 대상이 된다. 단기적 손실보다 장기적 이익에 초점을 맞추는 행동 또한 인지 시스템 작동 방식에 어긋난다(손실은 이익보다 더 고통스럽게 느껴지며 단기적 이익이 장기적 이익보다 더 가치 있게 여겨진다).

아쉽지만 여기에서는 더 이상 제공할 지침이 없다. 가장 좋은 선택지 1개, 아니면 실제로 테스트할 수 있는 막상막하의 선택지 2개가 남을 때까지 목록을 계속 줄여가라.

새로운 행동을 적용해서 문제 정의를 업데이트하라. 새로운 행동을 적고 그 행동이 새로운 일을 시작하는 것인지, 하던 일을 멈추는 것인지, 한다면 누가 하는지, 거기에 이르는 미세 행동은 무엇인지 등 세부 정보를 채워라.

행동 페르소나를 업데이트하라

목표 행동을 변경하기로 결정했다면 행동 페르소나를 다시 살펴보고 업데이트가 필요한지 확인해야 한다. 다시 말해 다섯 가지 질문(비슷한 행동에 대한 경험, 비슷한 제품에 대한 경험 등)을 빠르게 점검하여 새로운 사용자 행동에 필요한 추가 페르소나를 만들어야 한다. 그 결과 완성된 페르소나가 다양한 행동에 대해 동일할 수도 있지만 다를 수도 있으니 이를 염두에 두어야 한다. 다시 말하지만 행동 페르소나는 일반적인 UX 페르소나와 달리 **특정 목표 행동에 따라 정의되며 그 행동과 관련이 있다.** 행동 페르소나는 제품이 행동 변화를 시도할 때 사용자들이 다르게 반응할 가능성을 고려해서 만드는 것이기 때문이다.

CREATE로 문제 진단하기

성공하기 위해 개인이 취해야 하는 미세 행동을 파악했으니 이제 환경에 도입할 변화에 더 전략적으로 접근할 수 있다. 이를 위해 2, 3장에서 설명한 CREATE 행동 퍼널로 돌아가서 사람들이 긍정적인 행동을 수행하도록 돕고 부정적인 행동을 방해할 것이다.

행동은 언제나 맥락에 의존한다

행동은 항상 한 순간에 발생한다. 준비하는 데에는 시간이 걸릴 수 있지만 **행동**이 일어나는 것은 언제나 한 순간이다. 당연한 말로 들리겠지만 그 의미를 제대로 이해하고 내면화하는 것은 의외로 어렵다. 이는 누군가 그 행동(또는 제품)을 자주 생각하더라도 결정적인 순간에 그 행동이 떠오르지 않으면 소용 없다. 마찬가지로 평소에 행동할 동기가 있었더라도 특정한 순간에 어떤 이유로든 동기를 잃으면 행동하지 않는다.

행동을 시작하지 않는 이유 진단하기

나는 지난 수년간 많은 개인, 회사와 함께 행동 지도를 작성해왔다. 함께한 이들은 지원하고 싶은 행동을 계획할 때 종종 다음 두 가지 이야기를 한다.

- 와, 단계가 많군요! 사용자에게 요청하는 행동이 생각보다 훨씬 더 복잡해요!
- 이제 뭘 해야 할지 알겠어요!

보다 조직적이고 집중적인 방식으로 문제를 탐색하는 것만으로도 해결책이 더 명확하고 간단해질 수 있다. 그렇지 않을 때는 CREATE 행동 퍼널의 도움을 받아서 핵심 행동 문제를 **진단**하고 해결할 수 있다.

이 방식의 작동 방법을 살펴보기 위해 앞서 들었던 라디오 프로그램에 전화하는 선거운동 자원봉사자의 예시를 다시 살펴보자. 조용한 시간 찾기부터 통화 후 자원봉사 진행 담당자에게 알리기까지 9단계의 개요를 설명했다. 이 행동 지도, 그리고 사용자와 이들이 처한 상황에 대한 데이터를 바탕으로 이렇게 묻는다. "어느 지점에서 문제가 발생할까?"

- 기존 제품이라면 사람들이 어디에서 이탈할까? 어느 단계에서 멈출까? 당연히 삐걱거리는 단계는 사람마다 다르겠지만 우리가 찾는 곳은 가장 많은 사람이 정체되는 지점이다.
- 새로운 제품이라도 분석 과정은 비슷하다. 다만 조금 더 추측에 의존한다. 사용자에 대해 알고 있는 내용을 고려할 때 일련의 미세 행동 중에서 어려움을 겪을 가능성이 높은 지점은 어디일까?

기존 제품과 기능이라면 이 분석이 사용자를 대상으로 수집한 실증적인 데이터를 기반으로 한다. [그림 7-4]는 인사 전문가가 퇴직연금, 건강, 웰니스 프로그램의 맥락에서 행동 변화에 대해 작성한 『Improving Employee Benefits』(Longfellow Press, 2014)에서 가져온 예다.

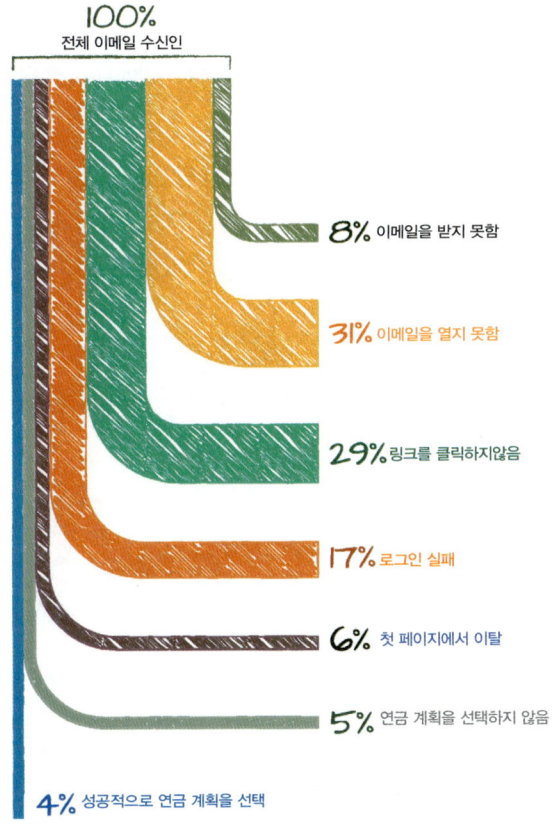

그림 7-4 전환 퍼널을 통해 직원들이 이탈하는 지점을 쉽게 시각화하는 방법

문제가 있는 단계를 알아낸 후에 CREATE를 활용한다. 해당 단계를 진행하는 도중, 행동해야 하는 결정적인 순간에 행동을 취하라는 단서가 있는가? (그 단서로 충분한가?) 그 사람이 그 행동에 어떤 감정적, 직관적 반응을 보이는가? 행동이 동기를 부여하는가? 혜택은 비용보다 큰가? 이런 질문을 이어갈 때 "아니요"라는 답이 나오는 모든 지점이 행동 장애물이다. 디자인 프로세스에서 바로 그 지점에 주의를 기울이면 된다.

라디오 프로그램 예시에서 명백히 걸림돌이 되는 단계는 '전화 걸기'다. 즉 새롭고 특이한 행동을 하는 데 따르는 두려움과 불확실성(감정적 반응)을 극복하는 단계가 문제가 된다.

따라서 진단 프로세스는 세 부분으로 구성된다.

❶ 사람들을 멈추게 하는 미세 행동을 식별한다. 신제품의 경우 사람들을 멈추게 할 가능성이 있는 미세 행동을 알아낸다. 이것이 우리의 행동 지도다.
❷ 어떤 미세 행동이 문제로 보이는지 확인한다. 사람들이 어디에서 이탈하는가? 또는 이탈할 가능성이 있는가?
❸ CREATE 행동 퍼널을 활용해서 행동 문제를 일으킨 원인을 알아낸다.

이 세 가지 사항(행동 지도, 지도상 문제 지점, 그 문제의 원인)으로 진단을 내린다. 해결책 디자인에 필요한 것을 갖춘 셈이다.

이는 행동을 시작하기 위한 것이다. 이제 이와 비슷하지만 조금 다른, 행동을 **중단**시키는 사례를 살펴보자.

행동을 멈추는 이유 진단하기

행동을 멈추게 하려는 사람들에게 들려줄 한 가지 좋은 소식은 문제를 **진단**하기가 더 쉽다는 것이다. 문제를 해결하는 것은 쉽지 않지만 말이다. (부정적인) 행동을 취하려면 CREATE의 모든 요소가 갖춰져 있어야 한다. 진단 과정에서는 현재 이러한 요소들이 무엇인지 대략적으로 파악하는 것이 포함된다. 사람들의 행동을 유발하는 단서는 무엇인가? 이들이 느끼는 직관적이거나 감정적인 반응은 무엇인가?

사용자의 행동을 중단시키려면 그 행동이 습관적인지 알아야 한다. 즉, 그 행동을 의식적으로 생각하고 하는 것인지 파악해야 한다는 뜻이다. 2장에서 얘기했듯이 습관은 의식적인 행동과 다르게 작동하기 때문이다. 습관적인 행동에서는 평가, 타이밍, 경험 단계가 대체로 생략되거나 자동으로 작동된다. 행동을 취할 능력이 있다고 가정하면 단서가 반응을 유발한다. 따라서 이럴 때는 CREATE의 전체 단계가 아니라 C-R-A 부분에 집중한다.

온라인으로 동영상을 몰아보는 흔한 습관에 대한 개입 지점을 진단하는 예시를 살펴보겠다. 몰아보기로 이어지는 미세 행동은 무엇일까?

- 노트북이나 휴대전화 집어들기
- 넷플릭스 앱이나 사이트에 로그인하기
- 영화나 드라마 선택하기
- 시청하기
- 다음 에피소드를 자동 재생하도록 내버려 두기
- 계속 시청하기 등

각 단계에는 습관적인 요소(C-R-A)나 의식적 선택(CREATE)이 있다. 휴대전화는 대개 습관적으로 집어든다. 그 단서는 무엇일까? 눈에 띈 휴대전화(외적 단서)나 지루함(내적 단서)이다.

중단시키고 싶은 행동을 진단할 때는 다음과 같은 과정이 포함된다.

- 행동으로 이어지는 미세 행동을 식별한다. 즉, 행동 지도를 만든다.
- 각 미세 행동이 습관적인지 의식적인지 판단한다(최종 행동은 습관적이더라도 거기에 이르는 미세 행동은 그렇지 않을 수 있다).
- 의식적 행동에는 CREATE를, 습관적 행동에는 C-R-A를 사용하여 각 미세 행동을 활성화하는 현재 요소를 파악한다.

행동 지도, 행동의 본성에 대한 이해, 행동을 활성화하는 CR(E)A(TE) 요소 목록은 해결책을 디자인하는 데 필수다.

미리보기를 제공하자면 아마 누구나 방해를 피하기 위해 휴대전화를 보이거나 들리지 않는 곳에 두라는 조언을 들어본 적 있을 것이다. 이는 첫 번째 미세 행동에 개입하는 예시이며 특히 CREATE 행동 퍼널의 단서 단계에 개입하는 것이다. 이렇게 할 수 없어서 사람들이 컴퓨터나 휴대전화를 가까이 두는 것을 막을 수 없다고 가정해보자. 하지만 로그인 방법을 바꾸거나(외울 수 없는 비밀번호로 변경!) 자동 재생 프로세스 설정을 바꿀 수 있다(자동 재생되지 않도록 설정 변경).

자동 재생의 행동적 문제는 개인의 작업 부담을 소프트웨어에 맡기는 부정행위라는 점에 있다. 우리는 이렇게 영리한 디자인을 없애고 작업 부담을 다시 개인에게 되돌림으로써 대응할 수 있다. 다시 말해 자동 재생을 끄는 것이다. 행동을 방해할 때는 행동 지도와 활성화 요소 목록을 사용해서 후속 프로세스에 필수적이면서도 변화할 수 있는 미세 행동을 찾는다. 그런 다음 CR(E)A(TE)를 사용해서 행동 장애물을 만들 지점을 알아낸다.

실천하기

이 장에서는 사용자와 사용자가 처한 상황에 대한 가정을 확인하여 사용자가 할 일에 대한 비전을 다듬고 사용자가 직면하는 특정 행동 장애물을 진단하는 방법을 살펴보았다.

여러분이 해야 할 일

- 사용자의 특징을 조사하고 문서화하라. 특히 행동에 대한 이전 경험, 제품에 대한 이전 경험, 행동에 대한 기존 동기, 회사와의 관계(신뢰), 행동에 대한 장애물에 중점을 두어라.
- 행동 페르소나를 만들어라. 행동 페르소나는 제품이 행동 변화를 시도할 때 다르게 반응할 것으로 예상되는 사용자 그룹을 가리킨다.

- 행위자가 현재 상태에서 행동을 취하기까지 거치는 단계의 순서를 보여주는 행동 지도를 개발하라.
- 효과성, 비용, 동기, 실현 가능성 측면에서 사용자가 취할 대안 행동을 평가하라.
- 이 기준에 따라 이상적인 행동을 선택하라.

문제의 징후

- 모든 사용자가 비슷한 것처럼 보일 때다. 하지만 실제로는 대체로 그렇지 않다. 비슷해 보인다면 아마도 이들의 기존 경험과 행동을 충분히 파고들지 않았을 것이다.
- 잠재적인 행동을 평가할 때 모든 행동이 비슷한 점수를 받거나, 회사 입장에서 비용 부담이 너무 크거나 사용자가 실행하는 것이 현실적으로 불가능할 때다(유감스럽지만 처음으로 되돌아가서 더 많은 사용자 행동을 떠올려라).

결과물

- 사용자에 대한 자세한 관찰 기록
- 여러분이 만든 애플리케이션의 사용자(또는 잠재적 사용자) 주요 그룹과 그들의 특징을 나타내는 사용자 페르소나 세트
- 사람들이 취할 미세 행동을 대략적으로 보여주는 행동 지도
- 그 행동 지도에서 사용자가 직면하고 있거나 앞으로 직면하리라 생각하는 특정 장애물. 다시 말해 진단이 포함된 행동 지도
- 목표 결과, 행위자, 행동을 반영하여 업데이트한 프로젝트 요약

✏️ 워크시트: 행동 지도

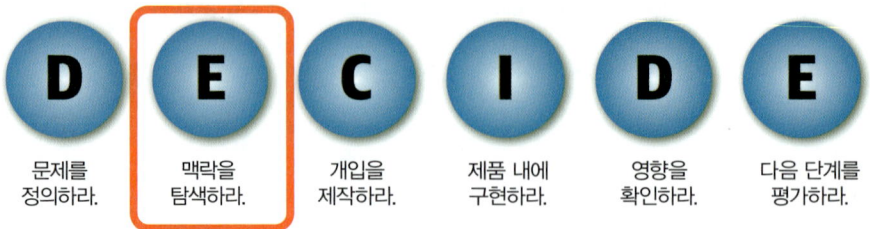

행동하지 않던 사용자가 행동을 취하기 위해 필요한 각 미세 행동을 설명하라. 그리고 각 단계에서 CREATE 행동 전제 조건이 갖춰졌는지 물어보라. 기존 전제 조건을 목록에서 확인하고 참고용으로 간략히 설명하라. 누락된 것이 있다면 행동을 재구성하고 환경을 변경하거나 사용자를 교육해서 프로세스를 진행하도록 도와줄 수 있는 방법을 떠올려라.

사용자의 초기 상태는 어떠한가?

≫ 주로 앉아서 생활하며 평소 운동하지 않는다.

사용자가 처음에 어떤 행동을 하는가?

≫ 앱 다운로드 초대 이메일을 연다.

- ☑ **단서:** 고용주가 보낸 이메일
- ☑ **반응:** 중립적, 고용주에게서 다양한 이메일을 받는다.
- ☑ **평가:** 여는 비용이 낮고 일반적으로 중요하다.
- ☑ **능력:** 쉽다.
- ☑ **타이밍:** 회사에서 온 이메일은 빨리 열어야 한다.
- ☑ **경험:** 중립적이다.

사용자가 다음으로 하는 행동은 무엇인가?

≫ 직원 ID와 고유한 비밀번호를 사용해서 앱을 설치한다.

- ☑ **C:** 이메일 속 행동 유도 문구(call to action)
- ☑ **R:** 윽, 또 다른 앱이라니
- ☑ **E:** 체형 관리에 도움이 될 수 있겠다.
- ☑ **A:** 직원 ID가 없다.
- ☑ **T:** 어차피 지금 집에 있고 급한 일이 아니다.
- ☑ **E:** 중립적이다.

사용자가 다음으로 하는 행동은 무엇인가?

≫ 체육관으로 PT를 받으러 간다!

각 미세 행동에 대해서도 마찬가지다. 첫 번째 주요 장애물을 찾아라. 그것이 행동 진단이다. 후속 문제도 있을 수 있지만 이 지점을 넘어가지 못하면 의미가 없다.

우리 운동 앱의 경우에는 프로세스 초반에 두 가지 문제를 발견했다. 첫째는 사용자가 새로운 앱을 다운로드할 때 부정적인 감정 반응을 보인다는 점이고 둘째는 계정을 만들기 위해 로그인할 능력이 없다는 점이다.

워크시트: 행위자와 행동 다듬기

일부 제품, 특히 기존 제품의 경우 행위자와 행동이 명확해서 의심의 여지가 없다. 그런 경우에는 이 연습 과정을 건너뛰어라. 그러나 맥락을 탐색하면서 사용자와 이들이 처한 상황에

대해 더 많이 알게 되어 초기 가정이 부정확하다는 것을 깨달을 수 있다. 제품이 다른 그룹의 관심을 끌거나 도움이 될 수 있다고 생각하거나, 과거에 통하지 않았던 진부한 해결책을 그대로 제공하고 있다고 생각한다면 이 워크시트가 이를 다시 확인하고 개선하는 데 도움이 될 것이다.

행동: 사람들이 여러분의 제품이나 커뮤니케이션을 통해 목표 결과를 달성하기 위해 취할 수 있는 네 가지 매우 다른 행동을 브레인스토밍으로 떠올려라. 가능한 행동을 생각할 때 다음 사항을 염두에 두어라.

- 사람들이 결과를 달성하는 과정에서 현재 직면하고 있는 장애물
- 결과 직전에 일어나야 하는 것
- 사람들이 결과를 달성하도록 돕기 위해 회사가 고유하게 포지셔닝하는 방법
- 현재 해당 행동을 달성한 사람들이 하고 있는 것

행동 1: 혼자서 주 2회 달리기, 3km부터 시작한다.

행동 2: 운동 목표를 적는다.

행동 3: 체육관에서 PT를 받는다.

행동 4: 사내 피트니스 프로그램에 참여한다.

논의를 위해 플래시 운동 앱의 경우 회사가 행동(체육관 출석)과 대상 사용자(비교적 주로 앉아서 생활하는 사무직 직원)를 정했다고 가정하고 이 목표를 기준으로 나머지 프로세스를 이어갈 것이다. 워크북(부록 A)에서는 다양한 유형의 행위자를 브레인스토밍하고 가능한 행위자와 행동을 평가하는 데 사용할 수 있는 추가 연습문제가 제공된다.

CHAPTER 08
노력 이해하기
: 물고기에 대한 짧은 이야기

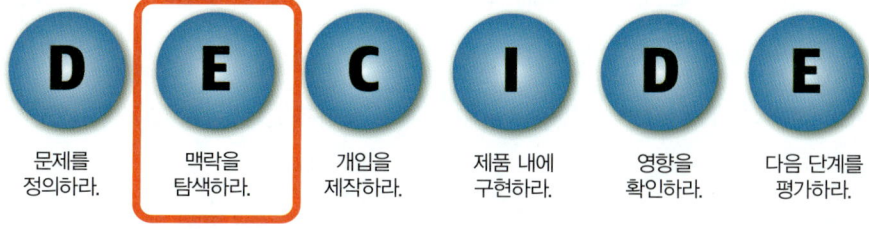

자신이 해변을 걷고 있는 장면을 머릿속에 그려보자. 바닷물에서 몇십 cm 정도 떨어진 모래사장 위로 떠밀려와서 펄떡이고 있는 물고기가 눈에 띈다. 그런데 그 물고기를 잡아 먹고 싶다기보다는 도와주고 싶은 기분이 든다고 상상해보자. 여러분이라면 어떻게 도와주겠는가?

물고기에게 다가가서 "물고기는 물에 있어야 살 수 있다는 걸 몰라? 물이 얼마나 소중한지 제대로 이해하고 있다면 벌써 물속에 들어갔을 텐데!"라고 꾸짖을까?

아니면 침착하고 사려 깊게 물고기에게 이렇게 설명할까? "아가미의 작동 방식을 설명해줄게. 아가미는 수중 용존산소를 추출해서 혈류로 보내준단다. 그러면 몸의 다른 부분이 산소를 사용할 수 있지. 따라서 네가 물속에 있지 않으면 용존산소를 얻을 수 없어서 곧 죽을 거야."

아니다. 확실히 어리석은 방법이다. 물고기가 모래사장에 누워 있는 것은 동기나 이해가 부족해서가 아니다. 세부사항은 모를지언정 가장 중요한 부분은 '안다.' 바닷물로 다시 돌아가야 한다는 점 말이다.

그 대신 그 순간에 물고기를 돕기 위해 여러분이 할 수 있는 일은 네 가지다.

첫째, 물고기를 손으로 들고 바닷물로 들어가서 물속에 풀어줄 수 있다. 물고기는 그저 너무 펄떡이지 않고 여러분의 손에 가만히 있으면 된다. 가만히 있기가 쉽지는 않겠지만, 물고기 혼자 힘으로 물로 돌아가는 것보다는 훨씬 더 쉬운 방법이다.

둘째, 여러분이 모든 것을 처리해주는 방법도 있다. 어떻게든 물고기를 재워서 물로 옮겨준 다음에 다시 깨우는 것이다. 물고기는 아무것도 하지 않아도 된다(펄떡거리고 싶은 충동에 저항할 필요조차 없다).

하지만 미끌거리는 물고기를 손으로 잡고 싶은 기분이 들지 않는다면 물고기가 바닷물까지 갈 수 있게 모래사장 위에 물까지 이어지는 수로를 파주는 방법도 있다. 그리고 물을 조금 가져다가 물고기 위에 부어주면 된다. 그러면 물고기가 하고 싶은 일, 즉 물을 따라 안전한 곳으로 가는 일을 더 쉽게 할 수 있다. 이것이 세 번째 선택지다.

그리고 넷째, 사전에 시간적 여유가 있어서 물고기에게 더 잘 펄떡이는 방법을 훈련시킬 수 있었다면 유용했을 것이다. 하지만 문제가 심각할 때는 대개 그런 여유가 없다.

어쨌든 꾸짖기나 교육하기처럼 물고기가 스스로를 구출하는 방법에 의존하는 것은 좋은 생각이 아니다.

행동 변화를 위해 디자인할 때는 강하게 압박을 해서라도 사용자들에게 동기를 부여하고 싶다는 생각이 먼저 들기도 한다. 또는 그들이 우리처럼 문제를 이해하기만 한다면 행동할 것이라 생각하며 사실과 수치를 억지로 주입하고 싶어지기도 한다. 그러나 이런 방법은 별로 도움이 되지 않는다. 문제를 직면한 것은 사용자들이며(비록 사용자는 물고기와 전혀 다른 존재지만 이 비유는 요점을 잘 전달해준다) 세부적인 상황을 전부 파악하지는 못했더라도 기본적인 사항은 이미 어느 정도 이해하고 있다.[1]

그 대신 사람들이 어려움을 겪는 행동 자체를 유심히 살펴보는 데에서 시작하는 것이 좋다. 똑같은 결과를 더 쉽게 달성할 방법이 있을까? 아니면 더 자연스럽게 달성할 방법이 있을까?

---

[1] 사용자들이 해결해야 할 문제가 있다고 생각하지 않거나 문제를 인식하고 있음에도 중요하다고 생각하지 않는다면 애초에 개입하지 말아야 한다. 그건 설득이나 강압이다.

(1) **행동을 변화시켜서** 더 쉽게 할 수 있게 해주어야 한다. 행동을 변화시키는 가장 극단적인 방법은 작업의 부담을 완전히 우리가 떠안거나 (2) **우리가 대신해주어서** 사람들이 아무것도 할 필요가 없게 만드는 것이다. 그렇지 않다면 (3) **환경을 변화시켜서** 사람들이 행동할 가능성을 더 높이는 방법도 있다. 마지막으로 시간과 능력이 된다면 (4) **사람을 변화시켜서** 행동의 순간에 대비하도록 도울 수 있다(그림 8-1).

그림 8-1 행동 변화를 위한 네 가지 접근법: 대신해주기, 사람 변화시키기, 행동 변화시키기, 환경 변화시키기

이런 각 선택지는 행동의 맥락을 형성한다. 각각은 좋은 결과가 나올 가능성을 높이도록 설계되었다. 이는 상황에 개입해서 행동 변화를 불러일으키는 네 가지 주요 방법이다.

디자인 프로세스의 목적은 행동을 촉진하거나 방해하는 맥락을 **만드는 것이다.** 더 나은 맥락을 만들 때는 물고기를 꾸짖을 필요가 거의 없다.

이제 행동을 변화시키는 극단적인 방법인 대신해주기를 간략히 살펴보자. 이 방법을 사용할 때는 행동 변화를 위한 디자인에서 **속임수**를 써서 사람들을 대신해 필요한 일을 한다. 이렇게 마법 같은 해결책을 쓸 수 있다면 좋고 항상 이런 해결책을 모색해야 하지만 언제나 사용할 수 있다고 기대해서는 안 된다. 이제부터는 몇 장에 걸쳐 행동, 환경, 사람을 변화시키는 세부적인 과정을 살펴보겠다.

가능할 때 대신해주기

2장에서 언급했듯이 여러분은 행동을 보람 있게 만들거나, 쉽게 만들거나, 익숙하게 하거나, 사회적으로 받아들여지게 만들 수 있다. 하지만 그 활동에는 여전히 사용자가 직접 해야 할 일이 포함된다. 사용자가 사전 동의만 해주면 될 정도로 영리한 방법을 찾아서 사용자의 부담을 제품으로 옮겨줄 수 있다면 가장 좋다. 나는 이 방법을 '속임수'라고 부른다. 사용자의 복잡한 문제를 훨씬 더 간단한 문제로 대체하는 것이다. 즉 사용자는 다른 무언가(제품)가 그들을 대신해서 행동을 취하게 할지 결정만 하면 된다. 앞으로 확인하게 되겠지만 이 전략은 특정한 경우에만 사용할 수 있다. 하지만 사용할 수 있을 때는 매우 강력한 효과를 낸다.

회사가 정확히 어떻게 '속임수'를 쓸지는 목표 행동이 일회성 행동인지, 드물게 반복되는지(예: 운동화 사기), 자주 반복되는지(예: 매일 아침 달리기)에 따라 달라진다. 이제 각 상황을 차례로 소개하겠다.

일회성 행동 속임수 전략

일회성 행동에 속임수를 쓰려면 그 행동을 자동화해서 직접 수행하거나 다른 행동의 부수적인 결과로 만들 수 있다. 두 경우 모두 더 자세히 살펴보자.

자동화하라

행동을 자동화하려면 회사는 먼저 사용자를 대신해서 그 행동을 취할 방법을 찾는다. 그런 다음 이를 기본값 설정 같은 작업 절약 기법과 결합한다. 제품이 사용자를 대신해서 행동을 취할지에 대해 사용자에게 선택권을 주고 기본값을 "예"로 설정해둔다. 사용자가 원한다면 "아니요"라고 할 수 있다.

대부분의 자동화는 눈에 보이지 않는다. 자동화라는 생각을 하지 못하는 상태에서 그냥 일어난다. 사실상 우리는 주변에 있는 자동화를 인식하는 데 익숙하지 않아서 자동화를 해결책으로 떠올리는 일이 거의 없다. 그래서 내가 자동화를 제안할 때 받는 가장 흔한 반응은 "좋네요. 근데 여기서 그게 통할 리 없어요. 이 행동을 자동화할 수 없거든요." 다. 뭐, 그 말이 맞을 수도 있다. 이쯤에서 실생활에서 자동화가 어떻게 작동하는지 몇 가지 예시를 살펴보자.

추구하는 행동 변화: 사용자들이 미래를 위해 저축하게 한다

근래에 들어 사용자의 저축을 도운 가장 성공적인 두 가지 사례는 401(k) 자동 가입과 자동 증액이다.[2] (미국이 아닌 다른 국가의 독자들을 위해 설명하자면 401(k)는 고용주가 직원에게 제공하는 퇴직연금 저축 플랜이다.) 자동 가입 제도를 통해 회사의 401(k) 플랜에 참여할 자격이 있는 개인은 기본적으로 플랜에 가입되지만 원한다면 납입하지 않을 수 있는 선택권이 주어진다. 납입금은 이들의 401(k) 계좌로 자동 입금된다. 마찬가지로 자동 증액 제도는 시간이 지남에 따라 자동으로 납입률이 높아지지만 개인은 언제든 이를 취소할 수 있다.

사용자가 초기에 취하는 행동은 입사 계약서를 작성할 때 자기 이름 옆에 서명하는 정도로 무척 간단하다. 이후 401(k) 플랜 납입금은 급여에서 자동으로 차감되어 퇴직연금 계좌로 옮겨진다. 이 프로세스는 매달 개인이 퇴직 플랜에 납입할지 선택하거나, 플랜에 가입하는 데 필요한 서류를 가지고 인사 담당자를 찾아야 하는 번거로움을 효과적으로 제거한다.

401(k) 자동 가입은 저축을 늘리는 매우 효과적인 예시이긴 하지만 이는 **자발적인** 행동 변화와 속임수 사이의 경계를 넘나들 수 있다. 직원들에게 퇴직 플랜과 기본 납입에 대해 알리려고 노력하는 고용주도 일부 있다. 하지만 퇴직할 때까지 퇴직연금 계좌에 대해 모르는 직원도 있다. 이런 경우 퇴직연금을 받자마자 이를 퇴직과 관련 없는 일에 빠르게 소진할 수 있다. 애초에 이 과정에 대해 알지 못했고 이에 대해 신경 쓰지 않았기 때문이다.

---

[2] 정책 입안자와 회사의 의도와 달리 이런 행동 변화는 다수의 미국인에게 단기 저축 수단이 되었다. 하지만 저축에 미치는 영향은 여전히 놀라울 정도다. 자동 가입과 자동 증액의 단점에 대한 논의는 펠로우스의 글을 참조하라(Fellowes 2013).

- **자동화와 기본값의 영향**: 이 경우에는 상당한 영향을 미쳤다. 자동 가입을 통해 기본적으로 플랜에 가입하게 하면 그렇지 않은 경우에 비해 참여율이 거의 **2배**에 달한다.[3]

추구하는 행동 변화: 사용자들이 저품질이 아닌 고품질 사진을 찍게 한다

고급 카메라 제조업체들이 공통적으로 겪는 한 가지 문제가 있다. 많은 소비자가 다양한 기능을 원하지만 그런 기능을 넣으면 카메라가 사용자의 실수에 민감해져서 사진의 품질이 나빠지는 원인이 되기도 한다는 점이다.

좋은 카메라는 사람들이 고품질 사진을 찍도록 도와주면서도 강력한 선택지를 (높은 가격에) 제공할 수 있게 해주는 간단한 해결책을 쓴다. 바로 사용자의 작업을 대신 처리할 수 있는 강력한 기본 기능을 제공하는 방법이다. 자동 초점이나 적목 현상 감소 같은 기능을 기본적으로 활성화해두어서 카메라가 사용하기 매우 쉬워지고 대부분의 상황에서 좋은 사진을 찍을 수 있다. 게다가 이런 카메라에는 온갖 멋진 추가 기능도 포함되어 있다. 이런 기능으로 인해 이 카메라는 저가형 카메라보다 더욱 매력적이고 비싸게 보인다.

컴퓨터 소프트웨어에서도 이와 비슷하게 자동화와 기본값을 조합하는 일이 흔하다('표준 설치와 골치 아픈 사용자 정의 설치 중 무엇을 원하나요?'). 선택권은 존재하지만 소프트웨어 제작자들이 제공하는 똑똑한 기본값 덕분에 대부분의 사람들은 걱정 없이 소프트웨어를 설치할 수 있다.

- **자동화와 기본값의 영향**: 그런데도 카메라는 **흥미로운** 사진을 찍는 데 여전히 별 도움이 되지 않는다. 더 심각한 문제는 대중적으로 사용하고 있는 카메라가 **이미** 대비, 화이트 밸런스, F 값 같은 똑똑한 기본값을 갖추고 있어서 이런 기능만으로는 차별화가 어렵다는 점이다.

---

[3] Nessmith et al.(2007)

부수적인 결과로 만들어라

행동을 기본값으로 설정할 수 없다면 다른 영리한 방법이 있다. 사용자가 어차피 해야 하는 다른 행동을 하는 도중에 그 행동이 함께 일어나도록 하는 것이다. 다시 말해 그 행동에 대해 생각할 필요가 없게 해야 한다. 본질적으로 더 흥미롭거나 매력적인 다른 행동을 할 때 자동으로 그 행동이 일어나게 하는 것이다. 하지만 사용자가 그 행동을 원하지 않을 경우 거부할 수 있는 선택권을 남겨두어야 한다. 여기에 해당하는 두 가지 예시가 있다.

추구하는 행동 변화: 필수 비타민과 미네랄 섭취량을 늘린다

해결책을 제시하기 전에 한번 생각해보자. 사람들의 비타민과 미네랄 섭취량을 늘리는 가장 효과적인 방법은 무엇일까? 섭취할 때 얻는 이득을 들어 설득할까? 돈을 주어서 섭취하게 할까? 필수 미네랄을 홍보하는 유명인을 내세워서 공공 캠페인을 열까? 아니, 이미 섭취하고 있는 음식에 첨가하는 방법은 어떨까? 단, 사람들의 동의를 얻고 무첨가 옵션도 유지해야 한다. 예를 들어 아이오딘iodine(요오드)를 첨가한 소금을 만드는 것이다.

아이오딘 결핍은 예방 가능한 지적 장애의 주요 원인이다.[4] 이는 성장 저하, 유아 사망, 낮은 IQ, 갑상선종(목에 발생하는 큰 종양) 등을 야기한다.[5] 20억 명의 사람들이 아이오딘 결핍을 겪고 있다. 아이오딘을 생산하고 소금에 첨가하는 데에는 거의 비용이 들지 않는다.

아이오딘을 소금에 첨가하려는 시도는 기본값으로 만들기가 실질적으로나 윤리적으로 강제될 수 없다는 것을 보여준다. 사람들이 자신의 동의 없이 아이오딘을 소금에 첨가하는 것을 반대해서 아이오딘 첨가 캠페인이 수포로 돌아가고 아이오딘 결핍이 이어지는 일이 전 세계에서 여러 차례 발생했다. 거부할 수 있는 선택권, 즉 아이오딘을 첨가하지 않은 소금을 선택할 권한을 제공하지 않고 동의도 얻지 않았다면 이는 '기본값으로 만들기'가

4　McNeil(2006, https://oreil.ly/EmZdB). 하지만 공정을 기하기 위해 첨언하자면 해당 인용문을 위키피디아(https://oreil.ly/D4lmY)에서 찾았다.
5　American Thyroid Association(2020, https://oreil.ly/DdXEW)

아니라 윤리적으로 문제가 있는 강제적 조치에 불과하다. 사람들의 동의를 반드시 **먼저** 얻어야 한다.

- 아이오딘 첨가를 부수적으로 만들 때 미치는 영향: 사람들의 동의를 얻어서 아이오딘을 첨가한 소금을 사용하는 지역에서는 아이오딘 결핍 문제가 더 이상 존재하지 않는다. 이것이 행동 변화 전략의 이상적인 결과다. 미국에서는 이를 부수적인 행동으로 만들지 않은 지역을 제외하고는 아이오딘 결핍이 더 이상 문제가 되지 않는다.

추구하는 행동 변화: 사람들이 (자발적으로) 저축에 돈을 납입하게 한다

이에 대한 하나의 해결책은 상금 연계 저축 계좌, 즉 상금형 저축 계좌다. 상금형 저축 계좌는 사람들이 여러 장 '구매'할 수 있다는 점에서 복권과 비슷하다.[6] 각 복권은 저축 계좌에 대한 납입금이다. 여느 복권처럼 거액의 상금이 있으며 당첨자가 그 돈을 받는다. 그러나 일반 복권과 달리 참가자는 복권 구매 비용을 잃지 않는다. 이 돈은 저축 계좌에 입금될 뿐이다.[7] 참여하면 장점이 상당하지만 단점은 거의 없다.

복권 구매를 즐기는 사용자에게 저축은 부수적인 활동이다. 이들은 어차피 복권에 돈을 소비한다.[8] 복권 구매 비용을 잃지 않는다는 사실은 보너스일 뿐 이들이 참여하는 주요 이유는 아니다.

- 부수적으로 만들 때 미치는 영향: 상금형 저축 프로그램은 영국에서 시작된 이래 수 세기 동안 전 세계에서 크게 인기를 끌었다.[9] 미국에서는 매사추세츠에 기반을 둔 NGO인 코먼웰스 Commonwealth

---

[6] 미국에서는 법적으로 상금 연계 저축이 대개 경품 추첨으로 구성된다. 여기에서 법적 정의까지 살펴볼 필요는 없지만, 이 점을 이해하는 데 도움이 된다.
[7] Tufano(2008)
[8] Filiz-Ozbay et al.(2013)
[9] Murphy(2005)

의 끊임없는 노력 끝에 최근 인기를 얻었다.[10] [11]

일상생활에서 거의 생각하지 않는 더 많은 예가 있다. 예를 들어 어린아이에게 알약을 먹일 때는 알약을 부숴서 아이가 좋아하는 주스에 타서 준다. 어린아이는 알약을 신경 쓰지 않거나 알약이 있다는 걸 모를 것이다. 모르면 불평할 수도 없다. 부수적인 일로 만든 것이다. 아이에게 중요한 것은 주스다.

행동 변화가 제품의 부작용이더라도 사용자가 직접 행동을 취할 때와 똑같은 윤리적 규칙이 적용되어야 한다.[12] 그 부작용이 사용자에게 진정으로 유익한가? 사용자가 부작용에 대해 알게 되면 놀라거나 언짢아하겠는가? 또는 부작용이 있음을 사용자에게 사전에 알렸는가? 그렇게 했다면 더욱 바람직할것이다.

반복 행동을 속이는 전략

반복 행동에도 기본값으로 만들기와 부수적으로 만들기, 두 가지 접근법을 사용할 수 있다. 예를 들어 상금형 저축 프로그램이라면 저축 복권을 매달 반복하여 진행해서 지속적인 저축 납입을 장려할 수 있다.

사람들이 행동할 때마다 저축이 부수적으로 따라온다. 마찬가지로 사람들은 애플리케이션을 사용할 때마다 같은 기본 설정(필요한 경우 조정 가능한)을 접하게 된다.

---

10 주 복권도 학교에 돈을 기부하는 행동을 부수적인 결과로 만든 사례로 들 수 있다. 1985년 이래 주 복권을 통해 '교육 기금'으로 모인 돈이 캘리포니아에서만 240억 달러다(Strauss 2012, https://oreil.ly/_Das-). 하지만 주 복권은 우리의 마음과 의식적인 예산 편성 과정이 얼마나 다른지 보여주는 훌륭한 예이기도 하다. 우리 마음속에서 학교 기부는 복권 구매의 부작용일 뿐 추가적인 노력이 들지 않는다. 하지만 현실에서 주 예산 편성 담당자들은 '1달러는 어디에서나 동일한 가치를 지닌 1달러'라는 것을 정확히 인식하고 있으며 복권으로 들어온 돈을 학교라는 예산 카테고리에서 다른 카테고리로 옮긴다. 복권 참가자의 행동을 바꾼다고 해서 회계 담당자의 행동도 바뀌는 것은 아니다!

11 저축을 부수적으로 만드는 또 다른 훌륭한 예로 IDEO와 뱅크 오브 아메리카(Bank of America)의 'Keep the Change' 프로그램 (https://oreil.ly/OGr0g)을 들 수 있다. 이 프로그램은 직불카드로 결제한 금액을 가장 가까운 1달러 단위로 반올림하고 반올림된 금액과 원래 금액의 차액을 사용자의 저축 계좌로 자동 입금한다. 사람들의 행동은 달라진 것이 없는데, 저축이 부수적으로 일어난다.

12 부작용으로 일어나는 행동 변화에 대한 윤리적 우려를 강조해 준 피터 호바드(Peter Hovard)에게 감사한다.

이 두 가지 접근법 외에도 반복 행동에서 사용할 수 있는 또 다른 방법이 있다. **반복을 자동화**하여 반복 행동을 일회성 행동으로 전환하는 것이다.

반복을 자동화하라

반복적인 행동은 일회성 행동보다 본질적으로 더 어렵다. 시간이 지남에 따라 그 행동을 더 잘하는 방법을 익히게 된다고 해도 마찬가지다. 따라서 반복 행동을 일회성 행동으로 바꾸는 것이 좋다.

이 시나리오에서 개인은 자동화된 프로세스를 설정하거나 수락하는 일회성 행동을 하고, 그 이후 작업은 사용자의 개입 없이 제품이 처리한다. 원칙은 간단하며 일회성 행동을 기본값으로 만드는 것과 매우 유사하다. 즉, 보이지 않게 마법을 발휘하여 작업을 사용자로부터 제품으로 옮기는 것이다.

건강 분야에서 반복 행동을 자동화한 훌륭한 예로 사람들이 종일 가지고 다니는 운동 추적기를 들 수 있다. 가민Garmin, 핏빗Fitbit 같은 밴드, 별도의 기기 없이 GPS나 휴대전화의 가속도계를 사용하는 런키퍼Runkeeper 같은 앱이 여기에 해당한다(그림 8-2 참고). 이런 앱과 기기는 자동으로 운동을 기록하고 사용자의 목표와 비교한다. 이런 제품은 운동을 기록하고 일일 목표와 비교하는, 귀찮지만 유익한 작업을 자동화하여 마법처럼 사라지게 한다. **운동 추적**이 자동화되면 회사들은 사용자의 운동량을 늘리는 것처럼 더 흥미롭고 (사용자에게 유익한) 목표 행동에 집중할 수 있다.

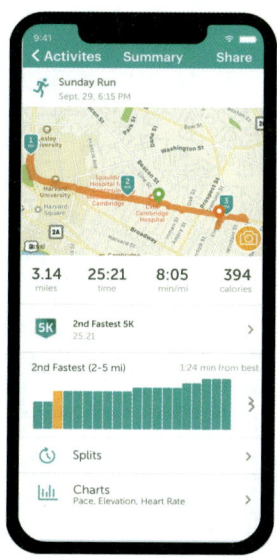

그림 8-2 런키퍼, 운동 자동 추적 앱(이미지 제공: 런키퍼)

개인 재무 분야에서 행동을 자동화한 또 다른 예로는 에이콘스, 민트 등의 서비스와 수많은 은행 웹사이트처럼 결제를 자동으로 분류하고 지출을 추적하는 소프트웨어를 들 수 있다. 1980년대처럼 '옛날'에는 당좌 계좌의 잔고를 알고 싶으면 지출을 추적하고 수표책을 결산해야 했다(수표를 기억하는가?). 1990년대에 ATM이 대중화되었을 때도 현금 인출 내역을 추적해야 했다. 신용카드를 사용했다면 월별 명세서를 받을 수 있었지만 이 경우에도 명세서가 도착하기 전까지는 카드 이용 내역을 확인할 길이 없었다.

개인 재무 애플리케이션이 등장하면서 지출 추적이 자동화되었다. 결제가 이루어질 때마다 자동으로 기록되고 분류될 뿐 아니라 목표나 예산과 관련 있는 항목이라면 자동으로 비교된다. 이처럼 자동화가 이루어지면 제품 팀은 사용자가 예산 내에서 소비하도록 돕는 것과 같은 더 흥미롭고 어려운 문제에 집중할 수 있게 된다. 하지만 지출을 추적하는 데 시간을 낭비해야 하는 대부분의 사용자는 이렇게 할 여유가 없다.

가장 강력한 조합은 자동화와 기본값으로 만들기를 결합하는 것이다. 자동화는 반복 행동을 일회성 행동으로 만들고 기본값으로 설정하면 사용자는 그 자동화를 받아들이기만 하면 되게 한다. 이에 대해 자세히 설명하지 않았지만 401(k) 자동 가입이 그런 예다. 저축 납입금이 자동으로 차감되고 기본값은 프로그램에 가입하는 것이다.

그래도 속임수는 속임수가 아닐까?

다른 행동 변화 전략으로 넘어가기 전에 좋은 일을 한다고 주장하는 많은 제품에 내포된 가정을 반박해보려고 한다. 좋은 일을 하려면 사용자가 어려운 일을 하게 해야 한다는 가정 말이다. 행동 변화를 위해 디자인하면서 사람들이 특정 행동을 취하도록 돕고 싶다면 가파른 언덕을 오르도록 사람들을 밀어붙여야 한다! 어려운 일이라는 것을 우리도 알고 사용자도 알지만 그래서 그 행동이 가치 있는 것 아니겠는가?

음, 사실 그렇지 않다.

사람들을 더 건강하게 만드는 것이 목표일 때 그 행동이 목표와 일치하고(예를 들어 사람들이 이미 먹고 있는 음식을 마법처럼 더 건강하게 만들었는데 맛과 비용은 그대로인 경우) 자동화에 별다른 부작용이 없다면 사용자가 그 목표를 위해 굳이 노력할 필요가 있을까? 선하게 보이고 싶어 하는 내면의 목소리가 이렇게 말하는 것만 같다. "그러다 본질을 놓치겠어. 우리는 사람들이 현명한 선택을 하고 영양의 중요성을 깨닫고 우리의 도움에 고마워하기를 원했잖아." 우리가 겉으로는 행동 변화를 위해 디자인한다고 하면서도 속으로는 단순히 사용자를 **돕는 것** 이상을 바랄 때가 있다. 사용자들이 특정한 유형의 **선량한 사람**이 되기를 바라는 것이다. 사용자들이 우리가 알고 있는 온갖 중요한 사실을 배우기 바라고, 우리가 신경 쓰는 일을 신경 쓰기 바라며, 본인들의 목표를 위해 진정한 노력을 기울이며 결단과 헌신을 보여주길 바란다. 하지만 이런 바람이 행동 디자이너에게는 중요한 것이지만 사용자와 사용자의 성공에는 별 도움이 되지 않는다.[13]

---

13 여기서 말하는 선량한 사람의 이미지란 당연히 행동 디자이너들이 자신을 본떠서 만든 것이다. 우리가 사용자들을 자신과 더 비슷하게 만들려고 하는 것은 자기 확인의 한 형태와 같다. 그리고 슬프게도 나는 나를 비롯한 많은 사람의 작업에서 이런 현상이 발생하는 것을 보았다.

바로 이런 이유 때문에 제품의 최종 목표를 명확히 하는 것이 필수다. 예를 들어 우리가 건강한 식습관에 대해 알고 있는 것을 사람들에게 가르치는 것은 칭찬받을 만한 목표다. 하지만 정말 우리가 단지 사람들을 가르치는 것을 원할까? 아니면 사람들의 식습관을 변화시켜서 장기적으로 더 건강하게 만드는 것을 원할까? 만약 우리가 한 걸음 더 나아가서 이 **특정 문제**를 해결하고 나서 다른 문제로 넘어갈 수 있다면 그게 더 좋지 않을까? 음식을 더 건강하게 만드는 것이 비타민 결핍을 줄이는 데는 도움이 되겠지만 심혈관 질환 문제는 해결하지 못할 것이다. 그렇다면 일단 음식 문제를 해결한 다음 심혈관 질병 감소를 돕는 다음 문제에 집중하는 것이다.

어떤 제품이든 여러 목표가 있을 것이다. 하지만 성공을 가늠하는 한 가지 명확한 기준이 있어야 한다. 최종 결과나 목표 말이다(여러 작은 기준을 결합한 것일 수 있다). 제품의 목표를 식별하고 섬세하게 조정하는 방법은 6장과 7장에서 다뤘다. 그 작업은 이미 마쳤다고 가정해보자. 추구해야 할 목표가 명확해지면 그 목표를 향해 나아가라. 설령 사람들이 힘들어하지 않아서 속임수를 쓰는 것처럼 느껴지더라도 말이다. 유익한 행동 변화에 희생자가 따를 필요는 없다. 작업을 마법처럼 사라지게 하는 이유는 사용자가 더 나루기 힘들어 하는 다른 문제를 돕기 위해서다.

이렇게 하는 데에는 행동 과학이라는 든든한 근거가 있다. 간단히 말해서 우리의 자아개념은 자신의 행동을 기반으로 끊임없이 변한다. 우리는 종종 자신이 어떤 행동을 한 이유를 잊거나 무시하고 자기 행동을 관찰한 바에 따라 자신이 어떤 사람인지 이야기를 지어낸다.[14] 예를 들어 퇴직 플랜에 성공적으로 납입금을 넣었다면, 비록 기본값으로 설정되어 있어서 한 행동일지라도 자신이 저축을 할 수 있다고 느끼게 된다. 자신을 저축하는 사람이라고 생각하게 되는 것이다! 자동이체를 통해 저축하며 느끼는 자부심은 실재하며 과소평가되어서는 안 된다. 저축하는 사람이라는 자아개념은 다른 관련 행동에 연쇄적으로 영향을 미치며 미래 행동을 준비하게 한다.

---

14 Wilson(2011). 자신의 행동에 대해 일관되고 불협화음이 없는 이야기를 지어내는 것과 관련된 경향은 북한의 정치범 수용소부터 영업에서 연속적인 약속을 받아내는 '문 안으로 발 들여놓기' 전략에 이르기까지 모든 분야에 존재한다. 치알디니의 저서를 참조하라 (Cialdini, 2008).

이 분야의 고전적인 연구로는 프리드먼과 프레이저의 연구가 있다.[15] 이 연구는 주택 소유자들에게 안전 운전을 장려하는 작은 스티커를 창문에 붙이도록 요청하는 것으로 시작했다. 무작위로 선정된 이 그룹은 몇 주 후 집 앞 잔디밭에 안전 운전에 대한 큰 표지판을 세워달라는 요청을 훨씬 더 잘 받아들였다. 무려 76%가 큰 표지판을 받아들였으며 작은 스티커를 붙여달라는 요청을 받지 않았던 다른 주택 소유자들 중에서는 17%만이 큰 표지판을 허락했다. 이 주택 소유자들은 다른 연구에서 운전과 관련 없는 표지판을 받아들일 확률도 훨씬 높았다. 이들은 자신을 지역 사회에서 적극적으로 활동하는 사람으로 여기기 시작했고 이는 이들의 행동에 광범위한 영향을 미쳤다.

물론, 이런 방법이 통하지 않는 경우도 있다. 행동이 일어났다는 사실을 전혀 인지하지 못하면 자아개념도 변하지 않는다. 하지만 그런 경우는 자발적인 행동 변화가 아니라 은밀한 속임수에 불과하다.

행동 퍼널에서의 속임수

[그림 2-3]에서 보았던 CREATE 행동 퍼널을 기억하는가? 사용자가 처음 단서를 접하고 의식적인 선택을 통해 충분히 긴급하다고 느끼고 행동하기까지 모든 단계를 거치는 것은 어렵다. **속임수** 전략은 퍼널의 의미를 변형시킨다. 사용자가 하기 어려운 행동을 취하기로 의식적으로 선택할 때는 사용자가 퍼널의 모든 단계를 통과해야 성공이다. 제품이 속임수를 쓸 때는 사용자가 행동이 일어나는 데 동의한 뒤에 행동이 일어나는 것을 막기 위해 퍼널을 통과하지 **않을 때** 성공으로 간주한다.

---

15 Freedman, Fraser(1966, https://doi.org/10.1037/h0023552)

사용자를 대신할 수 없을 때 CREATE를 활용하라

마법을 부릴 능력이 있다면 마법을 부려라. 사용자들에게 "아니요"라고 말할 선택지를 주면서도 사용자의 행동 과제를 마법처럼 없애는 것이다. 그런데 안타깝게도 마법을 쓸 수 있는 상황은 그리 흔하지 않다. 이어지는 두 장은 개입을 만드는 과정을 자세히 소개한다. 행동을 촉진하거나 방해하기 위해 행동, 환경, 사람을 구체적으로 어떻게 변화시키는지를 다룰 것이다. 해결책, 즉 개입은 7장에서 소개한 행동 진단과 밀접하게 관련되어 있다. 해결책은 행동 문제처럼 CREATE 행동 퍼널을 이용한다.

해결책을 개발하는 과정에서 행동 변화를 위한 디자인의 철학이나 접근법에 대해 행동 과학에서 얻을 수 있는 몇 가지 추가적인 교훈이 있다.

- 사용자의 동기 너머를 살펴보라.
- 화면을 벗어나라.

사용자의 동기 너머를 살펴보라

이 장의 맨 처음에 소개한 이야기에서 보았듯이 물고기에게는 물속으로 돌아가야 할 충분한 동기가 있었다. 즉, 동기는 문제가 아니었다. 이 이야기는 행동 변화를 위해 디자인할 때 사용자의 동기 너머를 살펴볼 필요가 있다고 강조한다. 디자이너와 프로덕트 매니저가 행동을 변화시키려 할 때 동기를 높일 방법부터 찾는 경우가 많아서 하는 말이다. 내 경험상 특정 행동을 장려하려 할 때 대부분이 가장 먼저 생각하는 전술이 바로 동기를 높이는 것이다. 문제는 추가적인 동기가 진짜로 필요한 것이 아니거나 적어도 그것만으로는 부족할 때가 많다는 점이다.

실생활의 예를 들어보겠다. 고용주가 납입금을 매칭해주는 퇴직 플랜에 투자하여 받는 금전적 보상은 엄청나다. 퇴직 플랜은 수십 년 동안 비과세로 복리의 마법에 따라 공짜 돈을 불려준다. 회사에서 제공되는 매칭을 받으려면 직원들이 자기 돈을 어느 정도 납입해야 하지만,

이는 70살에 자녀 집에 더부살이하지 않고 퇴직 이후의 삶을 즐기려면 어차피 해야 하는 일이다. 그러나 자동화 조치(자동 등록)나 선택에 대한 강요(행동을 유도하는 강력한 트리거)가 없다면 최대 50%의 사람이 이를 실천하지 않는다.[16]

이를 달리 설명하자면 이렇게 생각할 수 있다. 큰돈을 버는 가장 효과적인 방법은 무엇일까? 즉, 어떻게 하면 가장 큰 금전적 보상을 얻을 수 있을까? 우리는 대부분 큰돈을 버는 최적의 **방법을 전혀 모르며** 그 답을 찾으려 애쓰지도 않는다. 우리는 알고 있는 것, 실현 가능해 보이는 것, 자기 인생 이야기에 맞는 다양한 동기와 선택지, 이전 경험 등을 종합적으로 고려하여 자신에게 주어진 것 중 가장 좋은 진로를 선택한다. 다른 모든 동기와 마찬가지로 돈도 전체 이야기의 한 부분일 뿐이다.

동기에 지나치게 집중할 때 발생하는 몇 가지 문제가 있다.

- 제품이 누군가가 이미 하고 싶어 하는 행동을 취하도록 돕는다면 이 사람에게는 이미 어느 정도 동기가 있다. 운동처럼 '좋은' 행동이라면 그 행동이 얼마나 중요한지 이미 귀에 못이 박히도록 들었을 것이다. 여기에 여러분의 목소리를 보탠다고 해도 큰 도움이 되지 않는다(앞서 언급한 바와 같이 때로는 동기가 너무 먼 미래에 있을 때도 있다).
- 다른 행동을 하려는 경쟁 동기는 **항상** 존재한다. 우리가 정확히 어떤 행동을 언제, 왜 취하는지를 이해하는 것이 중요하다. 항상 '가장 동기 부여가 되는 행동'을 선택하는 것은 아니다.

사람들에게 동기를 더 부여하는 것이 중요하지 않다는 의미로 하는 말이 아니다. 동기 부여는 중요하다. 그저 그것만으로는 충분하지 않을 뿐이다. 행동하려는 원래 이유를 강조하거나 사용자에게 적절한 동기 부여 장치를 찾기 위한 실험처럼 동기를 늘리는 전술은 2장에서 언급한 CREATE 행동 퍼널의 다른 부분들과 함께 신중하게 실행할 때 가장 큰 효과를 발휘한다. 동기가 커지면 퍼널의 직관적인 반응과 의식적인 평가 단계를 성공적으로 통과할 가능성도 커진다. 다만 이 외에도 해야 할 다른 일도 있다는 것을 잊지 마라!

사용자가 행동을 완료할 때 인정 배지를 제공한다고 가정해보자. 이는 동기를 높이는 전술

---

16 Nessmith et al.(2007)

이다. 유용한 전술이지만 CREATE 행동 퍼널의 나머지 부분과 결합해야 한다. 예를 들어 사용자가 추가적인 동기의 도움을 받아서 결국 행동을 취하려면 보상의 존재를 인식해야 한다. 다시 말해 그 보상에 대해 생각할 단서가 있어야 한다. 상대적으로 더 큰 동기를 느끼거나 더 급한, 다른 잠재적 행동보다 목표 행동이 더 매력적이어야 한다. 단서를 제공하고 경쟁 행동을 막는 이 두 가지 전술은 뒤에서 자세히 설명하겠다.

사용자 교육의 가치와 한계

행동 변화의 맥락에서 사용자를 교육한다는 것은 필요한 정보를 제공하고 행동할 때가 되었을 때 이들이 충분한 정보를 기반으로 올바른 선택을 하기를 바란다는 의미다.

정보에 집중하는 것은 논쟁의 여지가 없는 일반적인 행동 변화 접근법이다. 우리는 모든 사람이 우리와 똑같은 정보와 교육을 받는다면 우리와 같은 신념을 가질 것이라고 생각한다. 이는 내가 평소 좋아하는 많은 NGO와 정부 기관이 채택해 온 접근법이다. 다만, 정보에만 집중하는 부분에 대해서는 아쉬움이 있다.

안타깝게도 정보는 우리를 평등하게 만들지도, 모두가 똑같이 행동하게 만들지도 않는다. 1장에서 보았듯이 의식적인 정보가 행동과 전혀 관련이 없을 때도 있다. 행동이 습관적이거나 직관적인 반응에 따라 일어날 때도 있기 때문이다. 아니면 정보가 영향을 미친다고 해도 우리의 다른 모든 경험과 정보가 이를 걸러낼 수 있다. 사용자에게 정보를 제공하는 것은 매우 강력한 효과를 낼 수 있다. 그러나 정보를 제공하는 시기와 방법은 신중하게 고민해야 한다. 다음과 같은 경우에 교육의 효과가 반감될 수 있다.

- 사람들이 하는 행동이 의식적인 사고를 전혀 거치지 않을 때(습관적이거나 자동적인 행동이 여기에 해당한다).
- 사람들은 너무 많은 정보에 압도당할 때.
- 결정을 내려야 하는 시점보다 너무 이르거나 늦은 시점에 정보가 주어질 때(우리는 연결되지 않거나 사용하지 않는 사실을 빠르게 잊는다).

교육만으로는 효과가 없었던 접근법의 한 예로 미국의 주택 담보 대출 공시를 들 수 있다. 주택 담보 대출 기관은 대출 신청인에게 대출 작동 방식부터 오래된 집 대부분에 납 페인트가 칠해져 있다는 사실까지 모든 것에 관하여 무수히 많은 서류를 제공해야 한다. 이런 정보는 중요하다. 그런데 읽는 사람이 거의 없다. 소화하기 너무 많은 양인데다, 집중하여 읽을 수 있도록 체계적으로 정리되어 있지도 않고, 이를 바탕으로 어떤 행동을 해야 할지도 명확하지 않다. 대출 신청인이 공시 서류를 모두 받은 시점에 할 수 있는 유일한 '행동'은 집을 포기하고 에스크로escrow 계좌에 넣은 자금이 어디로 가는지 확신하지 못한 채 대출을 취소하는 것이다.

교육의 효과를 높이는 방법을 제대로 이해하기 위해 흔한 예를 들어보겠다. 금융 이해력 세미나Financial Literacy Seminar를 통해 퇴직연금 저축의 중요성을 교육한다고 가정해보는 것이다. 1990년대에 고용주들이 기존 연금 플랜에서 개인이 직접 납입하고 관리하는 401(k) 플랜으로 전환하면서 퇴직 플랜 세미나 이용이 크게 증가했다. 하지만 이런 세미나를 비롯해 고등학교에서 이루어지는 기타 금융 이해력 세미나는 논란의 대상이었고, 수많은 연구자가 그 효과에 의문을 제기했다.[17]

퇴직 교육 제품이 취할 수 있는 세 가지 접근법을 고려해보자. 이런 교육 과정은 어떤 행동이 중요한 이유, 그 행동의 작동 방식과 올바른 결정을 내리는 데 필요한 미가공 데이터, 또는 행동을 취하기 위해 해야 할 일을 다룰 수 있다.

이유

퇴직을 대비한 저축이 중요하다는 사실은 대부분 이미 알고 있다. 노년에 빈곤을 경험하고 싶어 하는 사람은 없다. 그러나 다른 유익한 행동에 대해서는 사용자가 그 중요성을 잘 모를 수 있다. 예를 들어 나는 최근까지도 비교적 젊은 사람들에게도 피부암 검진이 중요하다는 사실을 몰랐다.

---

17 Bayer et al.(2009), Mandell, Klein(2009), Lyons et al.(2006), Fernandes et al.(2014)

작동 방식

우리는 401(k) 플랜의 내부 작동 방식을 잘 이해하지 못하고 복리 같은 기본 금융 주제에 대한 이해도를 확인하는 질문에서 낮은 점수를 받는다.[18] 이런 지식은 우리가 좋은 금융 결정을 내리는 데 도움이 된다는 증거가 있다.[19] 하지만 많은 금융 교육 프로그램이 그렇듯이 이 정보는 실제 결정을 내리기 훨씬 전에 전달되므로 잊히기 쉽다.

해야 할 일

수십 가지 401(k) 옵션을 마주할 때 어떻게 해야 할지 모른다. 사실상 각 펀드에 같은 금액을 납입하는 순진한 전략을 취하는 경우가 많다. 주식 시장 인덱스 펀드나 타깃 데이트 펀드target date fund[20]를 사용하는 등 쉽게 다각화할 수 있는 단순한 휴리스틱을 활용하여 사용자에게 이익이 되도록 결정을 단순화하고 다듬을 수 있다.

어떤 교육이 가장 좋은지는 상황에 따라 달라진다. 자발적인 행동 변화를 일으키려면 행동할 동기가 사용자에게 이미 어느 정도 있다고 가정한다. 시스템 **작동 방식**에 대한 정보는 이에 대해 이미 어느 정도 알고 있는 사람에게는 흥미로울 수 있지만, 그렇지 않은 사람에게는 부담스럽거나 실제 결정과 너무 동떨어진 느낌이 들 수 있다. 실행과 관련된 정보(**해야 할 일**)는 명확한 행동 지침을 제공하고 CREATE 행동 퍼널의 주요 요소인, 즉시 행동할 능력을 높여줄 수 있다.

화면을 벗어나라

행동 변화를 위한 디자인 철학은 우리가 하는 일이 제품 내부로만 국한되지 않는다고 본다. 달리 표현하기 위해 물고기 이야기로 돌아가보자. 제품이 그 순간, 즉 해변에 있지 않았더라

---

18 Lusardi, Mitchell(2007)
19 Hilgert et al.(2003)
20 옮긴이_ 특정 목표 날짜를 기준으로 자산 배분이 자동으로 조정되는 펀드, 주로 퇴직 시점을 목표로 설정한다.

도 요청되는 행동 유형, 행동이 이루어지는 환경, 사용자의 준비를 통해 행동의 맥락을 변화시키는 데 도움을 줄 수 있다.

맥락은 다음 두 부분으로 구성된다.

제품 자체

소프트웨어 애플리케이션의 경우 사용자를 둘러싸고 있는 주요 환경은 제품이다. 특히 사용자가 행동을 취하는 웹 페이지, 아니면 핏빗 원Fitbit One 트래커의 자그마한 진행 화면이 여기에 해당한다.

사용자가 처한 나머지 환경

사용자는 애플리케이션을 사용하는 동안 애플리케이션 외부의 물리적 환경(인터넷 연결이 불안정한 지하철 안에서 사용 중), 사회적 환경('적절한' 행동에 대한 친구들의 기대)에 처해 있다.

물론, 제품 내부에서 발생하는 단계 대부분은 여러분이 통제하고 있다. 하지만 제품을 통해 **화면 너머 사용자의 일상에도 영향을 미칠 수 있다.** 예를 들어 제품 내 지침과 제품을 홍보하는 마케팅 자료도 사용자에게 어떤 행동을 취해야 하는지 알려준다. 이는 사용자가 그 행동을 어떻게 인식하고 제품 바깥에 있는 일상에서 어떤 목표를 이루려 하는지에 영향을 준다. 변화시키려는 행동이 무엇인지(그리고 어떻게 변화시킬 것인지)에 대한 기본적인 정의는 사용자 기반에 맞춰서 조정될 수 있고 그렇게 조정되어야 한다.

실천하기

제품으로 사용자의 문제를 어떻게 해결할지 생각하면 들뜨기 쉽다. 우리는 사용자도 우리처럼 우리의 해결책에 대해 기대가 클 것이라고 가정한다. 우리 해결책이 얼마나 멋진지 그저 그들이 이해하도록 돕기만 하면 된다고 생각한다. 하지만 사용자가 즉시 이해하지 못하면 화가 나서 사용자에게 소리를 지르고 싶어진다. 제품이 제공할 혜택에 대해 악을 쓰며 알려 주고 싶다. 우리가 그들의 문제를 어떻게 해결했는지 사용자에게 억지로 주입하고 싶어진다.

제품 개발이나 마케팅 업무를 해본 사람이라면 사용자가 문제며 이들을 교육하거나 동기를 부여해야만 이들이 우리의 해결책을 사용할 것이라고 확신하는 회의에 참석해본 적 있을 것이다. 물고기 이야기를 떠올린 것은 이처럼 괴로운 회의들 때문이었다. 이 귀여운 이야기를 통해 사용자에게는 대개 문제가 없다는 것을 상기시키고 싶었다.

오히려 문제는 맥락에 있다. 이 책은 맥락 변화시키기에 관한 책이며, 이는 대개 다음 네 가지 중 하나의 방법으로 이루어진다.[21]

1. 사용자 대신 작업을 맡아서 모든 작업 부담을 마법처럼 없애준다.
2. 사용자가 쉽게 행동할 수 있도록 행동을 구조화한다.
3. 행동을 지원하거나 방해하는 환경을 조성한다.
4. 사용자가 행동을 취하거나 저항할 수 있도록 돕는다.

첫 번째는 정말 특별한 경우다. 그렇게 할 수 있다면 정말 좋겠지만, 항상 그렇게 할 수 있을 것이라 기대해서는 안 된다.

여러분이 해야 할 일

- 행동을 완전히 자동화할 수 있는지 확인하라(즉, 사용자가 아무것도 할 필요가 없게 하라).
- 특히 기본값으로 만들기(사용자의 선택이 필요한 순간에 합리적인 선택지를 기본값으로 설정해두기), 부수적인 행동으로 만들기(빵에 비타민을 첨가하는 것처럼 사용자가 하는 다른 일에 유익한 부작용을 결합하기), 사용자가 한번 선택하면 자동 반복되도록 하기(사용자가 한 번 이체를 설정하면 자동으로 이체되도록 하기)를 사용할 기회를 찾아라.

---

21 행동의 맥락을 변화시키는 이런 과정은 제바스티안 디터딩(Deterding 2010, https://oreil.ly/c7e_2)의 게임 디자인 설명과 유사하며, 제품(도구) 자체만 디자인하는 전통적인 UX 프로세스와 차별화된다.

- '사용자에게 좋다'라는 이유로 억지로 사용자에게 그 행동을 강요하지 마라. 그들이 원하는 결과를 달성하도록 도와라. 그토록 숭고한 노고는 더 어려운 상황을 위해 남겨두라.

문제의 징후

- 사용자가 여러분이 그들을 대신해서 행동하는 것을 막을 수 없을 때. 특히 쉽고 명확한 방법으로 막을 수 없을 때. 그것은 행동 변화를 위한 디자인이 아니라 강요에 불과하다.

결과물

- 가능할 때는 마법의 해결책을 사용하라. 여러분이 사용자를 대신해서 해주는 것이다.

연습문제

222쪽에 있는 '워크시트: 행동 지도'에서 자신의 행동 지도와 가장 문제가 될 것으로 진단한 장애물을 검토하라. 이 장애물을 아예 제거할 수 있을지 확인하라. 즉, 그 단계를 건너뛰거나 사용자의 작업 부담을 여러분의 제품이 떠맡을 수 있는지 확인하라. 만약, 그럴 수 있다면 지도에서 다른 행동 장애물을 찾고 똑같은 방식으로 해결하라. 추가적인 장애물이 없다면 다음 몇 장을 건너뛰고 12장으로 바로 넘어가도 좋다.

운동 앱의 경우 우리가 식별한 장애물 중 하나는 사용자가 초대 이메일을 받을 때 직원 ID를 가지고 있지 않다는 것이었다. 이는 능력 장애물이다. 이 문제는 초대 이메일에 직원 ID를 포함시키는 방식으로 해결할 수 있다. 하지만 안타깝게도 아직 다른 장애물이 남아 있다. 앱을 다운로드하고 사용한다는 생각에 대한 부정적인 반응 말이다. 이제 이 장애물을 극복하기 위한 개입을 설계하는 작업으로 넘어가자.

CHAPTER 09

개입을 제작하라
: 단서, 반응, 평가

문제를 정의하라. | 맥락을 탐색하라. | 개입을 제작하라. | 제품 내에 구현하라. | 영향을 확인하라. | 다음 단계를 평가하라.

정부에서 행동 과학을 활용한 매우 인상적인 초창기 사례 중 하나로 영국 행동 통찰 팀을 들 수 있다. 이들은 세금 체납자들에게 대부분의 사람들이 세금을 납부하고 있다는 사실을 알려주었다. 그 결과 세금 체납자들은 자신들도 밀린 세금을 내야겠다고 생각하게 되었다. 다시 말해 기술적 규범을 활용한 것이다. 결과는 명확하고 강력했다. 밀려 있던 세금 납부가 23일 만에 5.1% 포인트 증가했다.[1]

당연한 얘기지만, 그 후로 전 세계 여러 정부는 납세 순응을 응용 행동 과학과 관련지어 생각하기 시작했다. 매우 적은 비용이 드는 이 방식에는 오랜 성공의 역사가 있다.

이러한 노력 중 하나를 규모가 작은 저개발국가인 코소보에서 찾아볼 수 있다. 세계은행World Bank의 eMBeD^{Mind, Behavior, and Development Unit}(정신, 행동 및 개발부서)와 독일의 국제협력공사인 GIZ^{Gesellschaft für Internationale Zusammenarbeit}는 코소보 세무청이 세금 신고와 징수를 개선할 수 있도록 세 차례에 걸친 실험적

---

[1] 납세 순응과 관련하여 이를 비롯한 기타 국제적인 연구에 대한 요약은 홀스워스의 논문을 참조하라(Hallsworth 2017). 해당 분야에 대한 행동 통찰 팀의 작업과 기타 여러 획기적인 프로젝트에 대해 더 자세한 정보는 핼펀의 저작을 참조하라(Halpern 2015).

시도를 설계하고 구현하고 평가하는 데 도움을 주었다.[2] 미국에는 정부가 거둬들이는 세금이 너무 많다고 불평하는 미국인이 많지만, 코소보 같은 지역에서는 낮은 세수로 인해 정부가 국민에게 기본적인 서비스를 제공하는 데에도 어려움을 겪고 있다.

이 프로젝트를 진행한 팀은 문자 메시지, 이메일, 우편물을 통해 세금 신고를 장려하는 메시지를 테스트했다. 메시지에 활용한 방법은 다음과 같다.

- **사회적 규범 제시하기**: "10개 기업 중 7개 기업이 제때 세금 신고서를 제출합니다. 여러분도 지체하지 말고 대세를 따르세요!"

- **시민으로서의 의무에 입각해 호소하기**: "여러분이 세금을 내지 않으면 다른 코소보 국민들에게 부당한 부담이 가해집니다. 시민으로서의 책임을 다하세요."

- **혜택에 초점 맞추기**: "여러분이 납부한 부가가치세가 여러분의 도시에 투자된다는 사실을 아시나요?"

- **세금 미납을 행동의 부재가 아닌, 적극적이고 의도적인 선택으로 다시 프레이밍하기**: "세금을 지금 신고하지 않는다면 이를 귀하의 적극적인 선택으로 간주합니다…."

이들은 세금 신고를 전반적으로 늘리는 데 성공했다. 일례로 우편물을 통한 신고는 의도된 전체 수신자(기업과 개인)를 기준으로 73% 증가했으며, 우편물을 성공적으로 받은 개인 납세자를 기준으로는 431%라는 엄청난 증가세를 기록했다.[3] 다른 많은 행동 과학 연구와 마찬가지로 납세 순응 연구도 비용이 적게 드는 간단한 마케팅과 커뮤니케이션이 얼마나 큰 성과를 낼 수 있는지 보여준다.

드디어 재미있는 부분을 살펴볼 차례다. 바로 개입 자체를 제작하는 단계다. 제품과 커뮤니케이션을 통해 행동을 촉진하거나 방해하려면 **실제로 무엇을 해야 할까?** 6장에서는 문제를 정의했다. 7장에서는 맥락을 탐색하고 행동 문제를 진단했다. 8장에서는 문제를 마법처럼 사라지게 하고 사용자를 대신하여 모든 것을 해줄 방법이 있는지 빠르게 확인했다. 마법의 해결

---

2 세계은행이 시행한 많은 연구 중에서 이 연구를 추천해준 eMBeD의 애비 돌턴에게 감사한다. 이 글은 이들의 보고서 「Promoting Tax Compliance in Kosovo with Behavioral Insights(행동 통찰을 통한 코소보 납세 순응 증진)」(Hernandez et al. 2019) 그리고 애비 돌턴과 주고받은 후속 이메일을 기반으로 작성되었다.

3 이는 우편물을 받은 개인 납세자 집단을 대상으로 한 결과다. 처음 수치인 73%는 개인과 기업 납세자를 대상으로 하여 중도에 탈락한 피실험자까지 모두 분석 대상으로 삼는 ITT(Intent-To-Treat) 집단의 수치였다. 부정확한 연락처 정보로 인해 우편물이 배달되지 않는 중대한 문제가 있었다.

책이 없다고 가정해보자. 그렇다면 문제를 직접 해결해야 한다.

다행히 문제를 진단하면 해결책은 바로 따라온다. 때로 쉽고 간단하다. 진단을 통해 사용자가 새로운 기능에 대해 모른다는 것이 드러났다면(단서 부족) 해결책은 명백하다. 새 기능을 보여주는 것이다. 무엇을 해야 할지 명확하지 않을 때는 많은 행동 과학 연구에 의지할 수 있다. 이런 연구들은 유익한 행동을 장려하는 방법과 부정적인 행동을 방해하는 방법으로 나눌 수 있다. 여기에서는 유익한 행동을 장려하는 방법부터 살펴보겠다.

7장에서 봤듯이 우리는 사용자가 행동하지 않는 이유를 단서 누락, 부정적인 감정 반응 등 하나 이상의 행동 장애 측면에서 진단한다. CREATE 행동 퍼널을 사용한다. 행동 과학자들은 CREATE 장애물 각각을 극복하는 데 도움이 되는 일련의 개입을 개발했다.[4]

그럼 이제 긴말은 접어두고 어떤 개입이 있는지 함께 살펴보자.[5]

[표 9-1]은 행동을 촉진하는 수십 가지 전술을 보여준다. 각 전술이 가장 강력한 효과를 낼 수 있는 CREATE 행동 퍼널의 단계별로 정리되어 있다. 이어지는 섹션에서는 이러한 각각의 인지 메커니즘과 전술을 사용자에게 유리하게 활용하는 방법을 설명한다. 여기에 나열한 많은 전술은 이 책의 앞부분에서 마음의 작동 방식을 처음 소개할 때 간략히 언급했다. 그런 경우에는 그 전술을 실제 어떻게 사용할 수 있는지에 집중하겠다. 이 섹션의 목표는 여러분이 개입을 제작할 때 각각의 주요 전술을 빠르게 참고할 수 있도록 한곳에 정리해두는 것이다.

---

4 CREATE는 수많은 행동 연구를 정리하기 위해 내가 고안한 프레임워크다. 원래 연구자들은 이 프레임워크를 사용하지 않았다. 행동 과학 문헌에서는 이런 방식으로 원칙을 정리하는 논의가 드물다. 그 대신 각 논문은 각 행동 메커니즘을 독립적으로 다룬다. 댄 록턴은 이런 전술을 체계적으로 정리한 좋은(하지만 안타깝게도 드문) 예시를 제공한다. 그는 이를 행동 변화를 이해하는 여덟 개의 '렌즈'라고 표현한다(Lockton 2013).

5 니르 이얄과의 대화, 아이디어스42의 행동 지도에서 영감을 받아서 이렇게 표에 정리했다.

표 9-1 행동을 지원하는 전술

요소	목적	전술
단서	단서를 만들어라.	사용자에게 해야 할 행동을 알려라.
		무언가를 단서로 바꾸어 표시하라.
		알림을 사용하라.
	단서를 더 강력하게 만들어라.	행동할 위치를 명확히 하라.
		방해 요소를 제거하라.
	단서를 겨냥하라.	주의가 집중된 지점으로 가라.
		사람들의 시간에 맞춰라.
반응	긍정적인 감정을 끌어내라.	과거를 서술하라.
		긍정적인 것과 연관시켜라.
	사회적 동기를 높여라.	사회적 증거를 활용하라.
		또래 비교를 사용하라.
	신뢰를 높여라.	강력한 권위를 드러내라.
		진실되고 개인적인 느낌 전달하라.
		전문적이고 아름답게 만들어라.
평가	기초적인 경제학을 활용하라.	인센티브가 적절한지 확인하라.
	기존 동기를 강조하고 지원하라.	기존 동기를 활용하라.
		직접적인 금전적 인센티브를 피하라.
	동기를 높여라.	손실 회피 성향을 활용하라.
		행동 계약을 사용하라.
		다양한 유형의 동기를 테스트하라.
		미래의 동기를 현재로 가져오라.
		경쟁을 활용하라.
	의식적인 의사결정을 지원하라.	인지 과부하를 피하라.
		이해하기 쉬운지 확인하라.
		선택 과부하를 피하라.
능력	마찰을 없애라.	불필요한 의사결정 지점을 없애라.
		모든 것을 기본값으로 만들어라.
		실행 의도를 끌어내라.
	실현 가능성(자기 효능감)을 높여라.	(긍정적인) 또래 비교를 활용하라.
		성공할 것임을 알게 하라.
	물리적 장애물을 없애라.	물리적 장애물을 찾아라.

요소	목적	전술
타이밍	긴급성을 높여라.	텍스트 프레이밍을 통해 일시적 근시를 피하라.
		행동하기로 한 약속을 상기시켜라.
		친구들과 약속하게 하라.
		보상을 부족하게 하라.
경험	과거에서 벗어나라.	새로운 시작을 활용하라.
		이야기 편집을 사용하라.
		속도를 늦추는 기법을 사용하라.
	과거를 피하라.	의도적으로 낯설게 만들어라.
	변화하는 경험을 따라가라.	사용자를 다시 확인하라.

그럼 이제 각각을 차례로 살펴보자. 그 후에는 다른 행동 과제, 즉 부정적인 행동을 방해하는 방법으로 돌아가겠다.

사용자에게 행동에 대한 단서를 제공하라

제멋대로 자란 잔디를 보면 깎아야겠다는 생각이 든다. 스테이크 TV 광고를 보면 배고프다는 것을 깨닫는다. 많은 행동에 동기가 존재하지만 눈에 띄지 않는 경우가 있다. 그 행동에 대해 나중이 아닌, 지금 생각하도록 무언가가 단서를 주어야 한다. 그런 단서가 2장에서 얘기한 CREATE 행동 퍼널의 첫 번째 단계다.

똑똑하게 배치한 단서는 행동 변화에 있어 필수다. 이는 무의식적인 습관(환경 속 단서가 습관적인 루틴을 촉발한다)과 행동하겠다는 의식적인 결정, 두 경우 모두에 해당한다.

요청하라

행동하도록 단서를 주는 한 가지 간단한 방법은 그냥 이들에게 요청하는 것이다. 그렇다. 뻔한 방법이다. 간단한 것도 사실이다. 그런데도 깜빡한다. 우리 제품이 너무 훌륭하니까 사용자들이 당연히 사용할 생각을 할 것이라고 가정하기 때문이다.

그렇게 뻔한 실수를 도대체 누가 저지르는가 싶겠지만 사실 우리 모두 그런 실수를 저지른다. 이메일 하단에 웹사이트 링크를 넣어서 보내는가? 그렇다면 사람들에게 사이트를 보라고 직접 요청하는가? 아니면 뻔하니까 말하지 않아도 알아주기를 바라는가? 메시지나 블로그 글에 X(구 트위터) 아이디를 올리면서 사람들이 팔로우하길 바라는가? 물론, 독자들이 우리가 의도한 행동(웹사이트 확인, X(구 트위터) 팔로우)을 파악할 수 있을 것이다. 하지만 본 것(X(구 트위터) 아이디)과 행동 사이에 많은 정신적 도약이 필요할수록 다른 것에 주의를 빼앗기기 전에 행동해야겠다고 생각할 가능성은 줄어든다.

더스틴 커티스Dustin Curtis는 블로그 독자들을 대상으로 X(구 트위터) 아이디를 표시하는 방법에 대한 일련의 실험을 진행했다.[6] 처음에는 'X(구 트위터)를 합니다'라는 간단한 정보 제공 문구로 시작했다. 'X(구 트위터)' 부분에 본인의 X(구 트위터) 페이지로 가는 링크를 넣었고 독자의 4.7%가 클릭했다. 그다음에는 당연한 행동을 했다. 알고 보니 자신에게는 당연하지만 다른 사람에게는 그다지 당연하지 않았다. 'X(구 트위터)에서 저를 팔로우하세요'라는 문구를 넣은 것이다. 그랬더니 짜잔, 7.31%가 클릭했다. 다음으로는 'X(구 트위터)에서 저를 꼭 팔로우해주세요'라는 더 명확한 문구를 넣었다. 12.81%의 사용자가 클릭했다. 마지막 문구에는 개인적인 요청, 구체성 등 다양한 요소가 작용하고 있으며 행동을 요청하는 효과가 확실하다. 여기서 얻을 수 있는 교훈은 간단하다. **염치없다고 느껴지더라도 행동을 취하라고 직접적으로 요청하라.**

정중하게 표현하고 너무 자주 요청하지 않는다면 요청할 때 그렇지 않을 때보다 대체로 더 많이 행동한다. 소프트웨어 제품 내에 행동을 요청할 때 얻는 세 가지 뚜렷한 효과가 있다.

단서 제공(관심 끌기)

사람들은 바쁠 뿐 아니라 주의력이 극히 제한적이다. 관련 주제를 다룬 많은 책 중에도 딘 칼런Dean Karlan의 저작은 어떤 문제에 대한 관심을 높이는 단순한 행위가 행동을 촉진하는 핵심 요소임을 잘 보여준다. 특히 행동하려는 동기가 이미 있는 경우에는 더욱 그렇다.[7]

---

[6] Curtis(2009)
[7] Karlan et al.(2011)

의무

합리적인 요청은 거절하기가 불편하다. 회사가 친근하게 의인화된 존재(특히 제품이 의인화하는 특정 **인물**)로 여겨질 수 있다면 행동을 촉진하는 데 도움이 될 수 있다.

즉각성/긴급성

저축, 운동, 금연 같은 대부분의 '좋은' 행동은 언제든 할 수 있는 일들이어서 쉽게 미룰 수 있다. 긴급한 이유를 들어서 지금 행동하라고 요청하는 것은 '나중으로 미루기'라는 장애물을 극복하는 데 도움이 된다.

사용자에게 행동하라고 요청하는 것은 그리 어렵지 않다. 이메일, 문자 메시지, 눈에 잘 띄는 '지금하기' 버튼 같은 것들은 행동을 유도하는 명백하고 효과적인 방법이다.[8] 아직 명백한 방법을 시도해보지 않았다면 사람들을 행동하도록 돕는 복잡한 심리학적 접근을 고민하느라 시간 낭비하지 말고 명백한 방법부터 당장 시도해보라.

무언가를 단서로 바꾸어 표시하라

사용자가 자신의 환경에 있는 기존 기능을 단서로 해석하도록 돕는 것도 행동의 단서를 제공하는 또 다른 방법이 될 수 있다. 사용자가 좋아하는 라디오 방송국의 아침 방송처럼 평소 일상에서 보거나 듣는 것을 구체적으로 지정하게 하라. 그리고 그 단서를 행동과 연관 짓게 하라. 예컨대 '아침 방송이 끝나면 달리기 하러 나가야지', '목요일에는 지하철역에서 나와서 운동화를 사러 갈거야'처럼 말이다.

이처럼 간단한 '~하면 ~한다'라는 규칙은 수천 년간 사용되어 왔으며 여러분의 제품은 이런 규칙을 활용해서 사용자가 보는 것과 하고 싶은 행동 사이에 연관 관계를 만들도록 도울 수

---

[8] 여기서 '효과적'이라는 표현은 이런 방법을 사용하지 않았을 때에 비해 더 많은 행동을 불러일으킨다는 의미로 썼다. 이 기법은 매우 뻔하지만, 이런 방법이 효과가 있다는 것을 보여주는 실험적 연구가 실제로 존재한다. 이렇게 단순한 행동 유도 문구를 최적화하는 몇 가지 사례를 확인하려면 guessthetest.com을 참고하라.

있다. 최근 들어 연구자들은 미래에 행동하려는 구체적인 계획을 세우는 **실행 의도**implementation intention의 영향력을 실험적으로 규명했다.[9] 실행 의도란 Y가 발생할 때마다 X를 하도록 마음에 지시하는 것을 가리킨다. 이 방법은 행동을 결정하는 미래의 부담을 현재로 끌어와서 당장 시간을 투자해서 행동할 계획을 세워두고 미래에 환경이 행동하라는 단서를 보낼 때 자동으로 실행하게 해준다.

구체적인 계획을 세워서 어떻게 미래에 행동할 단서를 만드는지 개인적인 예시를 들어보겠다. 나는 이 책을 쓰는 동안 규칙적인 글쓰기를 장려하는 안나 툴친스카야Anna Tulchinskaya의 간단한 온라인 프로그램을 활용했다. [그림 9-1]은 내가 처음 가입할 때 입력한 내용을 보여준다. 나는 매일 특정 시간에 특정 장소에서 글을 쓰겠다는 계획을 세웠다. 그래서 시계가 행동하라는 단서가 되었다.

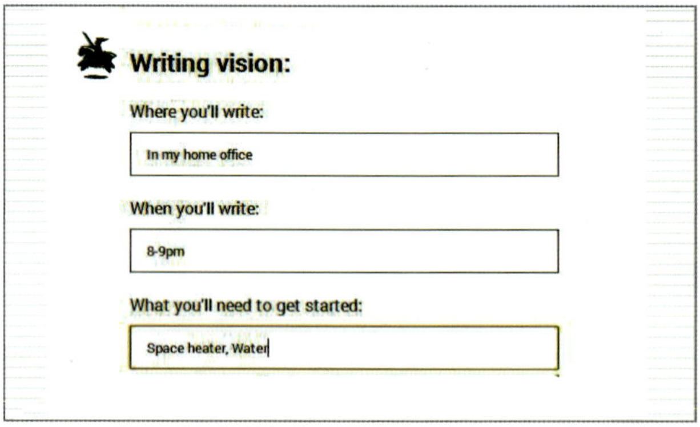

그림 9-1 매일 밤 글을 쓰겠다는 나의 계획

행동할 지점을 명확히 하라

우리는 자세히 읽지 않고 대충 훑어본다. 사용자가 페이지에 있는 많은 텍스트를 제대로 읽을 것이라고 기대하지 마라. '2초 정도 훑어보고 요점을 파악할 수 없는 페이지라면 독자들

---

9 Gollwitzer(1999)

의 주의가 흐트러질 수 있다'라는 2초 규칙은 좋은 테스트다. 『(사용자를) 생각하게 하지 마!』(인사이트, 2014)는 이와 관련된 개괄적인 내용과 실제 사례를 훌륭하게 소개하며, 『마음을 생각하는 디자인』(지앤선, 2013)은 시각 인지 체계와 관련 심리학에 관해 이야기한다.

우리가 빠르게 알아보는 몇 가지 중요한 사항은 페이지와 상호작용할 수 있는 대상(고전인 『도널드 노먼의 디자인과 인간 심리』(학지사, 2016)에 따르면 **어포던스**affordance라고 한다)이다. 즉, 클릭할 수 있는 것, 실행 가능한 것, 이 페이지를 떠나 다음 페이지로 빨리 이동할 수 있는 것처럼 보이는 요소들이다. 교훈은 간단하다. 버튼은 버튼처럼 보여야 하고, 행동을 취해야 하는 곳은 명확히 행동을 취할 수 있는 곳으로 만들어야 한다.

방해 요소를 제거하라: 경쟁에서 승리하라

행동을 장려하는 데 있어 행동 변화 분야에서 그다지 주목받지 못한 측면이 존재한다. 각 행동 유형이 거의 모든 다른 행동 유형과 경쟁하고 있다는 점이다.[10] 사용자의 매우 제한적인 주의력을 끌기 위해(트리거 경쟁) 사용자의 시간을 차지하기 위해(더 쉬워지고 빨라지기 위한 경쟁), 가장 큰 동기를 부여하기 위해 경쟁하고 있다. 일련의 질문을 통해 이런 경쟁 요소나 방해 요소를 알아낼 수 있다.

- 사용자가 처한 환경에서 이미 사용자의 주의를 끌고 있는 것은 무엇이며 **유도하려는 행동을 인식하지 못하도록 방해**하는 것은 무엇인가?
- 사용자의 환경이 **하기 쉽고 간단한** 다른 행동으로 이미 가득 차 있지는 않은가?
- 환경에서 사용자의 **동기를 저해하거나** 더 교묘하게 **다른 일을 하도록 동기를 부여**하여 목표 행동을 방해하는 것은 무엇인가?

심한 경쟁을 마주할 때 대응하는 세 가지 전략이 있다.

---

[10] 2장에서는 CREATE 행동 퍼널의 각 단계에서 사람들이 수행할 수 있는 다른 잠재적인 행동보다 해당 행동이 상대적으로 나아야 한다고 간략히 언급한 바 있다.

첫째, 경쟁 요소가 애플리케이션 내부에 있다면 제품 팀은 사용자가 다른 행동으로 주의를 빼앗기지 않도록 주의력, 동기, 편의성을 제한하는 어려운 선택을 해야 한다. 모든 것을 바꿀 필요는 없으며 사용자가 한번에 한 가지에만 집중하도록 하면 된다. 사용자가 필요한 행동을 하는 시점에 그 행동에 집중할 수 있다면 애플리케이션이 다른 시점에 다른 행동을 하도록 유도하는 것은 큰 문제가 되지 않는다. 주의를 끌기 위해 경쟁하는 요소를 최소화하는 한 가지 간단한 방법은 단순화하는 것이다. 다른 행동 유도 문구, 주의를 분산시키는 텍스트, 페이지에 꼭 필요하지 않은 모든 것을 없애라. 다른 행동은 현재 행동과 개념적으로 명백히 구분되는 애플리케이션의 다른 부분에 배치하라.

사용자들은 화면을 훑어보며 가능한 한 수고를 줄이기 위해 클릭할 수 있을 것 같은 첫 번째 항목을 클릭할 가능성이 아주 높다. 따라서 사용자가 다음 화면으로 넘어가게 하려면 하나의 명확한 행동 유도 문구를 넣어라. 그 외의 링크나 버튼은 없애거나 화면 계층 구조상 확연히 낮은 수준에 배치하라.

둘째, 경쟁 요소를 자신에게 유리하게 활용할 수 있다. 사용자가 실제로 다른 일에 몰두하고 있다면 이를 목표 행동과 연결시킬 영리한 방법을 찾아라. 사용자가 이미 주의를 기울이고 있는 곳이 가장 좋은 지점이다. 그래서 메타(구 페이스북)용 애플리케이션이 그렇게 많은 것이다. 사용자들이 이미 주의를 기울이고 있는 곳이 바로 메타(구 페이스북)이기 때문이다.

셋째, 억지스러운 접근법도 사용할 수 있다. 주의를 끌기 위해 더 시끄럽게 외치고, 더 많은 동기를 부여하고, 제품을 매우 간편하게 사용할 수 있게 만드는 것이다. 내가 추천하는 방법은 아니다. 사용자가 다른 무언가를 하고 있다면 (a) 아마도 합당한 이유가 있을 것이고 (b) 이미 자리 잡은 행동을 극복하려면 약간 더 나은 행동 이상이 필요하다. 행동을 전환하려면 실제로 비용이 발생한다. 습관 바꾸기가 얼마나 어려운지 이미 논의한 바 있다. 하지만 다른 행동을 약화하거나 다른 행동을 자신에게 유리하게 활용할 영리한 방법을 찾을 수 없다면 이 방법이 유일한 선택지일 수 있다. 시간이 지나면 애플리케이션 내에서 다른 행동을 밀어내는 경쟁력 있는 습관과 경험을 구축할 수 있을 것이다. 아니면 기획 단계로 되돌아가서 다른 기존 행동과 강력하게 경쟁하지 않는 다른 목표 행동을 찾는 것도 방법이다.

주의가 집중된 지점으로 가라

누군가의 주의를 끌기 가장 쉬운 곳은 어디일까? 바로 이미 주의를 기울이고 있는 곳이다. 그래서 콘퍼런스에서 홍보용 기념품을 나눠주는 것이다. 제약회사 영업사원들은 의사들에게 회사의 로고를 새긴 '무료' 펜, 클립보드, 스티커 같은 기념품을 나눠주어서 의사들이 약을 처방할 때마다 자기 회사의 제품이 떠오르게 한다. 이는 잘 알려진 방식이며 받아 마땅한 비판을 받기도 한다.

동일한 논리가 훨씬 더 훌륭한 목적을 위해 많은 웨어러블 기기에 적용된다. 운동하고 싶은데 자꾸 깜빡하는 사람이 있다면 어떻게 할 것인가? 광고판이나 운동선수의 추천 동영상에 상당한 광고 예산을 쓰는 방법도 있다. 아니면 시계 기능이 있는 운동 밴드를 주는 방법도 있다(요즘은 운동 밴드로도 기능하는 시계가 점점 더 많아지고 있다). 이들이 운동 밴드를 손목에 착용하는 이유는 이 밴드가 중요한 기능을 수행하고 착용 중에 운동을 자주 떠올리게 하기 때문이다.

하루에 한 번 명상하기처럼 반복적인 활동에 주의를 끌고 싶다면 휴대전화에 알림 메시지를 실행하는 앱을 설치하라. 사람들은 휴대전화를 자주 확인하기 때문이다. 아니면 반복 약속이 설정된 캘린더 초대를 보내는 방법도 있다. 마찬가지로 캘린더도 자주 확인하기 때문이다.

사람들의 여유 시간에 맞춰라

나는 연구를 통해 누군가가 여러분의 단서에 주의를 기울일지를 결정하는 가장 강력한 요인은 단서를 제공하는 시점이라는 것을 알아냈다. 즉, 사람들이 주의를 기울일 여력이 있을 때 단서를 제공하는 것이 중요하다.

수년에 걸쳐 다양한 집단을 대상으로 시간대와 요일의 영향을 확인하는 연구를 100회 이상 진행했고 정확히 같은 콘텐츠에 대한 응답이 정확히 같은 집단 내에서 3배 이상 변하는 것을 정기적으로 확인했다. [그림 9-2]는 이런 테스트 중 한 세트의 결과를 보여준다. 해당 연구는 미국의 한 대형 제조업체의 직원들에게 이메일을 보내는 것이 포함되었는데, 이들에게 연락하기 가장 좋은 시간은 화요일 업무 시작 시간이라는 것을 발견했다.

모든 마케팅 캠페인과 제품 출시를 화요일 아침으로 정하기 전에 알아야 할 중요한 주의사항이 있다. 각 그룹, 각 사람의 **주의력 구조**는 서로 다르며, 시간대와 요일에 따른 리듬도 다르다. 야간 근무를 하는 사람은 주간 근무를 하는 사람과 다른 시간대에 단서에 주의를 기울일 수 있다. [그림 9-2]의 제조업 집단 외에 다른 그룹에 대해서도 비슷한 실험을 진행했으며 여기에는 서비스 업종에서 일하는 대규모 최저임금 집단도 포함되었다. 이 중 상당수는 직업이 2개였고 주중은 이들에게 연락하기가 극히 어려운 시간대였다. 그 대신 일요일 저녁과 공휴일이 이들의 주의를 끌기에 가장 좋은 시간대라는 것이 밝혀졌고 이 시간대 응답률은 2~3배 정도 높아졌다.

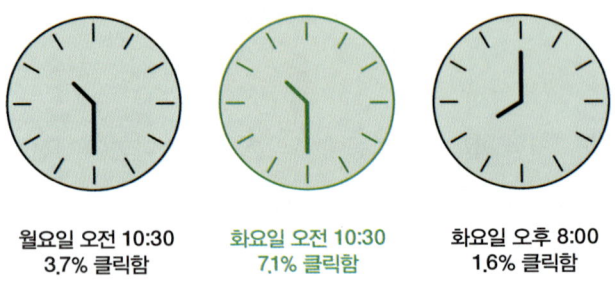

월요일 오전 10:30
3.7% 클릭함

화요일 오전 10:30
7.1% 클릭함

화요일 오후 8:00
1.6% 클릭함

그림 9-2 상대가 주의를 기울일 여유가 있는 시점에 맞춰서 연락하면 응답률에 큰 영향을 미칠 수 있다.

그래서 사람들과 상호작용하는 시점이 대단히 중요하다. 하지만 단순한 규칙은 없다. 상대하는 집단과 그들의 주의력 구조를 이해하는 것에서 시작하라.

알림을 사용하라

우리 모두 일상생활 중에 많은 일을 깜빡하며 중요한 일마저도 잊을 때가 있다. 그런데도 사용자가 행동하지 않는 이유가 이렇게 단순한 건망증에 있다고 생각하지 않을 때가 많다.

실제로 연구자들은 사람들이 단순히 기억하지 못한다는 이유로 하고 싶은 행동을 하지 못한다는 것을 알아냈다.[11] 알림이 멋지거나 복잡할 필요는 없다. 이메일, 문자 메시지, 전화, 인앱 메시지 정도면 충분할 수 있다. 중요한 행동이라고 해서 사람들이 기억할 것이라고 가정하지 마라. 우리는 모두 바쁘게 살아간다. 사용자도 마찬가지다. 나는 이메일을 사용해서 다양한 집단에 접근한 자체 조사 연구를 통해 일반적으로 두 번의 후속 알림이 첫 번째 커뮤니케이션의 응답률을 대략 50% 증가시킨다는 것을 발견했다. 물론, 이 규칙이 항상 적용되는 것은 아니며, 사람들의 여유 시간과 맞지 않을 경우를 대비해서 다른 시간대에 알림을 보내는 것도 도움이 된다.

보너스 전술: 깜빡이는 텍스트

깜빡이는 텍스트는 정말 훌륭한 단서다. 결코 우리의 주의를 놓치지 않는다. 하지만 정말 거슬린다. 끌었던 주의를 절대 놓아주지 않기 때문이다. 가능하다면 깜빡이는 텍스트가 **흘러가게** 하라. 화면 맨 위에 말이다.

물론, 농담이다. 제발 그러지 마라. 진심이다.

직관적인 반응

사용자의 주의를 끄는 단서가 있으면 마음이 반응한다. 눈 깜짝할 사이에 반응할 때도 있다. 행동과 제품이 아무리 좋은 가치를 제공하더라도 이런 반응이 유발되면 사용자가 제품 사용을 중단할 수 있다. 그런 문제를 해결하는 몇 가지 기법은 다음과 같다.

11　Guynn et al.(1998)

과거를 서술하여 미래 행동을 지원하라

자기 서사Self-narrative란 우리가 자신을 정의하고 과거 행동을 묘사하는 방식을 나타낸다. 제품은 사람들이 자신을 새로운 시각으로 보도록 도울 수 있다. 행동 변화를 유도할 때 목표는 **사람들이 특정 행동을 자신의 자연스럽고 정상적인 모습의 연장선으로 인식**하게 하는 것이다.

다시 말해, 사람들이 운동을 시작하도록 돕고 싶다면(핏빗 앱처럼) 이들이 이미 일상에서 조금씩 운동하고 있었다는 사실을 깨닫고 그저 조금 더 노력하면 된다고 느끼게 하라(핏빗을 처음 사용하는 사람들은 자신의 평소 걸음수를 깨닫고 놀라기도 한다).[12] 이를 지원하는 한 가지 쉬운 방법은 사람들이 과거에 했던 관련 활동을 물어보고 이들이 이미 이룬 성과를 축하하는 것이다.

사용자를 지지하는 자기 서사에는 실제로 행동에 성공할 수 있다는 믿음이 필수다. 즉, 사용자는 해당 행동이 자신의 통제하에 있고 그 행동을 실행할 기술과 자원이 자신에게 있다고 느껴야 한다. 이것이 87쪽 '능력'에서 언급한 자기 효능감이다.[13] 사람들에게 관련 작업에서 거둔 과거의 성공을 상기시키면 자기 효능감을 세우는 데 도움이 되며 '작은 성공Small Wins'과 지난 두 장에서 묘사한 긍정적인 피드백 또한 도움이 될 수 있다.[14]

성공한 기억을 떠올리게 하라

과거를 다시 서술하여 자아개념을 형성하는 것과 비슷한 기법으로 현재 주의력을 과거의 성공으로 향하게 하는 방법이 있다. 누구에게나 세계를 해석하고 반응하는 기준 틀이 있다. 이런 기준 틀은 (가장) 최근의 경험을 바탕으로 선택적으로 활성화된다.

---

12 Clear(2012, https://oreil.ly/MGDMd). 클리어는 자신의 행동 변화 계층(Layers of Behavior Change) 모델에서 이 개념을 확장한다. 행동에 영향을 미치는 세 가지 계층으로 외형, 성과, 정체성을 드는데, 뒤로 갈수록 계층의 영향력이 점진적으로 커진다.

13 Bandura(1977, https://doi.org/10.1037/0033-295X.84.2.191)

14 이와 반대로 사용자를 지지하는 자기 서사를 만들기 위해 학습된 무기력을 극복해야 하는 때도 있다(Maier, Seligman 1976) 반복적인 실패를 겪어서 결과를 통제할 수 없다고 믿는 사람이라면 시도하는 것을 멈춰버릴 수 있다. 예를 들어 열심히 공부했는데도 수학에서 반복적으로 낙제 점수를 받은 학생이라면 자신에게 수학 공부를 할 수 있을 정도의 지능이 없다고 생각하고 포기해버릴 수 있다. 학습된 무기력은 극복하기 어렵다. 제품은 과거의 경험을 재해석할 창의적인 방법을 찾아서 사용자가 미래의 경험을 다르게 설명할 다른 방법을 개발하게 해야 한다. 사용자에게 미래를 통제할 수 있고 과거 실패의 원인이 현재 상황에 적용되지 않는다는 것을 보여주자.

누군가에게 일주일에 한 번씩 달리기로 약속하자고 요청할 거라면 그 사람에게 과거에 처음 달리기를 했던 기억을 떠올리게 하라(물론 긍정적인 경험이어야 한다). 그런 다음 달리기로 약속하자고 요청하면 달리기의 혜택이 더욱 명확하게 떠오를 것이다.

긍정적이고 익숙한 것과 연관시켜라

1장과 2장에서 우리는 인생의 많은 선택에 있어서 어떤 행동이 자신에게 맞는지 직관적으로 안다고 이야기했다. 여기서 중요한 부분은 우리가 이전에 학습한 **연관성**이다. 예를 들어 멋진 구두를 사서 신으면 적어도 며칠은 기분이 좋아질 것이라고 학습된 경험 말이다.

제품은 이런 연관성을 구축하여 행동 변화를 도울 수 있다. 8장에서는 **행동** 자체를 변화시켜서 이전 경험을 활용하는 방법에 대해 이야기했다. 여기에서는 **제품**을 변화시켜서 사용자가 하고 싶은 행동과 이전 경험을 정신적으로 연결하게 한다. 나는 이를 **행동 브리지**behavioral bridge 라고 부른다. 사용자가 어떤 행동을 덜 '낯설고' 덜 어렵게 느끼도록 만들어서 한 행동 유형에서 다른 행동 유형으로 건너가도록 돕기 때문이다. 이 다리는 과거 경험과 미래 행동을 연결한다.

예시를 보자. 자이브 보이스Jive Voice는 내선 번호와 긴 PIN 코드를 사용하던 방식을 URL에 있는 간단한 링크를 사용하는 방식으로 전환할 수 있게 해주는 화상 회의 애플리케이션이다. 내선 번호와 PIN 코드는 어디에 적어 두었는지 헷갈리기 쉽고 입력하기도 번거롭다. 자이브 보이스는 사용자가 URL을 클릭하면 사용자에게 전화를 걸어서 화상 회의로 연결해준다. 문제는 URL 사용이 새롭고 낯설다는 점이다. 회사는 자이브 보이스의 새롭고 독특한 측면(사용 편의성 등)을 강조하는 동시에 행동 브리지를 마련해두는 데도 주의를 기울인다. 기저에 있는 기술은 내선 번호와 접근 코드를 사용하는 화상 회의 시스템이므로 필요한 경우 일반적인 화상 회의처럼 사용할 수 있다는 정보를 제공하여 사용자를 안심시킨다.

사회적 증거를 활용하라

다른 사람들이 어떤 행동을 하는 모습을 보면 그 행동에 가치 있고 의미 있는 일이라고 느낄 가능성이 더 높아진다. '저 사람도 하고 있는 걸로 봐서 아마 해도 되는 행동이 아닐까?'라고 직감적으로 빠르게 확인하는 것이다. 이는 불확실한 상황에서 마음의 수고를 덜고 빠르게 결정하는 주요 방법 중 하나다.

사회적 증거를 사용하는 방법은 오랜 연구 전통을 바탕으로 영업과 설득 분야에서 쓰여온 핵심 전술이다.[15] 이 방법을 사용할 때는 사람들의 얼굴이나 짧은 후기를 활용하여 다른 사람들이 같은 행동을 하고 있다는 사실을 전달한다. 사회적 증거의 유형으로는 사용자나 전문가의 추천(종종 제품 페이지에서 볼 수 있다), 유명인의 추천(영화나 TV 광고)[16], 온라인 리뷰어(아마존 같은 전자상거래 웹사이트를 떠올려보라) 등이 있다. 이는 오랜 연구에 기반할 뿐 아니라 마케팅 캠페인에서도 널리 사용되며 때로는 남용되기도 한다. 그 방식은 가짜 전문가가 광고비를 받고 하는 추천부터 평범한 사용자처럼 보이지만 실제로는 훈련된 배우인 사람들이 남긴 제품 추천 댓글까지 다양하다.[17] 이 주제에 대해 더 자세한 정보는 1장을 참고하라.

마법의 지팡이는 없다

나는 이 책 전반에 걸쳐서 특정 맥락에서 작동하는 행동 프로세스와 제품 기능을 찾고, 특정 사용자 집단에 미치는 영향을 확인하는 데 필요한 도구를 제공한다.

반면 내가 제공할 수 없는 것은 사용자의 행동을 예측 가능한 방식으로 언제든 변화시킬 수 있는 비밀스러운 행동 요령이다. 이런 마법의 공식은 존재하지 않기 때문이다(그런 걸 알려준다고 말하는 사람을 만나면 도망쳐라!). 행동 변화를 위한 모든 개입은 대상 사용자의 욕구, 이전 경험, 성격, 지식과 상호작용하여 그 사람에게 독특한 영향을 미친다. 사람마다 너무 많은 차이가 있기 때문에 항상 효과를 보장하는 방법이라는 것은 있을 수 없다.

---

15 Cialdini(2008)
16 때로 유명인들이 그렇게 하다가 웃음거리로 전락하기도 한다(https://oreil.ly/Y420a).
17 많은 사례 중 일부를 들 수 있다(https://oreil.ly/WsDhJ).

> 이 책에서 언급하는 대다수의 접근법과 교훈은 연구자의 실험실이나 특정 제품 환경에서 테스트했다. 대부분의 경우 내가 근무한 회사나 인터뷰를 진행했던 수십 곳의 회사에서 이런 기법이 실제 실행되는 모습을 관찰했다. 하지만 안타깝게도 행동 변화 이론을 다양한 제품에 일반화할 수 있을 정도로 적용하고 엄격하게 테스트하는 연구는 거의 없다. 우리 팀도 그런 목표를 추구하기는 한다. 하지만 그럼에도 재정 상태 관리를 돕는 데 통했던 방법이 다른 사람의 다이어트 소프트웨어에 똑같은 효과를 낼 것이라고 주장하기는 어렵다.
>
> 우리 모두 아직도 제품을 사용해서 사람들이 행동을 변화하도록 돕는 방법을 배우는 걸음마 단계에 있다. 따라서 12~14장을 통해 제품에서 특정 개입을 테스트하는 방법에 대한 지침을 제공하고 그와 동시에 여러분이 해당 분야를 발전하도록 도와주겠다. 여러분도 자신이 배운 내용을 바탕으로 더 넓은 커뮤니티에 기여하여 우리 모두가 함께 기술을 배우고 발전할 수 있기를 바란다.

또래 비교를 사용하라

또래의 행동을 언급하고 비교하는 것은 엄청나게 큰 효과를 낼 수 있다. 이는 사회적 증거처럼 사회적 영향의 한 형태다. 우리는 또래가 한다고 믿는 행동에 따라 행동할 때가 많으며(**기술적 규범**), 이는 또래들이 우리의 행동을 지켜보고 판단한다는 일반적인 잘못된 믿음으로 인해 더욱 강화된다(**스포트라이트 효과**). 이런 효과는 에너지 사용부터 투표까지 모든 일에서 나타난다.[18]

행동 제품에서 또래 비교가 미치는 영향은 매우 크다. 사회적 규범은 우리가 일상적으로 접하는 미세 환경에 매우 강력한 영향을 미치며 행동을 장려하거나 억제할 수 있다. 사용자가 상호작용하는 각 화면의 맥락에서도 마찬가지다.

이 기법을 사용하려면 사용자의 성과를, 이들이 신경 쓰는 참조 그룹(친구, 동종 업계 동료 등)과 비교하고 선택한 참조 그룹이 사용자보다 **더 잘하고 있는지** 확인하라. 하지만 한 가지 주의할 점이 있다. 또래 비교는 사람들에게 표준, 즉 참조 그룹의 평균에 이르도록 장려한다.

---

[18] 에너지 사용: Cialdini et al.(1991), 투표: Gerber, Rogers(2009)

따라서 이들에게 이미 대부분의 사람들보다 더 잘하고 있다고 한다면 긴장이 풀려서 열심히 하지 않을 수 있다. 이러한 부정적 효과는 표준 이상으로 잘했을 때 "훌륭해요!"라고 칭찬하는 등의 명시적인 사회적 승인으로 중화시킬 수 있다.[19] [그림 9-3]은 헬로월릿에서 우리가 저축을 장려하기 위해 수행했던 한 연구를 보여준다.

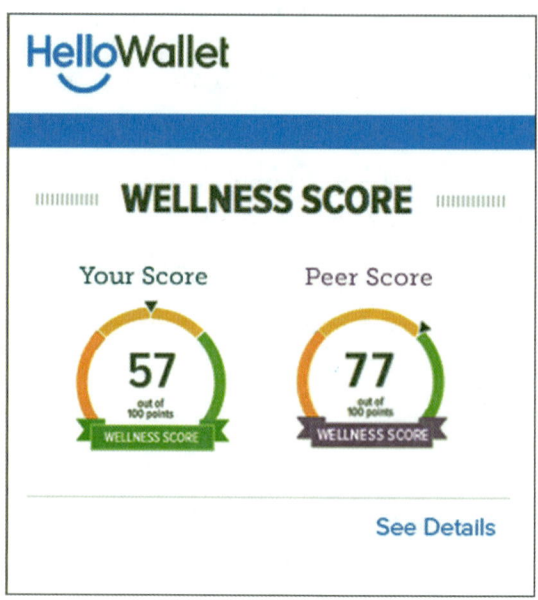

그림 9-3 저축을 장려하기 위해 개발한 또래 비교

주제에 관한 강력한 권위를 드러내라

사람들은 해당 주제의 권위자로 보이는 사람을 더욱 신뢰하는 경향이 있다. Y라는 목표를 달성하려면 X라는 행동을 해야 한다는 사실을 사용자들에게 전달해야 한다면 권위 있게 이야기하라. 우유부단하게 말하지 마라. 과도하게 강조하지는 말되 자신의 자격을 확실히 보여줘라.

[19] Schultz et al.(2007)

사람들이 정장을 입거나 직함이 있는 사람을 더 신뢰할 만하다고 가정한다는 훌륭한 연구가 많다. 사람들이 권위를 활용하는 것은 영업과 설득에서도 자주 쓰이는 전술이다. 이에 대한 기초적인 연구에 대해서는 치알디니의 저작을 참고하라(Cialdini 2008).

진실되고 개인적인 느낌을 전달하라

사람들은 인간미가 느껴지지 않는 연락보다 개인적인 연락에 더 주의를 기울인다. 손으로 쓴 글씨가 적힌 봉투에 담긴 편지를 받을 때와 인쇄된 주소가 적힌 편지를 받을 때 편지를 열어 볼 가능성이 각각 얼마나 될까? 이유는 여러 가지겠지만 인간미가 담긴 맞춤 편지에 비해 인간미가 없는 인쇄된 편지를 무시할 가능성이 더 높다.[20] 인간미를 느낄 수 없는 출처에서 온 이메일이나 편지는 거의 자동으로 '스팸'으로 분류할 것이다.

개인화와 진정성을 활용하여 방해 요소를 극복하고 사람들의 주의를 끌었던 훌륭한 예시가 있다. 오리건 주에서는 의료 서비스를 받을 여유가 없는 사람들을 위한 무료 의료 복권을 운영한다. 하지만 복권 당첨자 중 일부는 당첨 사실을 알리는 편지를 확인하지 않아서 무료 의료 서비스를 받을 기회를 놓치고 만다.

미국의 선도적인 행동 경제학 컨설팅 회사인 아이디어스42는 오리건 의료 서비스 복권 당첨자를 대상으로 간단한 캠페인을 고안했다. 이들은 오리건 주에 있는 의료기관 프로비던스 헬스Providence Health 직원들의 웃는 얼굴이 담긴 엽서를 통해 당첨 사실을 알리고 의료 서비스에 가입하도록 도왔다. 엽서 수신인의 이름과 주소는 손글씨로 적혀 있었다. [그림 9-4]가 그 샘플이다.

---

[20] 예를 들어 다음 논문을 참조하라. Garner(2005), Noar et al.(2007)

그림 9-4 아이디어스42에서 개발한 엽서. 오리건 의료 서비스 복권 당첨자들이 안내장을 자동으로 거부하지 않고 편지를 읽고 무료 의료 서비스 복권에 당첨된 사실을 확인할 수 있도록 돕는다.

우리는 컴퓨터가 작성한 인간미 없는 편지는 거절하도록 훈련받아 왔다는 것을 기억하라. 우리 대부분은 이런 연락에 직관적으로 반응한다. 이런 직관적인 반응을 피하려면 우리의 제품은 뭔가 색다르게 접근해야 한다. 진정성 있고 개인적인 접근이야말로 좋은 방법이다.

전문적이고 아름다운 사이트를 만들어라

그리고 마지막으로 기본을 잊지 말자. 우리가 전문적으로 보이지 않는 웹사이트나 앱을 신뢰할 만하다고 느끼는 일은 거의 없다.[21] 누군가가 행동하도록 도우려면 직관적으로 불신의 반응이 나오지 않게 해야 한다. 이런 반응은 행동에 불필요한 마찰만 일으킨다. 좋든 싫든 우리

---

21 Fogg et al.(2001)

는 사기꾼들이 만든 웹사이트와 앱이 엉성할 것이라고 가정한다. 반면에 깨끗하고 잘 디자인된 제품은 **사용**하기도 더 쉽다고 느낀다.[22] 사람들을 돕기 위해 만든 앱이라고 하더라도 보기에 좋아야 한다.

사람들은 실제로 책의 표지만 보고 내용을 판단한다. 사람들의 직관적인 반응이 얼마나 얄팍한지 끝없는 논쟁을 벌일 수도 있겠지만, 차라리 그 시간에 표지를 더 멋지게 디자인하는 것이 나을 것이다. 책을 펼쳐야만, 즉 여러분의 앱을 사용하기 시작해야만 내용이 얼마나 아름다운지도 알 수 있다.

의식적인 평가

한 개인의 의식적인 평가는 대부분의 사람들이 의사결정을 내릴 때 고려하는 전형적인 요소들과 비슷하다. 즉, 이익이 비용보다 큰지, 대안은 무엇인지, 이 행동이 대안에 견줄만한지를 평가한다. 비슷하긴 하지만 완벽한 비용 이익 분석은 아니다. 사람들은 종종 주의가 산만해지고 특정 행동의 이익(또는 비용!) 전부를 꼼꼼히 생각하지 않기 때문이다. 이들이 가진 정보가 제한적일 수 있다. 그리고 이들이 필요한 정보를 가지고 신중히 생각한다고 하더라도 현재에 과도하게 초점을 맞추거나(현재 편향), 비용이나 이익을 잘못 계산할 수 있다(지수 성장 편향).

이런 불완전성 때문에 우리는 다시 한번 물어야 한다. 행동 변화를 위해 디자인하는 윤리적인 방법은 무엇일까? 어떤 행동의 핵심 비용과 이익은 분명히 무척 중요하다. 비용이 이익보다 클 때는 사용자가 그 행동을 하지 않는 것이 바람직하다. 핵심 인센티브를 바꿔서 목표 사용자에게 더 가치 있는 행동으로 만들거나 비용을 줄이거나 이익을 늘리는 것은 적절하고 윤리적인 조치로 보인다. 별다른 비결이 있는 것은 아니므로 간략하게만 다루겠다.

---

22 앤더슨의 저작에서 예시를 참조하라(Anderson 2011).

판단하기 애매한 부분이 존재하는 것은 사실이지만, 어떤 행동의 비용을 숨기는 것은 조작적이고 부정직하게 들리고 실제로도 그럴 가능성이 있다. 분명히 존재하지만 주목받지 못하거나 제대로 평가받지 못한 혜택을 강조하는 것은 일반적으로 허용된다. 하지만 4장에서 언급한 바와 같이 행동 변화를 위해 디자인할 때는 각 사례를 신중히 검토할 필요가 있다.

그러므로 이 섹션에서는 이익 높이기, 비용 줄이기, 존재하는 이익 강조하기, 이 세 가지 옵션에 초점을 맞출 것이다. 비용의 측면에서는 사소한 변화 말고 실질적인 변화를 살펴보겠다. 사소한 비용은 생각보다 중요하다. 행동 과학의 초기 연구 상당수가 양식 필드, 기본값 등을 조정하는 내용을 다룬다. 작은 변화가 큰 효과를 낼 수 있다. 하지만 이런 효과는 대체로 사람들이 의식적으로 계산한 결과가 아니다. 추가 양식 필드는 의식적인 비용 이익 분석에 영향을 주지 않는다. 오히려 이런 변화는 우리가 잠시 멈추고 의사결정 지점을 직면하게 만든다(87쪽 '능력'에서 소개한 개념이며 다음 장에서 능력을 높이는 개입 제작에 관해 이야기할 때 더 자세히 설명하겠다).[23]

그러면 이제 가장 기본이 되는 인센티브부터 살펴보자.

인센티브가 적절한지 확인하라

행동 경제학, 그리고 더 넓은 행동 과학의 많은 부분은 전통적인 경제학을 확장하거나 수정하려는 시도에서 비롯되었다. 전통적인 경제학은 개인의 선호와 이런 선호를 충족하는 최적의 경로에 초점을 맞춘다. 많은 경제학 모델은 '사람들은 돈을 받고 싶어 하므로 이들에게 돈을 지급하면 이들은 무언가를 한다. 이들에게 더 많은 돈을 지급하면 더 많은 일을 할 것이다'라는 단순한 관찰로 귀결된다. 행동 경제학은 이 말이 항상 맞는 것은 아니며 사람들에게는 받는 대가 외에도 많은 동기가 있다는 것을 보여준다.[24] 이타주의, 자존감 등이 사람들에게

---

[23] 사람들이 행동하려는 동기를 느끼지 못하는 상황에서 행동 변화를 위해 디자인하는 작업의 윤리적 기초에 대해 의문을 제기해준 IMEC의 에밀리아노 디아스 델 바예(Emiliano Diaz Del Valle)에게 감사한다.

[24] 그리고 분명히 말하자면 전통적인 경제학이 금전적인 인센티브만 중시하는 것이 아니며 사람들이 오로지 돈만 선호하는 것도 아니다. 다만 많은 경제 이론과 모델이 이렇게 단순한 형태를 따르는 경향이 있다.

동기를 부여한다. 물론, 돈 외에도 많은 동기가 있는 것은 사실이지만 더 많은 것, 특히 돈을 얻는 것은 사람들에게 실제로 동기를 부여한다는 간단한 사실을 절대 잊으면 안 된다.

사용자의 행동을 막는 장애물이 평가 단계의 문제라면, 즉 이익이 비용보다 크다고 보지 않는다면 그 부분부터 고쳐야 한다. 그 행동이 좁게 정의된 사용자의 이익에 실제로 부합하는지 확인하라. 부합하지 않는다면 (a) 인센티브의 기본 문제를 극복하기가 매우 어렵거나 (b) 속임수를 사용하게 될 가능성이 높다.

제품이 아주 훌륭하지 못하거나 여러분이 아니라 사용자가 보기에 비용을 정당화할 정도로 충분한 이익을 제공하지 못한다면 행동 변화를 위한 디자인은 도움이 되지 못한다. 제품부터 고쳐라. 제품은 사용자가 비용을 들일 가치가 있다고 느끼도록 사용자의 요구를 해결해야 한다. 이를 위해 제품의 가격을 낮추거나 제품의 완성도를 더 높여야 할 수 있다. 어느 쪽이든 피할 수 없는 일이다. 그리고 맞다. 이 말은 목표 청중이 원하지 않는 제품을 어떻게 홍보해야 하냐고 묻는 사람들에게 내가 여러 차례 해야만 했던 말이다.

자, 이 정도로 경제학의 기초는 다뤘다고 하자. 이제 더 흥미로운 내용을 살펴볼 차례다.

새로운 동기를 추가하기 전에 기존 동기를 활용하라

여러분의 제품이 사용자가 행동하도록 새로운 동기를 추가해야 할까, 기존 동기를 강조해야 할까, 아니면 둘 다 해야 할까? 우선 현재 무엇이 사용자에게 동기를 부여하는지 이해해야 한다. 사용자가 행동을 취하고 싶어 하는 이유에 대해 6장과 7장에서 배운 정보를 활용하라. 어쩌면 의사가 이들에게 운동량을 늘리라고 했을지 모른다. 아니면 달리기를 정말 좋아하지만 너무 바빠서 할 틈이 없었던 것일 수도 있다. 우리는 자주 주의가 산만해지고 딴생각을 하므로 행동해야 하는 순간에 기존 동기를 상기시키는 것만으로도 강력한 효과를 낼 수 있다. 그리고 **이미 신경 쓰고 있는 일을 상기시키는 것은 비용이 거의 들지 않는다. 새로운 동기를 추가하려면 훨씬 더 많은 비용이 든다.**

현재 사용자에게 동기를 부여하는 것이 무엇인지 확실치 않다면 간단한 현장 테스트를 수행할 수 있다. 사람들의 삶에서 특정 동기가 다른 동기에 비해 얼마나 중요한지 확인하라. 이런 정보를 수집하는 좋은 방법은 일련의 트레이드오프를 제시하는 것이다. 사람들에게 두 가지 중에 무엇을 더 원하는지 물어라. 예를 들어 운동하려는 동기를 조사할 때 '수명 5년 늘리기'와 '다음 달에 데이트하기' 중 하나를 고르게 하라. '이것이 여러분에게 얼마나 중요한가요?'라는 질문은 덜 효과적이다. 이런 질문은 답할 수 있는 실질적인 기준이 없는 경우가 많고 이런 질문에 답할 때는 실제 행동을 결정할 때와는 마음의 다른 부분이 관여하기 때문이다.

기존 동기가 중요한 또 다른 이유는 외적 동기와 내적 동기의 차이 때문이다.[25] **내적 동기**는 활동 자체에 내재하는 즐거움에서 비롯되며 외적인 압력이나 보상을 고려하지 않는다. **외적 동기**는 돈을 받거나 경쟁에서 이기는 등의 특정 결과를 성취하려는 욕구에서 비롯된다.

사용자에게 이미 내적 동기와 외적 동기가 **둘 다** 있을 수 있으며, 여러분의 제품은 두 가지 동기를 모두 활용하여 행동을 유도할 수 있다. 하지만 제품이 행동하려는 새로운 동기를 **추가**할 때는 그 동기의 출처가 거의 항상 사용자 외부에 있고 결과 지향적이거나 외적이다. 예를 들어 핏빗 원을 사용하는 사람들은 기존의 내적 동기와 새로운 외적 동기 모두를 가지고 있는 경우가 많다. 운동하고 근육을 사용하는 데에서 오는 본질적인 즐거움과 특정 목표를 달성하고 제품으로부터 축하 받으려는 욕구를 동시에 느낀다는 뜻이다.

내적 동기는 제품이 사람들의 삶에 직접적으로 개입하지 않을 때도 사람들이 계속 행동하게 할 수 있다. 반면 제품이 제공하는 새로운 외적 동기는 그렇게 할 수 없다. 외적 동기는 제품이 직접적으로 개입할 때에만 효과를 내며 개입이 중단되면 사용자가 행동을 멈춘다. 제품을 통해 추가된 외적 동기는 사람들의 기존 내적 동기를 밀어낼 수 있다. 보상을 받기 시작하면 그 행위 자체에서 오는 즐거움을 잃을 수 있다는 뜻이다.[26]

---

25 Deci, Ryan(1985), Ryan, Deci(2000)
26 Deci et al.(1999). 외적 동기는 다양한 형태로 나타난다. 하지만 항상 외적 통제 요소를 포함하고 있다. 내적 동기는 우리가 하고 싶은 일에서 오고, 외적 동기는 우리가 원하는 보상을 얻기 위해 해야 하는 일에서 온다. 외적 동기를 추가하여 '하고 싶은' 일을 '해야 하는' 일로 바꾸면 처음에 느끼던 '하고 싶은' 느낌으로 돌아가기 어렵다. 추구하는 결과(외적 동기)가 다른 목표나 욕구와 일치하면 외부에서 통제를 받는다는 부정적인 느낌이 줄어든다. 이렇게 통합된 동기는 내적 동기를 약화시킬 가능성이 적다.

그렇다고 해서 새로운 외적 동기가 항상 나쁘다는 의미는 아니다. 다만 분별력 있게 사용해야 한다.

일련의 행동 중 특정 단계를 할 강력한 기존 동기가 없을 때

예를 들어 정말 건강해지고 싶지만 정기적인 혈압 측정의 중요성을 알지 못하는 사람이 있을 수 있다. 이들에게는 약간의 격려가 도움이 될 수 있다.

내적 동기와 상관없는 일회성 행동일 때

운동은 정말 하고 싶지만 운동복을 사러 갈 동기가 없는 사람이 있을 수 있다. 인센티브가 있으면 이런 사람들이 그 장애물을 극복하고 목표에 다가갈 수 있다.

사용자가 외적 동기에서 내적 동기로 옮겨오도록 도울 때, 즉 행동 자체의 즐거움을 찾도록 도울 때

언어 학습 동호회는 무료 식사 같은 작은 인센티브를 활용해서 새로운 언어를 처음 배우는 사람들을 모을 수 있다. 이들은 모임에 참석한 동안 새로운 언어에 몰입하는 내적인 즐거움을 경험하고 앞으로의 학습을 위해 나아갈 수 있게 된다.[27]

직접적인 금전적 인센티브를 피하라

새로운 동기를 추가하기 전에 기존 동기를 활용하자는 논의의 연장선상에서 사람들에게 돈을 주어서 버튼을 클릭하게 할 수 있다. 하지만 이 방법을 추천하지 않는다. 자발적인 행동 변화를 유도하려는 상황에서 돈을 준다면 사람들은 그 작은 행동을 애초에 행동 변화를 원했던 이유와 연결하지 못할 것이다.

---

27 어떤 활동의 동기는 시간이 지남에 따라 단계적으로 외적 동기에서 내적 동기로 변할 수 있다. 예컨대 부모의 감독하에 피아노를 연주하는 한 아이가 있다고 상상해보자. 시간이 지남에 따라 아이는 부모님의 바람을 내면화하고 부모님의 잔소리가 머릿속에서 들릴 수 있다(내사적 동기(introjected motivation), Ryan, Deci(2000), 제바스티안 디터딩 덕분에 인용할 수 있었음에 감사한다). 나중에 이 아이는 피아노 연주를 진짜로 즐기게 되어서 내적 동기를 느끼게 될 수도 있다.

금전적 인센티브가 사람들이 하지 않을 행동을 하도록 유도한다는 광범위한 증거가 존재한다.[28] 돈은 사람들에게 동기를 부여한다. 그다지 놀라운 일도 아니지 않은가? 하지만 이미 행동하려는 마음이 있는 사람에게 주는 금전적 인센티브는 기존 내적 동기를 줄여서 역효과를 낼 수 있다. 인센티브가 없어지면 사람들의 행동이 중단될 가능성이 더 높다.[29] 그리고 행동의 대가를 고려하기 시작하면 다른 사회적 동기가 약해진다.[30] 직접적인 금전적 인센티브는 체육관 등록과 같은 일회성 행동에서 문제를 일으킬 가능성이 적다. 하지만 꾸준히 체육관 다니기 같은 장기적인 행동의 내적 동기를 약화시킬 수 있다.

지금까지 사용자의 의식적인 평가에 대해 언급한 다양한 요점을 종합해보면 기본적인 인센티브가 제대로 설계되어야 한다는 것이다. 즉, 행동을 취하는 것이 사람들의 이익에 부합해야 한다. 하지만 행동에 '동기를 더 부여하기 위해' 추가적인 금전적 인센티브를 제공한다면 애초에 그 행동이 이들의 이익에 부합하지 않았거나(즉 인센티브가 부적절했거나) 그 사람이 가지고 있는 기존 내적 동기를 제대로 활용하지 못하고 약화시키는 위험을 감수하는 것일 수 있다.

손실 회피 성향을 활용하라

사람들은 이익보다 손실에 훨씬 더 강하게 반응하며, 손실을 '회피'하려는 경향이 있다. 실제로 많은 경우 사람들은 이미 가지고 있는 물건을 지키기 위해 동일한 물건을 사기 위해 낼 금액보다 2배가 많은 금액을 기꺼이 내려고 한다. 그 물건에 감정적 애착이 없을 때도 그렇다. 손실 회피 성향의 특수 사례를 상세히 다룬 문헌이 있지만 **손실은 이익에 비해 약 2배의 동기를 부여한다**는 일반적인 규칙은 대부분의 경우에 성립한다.[31]

손실 회피 성향은 사람들의 행동을 변화시키는 매우 강력한 도구다. **이익을 얻는 것이 아니라**

---

28   Jenkins et al.(1998)
29   Gneezy et al.(2011)
30   Ariely(2009)
31   Kahneman, Tversky(1984)

손실을 피하는 것으로 행동을 구성하면 행동하려는 강력한 본능적 반응을 유도할 수 있다. 예를 들어 체형을 가꾸지 않을 때 성적인 매력을 잃는다고 말하는 것이, 체형을 가꿀 때 더 매력적인 복근을 얻는다고 말하는 것보다 훨씬 더 강력한 효과를 낸다.[32]

하지만 손실 회피 성향을 활용할 때는 사용자가 제품에서 오는 손실과 부정적인 감정을 피하기 위해 제품 사용을 중단할 수 있다는 점을 기억하라. 제품은 전반적으로 사용할 가치가 있고 즐거운 것으로 보여야 한다. 손실 회피 성향은 지엽적인 부분에만 사용해야 한다.

행동 계약과 행동 장치를 사용하라

손실 회피 성향을 너무 자주 활용하거나 손실을 예견하는 데 그치지 않고 사람들이 실제로 손실을 경험하게 하는 것에는 명백한 단점이 존재한다. 결국 여러분이 **사용자에게 불이익을 초래**할 수 있기 때문이다. 여러분이 일관되게 나쁜 경험을 제공하면 대부분의 사용자는 제품 사용을 중단하고 그 시간에 다른 행동을 할 것이다. 불이익을 견디라고 강요할 수 있다고 가정한다면 그렇게 하는 것이 효과적일 수 있다. 하지만 실제로는 그럴 수 없으므로 사용자들이 여러분을 무시하거나 피할 것이다.

사용자에게 불이익을 주면 안 된다고 해서 적절한 불이익으로 위기감을 조성하면 안 된다는 의미는 아니다. 위기감을 조성하는 한 가지 강력한 방법으로 행동 계약을 들 수 있다. 행동 계약은 사람들에게 행동하기로 미리 약속하게 하고 약속을 지키지 못할 때 중요한 무언가를 박탈하는 것을 말한다.[33] 예를 들어 stickK.com은 행동 계약을 이용하여 체중 감량에 실패하면 사용자가 싫어하는 NGO에 돈을 자동으로 기부하게 하는 등 창의적이고 개인적인 불이익을 활용한다. 중요한 점은 이런 불이익을 자진해서 부과하고 측정한다는 것이다. 즉, 자신이 받을 불이익을 스스로 선택한다. 우리는 스스로 부과한 불이익보다 외부에서 부과한 불이익에 훨씬 더 부정적으로 반응한다.

---

32 Kolotkin et al.(2006)
33 이는 손실 회피 성향을 활용하는 것이다. 손실 회피 성향이란 동등한 가치를 지닌 것을 얻기보다 자신이 소유하고 있거나 자신에게 속한다고 느끼는 것을 지키기 위해 훨씬 더 노력하는 인지적 특이성을 가리킨다.

전체적으로 볼 때 사람들을 실제로 불이익을 부과하거나 내모는 형국이 되지 않도록 불이익의 위협을 신중하게 사용하여 행동에 동기를 부여하는 것이 요령이다. 이왕이면 불이익을 스스로 부과하는 것이 좋다.

행동 장치를 사용하는 방법도 있다. 행동 장치란 사람들이 미래에 특정 방식으로 행동하지 않기로 선택해두는 것을 가리킨다. 행동 계약과 비슷하지만 더 극단적이다. 불이익으로 위협하는 대신에 미래의 행동을 차단한다. 술을 마실 가능성이 있는 날에 디설피람[34]을 먹는 것이 이런 장치에 해당한다. 디설피람은 술을 마시지 않겠다고 약속한 사람이 약속을 깨뜨리고 술을 마신다면 숙취를 강하게 느끼게 한다.[35]

다양한 유형의 동기를 테스트하라

우리에게 동기를 부여하는 요소는 충분히 많다. 돈, 음식, 통제, 존중 등 다양한 요소가 우리에게 동기를 부여한다. 연구자들은 수십 년에 걸쳐 인간의 동기를 이해하려고 노력해왔고[36] 이런 노력은 매슬로의 욕구 단계설(인간은 기본적인 안위부터 자아실현까지 욕구 결핍을 단계적으로 충족시킨다는 이론)부터 폰 노이만과 모르겐슈테른의 기대 효용 이론(자신에게 가장 큰 이익을 제공하는 행동을 선택해야 한다고 보는 이론)까지 이어져왔다. 나는 인류 전체에 가장 중요한 동기가 무엇인지 주장하기보다는 내가 관찰한 바를 이야기하고자 한다. 가장 중요한 동기는 **사용자의 생활 환경을 고려할 때 실제로 설득력 있는 동기**다. 이렇게 설득력 있는 동기를 파악하는 것은 사용자를 이해하고 이들에게 공감을 불러일으키는 과정의 일부다.[37] 그 과정에는 현금을 지급하거나 사회적 인정이나 숙련감을 제공하는 등의 실험이 포함될 수 있다. 제품을 통해 탐색할 수 있는 네 가지 주요 영역이 있다.

---

[34] 옮긴이_ 에탄올에 대한 민감성을 높여 만성 알코올 중독을 치료하는 데 사용되는 약물이다.
[35] 건강과 관련된 행동 장치에 관한 요약은 로저스의 논문을 참고하라(Rogers et al. 2014).
[36] 사실은 수천 년간 이어져왔다. 플라톤은 욕구가 영혼의 세 부분에서 온다고 보았다(Blackson 2020).
[37] 사용자가 동기를 느끼는 환경을 이해하면 유혹 묶기(Temptation Bundling) 같은 영리한 기법을 활용할 수 있다(Milkman et al. 2013). 이 기법은 사람들이 정말 좋아하는 활동(예: 『헝거 게임』 같은 재미있는 소설 읽기)을 좋아하긴 하지만 그다지 동기를 느끼지 못하는 활동(예: 체육관에서 운동하기)의 조건부로 묶는다. 그렇다고 해서 사람들이 좋아하는 것을 싫어하는 것의 인질로 삼는 것은 아니다. 연구자들은 의도적이고 자발적인 묶기에 집중하며 사람들에게 책을 읽으면서 운동할 수 있는 선택권을 주었다.

- 포인트처럼 현금으로 교환할 수 있는 준(準)화폐적 보상(이 경우 다른 동기를 압도하지 않게 주의하고, 제품이 사용자 요구와 근본적으로 맞지 않아 현금 보상이 필요해지는 상황을 피해야 한다.)
- 진행 상황이나 성취에 따른 보상(배지 등 다양한 게임화 기법 포함)
- 지위나 주변 사람들의 존중 같은 사회적 동기
- 새로운 대상을 탐색하는 데에서 오는 본질적인 보상(사용자들이 이미 받고 있는 본질적인 보상을 제품을 통해 강조할 수 있다.)

또한, 시간이 지남에 따라 동기에 변화를 주어라. 우리는 단기적으로라도 어떤 보상에 싫증을 느낄 수 있고 그러면 새로운 보상을 찾기 시작한다. 음식에서는 그런 현상이 두드러진다. 배가 부르면 음식을 더 준다고 해도 그다지 동기 부여가 되지 않는다. 하지만 이는 다른 형태의 보상에도 적용된다. 친구와의 경쟁에서 10회 연속 이긴다면 승리가 그다지 흥미롭게 느껴지지 않을 수 있다.

경쟁을 활용하라

사람들이 이미 가지고 있는 사회적 동기 중 하나를 꼽자면 경쟁을 들 수 있는데, 공정하게 사용하면 꽤 강력한 효과를 발휘한다. 누구에게나 타고난 경쟁심이 있다. 다만, 그런 경쟁심이 다른 사람들보다 훨씬 더 강한 사람도 있다. 경쟁 요소는 일반적으로 제품 전체에 넣지만 페이지 수준에도 적용할 수 있다. 예를 들어 사용자의 스페인어 학습을 돕기 위해 스페인어 단어의 뜻을 맞추는 페이지가 있다고 상상해보자. 이 페이지에는 해당 사용자가 맞춘 정답 개수를 다른 사람들이 같은 시간 내에 맞춘 정답 개수와 비교해서 보여주는 카운터를 넣을 수 있다.

미래의 동기를 현재로 가져오라

우리는 나중보다는 지금을 좋아한다. 미래보다는 현재의 상품과 경험이 훨씬 더 많은 동기를 불러일으킨다. 인플레이션, 불확실성 등을 배제하더라도 현재의 보상을 더 선호하는 경향이 있다. **현재 편향**이라고도 알려진 이런 **일시적 근시**(자신에게 손해가 되더라도 현재에 초점을 맞추는 것)는 우리에게 뿌리 깊이 박혀 있는데도 이러한 경향을 깜빡하는 행동 변화 프로그램이 너무 많다.

대부분의 사람들에게 '지금으로부터 몇 년 후'는 존재하지 않는다. '몇 년 후'는 현실이 아니며 그때 무슨 일이 일어나든 지금은 동기를 부여하지 못한다.

그리고 그 때문에 심각한 문제가 발생한다. 예를 들어 심장병 예방을 위해 진심으로 체중을 감량하고 싶어 하거나 퇴직을 대비한 저축이 정말 **중요**하다고 생각할 수 있다. 하지만 심장병의 위험이나 노후 자금의 필요성이 아직 수년 후의 일이라면 지금 당장은 실감 나지 않는 문제에 불과하다.[38] 대니얼 골드스타인은 이를 현재의 자아와 미래의 자아의 싸움이라고 부른다.[39] 우리에게 고귀한 장기적 목표가 있더라도 당장은 다른 일을 하고 싶다는 유혹을 느낄 수 있다.

어떻게 하면 미래의 동기를 활용해 단기적인 행동에 영향을 미칠 수 있을까? 미래를 상상하는 순간을 활용해서 그 동기를 확고히 할 수 있다. 앞에서 묘사한 행동 장치도 하나의 옵션이다. 호메로스의 『The Odyssey』(W. W. Norton, 2018)에는 율리시스의 계약이라고 불리는 극단적인 버전이 묘사되어 있다. 율리시스는 자기 배의 선원들에게 자신을 돛대에 묶게 해서 신화에 등장하는 치명적인 사이렌의 매혹적인 부름에 반응하는 것이 물리적으로 불가능하게 만들었다. 사람들은 율리시스의 계약을 통해 미래의 행동을 제한하는 구속력 있는 약속을 한다.

또 다른 방법은 미래를 현재의 인식으로 가져오려 시도하는 것이다. 예를 들어 연구자들은 사진 이미지 처리 기법을 사용해서 사람들이 미래에 자신이 어떤 모습일지 시각화하고 미래 자아의 동기에 따라 행동하도록 돕는다.[40]

---

38 경제적인 측면에서 미래의 일에 '할인'을 적용하거나 낮은 가치를 부여한다. 더 먼 미래에 있는 일일수록 더 낮은 가치를 부여한다.
39 Goldstein(2011)
40 Hershfield et al.(2011)

댄 애리얼리는 '대체 보상'을 통해 장기적인 동기를 현재에 의미 있고 유용한 것으로 바꾼 개인적인 이야기를 들려준다.[41] 그는 질병 극복이라는 장기적인 이익을 얻기 위해 매우 불쾌하고 고통스러운 약을 1년 넘게 복용해야 했다. 하지만 복약을 중단하고 싶다는 유혹을 극복하기에 장기적 이익이 충분하지 않았다. 그래서 복약을 자신이 단기간 내에 즐길 수 있는 활동인 영화 감상과 연결했다. 약을 복용하기 직전에만 영화를 감상함으로써 하나의 동기(질병 극복)를 효과적으로 다른 동기(영화 감상)로 대체했다.

이 방법이 통하지 않는다면 장기적인 동기를 부여하겠다는 생각을 접고 머지않은 미래에서 완전히 다른 동기를 찾는 것도 방법이다. 예를 들어 체형을 가꿔서 얻는 장기적인 건강상의 이익에 대해 이야기하는 대신에 사용자의 연애에 즉각적으로 미칠 이익을 강조하는 것이다.

이런 각 기법은 행동에 지금 동기를 부여하는 방법이다. 그렇지 않으면 미래의 일이 되어 버리기 때문이다. 우리가 사람들에게 20년 후에 얼마나 멋진 노후를 보낼지 생각해보라고 한다거나 30kg을 감량한 후에 할 수 있는 온갖 일에 대해 이야기하는 것은 뇌의 작동 방식을 고려할 때 매우 익숙하지 않은 일을 하라고 요청하는 것이다.[42]

의사결정에 관한 몇 가지 참고사항

이 장과 이 책의 나머지 부분은 행동을 촉진하거나 방해하는 데 초점을 맞춘다. 1장과 3장에서 간략히 이야기했듯이 행동 과학에는 더 나은 의사결정을 내리는 방법, 즉 사람들이 속도를 늦추고 진짜로 충분히 생각해서 결정을 내리도록 도울 방법에 관한 연구 분야도 존재한다. 이제 여기에 도움이 되는 몇 가지 기법을 이제 소개할 텐데, 이는 CREATE 퍼널의 평가 단계와 비슷하다.

---

41 Ariely(2009)
42 예를 들어 레입슨(Laibson 1997)과 커비(Kirby 1997)의 논문을 참고하라.

인지 과부하를 피하라

인지 과부하는 목표 행동의 정신적 비용을 가늠하는 한 가지 방법이다. 다시 말해 '사용자가 찾는 것을 이해하거나 맥락을 파악하기 위해 뇌가 얼마나 많은 논리적 연결이나 도약을 해야 하는지' 생각해보는 것이다.[43] 무엇을 해야 할지 사용자가 짐작하게 해서는 안 된다. 이는 이해하기 쉽게 만들기 위해서 행동의 수행 과정을 약간 더 복잡하게 만들어야 한다는 뜻일 수 있다.[44]

데이비드 리브는 물리적으로는 사용하기 쉽지만 인지 과부하로 인해 사용자가 많은 비용을 치러야 하는 제품의 훌륭한 예시를 제시했다.[45] 그는 가상의 사용자가 QR 코드를 이해하려고 고민하는 상황을 이렇게 묘사한다. "그래서 이게 바코드라고? 아닌가? 웹사이트일까? 좋아. 그렇지만 웹사이트는 웹 브라우저로 여는 건데, 카메라가 아니라. 그럼 이걸 사진으로 찍어야 하나? 아니, 앱으로 이걸 찍어야 하나? 근데 어떤 앱으로 찍지?"[46] 무엇을 해야 할지 생각하도록 강요하는 일은 사용자의 입력이 중요하고 결과에 영향을 미치는 경우에만 사용해야 한다. 사용 방법이 복잡해서 사용자가 불필요하게 에너지를 소비하게 만들지 마라.

사용자가 논리적인 도약을 해야 할 때마다 할 일을 간단하고 명확하게 알 수 있게 만들어라. "아, 내가 이렇게 하면 아마 이렇게 될 텐데 확실히 모르겠네"라고 생각해야 한다면 과도한 비용이 드는 것이다. 그러면 당면 작업에 쏟아야 할 시간과 에너지를 빼앗는 것이나 다름없다.

이해하기 쉬운지 확인하라

비교적 간단한 항목이다. 행동 지도에서 사용자에게 다음 행동을 알려주는 미세 행동을 특히 중점적으로 살펴보라. 그 부분을 미래의 사용자에 최대 두 문장으로 어떻게 설명할지 적어

---

43 Demaree(2011, https://demaree.me/blog/google-and-cognitive-overhead)
44 Lieb(2013, https://oreil.ly/eXo8c)
45 Ibid.
46 Ibid.

라. 7장에서 식별한 행동 페르소나를 떠올릴 때 그 사용자들이 그 설명을 이해할지 평가하라. 필요하다면 일부 사용자에게 그 설명을 보여줘라.

선택 과부하를 피하라

관련 연구가 점점 늘고 있다는 사실은 사람들이 너무 많은 선택을 마주할 때 직면하는 어려움을 방증한다. '선택지는 많을수록 좋다'라는 통념과는 달리, 이런 상황에서는 두 가지 문제가 발생한다. 첫째, 사람들이 의사결정을 아예 거부할 수 있다. 둘째, 신기루 같은 최선의 선택을 좇다가 결국 자신이 내린 선택을 후회할 수 있다.[47]

예를 들어 자주 인용되는 아이엔가와 레퍼의 연구를 들 수 있다. 이 연구는 식료품점에서 잼 24개를 진열한 경우와 잼 6개를 진열한 경우를 비교했다.[48] 잼 24개를 진열했을 때는 60%의 고객이 관심을 보였으나 그중 잼을 구매한 비율은 3%에 불과했다. 잼 6개를 진열했을 때는 40%의 고객이 관심을 보였고 그중 30%가 잼을 구매했다. 후속 연구들은 선택지 개수가 많을수록 선택에 대한 만족도가 감소한다는 것을 보여주었다.

여기에서 얻을 수 있는 분명한 교훈은 앱의 개별 페이지를 구성할 때 사용자가 많은 선택지 중에 하나를 선택하게 만드는 상황을 피하라는 것이다. 사용자가 선택하고 그 선택에 만족하길 바란다면 말이다. 분명하지는 않지만 또 다른 중요한 교훈도 있다. 선택지가 더 많으면 좋겠다고 말하는 사용자나 동료 직원을 주의하라는 것이다. 적어도 의식적이고 신중한 자아의 관점에서는 아마 진실을 말하고 있을 것이다. 하지만 그렇다고 해서 더 많은 선택지를 제공하는 것이 바람직해지는 것은 아니다.

---

47 Iyengar(2010), Schwartz(2004) 참고
48 Iyengar, Lepper(2000)

속도를 늦춰라

인지 과부하 피하기, 명확히 설명하기, 선택 과부하 피하기는 모두 의식적 사고에 대한 요구를 줄여서 사람들이 중요한 결정에 집중하게 하고 복잡하다는 이유로 결정을 미루지 않도록 돕기 위한 것이다. 사람들이 의식적인 평가를 전혀 하지 않는다면 어떻게 할까? 이럴 때는 판단과 의사결정에 관한 더 광범위한 문헌이 제시하는 기법을 살펴보자. 특히 직관적인 반응을 억제하기 위해 프로세스에 의도적으로 마찰을 추가하는 방법을 고려한다. 결정하기 전에 대기 시간을 요구하거나, 의도적으로 문제를 더 어렵게 만들거나, 심지어 텍스트를 읽기 더 어렵게 만들 수 있다. 이 주제에 관한 더 자세한 내용은 115쪽의 '성급한 선택과 후회스러운 행동' 부분을 참고하라.

실천하기

행동을 지원하는 개입을 만들 때 선택할 수 있는 접근법은 매우 다양하다. 이 장에서는 CREATE의 첫 번째 세 가지인 단서, 반응, 평가에 대한 행동 장애물을 검토했다. 간략히 정리한 메모를 살펴보자.

여러분이 해야 할 일

- 행동 문제를 명확히 진단하면 해결책이 바로 따라오는 경우가 많다. 사용자가 새로운 기능에 주의를 기울이지 않는다면 주의를 끌면 된다. 사용자들이 제품의 디자인을 좋아하지 않는다면 바꿔라. 충분한 시간을 들여서 진단을 내린다면 개입은 정말 간단하게 만들 수 있다.
- 하지만 해결책이 명확하지 않을 때 이용할 수 있는 기법도 많다. 여기에는 사용자의 주의를 끄는 경쟁 제거하기, 사회적 증거, 손실 회피 성향, 행동 계약 활용하기 등이 포함된다.

문제의 징후

- 사용자가 직면한 장애물이 무엇인지 확실히 모를 때(7장으로 돌아가서 이 문제를 진단하라).
- 사용자의 동기를 높이는 것이 명확하고 유일한 해결책인 것 같을 때(8장으로 돌아가라).

결과물

- 사용자가 행동을 취하고 장애물을 극복하는 데 도움이 되는지 확인하기 위해 사용자에게 시도해볼 수 있는 하나 이상의 개입.

워크시트: CREATE로 여러 개입 평가

문제를 정의하라.	맥락을 탐색하라.	개입을 제작하라.	제품 내에 구현하라.	영향을 확인하라.	다음 단계를 평가하라.

여러분의 팀이 특정 미세 행동이나 행동 지도의 단계에 대한 대안적인 개입을 평가하는 중이라면 다음과 같은 체크리스트를 사용하여 각각의 장단점을 행동의 관점에서 빠르게 측정할 수 있다.

조건	단계의 현재 상태: 앱 설치	개입 1: 앱의 혜택 홍보	개입 2: 사회적 증거
행동을 떠오르게 할 단서	☑	☑	☑
감정적 반응	☐	☐	☑ 앱을 사용한 다른 사람들의 후기를 보고 설치해도 괜찮을 것 같다고 생각한다(대다수가 사용하는 앱이라면 기술적 규범도 사용할 수 있다).
비용과 이익에 대한 의식적 평가	☑	☑ 동기를 높이지만 주요한 문제는 아니다.	☑
행동할 수 있는 능력	☑ (8장에서 직원 ID의 문제를 해결한 후)	☑	☑
행동의 타이밍과 긴급성	☑	☑	☑
행동했던 과거의 경험	☑	☑	☑

CHAPTER 10

개입을 제작하라
: 능력, 타이밍, 경험

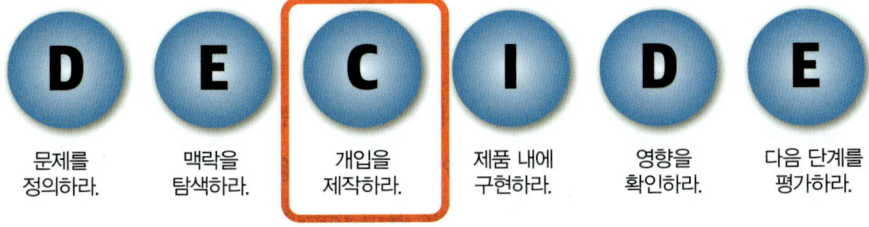

D 문제를 정의하라. E 맥락을 탐색하라. C 개입을 제작하라. I 제품 내에 구현하라. D 영향을 확인하라. E 다음 단계를 평가하라.

아내는 핏빗에서 나온 작은 운동 추적기를 사용한다. 옷에 부착하는 이 제품은 화면에 진행 상황을 표시하고 자세한 정보를 컴퓨터나 스마트폰으로 전송한다.

핏빗은 운동을 장려하는 데 도움이 되는 많은 일을 적절히 처리한다. 특히 운동 과정에서 행동을 방해하는 매우 성가신 두 부분, 운동량 측정하기, 그리고 측정한 정보를 컴퓨터나 스마트폰으로 업로드하기를 자동화한다. 이는 사용자의 작업 부담을 제품으로 옮겨오는, 일명 속임수 전략의 예다.

이 기기는 사람들의 운동을 돕기 위해 여러 행동 기법을 사용한다.

- 운동해야 한다는 사실을 상기시킨다. 화면에 무작위 채팅 메시지를 표시하는데, 처음 'Walk Me(나랑 같이 걸어줘)' 메시지를 보았을 때를 떠올리면 지금도 웃음이 난다. 즉, 이 제품은 재미있는 단서를 제공한다.
- 즉각적이고 의미 있는 피드백을 제공한다. 아내가 핏빗을 받은 지 얼마 안 되어서 핏빗 덕분에 9,945걸음을 걸었다는 것을 확인한 때가 기억에 남는다. 아내는 10,000걸음을 채우려고 방 안을

> 뛰어다니기 시작했다. 이는 제품이 임의로라도 단기적인 목표를 설정하여 긴급성(타이밍)을 느끼게 한 것이다. 운동의 혜택은 장기적이고 추상적이지만 10,000걸음이라는 목표는 즉각적이며 현재적이다.

이전 장에서는 단서, 반응, 평가 단계에서 방해받는 행동을 장려할 때 활용할 개입을 다뤘다. 이번 장에서는 CREATE의 후반부인 능력, 타이밍, 경험을 살펴보겠다.

사용자의 행동 능력

능력은 기본적으로 무언가를 하기 위한 물리적 수단을 의미한다. 달리기 위해 필요한 신발이나 먹기 위해 필요한 건강에 좋은 음식처럼 말이다. 행동 장애의 관점에서는 추가적인 고민이나 실패에 대한 두려움 없이 행동할 수 있는 방법이라고 생각할 수 있다. 사용자가 다음 행동을 고민하며 멈출 때마다 주의가 분산될 수 있다. 행동 지도에서 각각의 미세 행동은 극히 적은 생각, 노력, 자신감이 필요하다는 이유만으로도 장애물이 될 수 있다. 사용자는 진심으로 새로운 언어를 공부하고 싶은 마음에 다음 강의를 다운로드하려고 했다. 하지만 웹사이트를 찾고 다운로드하는 도중에 … 전화가 울릴 수 있다. 새로운 일자리에 지원하고 싶다는 마음은 진심이지만 다른 사람들 앞에서 발표해야 한다는 문구를 두렵게 느낄 수 있다.

이 섹션에서는 이러한 능력의 여러 유형, 즉 각 미세 행동을 위한 신체적 능력, 행동하는 데 필요한 자신감, 생각하느라 멈추거나 다음 행동을 고민할 필요 없이 단계적으로 진행할 수 있는 인지적 능력을 살펴보겠다.

마찰과 경로 요인을 제거하라

사소한 마찰은 행동 과학에서 생각보다 비중 있게 작용한다. 이 분야 초기 연구 대부분은 단순한 폼 필드와 사소한 장애물이 사람들의 작업 완료를 어떻게 방해하는지를 살펴봤다.

우리는 앞서 자동화의 중요성에 대해 이야기했다. 사용자에게서 401(k) 계좌 수동 이체 같은 작업 부담을 제거할 수 있다면 작업을 완료할 가능성이 더 높아진다! 자동화는 종종 기본값으로 만들기와 결합된다. 사용자가 선택을 취소하지 않는 한 기본적으로 작업이 제품으로 옮겨오는 것이다. 하지만 이 기법 둘 다 독립적으로도 강력하다. 이제 기본값으로 만들기에 대해 자동화와 분리하여 살펴보자.

이에 관한 행동 과학 초기의 주목할 만한 예를 장기 기증 분야에서 발견할 수 있다. 장기 기증은 윤리적으로 중요한 주제다. 우리에게는 문자 그대로 누군가의 생명을 살릴 잠재력이 있다. 국가별로 장기 기증 프로그램 참여율에는 큰 차이가 있다. 사망 시 장기를 기증하는 데 동의한 비율이 인구의 98~99%에 달하는 국가도 많은 반면, 이 비율이 0~10%에 그치는 국가도 있다. 독일이나 오스트리아처럼 비슷한 역사와 문화를 지닌 이웃 국가도 이런 차이를 보인다. 독일의 참여율은 12%인데 반해 오스트리아의 참여율은 99%다.

이러한 차이는 장기 기증에 대한 뿌리 깊은 윤리적, 종교적 이해에서 오는 것이 아니다. 오스트리아는 장기 기증 프로그램에 사람들을 기본으로 **참여시키고** 참여를 원하지 않는 사람이 쉽게 거부할 수 있게 한다. 독일에서는 **참여하지 않는 것**이 기본 설정이고 참여를 원하는 사람이 쉽게 참여할 수 있게 한다. 상자를 선택하거나 해제하는 단순한 행위가 이런 차이를 나타낸 주요 원인인 것으로 보인다. 바로 이것이 사소한 마찰(상자를 선택하거나 선택 취소하기)과 기본값의 놀라운 힘이다.[1]

여기에서 무엇을 배울 수 있을까? 당연히 **적절한 기본값**을 설정하는 것이 중요하다는 점이다. 하지만 더 나아가 **사소한 마찰을 제거**할 방법을 찾는 것이 중요하다

불필요한 의사결정 지점을 제거하라

사용자가 추가 작업을 할 필요가 없게 만드는 것은 전체적인 수준에서 적용하는 행동 변화 전

---

[1] Johnson, Goldstein(2003). 엄밀히 말해 이 분석은 자동화가 이미 존재하는 상황에서 기본값이 추가적으로 어떤 영향을 미치는지 보여준다. 기본값이 있든 없든 사후에 본인이 직접 장기를 제거할 수는 없기 때문이다. 하지만 핵심은 동일하다. 기본값은 자동화와 논리적으로 분리될 수 있으며 강력한 한계 효과를 낼 수 있다.

략(속임수)이지만 특정한 상호작용 내에서도 쓰여야 한다. 사용자에게 질문할 필요가 없다면 하지 마라. 사용자가 페이지를 아래로 스크롤하지 않게 하는 것이 좋다. 이는 행동 도중에 취해야 하는, 사소하지만 마찰을 일으키는 활동이다. 이런 마찰을 제거하면 행동 비용이 약간 줄어든다. 하지만 가장 중요한 점은 다른 모든 부분이 그대로라고 가정할 때 이런 마찰을 제거하면 행동 도중에 의사결정 지점과 주의가 분산될 여지가 사라진다는 것이다. 사용자가 어떤 행동을 하기로 했다면 그 행동을 하게 내버려두어라. 행동이 더 많이 중단될수록 이탈이 더 자주 발생할 수 있다.

그렇다고 사용자가 아무 작업도 하면 안 된다는 말은 아니다. 아래로 스크롤해야만 볼 수 있는 영역에 정말 중요한 정보가 있어서 사용자가 반드시 그 정보를 읽고 조치를 취해야 할 수도 있다. 하지만 동일한 작업을 추가 폼 필드나 사용자의 작업 없이도 수행할 방법이 있을 때는 작업이 적은 경로를 선택하라.

적절한 기본값을 설정하라

장기 기증처럼 제품에 기본값으로 설정할 중요한 선택이 없을 때는 사소한 선택도 찾아보라. 예를 들어 애플리케이션에 있는 개별 입력 필드를 고려하라. 많은 사용자가 여러분이 제공한 기본값을 그대로 쓴다고 가정하라. 그 이유는 사람들이 서두르느라 제시된 질문을 제대로 읽지 않거나, 질문의 의미를 제대로 이해하지 못하거나, 아니면 단순히 강한 선호가 없어서다. 따라서 기본값은 중요하다. 기본값이 의사결정 지점을 만들고 (그 결과 주의를 분산시키며) 사람들의 결정에도 영향을 미치기 때문이다.

기본값은 (a) 기본 응답이 사람들을 행동으로 이끄는 경우 (b) 파워 유저가 응답을 세밀하게 조정할 수 있는 경우 (c) 대부분의 사용자가 기본값을 간단히 확인만 하고 넘어갈 수 있는 경우에 매우 유용할 수 있다. 그러나 기본값은 무응답이 허용되는 경우에만 사용하고 필수 정보를 수집하는 곳에서는 사용하면 안 된다. 또한 사용자가 실제로 답할 수 없는 질문에 억지로 답하게 하면 가짜 대답을 꾸며내거나 참여를 중단할 수 있으므로 사용자가 답할 수 없는 질문이나 기본값을 설정할 수 없는 질문은 모두 삭제하는 것이 낫다. 기본값을 제공하는 경우에는 답변에 진실과 무응답이 섞여 있다고 해석해야 한다.

예를 들어 애플리케이션이 사용자에게 자녀가 있는지 물었다고 해보자. 자녀가 있는 사람에게만 도움이 되는 특별한 콘텐츠가 있다면 기본값을 '자녀 없음'으로 설정하라. 자녀가 있는 사용자들이 '자녀 있음'이라고 표시해야만 특별한 콘텐츠를 받을 수 있게 하라.

실행 의도를 끌어내라

기억하겠지만 실행 의도는 미래에 어떻게 행동할지에 대한 구체적인 계획이다.[2] 이는 행동 자동화의 한 형태로, Y가 일어날 때마다 X를 하도록 마음에 지시한다. 해야 할 일을 **지금** 생각해두면 실제 행동해야 할 때 생각할 필요도, 행동을 막는 절차상의 장애물도 없다. 그저 행동하면 된다. 실행 의도에는 행동을 유도하는 사건, 행동의 맥락, 그 사람이 해야 할 구체적인 일이 포함되어야 한다. 예를 들어 '금요일에 회사에서 상사가 프로젝트 얘기를 하다가 나한테 소리를 지르면, 나도 소리를 지르며 맞대응하기보다 잠깐 밖에 나가서 숨 좀 돌려야겠다'라고 계획해두는 것이다.

사용자에게 미래에 어떤 행동을 취하기로 약속한 지점마다 미래의 행동 계획(실행 의도)을 세워두라고 장려할 수 있다. **특히** 행동이 애플리케이션 외부에서 일어날 때를 대비해서 세워두면 좋다. 명확하고 구체적인 전략을 세워두면 제품이 그 행동을 상기시켜 주지 않을 때도 행동을 이어가는 데 도움이 될 수 있다.

행동 제품에 실행 의도를 세운다는 말은 사용자가 행동할 방법을 설명하는 텍스트 상자를 추가하는 것을 의미할 수도 있다. 핵심은 사람들이 구체적인 행동을 의식적으로 생각하게 하고, 가능하다면 이런 행동을 시각화하도록 돕는 것이다. 문제는 실행 의도가 마찰을 일으킨다는 점이다. 실행 의도 때문에 속도가 늦춰지고 추가 작업이 필요해진다.[3] 앞서 설명했듯이 이 방법만으로는 큰 효과를 내기 어렵다. 대신 이렇게 생각해보자. 방해받지 않는 경로(마찰

---

[2] Gollwitzer(1999)
[3] 이러한 팁을 알려준 폴 애덤스에게 감사한다.

제거하기)로 사람들이 스스로 장애물을 극복하게 할 수 없다면 사람들이 그 장애물에 도달했을 때 극복할 수 있도록 (실행 의도를 비롯한 기타 기법을 활용해서) 준비시켜야 한다.

또래 비교도 도움이 될 수 있다

사람들의 감정적 반응이라는 맥락에서 또래 비교를 다룬 바 있다. 다른 사람들이 자신보다 전기세를 적게 내거나, 투표에 더 자주 참여한다는 사실을 알면 강력한 직관적 반응이 촉발된다. 게다가 또래 비교는 능력에 대한 감각에도 영향을 미칠 수 있다. 나는 또래 비교가 '할 수 있다(능력)'와 '해야 한다(반응)', 두 가지 측면을 모두 포함한다고 생각한다.

우리는 어떤 일을 달성할 수 없다고 생각할 때 시간 낭비를 피할 만한 더 나은 일을 찾는다. 여러분이 만든 페이지에서 사람들이 해야 할 일을 **할 수 있게** 하는 데 그치지 말고 실제로 그 일을 할 수 있다고 확신하게 하라. 이를 달성하는 한 가지 방법은 앞서 설명한 또래 비교를 이용하는 것이다. 사용자에게 다른 사람들이 그 행동을 성공적으로 하고 있다는 것을 보여줘라. 그렇다면 이들은 '그래, 아마 나도 할 수 있을 거야'라고 생각하게 된다.

하지만 또래 비교는 단순하게 작용하지 않는다는 점을 기억하라. 또래 그룹이 대상 사용자보다 너무 앞서 있으면 의욕을 꺾을 수 있고('절대 따라잡지 못할 거야') 반대로 또래 그룹이 너무 뒤처져 있으면 그 또한 의욕을 꺾을 수 있다('아, 좀 쉬어도 되겠는데. 이미 다른 사람들보다 잘하고 있으니까').

장벽 너머로: 성공한다는 확신

지난주 여러분은 실패할 것이 거의 확실한 일을 몇 번이나 시도했는가? 여러분이 실패한다는 것을 다른 사람들이 알고 이에 대해 왈가왈부할 가능성이 있는 중요한 일 말이다. 추측하건대 그리 많지는 않을 것이다. 이는 우리의 마음이 이런 선택지를 가지치기하기 때문이다. 우리는 성공 가능성이 높지 않은 행동을 어떻게 할지 심사숙고하지 않는다(공상하는 것 이상으로 의도적으로 하는 행동을 말하는 것이다).

할 수 없다고 생각하는 일은 시도조차 하지 않을 가능성이 높다. 이는 반두라^{Bandura}의 자기 효능감 개념과 관련이 있다. 비슷한 경험에서 얻은 교훈을 바탕으로 자신이 그 일을 잘 해낼 수 있다고 믿는 것은 목표 달성 연구에서도 강조된다.

사용자가 성공할 수 있다는 것을 알도록 돕는 일은 심도 깊은 훈련 프로그램을 통해 어려운 행동에 대한 전문성과 자신감을 키우는 방식으로 복잡하게 실행할 수도 있다. 하지만 행동을 더 익숙하고 실현 가능하다고 느끼도록 재구성하는 간단한 방법도 있다. [그림 10-1]은 내가 존 발즈와 함께 발표한 논문에 실렸던 간단한 실험을 보여준다.[4]

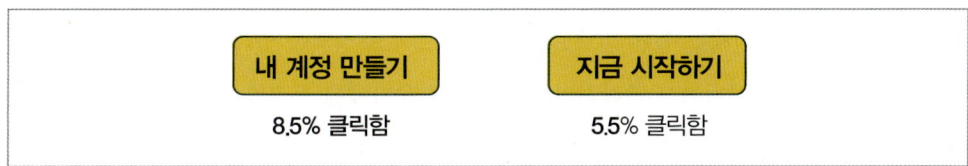

그림 10-1 안내 문구를 간단히 변경하여 무슨 일을 하는지, 그리고 그 일을 완료할 수 있는지 알도록 도와주기[5]

'진짜' 장애물을 찾아라

지금까지 능력 부분에서 다룬 장애물은 어느 정도 심리적인 것이다. 합리적이고 비용 이익적인 관점에서 엄밀히 본다면 이런 것은 장애물이 되어서는 안 된다. 하지만 특정 제품이나 서비스를 사용하려고 하는데 비밀번호가 없거나 앱 사용을 위한 인터넷 연결이 없는 등의 실질적인 장애물에 부딪히는 경우도 있다. 돌이켜보면 당연한 일이지만 나 역시 이런 장애물을 놓쳐서 고생한 경험이 있다. 나는 얼마 전 진행한 한 연구에서 행동 유발 문구가 포함된 이메일을 비밀번호가 설정되지 않은 이메일 주소로 보내놓고…, 왜 아무도 응답하지 않는지 궁금해했다. 즉, 이번 항목은 간단한 주의사항을 상기시키기 위한 것이다. 사용 데이터를 살펴보고 사용자를 대상으로 정성적인 조사를 진행하며, 더 그럴듯한 행동 장애물을 찾는 동시에 간단한 부분을 놓치지 않았는지도 확인하라.

---

4 Balz, Wendel(2014)
5 Wendel, Balz(2014)

타이밍을 적절히 잡아라

행동에는 시간적인 제약이 있는 것이 이상적이다. 기존 외부 요인으로 인해 사람들이 즉시 행동해야 할 때가 있기 때문이다. 세금 납부를 4월 15일까지 마쳐야 하는 것처럼 말이다.[6] 하지만 그렇게 할 수 없는 상황에서는 몇 가지 다른 전술을 활용할 수 있다.

텍스트 프레이밍[7]을 통해 일시적 근시를 피하라

우리 뇌는 미래보다 현재를 훨씬 더 소중하게 여기도록 구성되어 있다. 바로 이것이 일시적 근시다. 앞서 미래의 보상보다 즉각적인 보상으로 사용자에게 동기를 부여할 방법을 살펴볼 때 이를 언급한 바 있다. 그렇다면 애플리케이션의 기본 구조와 핵심 동기가 이미 고정된 상황에서는 어떻게 해야 할까? 이럴 때는 사용자에게 제공하는 설명을 잘 다듬어서 일시적 근시의 저주를 피할 수 있다.

따라서 행동 변화를 위한 디자인을 할 때는 시간을 매우 신중하게 프레이밍framing해야 한다. 즉각적이거나 단기적인 이익의 관점에서 혜택을 프레이밍할 방법을 찾아라. 운동을 권장할 때는 **거의 즉각적으로** 기분과 외모가 좋아질 것이라고 언급하라. 반대로 **고통과 노력**은 미래에 두어야 한다. 지금 당장 해야 하는 노력보다는 미래에 언젠가 해야 할 노력을 약속하기가 훨씬 더 쉽다. 따라서 고통과 노력을 논할 때는 최대한 미래로 미뤄라. 베나르치와 탈러는 사람들에게 미래에 저축(**고통**)하기로 지금 약속하게 한 'Save More Tomorrow(내일 더 저축하세요)' 플랜으로 이 전략을 훌륭하게 구사했다.[8]

---

6 옮긴이_ 미국의 소득세 신고 기한 마감일이 4월 15일이다.
7 옮긴이_ 프레이밍 효과란 정보를 제시하는 방식에 따라 사람들이 그 정보를 다르게 인식하고 반응하게 만드는 효과를 가리키는 말로 행동 과학이나 심리학에서 자주 사용되는 개념이다.
8 Benartzi, Thaler(2004, https://doi.org/10.1086/380085)

행동하기로 한 과거의 약속을 상기시켜라

우리는 자신의 과거 행동과 일관되지 않게 행동하는 것을 좋아하지 않는다. 일관성을 잃으면 매우 불편하게 느껴지기 때문에 과거의 신념에 따라 행동하거나 행동에 맞춰서 신념을 변화시키려 한다.[9] 이런 일관성을 지키게 하는 한 가지 방법은 사용자가 스스로 긴급성을 부여하게 하는 것이다. 특정 시간에 행동하기로 약속하게 한 후 약속한 시점에 이를 상기시켜라. 이렇게 하면 행동해야 할 다른 이유들 외에도 일관성을 유지하려는 동기가 추가되어서 약속을 지키게 된다.

친구들과 약속하게 하라

행동에 긴급성을 부여하는 또 다른 방법은 행동하기로 친구들과 구체적으로 약속하게 하는 것이다. 사회적 책임감은 강력한 힘을 발휘한다. 우리는 친구를 실망시키거나 그들의 존중을 잃고 싶어 하지 않는다. 다음 상자글에서 내 친구 저스틴 소프Justin Thorp의 개인적인 이야기를 통해 이를 설명하겠다.

친구들은 우리에게 책임을 지운다

나는 항상 덩치가 컸다. 2009년 가을, 내 체중이 127kg을 기록할 무렵 계단으로 몇 층만 올라가도 숨이 차는 데 진저리가 났다. 뭔가 변화가 필요한 시점이라는 걸 깨달았다.

그래서 달리기로 결심했다. 나에게는 힘겨운 일이었다. 간신히 한 블록을 뛸 수 있는 수준이었다. 너드nerd[10]로서 처음 든 생각은 … '운동보다 나은 게 뭐가 있을까?'였다. 답은 기술을 활용한 운동이었다. 그래서 나는 앱스토어를 정독하고 런키퍼Runkeeper를 다운로드했다. 스마트폰의 GPS를 활용해서 달린 거리, 속도, 위치를 추적하는 앱이었다. 나는 즉시 매료되었다. 앱을 통해 달리기의 전반적인 진행 상황을 확인할 수 있었다.

---

9 페스팅거를 참조하라(Festinger, 1957).
10 옮긴이_ 운동보다는 기술적인 지식에 더 익숙한 삶을 살아왔다는 점을 드러내기 위해 사용한 표현이다.

> 그러던 어느 날 런키퍼 보고서 하단에서 메타(구 페이스북)와 X(구 트위터) 공유 버튼을 발견했다. 그 버튼을 누르면 친구들에게 나의 달리기 현황을 공유할 수 있었다. '알게 뭐야' 싶은 마음에 별생각 없이 버튼을 눌렀다.
>
> 며칠 후 갑자기 친구들과 동료들이 내가 달리고 있다는 사실을 알아차리기 시작했다. 이들은 내 메타(구 페이스북) 게시물에 댓글을 달았다. 이들은 소셜 미디어에서 나를 응원했다. 내키지 않아서 달리지 않은 날에는 상사가 이렇게 묻곤 했다. "저스틴 씨, 오늘은 왜 달리지 않았나요?"
>
> 아침에 일어나 달리고 싶지 않은 날, 머릿속에 주변 사람들의 목소리가 들리는 것 같았다. 이들을 실망시키고 싶지 않았다. 이들은 나를 믿었고, 내가 해낼 수 있다고 믿었다.
>
> 나는 해냈다. 22kg을 감량한 것이다. 16km 벚꽃 경주에 참가했다. 엄청난 자신감을 얻었다. 그리고 아직도 정기적으로 달린다. 달리기는 나에게 운동하고 머리를 비우는 좋은 방법으로 자리 잡았다.
>
> 저스틴@thorpus

앞서 사회적 증거와 기술적 규범의 힘에 대해 이야기할 때 언급했듯이 친구들은 우리 행동에 광범위한 영향을 미친다. 우리가 하는 일을 친구들에게 알리는 것은 말한 대로 행동하게 하는 특별한 동기가 된다. 이들은 우리의 행동뿐 아니라 우리가 한 약속을 지키는지를 보고 우리를 판단하는데, 여기에는 타이밍도 포함된다.

물론, 이 모든 것은 우리가 누구에게 지지와 책임을 기대하느냐에 따라 달라진다. 만약, 우리를 전혀 신경 쓰지 않거나 우리가 하려는 활동의 가치를 인정하지 않는 사람에게 의지한다면 이들의 무관심이 우리의 동기를 서서히 무너뜨릴 수 있다. 제품은 이를 완화하기 위해 사용자에게 지지해줄 친구와 동료를 명확히 구분하도록 요청하거나 똑같은 행동에 변화를 추구하거나 지지한 경험이 있는 다른 사용자와 연결해줄 수 있다(즉, 제품은 우리를 성공으로 이끌어줄 지역 기반 또래 네트워크를 구성해줄 수 있다). 코치미(https://www.coach.me)라는 서비스가 이와 비슷한 역할을 한다.

보상을 부족하게 하라

행동에 대한 보상에 제한을 두거나('처음으로 45kg을 감량한 100명의 이름을 웹사이트에 소개하기') 인위적으로 시간에 제약을 두도록('다음 5분 이내에 행동하면 추가 점수 10점 주기') 할 수 있다. 이는 영업과 마케팅 분야에서 인기 있는 전술이다.[11] 이는 반복적인 행동보다는 일회성 행동에 적합하다. 보상이 부족하다는 것을 반복해서 강조하면 사람들의 신뢰를 잃을 수 있다. 또한 인위적으로 부족한 상황을 연출하거나 시간에 제약을 두지 않은 일반적인 상황에 사람들이 둔감해질 위험도 있다.

하지만 이 기법은 현장에서 남용되는 경우가 있다. 회사의 이익을 위해 인위적인 부족을 연출해서 고객에게 피해를 주는 것이다. 4장에서 윤리와 관련해 언급한 스레드업이 이러한 예 중 하나다. 익스피디아, 호텔스닷컴, 부킹닷컴 같은 호텔 예약 사이트도 규제 기관의 지적을 받은 또 다른 부정적인 사례다.[12]

이전 경험 다루기

사람들의 이전 경험은 예측하기 어려운 방식으로 이들의 반응을 형성하며 때로는 이해하기조차 어렵다. 우리의 직관적인 반응, 어떤 행동의 비용 이익에 대한 지식, 그리고 자기 효능감은 모두 오랜 시간에 걸쳐 쌓아온 연관성과 정보에 의해 결정된다. 단서, 반응, 평가 등에서 발생하는 장애물을 다룬 이전 장들은 모두 우리의 마음이 구성된 방식이나 사람들이 살아가면서 일반적으로 하는 비슷한 경험 때문에 직면하는 일반적인 문제를 다뤘다. 그러나 이번에 다룰 단계인 경험은 예외적이다. 이 단계는 사람들이 마주하는 행동 장애물과 이를 극복하기 위한 도구에 대해 학계에서 얻은 일반적인 교훈이 무엇이든 간에, 모든 것은 개인의 특정한 경험에 달려 있다는 점을 상기시켜준다.

---

[11] Cialdini(2008), Alba(2011)
[12] 영국 경쟁시장국(CMA, Competition and Markets Authority)이 이런 기법을 어떻게 단속했는지 모너핸의 기사를 참조하라(Monaghan 2019, https://oreil.ly/BoQwW). 또 한 번 팁을 알려준 폴 애덤스에게 감사한다!

예를 들어 손실 회피 성향은 일반적으로 매우 강력하다. 그러나 끊임없는 손실의 위협 속에서 자란 사람은 손실에 특별히 민감할 수도 있고, 아니면 이를 직관적으로 거부하는 법을 배웠을 수도 있다. 불교의 가르침을 적극적으로 실천하는 사람이라면 평가 단계에서 논의한 대부분의 기법에 더 적게 반응할 수 있다. 다른 사람들에 비해 물질적 욕구에서 벗어나는 이들의 능력이 뛰어나다고 가정한다면 말이다.

더 일상적인 수준의 예시를 들어보겠다. 부정직하고 조작적인 방식으로 사회적 증거(전문가 추천 등)를 활용해 나쁜 제품을 광고하는 것을 접한 사람들은 이 기법을 사용하는 모든 제품을 거부할 수 있다. 그리고 마지막으로 어떤 제품이나 서비스의 이전 버전이 혜택을 과장되고 부정확하게 홍보한 것을 불쾌하게 기억하고 있는 사람이라면 그 제품을 만든 회사의 모든 말을 당연히 불신할 수 있다.

그렇다면 과거의 경험이 장애물이 되어 누군가가 원래 하고 싶어 했을 일을 방해한다면 어떻게 해야 할까? 이 분야에 대한 연구가 많지는 않지만, 다음과 같은 몇 가지 아이디어와 접근법을 고려해볼 수 있다.

새로운 시작을 활용하라

새로운 시작은 자기 자신을 바꿀 새로운 기회라고 느끼는 특별한 시간이다.[13] 펜실베이니아 대학교의 흥첸 다이^{Jason Riis}, 캐서린 밀크먼^{Katherine Milkman}, 제이슨 리스^{Hengchen Dai}가 새로운 시작에 관해 연구한 바에 따르면 **사람들은 인생의 전환기에 중요한 결심을 특히 많이 하는 경향이 있다.**[14] 이들은 사람들이 새해(새해 결심으로)나 생일, 결혼 생활이 변화하는 시기에 운동량 늘리기, 식습관 개선하기 등의 결심을 할 가능성이 높은지 조사했다.

이들의 논리는 이렇다. 과거에 무언가를 하려고 애썼다가 실패한 경험이 있다면 새로운 시작이 이번에는 상황이 다를 것이라는 희망을 준다. 우리는 자신의 경험을 정신적으로 새로운

---

13 이 섹션은 웬들의 저작에서 왔다(Wendel 2019).
14 Dai et al.(2014, http://dx.doi.org/10.1287/mnsc.2014.1901)

시작 이전과 이후로 분리하고 이전 경험에는 '관련 없음', '지난 일'이라고 정의한다("그건 **작년** 일이잖아!"). 새로운 시작 이후의 시간에는 과거의 짐에서 벗어난 새로움이 있고, 이런 새로움은 새로운 시도를 하거나 과거에 달성하지 못한 목표에 다시 전념할 수 있게 한다.

과거에 규칙적인 운동을 시도하다가 실패한 경험이 있어도 이 특별한 새로운 시작의 순간은 시계를 재설정하고 이전 경험에서는 갖지 못했던 새로운 활력과 희망을 갖게 해준다. 새해 결심이 전형적인 예지만, 이사나 이직 같은 사건도 새로운 시작으로 볼 수 있다. 많은 종교적 전통에도 사순절[15] 같은 '새로운 시작'의 기간이 있다. 페이스게이트웨이^{FaithGateway} (`https://oreil.ly/-aI22`) 같은 웹사이트는 사순절 동안 사용자들에게 이메일을 발송하고 웹 디자인을 변경하여 이 특별한 기간을 강조함으로써 영적인 길에 다시 헌신하고 새로운 힘을 불어넣게 한다.

새로운 시작은 행동과 맥락을 특별하게 느끼게 하고 과거의 경험을 별도의 역사적 범주에 넣어서 과거의 실수를 반복하지 않도록 도와준다. **그렇게 한다면 미래는 달라질 수 있다.**

이야기 편집을 사용하라

우리는 1장에서 팀 윌슨의 자기 서사에 대한 연구를 언급한 바 있다.[16] 자기 서사란 우리가 과거 경험과 미래 경로에 대한 이해를 바탕으로 자신이 어떤 사람이라고 서술한 이야기를 가리킨다. 거기에서 우리는 관련된 과거 경험, 특히 성공한 경험을 한데 모아서 새로운 행동을 더 익숙하고 자연스럽다고 느끼게 하는 데 집중했다. 윌슨은 관련 기법도 논했는데, 그 주인공은 바로 이야기 편집(사람들이 자기 서사를 '편집'하여 과거의 부정적인 경험을 재해석하게 하는 것)이다.

행동 변화에 관한 가장 훌륭한 연구 중 하나로 윌슨의 이야기 편집에 관한 연구를 들 수 있다. 그와 공동 저자인 길버트는 학교 생활에 잘 적응하지 못하고 미래를 걱정하는 대학교 1학

---

15 옮긴이_ 예수 그리스도가 겪었던 수난을 기억하며 40일간 부활을 준비하는 기독교의 절기다.
16 1장에서 자아개념이나 자기 서사를 소개하며 이 연구를 간략히 언급했다.

년 학생 그룹을 데려다가 두 그룹 중 하나에 무작위로 배정했다. 한 그룹은 30분가량 짧은 개입을 받았고, 나머지 한 그룹은 특별한 조치를 전혀 받지 않았다.

윌슨은 학생들이 자신을 실패자라고 여긴다는 사실을 우려했다. 개입한 내용에는 학생들의 학습 부진을 다음과 같이 **해석**할 수 있다는 정보가 포함되었다.

> 우리는 이들의 문제에 다른 원인이 있을지 모른다는 것을 암시하는 몇 가지 사실과 다른 학생들의 증언을 제공했다…. 여기서 말한 다른 원인이란 대학교에서 처음 요령을 터득하는 건 어렵지만, 시간이 지나면 나아져서 적응하고 고등학교 때와는 다르게 공부하는 방법을 배운다는 것이었다….[17]

무작위 선택을 통해 자신의 학습 부진을 재해석한 그룹은 이후에 더 나은 성적을 얻었다. **대학교 마지막 학년이 될 때까지** 성적이 계속해서 나아졌다. 또한 대학교를 중퇴할 가능성도 낮아졌다. 이 연구가 시간이 지남에 따른 이들의 학문적 성과 전체를 추적한 것은 아니지만, 그 효과가 즉각적인 것은 아니었다고 추측할 수 있다. 오히려 초반의 격려 이후 학생들이 자신을 보는 방식은 서서히 변화했고 공부에 쏟는 노력의 양도 점진적으로 바뀌었을 것으로 보인다.

30분의 개입이 수년에 걸쳐 성과를 변화시켰다니 인상적이지 않은가?

윌슨은 이야기 편집이라는 개념을 폭넓게 지지하는 선구자다. 우리도 그 실험에 참여했던 학생들처럼 자신에게 하는 이야기, 즉 자기 서사를 바꿔서 과거 우리에게 일어난 일을 재해석할 수 있다.[18] 그런 재해석은 미래 행동에 영향을 미친다. 우리의 행동을 변화시키면 미래에 할 경험도 변해서 자기 서사를 지지할 가능성이 조금 더 높아진다. 그리고 매번 새로운 경험을 할 때마다 내면의 자기 서사가 조금씩 변화하고 이는 행동 변화를 위한 새로운 주기를 촉진한다.

이 기법이 학생들에게 작용한 방식을 떠올려보자. 윌슨은 학생들 절반이 자신의 성적을 다르

---

17 Gilbert, Wilson(2011, https://oreil.ly/LVulI)
18 Wilson(2011)

게 해석하도록 도왔다. 자신이 실패자가 아니라 일시적으로 어려운 시기를 겪고 있다고 본 학생들은 조금 더 열심히 공부하고 다음 시험에서 나은 성적을 받을 가능성이 높아졌다. 이들은 나아진 성적을 되돌아보면서 자신이 공부할 수 있고 1학년 생활의 어려움을 극복할 수 있는 학생이라는 자기 인식을 강화했다. 그러면 다음 시험에서는 더욱 열심히 공부하게 된다. 이렇게 시간이 지나면서 두 그룹이 갖는 내면의 이야기, 즉 자기 서사는 초기 개입의 작은 격려 덕분에 각기 다른 방향으로 흘러갔다.

우리는 일상에서 겪는 경험을 해석하고 재해석하면서 자기 서사와 미래 행동을 형성해간다. 이러한 해석과 행동의 반복은 더 열심히 공부하기 같은 유익한 변화를 분명히 지지한다. 그러나 이런 반복은 부정적인 결과로도 이어질 수 있다. 자신이 실패자라고 느끼고 이를 변화시키기 위해 노력하지 않을 수도 있기 때문이다. 이런 차이는 과거 경험을 어떻게 활용하는지, 자기 인생의 결과를 자신이 통제할 수 있다고 생각하는지에 달려 있다.

더 나은 결정을 지지하는 기법을 사용하라

어떤 사람이 이전 경험을 바탕으로 특정 행동에 강한 부정적인 감정 반응을 보이거나 행동 비용의 한 가지 측면에만 집착한다면 이를 행동의 문제가 아니라 의사결정 문제로 보는 것이 도움이 될 수 있다. 우리는 3장에서 더 신중하고 의식적인 결정을 내리도록 사람들을 돕는 맥락에서 이러한 문헌을 다뤘다.[19] 몇 가지 핵심사항은 다음과 같다.

- 천천히 생각하면 더 신중하게 사고할 수 있다.
- 인지 과부하를 추가하고 행동에 필요한 단계를 늘리는 방식으로 마찰을 더해서 사람들의 속도를 늦춰라.
- 문제에서 중요한데도 간과되는 측면에 집중하라.

---

[19] 특히 솔의 논문을 참조하라(Soll et al. 2015).

의도적으로 낯설게 만들어라

현장에서 구체적으로 검증한 연구는 보지 못했지만 기존 작업에서 영감을 받은 또 다른 기법이 있다. 똑같거나 비슷하게 생긴 익숙한 제품이나 커뮤니케이션에 대한 이전 경험이 행동을 방해하는 부정적인 반응을 일으킬 때 그런 반응을 더 이상 유발하지 않도록 제품의 룩 앤 필look and feel[20]을 의도적으로 변경하는 것이다. 이 기법은 사용자 스스로도 원하지 않는 반응이 일어날 때만 적절하다. 즉, 감정적으로 더 안정된 상황에서 **취하고 싶어 할 만한 행동**에 적용하기 적합하다.

부도덕한 회사들도 이 기법을 많이 사용한다. 나는 아내와 함께 카리브해로 떠난 휴가에서 아주 멋져 보이는 여행 서비스를 발견했다. 이 서비스는 꽤 합리적으로 보이는 가격으로 향후 휴가에 큰 할인을 제공했다. 우리는 회사를 온라인으로 확인했고 모든 것이 괜찮아 보였다. 그런데 불과 몇 주 후 이 회사가 반복적으로 이름을 변경해왔다는 것을 알게 되었다. 나쁜 후기가 올라오고 소송이 발생할 때마다 이름과 마케팅 캠페인을 바꿔온 것이다. 똑같은 회사, 똑같이 형편없는 서비스에 새로운 얼굴을 입힌 셈이다. 이들은 브랜드를 의도적으로 낯설게 만들어서 고객을 꾸준히 모으고 있었다. 이와 똑같은 행태를 보이는 회사를 아마존에서 본 적 있을 것이다. 제품이나 회사 이름을 바꿔서 사람들의 이전에 겪은 나쁜 경험과 부정적인 후기를 피하는 회사 말이다.

다행히 더 유익한 용도도 생각해볼 수 있다. 과거 체중 감량에 실패한 경험 때문에 자신은 절대 다이어트를 성공하지 못할 것이라고 생각하는 사람이 있다고 상상해보자. 시중의 일반적인 서비스, 예를 들어 식사 배달 서비스나 식단 제공 서비스와는 의도적으로 다르게 설계된 서비스를 만든다면 이런 사람들이 다시 한번 시도해보는 데 도움이 될 수 있다. 서비스 자체는 동일하더라도 개개인의 주변 환경이 달라질 수 있고 부정적인 이전 경험을 극복할 수 있다면 이번에는 성공할 수도 있다. 이는 이 섹션의 마지막 요점으로 이어진다. 사람들이 변한다는 사실을 기억하라는 것이다.

---

20 옮긴이_ 소프트웨어 디자인에서 사용자 인터페이스의 시각적 디자인과 사용자 경험 전반을 의미하는 용어다.

다시 확인하라: 여러분은 똑같은 사람과 상호작용하고 있지 않다

사람마다 경험이 다를 뿐 아니라, 나이가 든다는 보편적인 이유나 결혼, 출산 등의 개인 변화로 인해 사용자들은 매일 변화하고 적응한다. 여러분이 6개월 전에 이메일을 보냈던 사람과 현재 여러분이 소통하는 사람은 다른 사람이다. 유저 리서치를 통해 **이들에게 다시 연락**하여 시간이 지나면서 사용자 기반이 어떻게 변화하는지에 대한 통찰을 얻을 수 있다. 예를 들어 회사에서 퇴직과 관련한 마지막 소통 이후에 퇴직 워크숍을 진행했다면 워크숍 내용을 바탕으로 소통하라. 특히 워크숍 참석자들에게는 이들의 변화에 맞춰서 소통 내용을 세분화하라.

실천하기

이 장에서는 CREATE의 두 번째 행동 장애물 모음인 능력, 타이밍, 경험에 사용할 수 있는 개입을 살펴보았다. 간략히 정리한 메모를 살펴보자.

여러분이 해야 할 일

- 사용자가 행동하기로 결정한 이후에 미세 행동을 하나씩 순조롭게 수행하여 최종 행동에 이르는 것이 이상적이다. 하지만 크고 작은 능력 장애물이 도중에 방해한다. 가령 비밀번호 같은 물리적 자원이나 자신감이 부족하거나 진행하는 데 추가적인 시간과 사고가 필요한 상황이 벌어질 수 있다.
- 물리적 장애물을 제거하는 방법은 대개 명확하다. 경로를 따라 각 미세 행동을 주의 깊게 관찰하고 파악하면 된다. 자신감을 떨어뜨리는 장애물을 제거하려면 또래 비교를 활용하거나 앞날에 대한 불확실성을 제거해야 한다. 마찰이 발생하는 일시중지 시점, 즉 의사결정 지점을 제거하려면 기본값을 설정하고 상호작용을 단순화해야 한다.
- 사람들은 즉각적인 업무와 요구에 자연스럽게 집중하기 때문에 장기적으로 이익이 되는 활동을 놓치기 쉽다. 이를 극복하려면 이익에 대해 말하는 방식을 재구성하고 즉각적인 희소성을 강조하거나 개인적, 사회적 약속을 통해 현재 행동에 집중하게 한다.
- 사람들은 과거의 부정적인 경험으로 인해 행동 폭넓은 이익을 놓칠 수 있으며 각 사람의 경험은 고유하다. 이런 부정적인 경험을 극복하도록 돕기 위해 우리는 새로운 시작(생일, 인생의 중요한 사건 등)이라는 개념을 활용하여 시계를 재설정하고 이야기 편집을 통해 이런 경험이 미래에 미칠

영향을 재구성할 수 있다. 또한 즉각적인 연상을 피하고 마찰을 **추가**하여 사람들의 속도를 늦춰서 신중한 시스템 2 사고를 유도할 수 있다. 아니면 제품을 통해 유도하는 행동의 룩 앤드 필을 낯설게 만들어 이전 경험이 떠오르지 않게 하는 방법도 있다.

문제의 징후

- 제품이 사용하기 어려울 때. 사소한 마찰과 문제를 완화하는 데는 행동 기법이 도움이 되지만, 근본적으로 문제가 있는 제품은 고치지 못한다.

- 제품의 과거 실패를 감추려 행동 기법을 사용할 때. 이는 과거에 형편없었던 사용자 경험을 외면하고 실제로는 개선되지 않은 제품에 더 많은 돈을 쓰라고 사람들을 설득하는 것이나 다름없다.

결과물

- 행동을 취하고 장애물을 극복하는 데 도움이 되는지 확인하기 위해 시도해볼 수 있는 하나 이상의 개입.

연습문제

능력, 타이밍, 경험과 관련된 장애물에 대해서도 282쪽에 있는 '워크시트: CREATE로 여러 개입 평가'를 계속해서 사용할 것이다. 편의를 위해 행동 지원을 위한 개입을 제안하는 표를 워크북에 수록했으니 활용하라.

CHAPTER 11
개입을 제작하라: 고급 주제

> 뉴 맘스New Moms는 시카고의 소규모 비영리 단체로, 어린 나이에 출산하고 노숙자가 될 위기에 처한 여성들에게 저소득층 주택 지원부터 출산 도우미 서비스와 육아 관련 교육까지 다양한 프로그램을 제공한다. 하지만 이들의 직업 훈련 프로그램에는 해결해야 할 과제가 많다. 프로그램에 관심을 보인 여성은 많았지만 실제 참여한 사람은 거의 없었다. 마케팅 용어로 표현하자면 이들의 전환 퍼널은 프로세스의 각 단계마다 급격한 감소를 보였다.
>
> 그러나 여타 소규모 비영리 단체와 달리 뉴 맘스는 오랫동안 행동 과학과 뇌과학을 연구해왔다. CEO인 로라 줌달은 "저희는 아이디어스42[1]의 열렬한 팬이에요"라고 말했다. 학습과 혁신 책임자인 데이나 이매뉴얼Dana Emanuel의 지도하에 이들은 MDRC 행동 과학 팀(https://oreil.ly/NEqfo)과 협력하여 프로그램에 참여하는 여성들이 직면하는 장애물을 식별했다. 다른 프로그램이나 제품들과 마찬가지로 많은 장애물이 있었다. 이들이 찾아낸 내용은 다음과 같다.

---

[1] 아이디어스42는 뉴욕을 기반으로 하는 대규모 행동 과학 비영리 단체다.

- 이들의 마케팅 자료는 직업 훈련 프로그램의 장기적인 이익에 대해 전문 용어로 설명하고 있었다 ('직무 기술'이라니, 누가 이런 용어에 흥미를 느끼겠는가?). 이들은 행동학적 분석을 통해 여성들이 강한 현재 편향을 가지고 있으며 아이 양육 같은 단기적인 목표에만 집중하고 있다는 것을 알아냈다. 그래서 팀은 마케팅 자료를 '엄마로서의 동기에 맞춘 메시지'로 수정했다고 데이나는 설명했다. 다시 말해, 가족을 위해 쓸 수 있는 돈, 유연한 일정을 언급했다. 이는 "장기적으로 여러분을 위해 좋습니다"라고 말하는 많은 제품도 배워야 할 교훈이다.

- 프로그램에 가입하려면 여러 페이지의 양식을 작성하고 다양한 요구 조건을 충족해야 했다. 이들은 그 대부분이 사실상 불필요하며 이로 인해 진입 장벽(즉, 번거로운 요소)이 생긴다는 것을 깨닫고 가입 절차를 크게 단순화했다.

- 뉴 맘스는 막 엄마가 된 프로그램 참가자들에게 3개월, 6개월, 1년 단위로 목표를 세우라고 요청했다. 일해 본 경험이 한번도 없는 여성이 많았기 때문에 직업에 대한 장기적인 목표는 이들에게 그야말로 추상적인 개념에 불과했다. 이런 목표는 이들에게 도움이 되기는커녕 오히려 좌절감을 느끼게 했다. 그래서 뉴 맘스는 이들이 조금 더 즉각적이고 관리할 수 있는 일간 목표, 주간 목표를 세우도록 도왔고 이는 더 큰 변화로 이어졌다. 이렇게 작은 성공은 여성들이 자신의 발전을 확인하고 시간이 지나도 올바른 방향으로 나아가는 데 도움이 되었다.

소규모 비영리 단체부터 국제적인 기술 기업에 이르기까지 사용자들이 직면하는 문제는 놀라울 정도로 비슷하다. 이런 문제들은 마음의 작동 방식과 인간의 정신적 기제를 고려하지 않은 제품과 서비스의 개발 방식에서 기인한다. 뉴 맘스는 많은 제품, 서비스와 마찬가지로 여성들이 여러 단계의 프로세스에 걸쳐 하나가 아니라 여러 장애물을 마주한다는 것을 발견했다. 이들은 신중한 분석을 통해 각 경우에 어떤 장애물이 작용하고 있는지, 그리고 이런 장애물을 어떻게 극복하여 사용자들에게 더 나은 서비스를 제공할지를 알아냈다.

9, 10장에서 논의한 행동 해결책은 행동을 지원하기 위한 특정 시점 개입, 즉 행동 지도상 특정 시점에 행동을 촉진하는 방법에 관한 것이었다. 이번 장에서는 장기간에 걸친 다단계 개입, 습관 형성, 부정적인 행동을 방해하는 개입 제작 등 세 가지 확장 방법을 살펴보겠다.

다단계 개입

일부 제품이나 많은 커뮤니케이션의 경우에는 행동 지도가 간단하고 단순하거나 주의해야 할 단일 장애점이 있다. 이번 장에서는 한 걸음 물러서서 프로세스가 더 복잡한 경우, 즉 행동 지도상 일련의 미세 행동을 통합적으로 다루어 사용자가 전체적으로 프로세스를 더 쉽게 진행할 수 있도록 해야 하는 상황을 살펴보겠다. 특히 지도를 단순화하는 방법, 더 쉽게 만드는 방법, 도중에 피드백을 제공하는 방법, 습관을 형성할 방법을 다루겠다.

가능한 경우에는 결합하라

전체 절차의 각 단계는 최대한 **가장 큰** 작업 단위를 나타내되, 이해할 수 있고 실현할 수 있어야 한다. 여러 단계를 하나로 결합할 방법을 찾아라. 정말 **가장 큰** 단위로 묶어도 되냐고? 그렇다. 행동을 여러 단계로 세분화하여 관리하기 쉽게 만드는 것과 사용자가 압도될 정도로 너무 많은 단계로 나누는 것 사이에서 균형을 잡아야 한다. 고정 불변의 규칙이 있는 것은 아니지만 한 행동을 12개 이상의 단계로 나눌 수 있다면 특히 이 점을 유념하라!

다시 한번 말하지만 속임수를 쓸 수 있을 때는 써라

각 단계의 작업 부담을 사용자에게서 제품으로 가져올 방법을 찾아보라. 즉, 사용자가 취하는 각 단계에서 '속임수' 전략을 사용하라. 행동 지도를 살펴보라. 전체 행동을 자동화할 수 있을까? 전체 행동이 자동화할 수 없다면 도중에 개별 단계에 속임수를 쓸 수 있을까?

7장의 라디오 프로그램 사례(오바마 선거운동의 일환으로 라디오 프로그램에 전화해서 지지를 표명하도록 장려한 일)에서도 완벽한 자동화는 실현할 수 없었다. 하지만 특정 부분은 쉽게 자동화하거나 기본값으로 만들 수 있었다. 예를 들어 플랫폼이 할 수 있는 일은 다음과 같다.

- 전화 참여가 가능한 라디오 프로그램과 사용자를 자동으로 매칭하고 필요한 전화번호를 제공하여 사용자가 관련 라디오 프로그램을 따로 찾아볼 필요가 없도록 한다.
- 앱에서 전화 참여 라디오 프로그램을 스트리밍하여 따로 라디오를 찾지 않고도 앱을 통해 방송을 들을 수 있게 한다.
- 방송 중에 할 말을 미리 설정해둔 똑똑한 기본값을 제공한다(예: 사용자가 필요에 따라 편집하고 개인화할 수 있는 간단한 대본).

이처럼 프로세스를 단순화하고 자동화하며 기본값을 설정하고 단계를 부수적으로 처리함으로써 사용자의 불필요한 작업을 제거할 수 있다. 2장에서 소개한 CREATE 행동 퍼널의 관점에서 이는 행동에 드는 비용(의식적인 평가의 일부)을 줄이고 행동을 취하는 기본적인 신체 능력을 증가시키는 것을 의미한다. 이러한 단순화를 통해 애플리케이션의 더 다루기 힘든 행동이나 사용자가 더 흥미를 느낄 부분에 초점을 맞출 수 있다. 이를 달성할 또 다른 방법은 시간이 지남에 따라 습관을 형성하는 것인데, 이에 대한 논의는 곧 이어가겠다.

'작은 승리'를 제공하라

각 단계는 **쉬워야** 하지만 동시에 성취감을 줄 정도로 **의미가 있어야** 한다. 성취감을 느끼도록 돕는 것은 제품의 역할이지만(대개 목표 행동으로 가는 진행 상황을 표시해준다) 단계 자체도 성취감을 느끼는 데 도움이 되어야 한다. 연구 문헌에서는 이를 '작은 승리'라고 칭한다. 작은 단계를 하나씩 완료할 때마다 무언가를 이뤘고 목표에 더 가까워졌다고 느낀다면 행동을 지속할 가능성이 더 높아진다.

예를 들어 내가 헬로월릿에 근무할 당시 우리가 설계하는 안내에 까다로운 문제가 있었다. 사람들에게 매달 얼마를 저축하라고 권해야 할까? 진 채즈키(Jean Chatzky) 같은 저자는 독자들에게 매일 10달러 정도 저축하라고 한다.[2] 이는 단순하고 명확한 대신 많은 사용자에게 너무 쉽거나 너무 어려운 목표일 수 있다. 매일은커녕 매주 10달러를 저축하는 것도 어려운 사용자

---

2 Chatzky(2009)

가 있는가 하면, 10달러가 너무 적어서 우스운 목표라고 여기는 사용자도 있다. 그래서 우리는 사용자의 재정 상태와 관계없이 작은 승리를 제공하면서 더 큰 저축을 향해 나아갈 수 있는 의미 있는 단계를 설계했다. 우리는 수입의 백분율로 목표 금액을 계산한 후 사람들이 기억하기 쉬운 간단한 숫자로 반올림했다.

행동을 통해 작은 성공을 제공하려면 또 다른 특징이 필요하다. 단계가 실제로 완료되었는지 사용자가 명확히 확인할 수 있어야 한다는 점이다. 다시 말해 성공과 실패의 명확한 정의, 그리고 성공이나 실패가 발생했다는 피드백이 반드시 있어야 한다. 체중 감량 애플리케이션이 좋은 예다. 이런 애플리케이션은 명확하고 구체적인 목표를 설정하고 체중을 변화시키도록 권장한다. 반면 '흡연을 줄여라'라는 지시는 불명확한 목표의 예다. 이는 사용자가 성공적으로 진행하고 있는지 알기 어렵게 만든다. 제대로 하고 있는지를 확인할 수 없다면 사용자들은 주의가 산만해져서 이탈하게 된다.

피드백 루프를 만들어라

다단계 행동, 특히 빠르게 반복되는 행동은 행동 변화를 위한 또 다른 기회를 제공한다. 사용자가 시간이 지남에 따라 경로를 조정하여 자신의 목표를 더 잘 달성할 수 있도록 하기 때문이다.

애플 워치, 핏빗 버사 같은 최신 웨어러블 컴퓨팅 제품들은 사용자에게 운동과 수면 습관에 대한 피드백을 제공하도록 설계되어 있다. 예를 들어 아내가 사용하는 핏빗 제품은 운동량에 대한 지속적인 피드백을 제공한다. 아내가 루틴을 조정하면 트래커에 즉시 반영되어 진행상황을 확인할 수 있다. 이런 피드백 루프 덕분에 아내는 종일 자신의 행동을 조정하여 목표를 달성할 수 있다.[3]

---

3 자기 측정(quantified-self) 운동(http://quantifiedself.com)은 피드백 루프, 그리고 행동에 대해 알아내고 변화시키는 피드백 루프의 힘에 관해 적절한 관심을 불러일으켰다.

피드백이 실제 행동 변화를 효과적으로 도우려면 다음과 같은 특성을 갖춰야 한다.

- **시의성**: 행동을 취하는 도중에 피드백을 줘서 사용자가 실시간으로 조정하고 영향을 확인할 수 있게 하는 것이 이상적이다.
- **명확성**: 사용자가 정보의 의미를 이해해야 한다.
- **행동 가능성**: 사용자가 정보를 보고 어떻게 행동할지 알아야 한다.

추가로, 당연해 보일지 모르는 이야기를 하나 덧붙이자면 사용자가 행동을 변화할 정도로 피드백에 충분히 **관심을 보여야 한다.** 피드백에 흥미를 느끼고 재미있다고 생각하는 것으로는 충분하지 않다. 사용자가 성과를 개선하기 위해 필요한 조정을 하고 싶어 하고, 실제로 할 수 있어야 한다. 또한 사용자가 주의를 기울여야 한다. 동기, 주의력, 행동할 능력이 결합되는 지점에서 우리는 앞서 행동 변화를 위한 디자인에 대해 논할 때 언급했던 동일한 문제들을 다시금 마주한다.

일반적인 실수

이 과정에서 발생하는 두 가지 일반적인 실수가 있다.

쉽다!

첫 번째 일반적인 실수는 **자신**에게 쉬운 일이라고 다른 사람에게도 쉬울 것이라고 착각하는 것이다. 특히 내가 과거 정치적 지지 활동에 참여할 때 선거 운동 본부에서 이런 착각을 하는 경우를 너무 자주 보았다. 이들은 사람들이 밤샘 시위에 참석하거나, 잘 알지도 못하는 문제에 대해 국회의원에게 직접 편지를 쓰거나, 정치 운동 지역 그룹을 자발적으로 조직하기를 기대했다. 이런 활동은 해본 적 없는 사람에게 벅차고 복잡한 작업이다. 이미 전문 지식을 가진 사람에게는 비교적 간단해 보일지 모르지만 말이다.

자신의 경험을 벗어나 생각하는 것은 꽤 어렵다(어떤 행동을 떠올리면 시스템 1이 즉시 관련된 이전 경험을 활성화하여 직관적으로 정말 쉽게 **느껴지기** 때문이다). 하지만 조금이라도 의심이 든다면 그 행동을 해본 적 없는 사람에게 제안을 실행해보라.

힘들면 충성도가 높아진다

또 다른 흔한 실수는 수고로울수록 충성도가 높아진다는 생각에 사용자의 작업을 **일부러** 어렵게 만드는 것이다. 이 관점은 반은 맞고 반은 틀리다. 수고가 제품에 대한 충성심을 높이고 시작한 일을 계속할 마음을 다지게 할 수 있다. 어려운 작업을 (성공적으로 그리고 지나친 고통 없이) 완료한 사람은 더 나아가겠다는 의지가 더 강해진다. 심리학과 경제학에는 **매몰 비용 효과**sunk cost effect라는 정신적 편향이 잘 알려져 있다. 이는 더 많은 노력을 투입할수록 포기하려는 의지가 줄어드는 현상을 가리키는데, 경제적으로 이익이 되지 않는다고 하더라도 마찬가지다.

사용자가 목표 행동을 어렵고 중요한 작업으로 본다면 좋다. 그 행동을 완료한 **후에** 이들의 충성도는 높아질 것이다. 제품의 역할은 가능한 한 많은 사람이 결승선을 통과하게 하는 것이다. '더 큰 노력을 요구하자'라는 접근 방식은 작업을 완료한 사람들 중에서 매우 충성도가 높은 사람들을 만들어낸다. 하지만 이렇게 충성도가 높은 사람들은 작업을 완료할 수 있었던 사람 중 극소수에 불과하다. 그러면 효과가 있는 것으로 착각할 수 있다. 왜냐하면 다른 모든 사람은 이미 걸러졌기 때문이다!

따라서 충성도를 높이기 위해 각 단계를 지나치게 어렵게 만들거나 애플리케이션을 복잡하게 **설계**할 필요는 없다. '어려운' 행동(운동하기, 언어 배우기 등)에는 제품이 더 쉽게 만들 수 있는 요소와 그렇지 않은 요소가 있다. 쉽게 만들 수 있는 요소는 쉽게 만들어라. 나머지 어려운 작업에 대해서는 흥미를 유발하라. 단순히 잘못된 설계로 인해 어려운 것이 아니라 정말 어려운 작업이어서 느낄 수 있는 성취감을 느낄 수 있게 하라.[4]

---

4 내가 강력히 추천하는 바와 같이 전체 프로세스를 자동화할 수 있을 때는 행동에 대한 충성도가 진짜 문제가 된다. 예를 들어 401(k)에 진짜 헌신하겠다는 마음 없이 자동으로 가입한 사람은 그 돈을 현금화하여 다른 데 쓸 가능성이 높다. 하지만 제품이 자동화되지 않더라도 사용자가 해야 할 모든 것을 쉽게 만들 수 있다면 이는 좋은 문제이며 해결할 만한 가치가 있다.

습관 만들기

1장에서는 습관의 두 가지 기본 유형을 설명했다. 하나는 단순 반복을 통해 만들어진 습관(단서-루틴의 반복)이고 다른 하나는 마지막에 보상을 추가하여 행동을 반복하게 하는 습관(단서-루틴-보상)이다. 제품의 사용자는 단순 반복을 통해 습관을 형성할 수 있다. 하지만 이 경우에는 작업 부담과 의지력이 전적으로 사용자에게 달려 있다. 행동 변화를 위해 디자인할 때는 마지막에 보상을 추가하여 습관이 형성되는 동안 사람들이 지속적으로 되돌아오게 해야 한다.

하지만 어떤 방법을 선택하든 습관은 마음이 반복적인 행동을 취하고 이 행동이 자동화될 때 형성된다. 초기 단계에서는 CREATE의 모든 요소가 중요하다. 이때는 의식적인 행동에 기반하므로 발생할 수 있는 모든 행동 장애물을 염두에 두어야 한다. 하지만 시간이 지나 행동이 자동화되면 단서, 반응(루틴), 능력(실제 행동할 능력)이 가장 중요해진다.

그렇지만 반복만 중요한 것이 아니다. 제품으로 습관을 형성하는 간단한 방법이 있다.

❶ 큰 변화나 깊은 생각 없이 수십 번 반복되어야 하는 행동을 알아내라. 습관 관련 문헌에서는 이를 보통 **루틴**이라고 부른다. 예를 들어 행동 지도에 '매일 아침 30분 달리기'가 있다면 이것이 습관이 될 만한 후보다.

❷ 강력하고 즉각적인 이익이 있는지 확인하라. 특히 강력하고 긍정적인 직관적 반응이나 의식적인 평가를 유발하는지 보라. 습관 관련 문헌에서는 이를 **보상**이라고 부른다. 앱이나 친구에게 축하를 받는 것이 한 가지 예다.

❸ 일상생활이나 제품 자체에서 명확하고 모호하지 않은 단일 목적의 단서(이메일, 알림 등)가 있는지 알아내라. 예를 들어 달리기 시간임을 적절한 타이밍에 알려주는 제품의 알림이 있다.

❹ 사용자가 단서, 루틴, 특히 보상에 대해 알고 있는지 확인하라.[5]

❺ 사용자가 루틴을 수행하고 싶어 하고, 수행할 수 있는지 CREATE 프레임워크의 나머지 부분을 사용하여 확인하라.

---

[5] 동물을 대상으로 한 고전적 조건화 연구에서는 단서, 루틴, 보상을 사전에 연결할 필요가 없다. 단순한 시행착오를 통해 습관을 형성할 수 있다. 하지만 인간을 대상으로 할 때는, 특히나 자발적인 행동 변화를 꾀할 때는 시행착오 단계를 건너뛰고 사람들에게 무슨 일이 일어나고 있는지 설명함으로써 습관을 형성할 수 있다.

❻ 단서를 제공하라.

❼ 루틴이 발생하는지 추적하라.

❽ 루틴이 발생하는 **즉시** 사용자에게 보상하라. 그러면 기억이 흐려지기 전에 뇌의 도파민이 단서와 루틴과 관련된 신경 세포를 강화한다.

❾ 6~8번 단계를 반복하여 완료 시간과 속도를 추적하고 적정 수준에 도달할 때까지 프로세스를 조정하라.

물론, 여기에는 미묘한 차이가 있다.

첫째, **단서**는 목적이 하나여야 하고 모호하면 안 된다(즉, 습관이 형성된 후 단서는 특정 루틴에만 연결되고 다른 무엇과도 연결되지 않아야 한다). 단서가 발생했을 때 무엇을 해야 할지 고민하는 상황을 피하기 위해서다. 포그와 레아는 트리거(단서)가 다음과 같이 연결될 수 있다고 주장한다.

- 다른 사건에 직접 연결된다(예: 아침에 일어나 가장 먼저 욕실 거울을 보는 행동이 칫솔을 집어드는 행동과 연결된다).
- 매일 또는 매주 특정 시간에 연결된다.

트리거/단서는 내적일 수도 있고(지루함, 배고픔 등) 외적일 수도 있다(아침에 가장 먼저 시계 보기, 분노에 찬 이메일 받기 등). 내적 트리거는 내면에서 비롯된다는 점에서 훌륭하다. 하지만 인생의 다른 많은 요소가 동일한 트리거를 차지하기 위해 경쟁한다(그래서 내적 트리거는 하나의 목적에만 집중하기 어렵다는 단점이 있다). 똑똑하게 구성하면 외적 트리거도 그만큼 효과적일 수 있다.

둘째, **루틴**은 생각 없이 효과적으로 발생할 수 있도록 구조화되어야 한다. 그렇다고 해서 루틴이 '멍청'하거나 '단순'할 필요는 없다. 대부분의 사람에게 좋은 운전 실력은 (복잡하고 익히기 어려운) 습관이다. 운전을 배우기가 얼마나 어려웠는지 기억하는가? 시동을 걸고 운전을 시작하기까지 얼마나 많은 고민이 필요했던가? 하지만 운전을 익힌 후에는 다른 차와 적절한 거리를 유지하고, 시야에 따라 핸들을 조절하는 일이 자연스레 이루어진다. 그 이유는 운전이 계층적인 습관의 집합체, 즉 환경에서 단서를 받아서 연속으로 이어지는 수천 개의 작고 일상화된 행동으로 구성된 크고 복잡한 습관이기 때문이다. 각 행동은 단서를 받은 후에 의식적인 생각 없이도 일관되게 실행할 수 있도록 구조화된다.

오래도록 습관 유지하기

습관은 일단 형성되면 엄청나게 강력하다. 하지만 깨지기 쉬울 수도 있다. 이는 안정적인 맥락에서 촉발할 수 있는 안정적인 단서가 있느냐에 달려 있다. 휴대전화 앱의 경우 홈 화면에서 앱 보기나 푸시 알림이 단서가 될 수 있다. 그러나 휴대전화를 바꾸고 앱을 설치하지 않았을 때처럼 그 단서가 사라지면 습관은 더 이상 촉발되지 않는다.

나는 유버전YouVersion이라는 인기 무료 앱을 사용해서 휴대전화로 성경을 읽는다. 유버전은 크리스마스 무렵에 새 휴대전화를 사는 사용자가 많다는 것을 알고 있으므로 사용자들에게 새 휴대전화에 앱을 설치하라고 알리는 이메일을 보내서 영적인 독서 습관을 지원한다. [그림 11-1]은 작년 12월 말에 내가 받은 이메일이다.

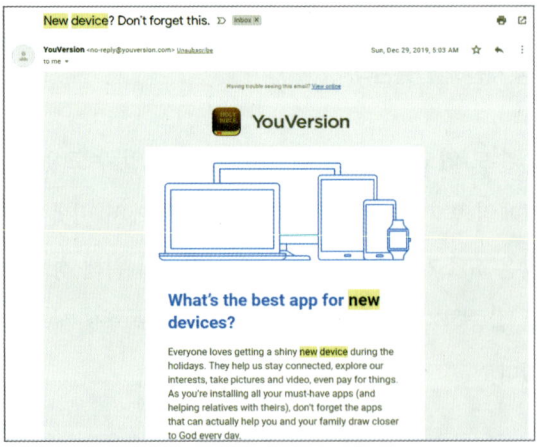

그림 11-1 새 휴대전화에 유버전 앱을 재설치하라는 이메일. 습관이 형성된 후 단서가 끊기지 않도록 하는 똑똑한 방법이다.

습관으로 만들 수 있는 루틴은 종종 강력하고 명확한 피드백 루프를 갖는다(즉, 행동을 취한 후 보상이 즉각적으로 주어지고 명확히 성공과 연결된다). 습관 형성은 의식적인 사건이 아니지만, 습관이 형성될 만한 상황에 자신을 의식적으로 노출하는 방법은 쓸 수 있다.

셋째, **보상**이 루틴에 명확히 연결되어 있는 한 보상을 매번 제공할 필요는 없다. 어떤 상황에서는 무작위 보상이 매우 강력한 효과를 낸다. 조작적 조건화 관련 문헌에 따르면 무작위 강화가 있는 **습관**은 형성되는 데 가장 오랜 시간이 걸리지만 보상이 더 이상 주어지지 않을 때 **습관**이 **사라지는** 데에도 가장 오랜 시간이 걸린다. 도박은 궁극의 무작위 보상을 제공한다. 일단 중독되면 빠져나오기가 무척 어렵다. 무작위 보상이 그토록 강력한 이유 중 하나는 우리 뇌가 무작위성을 믿지 않기 때문이다. 우리는 어디에서나 패턴을 찾으려 한다. 따라서 무작위 보상을 추구하는 욕구에는 패턴을 찾으려는 뇌의 노력도 일부 포함되어 있다(혹시 '자신만의 시스템'이 있다고 주장하는 도박꾼을 본 적 있는가?).[6]

마지막으로 제품을 사용하여 습관을 형성하는 핵심 부분은 실험과 미세 조정이다. 아마 처음부터 제품이 성공하기는 어려울 것이다. 단서가 명확하지 않거나, 사용자의 주의를 끌지 못하거나, 사용자가 보상에 관심을 잃거나, 루틴의 맥락이 변하거나, 의식적인 사고가 필요할 수 있다.[7]

습관 **형성**에 사용되는 단서-루틴-보상 프로세스는 [그림 11-2]에서 확인할 수 있다(보상은 선택 사항이지만 유용하다는 것을 기억하라). 예를 들어 아침에 체중계를 보는 것은 운동 루틴을 촉발한다. 즉각적인 보상은 기분 좋은 근육통이다. 찰스 두히그는 『습관의 힘』에서 응용 행동 분석의 오랜 전통을 기반으로 이 프로세스를 대중화했다.[8]

---

[6] 강력한 패턴을 기대하는 상황에서 패턴이 나타나지 않으면 우리는 화가 난다. 스타벅스에 모닝커피를 마시러 가는데 어떤 날은 커피 맛이 형편없고, 어떤 날은 훌륭하다면 만족하겠는가? 이런 상황을 무작위 강화라고 볼 수 있다.

[7] 습관을 디자인하는 방법에 대해 더 많은 이야기를 할 수 있지만 이 책의 목표는 해당 주제를 철저히 다루는 것이 아니다. 수많은 책이 다양한 맥락에서 습관을 형성하고 고치는 방법을 논하는데, 두히그(Duhigg 2012), 딘(Dean 2013), 이얄(Eyal 2014)의 저서는 입문용으로 좋다. B. J. 포그는 자신의 삶에서 습관을 만드는 실천적인 접근법을 개발했다. 관련 내용은 Tiny Habits 웹사이트(http://tinyhabits.com)와 포그의 저작을 참조하라(Fogg 2020). 이 책의 목표는 제품 팀이 탄탄한 제품 계획을 세우고 주어진 맥락에서 실제로 효과가 있는 방법을 배울 수 있는 충분한 기반을 제공하는 것이다.

[8] 이러한 단서-루틴-보상은 합리적 정서 행동 치료와 응용 행동 분석에서 사용되는 ABC(Antecedent-Behavior-Consequent, 선행 사건-행동-결과) 모델을 더 명확히 보여준다. ABC 모델의 한 가지 적용에 대해서는 밀텐베르거의 저작을 참조하라(Miltenberger 2011).

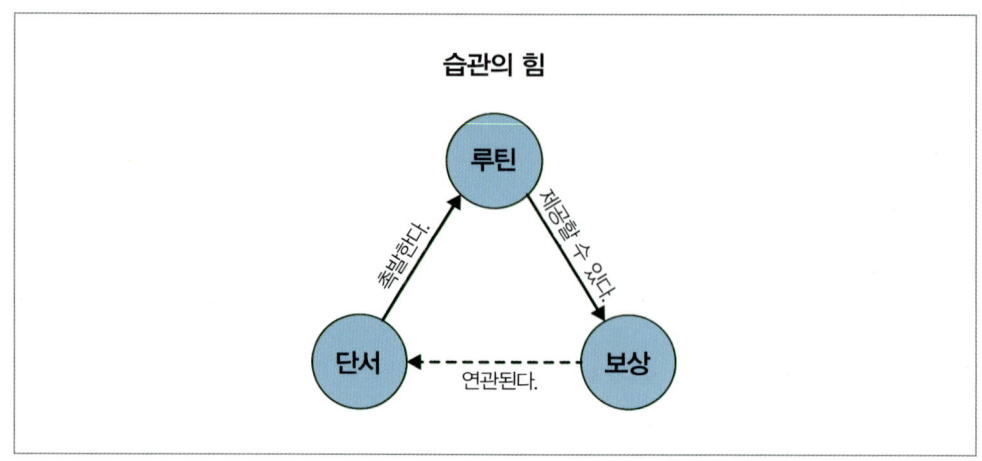

그림 11-2 『습관의 힘』에 묘사된 단서-루틴-보상 프로세스

행동 방해하기

믿기 어려울지 모르지만 행동을 방해하는 데 필요한 정보 대부분을 3장과 7장에서 이미 다뤘다. 행동 방해하기는 행동을 유발하는 것보다 개념적으로 훨씬 더 간단하기 때문이다. 앞서 진단 과정에서 우리는 CREATE가 부정적인 행동을 어떻게 지원하는지 알아보았다. 현재 단서는 무엇인가? 사람들에게 긍정적인 반응과 평가를 끌어내는 것은 무엇인가? 무엇이 사람들에게 즉시 행동할 능력을 부여하고, 그 행동을 다른 것보다 시간 면에서 우선시하게 하는가? 3장에서는 습관을 방해하는 구체적인 방법을 살펴보았다.

간단히 말해서 CREATE 퍼널의 관련 지점에 언제든 장애물을 추가할 수 있다(7장의 초기 진단에서 했던 것처럼). 우리는 행동이 습관적인지 질문하는 것으로 시작한다. 습관적인 행동이라면 단서, 반응, 능력(C, R, A)에 집중할 수 있다. 그렇지 않다면 CREATE 전체를 사용한다. 장애물을 만드는 방법은 장애물을 없애는 방법에 비해 행동 과학 분야에서 연구된 바가 적지만, 이미 다룬 방법을 반대로 활용하는 간단한 해결책을 쉽게 찾을 수 있다.

습관적인 행동

부정적인 행동 중단시키기에 대한 연구는 많지 않지만 습관 중단시키기에 대한 연구는 잘 이루어진 편이다. 3장에서 처음 부정적인 행동을 다룰 때 이를 조절하기 위해 사용할 수 있는 여러 핵심 개입 방안을 논의했는데 여기에서 그 내용을 상기해보자.

1. **단서:** 단서를 피하라. 습관은 자동화되고 학습된 행동으로 단서에 의해 촉발되므로 이를 중단시키는 가장 단순하고 간단한 방법은 단서를 피하는 것이다. 단서를 숨기거나(휴대전화 숨기기) 단서를 볼 수 있는 장소를 피하라(술집 피하기).

2. **반응:** 반응을 가로채서 루틴을 대체하라. 오래된 습관은 사라지지 않지만 새로운 루틴이 더 빨리 실행되도록 할 수 있다. 예를 들어 줄을 서 있느라 지루할 때 X(구 트위터) 대신에 듀오링고를 켜라.

3. **능력:** 새로운 행동으로 오래된 습관을 밀어내라. 루틴을 직접 공격하는 것도 가능하지만, 다른 활동으로 시간을 채워서 루틴을 실행할 시간과 능력을 간접적으로 없앨 수 있다. 담배나 전자담배가 없으면 흡연할 수 없다는 것은 분명한 사실이다. 하지만 이는 행동 변화를 위한 디자인이 아니며, 정당하고 유용할지언정 강요다.

4. **평가:** 게다가 습관은 단서, 반응, 능력에 의해 형성되긴 하지만 의식적인 접근으로도 성공한 사례가 있다. 의식을 교묘하게 사용하여 간섭하는 것이다. 여기에는 마음챙김 명상을 사용해서 단서에 따라 행동하지 않는 것이 포함된다. 습관을 의식적으로 무시하는 것은 답답하고 피곤한 일이지만 마음챙김 명상을 통해 단서에 반응하고 싶은 충동을 알아채고도 그냥 지나치는 방법을 배울 수 있다는 것이 입증되었다.

다른 행동을 방해하기 위한 아이디어

[표 11-1]은 9장과 10장에서 소개한 행동을 촉진하는 기법 목록을 기반으로 행동을 **방해**하는 방향으로 재구성했다. 이 맥락과 관련 없는 몇 가지 항목은 제외했다.

표 11-1 행동을 방해하는 기법

요소	행동 시작하기	행동 중단하기
단서	무언가를 단서로 바꾸어 표시하라.	특정 행동을 그 행동으로 이어지는 다른 행동과 분리하라.
	알림을 사용하라.	알림을 없애라.
	행동할 위치를 명확히 하라.	단서를 보거나 알아채기 더 어렵게 만들어라.
	방해 요소를 제거하라.	방해 요소와 더 흥미로운 행동을 추가하라.
	사람들의 시간에 맞춰라.	단서를 사람들이 바쁜 시간으로 옮기거나 기존 시간에 사람들을 바쁘게 만들어라.
반응	과거를 서술하라.	과거를 서술하여 해당 행동에 저항하는 데 성공했던 이전 성공을 강조하라.
	긍정적인 것과 연관시켜라.	사람들이 좋아하지 않는 부정적인 것과 행동을 연관시켜라.
	사회적 증거를 활용하라.	반대되는 사회적 증거를 활용하고(즉 다른 사람들이 그 행동을 꺼린다는 것을 보여주고), 변화를 위한 사회적 지지(AA 모임[9])를 활용하라.
	또래 비교를 사용하라.	부정적인 또래 비교를 사용하라(대부분의 사람들이 그 행동을 참으며 하지 않고 있다는 것을 보여주어라).
	진실되고 개인적인 느낌을 전달하라.	행동을 중단할 때 진실되고 개인적인 느낌을 전달하라.
	전문적이고 아름답게 만들어라.	행동을 중단하도록 요청할 때 전문적으로 아름답게 만들거나, 부정적인 행동을 취하는 상황을 보기 좋지 않고 비전문적으로 보이도록 만들어라.
평가	인센티브가 적절한지 확인하라.	비용을 높이고 이익을 줄여라.
	기존 동기를 활용하라.	기존 동기와 행동을 분리하라.
	다양한 유형의 동기를 테스트하라.	중단시키려는 행동이 사람들에게 해를 끼친다고 하더라도 사람들에게 중단시키려는 동기가 충분하리라고 가정하지 마라. 그 대신 행동을 유발하려고 할 때와 마찬가지로 여러 동기를 테스트하라.
	손실 회피 성향을 활용하라.	손실 회피 성향을 활용하라.
	행동 계약을 사용하라.	행동 계약을 사용하라.
	미래의 동기를 현재로 가져오라.	행동을 중단시키려는 미래의 동기를 현재로 가져오라.
	경쟁을 활용하라.	경쟁을 활용해서 행동을 멈춰라(예: 경쟁을 중단시키기, AA 칩[10], 도전 FAT 제로[11]).

---

9 옮긴이_ Alcoholics Anonymous(익명의 알코올 중독자들)의 머리글자로, 알코올 중독에서 벗어나기 위한 사람들의 모임이다.
10 옮긴이_ AA 모임에서 일정 기간 금주한 사람에게 목표 성취를 기념하기 위해 제공하는 토큰이다.
11 옮긴이_ 2004년부터 방영 중인 미국의 다이어트 서바이벌 프로그램이다.

요소	행동 시작하기	행동 중단하기
평가	인지 과부하를 피하라.	인지 과부하를 더하라.
	선택 과부하를 피하라.	선택 과부하를 더하라.
능력	불필요한 의사결정 지점을 없애라.	중간중간 멈추게 하고 마찰을 추가하라.
	모든 것을 기본값으로 만들어라.	선택을 요청하고 기본값을 제거하라.
	실행 의도를 끌어내라.	(유혹적인 상황을 피하는 방법에 대한) 실행 의도를 끌어내라.
	(긍정적인) 또래 비교를 활용하라.	긍정적인 또래 비교를 활용하라. 즉 행동을 중단시키는 데 성공한 다른 이들의 사례를 들어라(똑같다!).
	성공할 것임을 알게 하라.	성공할 것임을 알게 하라(똑같다!).
	물리적 장애물을 찾아라.	물리적 장애물을 추가하라(차 키 없애기 등).
타이밍	텍스트 프레이밍을 통해 일시적 근시를 피하라.	텍스트 프레이밍을 통해 일시적 근시를 피하라(똑같은 방법이지만, 행동을 중단시키는 데 도움이 되게 하라).
	행동하기로 한 약속을 상기시켜라.	행동하기로 한 약속을 상기시켜라(똑같지만 행동을 멈추겠다는 약속이어야 한다).
	친구들과 약속하게 하라.	친구들과 약속하게 하라(똑같지만 멈추겠다는 약속이어야 한다).
경험	새로운 시작을 활용하라.	새로운 시작을 활용하라.
	이야기 편집을 사용하라.	이야기 편집을 사용하라.
	속도를 늦추는 기법을 사용하라.	속도를 늦추는 기법을 사용하라.

일반적으로 행동을 중단시킨다는 것은 반복되는 행동을 중단시킨다는 의미이므로(다시 일어나지 않을 과거의 행동이라면 중단시킬 이유가 없다) 피드백 루프가 특히 중요하다. 303쪽의 '다단계 개입'에서 논한 바와 같이 피드백 루프는 시의성(부정적인 행동이 일어난 후 최대한 빨리 피드백 제공함), 명확성(목표에서 벗어났다는 것이 명확함), 행동 가능성(즉시 조치를 취할 수 있고, 조치할 방법도 알고 있음)을 갖춰야 한다.

안타깝게도 기업과 정부가 사람들의 바람과는 반대로 행동을 중단시키거나 명시적으로 사람들에게 해를 끼치려는 사례가 많다. 『넛지: 파이널 에디션』의 공동 저자인 리처드 탈러는 악의적으로 넛지를 남용하는 것을 가리켜 '슬러지sludge'라고 부른다. 이는 악의적으로 마찰을 추가하는 것을 가리킨다.[12] 사전 유권자 등록을 취소하여 투표 참여율을 떨어뜨리거나 제품 구

---

[12] 예컨대 탈러의 글 「Nudge, not Sludge」(Thaler 2018)를 참고하라.

매에 대한 보상금을 제공하되 (보상금 지급 절차를 번거롭게 만들어서) 보상금을 받기 어렵게 만드는 경우가 있다. 여기에 나열한 많은 기법은 슬러지 설정에 사용될 수 있으며 실제로 사용되고 있다. 행동 기법이 긍정적인지 아닌지는 기법 자체보다 그 기법이 영향을 미치는 사람들과 이들의 욕구에 달려 있다. 탈러는 "목표는 … 사람들이 '스스로 판단한 대로' 더 나은 선택을 하도록 돕는 것"이라고 했다.[13] 따라서 행동을 중단시키려 할 때도 4장에서 살펴본 다른 모든 행동 기법과 동일한 윤리적 규칙이 적용된다. 투명성을 보장하고 있는가? 사람들이 자발적으로 행동하는가? 그 사람이 요청했거나 원하는 행동인가?

실천하기

이 장에서는 행동 개입을 만들 때 발생하는 세 가지 고급 문제, 즉 다단계 개입으로 작업하기, 습관 형성하기, 원하지 않는 행동 방해하기를 다뤘다. 각각에서 배운 교훈을 차례로 살펴보자.

행동을 중단시키기 위해 해야 할 일

- 습관적인 행동이라면 단서를 피하고 반응을 가로채서 루틴을 대체하며 오래된 습관을 새로운 행동으로 밀어낸다. 자세한 내용은 3장을 참고하라.
- 습관적이지 않은 행동이라면 마찰을 일으키거나 이익을 줄이거나 주의를 끌지 않아야 한다. 즉, CREATE를 역으로 활용하라.

문제가 있는지 확인하는 방법

- 사람들이 하고 싶어 하는 행동을 방해할 때
- 행동이 습관적인지 아닌지 알 수 없을 때

---

13   Ibid.

결과물

- 부정적인 행동을 방해하는 일련의 개입

다단계 행동일 때 해야 할 일

- 목표 행동을 사용자가 완료해야 하는 개별 단계로 나눠라. 각 단계는 다음과 같아야 한다.
  - 간단하고 단순하다(이해하기 쉽다).
  - 완료하기 쉽다(사용자에게 쉬워 보이고 실제로 실행하기도 쉽다).
  - 작다(그래서 사용자가 각 단계를 마친 후에 진행 상황을 명확히 볼 수 있다).
  - 완료한 후에 성취감을 느낄 만큼 의미가 있어야 한다.
  - 완료되었을 때 완료했다는 것을 쉽게 알아볼 수 있다(그래서 사용자들이 시도한 직후에 행동의 성공 여부를 명확히 알 수 있다).

문제의 징후

- 사용자가 해야 할 일을 명확하고 단순하게 전달할 수 없을 때
- 사용자가 그 행동을 얼마나 어렵게 느낄지, 외부의 피드백을 받은 적이 없을 때

인도물

- 단순하고 실행 가능성이 더 높아진 미세 행동으로 구성되도록 업데이트된 행동 지도

📖 연습문제

행동을 방해하는 방법에 대해서도 282쪽의 '워크시트: CREATE로 여러 개입 평가'를 계속해서 사용한다. 하지만 이번에는 장애물을 추가할 방법을 찾는다. 편의를 위해 개입을 제안하는 표를 워크북에 포함했으니 활용하라.

CHAPTER 12

제품 내에 구현하라

사파리컴Safaricom은 케냐 최대의 통신업체로 전화 서비스부터 모바일 화폐, 음악 스트리밍에 이르기까지 다양한 제품을 제공한다. 이들은 케냐 나이로비를 기반으로 여러 개발도상국에서 프로젝트를 진행하는 행동 경제학 컨설팅 업체인 부사라 센터Busara Center를 고용하여 새로운 교육 보험 상품을 조사하는 데 도움을 받았다. 학생 자녀를 둔 가정에서 학비를 마련하도록 돕는 상품이었다. 이 상품은 저축을 통해 학비를 마련하고 부모의 사망 같은 재난이 닥쳐도 학비가 지급되도록 보장했다. 부사라 센터는 사파리컴과 논의를 나누고 현장에서 정성적 연구를 진행한 끝에 주요 장애물을 파악하고 일련의 잠재적 개입을 개발했다.

행동 팀이 여러 개입을 테스트하려고 할 때 어떤 개입이 본격적으로 출시할 정도로 효과적이고 수익성이 있는지 확신할 수 없는 경우가 종종 있다. 부사라 센터는 이 문제를 해결하기 위해 오랜 시간에 걸쳐 개발 주기를 반복하는 방식으로 상품을 개발했으며, 먼저 목표 청중을 대상으로 실험실에서 일련의 저비용 테스트를 시작했다. 이들은 와이어프레임과 제품 마케팅 자료를 통해 상품을 가상으로

> '만들고' 청중의 사용 의향을 테스트했다. 이러한 저비용 방식으로 상품의 구성 방식, 투자 빈도나 금액, 다른 옵션 제공 여부 등 여러 개입을 테스트했다. 이들은 처음부터 성공 지표를 프로세스에 포함해서 향후 개발 주기를 이끌어갈 수 있는 정확한 데이터를 확보할 수 있었다.
>
> 그다음에 이들은 '상품 모형'을 만들어서 교육 저축 상품의 주요 기능을 제공하되, 즉각적인 피드백을 얻기 쉬운 영역에서 실행되게 했다. 나이로비에서 흔히 발생하는 문제인 홍수 때문에 발생하는 추가 교육 비용에 대한 보험이었다. 이들은 간단하지만 현실적인 상품을 출시하여 상당한 관심과 이용자를 얻었고 이를 통해 전체 상품에 대한 진정한 관심과 영향을 더 정확히 계산할 수 있었다. 이 결과를 바탕으로 사용자의 핵심 요구를 해결하고 상품 활용을 촉진하는 최소 기능 제품 개발에 착수했다.

행동 변화를 위한 디자인은 제품에 대한 개입을 구현하기 위해 근본적으로 새로운 프로세스를 요구하지 않으며 새로운 프로세스를 쓴다고 해서 더 큰 이익을 얻는 것도 아니다. 중요한 것은 행동 지도와 진단을 준비하고, 개입을 디자인하고, 개입을 만든 후 사람들의 행동과 결과에 미친 실제 영향을 측정하는 것이다. 많은 기업이 부사라 센터처럼 반복적인 제품 개발 프로세스를 사용하여 프로세스의 위험 부담을 줄이고 실제 시장의 관심을 평가한다. 반복적인 프로세스를 통해 팀은 다양한 개입의 영향을 평가할 수 있으며 이렇게 얻은 데이터는 매우 가치가 있다. 그러나 반복적인 프로세스가 필수적인 것은 아니다. 다른 기업들은 폭포수 프로세스를 사용하여 제품과 그 행동적 개입을 현장에서 한번에 구현하고 출시한다.

제품 자체를 구현하는 데 어떤 프로세스를 사용하든지 프로젝트의 행동적인 측면에 도움이 될 수 있는 몇 가지 지침이 있다. 특히 이 단계에서는 인센티브와 개입 계획이 윤리적으로 문제가 없는지 재확인하고, 처음부터 사용자의 행동과 결과를 추적할 계획을 세우며, 세심한 계획이 창의적인 해결책을 방해하지 않도록 하는 것이 중요하다. 그렇다면 이제 각각의 내용을 차례로 살펴보자.

윤리적 검토 실행하기

개입을 정한 다음 실제 사용자에게 제작하고 배포하기 전 마지막 단계는 윤리적 검토여야 한다. 처음부터 윤리적인 부분을 고려해서 특정 행동 디자인이 사용자에게 도움이 될지, 사용자들이 이런 도움을 원할지 고민해야 하지만 전체적인 영향이 분명해지는 것은 개입이 선택된 이후다. 그렇다. 다시 말해 전체적으로 윤리적이어야 하지만 최종 검토도 반드시 필요하다.

검토 프로세스는 윤리적 지침만큼이나 중요하다. 4장에서 논의한 바와 같이 누구나 상황이 허락할 때 규칙을 느슨하게 적용하고 싶은 유혹을 느끼고 그러한 경향을 보일 수 있다. 따라서 우리의 의사결정 환경에 행동 과학을 적용해서 그런 유혹을 피할 수 있게 만들어야 한다. 이는 우리의 인센티브가 명확하고 사용자의 이익에 부합하는지, 계획을 확인하는 독립적인 검토 기관이 있는지, 그리고 어떤 지침이 있든 그 지침이 명확하고 잘못 해석하기 어려운지 확인하는 것으로 시작한다. 더 자세한 이론은 4장을 참고하라. 그 과정에 도움이 될 실용적인 워크시트는 331쪽의 '실천하기'를 참고하라.

창의적인 프로세스를 위한 여지를 남겨라

지난 몇 장에 걸쳐 우리가 개발한 행동 개입은 근본적으로 **기능** 명세, 즉 사용자의 행동 장애물을 해결하는 아이디어나 접근 방식이다. 이런 아이디어를 실제로 구현할 방법과 관련된 팁이 함께 제공되는 경우도 있으나 행동 과학은 단순히 실물 모형이나 그래픽 디자인을 제공하는 것이 아니다. 최고의 페이지 레이아웃이나 정보 아키텍처도 제공하지 않으며, 적절한 프로그래밍 언어, 소프트웨어 엔지니어링 패턴, 배포 아키텍처도 제공하지 않는다.

때때로 나를 포함한 행동 디자이너들이 이런 문제에 관여하여 행동 과학 분야의 전문 지식을 다른 분야에 적용하려는 것을 보았다. 이 과정에서 행동 개입을 지나치게 구체화하고 제품의 역할뿐 아니라 외양과 작동 방식까지 간섭하려는 경향을 보였다. 그러나 지금까지 대부분의 행동 연구는 특정한 룩 앤 필이 적합하다고 검증한 적이 없고, 더구나 특정한 룩 앤 필이 다양한 맥락과 사용자 경험에서 효과적이라고 검증한 일은 없다. 대신 우리의 연구는 디자인을 안내하는 기본 개념을 테스트한다. 디자인 프로세스(UX, UI, 그래픽 디자인 등)에 정보를 제공하기는 하지만 이런 프로세스와 동일한 역할을 하는 것은 아니다.

문제 중 하나는 행동 장애물에 대한 구조적인 분석과 창의적인 디자인 사이에 본질적인 긴장이 존재한다는 점이다. 지금까지 우리는 사용자가 목표를 달성하기 위해 해야 할 일, 행동의 맥락, 그리고 그 맥락을 형성할 방법에 대해 다소 계획 중심적인 프로세스를 사용해왔다. 사용자가 **실제로** 우리가 **원하는 일**을 하고 **원하는 방식**대로 행동할 것이라고 생각하기 쉽지만 이를 실현하려면 훨씬 더 많은 것이 필요하다.

사용자들이 행동을 바꾸고 싶어해야 한다. 변화를 돕는 제품을 사용하고 싶어 해야 한다는 뜻이다. 제품이 사용자를 멀어지게 해서는 안 된다. 사람들이 절대 사용하지 않는 제품이라면 행동을 바꾸는 효과를 낼 수 없다. 이들은 변화하려는 욕구만으로는 보기 싫고 흥미롭지 않은 제품을 사용하지 않는다. 이들이 즐겨 사용하는 제품을 개발하려면 상명하달식 행동 지도, 진단, 개입 이상의 것이 필요하다. 창의성이 필요하며 개발과 디자인에 대한 전문성이 필요하다.

그렇다면 계획과 창의성을 어떻게 통합할 수 있을까? 그 해결책의 일면은 철학적이다. 지금까지 우리가 한 모든 작업은 원하는 기능을 구체적으로 명시한 것이지, 제품이 이를 어떻게 달성해야 하는지는 명시하지 않았다는 점을 기억하는 것이다. 해결책의 또 다른 중요한 측면은 행동 디자인을 인터페이스나 커뮤니케이션 디자인 프로세스와 의도적으로 분리하여 행동 디자인이 강력한 준거점이 되지 않게 하는 것이다. 이때 목표는 행동 지도와 개입을 의도치 않게 제품 디자인의 암묵적 시작점으로 사용하는 것을 피함으로써 최종 디자인에 강력한 영향을 미치지 않게 하는 것이다.

디자인 프로세스를 개방하고 천편일률적인 제품이 만들어지는 것을 피하려면 어떻게 해야 할까? 인터페이스 디자인을 행동 과학과 행동 개입의 영향력 아래에 두려고 하지 마라. 행동 과학과 행동 개입은 '어떻게'가 아닌 '무엇'을 하는지에 집중하게 하라. 그리고 디자인 팀(또는 요구사항을 구체화하는 제품 팀의 팀원)이 행동 진단과 개입을 잠시 제쳐두고 제품이 어떻게 보일지에 대한 아이디어를 브레인스토밍하고 스케치하게 하라. 프로토타입을 만들게 하라. 디자인 프로세스는 존중되어야 하며 여기에 필요한 공간을 제공해야 한다.

팀원들은 하나 이상의 역할을 할 수 있다. 프로덕트 매니저가 행동주의자 역할을 겸할 수도 있고, 디자이너도 마찬가지다. 핵심은 창의적인 디자인을 추구할 때는 행동주의자로서의 역할을 잠시 내려놓는 것이다.

교훈적인 이야기: 나의 운동 밴드

몇 년 전 새로운 웨어러블 기술 제품이 시장에 출시되었다. 이 제품은 밤에 착용하는 밴드와 낮에 착용하는 밴드로 구성되어 있어 운동과 수면을 모두 추적할 수 있었다. 아주 매력적으로 보여서 예약 주문을 했고 크리스마스 직전에 제품을 받았다. 그런데 알고 보니 이 제품은 회사에서 행동 변화에 지나치게 집중하고 좋은 제품을 만들어야 한다는 사실을 간과했을 때 어떤 일이 일어나는지 보여주는 훌륭한 사례였다. (제품명은 언급하지 않겠다. 해당 회사가 제품을 꾸준히 수정하고 개선하고 있으며 초기 단계에서 문제가 있는 제품을 만든 것은 이 회사뿐만이 아니기 때문이다!)

아내와 나는 이 제품을 함께 쓰기로 하고 나는 운동 밴드를, 아내는 수면 추적기를 사용하기로 했다. 그래서 크리스마스 날 앱을 설치하고 운동 밴드를 써보기 시작했다.

제품은 행동적 관점에서 많은 일을 곧잘 해냈다. 자동으로 수면과 운동을 추적했다. 직접 하기 번거로운 일이었다. 사용자 인터페이스는 단순하고 깔끔했다. 합리적인 목표를 세우는 데 도움이 되었고 진전이 있을 때마다 꾸준히 피드백과 기분 좋은 보상(화면에 나타나는 작은 아이콘)을 제공했다.

다음날 나는 사무실로 갔다. 종일 앉아서 긴 하루를 보낸 후 운동량을 확인하자 [그림 12-1]의 화면이 표시되었다.

그림 12-1 컴퓨터 앞에 앉아 있는 나의 하루 운동량

믿거나 말거나 그날 나는 책상에 앉아 있었고 61km(38.37mile)를 걷지 않았다. 걸었다면 좋았을 것이다. 첫 번째 실망한 지점이다. 추적 시스템에 버그가 있는 게 분명했다.

집으로 갈 준비를 하면서 재킷을 입었다. 밴드가 떨어졌다. 밴드를 고정하는 작은 자석 걸쇠의 힘이 약했다. 그 후 며칠 동안 밴드는 뜻하지 않게 여러 차례 떨어졌다. 잃어버리지 않은 것이 다행이었다. 두 번째 실망한 지점이다. 산업 디자인 측면의 문제다.

그다음 날은 책상 위에 둔 밴드를 깜빡했다. 점심을 먹은 지 얼마 지나지 않아 [그림 12-2]의 화면을 보았다.

그림 12-2 조금 비판적이지 않은가?

최고의 경험이라고 보기는 어려웠다. 실제로 내가 활동적이지 않았고 제품이 이런 상황을 제대로 파악했던 것이라면 이 메시지를 조금 더 낮게 받아들였을 것이다. 하지만 이 기기는 나에 대한 데이터가 부족한 상태에서 '데이터 없음'을 기기 데이터의 문제가 아니라 사용자 행동의 문제라고 추론했다. 좋은 인터랙션 디자이너라면 이 부분을 포착했을 것이다.

별 수 없이 얼른 반품했다. 여전히 제품의 콘셉트는 마음에 들고 새로운 웨어러블 기술이 등장할 때마다 기대가 된다. 하지만 결국은 행동 변화에 집중하느라 좋은 제품을 만드는 데 충분히 집중하지 못할 때 어떤 일이 일어나는지 보여주는 교훈적인 이야기로 남았다. 행동 면에서 효과적인 제품이라도 흥미롭고 사용하기 편리해야 한다는 점을 기억해야 한다.

처음부터 행동 지표를 기준으로 삼아라

응용 행동 과학은 제품을 어떻게 만들어야 할지 구체적으로 명시하지는 않는다. 하지만 반드시 포함해야 하는 요소 중 하나인 성공 지표를 매우 강력하게 제시한다. 이는 제품을 만든 다음에 추가해야 할 사후 요소가 아니다. 나도 많은 제품과 마케팅 캠페인에서 성공 지표를 사후에 추가해본 경험이 있고 다른 많은 이도 그런 경험이 있다는 것을 안다. 이미 출시한 제품이나 캠페인에 지표를 적용하기란 정말 어렵다. 기술적으로도 어렵고 심리적으로도 어렵다. 팀은 이미 다른 일을 생각하기 시작했을 것이기 때문이다. 행동 지표는 제품 자체의 일부이지 나중에 추가하는 것이 아니다.

그러려면 지표를 잘 정의했는지, 제품 내에 쉽게 수집할 수 있는지 미리 확인해야 한다.

사전에 마련해야 할 사항

제품의 영향을 측정하는 첫 번째 단계는 여러분이 신경 쓰는 영향(제품의 의도된 결과)을 아주 명확히 하는 것이다. 이는 6장에서 확립되고 7장에서 다듬어졌어야 한다. 특히 다음 사항을 갖춰야 한다.

- 명확히 정의되고 실재하며 측정할 수 있는 결과. 이를 측정할 수 있는 지표(방법)를 포함한다.
- 그 결과를 이끌어내는 명확히 정의되고 실재하며 측정할 수 있는 행동. 이 또한 지표를 포함한다.
- 각 지표에 대한 성공과 실패를 정의하는 임곗값.

이런 사항을 갖추지 못했다면 앞으로 되돌아가라. 자신의 제품이나 캠페인을 어떻게 평가해야 할지 모른다면 당연히 **성공하지 못한다.**

행동 추적 구현하기

여러분은 무엇을 측정하고 싶은지 안다. 이제 제품을 계측하는 등의 방식으로 사용자의 행동과 목표 결과에 대한 데이터를 모아서 이를 측정해야 한다. 이 데이터를 모으는 방법은 다루려는 제품과 행동 변화의 유형, 목표 행동이 제품의 내부에 있는지, 외부에 있는지에 따라 달라진다.

제품 내부의 행동과 결과 측정하기

행동과 결과가 제품의 일부라면 운이 좋다. 데이터를 모으는 데 도움이 되는 도구가 있다. 예를 들어 여러분의 애플리케이션이 콘택추얼리^{Contactually}처럼 연락처 정보를 종합하고 사용자가 연락처에 있는 사람들과 자주 연락하도록 도와준다고 해보자. 이 경우 사용자가 앱 내에서 연락처를 잘 정리할 방법을 알아내도록 도와주는 부분이 행동 변화 문제에 포함된다.

제품이 자동으로 사용자가 취하는 행동(연락처 정리)을 기록하도록 코딩해서 이들이 연락처를 잘 정리하고 있는지 확인할 수 있다. 제품이 자동으로 행동과 결과를 기록하거나 키스메트릭스^{Kissmetrics}(`https://www.kissmetrics.io/`), 믹스패널^{Mixpanel}(`https://mixpanel.com`) 같은 서드파티 플랫폼으로 이벤트를 푸시하도록 코딩할 수 있다(콘택추얼리는 이런 서비스를 사용했다). 그렇게 하는 것이 이상적이다. 제품이 온라인 상태이면 데이터를 실시간으로 수집하고 무슨 일이 일어나는지 즉시 확인할 수 있다.

제품 외부의 행동과 결과 측정하기

행동 변화 문제가 제품 외부에서 일어난다면 측정하기가 훨씬 더 어려울 수 있다. 우선 현실 세계의 기존 데이터를 가져올 방법을 찾아라. 헬로월릿의 주요 목표 중 하나는 사람들이 미래를 위해 돈을 저축하도록 돕는 것이었다. 하지만 애플리케이션 내에서는 그렇게 할 방법이 없었다. 사람들이 자신의 은행을 통해 저축 계좌로 돈을 이체했기 때문이다. 우리는 제품 개발 초기에 사용자에게 이들의 은행 계좌 정보에 읽기 전용 접근할 권한을 달라고 요청해야 한다는 것을 깨달았다. 은행 계좌 정보가 있으면 이들에게 더 나은 안내를 제공할 수 있었다. 그리고 더 중요한 점은 이를 통해 우리의 안내가 실제 효과를 내고 있는지 확인할 수 있었다.

창의력을 발휘해서 가져올 수 있는 데이터셋을 찾아야 한다. 13장 앞부분에 언급될 오라클Oracle의 오파워Opower는 종이 한 장, 즉 전력회사 고객에게 발송되는 우편물을 활용한다. 그 우편물로 사람들이 현실 세계의 행동을 제대로 측정할 방법은 없다. 하지만 전력회사와 협력 관계를 구축하여 전력회사의 기록에 접근하면 사람들의 실제 전기 사용량을 확인할 수 있고 그 데이터를 바탕으로 우편물이 행동에 어떤 영향을 미쳤는지도 확인할 수 있다.

여러분의 회사도 **앱에 기능을 추가하여 현실 세계에서 데이터를 측정할 방법을 고민**하는 것이 좋다. 여러분의 제품이 사람들의 식생활을 더 건강하게 만들도록 도와주는 앱이라고 해보자. 이 앱은 사용자에게 식사 계획을 제공해서 집에서 쉽고 건강하게 요리할 수 있게 해준다. 그러면 외식이 많이 줄어든다. 훌륭하긴 한데 제품이 효과가 있는지는 어떻게 알까? 식사 계획을 제공하는 것으로는 충분하지 않다. 사람들이 실제로 조언을 따르고 있는지 확인해야 한다. 제품 외부의 행동(식사 계획의 실제 사용 여부)을 측정하는 한 가지 방법은 사용자들과 식료품점의 고객 카드 연결 기능을 추가하는 것이다. 식료품점에는 사용자의 구매 내역이 있으며 외식 대신에 식료품점 구매를 늘리고 싶다는 금전적 인센티브가 있다. 사용자들은 식사 계획을 따르면 자신이 먹는 음식에 대해 더 큰 통찰을 얻는다는 보상을 받는다.[1] 이렇게 하면 사용자와 식료품점뿐만 아니라 여러분에게도 유익하다. 영향을 측정할 수 있기 때문이다.

---

[1] 우리는 대부분 자신이 무엇을 먹는지 잊는다. 아니면 애초에 생각하지도 않는다. 요약한 내용은 리엣의 논문을 참고하라(Riet et al. 2011).

하지만 때때로 활용할 수 있는 데이터셋이 없거나, 있더라도 데이터 양이나 수집 빈도가 충분하지 않은 경우도 있다. 예를 들어 여러분의 애플리케이션이 사람들에게 투표를 권한다고 가정해보자. 투표하는 행동은 제품 외부에서 이루어지고 사용자의 투표 여부에 대한 공식적인 데이터를 얻기까지는 몇 달이 소요된다.

정기적으로 현실 세계의 데이터를 수집할 방법이 없는 경우 제품의 영향을 평가할 기준을 설정하는 전략은 세 가지 부분으로 구성된다.

❶ 정기적으로 측정할 수 있는 사용자의 중간 단계 행동에 제품이 미치는 영향을 평가할 기준을 설정한다. 여기서 측정하는 영향은 여러분이 진짜로 신경 쓰는 최종적인 현실 세계의 결과는 아닐 수 있다.

❷ 현실 세계의 결과를 **적어도 한 번은** 정확히 측정할 방법을 정한다.

❸ 정기적으로 측정하는 사용자의 중간 행동과 여러분이 신경 쓰는 현실 세계의 결과를 연결할 다리를 만든다.

그 다리는 실질적으로 **두 번째** 기준이며, 정기적으로 측정한 행동(일반적으로 앱 내에서 이루어진다)과 부정기적으로 측정한 현실 세계의 결과를 연결한다. 이 방법은 14장에서 더 자세히 설명하겠다.

A/B 테스트와 실험 구현하기

영향 확인하기에 대해 다루는 다음 장에서는 지금 막 구현한 지표를 기반으로 실험을 비롯하여 제품의 영향을 판단하는 다양한 방법을 자세히 다룰 것이다. 요약하자면 실험할 수 있는 경우 자신이 추구한 영향이 일어났는지 판단하는 가장 좋은 경로는 실험이다. 지표와 마찬가지로 제품이나 커뮤니케이션에 실험을 실행할 수 있는 **능력**이 포함된 상태로 구현할 계획을 세워야 한다. 그렇지 않으면 없던 실험을 나중에 추가하느라 고생하게 된다.

A/B 테스트를 잘 모르는 사람을 위해 설명하자면 이 테스트에서는 사용자 그룹을 무작위로 선택하여 둘로 나누고 한 그룹에 제품의 한 버전(A 버전), 다른 그룹에 제품의 다른 버전(B

버전)을 보여준다. A/B 테스트와 다변량multi-variate 테스트의 메커니즘은 다음 장에서 논할 것이고, 지금은 테스트를 위해 제품에 무엇을 구현해야 하는지 살펴보자.

행동 추적과 실험을 위한 도구

제품의 영향을 측정하려면 페이지 조회수와 전환을 추적하는 기본 도구를 살펴보는 것으로는 부족하다. 때때로 페이지 조회수 같은 애플리케이션 내 단순한 이벤트의 영향 이상을 평가하고자 할 때도 있기 때문이다. 예를 들어 여러분의 제품이 사용자가 매달 예산을 업데이트하는 습관을 형성하도록 돕는다고 해보자. 첫째, 이런 습관을 측정하려면 이들이 앱에서 어떤 페이지를 방문했는지를 확인하는 것만으로는 충분하지 않다. 둘째, 통계 모델링을 위해 개인별 원시 데이터에 접근해야 한다. 셋째, 영향의 변화를 평가하려면 아마 A/B 테스트를 실행해야 할 것이다.

웹사이트와 애플리케이션을 위한 대부분의 행동 추적 도구는 기본적으로 어떤 세그먼트의 사람들이 무엇을 하고 있는지, 얼마나 많은 사람이 앱을 통해 특정 경로를 따르는지 종합한 정보를 제공한다. 예를 들어 구글 애널리틱스Google Analytics도 이런 방식으로 작동한다. 앱에서 무슨 일이 일어나는지 파악하기에는 이런 도구가 정말 유용하지만 개개인이 무엇을 하는지 알려주지 않으므로 조금 더 세밀한 분석과 실험적 테스트를 수행할 수 없다.

개인 수준의 데이터를 얻으려면, 즉 각 사람이 시스템 내에서 무슨 일을 하는지 파악하려면 더 강력한 도구가 필요하다. 구글 애널리틱스의 기본 버전은 이런 정보를 제공하지 않는다. 이 책의 출간 시점을 기준으로 볼 때 구글 애널리틱스 360 패키지, 힙Heap, 어도비 애널리틱스Adobe Analytics를 비롯해 이와 비슷한 다른 패키지들은 API 호출이나 내보내기 파일을 통해 개인 수준의 데이터를 **제공한다.** 내가 현재 개인적으로 가장 좋아하는 것은 힙인데, 힙은 사용자의 어떤 활동을 추적할지 지정하기도 전에 힙을 지원하는 프로그램에서 대부분의 활동을 자동으로 추적한다(구글 애널리틱스를 비롯한 다른 도구에서는 원하는 정보를 지정해야 추적을 시작한다). 특정 활동을 요청하면 힙은 앱에서 힙이 작동하기 시작한 시점으로 거슬러

올라가서 지금까지의 데이터를 제공하는데, 이런 기능은 무척이나 유용하다.

구글 애널리틱스의 구 버전 정도의 기능을 제공하고 개인 수준 데이터를 제공하는, 오픈소스 버전의 구글 애널리틱스라고 볼 수 있는 마토모^{Matomo}(https://matomo.org)가 있다. 조금 투박한 편이긴 해도 원시 데이터베이스 레코드를 분석하는 방법을 알고 있다면 필요한 작업을 충분히 해낸다.

이메일을 보내는 경우 거의 모든 최신 이메일 패키지가 기본적으로 행동을 추적한다. 아웃룩^{Outlook}이나 지메일^{Gmail}이 아닌 비즈니스용 도구를 사용하는 한 그렇다. 트윌리오^{Twilio}(https://oreil.ly/vWRRK), 밴드위스^{Bandwidth}(https://oreil.ly/e03ks), 보네이지^{Vonage}(https://oreil.ly/mheOt) 같은 대량 문자 메시지(SMS, 왓츠앱^{WhatsApp} 등) 소프트웨어도 마찬가지다.

A/B 테스트나 그 사촌 격인 다변량 테스트를 지원하는 도구는 이런 기능이 있다는 사실을 널리 알린다. A/B 테스트를 도와주는 다양한 도구가 있다. 이 책을 쓰는 시점을 기준으로 앱이나 웹을 기반으로 하는 테스트 도구로는 구글 옵티마이즈 360^{Google Optimize 360}, 어도비 타깃^{Adobe Target}, 옵티마이즐리^{Optimizely}, VWO, 믹스패널^{Mixpanel} 등이 있다. 모바일을 지원하는 도구도 많은데 이제 에어십^{Airship}의 일부가 된 앱티마이즈^{Apptimize}(https://apptimize.com)처럼 특정 용도에 맞는 도구도 있다. 문자 메시지 서비스들은 대규모 공급업체들을 위해 A/B 테스트를 기본적으로 지원한다. 그리고 다시 한번 강조하지만 대량으로 이메일을 보내는 데 A/B 테스트를 지원하지 않는 이메일 패키지가 아직도 있다면 이런 도구는 쳐다도 보지 마라.

서드파티 추적기와 실험 도구의 경제성이 너무 좋아져서 이제는 직접 만들 필요가 거의 없다. 하지만 필요한 경우 추후 분석을 위해 시스템 내에서 발생하는 이벤트를 데이터베이스로 푸시하는 방식으로 개인별 추적을 쉽게 구현할 수 있다. 나 같은 경우 수년 동안 여러 차례 이런 작업을 해야 했다. 하지만 이제는 나도 서드파티 도구를 활용한다.

실천하기

응용 행동 과학과 행동 변화를 위한 디자인 프로세스는 제품을 구현하는 데 사용해야 하는 개발 프로세스나 소프트웨어 아키텍처에 대해 구체적인 지침을 많이 제공하지 않는다. 하지만 이 책에서 다룬 필수적인 두 가지 영역이 있다. 행동 디자인을 인터페이스 디자인에서 분리하는 것, 그리고 지표를 사후에 고려하지 말고 제품 자체의 핵심 부분으로 만드는 것이다.

여러분이 해야 할 일

- 행동 과학을 담당하는 팀이나 담당자는 계획 프로세스(6장, 11장에서 다뤘다)와 제품 구현(12장) 사이에 잠시 숨을 돌리는 것이 좋다. 6~11장은 사용자가 행동 장애물을 극복하도록 도울 방법에 대한 기능 명세를 제공한다. 이런 명세에 제품이나 커뮤니케이션의 시각적인 디자인을 제공하거나 사용자와 상호작용하는 방식을 구체적으로 명시하면 안 된다. 이러한 작업은 디자이너의 영역이다. 협업은 좋지만 행동 디자인 담당자가 시각 디자인을 차지하게 두지 마라.
- 지표가 제품이나 커뮤니케이션의 **첫 번째** 버전에 포함되게 하라. 행동 추적이나 실험(A/B 테스트)은 모든 최소 기능 제품에 포함되어야 한다. 지표를 나중에 추가하려고 하면 엄청나게 골치 아프다.
- 다행히 이러한 요구를 다루는 데 쓸 수 있는 서드파티 패키지가 많다. 직접 만들어야 하는 경우는 거의 없다.

문제의 징후

- 행동 디자인이 인터페이스 디자인(또는 커뮤니케이션 디자인)으로 활용될 때.
- 제품을 만드는 중인데 첫 번째 버전에 결과 추적이 포함되지 않을 때.

결과물

- 행동 지표가 내장된 제품!

📖 연습문제

다른 '실천하기' 워크시트와 마찬가지로 사람들이 달리기를 통해 운동하도록 도와주는 앱 사례를 사용하겠다. 양식이 채워진 워크시트는 여기에 있고 양식이 비워진 워크시트는 함께 제공되는 워크북에 있다(부록 A). 일부 항목은 프로젝트 개요에서 직접 복사해도 되고 참고용으로 프로젝트 개요를 첨부해도 된다.

워크시트: 윤리적 체크리스트

여러분의 조직에 기관 감사 위원회Institutional Review Board(IRB)나 이를 모델로 한 프로세스가 있다면 해당 위원회의 템플릿과 프로세스를 사용해야 한다. 이러한 프로세스가 없다면 여기에 소개한 워크시트를 활용하라. 우리 팀에서 사용하기 시작한 도구를 모델로 만든 것이다. 일부 항목은 프로젝트 개요에서 직접 복사해도 되고 참고용으로 프로젝트 개요를 첨부해도 된다.

- 담당자: 스티브 웬델

- 프로젝트: 플래시 앱

- 날짜: 2024년 12월 1일

설명과 목적

❶ 개발할 제품, 기능, 커뮤니케이션(이하 '제품')을 설명하라.
   ≫ 플래시 앱은 운동을 장려하도록 설계된 모바일 앱이다. 이는 고용주들에게 판매되어 복지 혜택의 일환으로 직원들에게 배포된다.

❷ 프로젝트가 변화시키려고 하는 구체적인 행동은 무엇인가? 그리고 프로젝트가 특정 행동을 지원하거나 방해하는가?
   ≫ 주요 행동 목표는 사용자가 체육관에 가서 운동하도록 장려하는 것이다.

❸ 제품이 이러한 변화를 지원하기 위해 어떤 행동 개입을 사용하는가?

> 앱은 제품과의 상호작용 여러 단계에서 다양한 개입을 사용한다. 첫째, 앱 다운로드를 장려하기 위해 이 앱을 사용한 사람의 추천 글을 활용한다(사회적 증거). 둘째, 참여를 장려하기 위해 앱 내에서 사회적 경쟁을 사용한다. 또한 작은 성공을 활용하여 사람들이 앱을 계속 사용하고 오랜 시간에 걸쳐 자신의 목표를 향해 나아가도록 장려한다.

❹ 목표 집단(행위자)은 누구인가?

> 정기적으로 운동하지 않는 기존 고객사 사무직 직원.

❺ 이것이 해당 집단에 도움이 된다면 어떤 도움이 되겠는가(사용자 결과)?

> 목표 결과는 사용자들의 허리, 목, 관절 통증 같은 일반적인 통증 원인을 감소시키는 데 도움이 된다.

❻ 이러한 개입이 단기적 또는 장기적으로 사용자 개인에게 어떻게 심각한 해를 끼치겠는가(예: 사용자 중독을 추구하는 제품)?

> 운동하면 안 되는 사용자(심장 질환 등으로 인해)에게 운동을 장려하는 것 외에는 이러한 개입이나 제품에 심각한 단점은 없는 것으로 보인다. 우리는 사용자들이 고용주에게 불이익을 받지 않고 앱 사용을 자유롭게 거부할 수 있게 한다.

❼ 이것이 조직이나 팀에 어떻게 도움이 되는가?

> 기업 웰니스 프로그램 고객에게서 오는 수익이 증가할 것이다.

❽ 이 프로젝트가 성공할 경우 금전적 또는 개인적으로 어떤 이익이 있는가?

> 내 경력이 달려 있다. 이 제품이 성공하지 않으면 퇴사 당하거나 승진 기회를 놓칠 위험이 있다.

투명성과 선택의 자유

❶ 목표 집단이 이 결과를 성취하기 원하는가? 이 행동을 변화시키기 원하는가?

> 그렇다. 해당 집단을 대상으로 한 정성적 연구와 설문조사에서 많은 직원이 이 결과를 달성하기 원했고 우리가 제시한 행동은 이 결과를 달성할 적절한 방법으로 보았다.

❷ 여러분이 목표 집단의 행동 변화를 모색하고 있다는 사실을 목표 집단도 아는가? 그리고 그렇지 않다면 이를 알게 되었을 때 이들이 분노하겠는가?

> 분노하지 않을 것이다. 앱은 이 목표를 추구한다고 명확히 설명하고 있다. 사용자들은 이미 알고 있어야 한다.

❸ 기본 설정이 사용하지 않기, 사용하기, 둘 중 하나인가? 아니면 제품을 사용하려면 이런 개입과 반드시 상호작용해야 하는가? 사용자가 간단하고 투명한 방식으로 사용을 거부할 수 있는가?

> 사용하지 않는 것이 기본 설정이다. 사용하기로 선택한 후에도 언제든지 사용을 거부할 수 있다.

❹ 강압성을 최소로 줄이기 위해 어떤 조치를 취할 것인가?

> 강압성의 주된 위험은 고용주(우리의 고객)가 이 프로그램의 사용을 요구하거나, 사용하지 않는 사람에게 더 높은 의료보험료로 불이익을 주는 것이다. 우리는 고용주와의 계약에 이런 처벌과 요구를 금지하는 조항을 포함했다.

데이터 처리와 프라이버시

데이터 프라이버시 문제가 회사의 여타 표준 제품 개발 프로세스에서 다뤄지지 않는 경우 여기에서 해당 문제를 다루면 좋다. 만약 다른 곳에서 다루고 있다면 이 단계는 건너뛰어도 된다.

❶ 이 제품이 어떤 개인정보를 수집하는가?
   ≫ 사용자 이메일 주소, 이름, 개인 운동 목표, 운동 이력. 사용자가 앱을 사용할 때 위치 이력도 수집된다.

❷ 이 데이터를 어떻게 처리하여 사용자의 프라이버시를 보장하는가?
   ≫ 직접 식별할 수 있는 정보인 이름과 이메일 주소를 솔트화[2]한 단방향 해시를 적용하여 감춘다.

최종 검토

본 프로젝트를 독립적으로 검토하고 승인한 주체: 플래시사(FlashCorp) 윤리 표준 위원회

날짜 2024년 12월 1일

---

[2] 옮긴이_ 솔트화(salted)란 암호화 과정에서 데이터에 임의의 값을 추가해 보안을 강화하는 기법을 의미한다.

CHAPTER 13
A/B 테스트와 실험으로 영향을 확인하라

D 문제를 정의하라. E 맥락을 탐색하라. C 개입을 제작하라. I 제품 내에 구현하라. D 영향을 확인하라. E 다음 단계를 평가하라.

> 자신이 틀렸다는 관점에서 시작하라. 목표는 덜 틀리는 것이다
>
> – 일론 머스크

오라클 유틸리티^{Oracle Utilities}의 에너지 효율과 고객 참여 부서인 오파워^{Opower}는 제품이 행동을 어떻게 변화시킬 수 있는지를 확인하기 위해 세계적으로 손꼽히는 대규모 실험을 진행했다. 수백만 명의 사람들이 이들의 연구에 참여했는데 참가자들이 한 일은 전력회사에서 온 편지를 열어보거나 온도 조절 장치를 만지작거린 것뿐이었다.

잘 알려진 바와 같이 오파워는 전력회사 고객들에게 자신의 에너지 사용량이 (익명의) 이웃들과 비교할 때 어떤지 보여주는 월간 보고서를 제공했다. 이는 사회심리학에서 많이 연구된 또래 비교라는 기법으로 9장에서 간단히 다룬 바 있다. [그림 13-1]은 이러한 비교 중 한 가지 사례를 보여준다.

다수의 정부, 민간, 학술 간행물에 따르면 이토록 간단한 비교 덕에 소비자는 전기료를 평균적으로 약

2% 절약했다.[1] 적은 양으로 보일지 모르지만 이를 합치면 2.6테라와트시(TWh)의 전력이 넘는다. 이는 1년간 30만 가구의 전력을 공급하기에 충분한 양이고 이로 인한 소비자 전기료 절감액은 약 3억 달러에 달한다.[2]

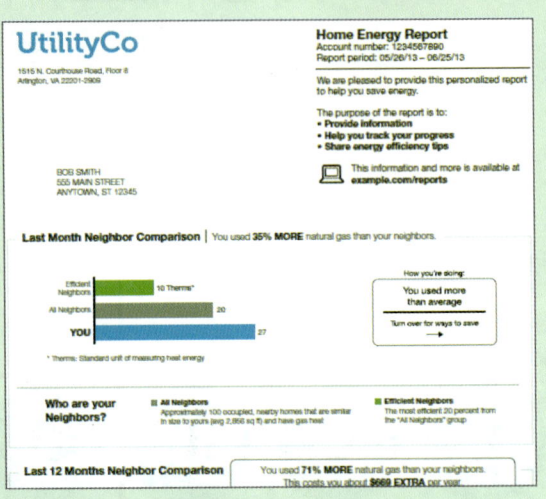

그림 13-1 구독자 가정의 난방 사용량을 이웃과 비교하는 오파워 에너지 보고서

오파워는 반복적으로 실험을 진행해서 영향을 측정하고 이를 더 개선할 방법을 테스트해왔다. 엄격한 측정과 테스트가 성공의 핵심 요소였다.

행동 변화를 위한 디자인에서는 명확한 신호가 필수다. 좋은 의도, 세심한 통계 분석만으로는 부족하다. 인간의 행동은 너무 복잡하고 맥락 의존적이어서 우리가 만든 제품이 계획대로 작동할 것이라고 생각하도록 스스로를 속이기가 너무 쉽다. 그리고 혼란스럽거나 의심스러운 점이 있어서도 안 된다.

무작위 대조군 실험은 제품과 커뮤니케이션이 행동에 미치는 영향을 판단하는 가장 효과적이고 엄격한 도구다. 영향에 대한 가장 분명하고 명확한 신호를 제공한다.

---

1 예를 들어 올콧의 논문을 참조하라(Allcott 2011).
2 Oracle(2020)

하지만 무작위 대조군 실험은 세계적인 연구자들의 전유물이 아니다. 여러분도 아마 무작위 대조군 실험의 한 유형을 직접 실행한 적 있을 것이다. 바로 흔히 사용되는 A/B 테스트다. 대규모 팀이 있어야만 A/B 테스트를 할 수 있는 것은 아니다. 종종 여러분 혼자서도 이 엄격하고 매우 효과적인 방식으로 영향을 측정할 수 있다. 그래서 이번 장에서는 A/B 테스트를 포함한 무작위 대조군 실험을 폭넓게 이해하고 테스트를 효과적이고 빠르고 명확하게 수행할 방법을 알아보겠다.

누구나 영향을 측정할 수 있다

이 장의 제목을 보고 난해한 기호와 불가해한 공식을 떠올렸는가? 그러나 이 장은 그런 내용을 다루지 않는다. 오히려 제품의 영향을 측정하는 방법을 상식적으로 설명할 것이다.

소프트웨어 제품의 경우 기본적인 수학과 통계를 처리해주는 강력하고 사용자 친화적인 도구가 수없이 많다. 영향을 측정하는 대부분의 실험에서는 실제로 그런 도구만 있으면 된다. 계량경제학자가 없어도 제품의 작동 여부와 개선 방법을 충분히 이해할 수 있다.

하지만 특히 더 발전된 기법도 일부 존재하는데, 이를 먼저 언급하고 그 기법이 어떻게 작동하는지 비기술적인 용어로 설명하겠다. 통계적 배경 지식이 없고 그런 기법이 필요하다고 판단한다면 전문적인 도움을 받아야 할 시점이 된 것이다. 통계적 배경 지식이 있는 독자를 위해 해당 섹션에서는 어떤 도구를 사용할지 빠르게 알려주겠다.

무작위 대조군 실험의 방법과 이유

제품과 커뮤니케이션이 예상대로 잘 작동하고 있는지 확인하고 싶을 때 무작위 대조군 실험은 가장 신뢰할 수 있고 엄격한 도구다. 실제로 이 방법은 과학 분야의 표준으로 여겨진다. 예를 들어 의약품이 질병을 얼마나 효과적으로 치료하는지 측정할 때에도 똑같은 도구가 사용된다.

운동 앱의 예시를 사용하여 일반적으로 이 도구가 작동하는 방식을 살펴보면 다음과 같다.[3]

❶ **무엇을 하려고 하는지 적어라.** 이전 장에서 다룬 세 가지 항목을 적는 것으로 시작하라.

① 목표로 하는 **결과**(예: 허리, 목, 관절의 통증 감소. 병원이나 물리치료 방문 횟수가 줄어드는지로 측정)

② 그 결과로 이어질 수 있는 **개입**(예: 체육관 방문)

③ **목표 청중**(예: 주로 앉아서 일하는 사무직 남성 노동자, 35~45세)

❷ **청중을 무작위로 할당하라.** 목표 청중에서 충분한 수의 사람을 무작위로 추출하여 두 그룹에 무작위로 할당하라. 각 그룹을 **대조군**control group, **실험군**treatment group이라고 부를 것이다. 예를 들어 500명을 대조군에, 500명을 실험군에 할당한다.

❸ **개입을 수행하라.** 실험군에는 개입을 제공하고 대조군에는 제공하지 않는다. 예를 들어 실험군에는 앱을 제공하고 대조군에는 앱의 기능 없이 기본 정보만 제공한다(이 장의 뒷부분에서 이를 **이중 맹검**double-blind 연구로 만드는 방법을 논의하겠다).

❹ **일어나는 일을 측정하라.** 충분한 시간이 지난 후 각 그룹의 결과를 측정하라. 예를 들어 실험군과 대조군에 속한 각 사람의 물리치료 방문 횟수를 측정하라.

❺ **영향을 계산하라.** 다음과 같은 간단한 공식을 사용해서 두 그룹의 결과 차이를 측정하라.

개입의 영향 = 실험군 평균 결과 – 대조군 평균 결과

❻ **이제 결정을 내려라.** 영향이 충분히 크다면 개입이 실질적으로, 통계적으로 의미가 있다고 결론 내릴 수 있다. 예를 들어 앱이 물리치료 방문 횟수를 10% 감소시켰다면 이는 사용자와 여러분 회사 비즈니스의 실질적인 성과를 의미한다.

---

[3] 이 섹션을 명확히 하도록 격려해준 제시 다셰프스키(Jesse Dashefsky)에게 감사한다.

이게 전부다. 세부 사항을 검토해야 하며 특히 각 항목에서 **충분하다**는 말이 어떤 의미인지 살펴보아야 하지만, 무엇보다도 개념을 이해하는 것이 중요하다. 실험할 수 있는 조건이 갖춰지는 한, 실험은 간단하고 강력하며 매우 유익하다.

다양한 유형의 실험이 무작위 대조군 실험randomized control trial (RCT), 분할 테스트split test, A/B 테스트와 같이 다양한 이름으로 불린다. 소프트웨어 세계에서 가장 흔히 쓰는 용어는 A/B 테스트이며 이 장에서는 소프트웨어에서 디지털 실험을 실행할 때 발생하는 기회와 제약에 초점을 맞추겠다. 뒷부분에서 더 자세히 살펴볼 또 다른 유명한 기법인 멀티 암드 밴딧multi-armed bandit (MAB)도 디지털 실험의 또 다른 유형이다.[4] 이러한 실험들이 수학적으로 동일하다는 사실을 강조하고 논의를 단순화하기 위해 여기에서는 보다 일반적인 용어인 **실험**을 사용하겠다.

실험이 (거의) 최고의 도구인 이유

새로운 운동 루틴이 체중 감량에 도움이 되는지 알고 싶다고 해보자. 이 질문에 답하는, 일반적이지만 결함이 있는 접근 방식은 이 운동 루틴을 사용하는 사람과 그렇지 않은 사람을 비교해서 첫 번째 그룹에 있는 사람들이 두 번째 그룹에 있는 사람들보다 체중을 더 많이 감량하는지 확인하는 것이다. 문제는 첫 번째 그룹 사람들이 체중을 더 많이 감량했다고 해서 그 이유를 우리가 제대로 알 수 있을까 하는 점이다. 새로운 운동 루틴 때문일 수도 있지만, 첫 번째 그룹 사람들이 단순히 체중 감량에 대해 더 큰 동기를 느꼈을 수도 있다. 아니면 첫 번째 그룹 사람들의 신진대사가 더 활발할 수도 있다.

새로운 운동 루틴을 사용하는 사람과 그렇지 않은 사람을 비교하는 대신에 사람들을 무작위로 각 그룹에 할당하여 실험한다고 해보자. 그러면 모든 게 바뀐다. 이런 실험은 앞서 언급한 모든 설명과 그 외 여러분이 상상할 수 있는 다른 모든 설명이 무의미해진다. 그러면 첫 번째 그룹 사람이 새로운 운동 루틴 **때문에** 체중을 감량했다는 강한 실증적 근거를 얻을 수 있다.

---

4 다양한 유형을 실제로 잘 요약한 홉킨스의 글을 참조하라(Hopkins et al. 2020. https://media.nesta.org.uk/documents/Experimenters_Inventory.pdf). 여기서 다루는 내용의 대부분은 딘 칼란이 장기적인 영향에 집중하는 RCT와 대비하기 위해 만든 'Nimble RCTQkfms RCT'라는 용어로 분류될 수 있다. 물론 이 모든 것은 실험이다.

실험이 이토록 마법 같은 효과를 내는 것은 무작위 할당 덕분이다. 사람들을 두 그룹에 무작위로 할당하면 두 그룹은 통계적으로 동일해진다. 각 그룹 사람들의 신진대사가 통계적으로 동일하며(신진대사가 활발하거나 그렇지 않은 사람의 수는 통계적으로 같다) 두 그룹 사람들이 느끼는 동기의 수준도 통계적으로 동일하다. 연령, 소득, 성별, 정치 성향을 포함해 두 그룹의 나머지 모든 특성도 통계적으로 같다. 가장 중요한 점은 미래에 체중을 감량할 가능성 또한 통계적으로 동일하다는 것이다.

통계적으로 동일한 이 두 그룹 중 한 그룹에만 운동 루틴을 할당하면 이들이 체중을 감량하는 정도의 차이는 개입 때문일 수밖에 없다. 적절하게 설계한 실험은 통계적 한계 내에서 개입이 실제로 결과를 **초래한다**고 말할 수 있게 해준다. 그래서 실험이 멋진 것이다.

세부적인 실험 설계

실험의 개념은 간단하고 이해하기 쉽지만 세부사항이 정말로 중요하다. 실험이 제대로 설계되고 실행되려면 주의 깊게 따라야 몇 가지 규칙이 있다. 실험을 처음 설계하는 사람들이 일반적으로 처음 묻는 질문은 '인원수가 얼마여야 충분한가?'다.[5]

인원수가 얼마여야 '충분'한가?

제품이나 커뮤니케이션의 영향을 측정할 때 측정의 품질은 연구에 참여하는 인원수에 따라 달라진다. 간단한 예시를 들어 그 이유를 설명해보겠다. 여러분의 제품이 사람들에게 아이스크림 섭취를 줄이도록 권장하는 앱이라고 가정해보자. 첫 번째 사람에게 시도해본다. 이런, 그 사람은 앱을 무시하고 아이스크림을 계속 마음껏 먹는다! 하지만 여러분은 연구를 계속한다. 두 번째 사람은 섭취량을 많이 줄였다. 세 번째 사람도 줄였지만 그렇게 많이 줄이지는 않았다. 실제 이 정도가 정상적인 변화의 범위다.

---

[5] 이 섹션과 다음 섹션은 스티브 웬델이 모닝스타 사내용으로 기고한 글을 바탕으로 한다. 허가를 받아서 사용한다.

전체적으로 제품은 성공적이다. 사람들이 (줄이고 싶어 하는) 습관적인 아이스크림 섭취를 50%까지 줄이도록 도왔다. 하지만 첫 번째 사람만 본다면 실패라고 생각했을 것이다. 두 번째 사람까지 보았다면 혼란스러웠을 것이다. 초반에 참여한 네 사람을 본다면 상황이 더 명확히 보일 것이다. 전체적으로 볼 때 성공적이라고 보이지만, 예외가 있다. 참가자가 늘어날 수록 결과가 점점 더 명확해진다. 어느 시점이 되면 참가자를 더 늘리는 것이 중요하지 않다. 제품이 어떤 영향을 미치는지 이미 아주 잘 알고 있기 때문이다. (통계적으로) 명확한 그림을 그리는 데 필요한 사람 수를 최소 표본 크기minimum sample size라고 한다.

최소 표본 크기는 **검정력 계산**power calculation 함수를 써서 계산한다. 이를 위해 온라인 검정력 분석 계산기나 R, 파이썬Python, G*Power, Stata 같은 통계 패키지를 사용할 수 있다. 어디서 시작해야 할지 잘 모르겠다면 G*Power(https://oreil.ly/oDECW)[6]를 사용해보라. 이 도구는 무료이고 매우 강력하다. 그 대신, 문서를 읽고 사용법을 익혀야 한다. 체중, 키, 한 달 동안 피운 담배 개수처럼 제품의 결과를 숫자로 표현할 수 있다면 집단의 평균값을 계산할 수 있는 도구를 사용할 것이다. 환자가 생존하거나 사망하는 것처럼 제품의 결과가 이분법적인 경우라면 백분율percentage, 비proportion, 율rate을 계산할 수 있는 도구를 사용할 것이다. R에서는 평균값을 다룰 때 power.t.test() 함수를, 백분율을 처리할 때 power.prop.test() 함수를 사용할 수 있다. 파이썬에서는 약간 더 복잡한 'StatsModel 패키지(https://oreil.ly/AQ-cy)'를 사용할 수 있다.[7]

여러분에게 필요한 구체적인 숫자는 다음과 같다.

- 제품(또는 테스트하려는 새로운 기능이나 커뮤니케이션)이 없는 사람들의 평균 결과. 이것이 **기준점**이다. 예를 들어 체중 감량 앱 목표 청중의 평균 체중은 111kg이다.
- 제품이 없는 사람들 사이의 결과의 변동량(평균과의 차이). 이것이 **소음**이다. 클릭률 등 율rate에 해당하는 결과는 계산에 포함되어 있으므로 소음을 별도로 측정할 필요가 없다. 예를 들어 목표 청중의 체중 표준 편차는 약 16kg이다.

---

[6] 아니면 그냥 'G*Power'라고 검색하라. 다행히 특이한 이름이다.
[7] 똑같은 작업을 하는 더 섬세하게 디자인하려면 'pyDOE2 패키지(https://oreil.ly/llQeD)'를 참고하라.

- 결과에 개입이 미칠 것이라 예상하는 **영향**. 보수적으로 생각하라. 제품이 훨씬 **더 큰** 영향을 미칠 수 있지만, 여기서는 합리적으로 낮게 추정하는 것이 좋다. 예를 들어 사람들이 4.5kg 정도 감량할 것이라고 예상한다.

계산기는 테스트의 민감도를 나타내는 두 가지 매개변수도 요구할 것이다.

- 신뢰 수준, 또는 그에 상응하는 알파 오류 수준(알파 오류 수준 = 1 − 신뢰 수준). 일반적으로 기본 신뢰 수준은 95%(알파 오류 수준 5%)다. 이는 영향이 **없는데도** 영향이 있다고 잘못 결론을 내릴 확률이 5%라는 뜻이다. **이는 거짓 양성이다.**
- 통계 검정력, 또는 그에 상응하는 베타 오류 수준(베타 오류 수준 = 1 − 통계 검정력). 일반적으로 괜찮은 기본 통계 검정력 수준은 90%(베타 오류 수준 10%)다. 이는 실제로 영향이 **있는데도** 영향이 없다고 잘못 결론을 내릴 가능성이 10%라는 뜻이다. **이는 거짓 음성이다.**

운동 앱에 이런 기본값을 사용하면 그룹당 258명, 총 516명이 필요하다.[8]

이런 기본 매개변수 값은 실제로는 영향이 없는데도 영향이 있다고 주장하는 것(거짓 양성)을 피하기 위해 매우 주의해야 한다는 가정을 기반으로 한다. 우리의 운동 앱 예시에서는 현실은 그렇지 않은데, 앱이 사람들의 체중을 감량시키는 데 성공했다고 주장하지 않는 것이 특히 중요하다는 뜻이다. 그렇게 하는 것이 중요하지만, 그보다는 실제로 영향이 있을 때 이를 놓치지 않는 것(거짓 음성 피하기)이 더 중요하다.

실험마다 차이가 있지만, 제품의 효과 여부를 테스트할 때 이런 가정은 꽤 유용할 수 있다. 답을 찾았다고 믿고 열심히 좇다가 그것이 신기루였다는 것을 알게 되면 매우 당혹스러울 뿐 아니라 엔지니어링 팀에서 많은 비용이 발생할 수 있다. 그러니 이런 기본 매개변수 값을 유지해야 한다.

또한 **단측** 검정, **양측** 검정 중 하나를 선택해야 하는 기로에 놓일 수 있다. 양측 검정에서는 제품이 결과에 긍정적인 영향이든 부정적인 영향이든 어떤 변화를 일으키는지 확인하려고 한다. 단측 검정에서는 제품이 효과가 있다면 그 효과가 긍정적이거나 부정적일 것이라고 한

---

8 R의 power.t.test( ) 함수를 써서 계산한 값이다.

방향으로만 가정한다. 만약, 효과가 가정한 방향과 반대로 나타나면 검정이 제대로 작동하지 않는다. 단측 검정과 양측 검정에 대한 선호는 사람마다 다르지만, 나는 보다 열린 경로를 택하는 것을 선호하며 제품이 상황을 더 낫게도 나쁘게도 만들 수 있다는 것을 고려하는 양측 검정을 선호한다.

계산기에 이런 값을 입력하면 실험군과 대조군에 필요한 인원수를 알 수 있다. 필요한 인원수보다 더 많다면 금상첨화다. 적다면 인원수를 늘려라! 계산기가 알려준 인원수를 채웠지만, 더 늘릴 **능력**이 있다면 그렇게 하라. 일부 참가자의 데이터가 유효하지 않다거나 프로세스를 조기에 종료하는 등의 문제가 생길 가능성이 있기 때문이다.

얼마나 기다려야 '충분'한가?

또 다른 일반적인 질문은 실험을 얼마 동안 진행하느냐다. 기존 이메일 목록처럼 일정한 대상이 정해져 있다면 답은 간단하다. 개입이 효과를 발휘할 것이라고 생각하는 시간만큼 테스트를 실행하라(만일을 대비하여 조금 더 시간을 두고 하는 것도 좋다).

일정한 대상 없이 시간이 지남에 따라 웹사이트나 제품에 사람들의 유입되는 경우라면 상황이 조금 더 까다로워진다. 이 경우 일반적으로는 '확실한 우세'가 드러날 때까지 실험을 진행하고 싶다는 유혹을 느끼기 쉽다.

앞서 언급한 아이스크림 앱 예시를 활용하면 이렇게 하는 것이 왜 문제가 되는지 쉽게 확인할 수 있다. 여러분의 앱에 가입자와 사용자가 꾸준히 유입되고 있다고 가정해보자. 처음 몇 사람은 고치고 싶던 아이스크림 섭취 습관을 매우 효과적으로 극복한다. 즉, 대조군보다 훨씬 더 나은 결과를 낸다. 하지만 앱 가입자가 늘어날수록 초반에 보이던 강력한 효과는 점차 흐려지는 것처럼 보인다. 사용자가 100명 이상이 되자 대조군에 비해 그다지 큰 효과를 내고 있지 않은 것으로 보인다. 초반 몇 명 이후에 테스트를 멈췄다면 앱의 영향에 대해 잘못된 신호를 얻었을 것이다. 사실 **특정 순간에** 실험군이나 대조군 중 한쪽이 나머지 한쪽보다 더 나아 보일 때가 종종 있다. 그렇다고 해서 의미 있는 영향을 발휘하고 있다는 뜻은 아니다. 단순히 소음 때문에 난 차이일 수 있고 시간이 지나면 흐려지거나 심지어 반전될 수도 있다. 실험의 결과를 꾸준히 확인하고 그럴듯한 결과가 나올 때까지 기다린다면 두 그룹 사이에 실제로는 차이가 없는데도 차이가 있다고 결론 내릴 가능성이 높아진다.[9]

선의를 지닌 많은 프로덕트 매니저들이 결과가 설득력 있어 보인다는 이유만으로 실험을 '완료'하려고 서두르다가 낭패를 본다. 이 문제를 피하는 방법은 세 단계로 이루어진다.

❶ 앞서 설명한 대로 검정력 계산을 실행하여 예상 효과를 탐지하는 데 필요한 인원수를 정한다.

❷ 시간의 흐름에 따른 사람들의 유입을 고려하여 해당 인원수가 제품과 상호작용하는 데 시간이 얼마나 걸릴지 정한다. 목표 인원수에 도달할 것으로 예상되면 인원 추가를 멈춰라.[10] 도중에 무엇을 보든, 테스트를 조기에 멈추고 싶은 유혹이 얼마나 크든, 상관없이 종료일은 테스트가 완료되는 시점이다. 예를 들어 웹사이트 테스트에 1,000명이 필요하고 하루에 200명이 테스트를 할 수 있다면 5일 동안 인원을 추가하는 것이다.

❸ 테스트가 완료된 후 검정력 계산과 관련된 절차인 유의성 검정을 실행하여 결과가 통계적으로 유의한지를 판단한다. 통계적 유의성에 관해서는 잠시 후에 이야기하겠다.

비즈니스 중요도를 고려하여 '충분'한지 판단하기

지금까지는 실험의 학술적인 표준 버전에 대해 이야기했다. 이는 어느 정도의 영향을 예상하는지 합리적으로 추정하고 그 영향을 기반으로 필요한 인원수를 알아내는 과정이다. 비즈니스 환경에서는 이 문제에 접근하는 또 다른 방식이 있다. 어떤 영향을 미칠지 생각하는 대신에 어떤 영향이 **중요한지** 생각하는 것이다. 실험을 진행하는 사람이 따르는 구체적인 프로세스는 이러하다.

---

[9] List et al.(2010, http://doi.org/10.3386/w15701) 문제에 대한 참고자료와 설명을 제공해준 카탸 바실라키에게 다시 한번 감사한다.

[10] 개입의 효과가 즉각적이라면 그날이 실험 종료일이 된다. 효과를 내기까지 시간이 걸린다면 실험 종료일은 인원 추가를 멈추는 날짜(그래야 '충분'한 인원이 생기므로)에 효과가 나타나기까지 걸리는 시간을 더하면 된다.

❶ 유의미한 최소 영향minimum meaningful effect(MME)을 정한다. 회사나 사용자에게 유의미하거나 중요한 결과로 여겨질 수 있는 최소한의 변화는 무엇인가? 이를 정하는 보편적인 규칙은 없다. 대신 회사의 사업 우선순위나 기회비용이 중요하다.[11]

❷ 정해둔 MME를 기준으로 표본 크기를 계산한다. 다시 말해 앞서 설명한 검정력 계산을 진행하되 방정식에 '예상되는 영향' 대신에 MME를 사용한다.

❸ 한번에 충분한 사용자가 참여할 수 있거나 시간이 지남에 따라 지속적으로 사용자가 유입된다면 테스트 각 버전(또는 군^{arm})의 인원수가 최소한 2단계에서 계산된 인원수만큼 있어야 한다.

❹ 만약 실험 참가자의 수가 고정되고 제한적이라면 다음처럼 정해야 한다.

① 실행 가능한 최대 효과largest viable effect(LVE)를 정한다. 개입이 결과에 미칠 것이라고 예상하는 최대 변화는 무엇인가?

② LVE를 기준으로 표본 크기를 계산한다. 다시 말해 개입이 미칠 것이라고 예상하는 영향으로 LVE를 사용하여 검정력 계산을 진행한다.

③ [그림 13-2]의 일러스트를 참고하고 테스트에 이용할 수 있는 표본 크기를 고려하여 실험 실행 여부를 정한다.

---

[11] 학술 연구에는 효과 크기를 '소', '중', '대'로 식별하는 기준이 있다. 임곗값이 없는 비즈니스에서는 이러한 학계 기준이 MME 설정을 설정하는 좋은 출발점이 될 수 있다. 예를 들어 두 그룹을 비교할 때 자주 사용되는 효과 크기로는 코언의 d(Cohen's d)가 있다. 이 통계는 두 평균값 사이의 표준 편차(평균을 중심으로 표본이 얼마나 퍼져 있는지에 대한 지수)를 알려준다. '소'에 해당하는 d의 기준은 0.20, 또는 표준 편차의 1/5이다. 연습 예(플래시 앱)에서는 표본의 표준 편차가 물리치료 방문 2.5회이므로 '소'에 해당하는 효과는 실험군과 대조군 사이의 방문 1/2회(2.5회 × 0.2) 차이가 될 것이다. 이 섹션을 추가하도록 도와준 스탠 트레거에게 크게 감사한다.

그림 13-2 테스트를 실행하기 전에 결과의 유의미성 여부를 파악할 수 있는 표

이 접근 방식은 시간과 자원이 제한적인 회사들(사실상 거의 모든 회사들!)에 엄청난 혜택을 제공한다. MME에 집중하고 이를 활용해 테스트 표본 크기를 정함으로써 테스트 결과와 관계없이 회사는 다음 단계에 대한 명확한 신호를 얻는다.

- 테스트가 통계적으로 유의미한 긍정적인 영향을 보인다면: 훌륭하다. 전력을 다해 진행하라.
- 테스트가 통계적으로 유의미한 부정적인 영향을 보인다면: 제품이나 커뮤니케이션의 새로운 버전을 출시하지 마라. 많은 고생을 미리 덜어낸 셈이다.
- 테스트가 통계적으로 유의미한 영향을 전혀 보이지 않는다면: 이것도 좋은 결과다. 유의미한 영향이 없다는 뜻이므로 추가 연구가 필요하지 않다. 제품을 제작하고 사용자에게 배포하는 과정이 마무리되지 않았다면 그만두어라. 사업적인 가치가 없다. 이미 이런 과정이 마무리되었다면 출시해도 상관없다. 하지만 그렇게 하더라도 사업적으로 유의미한 영향을 미치지 않을 것이다.

그러므로 이런 맥락에서 실행되는 모든 실험은 회사에 의미가 있고 유용하다. 회사는 이런 실험을 통해 새로운 제품이나 커뮤니케이션에 영향력이 있는지, 아니면 의미가 없어서 포기해야 하는지를 알 수 있다. '음, 더 많은 인원수를 대상으로 하는 또 다른 테스트로 영향을 확인할 수 있을지 모르겠군'이라고 고민할 여지가 없다. 이처럼 숨겨진 영향은 사업에 무의미하다.

기술적인 관점에서 볼 때 여기서 알 수 있는 새로운 사실은 MME를 활용하면 회사는 아무 가치 없는 결과를 가지고도 행동에 대한 명확한 계획을 정할 수 있다는 점이다. 그런데도 모두가 MME를 활용하지 않는 이유는 무엇일까? 이는 실험이 여전히 학술적 맥락에서 주로 논의되고 사용되며 그 맥락은 비즈니스의 맥락과 인센티브가 다르기 때문이다. 학계에서는 논문을 발표하는 것이 목적이며 논문을 발표한다는 것은 (보통) 통계적으로 유의미한 결과를 얻는 것을 의미한다. 따라서 학계 연구자들은 통계적 유의미성을 보여줄 수 있는 매우 큰 집단을 찾는 경향이 있다. 실질적인 관점에서는 예상되는 영향이 터무니없이 작더라도 마찬가지다. 통계적 유의미성은 실질적인 유의미성을 의미하지 않는다. 그리고 기업들은 실질적인 유의미성에 관심을 갖는다.

실험 설계 시 유의 사항

실험 설계의 이러한 기본 외에도 염두에 두어야 할 몇 가지 규칙이 있다.

무작위 선택이 항상 쉬운 것은 아니다

모집단에서 사람들을 추출할 때 무작위로 선택해야 하며, 편리한 (하지만 진짜 무작위가 아닌) 기준에 따라 선택하면 안 된다. 예를 들어 새로운 제품의 영향을 테스트할 때 자원봉사자들을 실험에 참여시키면 이들은 모집단 전체의 시각과 결과를 정확하게 대변하지 못할 수 있다.

무작위 할당도 필요하다

사람들을 그룹에 할당할 때는 진정한 무작위 할당이어야 한다. 예를 들어 실험자에게 실험에 참여시킬 두 그룹의 목록이 있는데 그 출처를 모른다면 이런 그룹은 사용할 수 없다. 아니면 성씨의 첫 글자처럼 겉으로는 무작위로 보이는 기준으로 그룹을 나누면 그 결과 만들어진 두 그룹은 무작위가 아니며 통계적으로 동일하지 않다. 성씨와 그 알파벳 순서는 종종 출신 지역과 강한 관련이 있기 때문이다. 이렇듯 무작위로 **보이는** 사람들의 목록이 실제로는 무작위가 아닌 경우가 많다. 특정한 정렬 방식이 있을 수 있지만 그 방식에 결과에 어떤 영향을 미치는지는 예측할 수 없다. 난수 발생기를 사용하여 각 사람에게 새로운 숫자를 부여하라. 무작위 할당이 제대로 이루어졌는지 확인하려면 연령, 성별처럼 제품이 영향을 미칠 수 없는 항목에 대해 두 그룹의 평균이 비슷한지 확인하면 된다. 만약, 비슷하다면 무작위 할당이 제대로 이루어진 것이다. 그렇지 않다면 진정한 무작위 할당이 아니다.

동일한 모집단에서 추출된 그룹들인지 확인하라

예를 들어 무작위로 선택한 남성 그룹과 무작위로 선택한 여성 그룹을 비교하는 설계는 진정한 무작위 대조군 실험이 아니다. 두 그룹 사이에는 개입과 아무 관련이 없는 명백한 차이가 있다.

변화를 주는 요소가 하나인지 확인하라

두 그룹에 걸쳐 제품 또는 커뮤니케이션에만 변화를 주어야 한다. 각 그룹이 직면할 경험을 주의 깊게 검토하여 원하는 변경사항과 제품 또는 커뮤니케이션을 제외하고 이들이 정확히 똑같은 대상을 보고 상호작용하는지 확인하라. '한 가지'라고 해서 제품의 변화가 단순해야 한다는 의미는 아니다. 완전히 새로운 기능이거나 심지어 완전히 새로운 제품일 수도 있다. 그렇지만 '한 가지'라고 말한 이유는 여러분이 변화시키고 분석하는 하나의 개념적 실체가 있다는 뜻이다(다시 말하지만 개념적 실체는 버튼에 적힌 텍스트부터 제품의 전체 기능에 이르기까지 다양할 수 있다).[12] A/B/C 테스트나 다변량 테스트를 통해 한번에 제품의 여러 버전을 테스트하는 것도 가능한데 이에 대해서는 뒤에서 이야기하겠다.

이 섹션에서는 실험 설계에 대해 간략히 소개했다. 실험 메커니즘은 이메일이나 웹사이트

---

12 전체 제품에 대한 테스트는 결합된 패키지의 영향을 평가한다는 특별한 의미가 있다. 패키지가 효과적이라면 후속 분석을 통해 특히 효과적인 요소를 분리해낼 수 있다.

타기팅 패키지(엘로콰^{Eloqua}, 마케토^{Marketo}, 옵티마이즐리^{Optimizely}, 구글 애널리틱스 360$^{Google Analytics 360}$, 어도비 타깃$^{Adobe Target}$ 등)가 처리하는 경우가 많다. 단, 실험이 필요하다는 점이나 소프트웨어를 사용할 때 주의해야 할 점을 알고 있다면 말이다. 이 섹션의 목표는 여러분이 적절한 질문을 할 수 있도록 대비시키는 것이었다. 하지만 실험 설계에 대해 더 알고 싶다면 두 가지 좋은 자료, 섀디시의 저작(Shadish, Cook, Campbell 2001)과 리스트의 논문(List, Sadoff, Wagner 2010)을 참고하라.

실험 결과 분석

훌륭한 실험을 설계하고, 현장에 배포한 후, 결과를 지켜보며 제품이나 커뮤니케이션에 개발한 개입이 실제로 예상한 효과를 냈는지 확인하고 싶을 것이다. 이미 언급한 바와 같이 핵심 아이디어는 꽤 간단하다. 효과가 충분히 크다면 두 그룹의 평균 결과 차이만 보면 개입의 영향을 알 수 있다. 여기서 '충분'하다는 말에는 매우 명확한 기준이 있다. 내실 있는 분석인지 확인하는 방법을 살펴보자.

효과가 '충분히' 클까? 통계적 유의성 결정하기

디지털 실험을 하면서 흔히 저지르는 실수 중 하나는 사람들이 두 그룹 사이에 차이가 있는지 확인한 뒤에 그 차이에 실제로 어떤 의미가 있는지는 살펴보지 않는 것이다. 신뢰할 수 없는 결과에 들뜨는 것도 문제지만, 가장 큰 손해는 실험으로부터 잘못된 교훈을 얻어서 잘못된 제품을 만드는 데 시간을 낭비하는 것이다.

항상 통계적 유의성 테스트를 실행하라. 그래야 이런 실수를 피할 수 있다. 테스트 전에 검정력 계산을 실행했다면 테스트 사후에는 통계적 유의성 테스트를 실행하여 제품이 논의할 만큼 충분히 큰 효과를 내는지 확인하는 것이다.

이 테스트는 검정력 계산과 마찬가지로 결과 측정 방식에 따라 크게 두 가지로 나뉜다. 애플리케이션 로그인 여부처럼 결과가 둘 중 하나로 나뉘는 경우 각 그룹에서 결과를 보인 사람들의 백분율(즉, 각 그룹 간 비율)에 대한 테스트를 진행한다. 누군가 소비한 금액처럼 결과가 실수real number라면 평균 결과를 기준으로 통계적 유의성을 판단할 것이다.

R에서는 결과가 둘 중 하나로 나뉘는 경우(즉, 각 그룹이 단일률single rate이나 '비proportion'를 갖는 경우)에 prop.test() 함수를 사용할 수 있고, 실수에 대해서는 t.test() 함수나 회귀 분석을 사용할 수 있다. 파이썬에서는 두 가지 경우 모두 StatsModel 패키지를 사용한다. 결과가 순서형인 경우(가능한 값이 순서대로 있지만 간격이 불규칙하고 직접적으로 비교할 수 없는 경우)에는 상황이 조금 더 까다로워지므로 숙련된 통계 전문가에게 상담하는 것이 좋다.

기타 고려 사항

통계적 유의성을 정하는 것 외에도 실험에 적용되는 몇 가지 다른 규칙이 있다.

가능하다면 이중 맹검 실험을 진행하라

이중 맹검 실험에서는 실험 참가자나 진행자 모두 누가 실험군이고 대조군인지(A군인지 B군인지) 모른다. 실험자가 알게 되면 데이터 해석에 영향을 미칠 수 있고, 실험자의 행동이 (의식적이든 무의식적이든) 참가자의 행동에 영향을 미칠 수 있다.[13] 참가자가 알게 되면 다르게 행동할 가능성이 있다. 다행히 많은 A/B 테스트가 우연히 이중 맹검으로 진행되는데, 테스트 실행에 쓰이는 소프트웨어가 실험자들이 참가자를 쉽게 식별하고 직접 상호작용하지 못하도록 하기 때문이다. 참가자들은 제품이나 웹사이트를 순조롭게 경험하기 때문에 어떤 테스트가 진행되고 있는지 알지 못한다.

---

13 관찰자 기대의 문제를 강조한 혼다 후미에게 감사한다.

같은 방법으로 측정하라

두 그룹에서 결과가 다르게 측정된다면 관찰된 변화가 제품 때문일 수도 있고, 결과가 측정되는 방식 때문일 수도 있다. 이 문제를 해결하려면 결과를 두 그룹 모두에 대해 제품 외부에서 일관성 있게 결과를 측정할 방법을 찾거나 관련 결과만 추적하고 다른 변화를 유도하지 않는 축소된 제품 또는 기능을 대조군에 제공하라.

모든 사람에 대한 결과를 비교하라

두 그룹을 비교할 때 각 그룹의 모든 사람을 비교해야 한다. 가령 실험군에서 제품을 제공받았지만 실제 사용하지 않은 사람이 있을 수 있다. 사용하지 않은 사람도 포함하라. 그렇지 않으면 결과에 제품의 효과와 제품 사용 여부에 따른 차이가 섞여서 결과를 왜곡할 수 있다.

결과는 같은 모집단에 일반화하라

연구자와 제품 팀은 테스트를 마친 후 테스트 결과가 모두에게 적용될 것이라고 가정해서는 안 된다. 예를 들어 미국 대학생을 대상으로 테스트를 진행한 후에 여기서 나온 결과를 유럽의 연금 수급자들의 행동을 논하는 데 사용해서는 안 된다. 그 결과가 해당 모집단에는 **일반화될 수 있을지 모르지만** 한 번의 실험으로는 이를 확인하기에 부족하다. 기본 모집단만 변경하면서 실험을 여러 차례 반복해야만 결과의 **이동성 구조**(누구에게, 어떤 조건에서 진행할 때 다른 모집단에 결과가 적용되는지)를 확인할 수 있다.

실험 유형

실험은 설계와 실행 방식에 따라 그리고 해결하려는 문제나 목적에 따라 다양한 유형으로 나뉜다. 그중 몇 가지 옵션을 살펴보자.

기타 실험 유형

지금까지는 가장 일반적인 두 가지 실험 유형을 소개했다. 하나는 대조군이 아무것도 받지 않는 실험(일명 무처리 대조군)이고, 다른 하나는 대조군이 제품이나 커뮤니케이션의 다른 버전을 받는 실험(일명 A/B 테스트)이었다. 이 외에도 디지털 실험에서 자주 볼 수 있는 몇 가지 유형이 있다. 더 포괄적인 목록은 다음과 같다.

동시 영향

무처리 대조군 테스트(A/Null Test)라고도 알려진 이 실험에서는 무작위로 선택된 두 그룹 중 한쪽은 새로운 기능이나 제품을 받고, 다른 한쪽은 아무것도 받지 않는다. 실험 결과를 통해 새로운 기능이나 제품의 **절대적인 영향**을 측정할 수 있다.

동시 비교

A/B 테스트라고도 알려진 이 실험에서는 무작위로 선택된 두 그룹이 각기 다른 버전의 제품이나 기능을 받는다. 실험 결과는 버전 간 성과의 **차이**를 보여준다. 이 실험은 각 버전의 영향을 쉽게 비교할 수 있게 해준다.

다중 그룹 비교

A/B 테스트를 확장한 이 방식은 동시에 두 가지 이상의 버전을 테스트한다. 각 버전은 동일한 모집단에서 무작위로 선정된 참가자 그룹에 배정된다. 이는 당연히 A/B/C(/D 등) 테스트라고 불린다.

단계적 배포

단계적 배포에서는 모든 그룹이 결국 개입을 받는다. 하지만 무작위로 선택된 한 그룹이 다른 그룹보다 **먼저** 개입을 받는다. 다른 그룹이 개입을 받는 시점에 실험자는 두 그룹의 결과 변수를 비교한다. 두 그룹 간 유일한 차이는 개입에 노출된 시점뿐이어야 한다. 이런 실험은 기본적으로 제품 회사와 고객에게 익숙한 **예비 연구** 방식을 따른다. 예비 연구 참가자를 무작위로 선정하면 인과적 영향을 판단할 수 있는 통계적으로 유효한 실험을 수행할 수 있다.[14] 단계적 배포를 실행하는 더 똑똑한 방법은 제품이 출시되는 시점에 제품의 구매나 수령을 미리 약속하도록 사람들에게 요청하는 것이다. 그 후 출시 일정을 순차적으로 진행하여 제품을 필요한 만큼만 생산하거나 접근 권한을 제한적으로 제공하여 등록자 중 무작위로 선택된 일부에게만 공급한다. 이후에 나머지 등록자에게 제품을 공급하라.

주의 환기 처리

이 유형에서는 양쪽 그룹 모두 **동시에** 개입에 접근할 수 있다. 단, 이 유형은 실험자가 참가자 스스로 개입을 발견하고 상호작용할 가능성이 낮다고 판단할 때 사용한다. 예를 들어 제품에 기능이 너무 많아서 사용자가 새로운 기능을 독자적으로 찾기 어려운 경우가 여기에 해당한다. 실험자는 무작위로 선택한 한쪽 그룹에만 개입에 주목하도록 **주의**를 환기한다. 두 그룹 간 결과의 차이는 개입에 대한 인식과 그에 따른 사용의 차이로 인해 발생한다. 주의 환기 처리는 제품에 도입된 새 기능 같은 개입에 접근하지 못하는 사람이 없다는 점에서 매력적이다. 우리는 선택적으로 주의를 환기시키는 처리만으로 해당 기능의 실험적 영향을 측정할 수 있다.

다변량 실험

다변량 실험은 다양한 실험을 동시에 수행하는 것이다. 이 실험의 핵심은 실험의 각 부분이 독립적으로 무작위 할당되는 것이다. 랜딩 페이지는 다변량 실험의 간단한 예다. 실험자는 랜딩 페이지를 통해 두 가지 버전의 헤드라인과 두 가지 버전의 페이지 메인 이미지를 테스트한다. 그러면 사람들은 헤드라인 A/이미지 A, 헤드라인 B/이미지 A, 헤드라인 A/이미지 B, 헤드라인 B/이미지 B와 같이 네 가지 버전의 페이지를 경험하게 된다.

---

14 이 방식은 사용자가 원하는 제품이 있고 이를 사용자에게 제공하지 않을 수 없을 때에도 유용하다. 이런 일은 국제 개발 프로젝트에서 종종 발생한다. 이런 프로젝트에서는 자금을 제공하는 측이 테스트하기 전부터 프로젝트의 성공을 굳게 믿으며, 잠재적인 수혜자에게 제품을 제공하지 않는 것이 윤리적으로 잘못되었다고 느낄 수 있기 때문이다(Karlan, Appel 2011).

멀티 암드 밴딧

멀티 암드 밴딧multi-armed bandit(MAB)에서는 각 실험 조건(군arm)의 성과에 따라 제품의 각 버전으로 유입되는 사용자 비율이 동적으로 변화한다. 가장 좋은 성과를 내는 조건이 더 많은 사용자를 받는다. 또한 실험자가 더 효과적일 것으로 예상하는 조건은 초기에 더 많은 트래픽을 받는다. 이 접근법의 장점은 실험자의 예측이 맞을 경우 '더 나은' 버전이 더 많은 트래픽을 받으므로 더 작은 표본으로도 영향을 파악할 수 있다는 것이다.[15] 단점은 실험자의 예측이 틀릴 경우 어떤 처리가 실제로 더 효과적인지 알아내는 데 더 많은 관찰이 필요하다는 점이다. 특히 멀티 암드 밴딧에서는 한 조건이 우세해 **보이면** 실험을 조기 종료하고 싶다는 유혹을 느끼기 쉽다. 그러나 이는 통계적으로 의미 없는 소음일 수 있으며 팀을 잘못된 방향으로 인도할 가능성이 있다.

보다시피 실험 설계는 다양한 측면에서 차이를 보일 수 있지만 여전히 실험으로서의 본질을 유지한다. 새로운 개입의 배포는 동시에 이루어질 수도 있고 단계적으로 진행될 수도 있다. 무처리 대조군과 비교할 수도 있고 제품이나 기능의 다른 버전과 비교할 수도 있다. 실험군 할당은 고정된 비율을 사용하거나 멀티 암드 밴딧처럼 동적으로 변화하는 비율을 사용할 수 있다. 이러한 변형 중 어느 것도 핵심 원칙을 위반하지 않으며 각기 유효하고 의미 있는 실험 결과를 도출할 수 있다.

실험 최적화

많은 비즈니스 맥락에서 실험을 실시하자는 발상은 많은 프로덕트 매니저와 마케터에게 낭비처럼 보일 수 있다. 적어도 한 그룹의 사람들이 제품이나 커뮤니케이션의 '잘못된' 버전을 받게 되기 때문이다. 종종 실험이 어떤 버전에 문제가 있는지 판단하는 최고의 도구라는 점은 차치하고서라도 이러한 우려에는 중요한 진실이 담겨 있다. 비즈니스 맥락에서 디지털 제품이나 마케팅 캠페인의 주된 목적은 이론적으로 흥미로운 질문에 답하는 것이 아니라 시간

---

15 하노프의 글에서 멀티 암드 밴딧에 대한 다소 과하게 낙관적이고 열정적인 설명을 확인하라(Hanov 2012, https://oreil.ly/0VABH). 굽타의 글은 A/B 테스트와 멀티 암드 밴딧의 장단점을 잘 요약하고 있다(Gupta 2012, https://oreil.ly/BMjIW).

이 지남에 따라 영향을 지속적으로 확대시키는 데 있기 때문이다.

기업은 일련의 실험을 구성하여 시간이 지남에 따라 이러한 영향을 **최적화**할 수 있다. 특히 기업이 시도하고 싶은 개입이 여러 가지인 경우에는 이러한 접근이 더욱 유용하다.

실험 최적화의 작동 방식

실험을 최적화할 때는 시간이 지남에 따라 여러 단계에 걸쳐 개입을 배포하며(단계적 배포) 단계마다 서로 다른 개입을 적용한다. 이전 단계에서 얻은 교훈을 다음 단계에 적용하여 시간이 지남에 따라 통합된 개입 패키지가 최적화된다. 이 과정을 단계별로 살펴보면 다음과 같다.

❶ **테스트할 변경사항을 기록한다.** 제품의 영향을 개선할 방법에 대해 이미 상당한 아이디어가 있을 것이다. 제품이나 기능의 가장 좋은 추측을 하나의 일관된 버전으로 설계하라. 이것이 기본 개입이다. 그리고 확신은 없더라도 도움이 될 것 같은 다른 변경사항을 예상 영향력순으로 분류한 후 목록으로 작성하라.

❷ **임곗값을 설정하라.** 개입의 영향이 어느 정도 **개선**되어야 현장에서 다시 적용할 가치가 있을지를 파악하라. 이 프로세스를 통해 증명하는 것은 '있으면 좋은' 사소한 개입이 아니다. 이 프로세스는 큰 영향력을 미치는 개입을 찾고 나머지는 무시한다. 따라서 이렇게 목표로 하는 영향은 앞서 언급한 MME보다 일반적으로 크다. 이를 X 영향이라고 부르겠다.

❸ **목록을 나눠라.** 실험에서 해당 영향을 구별하는 데 필요한 참가자수를 계산하라. 이 임곗값은 학술 연구에서 사용되는 것보다 훨씬 더 높은 경우가 많다. 따라서 더 **적은** 표본으로도 충분히 효과를 확인할 수 있다. 사전에 정의해둔 참가자 목록이 있다면 나눠라. 시간이 지나면서 제품과 상호작용하는 사람들의 흐름이 있다면 유입되는 대로 자동으로 그룹을 만들어라. 이제 여러분에게는 N개의 그룹이 있으며 각 그룹은 X의 영향을 측정하기에 충분하다.

❹ **초기 기준을 테스트하라.** 첫 번째 그룹 사람들에게 '가장 좋은 추측' 버전을 테스트하여 아무 변화가 없는 상태와 비교하라. 아무 변화가 없는 상태보다 초기 기준이 나쁘지 않은지 확인하는 것이다. 영향이 없어도 괜찮다. 최적화가 더 필요하다는 것을 배운 셈이다. 가장 좋은 추측이 상황을 더 악화시킨다면 다시 시작하라. 이제 여러분에게는 N−1개의 그룹이 남아 있다. 어쨌든 이기는 쪽이 새로운 기준이 된다.

❺ **비교 테스트를 실행하라.** 다음으로 가장 큰 영향을 줄 것으로 예상하는 변경사항으로 시작하여 현재 기준과 비교하라. 남아 있는 그룹 중 하나로 실험을 진행하라. 실제로 여러 비교를 동시에 진행할 수 있다. 이러한 다변량 테스트가 더 효율적일 수 있지만 더 복잡하다.

❻ **개입을 조정하라.** '새' 버전이 더 낫다면 기준 개입을 업데이트하여 향후 단계에 교훈으로 삼아라.

❼ **모집단이 소진될 때까지 5, 6단계를 반복하라.**

이를 수치로 설명하기 위해 퇴직을 위한 저축처럼 사람들이 중요한 행동을 취하도록 유도하는 개입의 두 가지 버전만으로 매우 간단한 최적화를 한다고 상상해보자. 한 버전은 20%의 사람들이 행동을 취하게 하고 다른 버전은 10%의 사람들만 행동을 취하게 한다. 문제는 어느 버전이 더 효과적일지 모른다는 것이다. 반복적으로 테스트하지 않는다면 10% 또는 20%가 행동을 취할 것이라고 예상하는 데 그친다. 이는 큰 차이이며 차이가 크면 위험도 크다. 그러나 첫 단계에서 모집단의 1/4을 사용하여 반복적으로 테스트한다면 큰 위험 부담 없이 전체 모집단의 19%가 시스템을 사용하게 될 것이라고 거의 확실하게 예측할 수 있다.

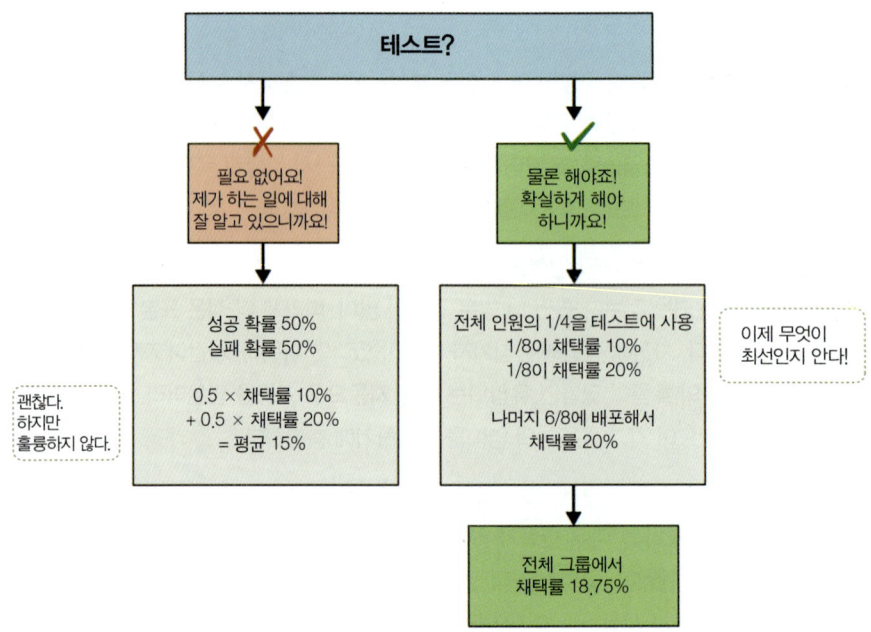

그림 13-3 제품을 운에 맡기지 말고 최적화하라.

테스트하지 않으면 채택률 20%의 '좋은' 개입을 선택할 확률이 50%고, 채택률 10%의 개입을 선택할 확률이 50%다. 테스트를 진행하고 첫 번째 테스트를 기반으로 어떤 개입이 '좋은지' 정확히 판단할 정도로 표본 크기가 충분하다면 첫 번째 단계에서는 모집단의 12.5%가 '좋은' 개입을 받고, 12.5%가 '덜 좋은' 개입을 받는다. 두 번째 단계에서는 나머지 75% 모두가 좋은 개입을 받는다. 이 경우 예상 채택률은 18.75%다. 훌륭하다!

더 많은 옵션(제품을 개선할 것으로 예상하는 변경사항)과 더 많은 단계가 있다면 최적화 프로세스를 통해 위험 부담이 더욱 줄어들고 개입의 예상 영향이 더 커진다.[16]

실용적인 측면에서 이 프로세스가 작동하려면 몇 가지 요소가 필요하다.

- 큰 표본 크기. 큰 영향을 찾고 있긴 하지만(따라서 테스트당 표본 크기는 작다) 더 많은 테스트를 실행한다는 것은 많은 참가자가 필요하다는 뜻이다.
- 실험을 신속하게 배포하는 능력.
- 관심 있는 실제 결과나 신뢰할 만한 선행 지표로 빠르게 결과를 추적하고 **우수한 옵션**을 판단하는 능력. 예를 들어 누군가의 401(k) 납입률은 그들의 401(k) 잔액이 시간이 지남에 따라 얼마나 증가할지를 나타내는 (비록 완벽하지는 않더라도) 신뢰할 만한 선행 지표다.
- 이런 실험을 바탕으로 개입을 원활하게 조정하는 능력.

이 접근 방식은 목표 집단이 큰 경우 영향을 최적화하는 데 아주 적합하며 디지털 환경에서는 필요한 데이터 계측과 제품 조정이 용이하다. 많은 디지털 제품과 커뮤니케이션이 바로 이러한 요건을 충족한다. 즉, 수많은 사용자(또는 잠재 고객), 영향을 측정할 수 있는 플랫폼, 영향을 개선하는 데 도움이 될 만한 여러 아이디어를 가지고 있다.

---

16 과학적 관점에서 볼 때 이 프로세스에는 모집단과 개입의 영향에 대한 여러 가정이 포함된다. 이런 가정이 실제로 현재 현장에서 많은 무작위 대조군 실험의 기초가 되지만 명시적으로 언급되지는 않는다. 다시 말해 (a) 실험 결과가 시간이 지남에 따라 일반화될 수 있고 (b) 실험 결과가 서로 독립적이거나 부가적이며 (c) 연구자들이 무엇이 최선인지 아직 확실히 알지 못한다는 것이다(즉, 실험이 단순히 기록하는 것이 아니라 새로운 지식을 추가하는 것이다).

테스트 시점과 이유

대부분의 실험은 제품의 영향과 효과 여부를 판단하는 데 초점이 맞춰져 있다. 이러한 측정은 제품이나 커뮤니케이션이 개발된 **후에** 이루어지며 최종적으로 엄격한 평가를 제공한다. 하지만 이것이 실험을 하는 유일한 이유는 아니다. 일반적으로 네 가지 주요 이유로 실험을 진행하며 제품 개발 주기의 특정 시점에 실험을 활용한다.

영향 측정

무엇보다도 실험은 제품이나 기능이 사람들의 실제 행동에 미치는 진정한 영향을 측정한다. 이는 보통 제품이 만들어져서 실제 사용자에게 배포된 이후에 이루어진다.

아이디어 점검

경쟁하는 프로토타입이나 제품 개념에 대한 빠르고 단순한 실험을 통해 적은 비용으로 큰 아이디어를 점검할 수 있다. 이는 제품이 만들어지기 전에 이루어지며 큰 차이를 알아보는 것이 목적이므로 통계적으로 유효한 테스트를 진행하기 위해 많은 참가자를 모집할 필요가 없다.

영향 최적화

제품을 그룹별로 나누어 배포해서 제품에 대한 실시간 피드백을 제공받아 영향을 극대화한다. 이 과정은 356쪽에서 '실험 최적화'를 이야기할 때 다룬 바 있다.

드리프트drift[17]와 평균 회귀regression to the mean[18] 평가

어떤 개입은 단지 새롭다는 이유만으로 효과가 있다. 알림이나 새로운 기능처럼 말이다. 초기 실험을 다시 실행하여 그 효과가 감소했는지 확인할 수 있다. 제품이나 커뮤니케이션이 여전히 효과적이라고 맹목적으로 가정하는 것보다 현실을 제대로 파악하는 것이 낫다.

---

17 옮긴이_ 통계 분야에서 시간이 지남에 따라 시스템이나 데이터가 변화하는 현상을 나타내는 용어다.
18 옮긴이_ '평균으로의 회귀'라고 하기도 하며 극단적이었던 초기 값이 시간이 지나면 평균에 가까워지는 현상을 가리킨다.

> **실천하기**

행동 변화를 위한 디자인은 성공할 수 있고, 실제로 성공을 거두고 있다. 이 분야 실무자와 학계 모두 수면 개선부터 새로운 언어 학습까지 다양한 분야에서 사람들을 돕는 데 성공했다. 하지만 전체적인 성공 사례가 개별적인 활동의 성공을 보장해주는 것은 아니다. 개별적인 활동은 대부분 **효과가 없다**. 성공은 적고 실패는 많다. 그러므로 행동 변화를 시도할 때는 **실패할 것이라 가정해야 한다**. 그런 가정이 가장 안전하고 경험적으로 가장 정확하다. 따라서 인간 행동의 엄청난 복잡성을 고려할 때 특정 활동의 성공 여부를 정확하고 신속하게 알려줄 수 있는 도구가 필요하다.

직원들의 은퇴를 대비한 저축을 돕든지 사람들의 운동량을 늘리도록 장려하든지 실험은 이를 수행할 때 활용할 수 있는 최고의 도구다. 실험은 우리의 활동을 더 효과적으로 만드는 최고의 측정 도구다. 실험은 여러분이 한 작업의 영향을 측정하고 가정을 테스트하며 무엇이 고객의 행동을 유도하는지 더 잘 이해하는 데 도움이 될 수 있다. **인과적** 영향을 보여주는 실험의 효과는 설계 방식에 따라 달라진다. 형편없이 설계된 실험은 아무것도 알려주지 못한다. 하지만 다행히 좋은 실험을 설계하는 일은 복잡할 필요가 없다.

> **여러분이 해야 할 일**
> - 명확하게 정의한 지표와 실험을 지원할 기술(6장과 12장에서 다뤘다)이 있다면 A/B 테스트를 포함한 여러 실험은 그리 어렵지 않다. 무작위로 선택한 한 그룹은 행동 개입을 받고 무작위로 선택된 다른 그룹은 행동 개입을 받지 않는다는 것이 핵심이다.
> - 이렇게 간단한 테스트의 결과를 분석할 때 대부분의 통계 패키지에서는 코드 한 줄 정도만 입력하면 되고, 마케팅과 행동 추적을 위한 대다수의 최신 도구에는 해당 기능이 내장되어 있다(12장에서 다뤘다).
> - 테스트를 실행하기 전에 실험에 필요한 인원수와 시간을 결정한다. 그러면 흔히 발생하는 오류를 방지하고 테스트를 너무 빨리 중지하는 상황을 피할 수 있다.
> - A/B 테스트를 단계적 배포(새로운 기능이나 커뮤니케이션을 모두에게 제공하되 일부에게는 다른 사람들보다 먼저 제공하는 방식)나 최적화 프로세스(가장 효과적인 방법을 파악하면 이를 나머지

- 집단에 즉시 적용하여 테스트 다음 단계로 넘어가는 방식)로 구성하는 것이 도움이 될 수 있다.
- 멀티 암드 밴딧과 다변량 테스트는 실험을 구성하는 여러 방법 중 하나에 지나지 않는다. 이들은 각기 장단점이 있지만 그 바탕이 되는 수학적 원리는 동일하다.

문제의 징후

- 팀이 제품의 결과에 대해 신뢰할 수 있고 정확한 지표를 정하지 못할 때, 또는 정해둔 지표로 성공과 실패를 정의하지 않을 때. 이런 상황이라면 6장으로 돌아가라.
- 팀이 새로운 기능이나 제품에 대해 너무 확신한 나머지 그 영향을 측정하려고 하지 않을 때.
- 정식 테스트를 실행하기에 충분한 사용자가 없을 때. 이 경우에는 테스트보다 약한 통계적 방법을 사용하고 그와 동시에 양질의 정성적 피드백을 수집한다(다음 장에서 다룬다).

결과물

- 영향 측정: 제품이 행동을 변화시키고 원하는 결과를 도출하는 데 효과가 있는지 알 수 있다!

워크시트: 실험 설계

실험(예: A/B 테스트)은 제품이 원하는 효과를 내는지 평가하는 가장 좋은 방법인 경우가 많다. 이 워크시트를 통해 실험 설계 과정을 안내한다. 다시 한번 플래시 앱 예를 사용하겠다. 특히 앱 활용을 촉진하는 두 가지 이메일 캠페인의 효과를 어떻게 측정하는지 살펴본다.

1단계: 무엇을 테스트할 것인가?

대조군:

- ☑ 아무것도 하지 않음 (플래시 앱에 가입하라는 안내 이메일을 보내지 않음)
- ☐ 기존 버전

변형 1: 또래 비교와 경쟁을 강조한 안내 이메일

변형 2: 개인 목표 달성과 자기 투자를 강조한 안내 이메일

결과 지표는 무엇인가?

≫ 앱 가입 건수(이메일 캠페인의 단기적 결과), 물리치료 방문 횟수 감소(앱의 장기적 결과)

두 버전을 똑같은 방식으로 측정하는가?

- ☑ 네(2단계로 진행)
- ☐ 아니요/확실하지 않음(중지!)

2단계: 극단적인 결과는 무엇인가?

기준 값(대조군이 가져야 하는 값)은 무엇인가?

기준: 기존 지원 활동을 통해 자격을 갖춘 직원 35%가 현재 앱에 가입한 상태다.

MME은 무엇인가? (MME란 여러분이 성공했다는 것을 결과에서 나타내는 가장 작은 변화를 가리킨다. 잘 모르겠다면 지금껏 본 가장 작은 변화량을 입력하라.)

MME: 가입률 2.5% 증가

LVE는 무엇인가? (LVE란 예상하는 결과의 가장 큰 변화를 가리킨다. 잘 모르겠다면 지금껏 본 가장 큰 변화량의 2배를 입력하라.)

LVE: 가입률 10% 증가

3단계: 극단적인 경우의 표본 크기 계산

MME와 LVE의 경우:

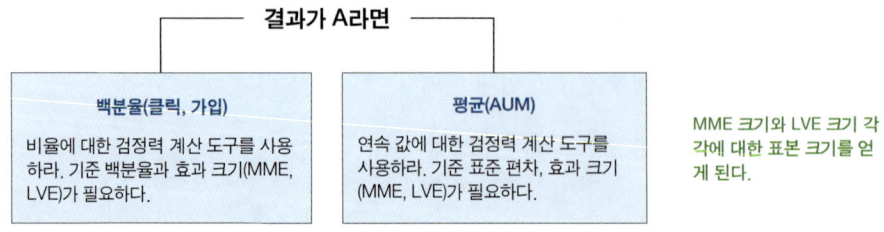

※ '검정력(power)'에 0.9, '알파(alpah) 오류 수준'에 0.05를 사용하라.

필요한 표본 크기, MME: 각 그룹에 7,768명(세 그룹 전체에 23,304명)

필요한 표본 크기, LVE: 각 그룹에 502명(전체 1,506명)

4단계: 포함할 수 있는 인원은 얼마인가?

고정된 인원 목록이 있는가?

- [x] 네(목록에 있는 인원수를 사용하라.)
- [ ] 아니요. 시간이 지남에 따른 사람들의 유입이 있다(타임라인은 어떻게 되는가? 그때까지 얼마나 많은 인원을 볼 수 있는지 계산하라).

참여할 수 있는 인원: 30,000명

5단계: 각 그룹에 몇 명이 있어야 할까?

참여할 수 있는 인원수(4단계)를 변형 개수(1단계)로 나눠서 버전당 인원수(표본 크기)를 계산하라.

표본 크기: 30,000명/3 = 10,000명

6단계: 필요한 사항이 있는가?

여기에 재현된 [그림 13-2]를 참고하여 이 값을 어떻게 해석할지 확인하라.

표본 크기	결정	다음 단계
LVE보다 적음	**멈춰라!** 굳이 테스트하지 마라. 해도 얻을 게 없다.	• 다른 테스트로 넘어가라.
LVE보다 많고 MME보다 적음	**신중하라!** 테스트가 영향을 보여줄지 모르지만 보여주지 않는다면 그 접근이 실패한 것인지 결론을 내릴 수 없다.	• 선택사항: 변형 개수를 줄여라. • 위험을 감수하고 테스트를 진행하라. • 더 많은 인원수를 확보하라. • 더 명확한 다른 테스트를 찾아라.
MME보다 많음	**진행하라!** 자신의 접근 방식이 효과적인지 아닌지 (비교적) 명확히 확인할 수 있다.	• 테스트를 실행하라! • 선택사항: 인원수를 MME 크기까지 줄여라. • 선택사항: 각각이 MME 크기가 될 때까지 변형을 추가하라.

이런 결과가 무엇을 의미하는가? 이용할 수 있는 그룹별 표본 크기가 MME, LVE에 필요한 양보다 크다면 진행하라. 이 테스트를 통해 다음 사항을 알 수 있다.

- 이 특정 테스트가 원하는 영향을 냈는지 알려준다.

- 또한 이 테스트에서 아무 결과를 얻지 못했다면 추가 테스트를 통해 비즈니스 측면에서 관심을 기울일 만큼 충분히 큰 영향을 찾을 가능성이 낮다는 것을 알려준다.

- 다시 말해 결론이 어느 쪽으로 나든 이 실험 이후에는 개입에 대해 비즈니스 관점에서 더 이상의 테스트가 필요하지 않다.

CHAPTER 14
A/B 테스트가 불가능해도 영향을 확인하라

D 문제를 정의하라.
E 맥락을 탐색하라.
C 개입을 제작하라.
I 제품 내에 구현하라.
D 영향을 확인하라.
E 다음 단계를 평가하라.

최근 나는 전 세계에서 가장 저명하고 큰 성과를 거두고 있는 많은 행동 과학자들이 모인 행사에 운 좋게도 참석할 수 있었다. 이들은 행동 과학의 선도적인 분야 중 하나인 장기적인 행동 변화를 다루기 위해 뭉쳤다.

연구자들은 체육관 출석률에 변화를 줄 수 있는지 테스트하고 있었다. 거의 20건의 연구가 동시에 진행되고 있었으며, 각 연구자는 무엇이 효과가 있을지에 대한 '최선의 추측'을 내 놓으려 노력했다. 이 행사는 그룹의 모든 이들이 처음으로 그 결과를 듣는 자리였다.

그 결과는 어땠을까? 장기적인 행동 변화에 효과적이었던 연구가 단 한 건도 없었다. 전 세계 최고의 연구자들이 제각기 도전장을 내밀었지만 아무도 목표에 도달하지 못했다.

종종 감춰지는 사실이지만 우리 분야에서는 성공이 드물고 실패가 많다. 적어도 학계 외부에는 잘 알려지지 않은 사실이다. 이는 정상적인 현상이며 충분히 예측할 수 있는 바다. 행동 과학의 가장 흥미로운 응용 분야는 운동처럼 만만치 않아 보이는 문제에 주로 집중한다. 전 세계 최고의 연구자라 할지라도 여러 번의 시도를 거친 후에야 획기적인 성과를 내서 헤드라인을 장식하고 베스트셀러 서적을 탄생시킨다.[1]

여기서 얻을 수 있는 교훈은 단순히 '빨리 실패하라'(적어도 실리콘 밸리 같은 기술 허브에서 제품 개발에 뿌리 깊이 박힌 모토)거나 실패를 받아들이려면 반복을 감내해야 한다는 것은 아니다.[2] 오히려 여기에는 더 깊은 의미가 있다. 연구자들은 어떻게 자신의 실패를 깨달았을까? 이들은 실패를 찾으려 적극적으로 노력했다. 이들은 무작위 대조군 실험을 통해 연구가 계획대로 진행되지 않았다는 명확한 신호를 받았다. 자신을 속이거나 결과를 낙관적으로 해석할 여지가 전혀 없었다.

실험을 항상 진행할 수 있는 것은 아니겠지만 그럴 때도 엄격한 측정이 필요하다는 사실에는 변함이 없다. 결과를 얼버무릴 여지, 제품이 행동 변화를 일으키기에 부족하다는 사실을 숨길 여지는 적을수록 좋다. 문제를 조기에 발견하여 추후 큰 비용을 들여야 하는 문제로 발전하지 않도록 하는 것이 중요하다. 그럼 이제부터 영향을 측정하는 다른 방법들을 살펴보자.

영향을 판단하는 다른 방법

실험은 애플리케이션 등이 사용자의 행동과 결과를 변화시켰는지 알아내는 데 필요한 모든 까다로운 세부사항을 처리한다. 무작위 할당 프로세스가 적절히 이루어진다면 실험자가 원하는 것, 즉 제품 외에 두 그룹 사이에 아무 차이가 없다는 것이 보장된다. 따라서 결과의 모든 차이는 애플리케이션에 의해 발생하게 된다.

---

1 이런 경험이 특정 연구 분야에만 국한되는 사실이라고 일축하기에 앞서, 연구를 수행하기 전에 사전 등록한(작성하고 출판한) 연구 논문을 최근에 검토한 바에 따르면 생물의학과 심리학 연구의 50% 이상이 연구자들이 예측한 결과를 보여주지 못했다는 사실을 강조하고 싶다(Warran 2018). 존슨 외 저자가 작성한 논문은 사전 등록하지 않은 연구를 포함한 심리학 분야 전체 연구 노력의 90%가 무효이거나 무시할 수 있는 결과를 냈다고 추정한다(Johnson et al. 2017). 다시 한번 이것이 연구자의 문제라고 일축하기 전에 에디슨이나 다이슨처럼 유명한 연구자들이 성공적인 제품을 완성하기까지 개발 작업을 수백 번, 수천 번 반복했다는 사실을 기억하길 바란다(예를 들어 Syed 2015).

2 Pontefract(2018, https://oreil.ly/wXBcD)

학자로서 나는 이러한 이유들로 인해 실험이 **인과적 영향**을 측정할 수 있는 유일한 방법임을 주장할 수 있다. 하지만 현실 세계의 제품에서는 이렇게 하는 것이 비현실적이고 지나치게 제한적이다. 실험을 사용하지 않을 때는 애플리케이션의 인과적 영향을 추정할 때 필요한 번거로운 세부사항을 직접 다뤄야 한다. 분명히 할 수 있는 일이긴 하지만, 철저히 준비하고 주의해야 한다.

영향을 살펴보는 가장 쉽고 일반적인 방법은 사전-사후 분석pre-post analysis이다.

사전-사후 영향 살펴보기

사전-사후 분석에서는 중요한 변화 전후로 사용자 행동과 결과를 살펴본다. 가령 사용자들이 제품을 사용하기 전에 하루 평균 500걸음을 걸었고 한 달 동안 제품을 사용한 이후 하루에 1,500걸음을 걸었다면 제품이 하루 걸음수를 1,000걸음 늘린 것으로 볼 수 있다.

사전-사후 분석에서는 관찰된 차이를 가지고 제품과 관련 없는 요인들이 변화를 일으켰을 가능성을 고려하여 조정한다. 이는 공식적으로나 비공식적으로 이루어질 수 있다. 공식적인 방법은 회귀 모델 추정 같은 다변량 통계 분석을 실행하는 것이고, 비공식적인 방법은 사용자와 이들의 행동에 영향을 미칠 수 있는 다른 요소들을 주의 깊게 검토하는 것이다.

개인적으로는 공식적인 계량경제학 접근 방식을 배웠지만 비공식적인 분석으로 시작하는 방식이 무척 효과적이라고 생각한다. 나중에는 계량경제학 분석을 수행하더라도 초반에는 비공식적인 분석이 유용하다. 또한 계량경제학적 분석을 처리하려면 통계 전문가가 필요할 수 있겠지만 비공식적인 분석을 통해 누구나 추가 분석의 중요성을 가늠하고 통계 결과를 현실적으로 검증할 수 있다. 그래서 사전-사후 연구에 대한 비공식 분석을 실행하는 방법을 소개한다.

사용자에게 제품을 처음으로 제공했거나 새로운 기능을 추가하는 등의 변화 전후로 사용자 행동과 현실 세계의 결과를 측정한 데이터가 있을 것이다. **변화 전후**의 데이터를 비교하여 **차**

이를 구하라. 이것이 실제 발생한 영향을 나타내는 수치다. 신경 써야 할 변화의 크기가 어느 정도인지도 파악하고 있어야 한다. 걸음수를 하루에 두 걸음을 늘리는 것이 중요할까? 그렇지 않다. 아마도 하루에 최소 100걸음 정도는 늘릴 수 있느냐가 중요할 것이다. 이는 큰 변화는 아니지만 최소한의 기반이 된다. '신경 쓰이는' 이러한 수치가 여러분의 임곗값이다.

이제, 관찰된 영향을 일으켰지만 제품과는 관련 없는 요인들을 찾아보라. 사전-사후 연구에 흔히 나타나는 몇 가지 일반적인 요인이 있다. 운동 추적기의 예를 사용하여 구체적으로 설명하겠다.

시간

한 해, 한 달, 한 주, 하루 중 어느 시점인지가 결과에 영향을 미쳤을까? 예를 들어 사용자의 걸음수가 한겨울보다 봄에 많이 늘었다면 놀라운 결과일까? 아마 아닐 것이다. 그러므로 제품이 겨울과 봄 사이에 걸음수의 변화를 유발했을 가능성은 거의 없다.

경험

여러분이 지난달에 출시한 제품에, 사용자의 걸음수가 늘어나면 추적기에 웃는 얼굴 이모티콘을 표시하는 새로운 기능을 방금 추가했다고 가정해보자. 이 경우, 웃는 얼굴 이모티콘 때문에 운동량이 늘어난 건지, 아니면 (웃는 얼굴 이모티콘 때문이 아니라) 사용자가 제품 출시 때부터 경험을 쌓으며 운동량을 서서히 늘려온 건지 사전-사후 연구로 확인하기는 어렵다. **시간 경과에 따른 점진적인 변화**는 종종 경험에 의해 유발된다. 반면, 행동의 **급격한 변화**는 제품의 변경사항이나 그 외 외부 '사건'에 의해 유발될 가능성이 더 높다.

데이터 가용성이나 품질

추적기의 새 릴리스에서 여러분이 웃는 얼굴 이모티콘을 추가했고 엔지니어링 부서의 누군가가 가속도계 데이터 분석의 버그를 수정했다고 해보자. 걸음수가 늘었다! 음, 이 변화는 이모티콘 때문일 수도 있고, 더 정확한 사용자 데이터를 받게 되었기 때문일 수도 있다. 특히 데이터 품질 문제는 잘 드러나지 않아서 종종 오해를 유발하기 쉽다. 누군가가 자신이 변경한 사항을 중요하지 않다고 판단하거나 이전 데이터 품질 문제를 인정하기 싫어할 때도 있다. 제품 변경사항처럼 데이터 품질과 데이터 가용성 변화는 급격하고 갑작스러워서 사전-사후 연구에서 구별하기 매우 어렵다.

집단 구성

추적기의 새로운 릴리스에서 많은 신기능을 추가하고 큰 발표를 했다고 가정해보자. 걸음 수 평균이 높아졌다! 좋다. 하지만 이는 제품으로 인한 변화일 수도 있고, 아니면 신기능 발표 덕분에 원래 더 많이 걷는 사람들이 새로운 사용자로 합류하여 평균을 높였기 때문일 수도 있다. 이는 (제품 발표처럼) 갑작스럽게 발생하기도 하고, 시간이 흐르면서 사용자가 서서히 늘어나고 줄어드는 과정에서도 발생하기도 한다. 이런 상황에는 변화 전후로 특정 그룹을 살펴보는 방식으로 대응해야 한다.

각각의 경우에 맞게 직감으로 확인해야 한다. 이것이 중요한 사안일까? 한겨울과 봄의 걷기 행동을 비교하여 측정하는 것은 중요하다. 어느 화요일의 걷기 행동을 그다음 주 화요일과 비교하여 측정하는 것은 (공휴일이 아닌 한) 중요하지 않다. **분석 중인 사전-사후 결과와 관련 있고 중요한 임곗값과 관련 있는** 행동에 큰 영향을 미치는 모든 것은 중요하다. 이렇게 작은 요소가 여러 가지 합쳐져서 제품이 미치는 영향을 여러분이 신경 쓰는 임곗값 이하로 밀어낸다면 일반적으로 해당 제품을 포기하고 더 유망한 제품으로 넘어갈 수 있다.

사전-사후 영향이 너무 커서 제품 외에 다른 것으로 설명할 수 없는 것처럼 보인다면 아주 좋다. 통계 모델을 통해 작업을 확인하고 새로운 통찰을 얻을 준비를 하라. 하지만 통계 모델로 확인하지 못한다고 해도 최소한 영향의 초기 추정치는 얻은 셈이다. 이런 비공식적인 분석은 공식적인 통계 모델링에 활용된다. 중요하다고 식별한 각 요소는 모델의 변수로 사용되어 제품의 고유한 영향을 분리하기 위해 통제된다. 이를 측정할 데이터를 식별하고 실제로 모델을 실행해야 한다. 이는 우리가 다루는 작업의 범위를 벗어나지만 훌륭한 통계 전문가의 도움을 받을 수 있을 것이다.

복잡해 보이는가? 그럴 수 있다. 실험이 유용한 이유는 바로 이런 복잡성을 제거하기 때문이다. 하지만 항상 실험을 실행할 수 있다거나 시스템에 충분한 사용자를 모아서 확실한 결과를 얻을 수 있는 것은 아니다. 그래서 때로 사전-사후 분석을 사용해야 한다. 제품이 큰 효과를 내고, 결과에 혼동을 일으키는 다른 많은 요인이 없다면 사전-사후 분석만으로도 제품 개발을 이어갈 충분한 신호가 된다. 또 다른 방법은 곧이어 다룰 단면 다변량 분석이다.

영향에 대한 단면적 또는 패널 데이터 분석

단면 분석에서는 특정 시점에 사용자 그룹들이 보이는 차이를 식별한다. 사용자들의 다양한 차이점을 모두 고려한 후 제품 사용이 이들의 행동과 결과에 어떤 영향을 미치는지 확인하고자 한다. 예를 들어 애플리케이션을 자주 사용하는 사용자와 자주 사용하지 않는 사용자가 각각 어떤 영향을 받는지 살펴볼 수 있다. 사전-사후 분석에서 그랬듯이 나는 보통 비공식적이고 논리적인 분석으로 시작한 다음, 제품이 주목할 만한 영향을 미친다고 보일 때 그 과정에서 얻은 이해를 공식적인 통계나 머신러닝 모델에 반영한다.[3] 단면 분석에서는 일반적으로 다양한 그룹의 사람들을 모은다. 분석이 유효하려면 **제품 외에** 이러한 그룹을 다르게 만드는 모든 요소를 통제해야 한다.

이전에 언급한 것처럼 고려해야 하는 몇 가지 공통적인 차이점이 있다. 가장 중요한 것은 왜 어떤 사람들은 다른 사람들보다 애플리케이션을 더 자주 사용하는가다. 연령, 수입, 해당 행동에 대한 이전 경험, 제품의 매개체(모바일 대 웹)에 대한 이전 경험, 자신감, 충분한 여가 시간 등 모든 사항이 제품 외에 사용자 행동에 영향을 미치는 요소들이다.

사용자들이 보이는 행동의 차이를 명확하게 설명하는 후보가 없다면 만들어둔 요소 목록을 통계 모델에 적용해보라. 이 또한 우리가 하려는 작업의 범위를 벗어나지만 훌륭한 통계 전

---

[3] 분석하려는 제품에 적용할 만한 변경사항이 많은 경우가 종종 있다. 실제 의미 있는 방식으로 행동을 변화시키는 것으로 보이지 않는 기능에 너무 오래 집중하는 것은 다른 곳에 더 가치 있게 쓸 수 있는 시간을 낭비하는 것이다. 연구자들이 일반적으로 하나의 질문에 상당한 시간을 할애할 수 있는 학문적 사회과학 연구와는 차이가 있다. 학술 연구의 경우 보통 데이터가 부족하여 즉시 탐색해볼 수 있는 대체 질문이 많지 않다.

문가의 도움을 받을 수 있을 것이다.

단면 분석과 사전-사후 분석 외에도 많은 사용자의 행동과 결과의 변화를 시간의 흐름에 따라 조사하는 다양한 모델이 있으니 살펴볼 것을 추천한다. 이런 모델은 **패널** 데이터셋(또는 많은 사람을 포함하지만 더 짧은 기간 동안의 시계열 단면 데이터셋)을 사용하여 행동을 훨씬 더 분석할 수 있다. 이 모델들은 개개인이 보이는 차이를 통제할 수 있기 때문에 사전-사후 분석이나 단면 분석 모델로는 확인할 수 없는 제품의 영향을 밝혀낼 수 있다. 하지만 이를 활용하려면 더 많은 데이터와 통계에 관한 고도의 지식이 필요하다.

고유한 행동과 결과

실험은 제품의 영향을 측정하는 가장 범용적이고 정확한 방법이다. 하지만 영향을 정확히 측정하지 않아도 되는 중요한 한 가지 경우가 있다. 바로 제품이 없으면 결과가 전혀 발생하지 않는 경우다.

예를 들어 매우 효과가 좋은 새로운 암 치료법을 상상해보라. 사람들에게 이 치료법을 알리기 위해 제품을 개발하고 있는 팀이 있고 이들의 목표 결과는 사람들이 새로운 암 치료제를 사용하는 것이다. 이 치료법이 알려지지 않는다면 아무도 이 치료법을 알지 못할 것이다. 비교 그룹도 필요하지 않다. 어떤 영향이 일어나든 모두 제품으로 인해 발생하는 것이다.

이와 유사하게 행동이 제품 내에서만 발생하는 경우 제품의 **기준** 영향을 측정하기 쉽다. 이런 상황은 사용자가 신제품 사용 방법을 배우는 행동 변화 과정에서 자주 발생한다. 이는 향후 변경사항과 비교할 수 있는 기준이 된다. 이런 기준이 세워진 후에도 애플리케이션에 적용된 새로운 기능과 다른 변경사항의 영향을 가늠하려면 실험을 하거나 다른 방법을 사용하여 기존 기능의 영향과 새로운 기능의 영향을 구별해야 한다.

제품 내에 결과를 측정할 수 없다면 어떻게 할까?

만약, 사용자들이 제품 내에 바로 행동을 취하고 그 결과를 제품에서 쉽게 측정할 수 있다면 이 섹션을 마음 편히 건너뛰어도 좋다.

12장에서 간략히 언급했듯이 때로는 목표 결과나 목표 행동을 제품 내에 직접 측정할 수 없는 때가 있다. 예를 들어 동영상 튜토리얼을 통해 사용자들이 도시 텃밭을 조성하도록 돕는 웹사이트를 생각해보자. 목표 결과는 더 많은 텃밭을 조성하는 것이다. 목표 행동은 사용자들이 다른 사람에게 돈을 주고 시키는 것이 아니라 직접 텃밭을 조성하는 것이다.

도시 텃밭 사이트를 사용하는 각 사람은 쿠키나 인증된 로그인을 통해 추적된다. '도시 텃밭 조성 방법' 튜토리얼의 각 단계는 추적된다. 사용자가 튜토리얼을 완료하면 '끝난' 것일까? 행동이 완료된 것일까? 아니다. 회사가 유도하려는 행동은 텃밭을 실제로 조성하는 것이지, 단순히 튜토리얼을 완료하는 것이 아니다. 이 둘 사이의 차이는 적을 수도 있지만, 아무도 실제로 텃밭을 조성하지 않는다면 차이는 매우 클 수 있다. 추가 정보가 없다면 제품이 행동 변화를 유도하는 데 성공했는지 회사가 알 길이 없다. 마찬가지로 제품이 없을 때보다 있을 때 더 많은 텃밭이 조성되었는지도 알 길이 없다.

그렇다면 회사는 무엇을 할 수 있을까? 행동이나 결과를 제품에서 직접 측정할 수 없다면 **데이터 브리지**data bridge가 필요하다. 데이터 브리지는 현실 세계의 결과와 제품 내 행동을 설득력 있게 연결하는 역할을 한다. 데이터 브리지를 만드는 두 가지 기본 전략이 있다.

직접 만들어라

목표 행동과 결과를 측정하는 신뢰할 수 있는 방법을 찾아라. 그리고 제품 내 행동이 목표 행동과 결과에 어떻게 연결되는지를 보여주는 모델을 만들어라.

지름길을 사용하라

애플리케이션에서 확실히 측정할 수 있는 무언가와 현실 세계의 결과 사이의 연관관계를 이미 확립한 학술 연구자를 찾아라. 예를 들어 실제로는 투표하지 않고 투표했다고 하는 (거짓) '과장 보고'에 대해 기록한 수많은 연구가 존재한다.[4] 해당 주제에 대한 기존 연구 논문이 없다면 연구자들과 함께 작업하여 연구를 만들어라(연구자들과 협력하는 방법에 대해서는 17장에서 논한다).

이 논의의 나머지 부분에서는 운이 없어서 기존 연구나 함께 작업할 연구자를 찾지 못하고 데이터 브리지를 직접 만든다고 가정하겠다.

(설문조사 말고) 어떻게 해서든 결과와 행동을 측정하는 방법을 파악하라

사용자들에게 도시 텃밭 조성을 장려하는 회사라면 간단히 말해서 텃밭 개수를 측정해야 한다. 뻔한 방법은 참가자에게 설문을 통해 묻는 것이지만 그리 이상적인 방법은 아니다. 설문조사는 사람들에게 설문조사에 실제로 대답할 인센티브가 있고 거짓말을 할 인센티브가 없는 경우에 사실을 수집하기에 좋다. 텃밭 회사가 웹사이트 사용자에게 일주일 후에 텃밭을 조성했는지 묻는다고 상상해보라. 대부분의 사람들은 대답하지 않을 것이다. 특히 텃밭을 조성하지 않은 사람이라면 더욱 그렇다. 일부는 진실되게 답할 것이고, 일부는 "결국 하게 될 텐데 그럼 한 거나 다름없지"라고 생각하며 했다고 답할 것이다(즉 선의의 거짓말을 할 것이다). 회사는 추가 현장 조사를 하지 않는 한 사람들이 진실을 말하고 있는지 알 수 없다.

만약, 사용자들에게 텃밭을 조성할 **의도**가 있는지 묻는다면 상황은 더 나빠진다. 사용자들은 자신에게 기대되는 대답("물론 있습니다!")을 하려는 유혹을 강하게 느낄 것이다. 이를 설문조사에서 일어나는 사회적 바람직성 편향이라고 한다.[5] 아니면 사람들은 자신이 텃밭을 조성할 거라고 진심으로 믿지만 실제로는 이를 실천하지 못할 수 있다. 설문조사의 질문을 신중하게 작성하여 이러한 편향을 줄이려 노력할 수 있지만 이런 노력의 성공 여부는 검증 없이 알기 어렵다.

---

[4] Silver et al.(1986)
[5] Fisher(1993)

때때로 직접 관찰하는 게 최선의 선택이다. 텃밭 개수나 특별한 텃밭 용품 구매자의 수처럼 행동을 취했다는 것을 고유하게 나타내는 다른 요소의 개수를 관찰하는 것이다. 모든 행동을 하나하나 측정하거나 결과에 변화가 있을 때마다 측정할 필요는 없다. 몇 번만 측정해서 제품, 행동, 결과 사이의 관계를 이해할 수 있으면 된다. 즉 인턴 직원을 보내서 해당 지역의 텃밭 개수를 세는 소규모 예비 연구 정도면 충분하다.[6]

데이터 브리지를 구축할 때는 이 장의 앞부분에서 설명한 제품 기준 설정 규칙을 똑같이 적용해야 한다. 이 경우 애플리케이션에서 쉽게 측정할 수 있는 요소와 측정하기 어렵지만 실제로 신경 쓰는 현실 세계 결과 사이의 인과관계를 찾아라. 현실 세계 결과가 오로지 제품에 의해서만 나타나는 경우(즉, 관심 지역에서 **아무도** 텃밭을 만들지 않는 경우) 사람들의 제품 사용 이후의 현실 세계 결과를 간단히 관찰하여 지표로 사용할 수 있다. 하지만 현실 세계 결과가 다양한 원인에 의해 발생하는 경우라면 실험이나 통계 모델, 사전-사후 분석을 사용해야 한다.[7]

둘 중 어떤 경우든 현실 세계 결과를 측정할 때 고려해야 할 세 가지 요인이 있다. 이러한 요인에 의해 여러분이 만들 데이터 브리지가 얼마나 견고할지 정해진다.

대표적인 사례 관찰하기

'정상적으로' 일어나는 일을 대표하는 사례를 관찰하는 것이 좋다. 여러분은 비가 많이 오는 포틀랜드의 텃밭수를 조사하기로 결정했는데, 앱 사용자 대부분이 상대적으로 건조한 기후의 피닉스에 거주하는 사람인 경우에는 텃밭 조성에 관한 일반화된 결론을 얻기는 어려울 것이다. 가장 신뢰할 수 있는 결과는 사용자 기반 일부를 무작위로 선택하여 직접 관

---

[6] 지역이 넓은 경우 이를 실행하는 가장 좋은 방식은 정부나 상업용 위성 이미지에 접근하는 것이다. 전문 지리학자들은 식생 피복은 물론이고 식생 종류까지도 자동으로 감지하는 놀라운 알고리즘을 개발했다. 구글 어스(Google Earth)에 사용되는 지오아이(GeoEye) 위성은 16인치(약 40.64cm) 단위까지 측정한다.

[7] 명확성을 기하기 위해 덧붙이자면 지금은 현실 세계 결과를 측정하는 방법에 대해서만 이야기하고 있다. 이 측정은 실험을 실행하고 사전-사후 분석을 수행하거나 애플리케이션에서 현실 세계 결과와 사용자 행동 사이의 관계를 분석하는 통계 모델을 구축하는 데 필요한 데이터의 절반을 제공한다. 이 데이터 수집 과정이 실제로 데이터 브리지를 만드는 과정이며, 이에 대해서는 나중에 다룰 것이다. 그러나 실행할 분석 유형을 미리 계획하면 현실 세계 결과를 측정할 때 필요한 데이터를 올바르게 수집하는 데 도움이 된다.

찰할 때 얻을 수 있다.

충분한 데이터 포인트 얻기

현실 세계 결과가 실제로 어떤지에 대한 확실한 신호를 얻기에 충분한 정보를 확보해야 한다. 예를 들어 사람들이 앱에서 텃밭을 만들겠다고 한 후 실제로 만들었는지를 단 한번의 관찰로는 **대부분** 사람들의 행동에 대해 제대로 알 수 없다. 텃밭을 만들겠다고 한 사람들 중에서 실제로 만드는 사람들의 일반적인 비율을 알아야 한다. 그렇다면 얼마나 관찰해야 충분할까? 정해진 규칙은 없다. 관찰 기간은 회사가 어느 정도로 정확한 추정을 필요로 하느냐에 따라 달라진다. 실험에 대해서는 표본 크기를 어떻게 계산할지 자세히 논의했다. 실험하지 않을 생각이라면 **신뢰 구간**을 계산하는 온라인 도구를 사용할 수 있다.[8] 이를 통해 추정의 신뢰도를 알 수 있다. 관계에 대한 통계 모델을 구축한다면 그 모델도 신뢰 구간을 제공할 것이다.

기준 얻기

현실 세계에서는 제품과 관련 없는 일도 발생한다. 믿기 어렵겠지만 텃밭 앱 없이 스스로 텃밭을 만드는 사람들도 있다! 따라서 현실 세계 결과를 관찰할 때 앱을 사용하지 않는 사람들의 사례도 반영해야 한다. 이는 마이크로소프트 엑셀로 간단한 모델을 만드는 경우부터 데이터 브리지를 만들기 위해 전면적인 실험을 수행하는 경우까지 모든 상황에서 중요하다.

이런 방법이 모두 실패하고 제품의 현실 세계 결과를 측정할 방법이 아예 없다면 영향에 대한 나머지 논의는 도움이 되지 않는다. 현실 세계의 실제 상황을 나타내는 신호는 전체 프로세스를 투명하게 유지하는 데 필수다.

---

8 펜실베이니아 주립대학교는 신뢰 구간을 계산할 때 활용할 수 있는 기본 수학을 잘 정리해두었다(https://oreil.ly/CGCiw).

제품 내 행동과 현실 세계의 결과를 연결할 수 있는 사례를 찾아라

이제 여러분에게는 제품 내에서 일어난 행동과 현실 세계의 결과를 측정한 결과가 있다(불완전한 데이터일 수도 있다). 그렇다면 그 둘을 어떻게 연결할 수 있을까? 개별적으로 연결할 수도 있고, 전체적으로도 연결할 수도 있다. 예컨대 개별적으로는 도시 텃밭 앱을 통해 사용자의 이름과 주소를 묻고 이들이 제품 내에서 한 행동과 실제 텃밭 소유 여부를 연결할 수 있다(인턴을 집으로 보내 텃밭 소유 여부를 기록하게 한다). 데이터가 기준(대표성, 충분한 크기, 명확한 기준)을 충족하는 한 개별 사용자들에 대한 데이터를 수집하는 것이 이상적이다.

아니면 행동과 결과를 집계하여 지리적 영역이나 특정 그룹을 기준으로 측정할 수 있다. 제품의 특정 사용자 집합이 해당 지역이나 그룹에 속하고 지역이나 그룹에서 행동과 결과를 신뢰성 있게 측정할 수 있다면 분석할 준비가 된 것이다. 이를 통해 현실 세계 결과를 정확히 파악하는 것은 다소 어려울 수 있지만 충분히 할 수 있는 일이다.

데이터 브리지를 만들어라

데이터 브리지는 여러분이 알고 자주 측정할 수 있는 것(애플리케이션 내 사용자 행동)과 몇 번만 측정한 것(제품이 현실 세계 목표 결과에 미친 영향)을 연결한다. 이를 통해 목표 결과가 제품 내 행동을 기반으로 얼마나 변화했는지를 추정할 수 있다. 두 데이터셋을 모두 수집하는 예비 연구 프로젝트를 통해 이 관계를 추정할 것이다.

1. 방금 설명한 바와 같이 제품 내 사용자 행동을 현실 세계 결과나 행동에 신뢰성 있게 연결할 수 있는 상황을 찾아라.
2. 제품이 현실 세계 결과나 행동에 미치는 인과적 영향을 실험(이상적인 옵션), 통계 모델, 사전-사후 분석 등을 통해 측정하라.
3. 애플리케이션 내에서 발생하는 다양한 사용자 행동을 분석하고 애플리케이션의 인과적 영향과 강하게 관련된(연관성이 있는) 하나 이상의 행동을 식별하라. 통계 전문가의 도움을 받을 수 있다면 매개 분석을 사용하라.

❹ 제품 내에 지표가 될 만한 사용자 행동이 발생하면 (엑셀이나 통계 패키지를 통해) 그런 행동이 목표 결과를 얼마나 변화시키는지에 대한 모델을 구축하라. 이것이 데이터 브리지다.[9]

❺ 이후로는 제품 내에 행동이 발생할 때마다 모델을 사용하여 목표 결과에 미칠 수 있는 영향을 추정하라.

예를 들어 도시 텃밭 사이트는 무작위로 선택한 두 그룹 중 한 그룹에는 교육 프로그램을 제공하고, 다른 한 그룹에는 제공하지 않는 예비 연구를 진행할 수 있다. 첫 번째 그룹 중 일부는 교육 프로그램을 완료했고 일부는 하지 않았다. 연구에 참여한 모든 사람의 집에 인턴이 방문하여 진실을 확인한다. 그 결과 프로그램을 제공받은 사람의 65%가 텃밭을 조성했고, 애플리케이션 내에서 프로그램을 제공받고 교육을 완료한 사람 중 90%가 텃밭을 조성했다는 것을 발견했다. 반면, 두 번째 그룹의 프로그램을 제공받지 않은 사람 중 15%가 텃밭을 조성했다. 이 세 가지 통계는 향후 웹사이트에서 사용자 행동을 해석하는 기초가 된다.

사람들에게 교육 프로그램을 **제공**하면 텃밭을 조성할 확률이 50%pt (15%에서 60%로) 높아질 것이다. 교육 프로그램을 완료하도록 설득할 수 있다면 텃밭을 조성할 확률은 더 높아질 것이다.[10] 회사는 매개 분석이라는 절차를 사용하여 실험의 영향을 정확하게 추정할 수 있다.

간단히 말해서 목표 결과가 제품 외부에 있고 직접 측정할 수 없는 경우 데이터 브리지를 만들어야 한다. 가장 쉬운 방법은 자신이 찾는 관계가 기록된 기존 연구를 찾는 것이다. 예를 들어 텃밭을 가꾸려는 의도와 실제로 텃밭을 조성하는 행위 사이의 관계가 담긴 연구를 찾는 것이다. 아니면 사용자 행동을 직접 관찰하고 사용자가 제품 내에 하는 말과 행동을 이들이 현실 세계에서 하는 실제 말과 행동과 비교할 수 있는 사례를 찾아라. 이것이 데이터 브리지다. 그 이후에는 그 관계를 활용하여 애플리케이션에서 관찰한 것을 기반으로 영향력을 추정하고 반복적으로 제품을 개선하여 더 큰 영향을 미칠 수 있다.

---

[9] 아주 간단하게 보려면 현실 세계 영향과 제품 내 사용자 행동 사이의 간단한 선형 관계를 살펴볼 수 있다. 하지만 분석을 선형 관계로 제한할 이유는 없다. 제품 내 행동과 현실 세계 결과 사이의 관계를 가장 정확하게 묘사하는 모델을 구축하는 것이 좋다.

[10] 프로그램에 자발적으로 참여한 사람들과 프로그램 자체의 인과적 영향을 구분하기 위해 추가 분석이 필요하며 이를 통해 추가적인 개선 효과를 명확히 파악할 수 있다.

실천하기

여러분이 해야 할 일

- 사전-사후 분석에서는 새로운 기능이나 커뮤니케이션이 배포되는 순간에 행동과 결과가 단절되는 지점을 찾아라. 변화가 급격하고 그러한 변화를 달리 설명할 방법이 적을수록 개입이 변화의 원인임을 확신할 수 있다.
- 단면 분석이나 패널 데이터 분석에서는 유사한 상황에 있지만 개입을 받지 않은 다른 사람들을 찾아서 비교 대상으로 삼아라. 다시 말하지만 목표는 행동 결과에서 나타나는 차이를 달리 설명할 만한 요인을 제거하는 것이다.
- 본문은 실험 없이 영향을 측정하는 논리를 설명하고 있으며, 해당 개입이 유발하는 고유한 행동이나 결과가 있으면 그것만으로도 충분할 수 있다. 하지만 일반적으로 데이터를 주의 깊게 분석하고 대안적인 설명을 통계적으로 제거할 수 있는 숙련된 통계 전문가가 필요하다.

문제의 징후

- 행동을 변화시키려는 제품의 시도에 성공과 실패에 대한 명확한 정의가 없을 때. 그렇다면 6장으로 돌아가라.
- 제품이나 사용자 기반 내에서 새로운 기능이나 커뮤니케이션과 동시에 다른 많은 변화가 있을 때. 이로 인해 행동 결과에 대한 대안적인 설명을 없애기 어려울 때.
- 환경이 복잡하고 실험이 없으며 데이터를 분석할 통계 전문가도 없을 때. 임기응변으로 시간 경과에 따른 막대 그래프나 선 그래프의 변화를 살펴보는 것만으로는 충분치 않다. 그렇게 하기에 행동 변화는 너무 복잡하다.

결과물

- 제품의 영향에 대한 명확한 측정!

CHAPTER 15

다음 단계를 평가하라

21세기의 첫 10년 동안 소액 대출은 전 세계 빈곤 문제의 광범위한 해결책으로 칭송받았다. 저소득층, 특히 개발도상국의 저소득층에게는 낮게는 연간 한 자릿수 이율에서 최대 100%를 넘는 이율로 소액의 무담보 대출이 제공되었다. 그중 많은 프로그램이 빈곤한 여성들이 사업을 시작하도록 돕는 데 집중했고 여성으로 구성된 그룹에게 동시에 대출을 제공하여 상호 지지하고 책임감을 유지하도록 했다. 이 아이디어는 의욕은 있지만 자금이 부족한 여성이 자본에 접근할 수 있다면 사업을 시작하거나 성장해서 빈곤에서 벗어날 수 있을 것이라는 믿음을 기반으로 했다.

록밴드 U2의 보노는 소액 대출에 대해 이렇게 말했다. "남성에게 생선 한 마리를 주면 그 사람이 하루 동안 먹을 것이다. 여성에게 소액 대출을 주면 그녀 자신뿐 아니라 남편과 아이들을 포함한 대가족이 평생을 먹을 것이다."[1] 유명한 소액 대출 기관 중 한 곳인 방글라데시의 그라민 은행Grameen Bank과 그 설립자인 무함마드 유누스는 실제로 노벨상을 수상했는데, 소액 대출을 통해 빈곤을 해소하려 노

---

[1] 본 인용에 대해 칼란과 애펠에게 감사한다(Karlan, Appel 2011).

력했다는 점이 수상에 크게 이바지했다. 예를 들자면 2008년 그라민 은행에서 돈을 빌린 사람은 700만 명 이상이었고, 이중 97%가 여성이었으며, 상환되지 않은 대출금이 미국 달러로 5억 달러(한화 약 6,500억 원) 이상이었다(https://oreil.ly/8FOvQ).

2005년 내가 대학원을 다니던 시절, 소액 대출은 사회적 이익을 위한 혁신적인 활동의 대표적인 사례였다. 전 세계의 비영리 단체, 민간기업, 정부에서 그 잠재력에 열광하며 많은 친구들이 소액 금융(더 넓은 분야를 일컫는 용어) 분야에서 경력을 쌓기 시작했다. 소액 금융은 막대한 규모로 다른 사람을 돕고자 하는 사람이 평생을 바치기에 적합한 분야였다.

상황은 곧 바뀌었다.

여러 연구를 통해 소액 대출이 많은 이의 기대만큼 보편적이고 혁신적인 영향을 발휘하지 못한다는 사실이 드러났다. 딘 칼란과 제이콥 애펠은 자신들의 저서인 『More Than Good Intentions』(Penguin Publishing Group, 2012)에 이런 교훈을 요약하며, 인도에서 이루어진 한 연구를 인용하여 "전체적으로 사람들이 전보다 더 부유해지지 않은 것으로 나타났다." 그리고 "대출을 받는 가장 흔한 이유는 다른 대출을 갚기 위해서였다"라고 전했다.[2] 칼란과 애펠은 소액 대출의 영향이 이전에 알려졌던 것보다 훨씬 더 복합적이라는 사실을 지적했다. 일부 사람들, 특히 기존 사업자라면 혜택을 받긴 했지만 그 효과는 그다지 분명하지 않았고(비용 절감에는 도움이 되지만 고용 증가로는 이어지지 않았다) 다른 사람들은 그저 갚을 수 없는 빚만 지게 되는 형국이었다. "이들은 결국 신용카드 빚에 관한 경고성 짙은 이야기의 등장인물이 되었을 뿐, 소액 대출에 관한 영감을 주는 인물은 되지 못했다."[3]

바네르지, 칼란, 진먼은 많이 인용된 2015년 논문에서 소액 대출의 영향에 대한 여섯 가지 무작위 대조군 실험을 제시하며 이렇게 결론짓는다. "혁신적이지는 않지만 보통 정도의 긍정적인 효과의 일관된 패턴에 주목한다." 이 논문과 관련 글에서[4] 이들은 광범위한 영향이 과장된 면은 있지만 상환 기간을 유연하게 하는 등 비교적 작은 변화만 주어도 소액 대출 프로그램이 훨씬 더 강력한 효과를 낼 수 있다는 것을 발견했다. 다시 말해 이들은 엄밀한 측정의 힘을 단순히 축소하고 비판하는 데 쓰지 않고 프로그램을 개선하는 데 사용했다.

소액 대출을 사용자를 위해 특정 목적을 달성하려는 상품으로 생각한다면(여기서 말하는 목적이란

---

[2] Banerjee et al.(2015, http://doi.org/10.1257/app.20130533)
[3] Ibid. 81.
[4] 예를 들어 다음 글을 참고하라. Karlan et al.(2016, https://oreil.ly/BIkbY)

> 이들을 빈곤에서 구제하는 것이고, 대개 부채로 자금을 조달하여 창업을 통해 빈곤에서 벗어나는 것으로 가정한다) 첫 번째 개발 주기에서 목표를 달성하지 못했다. 하지만 소액 대출을 받은 사람, 이로부터 혜택을 입은 사람과 이들이 처한 특정 상황에 대한 데이터를 파고들면 사용자 타기팅을 개선하고 전체적으로 더 큰 효과를 낼 방법을 배울 수 있다.

이것이 바로 이 장에서 다룰 주제다. 필요한 데이터를 수집하고 개선할 영역을 식별하여 제품의 효과를 높이는 방법을 함께 알아보자.

하지만 이렇게 하기에 앞서 마지막으로 하고 싶은 이야기 하나가 있다. 『More Than Good Intentions』은 나에게 행동 과학에 대해 묻는 모든 사람에게 추천하는 세 권의 책 중 하나다. 안타깝게도 소액 대출의 전망과 위험은 저자가 제시한 수많은 사례 중 하나일 뿐이다. 이는 선의를 지닌 사람들이 검증되지 않은 제품을 훌륭하다고 믿고 열정을 쏟았다가 나중에 그렇지 않다는 것을 깨닫게 된 경우를 보여준다. 수년 전 읽은 이 책을 읽고 좋은 일을 하겠다는 의도만으로는 부족하다는 잊지 못할 교훈을 얻었다. 우리는 모두 자신의 제품을 엄격하게 측정하고 겸손하게 바라보며 어떻게 하면 더 잘할 수 있을지 물어야 한다.

구현할 변경사항을 정하라

제품 출시와 측정의 각 주기가 끝날 무렵이면 사용자가 제품에서 어떤 작업을 하는지, 잠재적인 개선사항은 무엇인지에 대해 많은 데이터가 수집된다. 행동 변화를 방해하는 장애물은 제품을 개선하는 여러 원천 중 하나일 뿐이다. 비즈니스와 엔지니어링 측면의 고려사항도 반드시 검토해야 한다. 이제 이렇게 다양한 출처에서 잠재적인 변경사항을 수집하고 다음 개발 주기에 무엇을 적용할 수 있을지 확인할 차례다. 나는 이를 세 단계 과정으로 생각한다.

1. 제품에 대해 얻은 교훈과 잠재적 개선사항을 **수집한다**.
2. 사업적으로 고려할 사항, 행동에 미치는 영향을 기반으로 잠재적 개선사항의 **우선순위를 정한다**.
3. 잠재적인 개선사항을 제품 개발 프로세스의 적절한 부분에 **통합한다**.

수집하라

우선 앞선 두 장에서 제품의 현재 영향과 행동 변화 장애물에 대해 배운 내용을 살펴보라. 사용자들은 어떤 어려움을 겪었는가? 사용자들이 대거 이탈한 지점은 어디인가? 사용자들이 애플리케이션을 계속 사용하는가, 아니면 한두 번 쓰다 마는가? 왜 그런 일이 일어나는 것 같은가?

❶ 가장 쉽게 해결할 수 있는 문제부터 시작하자. 명확한 후속 조치가 가능한 분명한 문제들을 나열하라. 예를 들어 'Y 페이지의 사용법을 아는 사용자가 없다' 같은 문제를 적는 것이다.

❷ 그런 다음, 명확하지 않은 교훈을 적어라. 예를 들어 사용자들이 제품을 통해 행동이 변화할 것이라고 신뢰하지 않는 문제가 있을 수 있다. 잠재적인 해결책을 고안하기 시작했을지 모르지만 아직 해야 할 일이 많다. 다음 단계는 현재 상황을 더 깊이 조사하고 구체적인 문제 해결 방안을 정하는 것이다.

❸ 다음으로 제품의 핵심 가정에 대한 교훈을 수집하라.

- 목표 행동이 회사가 추구하는 현실 세계의 결과를 실제로 이끌어내는가? 예를 들어 매일 조금 더 걷는 것만으로는 목표 집단의 심장 질환이 충분히 감소하지 않아 더 강력한 개입이 필요할 수 있다.

- 더 효과적으로 보이는 다른 행동이 있는가? 더 효과적인 다른 행동으로 전환할 수 있겠는가?

- 제품 외부에 있는 사용자 생활에서 해결해야 할 주요 장애물이 있는가? 인과관계 지도를 다시 검토할 때 현재 제품 영역 밖에서 제품의 영향을 방해하는 주요 요인은 무엇인가? 운동량을 늘릴 때 사용자가 '보상'으로 음주량을 늘리는 까닭에 제품의 목표가 무력화되는가? 행동 변화를 위해 디자인할 때 의도한 결과뿐 아니라 제품의 전체적인 영향을 고려해야 한다. 이렇게 제품의 영향을 상쇄시키는 요인에 대해 제품이 대응할 방법이 있는가? 아니면 그저 어쩔 수 없이 받아들여야 하는 현실인가?

❹ 마지막으로 앞선 두 장에서 연구한 특정 행동 장애물과 영향 너머를 살펴보라. 아마 제품의 새로운 기능이나 심지어 새로운 제품에 대해 수많은 아이디어를 냈을 것이다. 이러한 아이디어를 모두 수집하라. 회사의 다른 부서에서도 판매 증가, 제품 브랜딩 개선, 기술적 문제 해결 등을 이유로 제품 변경사항을 제안할 것이다. 행동에 대한 고려사항은 이렇게 더 커다란 검토 과정 중 하나의 (필수적인!) 요소에 지나지 않는다.

이러한 교훈과 개선사항에 대한 제안은 초기 유저 리서치를 실행하는 시점부터 제품 출시 후 사용 행태 분석이 이루어지기까지 제품 개발 주기 도중 다양한 시점에 나올 수 있다. 공식적인 스프린트 리뷰나 제품 사후 분석에서만 얻을 수 있는 교훈도 있다. 이러한 아이디어를 놓치지 않도록 공통 저장소를 만드는 것이 좋다. 누군가의 이메일 받은 편지함에 만들어도 되고, 위키나 교훈을 정리한 공식 문서에 만들어도 된다. 애자일 개발 환경이라면 프로젝트 백로그에 포함하는 것이 좋다.

우선순위를 정하라

어떤 제품 개발 프로세스에서든 향후 어떤 작업을 해야 할지 정해야 하는 시점이 온다. 우선순위를 정할 때는 제품의 주요 변경사항이 사용자 행동에 미치는 영향을 추정해야 한다. 변경사항이 사용자 행동에 어떤 영향을 미치며 이것이 현실 세계의 제품 결과에 어떤 영향을 미칠 것인가? 제품은 행동 변화를 위해 설계되었으므로 이렇게 행동에 미치는 영향은 판매나 회사 브랜드 품질에 연쇄 반응을 일으킬 가능성이 높다. 당연히 우선순위를 정할 때는 사업적인 고려사항(변경사항이 판매나 회사 가치를 직접적으로 향상시키는가?), 사용성 관련 고려사항(사용자의 만족도를 높이고 불만을 줄여서 향후 참여와 판매를 촉진하겠는가?), 엔지니어링 관련 고려사항(해당 변경사항 구현의 난이도는 어느 정도인가?)도 자연스럽게 포함된다.

행동에 미치는 영향은 실제 데이터를 기반으로 평가해야 한다. 사용자 여정의 각 단계 이탈률와 행동 지도를 활용하면 변경사항이 미칠 영향의 규모를 빠르게 추정할 수 있다. 이는 답을 찾는 데 도움이 된다. 이 변경사항이 해결하려는 문제의 규모는 얼마나 큰가? 목표 행동과 결과에서 예상하는 **대략적인** 변화는 무엇인가? 애플리케이션에 대해 제안된 변경사항이 행동 문제에 의해 발생한 것이 아니라고 해도 (예컨대 영업 관련 대화 도중에 나온 고객의 요청에서 오는 경우) 행동에 미칠 수 있는 영향을 평가해야 한다. 변경사항은 사용자가 목표 행동을 성공적으로 수행하도록 돕는다는 추가적인 소득을 올릴 수도 있지만, **사용자의 주의를 분산시키고 제품의 효과를 떨어뜨릴 수도 있다.**

사업, 행동, 엔지니어링 등에 대한 각각의 고려사항이 회사의 우선순위에서 차지하는 비중은 다르며 이에 대한 고정불변의 법칙은 없다.

통합하라

회사는 제품 변경사항(답을 찾아야 하는 미해결 질문 포함)에 대한 우선순위 목록을 가지고 있으며 각 변경사항을 개발하기가 얼마나 어려울지 대략적으로 파악하고 있다. 이제 제품과 방향에 대한 핵심 가정을 조정해야 하는 변경사항과 기존 방향을 유지해도 되는 덜 근본적인 변경사항을 구분할 차례다. 만약, 변경사항이 다른 사용자(행위자) 집합, 다른 목표 행동, 특히 다른 현실 세계 결과를 목표로 한다면 이는 첫 번째 그룹에 속한다. 중요한 미지의 문제를 포함하는 새로운 제품이나 새로운 기능이 수반되는 변경사항도 첫 번째 그룹에 속한다. 나머지 모든 변경사항은 두 번째 그룹에 넣을 수 있다.

내가 제품 개발 프로세스에서 강경한 입장을 취하는 몇 안 되는 부분 중 하나는 핵심 가정에 대한 변경사항이나 새로운 주요 기능이 포함되는 첫 번째 그룹의 항목은 제품 담당자가 별도로 계획을 세운 후에 나머지 팀원들에게 전달해야 한다는 점이다. 핵심 제품 계획은 애자일 개발 프로세스에서도 다른 프로세스와 병행하면 안 된다. 이는 마티 케이건이 쓴 『인스파이어드』(제이펍, 2018) 에서 제품 관리에 대한 분석에서 제시한 것과 같은 격언이다. 무엇을 만들지와 어떻게 만들지를 동시에 정하는 것은 무리다.

행동 변화를 위한 디자인에서 제품의 핵심적인 부분을 변경해야 할 때는 행동 지도를 업데이트해야 한다. 또한 제품의 결과, 행동, 행위자를 업데이트해야 할 때도 있다. 즉, 이 책의 6장이나 7장에서 시작하는 발견 프로세스나 디자인 프로세스 주기를 전체적으로 다시 실행해야 할 수 있다. 그 외 모든 경우는 9장부터 시작하는 새로운 개입 만들기에 바로 들어갈 수 있다.

핵심 가정(행위자, 행동, 결과)이 변경될 때마다 6장에 설명한 바와 같이 명확히 기록해야 한다. 그리고 행동 지도를 업데이트해야 한다. 이러한 형식주의는 문제를 현재로 가져오는 데 도움이 된다. 그래야만 문제가 미래 어딘가에 잠복해있다가 상당한 자원이 소모된 후에야 발견되는 것을 방지할 수 있다. 가정과 계획을 사전에 명확히 하는 것은 발생할 수 있는 의견 충돌이나 논의를 촉발하기 위한 장치다. 의견 차이는 나중보다 미리 발견하는 것이 낫다.

사용자 행동 순서의 특정 단계 같은 핵심 문제가 사용자를 혼란스럽게 할 때 제품을 만드는 이들은 자연스럽게 제안된 해결책 정도로 만족하고 빨리 작업을 마무리하려는 경향을 보인다(즉, 문제를 조사하고 테스트하기 전에 '수정'을 구현하는 경우가 종종 있다). 하지만 인간의 심리는 엄청나게 복잡하므로 이를 기반으로 제품을 개발하려는 시도는 본질적으로 오류가 발생하기 쉽다. 제안된 해결책이 이전 해결책보다 더 적은 문제를 일으킬 것이라고 단정할 근거는 없다. 결과, 행동, 행위자를 기록하고 행동 지도를 개발하는 발견 프로세스는 예기치 못한 문제를 끌어내고 가정을 조기에 테스트할 기회를 제공하는 한 가지 방법이다. 결코 완벽할 수는 없지만 즉흥적으로 처리하는 것보다는 훨씬 낫다.

각 주요 변경사항의 영향을 측정하라

제품의 각 주요 변경사항이 사용자 행동에 미치는 영향을 테스트해야 한다. 변경사항의 영향을 측정하는 일이 자연스러운 습관이 되어야 한다. 그렇게 하기가 항상 쉬운 것은 아니지만 반드시 필요한 일이다. 이렇게 함으로써 사용자와 제품의 방향에 대한 가정에 대해 끊임없이 배우고 확인할 수 있다. 앞서 살펴본 바와 같이 단어 선택과 개념 제시의 작은 변화도 행동에 큰 영향을 미칠 수 있다. 만약, 이런 부분을 테스트하지 않으면 무심결에 제품의 효과가 약화될 수 있다. 게다가 평소 습관처럼 테스트하지 않는다면 변경사항의 사소한 영향을 테스트할 때 온갖 반발과 저항을 불러일으킬 수 있다.

발생할 수 있는 몇 가지 문제와 이를 처리하는 방법을 살펴보자.

대부분의 테스트는 아무 영향을 나타내지 않으며 그래야 마땅하다

많은 사람이 테스트 중인 버전에 대해서 버전 간 명확한 차이가 없는 테스트 결과에 좌절감을 느끼고 이를 '실패'라고 한다. 테스트를 제대로 설계하고 실행했다면 '차이가 없는' 결과를 오히려 기념해야 한다. 이는 테스트에서 차이가 드러날 정도로 핵심적인 부분이 변하지 않았다는 사실을 알려주는 것이다. 이럴 때는 현재 결과에 만족해도 되고 더 급진적인 것을 시도해도 된다. 이 결과는 현재 접근 방식을 계속해서 개선하려고 시간을 낭비하지 않도록 도와준다.

어떤 테스트가 잘 설계된 테스트일까? 바로 성공과 실패를 사전에 정의한 테스트다. 통계적 유의성(또는 '강한' 정성적 신호)을 찾는 테스트가 아니다. 예를 들어 새로운 기능, 버튼 색상, 고양이 동영상 같은 잠재적 변경사항이 있다고 해보자. 이런 변경사항이 어느 정도 영향을 미쳐야 중요하다고 생각하겠는가? 영향의 20% 개선을 성공의 임곗값으로 볼 것인가? 아니면 2%만 개선되어도 추가로 작업할 가치가 있겠는가? 이러한 성공과 실패의 정의, 그리고 시스템 내 소음의 양에 따라 테스트에 필요한 인원이 결정된다. 테스트에서 '차이 없음'이라는 결과가 나온다고 해서 테스트의 효과가 없다는 의미는 아니며, **눈여겨볼 만한** 효과가 없다는 의미다. 그러면 다음 단계로 넘어가면 된다.

특히 A/B 테스트는 일부 사용자에게 '나쁜' 버전을 보여주는 것처럼 보인다

아무리 좋은 UX 팀이 있다고 해도 대부분의 경우 앱의 **변화**가 개선으로 이어질지는 불분명하다. 새로운 버전이 나을지, 나쁠지는 정확하게 예측할 수 없다. 여러분이 보여주는 버전 중에는 대개 '나쁜' 버전이 포함되는데, 문제는 어느 쪽이 형편없는 쪽인지 여러분이 모른다는 점이다! 확신에 찬 예감은 대개 무작위 추측에 불과하다. 특히 좋은 디자인 팀이 있다면 더 그렇다. 여기에는 두 가지 이유가 있다.

첫째, 좋은 UX 팀이 제공하는 초기 제품은 디자인이 훌륭할 것이고, 이후 제공하는 개선 사항도 적절히 디자인되어 있을 것이다. 누구나 실수를 하지만, 좋은 디자인 팀이라면 첫 번째 시도에서도 적절한 예측을 할 것이다. 이후 개발 주기가 미치는 영향은 제품 초기 버전에 비해 적을 것이다. 따라서 새로운 버전이 초기 버전과 비슷한 결과(영향 등)를 보이더라도 놀라울 것이 없다. 초기 버전이 훌륭했다는 사실을 기념하라.

둘째, 인간 행동은 정말 복잡하다. 이 책에서 여러 차례 확인했듯이 사람들의 반응은 정확히 예측할 수 없다. 익숙한 상황에서는 과거에 배운 일반적인 교훈을 바탕으로 직감을 사용하여 어떤 변경사항이 더 나을지 판단할 수 있고 또 그렇게 해야 한다. 과거에 배운 일반적인 교훈을 적용할 때처럼 말이다. 하지만 좋은 디자인 팀이 있다면 일반적인 교훈은 이미 적용되어 있을 것이다. 이렇게 혁신의 최전선에 있을 때는 직감이 더 이상 도움이 되지 않는다. 그래서 직감에 (전적으로) 의존하지 말고 테스트해야 한다.

테스트 계획을 세우는 것이 제안한 변경사항에 자신이 없다는 의미일까?

이 또한 접해본 적 있는 까다로운 문제다. 당연히 누구나 제품에 적용하는 모든 변경사항이 제품을 개선할 것이라고 기대한다. 하지만 그렇지 않을 때가 많다(좋은 제품을 더 좋게 만드는 것은 어렵고, 인간의 행동은 본질적으로 복잡하기 때문이다).

하지만 이는 인지 부조화의 문제를 일으킨다. 신중하게 계획하고 고민하여 **도움이 되리라 판단한** 변경사항 중 일부가 실제 아무 도움도 되지 않을 수 있다고 생각하면 매우 불편하다. 게다가 어느 변경사항이 그럴지도 예측할 수 없다! 자신이 제안한 변경사항에 자신이 없다는 것을 인정하는 셈이다. 이럴 때 나오는 자연스러운 (하지만 위험한) 반응은 테스트가 필요 없다고 우기는 것이다.

자신 없는 것을 자신 있게 구축해야 하는 이런 상황은 간단히 해결할 수 없다. 내가 찾은 최선의 방법은 테스트 과정을 인지 부조화의 범위 밖으로 옮기는 것이다. 테스트를 조직 문화의 일부로 만들어라. 테스트를 조직이 고민하고 토론하는 대상으로 남겨두지 말고 새 기능이 추가될 때마다 표준 절차로 따르는 문화를 정착시켜라.

좋다. 이것이 제품에 대한 점진적인 변경사항을 테스트하는 과정에서 마주하는 세 가지 주요 문제다. 다행히 실제로 점진적인 영향을 측정하는 것은 어렵지 않다. 12장에서 제품 영향의 기준을 만들었다면 여기서는 실험, 사전-사후 분석, 통계 모델 같은 똑같은 도구를 다시 적용하기만 하면 된다.

점진적 변화의 정성적 테스트

13장, 14장에서는 제품이 사용자 행동과 현실 세계 결과에 미치는 영향을 측정하는 기준을 확립할 때 정성적 연구를 언급하지 않았다. 대부분의 정성적인 방법으로는 현실 세계의 영향을 반복적이고 신뢰할 수 있는 ROI[Return on Investment][5] 지표로 만들기가 어렵기 때문이다. 그러나 사용자가 애플리케이션의 변화에 어떻게 반응하는지 신속하게 판단하고 싶을 때는 정성적 연구가 꽤 유용할 수 있다.

사용자 인터뷰, 사용자 테스트(생각을 소리 내어 말하는 방법), 심지어 포커스 그룹에서도 수정된 애플리케이션을 사용자에게 직접 보여줘라. 변화가 문제를 일으켰는지 명확한 신호를 얻을 수 있다면 많은 시간을 절약할 수 있다. 실험이나 사전-사후 분석으로 제품 변경사항을 테스트할 때보다 훨씬 짧은 시간 내에 피드백과 통찰을 얻을 수 있다. 나는 실험(그리고 통계 모델링)을 전폭적으로 지지하지만, 이해의 속도와 깊이 측면에서 정성적 테스트를 통해 얻는 이익은 무시하기에 너무 크다. 물론 제품에 변경사항을 적용하기 전에 프로토타입 단계에서 이미 정성적 테스트를 통해 피드백을 수집했어야 한다.

언제쯤이면 '충분'할까?

제품 개발 프로세스의 이상적인 결과는 제품이 제 역할을 하고 더 이상 다른 것이 필요하지 않은 상태다. 행동 변화를 목표로 하는 경우라면 더욱 그렇다. 제품이 행동 자동화나 습관 형성에 성공했거나 행동하겠다는 사용자의 의식적인 선택을 안정적으로 도와준다면 팀은 다음 단계로 나아갈 수 있다. 만들어야 할 새로운 제품은 항상 있기 마련이고 특히 영리 회사라면 진출해야 할 새로운 시장이 더 있기 마련이다. 그렇다면 언제쯤이면 충분하다고 판단할 수 있을까?

제품의 목표 결과를 다시 한 번 상기하고 제품 자체의 세부사항에 대한 집착을 버리도록 노

---

[5] 옮긴이_ 투자 대비 수익을 나타내는 지표로, 투자 금액 대비 순이익을 의미한다. 마케팅 활동의 효과성과 효율성을 측정하는 주요 지표다.

력하라. 회사가 성공으로 간주하기로 한 목표 수준(또는 목표의 변화)은 무엇인가? 현재 제품이 목표를 달성했다면 아주 좋다. 제품의 버그는 잊어라. 디자인의 결함도 잊어라. 다른 과제로 넘어가라. 현재 제품이 아직 목표를 달성하지 못했다면 자원을 가장 효율적으로 활용할 수 있는 대안은 무엇인가? 그 대안이 목표 결과에 더 도움이 되고 비슷한 자원으로 달성할 수 있다면 초점을 대안으로 옮겨야 한다.

실천하기

여러분이 해야 할 일

- 제안된 제품 변경사항을 모두 수집하라. 제품이 행동에 미치는 영향을 개선하는 변경사항과 판매, 마케팅 등 회사 다른 부서에서 제안한 다른 변경사항도 모두 포함하라.
- 회사와 사용자의 요구, 그리고 사용자 행동에 미칠 수 있는 영향을 기반으로 변경사항의 우선순위를 정하라.
- 13장과 14장에서 설명한 도구를 사용해 제품의 주요 변경사항이 미치는 영향을 측정하라. 점진적인 측정을 회사 문화의 일부로 만들어라.

문제의 징후

- 사용자 행동에 미칠 가능성이 있는 영향을 평가하지 않고 주요 변경사항을 계획할 때.
- 테스트가 부정적인 결과를 내거나 테스트로 인해 자신감 부족이 드러날까 봐 새로운 기능을 테스트하기를 두려워할 때.

결과물

- 새롭고 (이상적으로) 개선된 제품!

PART 03

팀을 구성하고 성공으로 이끌어라

16장 행동 과학 분야의 현재 상태

17장 행동 팀에 필요한 사항

18장 결론

CHAPTER 16

행동 과학 분야의 현재 상태

웰빙에 대한 행동 연구에 따라 공용 공간은 빛과 초록 식물로 가득 채워졌다. 아파트 주민들에게는 자유롭게 공간을 구성하고 필요에 따라 재구성할 권한이 주어졌다. 침대 옆에는 모든 가전제품과 전자기기의 전원을 한 번에 끌 수 있는 스위치가 있어서 마찰과 의사결정 지점을 줄였다. 샤워 헤드는 5분이 지나면 조명이 켜져서 사용자에게 자신과 환경에 미치는 비용을 상기시킨다. 한때 까스따냐리 공중목욕탕Bains Douches Castagnary이었던 파리 넛지 빌딩Paris Nudge Building에 온 것을 환영한다.

2015년 파리 시장 안 이달고는 '파리를 재창조하자'라는 가치 아래 새로운 건축 공모전을 열고 '내일의 파리를 건설하기 위해 혁신적인 도시 프로젝트'를 찾겠다고 발표했다.[1] BVA 넛지 유닛BVA Nudge Unit은 프랑스 부동산 회사 OGIC, 지속 가능한 개발 기업 이그린e-Green 등과 협력하여 행동 연구를 적용하여 기존 아파트 건물이었던 까스따냐리 공중목욕탕을 재설계했다.

이들은 점점 더 많아지고 있는 행동 과학, 건조 환경에 관한 연구를 참고하여 이 건물을 설계했다. 이러한 연구는 건축이 우리의 웰빙, 감정, 행동에 어떤 영향을 미치는지를 다룬다. 이들은 해당 지역 주민들을 인터뷰하여 이들이 중시하는 가치가 무엇인지(예: 공동체 생활과 환경 존중), 때로 이런 목표를 달성하기 위해 어떤 어려움을 겪는지 잘 이해하려고 노력했다. 그런 다음, 설계, 현장 테스트를 거쳐 이 아이디어를 최종적으로 건물 전체에 구현했다.

2019년 주민들은 입주를 시작했고 이 개입이 성공적이었는지 확인하기 위해 향후 10년 동안 개입의 영향을 평가하고 있다.

---

1 이 사례 연구는 런던에 있는 BVA 넛지 유닛의 책임자인 스콧 영과의 전화 인터뷰와 후속 이메일 교환을 바탕으로 작성했다. 넛지 빌딩에 대한 더 자세한 정보는 싱글러의 글을 참조하라(Singler 2018).

지금쯤이면 행동 과학의 적용 범위가 얼마나 넓어졌는지 감이 올 것이다. 이제 행동 과학은 어린 나이에 출산하고 노숙자가 될 위기에 처한 여성들을 돕는 일부터 문제가 되는 방식으로 고객을 조종하는 데 쓰이는 다크 패턴이나 건물 전체를 행동 경제학 원칙에 따라 설계하여 거주자들이 건강한 삶을 살도록 돕는 일까지 광범위한 분야에서 활용된다. 이 장에서는 행동 팀을 대상으로 한 새로운 설문조사 결과를 바탕으로, 긍정적인 측면과 부정적인 측면 모두를 포함하여 전 세계 행동 과학의 현황을 검토하겠다.

이미 행동 팀이 있는 조직에서 일하는 사람이라면 이 장을 통해 여러분과 비슷한 목표를 가진 다른 그룹들이 어떤 일을 하고 있는지 배울 수 있을 것이다. 자신의 조직에 아직 그런 팀이 없다면 이 장과 다음 장이 관련 분야에서 경력을 시작하는 데 유용할 것이다. 지금까지 이 책이 응용 행동 과학 **프로세스**에 집중했다면, 앞으로 이어지는 두 장에서는 응용 행동 과학을 뒷받침하는 **조직 구조**에 초점을 맞춘다.

우리가 한 일: 행동 팀 글로벌 설문조사

8년 전만 해도 행동 과학을 적용하는 조직은 소수의 금융 기업, 의료 기업, 실리콘 밸리의 기술 기업뿐이었다. 지금은 상황이 상당히 달라졌다. 이제는 민간 부문에서 오랜 기간 활동해 온 전통의 심리학자 그룹 외에도 최소 400개 이상의 기업과 비영리 조직에 행동 과학자가 근무하고 있다. 이런 팀은 다음과 같이 다양하다.

- 12명으로 구성된 우버의 행동 분석 및 실험 그룹. 이들은 수백만 명의 교통 관련 행동을 연구했다.
- 데이터 기반 국제 개발의 두 강자인 J-PAL과 IPA. 전 세계 곳곳에서 위생, 건강, 안전과 관련된 일상적인 문제에 행동 과학을 적용한다.
- 수많은 1인 행동 컨설팅 업체. 특히 마케팅 분야에서 활동한다.
- 구글의 피플 애널리틱스 People Analytics 그룹. 이 그룹에는 직원 복리후생과 웰빙을 개선하기 위해 일하는 사내 행동 과학자가 포함된다.

전 세계 행동 과학 팀과 이들의 경험을 제대로 이해하기 위해 나는 세계 최대 규모로 알려진 설문조사를 조직하는 데 참여했다. 미국에서 케냐, 사우디아라비아에 이르기까지 54개국에 걸쳐 200개 이상의 다양한 조직으로부터 상세한 답변을 받았다. 이 장에서는 행동 과학 분야의 현재 상태를 더 잘 이해할 수 있도록 설문조사 결과를 깊이 파고들어 보겠다.

행동 팀 설문조사는 행동 과학 분야의 두 비영리 조직인 행동 과학 정책 협회Behavioral Science Policy Association(BSPA), 행동 디자인 네트워크Action Design Network(ADN)가 나와 함께 공동으로 진행한 프로젝트였다. 2019년 6월부터 우리는 초기 설문조사의 초안을 작성하고 조정하여 현장에 배포했다. 개인적으로 알고 있는 연락처, 소셜 미디어, 업계의 이메일 목록을 통해 이를 홍보했다. 설문조사는 2019년 7월 23일에 시작했고 여기에 포함된 마지막 응답은 2019년 12월 23일에 입력되었다. 설문조사의 작성과 홍보는 영어로만 진행되었다.

설문조사의 목표 집단은 제품이나 커뮤니케이션, 정책 개발에 행동 과학을 적용하는 팀에서 일하는 사람들이었다. 즉, 이 책의 청중과 동일한 사람들이며, 여기에 정책입안자들이 추가되었다.

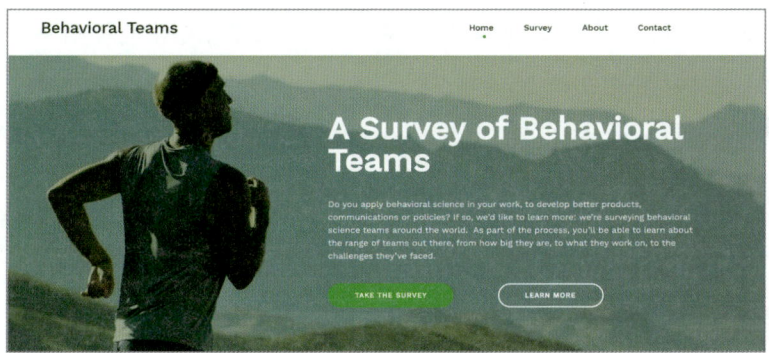

그림 16-1 국제적인 설문조사에 참여하도록 사람들을 초대하는 Behavioral Teams 홈페이지(http://www.behavioralteams.com)

설문조사는 세 가지 주요 섹션으로 구성되었다.

- 섹션 1: 행동 과학 팀의 공개 디렉터리를 지원하기 위한 팀의 연락처 정보와 기본 정보. 여기에는 조직 유형(기업, 비영리 조직, 학술 기관, 정부 조직), 팀 인원수, 주요 위치, 행동 과학 정규 교육 수료 여부가 포함된다.
- 섹션 2: 변화시키려는 행동 유형, 사용하는 기법, 결과를 검증하는 방식, 각 팀원의 역할 등 팀의 작업에 대한 질문.
- 섹션 3: 각 팀의 과제와 성공에 관한 질문.

설문조사의 보관된 사본과 전 세계 팀의 공개 디렉터리는 www.behavioralteams.com에서 확인할 수 있다.

데이터를 정리하고 유효하지 않은 응답을 삭제한 결과 만들어진 데이터셋은 231개 조직의 253명의 개인 응답자에 대한 상세한 정보를 제공한다.[2]

현재 행동 과학을 업무에 적용하는 조직을 망라하는 목록은 없다. 따라서 이 분야를 통계적으로 대표하는 설문조사를 수행하거나 이 분야 전체와 관련 있는 설문조사의 정확한 범위를 파악하는 것은 불가능하다. 그러나 독립적으로 만들어진 2개의 행동 과학 팀 목록이 범위를 추정하는 데 도움이 될 수 있다. 랠리 헬스Rally Health의 수석 행동 과학자인 잉그리드 멜베어 폴린Ingrid Melvær Paulin과 OECD 행정총국의 전략 관리 및 조정 책임자인 파이살 나루Faisal Naru는 각각 민간 부문 기업과 정부 조직에 초점을 맞춘 목록을 관리하고 있다.

---

2 데이터는 다음과 같이 정리했다.
먼저 응답자들에게 그들의 팀이 설문조사 참여 기준에 부합하는지 질문하고 기준을 충족하지 못하더라도 결과 보고서 사본을 제공받도록 했다(즉, 유효하지 않은 데이터로 설문조사를 완료하려는 인센티브를 제거했다). 응답자의 약 5%가 이 단계에서 스스로 걸러졌다.
둘째, 응답 항목(질문이나 하위 질문에 대한 응답)이 25개 미만인 답변을 걸렀다.
셋째, 동일한 개인의 여러 응답은 한 그룹으로 묶고 가장 완전한 응답 세트만 남겼다.
마지막으로 동일한 조직에 속한 개인들의 여러 응답을 그룹으로 묶고 섹션 1과 2에서는 회사 내 직위에 따라 가장 고위직에 있는 개인의 응답만 포함하고 섹션 3(개인의 관점을 다룬 섹션)에서는 모든 유효한 응답을 포함했다. 그 결과 231개 조직에 속한 253명의 응답자가 포함된 데이터셋이 만들어졌다.
설문조사에서 응답자들은 자기 팀이 속한 조직의 유형을 표시했고 '기타 및 독립 연구 기관' 옵션을 응답자에 따라 다르게 해석한다는 사실을 확인한 후에는 이런 응답을 회사, 비영리 조직, 정부 기관, 학술 기관 등의 옵션에 수동으로 매핑했다.

우리는 두 목록의 조직을 결합하여 그 결과 완성된 디렉터리에 고유한 조직 529개가 포함된다는 것을 알게 되었고, 이중 약 44%가 상세한 행동 팀 설문조사에 응답했다.[3]

다음 섹션에서는 행동 팀 분야의 범위를 가장 포괄적으로 보여주고(조직 디렉터리 기반) 이러한 팀의 구성, 전술, 운영에 대해 자세히 살펴보겠다(설문조사 기반).

어떤 팀이 있을까?

앞서 언급한 행동 과학 팀 디렉터리를 사용하여 행동 과학을 제품, 커뮤니케이션, 정책 개발에 적용하는 팀이 세 국가에 집중되어 있음을 알게 되었다. 그 주인공은 미국(217개), 영국(77개), 네덜란드(30개)로, 위치가 확인된 총 526개 팀을 기준으로 한 결과다.

이들 다수는 전 세계에 지사가 있는 국제적인 기업이었다. 예를 들어 월마트Walmart, 코카콜라Coca Cola, 입소스Ipsos는 모두 행동 과학 팀을 보유하고 있으며 국제적인 입지를 다진 기업이다. 우리는 설문조사 응답자들에게 행동 과학 팀의 소재지를 알려달라고 요청했다. 위치를 알 수 없는 경우(예: 설문조사가 아닌 다른 조직 목록에서 얻은 데이터)에는 해당 기업의 본사 위치를 사용했다.

지난 20년간 미국과 영국에서 행동 과학이 큰 발전을 이루었지만 이들 두 나라를 다 합쳐도 전 세계에 있는 행동 팀의 과반수를 겨우 넘기는 수준에 불과하다. 오늘날 팀의 범위는 다음과 같다.

- 부사라 센터는 케냐에 본사가 있고 8개국에 지사가 있는 기관으로, 학술 연구와 함께 개발도상국의 주요 기업을 위한 컨설팅을 병행하고 있다.
- 넛지 리오Nudge Rio는 브라질 리오 지방 정부 산하 소규모 행동 과학 단체다.

---

[3] OECD 목록에서 우리는 소수의 비정부 조직, 민간 조직을 사용했고(정부 기관은 자체 행동 팀 없이 기존 행동 팀의 고객이 되는 경우가 많았기 때문이다) 각 조직에 행동 팀이 있는지 일일이 확인했다.

- 리인슈런스 그룹 오브 아메리카Reinsurance Group of America는 '보험에 대한 행동 과학적인 접근 방식'을 개척하고 있다(https://oreil.ly/o9Db0).[4]

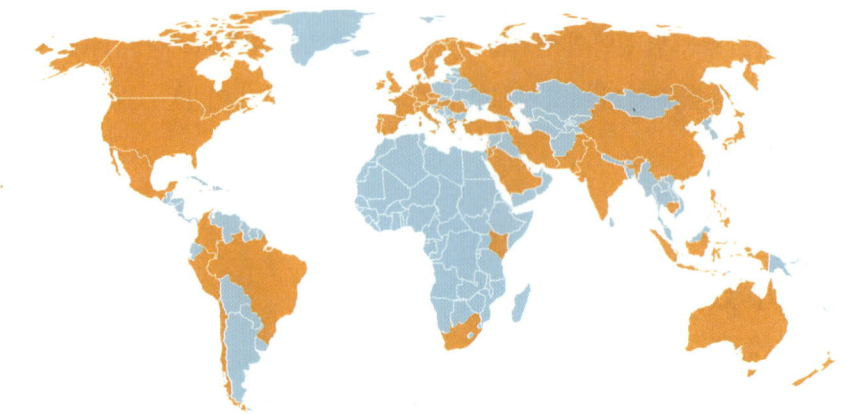

그림 16-2 전 세계 행동 과학 팀의 분포

어떤 유형의 팀이 있을까? 행동 과학 팀 대부분은 기업 내에 있으며, 실제 333개의 팀이 여기에 해당한다(유형이 알려진 팀 중 64%, N = 520개). 학술 기관 81개, 정부 기관 60개, 비영리 조직 46개가 확인되었다.

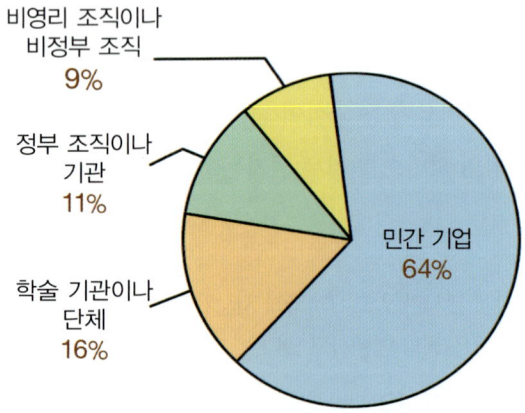

그림 16-3 행동 팀 유형별 비율

---

4 리인슈런스 그룹 오브 아메리카의 'Behavioral Science and Insurance(행동 과학과 보험, https://oreil.ly/9Ytlg)'도 확인하라.

조직 디렉터리와 비교할 때 행동 팀 설문조사에서는 미국에 있는 팀이 실제보다 더 많이 나타났으며(응답자 43% vs. 디렉터리 41%) 영국 팀이 실제보다 더 적게 나타났다(응답자 8% vs. 디렉터리 15%).[5] 민간 기업도 실제보다 더 적게 나타났다(응답자 58% vs. 디렉터리 64%).

나머지 분석에서는 상세한 데이터를 가지고 있는 행동 팀 설문조사 응답자에 초점을 맞추겠다. 하지만 이번 설문조사에 포함되지 않은 정부 조직에도 많이 분포하고 있는 더 넓은 행동 과학 분야(본 설문조사의 최소 2배 규모)가 있다는 점을 유념해야 한다.

이 설문조사는 기업과 비영리 조직의 행동 팀을 가장 잘 대변하며, 따로 명시하지 않는 한 분석 대상을 각 기업이나 비영리 조직(설문을 완료한 229개의 조직 중에서 조직 유형을 알고 있는 161개의 조직)의 주요 응답자[6]로 제한하겠다. 이를 전 세계 통합 목록의 관점에서 보면 행동 팀이 있는 알려진 기업이나 비영리 조직 전체의 42%가 설문조사에 참여한 것이다.

응용 행동 과학 스페인어 자료

자신의 모국어가 스페인어이고 행동 변화를 위한 디자인에 대해 더 배우고 싶다면 멕시코 행동경제연구소The Instituto Mexicano de Economía del Comportamiento (https://oreil.ly/7aQWz)를 추천한다. 멕시코시티를 기반으로 하는 이 비영리 조직은 2015년에 설립되었고 스페인어로 된 방대한 무료 자료를 제공하는데, 여기에는 공공 정책, 소비자 행동, 행동 금융에 대한 세 권의 안내서(전체 750페이지 이상의 분량), 행동 과학 대학 프로그램 디렉터리, 이 분야에 관한 주요 서적과 TED 강연 가이드 등이 포함된다. 이들은 행동 과학 서머스쿨과 행동 디자인 과정을 운영하며 이미 700명 이상의 학생을 가르친 인상적인 조직이다.

지금까지 응용 행동 과학 커뮤니티의 훈련 프로그램, 서적, 행사 대부분은 영어로 이루어졌다. 멕시코 행동경제연구소를 비롯한 단체들로 인해 마침내 변화가 시작되었다.

---

5 설문조사를 영어로 작성했지만 영어를 공식 언어로 사용하지 않는 국가에서도 조사 범위가 크게 줄지 않았다. 다시 말해 디렉터리와 비교할 때 설문조사 응답이 국가별로 크게 편향된 것으로 보이지 않았다. 그러나 디렉터리를 작성하는 과정 자체가 영어권 국가나 그룹에 편향되었을 가능성이 있으며 이런 문제가 있을 경우 이를 측정할 명확한 외부 기준이 없다. 이 문제를 제기해준 앤 마리 레제에게 감사한다.

6 데이터 정리에 관한 이전 각주를 참조하라. 동일한 조직에서 여러 응답자가 설문조사를 완료한 경우도 있다. 따로 명시하지 않는 한 주요 응답자의 답변을 사용했다.

행동 과학에 관심을 보이는 곳

행동 팀 설문조사는 조직 내 행동 과학자(또는 기타 행동 디자이너)로 구성된 전담 그룹에 초점을 맞췄다. 물론, 이들은 중요한 그룹이며 잘 이해해야 한다. 하지만 행동 과학에 관심을 보이고 적용하는 이들이 훨씬 더 많다는 징후가 발견되었다. 그렇다면 이제 이러한 전담 팀과 그 너머에 있는 잠재적인 영역을 차례로 살펴보자.

전담 팀

기업이나 비영리 조직 내에 있는 전담 행동 팀의 규모는 어느 정도일까? 팀의 규모는 매우 다양했지만 응답자 대부분은 소규모 팀에 속해 있었다. 팀 인원수 중앙값은 4명이었다. 우리 설문조사에서 가장 큰 팀은 200명 미만이었다(N = 153). 이들 조직 중 절반 이상(59%)이 행동 변화가 조직의 목표와 사명의 명백한 일부라고 했는데 행동 팀이 그 조직 자체였기 때문인 경우도 많았다. 예를 들어 캐나다의 Behaviorist(https://oreil.ly/knZLv)와 같이 수년간 행동 과학에 집중하는 많은 소규모 컨설팅 업체가 생겨났다.

이 분야의 규모는 어느 정도일까? 응답자들이 대표한 팀의 총인원수는 1,216명이었고 같은 회사 내 다른 팀에서도 응용 행동 과학을 적용하는 인원이 815명 더 있다고 밝혔다.[7] 이 수치를 결합하고 설문조사가 전 세계 총 행동 과학 팀의 42%를 대표한다고 가정하면 전 세계 기업과 비영리 조직에서 고용한 총 인원수를 대략적으로 추정할 수 있다. 특히 행동 과학을 적용하는 것으로 확인된 이들 팀에 고용된 인원은 약 4,840명인 것으로 보인다.

월마트, 펩시를 비롯한 주요 브랜드의 인지도 높은 팀 때문인지 이 수치는 놀라울 정도로 낮게 느껴진다. 하지만 가용성 휴리스틱 때문에 이런 팀이 다른 회사에도 많을 것이라고 일반화해서는 안 된다. 이런 기업 내부에 있는 팀도 일반적으로 규모가 작기 때문이다. 게다가 영국의 행동 통찰 팀, 미국의 아이디어스42처럼 전 세계에서 가장 규모가 큰 전담 행동 팀조차

---

7 명백히 부정확하며, 그렇다는 사실을 수동으로 확인한 항목을 제거한 이후의 수치다.

각기 고용한 인원이 200명이 채 되지 않는다.[8] 응용 행동 과학에 중점을 두는 것으로 가장 잘 알려진 개발 기관인 MIT의 압둘 라티프 자밀 빈곤 퇴치 연구소$^{Abdul\ Latif\ Jameel\ Poverty\ Action\ Lab}$ (J–PAL), 노스웨스턴 대학교와 예일 대학교의 IPA$^{Innovations\ for\ Poverty\ Action}$ (빈곤 퇴치를 위한 혁신)도 규모가 그다지 크지 않고, 이들 기관의 많은 직원이 행동 과학을 업무에 직접적으로 적용하지 않으며 나머지는 연구 교수로 근무하고 있다.[9]

신생 분야라는 사실을 고려할 때 그리 놀라운 일은 아니다. 다음 그래프는 각 행동 팀이 언제 시작되었는지 보여준다. 1973년에 설립된 폴 슬로빅의 의사결정 연구소$^{Decision\ Research}$ 같은 몇몇 선구적인 기관을 제외하면[10] 실질적인 성장은 2013년이 되어서야 시작되었다. 2000년 이전에 시작한 팀은 2%에 불과하고 2013년 이후에 시작한 팀이 87%를 이룬다.

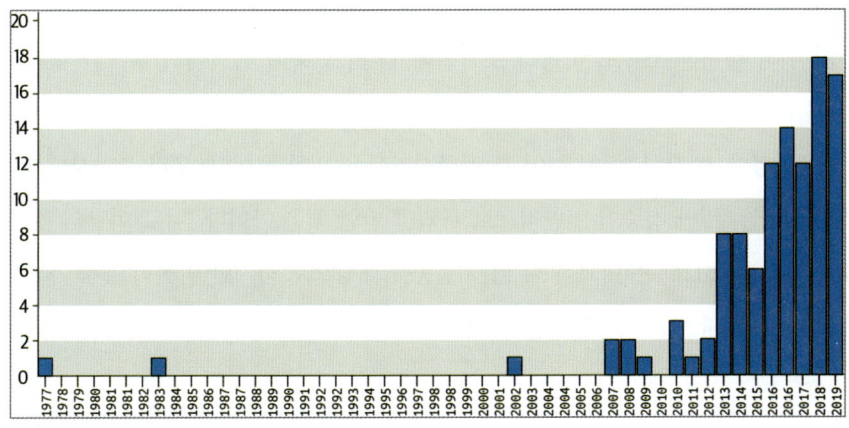

그림 16-4 행동 팀 시작 시점

그래도 새로 진입하는 팀이 계속 늘어나고 있으며 기존 팀도 성장할 것으로 기대할 수 있다. 2020년 행동 팀 인원수 중앙값은 내년에 25%(평균 증가율은 52%) 늘어날 것으로 예상되

---

[8] 2019년 10월 24일 기준으로 영국의 행동 통찰 팀(https://oreil.ly/wqtrb)에 등록된 직원은 181명이며, 이중에 자신의 업무에 실제로 행동 과학을 적용하는 인원은 소수에 불과하다. 아이디어스42에 등록된 직원은 126명이다(https://oreil.ly/fsYnJ).

[9] 2019년 10월 24일 기준으로 J-PAL에 전 세계적으로 등록된 직원은 294명이며, 여기에는 연구 교수와 보조금 신청서 작성 전문가가 포함된다.

[10] 이런 초기 선구자들은 실제로 존재하며, 이들의 존재는 기본 데이터를 직접 검증하는 방식으로 확인되었다.

며, 이 예상이 맞는다면 일자리는 1,208개에서 2,515개로 증가할 것이다. 이런 예상 고용 수치를 곧이곧대로 받아들여서는 안 되지만, 이렇게 낙관적인 수치가 실현되어서 규모가 커진다고 한들 보편적인 기준으로 보기에 여전히 작은 규모라는 사실에는 변화가 없다. 미국에만 20만 명의 심리학자가 있다는 사실과 비교하면 이 수치가 얼마나 적은지 제대로 이해할 수 있을 것이다.

비전담 팀

설문조사에 응한 전담 팀은 행동 과학을 자신의 업무에 적용하는 데 관심을 보이는 전체 인구의 일부에 지나지 않는다. 전담 팀과 행동 과학에 관심을 보이는 전체 인구를 명확히 구별하는 데 도움이 되는 몇 가지 일화가 있다. 행동 디자인 네트워크는 2013년 내가 행동 과학을 홍보하기 위해 설립한 소규모 비영리 조직인데, 우리가 북미 전역에서 주최한 행사에 등록한 인원은 16,000명 이상이었다. 그리고 이 책의 초판은 이 분야의 총 고용 추정치보다 몇 배나 더 판매되었다. 솔직히 이 책은 이 분야 종사자들을 위한 책이다(우리 출판사에게는 안타까운 일이지만!). 일반 청중이 일반적으로 구입할 만한 책은 아니다. 니르 이얄의 첫 번째 책 『훅』(유엑스리뷰, 2022)은 비교적 더 넓은 청중을 대상으로 하지만 여전히 제품 개발 심리학에 중점을 두고 있다. 이 책은 약 30만 명의 독자에게 선택을 받았다.[11]

행동 과학에 관심을 보이는 이들은 디자인, 제품 관리, 마케팅을 아우르는 더 넓은 분야에 있을 가능성이 높다. 그리고 이보다는 덜하지만 인적 자원 커뮤니티에도 있을 수 있다. 이러한 커뮤니티는 그래픽 디자이너만 해도 50만 명이 넘을 정도로 거대하다.[12]

따라서 두 가지 큰 차이가 존재한다. 우선 행동 과학을 제품과 커뮤니케이션 개발에 적극적으로 적용하려는 사람이 이 분야에 정식으로 고용된 사람보다 훨씬 더 많다. 마찬가지로 관심을 보일 수 있는 사람들의 분야(다른 디자이너, 프로덕트 매니저 등)는 실제 관심을 표현

---

[11] 니르 이얄이 제공한 통계를 인용했다.
[12] 그래픽 디자인 커뮤니티 규모 추정치는 이비스월드(IBISWorld)의 보고서를 참고하라(https://oreil.ly/qsoUq). 2020년 1월 기준으로 볼 때 이들은 이 분야의 규모를 534,680명으로 추정했다(2024년 7월 기준으로는 533,000명으로 추정된다).

한 사람들의 분야보다 훨씬 더 넓다(적어도 입증되지 않은 일화적인 수치에 따르면 그렇다).

이러한 현실은 이 분야 지망생에게 어떤 의미를 지닐까? 간단히 말하자면 기존 전담 팀에 합류하는 것은 어렵다는 뜻이다. 그 대신 근무 중인 회사에 새로운 행동 과학적 접근법을 도입하거나 특히 프로덕트 매니저, 디자이너, 마케터로서 자신의 주요 업무의 일환으로 이러한 교훈을 적용하는 것을 고려해보아야 한다.

자, 그럼 이제 이런 팀이 어떻게 시작하는지, 그리고 우리가 이들에게서 무엇을 배울 수 있는지 살펴보자.

광범위한 적용 범위

이제는 전 세계의 다양한 분야에 행동 과학 팀이 존재한다. 지금부터 이런 팀이 어떻게 구성되는지, 이들의 비즈니스 모델이나 조직 내 위치는 어떠한지, 그리고 이들이 해결하려는 구체적인 행동 문제는 무엇인지 살펴보자.

기원

행동 팀은 어떻게 시작될까? 정해진 경로는 없다. 응답자들은 상향식, 하향식 접근법이 혼재되어 있다고 설명했다. 행동 과학에 특화된 회사를 소규모로 창업하거나(29%) CEO나 부서장이 주도하여 만들거나(21%, 18%) 직원으로서 자기 업무의 일환으로 행동 과학을 도입하여 팀으로 성장하는 경우(17%)까지 다양하다. 하지만 회사 외부인이 회사를 설득하여 행동 팀을 시작한 경우는 **드물었다**(3%). 즉, (조직의) 행동적 변화는 내부에서 왔다.[13] 헬로월릿과 모닝스타에서 내가 한 경험도 마찬가지였다. 나는 이미 각 회사의 직원이었고 내부에서 행동 팀을 시작했다.

---

13 설문조사에서 응답자의 12%는 '기타'라고 답했으며 이러한 범주에 딱 맞는 정보를 제공하지 않았다.

비즈니스 모델

설문조사에 응답한 기업과 비영리 조직에 있는 161개 전담 팀(그리고 웹 검색과 사전 지식을 통해 행동 팀의 존재를 확인한 전체 디렉터리의 379개 조직 중에서)에는 상당한 다양성이 있다. 그렇지만 대략적으로 보자면 크게 두 범주로 나눌 수 있다. 컨설팅 업체(28%)와 자사 제품과 서비스에 행동 과학적 접근법을 적용하는 회사(72%)다. 적어도 우리 설문조사에 따르면 이 분야 고용의 대부분은 컨설팅 분야에서 이뤄지며, 특히 미국, 영국, 네덜란드의 컨설팅 업체에서 이루어진다. 디렉터리 상위 5개 가장 큰 팀 중 3개 팀은 모두 비영리 컨설팅 조직으로, 영국의 행동 통찰 팀, 미국의 아이디어스42, 케냐를 기반으로 하는 부사라 센터다.

조직 내 위치

조직 내 팀의 위치 측면에서 보면 외부 컨설팅 팀(33%)을 제외할 때 가장 흔한 위치는 데이터 과학(26%)이었고 그 뒤로 제품(20%), 디자인(18%), 마케팅(14%)이 따랐다.

팀원 개인의 경우 52%가 행동 과학 분야의 정식 학위를 가지고 있다고 말했다(N = 155). 나머지는 책을 통해(85%), 직장에서(80%), 정식 교육 과정(41%), 해당 분야의 학위로 이어지지 않는 비공식 온라인 강의(59%)를 통해 학습했다고 전했다.

집중 분야

이런 팀이 목표로 삼는 행동 유형은 무엇일까? 일부 팀은 개인의 특정 결과에 초점을 맞추는데, 저축, 소비, 투자 등 재정 관련 행동(57%), 건강 관련 행동(49%), 교육(42%), 에너지 사용(36%) 등이 가장 흔했다. 제품 사용(60%), 판매(51%)처럼 회사가 주도하는 결과에 시간을 투자하는 팀도 많았다. 응답자들은 자신에게 해당하는 모든 항목을 선택했고 표본에 속하는 많은 기업과 비영리 조직이 다양한 고객에게 컨설팅을 제공했다.

이들이 사용하는 기법은 다양하지만, 83%로 단연 1위를 차지한 것은 사회적 영향(사회적 규범, 사회적 증거 등)이었다. 그다음으로 인기 있는 기법은 주의 집중 유도(79%), 선택 세트 형성(78%)이었다. 자주 언급되는 습관 형성 접근법은 응답자의 62%가 사용했다(그림 16-5 참조).

대부분 이런 개입의 대상 청중은 **개입의 존재를 인식하지 못했다.** 이는 특히 개인이 아닌 조직의 이익을 위해 행동을 유도하는 경우 윤리적 문제를 야기할 수 있다. 응답자의 40%는 거의 모든 사용자가 행동 개입을 사용하고 있다는 사실을 알지 못한다고 했고, 20%는 일부가 알 것이라고 했으며, 20%만이 사람들 대부분 또는 모두가 알고 있다고 답했다(N = 143).

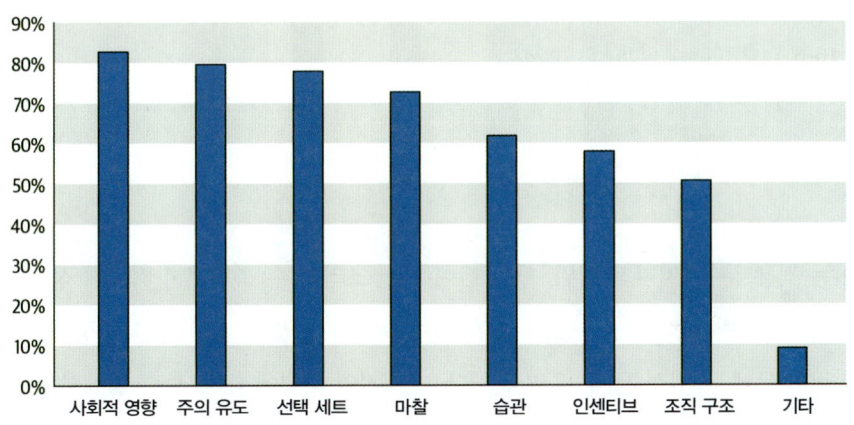

그림 16-5 행동 팀이 사용하는 기법(응답자들은 하나 이상의 항목을 선택할 수 있다.)

응답자들은 자기 업무에서 다양한 측면의 중요도를 평가했다. 직접 행동 변화를 유도하는 것은 결과를 내적으로 공유하는 것과 마찬가지로 일관되게 가장 중요한 요소로 꼽혔다. 대부분의 팀은 결과를 외부로 공유하거나 정책에 영향을 주려는 시도는 중요하게 생각하지 않았다(기회가 없었을 가능성도 있다). 다시 강조하지만 이 분석은 표본에 속하는 기업과 비영리 조직에 국한되므로 학계와 정부 기관의 전체 그림은 상당히 다를 수 있다.

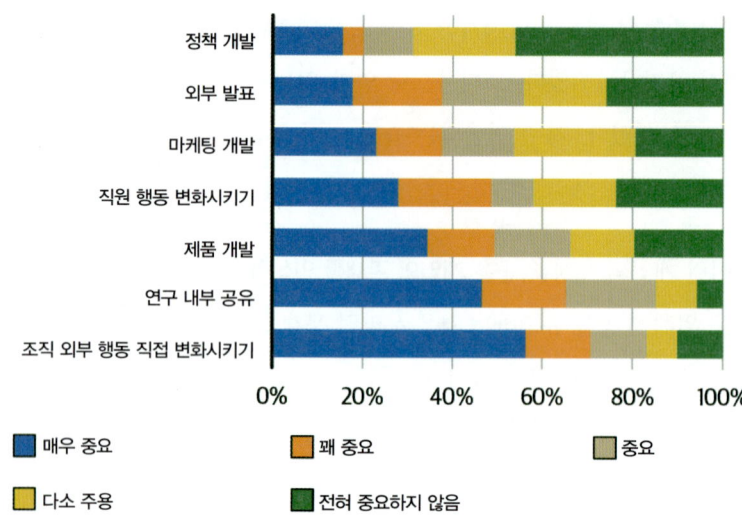

그림 16-6 각 활동이 팀에 얼마나 중요할까?

과제

이 분야는 적용 분야, 지리적 범위, 행동 팀이 있는 조직의 수 측면에서 빠르게 성장하고 있다. 하지만 이 분야가 직면하고 있는 세 가지 주요 문제가 있다. 바로 팀을 구성하고 운영하는 실질적인 문제, 재현성 문제, 윤리 문제다. 윤리적인 과제에 대해서는 4장에서 이미 자세히 다뤘으니 여기에서는 나머지 두 가지 과제를 살펴보자.

팀 운영의 실질적인 과제

행동 팀이 마주하는 가장 큰 과제는 개입을 실제로 구현하기(43%), 영향 측정하기(41%)였고, 개입을 위한 아이디어 내기는 거의 문제가 되지 않았다(11%). 이 책에 대한 논평과 후속 인터뷰에서도 응답자들은 마찬가지로 구현과 영향 측정이 자신들의 핵심 과제라고 언급했다.

구현 과제는 두 가지 주요 원인에서 비롯되는 것으로 보인다.

첫째, 외부 컨설턴트로 활동하는 행동주의자들은 자신이 보고서를 작성하고 다른 프로젝트로 넘어간 후에 고객이 이를 실제 구현했는지 의심스럽다고 불평한다. 그리고 사내 컨설턴트도 똑같은 불평을 한다. 하지만 이들은 자신의 조언이 실제로 받아들여지지 않았다는 것을 **알고 있다**. 이 분야에서 일하는 동료들과의 대화로 미루어 볼 때 구현이 문제가 되는 또 다른 이유는 제품 개발의 일반적인 과제 때문이다. 행동에 관한 정보를 제공하더라도 많은 좋은 아이디어가 실행에 옮겨지지 않는다. 로드맵에 여유가 없고 회사 내 적절한 수준에서 동의를 얻지 못하기 때문이다.

둘째, 역설적으로 정반대의 문제도 발생한다. 기업이 영향을 측정하지 않고 구현을 서두르는 것이다. 설문조사 응답자 중 많은 인터뷰 대상자들이 고객이나 회사가 너무 빨리 행동한다고 말했다. 행동 팀이 아이디어를 제시하면 "좋아요. 그럼 바로 해보죠. 테스트에 시간 낭비할 필요가 뭐 있겠어요!"라고 반응한다는 것이다. 이는 모닝스타에서도 경험했던 문제며 이 분야의 다른 연구자들도 언급한 바 있다.[14] 알려진 문제에 대해 잠재적인 해결책을 제시하면서 그 해결책이 효과가 있을지 확실하지 않다고 하기는 어렵다. 이해관계자들은 전문가에게서 접근법이 어쩌면 효과가 없을 수도 있다는 말을 듣는 데 익숙하지 않다! 현실은 행동 과학에서 비롯되었든 아니든 모든 해결책은 효과가 없을 수도 있고 심지어 역효과를 낼 수도 있다는 것이다. 행동 팀은 이렇게 문제의 가능성을 솔직히 인정하는 것을 더 선호하지만 이는 오해를 살 수 있다. 이러한 영향 측정은 행동 과학의 필수 부분이며, 이는 다음 문제로 이어진다. 바로 재현성 위기다.

과학에서의 재현성 위기

과학의 여러 분야, 특히 심리학과 의학 분야는 10년간 재현성 위기를 경험하고 있다. 이 분야에서 가장 유명한 초기 연구 일부와 다른 많은 연구는 재현되지 않았다. 즉, 후속 연구자들

---

[14] 예컨대 Wallaert(2019)

이 초기 저자의 결과를 똑같은 상황에서 재현하려고 시도했으나 성공하지 못했다. 후기 연구자들의 연구 결과가 통계적으로 의미가 없거나 이전에 보고된 것보다 훨씬 작은 경우가 많았다. 임상 연구자이자 메타과학자(과학을 연구하는 과학자)인 존 이오아니디스John Ioannidis는 「Why Most Published Research Findings Are False(출판된 대부분의 연구 결과는 왜 거짓일까)」라는 제목의 2005년 논문에서 이 문제를 날카롭고 간결하게 요약했다.

그 이후 마케팅부터 스포츠 과학에 이르기까지 광범위한 분야에서 연구 재현에 실패했다. 심리학에 크게 의존하는 행동 과학도 이 문제를 피해갈 수 없었다. 행동 과학 분야에서 사용되다가 나중에 신뢰를 잃은 저명한 사례로는 다음과 같은 연구가 있다.[15]

- 로이 바우마이스터Roy Baumeister가 대중에 알린 의지력 자원 모델(자아 고갈). 힘든 일을 한 후에 유혹에 굴복할 가능성이 더 높아진다.
- 바르지Bargh 등이 연구한 행동에 대한 미묘한 신호의 사용. 예를 들어 노년과 관련된 단어에 노출된 참가자는 아마 자기도 모르게 더 천천히 걷게 된다.
- 연구자 에이미 커디Amy Cuddy가 연구한 파워 포즈power pose. 강인한 자세는 테스토스테론과 코르티솔의 분비를 증가시켜서 더 위험한 행동을 하게 한다.

해당 주제에 관한 유명한 TED 강연이나 서적이 있고 관련하여 수백 건의 연구가 진행되었음에도, 후속 분석에 따르면 이러한 연구들을 전혀 신뢰할 수 없는 것으로 나타났다. 추정치는 다양하지만 메타 분석(동일한 연구 영역에 대한 여러 연구에 대한 연구)을 확인해보면 연구의 20~40%는 원 저자가 발표한 대로 재현되지 않는 것으로 보고된다.

이 모든 일은 우려를 불러일으킬 수 있고 그래야 마땅하다. 사회과학자나 다른 연구자들뿐 아니라 행동 연구를 제품 개발에 적용하려는 우리, 그리고 이런 연구 결과로 인해 다양한 방식으로 생활에 영향을 받는 더 넓은 대중에게도 마찬가지다.

---

15 의지력: 앵버(Engber 2016, `https://oreil.ly/oS06G`), 점화(priming): 도옌 외(Doyen et al. 2012, `https://doi.org/10.1371/journal.pone.0029081`), 파워 포즈: 도미너스(Dominus 2017, `https://oreil.ly/q4X2X`). 재현성 위기에 관한 많은 온라인 자료가 있다. 문제가 된 심리학 연구 목록은 재럿의 글에서 확인할 수 있다(Jarrett 2016, `https://oreil.ly/lkYwy`)

하지만 재현성의 위기는 건강하고 긍정적인 현상이다. 이는 우리의 지식 기반에서 부패한 부분을 찾아내서 도려내는 과정이며, 이렇게 하지 않는다면 상황은 훨씬 더 나빠진다. 이렇게 하지 않는 것은 우리의 무지를 외면하는 것이나 다름없다.

연구자로서 말하건대 그토록 저명한 다수의 연구가 재현되지 않는다는 것은 진정으로 지식을 발전시키는 것이 대단히 어렵다는 사실을 보여준다. 행동 과학의 맥락에서는 행동 변화를 일으키는 것도 마찬가지로 어렵다. 연구자들이 설계한 개입이 어리석고 비효율적이어서가 아니라(물론, 그런 경우도 있다) 연구 과정, 특히 재현 과정에서 어떤 개입이 견고하고 견고하지 않은지가 드러나는 것이다. 이런 과정이 없다면 어떤 개입이 좋은지 나쁜지 알지 못한 채로 계속해서 나쁘고 비효율적인 개입을 하게 될 것이다. 의학의 역사는 아무 효과가 없거나 해가 더 많은 치료법(두개골에 구멍을 뚫는 천두술, 피를 흘리게 하는 사혈 등)으로 가득 차 있으며, 국제 개발 분야도 이와 마찬가지다(15장의 소액 금융 사례처럼). 엄격한 측정과 재현이 없으면 이런 재앙이 계속해서 반복될 것이다.

그렇다면 행동 과학을 적용하는 사람들로서 우리가 할 수 있는 일은 무엇일까?

첫째, 기초가 탄탄한 연구를 적용해야 한다. 나도 이 책을 쓰는 동안 그렇게 하려고 노력했다. 물론 여기서 논한 개입 중 일부는 기대한 만큼 효과적이지 않다고 밝혀질 수 있지만, 그 정도는 예상할 수 있는 일이다.

둘째, 우리는 스스로를 측정하고 테스트해야 한다. 즉, 자체적으로 재현을 수행해야 한다. A/B 테스트를 실행하거나 다른 방법으로 개입의 영향을 엄격하게 측정할 때마다 다른 사람들의 결과를 재현하는 것이다.

더 중요한 점은 우리의 제품이나 사용자의 특정 맥락에 효과적인 방법을 찾았다는 확신을 얻는 부분이다. 이것이 행동 변화를 위한 디자인을 할 때 영향 측정이 선택 사항이 아닌 이유 중 하나다. 이는 디자인 프로세스의 필수적인 부분이다. 개입 자체만큼 재미있고 흥미롭지 않더라도 꼭 해야 한다.

마지막으로 우리는 나쁜 연구에서도 교훈을 얻어야 한다. 저명한 연구를 재현하지 못하는 경우는 언제인가? 영향이 적고, 참가자의 수가 적고, 무작위화가 제대로 이루어지지 않았거나 실험적 통제가 전혀 없는 경우, 무작위 결과를 무시하거나 공개하지 않은 경우, '사실이라고 하기에 너무 좋은' 결과인 경우가 그렇다.[16] 13장에서 우리는 이런 많은 문제를 해결하기 위해 실제로 의미 있는 영향에 주의를 기울이고 충분한 참가자를 모집하여 영향 평가를 통해 영향을 측정하고 사전-사후 테스트와 기타 덜 엄격한 기술 대신에 실험의 중요성을 강조하며 무위 결과를 근거로 하는 추가 분석을 중단할 시점을 정하는 규칙을 세우려 노력했다.

이 논의는 우리를 행동 팀 설문조사와 13장, 14장으로 되돌아가서 이 분야의 행동주의자들이 어떻게 영향을 측정하는지 살펴보게 한다. 구현과 영향 측정이 어렵다는 점을 고려할 때 응답자의 70%가 팀의 성공을 A/B 테스트나 다른 형태의 무작위 대조군 실험으로 측정했다고 보고한 점은 주목할 만하다. 그러나 주의가 필요하다. 지난 12개월간 각 행동 팀이 진행한 실험의 중앙값은 단 4회에 불과했다. 비교적 새로 구성된 팀이 많다는 점을 감안하더라도 이는 A/B 테스트가 응답에 나타난 것만큼 널리 전파되지 않았거나 행동 팀에서 실험이 드물게 시행되고 있다는 것을 시사한다.

무작위 대조군 실험 외에도 71%가 사전-사후 분석을 사용했다. 50%는 사용자로부터 직접적인 피드백을 구하여 행동 개입의 효과를 측정했다. 이 두 기법은 개입이 효과가 있었던 **이유**와 없었던 **이유**를 이해하는 데 매우 유용하지만, 효과 자체를 측정하기에는 부족할 때도 있다. 흥미롭게도 25%는 (A/B 테스트를 넘어서) 통계 기법이나 머신러닝 기법을 사용했다. 다음 장에서는 통계 방법, 머신러닝, 행동 과학의 통합에 대해 논의할 것이다. 단, 이 조합이 비교적 새롭고 널리 퍼지지 않았다는 점에 유념하기 바란다.

---

16 레스닉의 논의를 참조하라(Resnick 2018, https://oreil.ly/sszd9)

> ### 실천하기

여러분이 알아야 할 사항

- 응용 행동 과학 분야는 2013년 이후 빠르게 성장했다. 87%의 팀이 지난 7년 사이에 시작했다.
- 여전히 팀과 일자리의 대부분이 미국과 영국에 있지만, 전 세계적으로 새로운 팀이 급증하면서 상황은 빠르게 변하고 있다.
- 대부분의 활동은 비영리, 영리 컨설팅 업체에서 이루어지고 있다.
- 개입을 구현하고 영향을 측정하는 것이 특히 어렵다.
- 다양한 기법이 사용되고 있지만 가장 일반적으로 쓰이는 접근법은 사회적 넛지다.

회사나 비영리 조직에서 행동 팀을 시작하고 싶다면 행동 과학이 독립적인 역할을 할 곳을 찾기보다 기존 역할에 가치를 더하는 곳을 찾아라. 후자가 훨씬 더 흔하다. 이런 역할은 대개 외부 고객을 위한 컨설팅, 제품 디자인, 관리, 연구, 분석, 마케팅 분야에 있다. 다음 장에서는 행동 팀을 시작하는 데 필요한 인재와 그들을 설득하는 방식에 대해 더 자세히 살펴보겠다.

CHAPTER 17

행동 팀에 필요한 사항

지난 10년간 미주개발은행Inter-American Development Bank의 다양한 연구자들은 행동 과학에서 얻은 교훈을 개발 프로젝트에 적용하거나 자체 현장 연구를 수행해왔으며 2015년부터는 보다 조직화된 접근법을 추구하기 시작했다.

카를로스 스카르타시니Carlos Scartascini는 은행 지도부와 협력하여 이미 진행 중이던 분산된 노력을 지원하고 성장시키기 위해 통합 그룹을 창설했다. 선임 연구원과 객원 연구원으로 구성된 핵심 팀은 회원국의 정부 관료와 미주개발은행 전문가를 교육하고(이들은 지금까지 200명 이상의 직원을 교육했다) 모범 사례를 전파하며 필요에 따라 개별 프로젝트에 대한 컨설팅을 제공한다.

이들은 중앙 팀 외에도 다른 부서에 있는 20명 이상의 전담 행동 과학자와 협력하며 교육부터 위생에 이르기까지 행동 과학을 은행 전반에 걸쳐 적용하는 수많은 다른 사람들과 함께 일하고 있다. 거의 모든 부서에 자신의 전문 분야와 개발을 위한 행동 과학 지식을 결합하는 내부 전문가가 있다.

미주개발은행은 매년 10억 달러(한화로 약 1조 3,320억 원)를 개발 프로젝트에 대출하는데, 이러한 구조는 은행이 다루는 광범위하고 다양한 업무를 효과적으로 관리하는 데 도움이 된다. 또한 이러한 구조 덕에 각 부서 의료나 인프라 프로젝트의 특정 요구에 대한 깊이 있는 지식을 행동 과학의 최신 연구 결과나 기법과 결합할 수 있게 되었다.

행동 과학 팀은 하나의 설계나 구조로 이루어지지 않는다. 이런 팀은 기존 프로그램이나 부서에서 유기적으로 성장하며 이런 부서의 사람들은 행동 과학이 자신의 업무에 도움이 될 수 있다고 생각한다. 미주개발은행 같은 몇몇 대규모 그룹은 중앙에서 지원하고 실무자들을 널리 퍼뜨리는 분산형 모델로 진화했다. 이 장에서는 회사에서 자체적으로 팀을 구성하는 데 필요한 사항을 살펴보겠다.

지금까지 행동 팀이 거둔 성과와 앞으로 여러분이 나아갈 길

이 분야로 뛰어들려면 어떻게 해야 하는지, 특히 행동 과학을 자신의 회사에 적용하기 시작하는 데 필요한 사항은 무엇인지 자세히 알아보자. 행동 과학 팀 설문조사를 통해 확인한 바와 같이 이 분야가 빠르게 성장했음에도 이 분야에 입문하려는 사람에게 해줄 수 있는 최고의 조언은 기존 조직 내부에서 행동 팀을 만들라는 것이다.

행동 과학을 제품과 커뮤니케이션에 실제로 사용하려면 분명히 일련의 도구가 필요하다. 이것이 이 책의 나머지 부분에서 다루는 내용이다. 그 밖에 무엇이 필요할까? 특히 회사 내 다른 이해관계자를 위한 설득력 있는 논거, 그리고 해당 업무에 적합한 인재와 기술이라는 두 가지 영역을 살펴보자.

논거 마련하기

행동 변화를 위한 디자인의 가치를 주장하는 가장 좋은 방법은 주장하지 않고 직접 보여주는 것이다. 맷 월러트는 이 방법을 이렇게 멋지게 표현했다. "처음에는 행동 과학에 대해 아예 언급하지 않는 것이 이상적이다. 그렇게 1년 동안 자기 일을 훌륭히 수행하여 존경을 얻은 후 마스크를 벗으며 이렇게 말하라. '짠! 이 모든 것은 행동 과학 덕분입니다!'"[1]

다시 말해 이 분야에 있는 많은 개인이 이미 하고 있는 것을 따라 하라. 책을 읽고 온라인 강

---

[1] 맷 월러트와의 인터뷰(2019)

의를 듣고 가능하다면 정규 교육을 받아라. 하지만 무엇보다 가장 중요한 것은 '행동 과학 일자리'를 찾기보다는 행동 과학을 통해 자신의 기존 경력을 발전시킬 방법을 찾아라. 행동 과학을 통해 디자인 실무를 개선하거나(매드*파우Mad*Pow 같은 디자인 회사가 한 것처럼) 고객에게 더 나은 컨설팅 솔루션을 제공하거나(아래의 '사우디아라비아 최초의 행동 팀' 상자글 참조), 아니면 제품 개발을 개선할 방법을 고민하라.

직장에서 행동 과학 팀을 스스로 조직할 여유가 없거나, 이미 시작했지만 이를 성장하고 확장시키기 위해 추가 자원이 필요하다면 행동 과학에 대한 사업적 논거를 마련할 때가 된 것이다.

> ### 사우디아라비아 최초의 행동 과학 팀[2]
>
> 위암 하사나인Wiam Hasanain은 2015년 사우디아라비아의 한 컨설팅 업체에서 행동 과학을 실무에 적용하기 시작했다. 그녀는 사회 복지 프로젝트에 주력하는 회사의 파트너였으며 전문적인 업무 외적으로도 기술을 확장시키기 위해 런던 정치경제대학교London School of Economics and Political Science에서 행동 과학 전문 석사 과정을 밟기로 했다. 그녀는 그 과정에서 "내 석사 학위와 사우디 최초의 행동 유닛을 개척하기 원하는 고객이 만나면서 모든 일이 완벽하게 조화를 이루기 시작했다"라고 말했다. 그 이후 그녀는 행동 과학의 가치를 입증하며 회사 내에서 새로운 팀을 구축하고 역량을 강화할 수 있었다.
>
> 회사의 핵심 역량은 마케팅과 커뮤니케이션이었고 위암은 행동 과학을 업무에 접목해서 이를 기반으로 고객과 자신의 경력을 위해 혁신하고 더 많은 일을 할 수 있다는 것을 깨달았다.

비즈니스 모델을 통해 사고하기

사용자의 자발적인 행동 변화를 돕는 것이 회사의 핵심 비즈니스 목표를 직접적으로 지원할 수 있지만 이런 경우에는 비즈니스 측면에서 특별히 고려해야 할 사항이 있다.

---

2   이 상자글은 위안 하사나인과의 인터뷰(2019)와 후속 이메일 교환을 기반으로 작성했다.

서문에서 언급했듯이 행동 변화에는 두 가지 주요 (윤리적) 목표가 있다.

- 사용자가 **일상생활에서** 바꾸고 싶어 하는 행동
- 제품을 효과적으로 사용하는 데 필요한 **제품 내** 행동

후자의 경우 비즈니스에 미치는 영향이 명확하고 간단하다. 예를 들어 이메일 클라이언트에서 이메일을 더 잘 정리하는 방법을 배우는 행동 변화 작업을 돕는다면 사용자가 (a) 미래에 후속 버전을 구매하거나(제품이 구독 모델인 경우에는 갱신하거나) (b) 이 제품을 다른 사람에게 추천할 가능성이 높아진다. 두 경우 모두 행동 변화는 더 많은 수익을 의미한다.

사용자의 일상생활에서 발생하는 행동이라면 그 행동이 반복되는지, 일회성인지에 따라 회사의 비즈니스 모델이 달라진다. 목표 행동이 운동이라고 가정해보자. 운동은 반복된다. 일반적인 비즈니스 모델은 이러한 유형의 제품에 적합하며 사용자의 성공과 비즈니스의 성공이 조화를 이룬다.

- 사용자의 제품 사용 시간이 늘어나면 수익이 증가한다.
  - **구독 요금과 반복 수수료.** 운동 목표를 설정하고 추적하며 친구와 경쟁하도록 돕는 구독형 제품을 여기에 해당하는 예로 들 수 있다. 제품이 성공적이라면 운동과 수익이 모두 지속된다. 유사한 모델로는 사용자의 작업을 완전히 자동화하는 제품이 있다. 예를 들어 투자 분야의 타깃 데이트 펀드 Target Date Fund (TDF)는 자산 배분 과정을 자동화하고 지속적으로 수수료를 부과한다.
  - **광고.** 무료로 제공되는 운동 추적/경쟁 제품이라면 수수료를 부과하는 대신에 피트니스 제품 광고가 포함된다. 제품이 성공적이라면 관심이 많고 참여도가 높은 청중에게 계속해서 광고를 전달한다.

- 신규 판매로 수익이 증가한다.
  - **시장 침투.** 핏빗의 운동 추적기가 여기에 해당한다. 한 사람이 운동 추적기 2개를 사용하는 경우는 없다. 하지만 제품이 행동을 성공적으로 변화시키면 현재 고객이 다른 사람에게 추천하여 판매가 늘어난다. 시장이 포화 상태에 이르는 것은 긍정적인 문제이며 이럴 때는 새로운 제품 라인으로 이동하면 된다(업셀링).

- 크로스셀링cross-selling[3]과 업셀링. 회사에 여러 운동 제품(추적기, 운동화, 의류 등)이 있다고 가정해보자. 한 제품이 행동을 성공적으로 변화시키면 소비자는 그 회사의 다른 제품을 더 구매하려는 경향을 보인다.

- 사용자의 행동을 성공적으로 변화시키면 수익이 증가한다.
    - 인센티브가 일치하는 제3자의 지원. 예를 들어 사용자들이 행동 변화로 인해 이익을 얻을 때 동일하게 이익을 얻는 제3자가 있을 수 있다. 제3자는 사용자를 대신하여 제품 비용을 지불한다. 직원들의 신체적 건강은 고용주에게 이익이 되므로 고용주는 직원들의 운동을 돕는 제품의 비용을 지불한다. 고객들이 전력을 효율적으로 사용하는 것은 전력회사에 이익이 되므로 전력회사는 오라클의 오파워 같은 제품의 비용을 지불한다.

다시 말하지만 이 비즈니스 모델은 다른 모든 제품과 동일하다. 다만 다소 독특한 점은 제3자 지원 옵션이 포함된다는 점이다.

일회성 행동이나 자주 하지 않는 행동을 변화시키는 제품은 사용자의 성공을 비즈니스의 성공과 일치시키기가 더 어렵다. 가령 모기지를 받는 사람에게 더 나은 대출 상품을 찾도록 도와주는 제품이 있다고 생각해보자. 다행히도 대부분의 사용자가 자주 하는 행동은 아니다. 이 경우에는 일반적인 비즈니스 모델이 적합하지 않다.

- 사용자의 제품 사용 시간이 늘어나면 수익이 증가한다.
    - 일반적으로 관련이 없다. 고객은 좋은 모기지 상품을 찾고 싶을 뿐이다. 찾는 데 시간이 든다고 해서 더 많은 비용을 지불하지는 않을 것이다.

- 신규 판매로 수익이 증가한다.
    - 크로스셀링과 업셀링. 회사가 관련 서비스를 제공한다면 가능하다. 모기지와 당좌 예금을 함께 취급하는 은행이 이러한 예다. 하지만 고객으로서는 모기지 상품 추천 같은 일회성 서비스의 품질을 제대로 평가하기가 어렵고 이러한 불확실성으로 인해 교묘한 속임수를 쓸 수 있는 여지가 생긴다. 따라서 모기지 시장에는 공정한 의사결정을 지원하기보다 높은 리드 생성 수수료를 발생시키는 모기지 상품을 홍보하려는 상당한 유혹(재정적 인센티브)이 있다.

---

[3] 옮긴이_ 노트북을 구매할 때 마우스 구매를 제안하는 것처럼 구매한 제품이나 서비스와 관련된 추가 제품이나 서비스의 구매를 유도하는 판매 전략이다.

- **시장 침투**. 모기지 상품을 현명하게 선택하도록 도와서 신규 판매를 창출할 수 있다. 하지만 이때도 고객들이 품질 평가를 어려워하기 때문에 이들의 의사결정을 도와주는 회사도 똑같은 유혹에 노출된다. 그래서 벌룬 모기지balloon mortgage[4]처럼 초기에는 매력적으로 보이지만 결국 상당한 수수료와 위험을 동반하는 상품을 추천하기도 한다.

- 사용자의 행동을 성공적으로 변화시키면 수익이 증가한다.
    - 인센티브가 일치하는 제3자의 지원. 일회성 행동 변화를 유도하려면 (인센티브가 일치하는) 제3자의 지원을 끌어들이는 것이 매우 중요하다. 패니 메이Fannie Mae와 프레디 맥Freddie Mac[5]은 의사결정을 지원하기 위해 최종 사용자가 최적의 모기지 상품을 선택할 수 있도록 적절한 인센티브를 제공하지만, 그런 제품에 대해 최종 사용자에게 인센티브를 제공하는 다른 기업은 거의 없다.

물론, 사용자 이익과 명확히 일치하지 않는 행동 변화 비즈니스 모델도 있다. 체육관은 사용자가 행동을 변화시키지 못할 때 이익을 얻는 비즈니스의 전형적인 예다. 체육관의 수익 모델은 운동할 계획을 세웠다가 전혀 실천하지 않는 사용자가 내는 수수료에 크게 의존하는 경우가 많다.

필요한 기술과 인력

행동 팀 설문조사를 통해 응용 행동 과학으로 가는 여러 경로가 있다는 것을 배웠다. 민간 부문과 비영리 조직 응답자의 52%가 해당 분야의 정식 학위를 취득했고 나머지 중 80%는 관련 기술을 직장에서 배웠던 것을 떠올려보라. 어쨌든 **적절한 기술을 갖추는 것**은 필수적이며 이런 기술은 크게 세 범주로 나뉜다.

---

4 옮긴이_ 대출 기간 동안 완전히 상환하지 않고 만기에 거액의 잔액을 일시에 납부해야 하는 담보 대출이다.
5 옮긴이_ 이 두 기업은 미국의 정부 후원 기업(GSE)으로 주택 구입자들이 금융기관에서 모기지 대출을 쉽게 받을 수 있도록 지원한다.

기술 역량 1: 비행동적인 기초 기술

설문조사에 따르면 일부 행동 팀이 우수한 조직의 중심에 위치해 있지만, 대다수는 그렇지 않고 제품, 디자인, 마케팅, 분석 등 기타 부서에 포함되어 있다. 이런 그룹에 필요한 첫 번째 기술은 해당 팀의 핵심 업무에 쓰이는 기술이다. 만약 행동 과학을 제품 개발에 적용하고 있다면 디자인이나 제품 관리 업무를 이해해야 한다. 마찬가지로 커뮤니케이션이나 마케팅 작업을 하고 있다면 커뮤니케이션이나 마케팅을 이해해야 한다.

행동 과학은 이러한 핵심 원칙을 대체할 수 없다. 이때 행동 과학은 어디까지나 추가적인 기술로써 마음에 관한 이해를 제공한다. 행동주의자들이, 특히 실무 경험 없이 학교를 갓 졸업한 행동 과학자들이 자신의 기술로 디자인과 마케팅을 도울 수 있다는 이유만으로 디자이너나 마케터가 된 것처럼 행동하는 경우가 있다. 이는 본인에게 좋지 않은 결과를 초래한다. 기초가 부족하면 해당 분야에서 훈련받은 사람들이 쉽게 피할 수 있는 뻔한 실수를 저지를 수 있다. 심지어 (해당 분야의 훈련을 받은) 다른 사람의 업무를 맡으려다가 부서에서 반발을 사게 되어 결국 배제되고 신뢰를 잃는 경우도 있다.

컨설팅은 예외일 수 있다. 회사나 부서에 고용된 컨설턴트에게는 조언할 수 있는 권한이 주어지기 때문이다. 그렇지만 좋은 컨설턴트라면 우선 사람들의 이야기를 경청하고 맥락에 맞게 자신의 언어와 접근법을 조정할 줄 안다. 그렇더라도 행동 과학만으로는 좋은 컨설턴트가 될 수 없다. 행동 과학은 고객과 일하는 방법을 이미 알고 있는 컨설턴트가 행동 문제를 이해하고 해결하는 데 도움을 준다.

기술 역량 2: 영향 평가

이 책 전반에 걸쳐 주장한 바와 같이, 그리고 일상적인 관찰을 통해 누구나 쉽게 알 수 있듯이 사람들은 정말 복잡하다. 인간의 행동은 정말 복잡하다. 환경과 행동의 상호작용은 정말로 복잡하다. 그렇기 때문에 행동 변화를 위해 하는 **모든 일**이 바라는 효과를 낼 것이라 장담할 수 없다. 행동 과학부터 디자인 씽킹^{Design Thinking}, 산꼭대기에서 하는 명상까지 훌륭한 아이디어를 얻기 위해 이용하는 것이 무엇이든 마찬가지다.

스스로에게, 고객에게, 조직 전체의 이해관계자에게 솔직하려면 인과적 영향을 엄격하게 측정해야 한다. 이는 기술 역량 1(마케팅, 제품 개발, 디자인 등의 도메인 전문 지식)에서는 일반적으로 다루지 **않는** 중요한 기술 역량이다.

영향 평가는 어디에서 배울 수 있을까? 유감스럽게도 직장에서는 배우기 어렵다. 이때 필요한 것은 통계 기초 지식인데, 이런 지식은 대학교에서 이루어지는 체계적인 학습을 통해 습득하는 것이 일반적이다(독학으로 학습하는 것이 불가능한 것은 아니지만 그리 흔한 일은 아니다).

무작위 대조군 실험을 수행할 줄 알아야 한다고 말하지 않았다는 점에 주목하라. 여기에는 두 가지 이유가 있다.

첫째, 무작위 대조군 실험은 인과 영향 평가 작업에 있어 의심의 여지없이 가장 좋은 도구다. 그렇다고 해도 항상 실행할 수 있는 것은 아니며, 다른 모든 것과 마찬가지로 실행할 수 있다고 해도 불완전하다(`https://oreil.ly/LO1ON`). 때로는 인과 관계를 삼각 측량하기 위해 통계 모델을 사용해야 하며, 이를 위해 폭넓은 통계 기술이 필수적이다.

둘째, 누군가 폭넓은 통계 기술 역량을 갖췄다면 (먼저) 무작위 대조 실험을 분석하는 방법을 배우고 (그다음으로) 설계하는 방법을 배울 수 있다는 것을 깨달았기 때문이다. 그 반대가 항상 성립하는 것은 아니다.

10년 전만 하더라도 많은 조직에서 탄탄한 통계 기술을 갖춘 인력을 찾기가 매우 어려웠다. 데이터 과학의 부상으로 이런 상황은 바뀌고 있다. 데이터 과학과 행동 과학은 실제로 상당히 다르지만(다음 섹션 참조), 데이터 과학 팀원들은 기술적 엄격성에 대한 기초 지식을 갖추고 있어 이를 바탕으로 무작위 대조군 실험에 적응하여 분석할 수 있다.

기술 역량 3: 마음과 그 특성에 대한 깊은 이해

마지막으로 갖춰야 할 기술 역량은 대부분의 비전문가가 행동 과학이라고 생각하는 것, 즉 행동에 영향을 미칠 수 있는 마음의 특성과 넛지에 대한 지식이다. 올바른 도구와 마음에 대한 기본적인 이해를 갖추면 사람들은 행동 장애물을 극복할 창의적인 방법을 찾을 수 있다. 넛지 기법에 대한 지식은 아마 행동 과학을 적용하는 데 있어 중요도가 **가장 낮을 것이다.** 다시 말하지만 모든 개입은 어차피 테스트해야 한다.

이런 넛지의 메커니즘을 이해하는 것이 중요하다. 사람들에게는 한계가 있고 효율적으로 살기 위해 지름길을 사용하며 결정과 행동의 맥락에 따라 지름길은 잘못될 수 있다. 바로 이 때문에 1~3장에서 이러한 기초를 다루었다. 사람들의 실수와 관련된 편향과 흥미로운 일화를 들려주는 대신에 근본적인 이론을 강조한 것이다. 1~3장에서 다룬 기초는 좋은 출발점이었다. (재미있는 넛지 이야기 말고) 심리학적 모델과 근본적인 메커니즘을 강조하는 행동 과학 서적을 더 찾아서 읽어본다면 그 또한 큰 도움이 될 것이다.

이는 모두 직장에서, 그리고 독서와 강의를 통해 배울 수 있는 기술이다. 하지만 내가 행동 과학에 대한 '요령 모음'이라고 부르는 접근법에 집중하는 온라인 강의를 주의하라. 이런 강의는 편향에 집중할 뿐 이를 연결하는 기초 이론을 소개하지 않는다. 화려하게 눈길을 끌지만 사용자가 행동 장애물을 극복하도록 돕는 데 필요한 방향과 이해를 제공하지 않는다.

목록에 없는 사항: 박사 학위

정규 교육, 특히 박사 학위가 꼭 필요하다고 생각하지 않는다. 나는 박사 학위를 취득했지만 이 분야에서 일하는 데 필수 조건이라고 여기지 않는다. 물론, 박사 학위를 통해 영향을 측정하는 통계적 엄격성(기술 역량 2), 도메인 전문 지식, 특히 마케팅에 관한 전문 지식(기술 역량 1)을 비롯해 많은 소중한 기술을 얻을 수 있다. 박사 학위가 있든 없든 이런 기술은 팀에 반드시 필요하다. 또한 박사 과정 교육은 배움에 대한 사랑, 탐구에 대한 열린 마음, 자신의 오류를 인정하는 태도, 복잡한 아이디어를 일관되고 예측할 수 있는 이론으로 만드는 능력, 어떤 이론이나 모델의 정확성에 대해 끊임없이 의심하는 자세를 길러준다. 이런 사항들도 꼭 필요하며 사려 깊고 효과적인 응용 작업에 필수라고 생각한다. 그러나 이런 특성은 박사 학위(또는 석사 학위) 소지자에게만 국한되지 않는다. 다행히도 똑똑하고 호기심 넘치고 사려 깊고 회의적인 사람들은 박사 과정 외에 다른 많은 곳에서도 찾을 수 있다.

이런 기술을 팀에서 결합하는 방법

이 모든 기술을 갖춘 한 사람으로 구성된 행동 팀이 많다. 베터먼트Betterment의 댄 이건도 이렇게 뛰어난 인재 중 한 명이다. 그는 사내 여러 그룹에게 컨설팅을 제공하며 혼자 이 모든 역할을 수행하고 있다. 다른 팀, 특히 마케팅, 제품, 디자인에 속하는 팀에서는 기존의 도메인 교육을 받은 동료들과 함께 작업하므로 스스로 도메인 전문 지식을 많이 익힐 필요가 없다. 단 하나의 모델도, 다른 모델보다 더 나은 모델도 없는 것으로 보이며 중요한 것은 앞서 언급한 기술들이 꼭 필요하다는 점이다. 중앙 최고 행동 책임자central chief behavioral officer의 직속 부하 직원이든, 회사 전반에 걸쳐 협력하는 파트너든 어디에 소속되어 일하는지는 중요하지 않다.

궁금해할 사람을 위해 이야기하자면 우리 팀에서는 두 가지 방식을 혼합하여 사용한다. 현재 우리 팀 직원은 13명이고, 우리 행동 '그룹(다른 팀에 속하지만 우리 프로젝트에 전념하는)'에 속하는 다른 13명이 있으며, 필요에 따라 프로젝트에서 기꺼이 컨설팅하고 협력하는 다른 많은 이가 있다. 처음에는 기존 제품 팀을 돕기 위해 순수한 컨설팅으로 제품 관련 업무를 시작했지만, 이제는 엔지니어를 비롯한 다양한 전문가들이 우리와 직접적으로 협업하고 있다. 우리가 경험한 각 모델에서 교훈을 얻은 것은 사실이지만 솔직히 말해서 주어진 상황의 구체적인 사항들이 더 중요할 것이라고 생각한다.[6] 이제는 사내 연구 인력으로 구성된 훌륭한 팀(박사와 박사가 아닌 사람 모두 포함)이 있지만, 몇 명밖에 없던 초기에는 우리의 기술을 강화하고 우리 스스로 해낼 수 없었던 프로젝트를 실행하기 위해 외부 연구진과 협력하는 일이 한없이 중요하다고 느꼈다. 다음으로는 그렇게 하기 위해 어떻게 해야 하는지 살펴보자.

---

6 행동 팀 인력 구성의 또 다른 예를 보려면 클로버 헬스(Clover Health) 사례를 확인하라(https://oreil.ly/LhupD).

외부 연구진의 도움 받기

실험적 테스트, 특히 제품 외부 결과에 대한 테스트는 부담스러울 수 있다. 믿기 어렵겠지만 학계 연구자들은 아마도 제품의 영향 테스트를 기꺼이 도우려 할 것이다. 이들 중 다수는 전통적인 의미에서 '고용'될 수 없다. 연구기관에서 정규직으로 일하고 있어서 직업적 사유로 인해 컨설팅 계약을 할 수 없기 때문이다. 하지만 제품 사용자가 충분히 많다면 과학적 기준을 충족하는 연구를 수행할 수 있고 연구를 잘 이끌어갈 수 있다면 상호 이익이 되는 파트너십을 구축할 수 있다.

불가능해 보이는가? 하지만 실제 내가 경험한 일이며, 이것이 응용 행동 과학에 처음으로 깊이 관여하게 된 계기이기도 하다. 나는 정규직으로 근무하면서 부업으로 연구를 진행했다. 나에게는 내부에 도움을 요청할 팀도, 예산도 없었다. 하지만 우리 제품과 관련된 흥미로운 연구를 하는 행동 과학 연구진을 발견했고, 콘퍼런스에서 접근하거나 이메일을 보냈다. 운이 좋게도 우리 사용자들의 문제를 해결하기 위해 협력할 의사가 있는 훌륭한 연구자들을 만날 수 있었다. 수년간 이런 파트너십을 통해 많은 것을 배웠고 나 또한 효과적인 응용 행동 과학자가 되는 데 여러 방면에서 도움을 받았다.

내 경험을 통해, 그리고 이후 다른 회사들이 이러한 연구 파트너십을 맺도록 돕는 과정에서 배운 것들이 있다.

❶ **해당 분야의 연구자들을 찾아라.** 구글 학술 검색(https://oreil.ly/UZff9)에서 자신이 작업 중인 주제를 검색하고, 가장 많이 인용된 논문에 등장하는 이름을 확인하라(검색 결과는 인용 횟수로 정렬된다). 관심 주제에 대한 학술 콘퍼런스에서 시작해도 좋지만 더 많은 시간과 에너지가 든다. 행동 과학 정책 협회Behavioral Science Policy Association(https://oreil.ly/70rLs)도 관심 있는 기업과 연구자들을 연결하는 중앙 허브 역할을 한다.

❷ **연구자들에게 연락**해서 여러분의 사용자 베이스와 관련된 주제를 연구하는 데 관심을 보일 만한 학자를 추천해달라고 요청하라. 특히 개입의 영향을 테스트하는 데 관심이

있을 법한 사람을 찾아라. 후속 조치로 추천받은 연구자에게 연락하라. 물론 처음에 연락한 연구자가 관심을 보이는 경우도 있다.

❸ **이들의 업무를 도우려면 무엇이 필요한지 알아보라.** 자신의 제품과 사용자 기반을 알려주고 무엇이 필요한지 물어보라. 사람, 분야, 학계 경력 단계에 따라 필요한 사항이 다를 것이다. 일반적인 옵션은 다음과 같다.

- **고유한 데이터 이용 권한.** 어떤 분야에서는 개별 사용자에 대한 세부 정보를 얻으려면 비용이 매우 많이 들고 어렵다. 여기서 말하는 세부 정보에는 인구통계학적 정보, 관찰된 선호도, 특히 시간이 지남에 따른 행동의 변화가 포함된다.

- **대규모 사용자 기반에 대한 접근 권한.** 사용자가 많아질수록 과학적 테스트의 신뢰도가 높아지지만, 테스트에 필요한 충분한 인원수를 직접 모으려면 비용이 많이 든다. 여러분의 제품에 이미 충분한 인원이 있다면 이들에게 큰 도움이 된다.

- **자금 지원.** 기업이 사회과학 연구자를 재정적으로 지원하는 것은 큰 문제가 될 수 있다. 이러한 지원으로 인해 연구자의 독립성이 침해될 수 있고, 연구 결과가 기업과 관련될 경우 출판도 어려울 수 있다. 하지만 기업이 원하는 것이 연구의 학술적 출판이 아니라 전문가의 조언이라면 일부 연구자를 고용하여 유료 컨설팅을 받을 수 있다. 해당 주제에 대한 연구 보조금을 지원하거나 연구자들이 제3자 보조금 기관에 제출하는 보조금 제안서를 지원하는 방법도 있다.

❹ **공유 연구 계획을 수립하라.** 소규모 시범 프로젝트로 함께 작업해보라. 데이터 이용 권한, 자금 지원(있는 경우), 인력 배치(양측 모두), 연구와 분석의 시기에 대한 명확한 기대치를 설정하라.

❺ **결과나 아이디어를 제한하지 마라.** 학술 연구는 혁신적인 아이디어와 이를 뒷받침하는 데이터를 기반으로 진행된다. 기업은 연구를 통해 배운 아이디어를 독점할 수 없으며, 연구자와 공유해야 한다. 마찬가지로 부정적인 결과의 출판을 막으려는 조짐이 보인다면 연구의 신뢰를 떨어뜨리고 대부분의 연구자들이 협력을 꺼리게 될 것이다. 유료 컨설팅 계약은 물론 이와 다르게 작동한다.

❻ **특정 테스트 프로토콜의 필요성을 존중하라.** 연구가 과학적 유효성을 확보하려면 연구자들이 특정 규칙을 따라야 한다. 예를 들어 사용자에게 묻는 질문에 매우 구체적인 문구가 필요할 수 있다. 이는 합의의 일부이고 이러한 합의는 기업이 서둘러 만든 비전문적인 설문조사보다 훨씬 더 신뢰할 수 있는 결론을 도출하는 데 도움이 된다.

그러므로 테스트 과정이 부담스러워 보이더라도 낙담하지 마라. 첫 번째 옵션은 12장에서 언급한 것처럼 기성 테스트 도구를 활용하는 것이다. 이것으로 충분하지 않다면 학계와의 전문 연구 파트너십을 모색하라. 만약, 여러분의 회사가 사용자의 행동 변화를 돕는 혁신적인 일을 하고 있다면(물론 그럴 것이다!) 연구자들은 여러분에게 협력하는 데 관심을 보일 것이다.

데이터 과학과 행동 과학

행동 팀에 데이터 과학자가 필요할까? 이들은 행동 과학자와 같은 역할을 할까? 나는 많은 사람이 행동 과학과 데이터 과학의 차이를 명확히 알지 못한다는 것을 알게 되었다. 우리 회사에서도 "그럼 그쪽 팀에서 제품 사용 보고서를 작성해줄 수 있나요?" 같은 질문을 얼마나 많이 받았는지 모른다. 제품 사용 보고서 작성은 분명히 유용한 작업이다. 하지만 실제로 이는 행동 과학의 영역에 속하지 않는다(아마 데이터 과학자들에게도 해당되지 않을 것이다).

그렇다면 둘 사이의 차이점은 무엇이며, 각각은 어디에 필요할까? 이를 이해하기 위해 팀 구성 논의에서 한발 물러나 각 분야 전문자들이 답하고자 하는 질문 유형을 깊이 있게 살펴보자.

데이터 과학은 종종 무언가가 어떻게 작동하는지 이해하고 미래를 **예측**하려 한다. 행동 과학은 특히 인간 행동의 변화를 통해 미래를 **변화**시키려 한다. 세라 판 캐스터는 'Data Science Meets Behavioral Science(데이터 과학이 행동 과학을 만나다, https://oreil.ly/xGCed)'라는 기사에서 이를 이렇게 표현했다.

데이터 과학은 보이지 않는 것을 분석하고, 머신러닝을 통해 대규모 데이터셋에서 패턴을 발견하여 과거의 성과가 미래의 결과로 나타나는 시점을 식별하는 분야다. 예를 들어 어떤 제품이 팔릴 가능성이 높고 어떤 고객이 구매할 가능성이 높은지 예측할 수 있다. 그러나 잠재적인 결과를 이해하는 수준을 넘어서 결과를 완전히 바꾸고 싶다면, 더 구체적으로 말해서 사람들이 행동 방식을 변화시키고 싶다면 어떻게 해야 할까? 행동 경제학은 행동에 근본적인 변화를 일으켜서 장기적인 결과에 영향을 미치고 싶다면 변곡점을 삽입해야 한다고 말한다.

이렇듯 목적이 서로 다르기 때문에 데이터 과학자와 행동 과학자는 종종 다른 통계 방법을 사용한다. 데이터 과학자는 관심 있는 결과와 연관된 변수를 사용하여 미래를 매우 정확하고 신중하게 예측할 수 있다. 이들은 회귀 분석, 결정 트리, 인공 신경망 등을 사용하여 맥락과 결과 사이에 숨겨진 관계를 찾아낸다.

행동 과학자들은 가능한 경우 실험을 사용하는데, 실험이 행동이나 결과에 변화를 일으킬 수 있는 **능력**을 측정하는 최고의 도구이기 때문이다. 실험 분석을 적절히 설계했다면 고급 통계 없이 단순한 평균 비교(예: t-검정)만으로도 충분할 때가 많다. 행동 과학자도 회귀 분석을 사용하고 때로는 머신러닝 기법도 활용하지만 이는 맥락, 행동, 결과 사이의 인과 관계를 이해하기 위한 것이다.

이처럼 목표가 다르기 때문에(결과 예측 대 행동 변화) 데이터 과학자와 행동 과학자는 **이론**을 사용하는 방식, 즉 무언가가 왜 그런 방식으로 작동하는지에 대한 설명에서도 차이를 보인다. 엄밀히 말해 A가 주어졌을 때 B를 정확히 예측하기 위해 A와 B의 관계를 이해할 필요는 없다. 많은 데이터 과학자가 자신이 연구하는 것을 이론적으로 이해하고 있으며 이는 특성 선택과 데이터 분석에 도움이 되지만 사실 필수적인 것은 아니다.

행동 과학에서 어떤 실험의 긍정적인 결과는 특정 순간에 특정 사람에게 A가 B를 유발했다는 것을 보여준다. 그런 일이 일어난 이유에 대한 근본적인 설명(실험에서 검증하려는 것)이 있어야 다른 상황이나 맥락으로 일반화할 수 있다. 행동 이론은 **다양한 사람들이 다른 상황에서** 행동과 결과를 어떻게 바꿀 수 있는지 조언하는 데 도움이 된다.

표 17-1 데이터 과학과 행동 과학 비교

구분	데이터 과학	행동 과학
이론	도움이 되지만 필수는 아니다.	이론이 없으면 의미가 없다.
교육	컴퓨터공학 또는 사회과학	사회과학
일자리 수	많음	적음

행동 변화를 위한 디자인에 데이터 과학 활용하기

데이터 과학은 행동 과학과 구별되는 다른 개념이지만, 데이터 과학과 관련 도구의 부상으로 행동 변화를 이해하고 디자인하는 데에도 새로운 가능성이 열렸다.

데이터 과학이 행동 변화 작업을 개선할 수 있는, 가장 명확한 첫 번째 방법은 행동 지도(또는 마케팅 퍼널)의 다양한 경로를 분석하여 방해 요소를 찾고 행동 장애물을 식별하는 것이다. 또한 모집단에서 특정 접근법이 필요한 자연 발생 세그먼트를 찾고 개입을 배포한 후 세그먼트별로 영향을 분석하는 데 도움이 된다. 행동 과학자들은 이를 위해 조절 분석, 매개 분석 기법을 활용하기 **시작했지만,** 솔직히 대부분의 작업은 '어떤 방법을 시도하고 모두에게 효과가 있는지' 확인하는 수준에 머물러 있다. 팀 내외부에서 도와주는 데이터 과학자들은 이런 영역에서 훨씬 더 발전된 기술 역량을 보여준다.

게다가 행동 변화 작업과 실험의 큰 한계 중 하나는 우리가 만들고 측정하는 행동 변화 대부분이 단기적이라는 점이다. 행동 변화를 6개월 이상 측정하는 경우는 드물고 대부분은 그보다 훨씬 더 짧다. 따라서 우리가 만든 변화가 장기적으로 어떤 영향을 미치는지 제대로 알지 못한다. 데이터 과학과 **컴퓨터 기반 행동 과학**은 행동 개입의 영향을 미래에 투사하여 이 문제를 해결할 수 있다. 이런 투사는 폐쇄형 방정식이나 시뮬레이션 모델을 통해 이루어질 수 있으며, 특히 개인들이 상호작용할 것으로 예상되고 한 사람의 행동 변화가 시간이 지남에 따라 다른 사람에게 영향을 미칠 수 있는 경우에 더욱 유용하다.

이런 투사가 사람들이 우리의 행동 제품이나 개입을 사용할 때 미래에 어떤 일이 일어날지 명확하게 예측할 수 있을까? 아마 그렇지 않을 것이다. 오히려 우리가 **잘못하고 있는 것**이 무엇인지 확인하는 데 도움이 될 때가 많다. 컴퓨터 기반 행동 과학은 미래 행동 변화를 비현실적으로 예측할 때가 있으며 그럴 경우에는 너무 비현실적이어서 현실이 아니라는 것을 쉽게 알 수 있다. 컴퓨터 기반 행동 과학은 행동 변화에 대해 우리가 알고 있는 것을 더 완벽하게 조사하거나 테스트하도록 도와준다. 이 아이디어는 이미 검증을 거쳤고, 그 결과 나오는 예측이 아주 터무니없고 비합리적이지 않는다는 것이 확인되었다. 이는 우리의 제품과 개입이 사용자와 비즈니스, 사회에 장기적으로 어떤 효과를 내는지 모델링하는 데 도움이 된다.

실천하기

여러분이 현재 행동 과학을 제품이나 커뮤니케이션 개발에 적용하는 팀에 속해 있지 않다면 이 분야의 공식적인 취업 기회가 이 분야에 관심을 갖는 인원수에 비해 적다는 것을 이해하라. 진정한 기회는 현재 자신이 하는 업무에 행동 변화를 위한 디자인을 도입하는 데 있다. 특히 디자인, 제품 관리, 마케팅, 인적 자원 분야에서 그러하다.

이런 분야에서는 행동 과학이 특히 중요한데, 이는 행동 과학이 해당 분야 동료들이 갖추기 어려운 강력하고 특별한 기술 역량을 제공하기 때문이다.

혼자 일할 생각이든, 팀을 꾸릴 생각이든 다음 세 가지 기술이 필수다.

1. 도메인 전문 지식(제품, 디자인 등)
2. 행동에 대한 노력의 영향을 평가하는 통계 기술
3. 마음이 작동하고 결정을 내리는 방식에 대한 근본적인 이해

첫 번째 두 항목은 일반적으로 정규 교육을 받아야 하며, 아니면 적어도 이전 경험이 있어야 한다. 마지막 항목은 직장에서 체계적인 학습을 통해 익힐 수 있다. 듀크 대학교, 토론토 대학교 등의 온라인 강의와 더불어 이 책은 여러분과 다른 팀원들에게 도움이 될 수 있다.

박사 학위는 필수가 아니며, 이런 기술을 얻는 좋은 방법이긴 하지만 유일한 방법은 아니다.

데이터 과학의 기술과 활동은 종종 행동 과학과 혼동된다. 간단히 말해 데이터 과학은 결과를 예측하려고 한다. 결과를 일으키는 주체가 누구인지는 신경 쓰지 않는다. 행동 과학은 행동과 결과를 인과적으로 변화시키려 한다. 두 그룹은 협력할 수 있고 협력해야 마땅하다. 단, 서로의 배경과 목표가 다르다는 점을 존중해야 한다.

CHAPTER 18

결론

이 책은 전반에 걸쳐 운동량을 늘리거나 음주량을 줄이는 등 사용자가 자신의 행동을 변화하도록 도와주는 제품을 신중하고 윤리적으로 개발하는 방법을 살펴보았다.

이를 위해 세 가지 주요한 개념적 도구를 개발하려고 노력했다.

- 사람들이 일상생활에서 결정을 내리고 행동하는 방식에 대한 이해
- 사용자가 특정 순간에 제품과 관련된 행동을 취하는 데 필요한 요소에 대한 모델
- 이 지식을 제품 개발의 실제 세부사항에 적용하는 프로세스

각 도구를 지원하는 주요 아이디어를 간략히 검토해보자.

우리는 어떻게 결정하고 행동하는가

1장에서는 행동 연구의 범위를 다섯 가지 핵심 교훈으로 요약했다.

- **우리는 제한적인 존재**이며, 우리의 주의력, 시간, 의지력 등은 한계가 있다. 반면, 사용자가 언제든 주의를 기울일 수 있는 대상은 거의 무한하다. 자신에게 말을 거는 사람, 주변에서 들리는 흥미로운 대화, 기한이 지난 책상 위 보고서, 앱 알림 등 다양한 것에 주의를 기울일 수 있다. 안타까운 사실

이지만 연구자들은 인간의 의식적 사고가 한 번에 한 가지에만 제대로 집중할 수 있다는 사실을 여러 차례 반복해서 증명했다.

- **우리의 마음은 우리의 한계 때문에 지름길을 사용**하여 자원을 절약하고 빠른 결정을 내린다. 사용자에게는 매일 마주하는 다양한 옵션을 샅샅이 살펴보고 무엇을 할지 빠르고 합리적인 결정을 내리도록 도와주는 수많은 지름길(일명 휴리스틱)이 있다. 예를 들어 무엇을 해야 할지 모르는 상황에서는 다른 사람이 무엇을 하는지 보고 따라 하려고 할 것이다(일명 **기술적 규범**). 마찬가지로 **습관**은 사람들의 마음이 자원을 절약하고 단서를 기반으로 즉각적으로 행동을 유발하여 신속하게 행동하게 하는 강력한 방법이다. 안타깝게도 이런 지름길은 깊게 배어든 자기 파괴적인 습관(과음)이나 잘못된 맥락에 적용된 휴리스틱(군집 행동처럼)으로 인해 잘못되기도 한다. 잘못 적용된 휴리스틱은 **편향**, 즉 행동이나 의사결정의 부정적인 경향('좋다'고 여겨지는 객관적인 표준에서 벗어나는)의 한 가지 원인이다. 종종 이런 편향 때문에 사람들의 의도와 행동 사이에 상당한 차이가 생긴다.

- **우리에게는 두 가지 마음이 있다.** 우리가 무엇을 결정하고 무엇을 하는지는 의식적 사고와 습관 같은 무의식적 반응, 양쪽의 영향을 모두 받아서 결정된다. 이는 사용자가 종종 '생각'하지 않고 행동한다는 뜻이다. 적어도 의식적으로 선택하지는 않는다. 이들의 일상 행동은 대부분 무의식적 반응의 통제를 받는다. 안타깝게도 이들은 의식적 마음이 항상 통제하고 있다고 **믿는다**. 실제로 그렇지 않을 때도 말이다. 우리는 모두 '자신에게 낯선 사람'이다. 자신의 행동과 결정의 원인을 알지 못한다. 따라서 사용자들이 제품의 문제나 향후 행동 계획에 대해 스스로 남긴 의견이 반드시 정확한 것은 아니다.

- **결정과 행동은 맥락의 깊은 영향을 받는다.** 이 때문에 편향과 의도-행동 차이가 악화되거나 개선된다. 사용자가 하는 행동은 분명히 맥락적 환경의 영향을 받아서 형성된다. 사이트의 아키텍처가 사용자들을 중앙 홈페이지나 대시보드로 안내하는 것이 여기에 해당하는 예시다. 그리고 분명하지 않은 영향에 의해 형성되기도 한다. 사용자들이 말하고 듣는 대상이 되는 사람들(**사회적 환경**), 보고 상호작용하는 것(**물리적 환경**), 오랜 시간에 걸쳐 익힌 습관과 반응(**정신적 환경**)에 영향을 받는 것처럼 말이다.

우리는 **영리하고 신중하게 맥락을 디자인**하여 사람들의 의사결정을 개선하고 의도-행동 차이를 줄일 수 있다. 그리고 바로 이것이 이 책의 핵심 주제다.

제품으로 행동 형성하기: CREATE 행동 퍼널

2장, 3장에서는 행동의 전제 조건, 즉 제품 팀이 행동을 촉진하거나 지원하는 데(또는 부정적인 행동을 없애거나 방해하는 데) 무엇이 필요한지 살펴봤다. 간단해보이는 질문으로 시작했다. 매순간 사용자들이 취할 수 있는 수많은 행동 중에서 특정 행동을 하게 된 이유는 무엇일까? 의식적인 행동은 여섯 요소가 동시에 충족되어야만 일어난다. 행동 변화를 유도하는 제품은 단서, 반응, 평가, 능력, 타이밍, 경험이라는 전제 조건 중 하나 이상에 영향을 주어서 의도-행동 차이가 줄어들도록 돕는다. 쉽게 기억할 수 있도록 행동을 하는 데 필요한 요소들의 머리글자를 따서 CREATE라는 용어를 만들었다.

이 여섯 요소가 어떻게 작용하는지 보여주기 위해 사용자가 소파에 앉아서 TV를 보고 있다고 가정해보자. 이들의 휴대전화에는 가족을 위해 식사 계획을 세우고 건강한 식사를 준비하기 위해 지난주에 다운로드해둔 여러분의 앱이 있다. 이들이 갑자기 그 앱을 사용하려고 휴대전화를 집어 든다면 그 시점은 언제이고 이유는 무엇일까?

평소 우리는 사용자 행동을 이런 방식으로 생각하지 않는다. 보통은 사용자가 어떻게든 우리 제품을 찾아내고 마음에 들어 하며 필요할 때마다 다시 쓸 것이라고 가정한다. 하지만 연구자들이 알아낸 바에 따르면 여기에는 더 많은 요소가 작용한다. 마음의 한계와 구성 방식 때문이다. 그러니 사용자가 TV를 보고 있다는 상상으로 되돌아가보자. 이제 무슨 일이 일어나야 이들이 지금 당장 식사 계획 앱을 사용할까?

❶ **단서.** 어떤 이유로든 앱을 사용하겠다는 생각이 떠올라야 한다. 그런 생각이 들게 하는 단서가 있어야 한다. 배가 고프다거나 TV에서 건강한 음식에 대한 광고를 본다거나 하는 것처럼 말이다.

❷ **반응.** 앱을 사용하겠다는 생각이 들면 이들은 즉시 직감적으로 반응한다. 앱을 사용하는 것이 흥미로운가? 이들이 아는 다른 사람도 그 앱을 사용하고 있는가? 떠오른 다른 선택지는 무엇이고 그에 대한 느낌은 어떠한가?

❸ **평가.** 이들은 아마 비용과 이익을 평가하면서 의식적으로 앱에 대해 잠시 생각할 것이다. 그 앱에서 무엇을 얻을 수 있는가? 그 앱이 제공하는 가치는 무엇인가? 일어나서 식사 계획을 세우는 수고를 할 가치가 있는가?

❹ **능력.** 앱을 지금 실제로 사용할 수 있는지 **여부**를 확인할 것이다. 휴대전화가 어디에 있는지 아는가? ID와 비밀번호를 알고 있는가? 모른다면 앱을 사용하기 전에 이러한 실행 상의 문제를 해결해야 한다.

❺ **타이밍.** 이들은 **언제** 행동을 취할지 가늠할 것이다. 바로 할 가치가 있는가? 아니면 TV 프로그램이 끝난 후에 하는 게 나은가? 긴급한가? 더 적절한 때가 있는가? 이는 행동할 능력을 확인하는 전후로 이루어질 것이다. 어쨌든 둘 다 이루어져야 한다.

❻ **경험.** 논리적으로 볼 때 앱을 사용할 만한 가치가 있고 지금 사용하는 것이 타당하더라도 이전에 그 앱(또는 비슷한 앱)을 썼을 때 뭔가 부족하다거나 답답하다고 느꼈다면 다시 시도하기가 꺼려질 것이다. 사람들의 특이한 개인적 경험이 '일반적인' 반응을 무력화할 수 있다.

이 여섯 가지 정신적 프로세스는 행동을 막거나 촉진하는 관문이다. 아니면 어떤 행동이든 반드시 거쳐야 하는 '테스트'로도 볼 수 있다. 사용자가 어떤 행동을 의식적으로, 의도적으로 실행하려면 이 모든 과정을 성공적으로 완료해야 한다. 그리고 모든 것이 동시에 함께 이루어져야 한다. TV 시청을 멈추고 바로 해야 할 정도로 긴급한 행동이 아니라면 분명 나중으로 미룰 수 있다. 하지만 '나중'이 되어도 이 여섯 가지 테스트를 반드시 거쳐야 한다. 이들은 그 시점에 그 행동이 긴급한지 (아니면 '반려견과 산책하기' 같은 다른 일이 우선인지) 재평가할 것이다. 아니면 행동하라는 단서가 사라지고 앱에 대해 잠시 완전히 잊을 수도 있다.

따라서 사람들에게 특정 행동을 장려하는 제품이라면 단서를 제공해서 그 행동을 떠올리게 하고 그에 대한 부정적이고 직관적인 반응을 피하며 의식적 마음에 그 행동의 가치를 설득하고 지금 당장 해야 한다는 점을 강조해야 하며 실제로 그 행동을 할 수 있게 해야 한다. 우리는 이런 요소를 퍼널로 생각할 수 있다. 사람들은 각 단계에서 이탈하고 주의를 빼앗기거나 다른 행동을 할 것이다. 행동 변화 작업에서 가장 흔한 결과이자 현실로 받아들여야 하는 결과는 사람들이 현재 상태를 유지하는 것이다. 우리는 이 현재 상태를 새로운 상태로 바꾸기 위해 넛지를 사용한다.

누군가에게 이미 습관이 있고 그 습관을 실행하게 하는 상황이라면 다행히 그 과정이 짧아진다. 이럴 때는 첫 번째 두 단계(단서와 반응)가 가장 중요하며 행동을 실행할 능력도 물론 갖춰야 한다. 평가, 타이밍, 경험도 하는 역할이 있기는 하지만 덜 중요하다. 의식적 마음이 자동으로 조종되는 상태이기 때문이다.

행동 개입을 위한 DECIDE와 이를 구축하는 방법

행동 과학은 환경이 우리의 결정과 행동을 형성하는 데 깊은 영향을 미치는 방식을 이해하는 데 도움이 된다. 연구실 같은 하나의 환경에서 테스트한 기법이 사람들의 실생활에 동일하게 작용하지 않는다고 해서 놀랄 필요는 없다. 행동 변화를 효과적으로 디자인하려면 마음에 대한 이해, 그 이상이 필요하다. 특정 청중과 상황에 맞는 적절한 개입과 기법을 찾는 데 도움이 되는 프로세스가 필요하다.

이 프로세스는 어떻게 진행될까? 나는 이 과정을 여섯 단계로 구성하는 방식을 선호하며 이는 머리글자를 딴 줄임말인 DECIDE로 기억할 수 있다. 이 프로세스를 통해 우리는 제품과 커뮤니케이션에 가장 적절한 행동 변화 개입을 선택할 수 있다.

첫째, 문제를 정의하라. 청중은 누구이고 추구하는 결과는 무엇인가? 둘째, 맥락을 탐색하라. 청중과 그들의 환경에 관한 정성적이고 정량적인 데이터를 수집하라. 가능하다면 무언가를 만들기 전에 행동을 재구상하여 사용자가 실행하기 쉽고 실행하고 싶은 마음이 들게 하라.

그다음으로는 개입, 즉 제품이나 커뮤니케이션에서 행동을 변화시키는 기능을 제작하라. 여러분은 개념 설계(제품의 기능 정의)와 인터페이스 디자인(제품의 시각적 경험 설계), 둘 다 만든다. 개입의 구현을 준비하면서 윤리적 영향, 그리고 결과를 추적할 도구를 제품에 통합할 방법, 둘 다 고려한다.

마지막으로 새로운 디자인을 현장에서 테스트하며 눈에 띄는 변화가 있는지 아니면 실패하는지, 그 영향을 확인한다. 그 평가를 토대로 다음 단계를 평가한다. 지금까지 한 것으로 충분한가? 처음부터 완벽한 것은 없으므로 제품을 반복적으로 다듬어야 할 때가 많다.

간단히 요약하면 다음과 같다.

1. 문제를 **정의**하라.
2. 맥락을 **탐색**하라.

❸ 개입을 **제작**하라.

❹ 제품 내에 **구현**하라.

❺ 영향을 **확인**하라.

❻ 다음 단계를 **평가**하라.

이 프로세스가 본질적으로 반복적이라는 점을 강조할 필요가 있다. **인간의 행동은 복잡하며 그렇기 때문에 이 작업은 어렵다!** 마법의 지팡이를 흔드는 것만으로 다른 사람의 행동을 변화시킬 수 있다면 행동 변화를 위한 세부적인 디자인 프로세스가 필요 없었을 것이다(그리고 그럴 수 있었다면 매우 불쾌했을 것이다). 그 대신 사용자와 이들의 요구에 대해 배우고 목표를 달성하지 못했을 때 이를 해결하기 위해 노력하는 반복적인 학습 과정이 존재한다. 이 프로세스에서 가장 간과되지만 가장 필수적인 부분은 훌륭한 아이디어와 멋진 행동 과학 기법이 아니다. 우리의 노력이 빗나간 지점을 신중하게 측정하고 이런 실수로부터 배우겠다는 의지와 도구를 갖추는 것이다.

기타 주제

이 세 가지 개념적 모델에서 한 걸음 물러서서 보면 이 책을 통해 전달하고자 하는 몇 가지 기본 주제가 있다. 이러한 주제는 행동 변화를 위한 디자인 방법에 대해 추가적인 통찰과 지침을 제공한다.

마음이 어떻게 결정을 내리는지에 관해 상당히 많은 것을 배웠음에도 우리의 지식은 여전히 제한적이다

이 책은 행동사회과학 문헌을 기반으로 하며 의사결정이 어떻게 이루어지는지 보여주는 수많은 현장 실험이 존재한다. 편향과 휴리스틱에 관해서는 많은 연구가 이루어졌지만 제품으로 행동 변화를 도울 방법에 대한 연구는 아직 걸음마 단계에 있다. 이 책이 현재 알려진 최선의 정보를 종합하고 있으나 우리의 지식은 여전히 불완전하다.

우선 사용자를 이해하라

행동 변화는 매우 개인적인 일이다. 제품은 사용자의 일상에서 이들과 만나고 행동을 취하도록 도와야 한다. 이는 사용자의 요구사항, 관심사, 제약 조건, 이전 경험, 전문 지식의 수준을 이해하는 것에서 시작한다.

행동 변화를 일으키는 마법의 지팡이는 없다

사람들에게 어떤 행동을 하게 **만드는** 확실한 방법은 없다. 의사결정이 일반적으로 어떻게 이루어지는지 완전히 이해하고 있더라도 개개인의 행동은 이들의 고유한 개인적 역사와 환경의 영향을 받아 형성된다. 비록 행동을 지시할 수는 없더라도 촉진할 수는 있다. 누군가가 행동하고 싶어 한다면 잘 디자인한 제품이 이들을 도울 수 있다.

의도를 드러내라

사람들의 행동 변화를 돕는 것이 목표라면 그 목표를 명확히 하라. 애매한 추천이나, '인식을 높이자'는 말 뒤에 숨지 마라. 그렇게 하면 일관성이 없고 효과적이지 않은 제품이 만들어진다. 솔직해져라. 그리고 사용자의 인생에서 중요한 변화를 이끌어내는 제품을 자랑스러워하라.

행동에 효과적으로 영향을 미치려면 일단 좋은 제품이어야 한다

제품은 디자인이 훌륭하고 사용성이 좋으며 사용자의 요구를 해결해야 한다. 행동 변화에 대한 모든 고려사항은 이러한 기반 위에 있어야 한다. 좋은 제품이 아니라면 사람들이 사용하지 않을 것이다.

사용자의 작업을 피하라

사용자가 해야 할 일을 최소로 줄이는 기술적인 해결책을 찾아라. 행동을 변화시키는 것보다 기술적 해결책을 마련하는 것이 훨씬 더 쉽다. 사용자의 성취는 축하해야 마땅하지만,

이런 성취는 설계가 엉망인 부분이 아니라 힘든 일이 불가피한 부분에서 일어나야 한다.

화려할 필요는 없다

사용자가 목표에 도달하기 위해 취할 수 있는 최소 실행 가능 행동을 찾고, 디자인 심리학의 간단하고 명확한 교훈을 기억하라. 우리는 아름다움, 단순함, 익숙함, 그리고 주변 사람 따라하기를 좋아한다.

자신이 (부분적으로) 틀릴 수 있다고 가정해야 한다

디자인하고 만드는 것이 무엇이든지 일정 부분 실수는 불가피하다. 인간 행동의 엄청난 복잡성 앞에서 어느 정도 겸손해지는 것은 좋은 일이다. 이는 우리가 제품의 실제적이고 정량화할 수 있는 영향을 테스트하고 제품에 적용되는 모든 주요 변경사항을 테스트하는 원동력이 된다.

이 책에는 분명 다른 교훈들도 많지만, 행동 변화를 위한 디자인 접근 방식의 기본 철학을 이해하는 데 있어 이러한 주제가 그 핵심을 잘 포착하고 있다.

자주 묻는 질문

이제 내가 이 분야에서 자주 접해온 질문, 그리고 여러분도 마주했을 법한 질문을 살펴볼 차례다. 여기에 엄격한 순서나 상호 연관성은 없다. 사람들이 알고 싶어 하는 가장 일반적인 몇 가지 문제를 간추렸다고 생각하라.

행동의 전제 조건은 하루하루 어떻게 달라질까?

사람들이 행동을 취하려면 여섯 가지 CREATE 전제 조건이 특정 행동, 특정 환경, 특정 사람

(행위자)에 맞춰줘야 한다. 사람이나 환경은 시간이 지남에 따라 변하므로 행동의 전제 조건도 변화한다.

환경

하루 동안 사람들은 다양한 환경에서 시간을 보낸다. 환경의 변화는 특정 행동의 실행 여부에 영향을 미친다. 예를 들어 회의를 기다리는 동안에는 인터넷에 접속해서 모바일 앱을 사용할 수 있지만, 운전하는 동안에는 그럴 수 없다. 집에서는 운동 알림을 쉽게 확인할 수 있지만, 술집에서는 놓칠 수 있다.

행위자

하루 동안 **사람들도** 다양한 모습을 보인다. 각성 상태가 달라지고 주의 산만의 정도도 달라지며 당연히 감정도 달라진다. 잘 쉬고 잘 먹은 사람에게는 흥미롭고 가치 있어 보이는 행동이 배고프고 피곤한 사람에게는 지나치게 복잡하고 번거롭고 급하지 않게 보일 수 있다.

이런 변화는 우연과 구조가 섞여서 만들어진다. 업무 일정은 하루하루 너무 불규칙해서 제품을 사용할 안정적인 기회의 순간을 알아내기 어려울 수 있다. 반면 출퇴근 일정은 안정적이고 명확하다. 가능하다면 행동을 위한 전제 조건이 이미 자연스럽게 마련된 기회의 순간과 상황에 제품을 맞추고 부족한 부분을 보완해야 한다.[1]

제품을 디자인할 때는 시시각각 변화하는 일상 속에서 구조를 찾아라. 그리고 이를 기반으로 행동을 장려하라. 사용자의 주의가 덜 분산되는 시간이나 장소가 있는가? 아니면 행동하려는 동기가 가장 클 때는 언제인가? 이들의 일상에서 행동에 대한 단서가 있는 곳은 어디인가?

---

[1] 행동할 만한 기회를 만드는 환경적, 사회적 요인에 변화가 있다는 개념은 정치사회학의 정치적 기회 구조(Political Opportunity Structure) 전통의 핵심 개념이다(예: McAdam et al. 2001). B. J. 포그 또한 자신이 만든, 시간의 흐름에 따른 동기 파도(Motivation Wave) 개념을 통해 동기의 변화를 모델링했다.(Fogg 2012, https://oreil.ly/b71AS)

사람들이 하루 동안 경험하는 자연스러운 변화를 이용하는 두 가지 주요 옵션이 있다.

첫째, 유저 리서치를 통해 사용자 기반 전반에 걸쳐 공통된 사용 기회를 찾아볼 수 있다. 둘째, 사용자가 자신에게 가장 좋은 시간을 직접 알려달라고 요청할 수 있다. 알림 메시지를 받고 싶은 시점, 다른 사용자들의 희망적인 이야기로 동기 부여를 받고 싶은 시점을 사용자가 직접 선택하게 하는 것이다.

제품에 익숙해지는 동안 사용자는 어떤 변화를 겪을까?

사람들은 제품을 사용하면서 다양한 변화를 경험한다. 사용자가 제품을 경험하는 하나의 경로가 정해져 있다기보다는 사용자가 처할 수 있는 다양한 상태가 있다는 의미다. 각 상태에서 CREATE 행동 퍼널(단서, 반응, 평가, 능력, 타이밍, 경험)의 역학이 다소 달라진다.

- 제품을 써본 적 없는 사용자

    - **역학.** 제품을 써본 적 없는 사람에게는 처음 접하는 제품이라는 사실이 장점인 동시에 단점이다. 단서가 눈에 띌 가능성이 높다. 새롭기 때문에 탐색하려는 동기가 높아질 수 있다. 하지만 그렇기 때문에 제품을 실제로 사용하는 데 필요한 과정과 성공적으로 사용할 수 있는 능력에 대한 확신이 부족할 수 있다. 또한 우리는 비슷한 활동에 대한 기존 경험을 바탕으로 직관적으로 반응하는데 이는 긍정적일 수도 부정적일 수도 있다.

    - **회사가 해야 할 일.** 사용자가 제품을 확실히 인지하게 하라(단서). 명확한 가치를 전달하라(평가). 제품을 익숙하고 기분 좋은 것과 연관시켜라(반응).

- 제품을 한 번 사용하면서 긍정적인 경험을 한 사용자

    - **역학.** 일단 제품에 대한 경험이 쌓이면 이는 미래의 직관적인 반응에 영향을 미친다. 처음 사용할 때 제품이 마음에 들었다면 훌륭하다. 제품의 사용 방법에 대한 지식을 얻는다(비용이 줄어들고 실행 능력이 향상된다).

    - **회사가 해야 할 일.** 사용자에게 계속해서 단서를 제공하라. 제품과 기존 환경적 단서가 강력한 연관 관계를 형성했을 때 가능성은 희박하다. 긍정적인 경험을 강조하라(평가와 반응). 첫 사용 경험에서 얻은 지식을 활용해 사용자가 집중해서 행동을 취하기 좋은 시간과 상황에 제품을 맞추

도록 하라(능력과 타이밍).

- 제품을 한 번 사용하면서 부정적인 경험을 한 사용자
  - **역학.** 첫 경험이 부정적이라면 극복해야 할 두 가지 장애물이 생긴다. 하나는 새로움에서 오는 매력이 사라졌다는 점이고 다른 하나는 직관적으로 부정적인 반응을 보일 것이라는 점이다. 이런 사용자의 마음을 되돌리는 것은 훨씬 더 어렵다.
  - **회사가 해야 할 일.** 솔직히 다른 사용자에게 주의를 기울이는 게 낫다. 이 그룹의 마음은 되돌리기 어렵다. 향후 처음 사용하는 사용자의 경험을 개선하는 데 주의를 기울여라.

- 제품을 한 번 이상 사용한 사용자
  - **역학.** 사용자가 제품으로 성공적으로 돌아왔다는 것은 앞으로도 제품을 다시 사용할 조건이 무르익었다는 신호다. 사용자의 맥락에 있는 무언가가 이들을 제품으로 되돌아오게 했다. 하지만 아직은 그 무언가가 얼마나 **안정적**인지는 확실하지 않다. 어쩌면 업무 때문에 일시적으로 제품이 떠오르는 일이나 필요한 일이 있었을지 모른다. 또는 중요한 욕구 때문일 수도 있다. 이 시점에는 사소한 방해 요소(업무 루틴 변화 등)만으로도 제품으로 돌아오지 않을 수 있다.
  - **회사가 해야 할 일.** 제품과 기존 환경적 단서 사이에 강력한 연관 관계가 형성될 때까지 계속해서 단서를 제공하라. 긍정적인 이전 경험과 성공을 강조하라. 유저 리서치를 통해 사용자의 맥락을 이해하려고 노력하라. 이들이 제품을 사용하도록 유도하는 일시적인 요인이 있는지 확인하고 있다면 이를 대체할 방법을 찾아야 한다.

- 제품을 정기적으로 사용하는 사용자
  - **역학.** 사용자가 제품으로 반복적으로 되돌아온다면 이들을 다시 끌어당기는 안정적인 맥락이 생긴 것이다. 지속적인 사용은 사용자 맥락의 큰 변화가 있어야만 방해받을 가능성이 크다. 이직, 이혼뿐 아니라 많은 시간이 요구되는 새로운 활동을 시작하거나 업데이트로 인해 이들이 좋아하던 기능이 사라지는 것도 이러한 변화에 해당한다.
  - **회사가 해야 할 일.** 이러한 관계를 망가뜨리지 마라. 사용을 유도하는 기능을 변경할 때는 신중하게 접근하라. 제품을 정기적으로 사용하다가 이탈한 사용자를 찾아라. 맥락이 일시적으로 방해를 받는 상황이라면 이들의 마음을 되돌릴 수 있을 가능성이 매우 높다(되돌릴 수 있다고 해도 이를 당연히 여기지 마라). 습관이 될 수 있는 행동을 다룰 때는 단서와 루틴이 시간이 지나도 일관되게 유지되도록 하라.

- **제품을 습관처럼 사용하는 사용자**
  - **역학.** 사용자가 정기적으로 제품을 사용하고 환경적 단서에 자동으로 반응한다면 사용 습관이 성공적으로 형성된 것이다(습관 형성 여부는 데이터 사용 패턴과 유저 리서치를 통해 확인할 수 있다). 행동은 대부분 자동으로 이루어지므로 변화에 강력히 저항한다. 단서에 큰 변화가 있거나 행동할 능력이 부족해져야만 습관이 깨질 가능성이 높다.
  - **회사가 해야 할 일.** 단서를 망가뜨리거나 사용자가 학습한 기본적인 루틴에 변화를 주지 마라.

니르 이얄은 애플리케이션의 첫 사용 경험을 활용하여 미래의 관심을 유도하고 제품을 더 사용하기 쉽고 가치 있게 만들어서 사용자가 다시 돌아오게 하는 방법을 소개한다. 그는 이를 사용자가 제품에 대해 긍정적인 경험을 한 직후에 발생하는 '투자' 단계라고 지칭한다. 그는 습관 형성에 투자하는 데 중점을 두지만, 이 통찰은 습관적이지 않은 다른 행동에도 적용할 수 있다.[2]

사용자가 제품에 대한 경험을 쌓아감에 따라 필요한 지원의 유형도 달라진다. 행동을 변화시키는 새로운 제품을 채택하는 데 가장 중요한 시기는 첫 경험(호기심과 새로움이 제품에 대한 평가로 대체되는 시점)과 재방문 사용자에서 정기적으로 방문하는 사용자로 전환되는 시기(환경의 사소한 변화가 새로운 행동을 방해할 수 있는 시점)다. 제품의 첫 사용자 경험이 훌륭한가? 제품으로 돌아올 매력적인 이유를 지속적으로 제공하는가? 특히 습관 형성을 촉진하는 안정적인 단서를 정기적으로 제공하는가?

어떻게 하면 지속적인 사용을 유도할 수 있을까?

사람들이 제품 사용을 중단하면 제품을 통해 장기적인 행동 변화를 유도하는 것도 불가능해진다. 목표 행동을 끌어낼 때와 마찬가지로 지속적인 사용을 유도할 때도 행동 변화가 필요하다. 더 넓은 시야에서 본다면 **제품의 지속적인 사용을 유도할 때도 이 책 전반에 걸쳐 설명한 동일한 규칙이 적용된다.**

---

2 Eyal(2013, 2014)

기업들이 가치 제공에만 치중하면서 사용자들이 돌아오지 않는 이유를 모르겠다고 할 때가 너무 많다. 물론 가치는 중요하다. 사용하고 싶은 제품이 아니라면 자발적으로 사용하는 사용자가 없을 것이다. 하지만 사용자의 지속적인 사용을 유지하는 데는 훨씬 더 많은 요소가 작용하며 기업이 할 수 있는 일은 가치 제공 외에도 많다.

제품을 **다시 사용**하게 하려면 여섯 가지 CREATE 전제 조건이 필요한데, 그중에서도 제품 개발 분야에서 관심과 고민이 가장 부족했던 부분은 바로 단서다(단, 그로스 해킹 분야는 예외다). 이처럼 단서를 등한시한 이유는 아마도 세상에서 가장 훌륭한 제품을 만든다면 사람들이 자연스럽게 와서 사용할 거라고 생각하기 때문인 것 같다.

사람들이 제품에 자주 다시 사용하도록 단서를 제공하는 방법은 다음과 같다.

계속해서 가치를 제공하라

이는 절대적으로 필요한 요소다. 가치 있는 제품으로 평가받지 못한다면 반복적으로 사용자들의 주의를 끌 수 없다(이들은 여러분의 제품을 피하려고 환경을 바꿀 것이다). 그러므로 가치는 첫 단계다. 하지만 이는 첫 단계에 불과하다.

환경의 특별한 일부가 되어라

사람들에게 제품을 사용하라고 상기시키는 한 가지 방법은 제품이 확실히 눈에 띄게 하는 것이다. 핏빗을 침대 옆에 둔다거나 애플리케이션을 브라우저 홈페이지에 배치하게 하는 것이다. **'특별하다'**는 말은 제품과 동시에 사람들의 눈을 사로잡는 다른 반짝이는 것들이 없어야 한다는 의미다. X의 게시물이나 이메일이 진짜 문제가 되는 이유는 이런 채널이 엄청나게 혼잡하다는 데 있다.

사람들이 기대하는 루틴의 특별한 일부가 되어라

사용자가 하루 중 특정 시간(또는 상황)에 애플리케이션을 이용해서 무언가를 하거나 지루함을 해소하도록 교육하라. '교육'은 우연이 이루어지는 것이 아니다. 사용자에게 특정 시간에 제품을 사용할 계획을 세우도록 요청하라(즉, 실행 의도의 일부로 만들어라). 만약, 여러분이 가치를 제공하고 있다면 사용자가 그 가치를 얻는 습관을 형성하도록 도와라.

사람들이 자발적으로 떠올릴 만큼 정말 멋지고 기억에 남게 하라

누구나 사람들이 자발적으로 자신의 제품을 떠올리기를 염원하며, 제품이 아름답다면 사람들이 그 제품을 간절히 원하게 될 것이라고 생각한다. 여러분은 어떨지 모르겠지만 나는 박물관에서 아름다운 예술 작품을 많이 보았다고 해서 그런 작품을 간절히 원하지는 않는다. 제품의 경우에도 몇몇을 제외하면 마찬가지다. 따라서 주의를 끌 다른 방법에 투자하라.

사용자의 환경이나 일상적인 루틴의 일부와 강한 연관 관계를 구축하라

사용자의 시선을 직접 사로잡을 수 없거나 일정에 자리를 잡을 수 없다면 이미 있는 것을 기반으로 삼아라. 예를 들어 워싱턴 D.C.의 화창한 봄 주말이면(나의 환경에 존재하는 측면) 우리 아이가 자전거 트레일러를 타고 싶어 한다는 것이 생각나서 트레일러를 꺼내려고 차고로 향한다.

사용자가 제품을 볼 때마다 유용하다고 느끼게 하라

사용자에게 제품을 무시하는 습관이 들지 않게 주의하라. 바닥에 깔린 카펫이 사람들의 주의를 끌까? 아니다. 카펫이 시야에 들어와도 그저 밟고 다닐 뿐이다. 이런 행동은 일상적인 일에 지나지 않는다. 대부분의 경우 카펫은 아무 도움이 되지 않는다. 사용자에게 이메일을 많이 보내는 것도 마찬가지다. **여러분은 카펫이 되지 마라.**

매번 새로워져라(적어도 그렇게 보이게 하라!)

카펫이 되지 않는 한 가지 방법은 주목을 끄는 콘텐츠마다 뭔가 새로운 것(적어도 새롭게 느껴질 가능성이 있는 것)이 포함하는 것이다. 소셜 네트워크 알림은 친구들이 별난 행동을 하고 있다는 티저 이메일을 보내서 이런 지침을 훌륭하게 수행한다. 이는 메타(구 페이스북)나 X(구 트위터)에 로그인할 때마다 받는 무작위 보상과는 다르다. 주의를 끄는 요소가 매번 달라지기 때문이다.

다시 이야기하자면 행동 변화를 두 단계로 이루어진 문제로 생각할 수 있다. 첫 번째는 애플리케이션을 사용하는 행동이고, 두 번째는 애플리케이션이 지원하는 행동이다. 이 책 전반에 걸쳐 두 번째 행동을 위해 소개한 도구들이 첫 번째 행동에도 똑같이 적용될 수 있다.

사람들이 처음으로 행동하기 전에 어떤 일이 일어날까?

CREATE 행동 퍼널은 행동을 위한 여섯 가지 전제 조건을 제공하고 DECIDE 프로세스는 제품이 이러한 전제 조건을 충족하는지 확인한다. 그렇다면 **시간이 지남에 따라** 사람들이 행동하지 않는 상태에서 행동하는 상태로 나아가는 과정은 일반적으로 어떨까?

행동하지 않는 상태에서 행동하는 상태로 자발적으로 옮겨가는 과정에 대해 학계는 일치된 결론에 이르지 못했다. 사람들이 행동에 이르는 경로는 많으며, 각 경로는 고유한 방식으로 행동을 위한 전제 조건을 통합한다. 이 책에서 다루는 행동 유도를 목적으로 한 제품 디자인은 그러한 여러 경로 중 하나일 뿐이다.

집을 치우고 싶어 하는 사람들을 예로 들어보자. 이들은 긍정적인 직관적 반응, 의식적인 평가를 거쳐서 비용(오후에 TV를 보지 못함)보다 이익(동반자가 자신을 버리지 않음)이 더 크다고 판단한다. 하지만 항상 더 급한 일이 생기고(시간 압박 없음) 해야 한다는 사실을 깜빡하며(단서 없음) 효과적인 청소 방법을 모르거나 필요한 청소용품이 없다(능력 부족).

행동하지 않던 사람이 청소 행동을 성공적으로 취하는 몇 가지 경로를 간략히 살펴보자.

자기주도적인 행동

이들은 청소할 생각을 여러 번 하지만, 실행에 옮기지 않는다. 마트에 갔을 때 몇 가지 청소용품을 구입하지만 이를 사용할 시간을 따로 마련해두지 않는다. 그러던 어느 날 더 이상 미룰 수 없다며 구체적인 날짜와 시간을 계획해서 알림을 설정하고 다른 방해 요소를 제거한다.

다른 사람의 의도적인 도움

집이 더럽다고 불평하는 이야기를 들은 한 친구가 청소하라고 약간의 압박을 가하기로 한다. 친구는 마트에서 이들에게 청소용품을 사라고 알려주고 특정한 날짜에 청소하기로 약속하게 한다.

제품의 직접적인 도움

이들은 데이비드 앨런의 『쏟아지는 일 완벽하게 해내는 법』을 기반으로 하는 작업 관리 앱을 다운로드한다. 청소를 비롯한 모든 할 일을 기록하고 앱의 도움을 받아 마침내 집을 청소할 실행 계획과 시기를 정한다.

환경의 급격한 변화

집을 청소하고 싶지만 이직, 이사 등의 다른 이유로 하지 못한다. 새집은 훨씬 더 작아져서 가지고 있던 물건을 대부분 처분한다. 이제 청소하기도 훨씬 더 쉬워지고 한번 청소를 시작하니 집을 깨끗하게 유지하는 습관을 유지하기가 쉽다는 것을 알게 된다.

생활 환경의 급격한 변화

사용자가 결혼한다. 이들의 배우자는 지저분한 상태를 견디지 못하고 규칙을 정한다. 사용자가 태도를 개선한다.

사회적 변화

다양한 이유로 직장에서 새로운 사람들을 알게 되고 그들 중 일부와 친구가 된다. 사용자가 동료의 집을 방문하는데 그 집은 기분 좋을 정도로 깔끔하다. 집으로 돌아오자 자기 집이 다르게 보인다. 몇 차례 이런 경험을 한 후 사람들을 집으로 초대하는 것이 부끄러워진다. 사용자는 결단을 내리고 청소를 시작한다.

앞서 언급한 경로는 일반적인 예일뿐 이 외에도 훨씬 더 많은 경로가 있다. 핵심은 사람들이 시간이 지나면서 행동을 바꾸는 경로가 단 하나가 아니라는 것이다. 때로는 변화를 강요하는 결정적인 하나의 사건이 있을 수도 있고(결혼), 변화가 더 천천히 진행될 수도 있다(사회적 변화).

이런 사례들이 사람들이 **따를 수 있는** 다양한 경로를 나타내기는 하지만, 일화는 과학이 아니다. 지금껏 연구자들은 행동하지 않던 사람이 시간이 지남에 따라 행동하게 되는 과정에 대해 일반적으로 받아들여지는 명확한 규칙을 확립하지 못했다. 중독이나 건강 관련 분야에서는 범이론적 모형transtheoretical model[3], 건강 신념 모형health belief model[4] 같은 모델을 통해 많은 활동이 이루어지고 있지만, 이들 모형이 일반적으로 적용될 수 있을지는 아직 불분명하다. 우리는 행동하기 전에 일어나는 일보다 행동하는 순간에 일어나는 일(단서, 행동하려는 의식적 선택 등)에 대해 훨씬 더 많이 알고 있다.

미래를 내다보며

행동 변화를 위한 디자인은 주류가 되었다. 몇 년 전만 해도 사내에 전담 행동 과학 팀이 있는 조직이 드물었지만 이제는 그런 조직이 450곳이 넘는다. 월마트나 웨이트 워처스Weight

---

[3] Prochaska, Velicer(1997). 내가 앞서 했던 주장과 달리 이 모형은 행동하는 하나의 경로가 있다고 제안한다. 하지만 나는 이를 일반적으로 적용할 수 있다거나 사실이라고 생각하지 않는다.

[4] Janz, Becker(1984)

Watchers 같은 주요 기업뿐 아니라 수많은 소규모 컨설팅 업체와 열악한 비영리 조직도 행동 변화를 위해 디자인한다. 2013년부터 전 세계 곳곳에 행동 팀이 생겨났으며 앞으로도 그 성장세가 둔화될 조짐은 보이지 않는다.

빈혈이 있는 산모들의 생명을 구하는 일부터 미래를 위해 저축하는 이들을 돕는 일까지, 이 작업에서 오는 이익은 엄청나다. 이 분야가 성장할수록 이토록 놀라운 사회적 혜택이 계속되고 확장될 것이다. 하지만 상당한 과제도 우리의 앞길에 산재해 있다. 이중 가장 중요한 것은 윤리적인 문제다. 간단히 말해서 우리 분야에는 평범한 사람들을 속여서 피해를 입히는 수상한 관행이 있다. 그 사례는 긱 경제 운전자들이 안전 속도 이상으로 주행하도록 압박하는 일부터 자신의 상세한 위치 정보를 제공하도록 속이는 일까지 다양하다.

이것이 오늘날 행동 변화를 위한 디자인의 본질이다. 고무적인 성장과 선한 업적이 이루어지는 동시에 유해한 남용이 발생하는 이런 상황 말이다. 전자를 발전시키려면 반드시 후자와 맞서야 한다고 믿는다. 경로는 명확하지 않지만 우리 자신과 작업 현장에 행동 과학을 적용한다면 다른 사람의 행동과 결과를 (이롭게) 형성할 때와 마찬가지로 우리의 작업에도 윤리적인 행동을 더욱 깊이 새겨 넣을 수 있을지 모른다.

우리 분야는 지금 전환점에 서 있다. 우리는 마음이 어떻게 작동하고 사람들이 어떻게 행동하는지 정교하게 이해하고 있다. 이러한 이해는 앞으로도 계속 성장하고 조정될 것이지만 현재도 우리에게 중요한 지침과 통찰을 제공한다. 우리는 사실상 행동 변화를 위한 청사진을 가지고 있다. 이 청사진은 전 세계에서 작업하는 많은 팀이 자체적으로 개발한 것이며, 이 책은 이를 DECIDE 프레임워크로 요약해서 소개했다. 행동 변화를 위한 디자인은 이제 우리 생활 속에 깊숙이 자리 잡았다. 우리 분야가 앞으로 정확히 어떤 모습을 형성하고 어떤 성공과 실수를 경험하게 될지는 지난 몇 년간 우리가 구축해온 기반을 어떻게 활용하고 앞으로 직면할 과제에 얼마나 진지하게 대처하느냐에 달려 있다.

PART 04

부록

A 워크북: 행동 변화를 위한 디자인 도구 상자

B 용어집

C 참고문헌

APPENDIX A

워크북
: 행동 변화를 위한 디자인 도구 상자

여러분에게는 해야 할 일이 있다. 어쩌면 여러분은 사람들의 수면 개선이나 언어 학습을 돕는 완전히 새로운 제품을 개발하는 중일지 모른다. 아니면 상사에게 앱의 채택률이나 사용률을 높이라는 지시를 받았을 수 있다. 아니면 일상생활을 하다가 사람들이 환경을 해친다거나, 가족과 시간을 보내지 않는 것처럼 이해가 되지 않는 상황을 발견하고 변화를 일으키고 싶어졌을 수도 있다.

이러한 일을 수행하는 전통적인 방법들이 존재한다. 해당 문제를 해결하기 위해 이미 시중에 나와있는 제품을 살펴보거나 사용자들에게 더 원하는 것이 무엇인지 묻는 것이다.

문제는 이러한 접근 방식이 사람들과 마음의 작동 방식에 대하여 **문제가 있는 가정**을 바탕으로 한다는 것이다. 이러한 가정은 틀린 것은 아니지만 불완전하다. 이들은 사람들이 신중하게 계획을 세우고 세심하게 실행한다고 가정한다. 사람들이 자신이 미래에 무엇을 할지, 왜 그렇게 할지 알고 있다고 가정한다. 물론 가끔 그럴 때도 있다. 하지만 실제 사용자 행동은 그보다 훨씬 더 복잡한 경우가 많다.

이 워크북은 사용자 행동을 변화시키는 제품과 커뮤니케이션을 디자인하여, 사용자들이 원하지만 실행하기 어려운 행동을 돕는 데 활용할 수 있는 자료다. 이러한 가정이 왜 틀렸는지, 사람들이 실제로 어떻게 결정을 내리는지, 그리고 그것이 제품 개발에 어떤 의미를 갖는지 자세히 설명한다.

특히 제품, 기능, 커뮤니케이션을 디자인하거나 개선하기 위해 이 워크북을 준비했다. 사용자가 규칙적으로 운동하기, 제품을 최대한 효과적으로 활용하기 등의 핵심 행동을 시작하거나 중단하는 데 어려움을 겪을 때 도움이 될 것이다. 워크북에서는 사람들에게 무언가를 하도록 설득하지 **않을 것이다.** 우리는 사용자가 이미 관심을 보이는 행동을 다룬다는 가정에서 시작한다.

이 워크북에서 책의 주요한 내용을 간략하게 정리하다 보니, 불가피하게 일부 중요한 세부사항을 생략할 수밖에 없었다. 여기에 소개한 자료들은 모닝스타와 헬로월릿의 팀에서 사용했던 워크시트에서 가져왔다.

『행동의 과학, 디자인의 힘』 한눈에 보기

결정과 행동

수십 년간의 행동 연구를 몇 단락으로 요약하자면(이에 대해서는 동료 연구자들에게 미리 용서를 구한다!) 다음과 같을 것이다.

우리는 제한적인 존재다. 우리의 주의력, 시간, 의지력 등에는 한계가 있다. 반면, 사용자가 언제든 주의를 기울일 수 있는 대상은 거의 무한하다. 자신에게 말을 거는 사람, 주변에서 들리는 흥미로운 대화, 기한이 지난 책상 위 보고서, 앱 알림 등 주의를 기울일 대상은 수없이 많다. 안타까운 사실이지만 연구자들은 인간의 의식적 사고가 한 번에 한 가지에만 제대로 집중할 수 있다는 사실을 여러 차례 반복해서 증명했다.

우리의 마음은 지름길을 사용한다. 우리는 한계 때문에 지름길을 통해 자원을 절약하고 빠른 결정을 내린다. 사용자에게는 매일 마주하는 다양한 옵션을 샅샅이 살펴보고 무엇을 할지 빠르고 합리적인 결정을 내리도록 도와주는 수많은 지름길(일명 휴리스틱)이 있다. 예를 들어 무엇을 해야 할지 모르는 상황에서는 다른 사람이 무엇을 하는지 보고 따라 하려고 할 것이다(일명 **기술적 규범**). 마찬가지로 **습관**은 사람들의 마음이 자원을 절약하고 단서를 기반으로 즉각적으로 행동을 유발하여 신속하게 행동하게 하는 강력한 방법이다. 이런 지름길은 깊게 배어든 자기 파괴적인 습관(과음)이나 잘못된 맥락에 적용된 휴리스틱(군집 행동처럼)으로 인해 잘못되기도 한다. 잘못 적용된 휴리스틱은 **편향**, 즉 행동이나 의사결정의 부정적인 경향('좋다'고 여겨지는 객관적인 표준에서 벗어나는)의 한 가지 원인이다. 종종 이런 편향 때문에 사람들의 의도와 행동 사이에 상당한 차이가 생긴다.

우리에게는 두 가지 마음이 있다. 우리가 무엇을 결정하고 무엇을 하는지는 의식적 사고와 습관 같은 무의식적 반응, 양쪽의 영향을 모두 받아서 결정된다. 이는 사용자가 종종 '생각'하지 않고 행동한다는 뜻이다. 적어도 의식적으로 선택하지는 않는다. 이들의 일상 행동은 대부분 무의식적 반응의 통제를 받는다. 안타깝게도 이들은 의식적 마음이 항상 통제하고 있다고 **믿**

는다. 실제로 그렇지 않을 때도 말이다. 우리는 모두 '자신에게 낯선 사람'이다. 자신의 행동과 결정의 원인을 알지 못한다. 따라서 사용자들이 제품의 문제나 향후 행동 계획에 대해 스스로 남긴 의견이 반드시 정확한 것은 아니다.

결정과 행동은 맥락의 깊은 영향을 받는다. 이 때문에 편향과 의도-행동 차이가 악화되거나 개선된다. 사용자가 하는 행동은 분명히 맥락적 환경의 영향을 받아서 형성된다. 사이트의 아키텍처가 사용자들을 중앙 홈페이지나 대시보드로 안내하는 것이 여기에 해당하는 예시다. 그리고 분명하지 않은 영향에 의해 형성되기도 한다. 사용자들이 말하고 듣는 대상이 되는 사람들(**사회적 환경**), 보고 상호작용하는 것(**물리적 환경**), 오랜 시간에 걸쳐 익힌 습관과 반응(**정신적 환경**)에 영향을 받는 것처럼 말이다.

우리는 영리하고 신중하게 맥락을 디자인하여 사람들의 의사결정을 개선하고 의도-행동 차이를 줄일 수 있다. 그리고 바로 이것이 이 도구 상자의 목표다.

어떻게 행동을 형성하는가

매순간 사용자들이 취할 수 있는 수많은 행동 중에서 특정 행동을 하게 된 이유는 무엇일까? 의식적인 행동은 여섯 가지 요소를 동시에 갖춰야만 일어난다. 행동 변화를 유도하는 제품은 단서, 반응, 평가, 능력, 타이밍, 경험이라는 전제 조건 중 하나 이상에 영향을 주어서 의도-행동 차이가 줄어들도록 돕는다. 쉽게 기억할 수 있도록 행동을 하는 데 필요한 요소들의 머리글자를 따서 CREATE라는 용어를 만들었다.

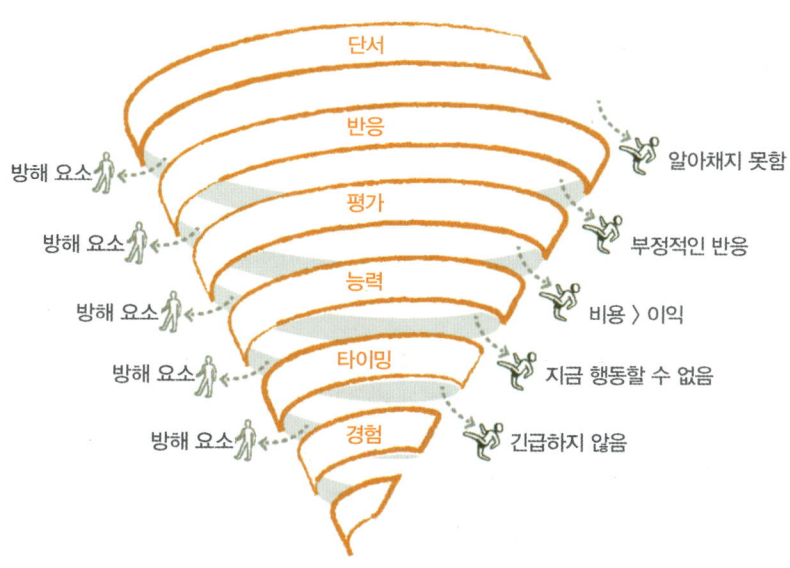

이 여섯 요소가 어떻게 작용하는지 보여주기 위해 한 사용자가 소파에 앉아서 TV를 보고 있다고 가정해보자. 이 사용자의 휴대전화에는 가족을 위해 식사 계획을 세우고 건강한 식사를 준비하기 위해 지난주에 다운로드해둔 여러분의 앱이 있다. 이 사용자가 갑자기 그 앱을 사용하려고 휴대전화를 집어 든다면 그 시점은 언제이고 이유는 무엇일까?

평소 우리는 사용자 행동을 이런 방식으로 생각하지 않는다. 보통은 사용자가 어떻게든 우리 제품을 찾아내고 마음에 들어 하며 필요할 때마다 다시 쓸 것이라고 가정한다. 하지만 연구자들이 알아낸 바에 따르면 여기에는 더 많은 요소가 작용한다. 마음의 한계와 구성 방식 때문이다. 그러니 사용자가 TV를 보고 있다는 상상으로 되돌아가보자. 이제 무슨 일이 일어나야 사용자가 지금 당장 식사 계획 앱을 사용할까?

❶ **단서:** 어떤 이유로든 앱을 사용하겠다는 생각이 떠올라야 한다. 그런 생각이 들게 하는 단서가 있어야 한다. 배가 고프다거나 TV에서 건강한 음식에 대한 광고를 본다거나 하는 것처럼 말이다.

A. 워크북: 행동 변화를 위한 디자인 도구 상자

❷ **반응:** 앱을 사용하겠다는 생각이 들면 사용자는 즉시 직감적으로 반응한다. 앱을 사용하는 것이 흥미로운가? 자신이 아는 다른 사람도 그 앱을 사용하고 있는가? 떠오른 다른 선택지는 무엇이고 그에 대한 느낌은 어떠한가?

❸ **평가:** 사용자는 아마 비용과 이익을 평가하면서 의식적으로 앱에 대해 잠시 생각할 것이다. 그 앱에서 무엇을 얻을 수 있는가? 그 앱이 제공하는 가치는 무엇인가? 일어나서 식사 계획을 세우는 수고를 할 가치가 있는가?

❹ **능력:** 앱을 지금 실제로 사용할 수 있는지 여부를 확인할 것이다. 휴대전화가 어디에 있는지 아는가? ID와 비밀번호를 알고 있는가? 모른다면 앱을 사용하기 전에 이러한 실행상의 문제를 해결해야 한다.

❺ **타이밍:** 사용자는 언제 행동을 취할지 가늠할 것이다. 바로 행동으로 옮길 가치가 있는가? 아니면 TV 프로그램이 끝난 후에 행동하는 게 나은가? 긴급한가? 더 적절한 때가 있는가? 이는 행동할 능력을 확인하는 전후로 이루어질 것이다. 어쨌든 둘 다 이루어져야 한다.

❻ **경험:** 논리적으로 볼 때 앱을 사용할 만한 가치가 있고 지금 사용하는 것이 타당하더라도 이전에 그 앱(또는 비슷한 앱)을 썼을 때 뭔가 부족하다거나 답답하다고 느꼈다면 다시 시도하기가 꺼려질 것이다. 사용자의 특이한 개인적 경험이 '일반적인' 반응을 무력화할 수 있다.

이 여섯 가지 정신적 프로세스는 행동을 막거나 촉진하는 관문이다. 아니면 어떤 행동이든 반드시 거쳐야 하는 '테스트'로도 볼 수 있다. 사용자가 어떤 행동을 의식적으로, 의도적으로 실행하려면 이 모든 과정을 성공적으로 완료해야 한다. 그리고 모든 것이 동시에 함께 이루어져야 한다. TV 시청을 멈추고 바로 해야 할 정도로 긴급한 행동이 아니라면 분명 나중으로 미룰 수 있다. 하지만 '나중'이 되어도 이 여섯 가지 테스트를 반드시 거쳐야 한다. 사용자는 그 시점에 그 행동이 긴급한지 (아니면 '반려견과 산책하기' 같은 다른 일이 우선인지) 재평가할 것이다. 아니면 행동하라는 단서가 사라지고 앱에 대해 잠시 완전히 잊을 수도 있다.

따라서 사용자에게 특정 행동을 장려하는 제품이라면 단서를 제공해서 그 행동을 떠올리게 하고, 그에 대한 부정적이고 직관적인 반응을 피하며, 의식적 마음에 그 행동의 가치를 설득하고, 지금 당장 해야 한다는 점을 강조해야 하며, 실제로 그 행동을 할 수 있게 해야 한다. 우리는 이런 요소를 퍼널로 생각할 수 있다. 사용자는 각 단계에서 이탈하고 주의를 빼앗기거나 다른 행동을 할 것이다. 행동 변화 작업에서 가장 흔한 결과이자 현실로 받아들여야 하는 결과는 사용자가 현재 상태를 유지하는 것이다. 우리는 이 현재 상태를 새로운 상태로 바꾸기 위해 넛지를 사용한다.

누군가에게 이미 습관이 있고 그 습관을 실행하게 하는 상황이라면 다행히 그 과정이 짧아진다. 이럴 때는 첫 번째 두 단계(단서와 반응)가 가장 중요하며 행동을 실행할 능력도 물론 갖춰야 한다. 평가, 타이밍, 경험도 하는 역할이 있기는 하지만 덜 중요하다. 의식적 마음이 자동으로 조종되는 상태이기 때문이다.

행동 개입을 위한 DECIDE

행동 과학은 환경이 우리의 결정과 행동을 형성하는 데 깊은 영향을 미치는 방식을 이해하는 데 도움이 된다. 연구실 같은 하나의 환경에서 테스트한 기법이 사람들의 실생활에 동일하게 작용하지 않는다고 해서 놀랄 필요는 없다. 행동 변화를 효과적으로 디자인하려면 마음에 대한 이해, 그 이상이 필요하다. 특정 청중과 상황에 맞는 적절한 개입과 기법을 찾는 데 도움이 되는 프로세스가 필요하다.

이 프로세스는 어떻게 진행될까? 여섯 단계로 구성된 이 방식은 머리글자를 딴 줄임말인 'DECIDE'로 쉽게 기억할 수 있다. 이는 제품에서 행동 변화를 유도하는 개입을 결정하는 방법이다.

우리는 해결하려는 문제를 **정의**하는 것으로 시작한다. 구체적으로 말하자면 행동을 변화시킬 청중, 이들을 위해 달성하려는 결과를 정의한다. 그리고 맥락을 **탐색**하며 청중과 이들이 처한 환경에 대한 모든 정성적, 정량적 데이터를 수집하고 행동을 재구상하여 무언가를 실제로 만들기 전에 그 행동의 실행 가능성과 그 행동을 사용자가 수용할 가능성을 높일 수 있는지 확인한다.

그다음으로는 개입을 **제작**하고 이를 제품이나 커뮤니케이션에 **구현**할 차례다. 우리는 제품 자체뿐 아니라 사용자가 처한 맥락을 포함하는 의사결정 환경을 디자인하여 행동을 지원하

문제를 정의하라
(Define the Problem)

맥락을 탐색하라
(Explore the Context)

개입을 제작하라
(Craft the Intervention)

제품 내에 구현하라
(Implement the Solution)

영향을 확인하라
(Determine the Impact)

다음 단계를 평가하라
(Evaluate Next Steps)

는 방법에 대해 이야기할 것이다. 그리고 사용자가 제품을 통해 행동을 취하도록 준비시키는 방법에 대해서도 논할 것이다. 이 프로세스를 개념적 디자인(제품의 기능 정의)과 인터페이스 디자인(제품의 시각적 경험 설계), 모두에 적용할 것이다.

마지막으로 새로운 디자인을 현장에서 테스트하여 그 영향을 **확인**한다. 약간이라도 변화를 일으켰는가, 아니면 실패했는가? 그렇게 파악한 내용을 바탕으로 다음 단계를 **평가**한다. 지금까지 한 것으로 충분한가? 처음부터 완벽한 것은 없으므로 반복적으로 다듬어야 할 때가 많다. 또한, 이 프로세스는 세 가지 개념에 중점을 둔다. 즉, 사용자에게 미치는 현재의 영향을 평가하고, 제품을 더 개선할 통찰과 아이디어를 개발하며, 목표를 달성할 때까지(또는 다른 우선순위가 개입할 때까지) 반복적으로 제품이나 커뮤니케이션 수정하고 측정하는 것이다.

이 프로세스가 본질적으로 반복적이라는 점을 강조할 필요가 있다. **인간의 행동은 복잡하며 그렇기 때문에 이 작업은 어렵다!** 마법의 지팡이를 흔드는 것만으로 다른 사람의 행동을 변화시킬 수 있다면 행동 변화를 위한 세부적인 디자인 프로세스가 필요 없었을 것이다(그리고 그럴 수 있었다면 매우 불쾌했을 것이다). 그 대신 사용자와 이들의 요구에 대해 배우고 목표를 달성하지 못했을 때 제품을 개선하기 위해 노력하는 반복적인 학습 과정이 존재한다. 이 프로세스에서 가장 간과되지만 가장 필수적인 부분은 훌륭한 아이디어와 멋진 행동 과학 기법이 아니다. 우리의 노력이 빗나간 지점을 신중하게 측정하고 이런 실수로부터 배우겠다는 의지와 도구를 갖추는 것이다.

MEMO

실전 연습

실습: 문제 정의

이 섹션에서는 DECIDE와 CREATE를 활용하여 팀과 함께 행동 변화를 위한 디자인을 실행해볼 수 있는 연습문제를 소개하겠다. 사람들이 규칙적으로 운동하도록 돕는 앱을 예로 들어 각 항목을 어떻게 채워야 하는지 보여주겠다.

행동 프로젝트 개요

> **목표:** 팀에서 만드는 신제품의 목표, 즉 목표로 삼아야 하는 결과, 행동, 행위자를 이해하고 명확하게 표현한다.
>
> 문제를 정의하는 과정은 각자 수행할 수도 있고, 아니면 벽에 포스트잇을 붙여가며 주요 개념과 아이디어를 정리하는 상호작용적인 방식으로 수행할 수도 있다. 본 워크북에 그 과정을 시각적으로 재현해보았다. 아래 공간을 사용해도 좋고, 실제로 비어 있는 벽면에 포스트잇을 붙여가며 진행해도 좋다.

프로젝트: _____

(예: 운동 앱 플래시)

☐ 새로운 제품, 기능, 커뮤니케이션인가?　　　☐ 기존 제품, 기능, 커뮤니케이션에 대한 변경인가?

비전: 행동을 변화시키고 싶은 이유와 이 제품이 그 과정에서 어떠한 역할을 하는지 간단히 설명하라.

결과: 제품을 통해 달성하고자 하는 결과는 무엇인가? 회사의 목표뿐 아니라 사용자가 실제로 확인하고 가치를 느낄 수 있는, 측정 가능한 변화를 고려하라. 그런 다음, 구체적인 분석

을 통해 제품을 평가하는 데 사용할 수 있는 대략적인 지표와 성공 여부를 숫자로 표현할 수 있는 기준을 정의하라.

회사 목표	실제 결과
예: 웰니스 시장 B2B 고객으로부터 수익 증가	예: 통증 감소(허리, 목 등)

성과 지표	성공 정의
예: 병원 방문, 물리치료 횟수	예: 병원 방문, 물리치료 횟수 50% 감소

행위자: 결과를 유발하는 특정 사용자(또는 제품에 관련된 다른 사람)는 누구인가?

(예: 주로 앉아서 일하는 화이트칼라 노동자) _____

_____

사용자: 제품 사용자가 행위자가 아닌 경우, 사용자를 설명하고 이들이 행위자에게 어떻게 영향을 미치는지 설명하라.

(예: 동일하다) _____

_____

행동: 행위자가 결과를 달성하기 위해 수행하는/중단하는 행동은 무엇인가? 이는 초기 아이디어이며 나중에 다듬을 것이다.

(예: 주 2회 체육관 가기) _____

_____

행동 변화를 위한 가설: 아니면 이 정보를 명시적인 가설로 작성하는 방법도 있다. 이를 통해 아직 확실한 것은 없다는 점과 제품을 통해 실제로 가설을 테스트해야 한다는 점을 떠올리게 할 수 있다.

_____ (행위자)가 _____ (행동)을 [ ] 시작 [ ] 중단하도록 도와서 _____ (결과)를 달성할 것이다.

메모를 위한 추가 공간: 행동 변화를 위한 디자인을 진행하는 동안 행동 진단, 새롭게 떠오른 개입 등 도중에 알게 된 정보를 바탕으로 프로젝트 개요를 업데이트해야 할 수 있다. 각 항목에 대한 워크시트가 있지만 모든 정보를 한곳에 모아두는 것이 유용할 수 있다.

실습: 맥락 탐색

행동 계획

다음 페이지의 왼쪽에는 행동하지 않던 사용자가 행동을 시작하기 위해 취해야 하는 작은 **미세 행동**을 설명해보라. 그런 다음 오른쪽에는 행동을 위한 CREATE 전제 조건 6개를 각 단계에서 갖추었는지 확인하라. 갖추어진 전제 조건을 목록에서 체크하고 나중에 참고할 수 있게 간략히 설명하라. 갖추지 못한 전제 조건이 있다면 행동을 재구성하거나 환경에 변화를 주거나 사용자를 교육하여 프로세스를 원활히 진행하게 할 방법을 고민해보라.

사용자의 초기 상태는 어떠한가?
예: 주로 앉아서 생활하며 평소 운동하지 않는다.

☐ C_____
☐ R_____
☐ E_____
☐ A_____
☐ T_____
☐ E_____

사용자가 처음으로 하는 행동은 무엇인가?
예: 앱 다운로드 초대 이메일을 연다.

☐ C_____
☐ R_____
☐ E_____
☐ A_____
☐ T_____
☐ E_____

사용자가 그 다음으로 하는 행동은 무엇인가?
예: 직원 ID와 고유한 비밀번호를 사용해서 앱을 설치한다.

☐ C_____
☐ R_____
☐ E_____
☐ A_____
☐ T_____
☐ E_____

사용자가 그 다음으로 하는 행동은 무엇인가?
예: 맞춤 추천을 받기 위해 앱에 정보를 입력한다.

☐ C_____
☐ R_____
☐ E_____
☐ A_____
☐ T_____
☐ E_____

사용자가 행동을 취한다!
예: 체육관 수업에 참여한다!

CREATE 미세 행동

행동 계획 중에서 사용자와의 대화나 수집한 데이터를 통해 문제가 있다고 파악한 한 가지 미세 행동을 선택하라. 해당 미세 행동의 CREATE 요소를 분석하라. 행동을 시작하려고 할 때는 CREATE 요소 중 갖추지 못한 항목이 장애물이다. 행동을 중단하려고 할 때는 일단 기록하기만 하면 된다. 각 요소는 장애물이 변할 수 있다.

조건	현재 상태는?	장애물인가? (그렇다/아니다)
행동을 떠오르게 할 **단서**	예: 이메일의 관련성이 불분명하다.	예: 그렇다.
감정적 **반응**	예: 긍정적 반응을 목표로 한다.	예: 아니다.
비용과 이익에 대한 의식적인 **평가**	예: 가입 절차가 여러 단계를 거쳐야 하고 복잡하다.	예: 그렇다.
행동할 수 있는 **능력** (자원, 실행 상의 문제, 자기 효능감)	예: 모든 사용자가 실행할 수 있다고 느끼도록 한다.	예: 아니다.
행동의 **타이밍**과 긴급성	예: 긴급성이나 실행 의지가 없다.	예: 그렇다.
행동했던 과거의 **경험**	예: 사용자마다 다르다.	예: 확실하지 않다.

행동 진단

행동 계획과 CREATE 분석을 살펴보자. 주요 장애물이 있는 단계는 DECIDE의 다음 단계인 개입 제작 단계에서 집중해야 할 부분이다. 이러한 장애물이 행동 진단의 기초가 된다.

_____ (행위자)가 _____ (행동)을 [ ] 시작 [ ] 중단하지 않는다고 본다. 왜냐하면 _____ (미세 행동)을 해야 할 때 _____ (CREATE 장애물)이 있기 때문이다.

행위자와 행동 다듬기(선택 사항)

일부 제품, 특히 기존 제품의 경우에는 행위자와 행동이 명확하고 의심의 여지가 없을 수 있다. 이러한 경우에는 이 단계를 건너뛰어도 좋다. 하지만 맥락을 탐색하는 과정에서 사용자와 이들이 처한 상황에 대해 더 알게 되면서 초기 가정이 부정확했다는 것을 깨달을 수 있다. 제품에 더 큰 매력을 느낄 만한 다른 그룹이나 제품의 도움을 받을 수 있는 다른 그룹이 있다고 생각한다거나 효과가 없었던 과거의 해결책을 그대로 답습하고 있다고 느껴진다면 이 워크북을 바탕으로 해결책을 재검토하고 개선할 수 있다.

행동

브레인스토밍으로 사람들이 여러분의 제품이나 커뮤니케이션을 통해 달성할 수 있는 네 가지 핵심 행동을 떠올려보자. 이런 행동을 떠올릴 때 다음 사항에 유의하는 것이 좋다.

- 결과를 달성하기 위해 사람들이 현재 직면하고 있는 장애물
- 결과가 발생하기 직전에 일어나야 하는 일
- 사람들이 결과를 달성하도록 돕기 위해 여러분의 회사가 도와줄 수 있는 고유한 방법
- 현재 해당 행동을 달성하고 있는 사람들이 취하는 방법

행동 1	행동 2
예: 혼자서 주 2회 달리기, 3km부터 시작하기	예: 운동 목표 적기

행동 3	행동 4
예: 체육관에서 PT를 받기	예: 사내 피트니스 프로그램 참여하기

행위자

여러분의 제품으로 인해 행동을 취할 특정 사람들에 대한 설명을 작성하라. 일반적으로 행위자는 사용자이지만, 항상 그런 것은 아니다. 예를 들어 B2B 제품이라면 여러분의 회사를 처음 만나는 사람은 기업의 구매 담당자일 수 있으며, 이들이 해당 기업에서 근무하는 사용자들에게 제품 접근 권한을 제공할 것이다. 그렇지만 편의상 여기에서는 행위자를 사용자라고 부르겠다.

전형적인 페르소나 (예: 경험이 많고, 운동 관련 기기를 능숙하게 사용하며, 피트니스 목표를 규칙적으로 추적하는 체육관 이용자)

전형적이고 이상적인 사용자에 대한 설명을 작성하라. 이를 수행하는 한 가지 방법은 다음 질문에 '그렇다/아니다'로 대답하는 것이다. 그리고 이러한 정보를 바탕으로 자신만의 표현을 써서 이 그룹을 설명하라.

마지막으로 특정한 가상 사용자에 대한 짧은 소개를 작성하라.

이 사용자가…

- 이 행동을 취한 경험이 있는가?

- 이 행동을 취할 내적 동기가 있는가?
- 이러한 유형의 제품을 경험한 적이 있는가?
- 물리적, 경제적, 사회적 장벽이 있는가?
- 여러분을 신뢰하는가?

설명
_____
_____
_____

소개
_____
_____
_____

주변적인 페르소나 (예: 체육관을 자주 이용하지 않으며, 신체 활동을 추적하는 데 익숙하지 않은 사용자)

전형적이고 이상적인 사용자와 비교할 때 앞서 나열한 기준 중 단 한 가지가 다른 페르소나를 떠올려보자.

설명
_____
_____
_____

소개

_____
_____
_____

극단적인 페르소나 (예: 주로 앉아서 생활하며, 운동 목적으로 기술을 사용하는 데 익숙하지 않은 과체중의 사용자)

이번에는 전형적인 페르소나와 아주 다른 그룹을 떠올려보자.

설명

_____
_____
_____

소개

_____
_____
_____

평가

목표 결과를 달성하기 위해 사람들이 취할 수 있는 네 가지 다른 행동을 떠올렸으니 각 행동이 자신의 회사와 사용자의 요구에 얼마나 잘 맞는지 평가할 차례다. 앞서 나열한 세 가지 페르소나 각각에 대해 이 작업을 수행하는 것이 이상적이다. 단 시작할 때는 한 페르소나를 선택하는 것이 좋다.

각 행동에 대해 다음 사항에 대해 어느 정도로 동의하는지 1~5점 척도로 평가하라.

- 영향: 이 행동을 취하게 하면 사용자 기반에서 목표 결과를 직접적으로 이끌어낼 수 있다.
- 용이성: 이 행동을 취하는 데 사용자의 자원(시간, 돈 등)이 많이 들지 않는다.
- 비용: 이 신제품을 제작하는 것은 회사의 자원을 비용 대비 효과적으로 사용하는 것이다.
- 적합성: 이 행동을 지원하는 일은 회사의 더 큰 목표와 문화에 부합한다.

다음 표를 사용하여 각 행동을 항목별로 평가하라. 총점과 개별 점수를 비교하여 팀이 목표로 삼아야 할 행동을 선택하라. 여기에서는 숫자를 사용했지만 반드시 지켜야 하는 규칙은 없다. 최종 결정은 여러분 회사의 우선순위와 제약에 따라 달라질 것이다.

1-강하게 반대　　2-반대　　3-중립　　4-동의　　5-강하게 동의

	행동 1	행동 2	행동 3	행동 4
이름	예: 혼자서 주 2회 달리기, 3km부터 시작하기	예: 운동 목표 적기	예: 체육관에서 PT를 받기	예: 사내 피트니스 프로그램 참여하기
영향				
용이성				
비용				
적합성				
총점				

새로운 목표 행위자나 행동을 정했다면 행동 개요를 업데이트하고 행동 계획을 다시 작성하라.

실습: 개입 제작

개입 제작: 행동을 시작하는 방법

여러분이 참고하여 개입에 대한 아이디어를 떠올릴 수 있도록 본문에서 설명했던 사용자가 의식적인 행동을 시작하도록 돕는 주요 기법을 여기에 소개한다. 사용자가 극복해야 할 기본 행동 장애물(CREATE)에 따라 정리했다.

요소	목적	전술
단서	단서를 만들어라.	사용자에게 해야 할 행동을 알려라.
		무언가를 단서로 바꾸어 표시하라.
		알림을 사용하라.
	단서를 더 강력하게 만들어라.	행동할 위치를 명확히 하라.
		방해 요소를 제거하라.
	단서를 겨냥하라.	주의가 집중된 지점으로 가라.
		사람들의 시간에 맞춰라.
반응	긍정적인 감정을 끌어내라.	과거를 서술하라.
		긍정적인 것과 연관시켜라.
	사회적 동기를 높여라.	사회적 증거를 활용하라.
		또래 비교를 사용하라.
	신뢰를 높여라.	강력한 권위를 드러내라.
		진실되고 개인적인 느낌을 전달하라.
		전문적이고 아름답게 만들어라.
평가	기초적인 경제학을 활용하라.	인센티브가 적절한지 확인하라.
	기존 동기를 강조하고 지원하라.	기존 동기를 활용하라.
		직접적인 금전적 인센티브를 피하라.
	동기를 높여라.	손실 회피 성향을 활용하라.
		행동 계약을 사용하라.
		다양한 유형의 동기를 테스트하라.
		미래의 동기를 현재로 가져오라.
		경쟁을 활용하라.

요소	목적	전술
평가	의식적인 의사결정을 지원하라.	인지 과부하를 피하라.
		이해하기 쉬운지 확인하라.
		선택 과부하를 피하라.
능력	마찰을 없애라.	불필요한 의사결정 지점을 없애라.
		모든 것을 기본값으로 만들어라.
		실행 의도를 끌어내라.
	실현 가능성(자기 효능감)을 높여라.	(긍정적인) 또래 비교를 활용하라.
		성공할 것임을 알게 하라.
	물리적 장애물을 없애라.	물리적 장애물을 찾아라.
타이밍	긴급성을 높여라.	텍스트 프레이밍을 통해 일시적 근시를 피하라.
		행동하기로 한 약속을 상기시켜라.
		친구들과 약속하게 하라.
		보상을 부족하게 하라.
경험	과거에서 벗어나라.	새로운 시작을 활용하라.
		이야기 편집을 사용하라.
		속도를 늦추는 기법을 사용하라.
	과거를 피하라.	의도적으로 낯설게 만들어라.
	변화하는 경험을 따라가라.	사용자를 다시 확인하라.

행동을 중단하는 방법

마찬가지로 본문에서 설명했던 사용자가 원치 않는 행동을 중단하도록 돕는 주요 기법을 소개한다. 이러한 기법을 각 기법이 만들어내는 행동 장애물 유형에 따라 정리했다.

요소	행동 시작하기	행동 중단하기
단서	무언가를 단서로 바꾸어 표시하라.	특정 행동을 그 행동으로 이어지는 다른 행동과 분리하라.
	알림을 사용하라.	알림을 없애라.
	행동할 위치를 명확히 하라.	단서를 보거나 알아채기 더 어렵게 만들어라.
	방해 요소를 제거하라.	방해 요소와 더 흥미로운 행동을 추가하라.
	사람들의 시간에 맞춰라.	단서를 사람들이 바쁜 시간으로 옮기거나 기존 시간에 사람들을 바쁘게 만들어라.

요소	행동 시작하기	행동 중단하기
반응	과거를 서술하라.	과거를 서술하여 해당 행동에 저항하는 데 성공했던 이전 성공을 강조하라.
	긍정적인 것과 연관시켜라.	사람들이 좋아하지 않는 부정적인 것과 행동을 연관시켜라.
	사회적 증거를 활용하라.	반대되는 사회적 증거를 활용하고(즉 다른 사람들이 그 행동을 꺼린다는 것을 보여주고), 변화를 위한 사회적 지지(AA 모임[1]를 활용하라.
	또래 비교를 사용하라.	부정적인 또래 비교를 사용하라(대부분의 사람들이 그 행동을 참으며 하지 않고 있다는 것을 보여주어라).
	진실되고 개인적인 느낌을 전달하라.	행동을 중단할 때 진실되고 개인적인 느낌을 전달하라.
	전문적이고 아름답게 만들어라.	행동을 중단하도록 요청할 때 전문적으로 아름답게 만들거나, 부정적인 행동을 취하는 상황을 보기 좋지 않고 비전문적으로 보이도록 만들어라.
평가	인센티브가 적절한지 확인하라.	비용을 높이고 이익을 줄여라.
	기존 동기를 활용하라.	기존 동기와 행동을 분리하라.
	다양한 유형의 동기를 테스트하라.	중단시키려는 행동이 사람들에게 해를 끼친다고 하더라도 사람들에게 중단시키려는 동기가 충분하리라고 가정하지 마라. 그 대신 행동을 유발하려고 할 때와 마찬가지로 여러 동기를 테스트하라.
	손실 회피 성향을 활용하라.	손실 회피 성향을 활용하라.
	행동 계약을 사용하라.	행동 계약을 사용하라.
	미래의 동기를 현재로 가져오라.	행동을 중단시키려는 미래의 동기를 현재로 가져오라.
	경쟁을 활용하라.	경쟁을 활용해서 행동을 멈춰라(예: 경쟁을 중단시키기, AA 칩[2], 도전 FAT 제로[3]).
	인지 과부하를 피하라.	인지 과부하를 더하라.
	선택 과부하를 피하라.	선택 과부하를 더하라.
능력	불필요한 의사결정 지점을 없애라.	중간중간 멈추게 하고 마찰을 추가하라.
	모든 것을 기본값으로 만들어라.	선택을 요청하고 기본값을 제거하라.
	실행 의도를 끌어내라.	(유혹적인 상황을 피하는 방법에 대한) 실행 의도를 끌어내라.
	(긍정적인) 또래 비교를 활용하라.	긍정적인 또래 비교를 활용하라. 즉 행동을 중단시키는 데 성공한 다른 이들의 사례를 들어라(똑같다!).
	성공할 것임을 알게 하라.	성공할 것임을 알게 하라(똑같다!).
	물리적 장애물을 찾아라.	물리적 장애물을 추가하라(차 키 없애기 등).

---

1 옮긴이_ Alcoholics Anonymous(익명의 알코올 중독자들)의 머리글자로, 알코올 중독에서 벗어나기 위한 사람들의 모임이다.
2 옮긴이_ AA 모임에서 일정 기간 금주한 사람에게 목표 성취를 기념하기 위해 제공하는 토큰이다.
3 옮긴이_ 2004년부터 방영 중인 미국의 다이어트 서바이벌 프로그램이다.

요소	행동 시작하기	행동 중단하기
타이밍	텍스트 프레이밍을 통해 일시적 근시를 피하라.	텍스트 프레이밍을 통해 일시적 근시를 피하라(똑같은 방법이지만, 행동을 중단시키는 데 도움이 되게 하라).
	행동하기로 한 약속을 상기시켜라.	행동하기로 한 약속을 상기시켜라(똑같지만 행동을 멈추겠다는 약속이어야 한다).
	친구들과 약속하게 하라.	친구들과 약속하게 하라(똑같지만 멈추겠다는 약속이어야 한다).
경험	새로운 시작을 활용하라.	새로운 시작을 활용하라.
	이야기 편집을 사용하라.	이야기 편집을 사용하라.
	속도를 늦추는 기법을 사용하라.	속도를 늦추는 기법을 사용하라.

CREATE로 여러 개입 평가

특정 미세 행동이나 행동 계획의 단계를 위한 개입의 대안을 평가할 때 다음과 같은 체크리스트를 사용하여 행동 과학의 관점에서 보는 각 개입의 강점과 약점을 빠르게 평가할 수 있다.

조건	현재 상태 예: 플래시 앱 설치에 대한 현재 상태	개입 1 예: 앱의 혜택을 강조하는 초대 이메일	개입 2 예: 사회적 증명을 활용하는 초대 이메일
행동을 떠오르게 할 **단서**			
감정적 **반응**			
비용과 이익에 대한 의식적 **평가**			
행동할 수 있는 **능력**(자원, 실행 상의 문제, 자기 효능감)			
행동의 **타이밍**과 긴급성			
행동했던 과거의 **경험**			

제품을 알리는 간단한 이메일 설계

이번에는 제품에 대한 간단한 이메일을 설계해보자. 이러한 이메일은 제품 자체의 전체 구조와 레이아웃을 작업할 때 고려하는 행동 관련 질문을 바탕으로 한다. 행동 계획을 살펴볼 때 가장 위험하거나 어려운 부분이 어디인가? 472쪽의 표를 사용하여 이 이메일에서 사용할 기법(희소성, 사회적 증거 등)을 선택하여 사용자가 장애물을 극복하도록 도와라.

1. 제목   _____

2. 발송 일시   _____

3. 간단한 설명 _____

   _____

4. 링크 텍스트 _____

5. 이미지   _____

6. 상세한 설명 _____

   _____

   _____

   _____

   _____

   _____

자, 이 정도면 좋은 시작이다. 이제 이 이메일에 대해 무엇을 테스트해보고 싶은가?

변경할 요소은 무엇인가?   **테스트할 새 버전**
_____   _____
_____   _____
_____   _____
_____   _____
_____   _____

> **실습: 개입 구현**

개입 구현: 윤리적 체크리스트

여러분의 조직에 기관 감사 위원회가 있거나 기관 감사 위원회를 모델로 삼은 프로세스가 있다면 해당 위원회의 템플릿과 프로세스를 사용해야 한다. 여기에서는 기관 감사 위원회가 없는 경우 참고할 수 있는 워크시트를 소개한다. 이는 우리 팀에서 사용했던 도구를 모델로 한 것이다. 일부 항목은 프로젝트 개요에서 바로 복사할 수 있으며 아니면 참고용으로 프로젝트 개요를 첨부해도 좋다.

담당자: _____ 프로젝트: _____ 날짜: _____

설명과 목적

❶ 개발할 제품, 기능, 커뮤니케이션(이하 '제품')을 설명하시오.
----

❷ 프로젝트를 통해 변화를 꾀하는 구체적인 행동은 무엇이며, 프로젝트가 그 행동을 지원하는가 아니면 방해하는가?
----

❸ 제품이 변화를 지원하기 위해 사용하는 행동 개입은 무엇인가?
----

❹ 목표 집단(행위자)은 누구인가?
----

❺ 개입이 대상 집단에 이익을 제공한다면, 어떤 이익을 제공하는가(사용자 결과)?
----

❻ 이 개입이 대상 집단에 속하는 개인에게 단기적으로 또는 장기적으로 어떤 해를 끼칠 수 있는가(예: 사용자를 중독시키는 제품)?
----

❼ 이 프로젝트가 여러분의 조직이나 팀에 어떤 이익을 가져오는가?
_____

❽ 프로젝트가 성공한다면 여러분에게 재정적으로나 개인적으로 어떤 이익이 있겠는가?
_____

투명성과 선택의 자유

❶ 목표 청중이 그 결과를 성취하고 싶어 하는가? 이들이 행동 변화를 원하는가?
_____

❷ 목표 청중도 여러분이 자신들의 행동을 변화시키려 한다는 사실을 알고 있는가? 만약 모른다면 이를 깨닫게 되었을 때 분노하겠는가?
_____

❸ 기본 설정이 사용하지 않기, 사용하기, 둘 중 하나인가? 아니면 이러한 개입과 반드시 상호작용해야만 제품을 사용할 수 있는가? 사용자가 간단하고 투명한 방식으로 참여를 거부할 수 있는가?
_____

❹ 강압성을 최소화하기 위해 어떤 조치를 취할 것인가?
_____

데이터 처리와 개인 정보 보호

데이터 개인 정보 보호 문제가 회사의 표준 제품 개발 프로세스에서 다뤄지지 않았다면 여기에서 이 문제를 다루는 것이 좋다. 만약 이미 다루었다면 이 항목을 건너뛰어도 괜찮다.

❶ 이 제품은 어떤 개인 정보를 수집하는가?
_____

❷ 사용자 개인 정보 보호를 보장하기 위해 수집한 데이터를 어떻게 처리하는가?
_____

최종 검토

이 프로젝트는 _____ (날짜)에
_____ (회사 심의 기관의 이름)에서 검토하고 승인했다.

실습: 영향 확인

실험 설계

실험(예: A/B 테스트)은 제품이 바라는 효과를 내는지 평가하는 가장 좋은 방법인 경우가 많다. 이 워크시트를 통해 실험을 설계하는 과정을 알려주겠다.

1단계: 무엇을 테스트하는가?

대조군: ☐ 아무것도 하지 않는다 ☐ 기존 버전 ☐ _____
예: 아무것도 하지 않는다(대조군에게 안내 이메일을 보내지 않는다.)

변형 1: _____
예: 플래시 앱에 가입하도록 초대하는 안내 이메일을 보내면서 또래 비교와 경쟁을 강조한다.

변형 2(있는 경우): _____
예: 플래시 앱에 가입하도록 초대하는 안내 이메일을 보내면서 개인의 목표를 달성하고 자신에게 투자하라고 강조한다.

결과를 측정하는 지표는 무엇인가? _____
예: 앱 가입 건수(이메일 캠페인의 단기적 결과), 물리치료 방문 횟수 감소(앱의 장기적 결과).

두 버전 모두 동일한 방식으로 측정되는가?

☐ 그렇다(2단계로 진행) ☐ 아니다/확실하지 않다(중지!)

2단계: 극단적인 결과는 무엇인가?

기준 값은 무엇인가?(대조군이 나타내야 하는 값은?)

기준 값: _____

예: 기존 홍보 활동을 통해 현재 목표 집단(웰니스 고객사 직원)의 35%가 플래시앱에 가입한 상태이다.

유의미한 최소 영향 minimum meaningful effect (MME)은 무엇인가?

(MME란 성공을 의미하는 결과의 가장 작은 변화를 가리킨다.) 잘 모르겠다면 지금까지 관찰한 가장 작은 변화량을 입력하라.

MME: _____

예: 목표 집단의 가입 2.5% 증가

실행 가능한 최대 효과 largest viable effect (LVE)는 무엇인가?

(LVE란 예상할 수 있는 가장 큰 변화를 가리킨다.) 잘 모르겠다면 지금까지 관찰한 가장 큰 변화량의 2배를 입력하라.

LVE: _____

예: 새로운 이메일 캠페인을 통해 가입 10% 증가

3단계: 극단적인 경우의 표본 크기 계산

MME와 LVE의 경우:

결과가 A라면

백분율(클릭, 가입)	평균(AUM)
비율에 대한 검정력 계산 도구를 사용하라. 기준 백분율과 효과 크기(MME, LVE)가 필요하다.	연속 값에 대한 검정력 계산 도구를 사용하라. 기준 표준 편차, 효과 크기 (MME, LVE)가 필요하다.

MME 크기와 LVE 크기 각각에 대한 표본 크기를 얻게 된다.

※ '검정력(power)'에 0.9, '알파(alpah) 오류 수준'에 0.05를 사용하라.

4단계: 포함할 수 있는 인원은 얼마인가?

고정된 인원 목록이 있는가?

☐ 그렇다 (목록에 있는 인원을 사용하라.) ☐ 아니다. 시간이 지남에 따라 사람들이 유입된다.

(타임라인은 어떻게 되는가? 그때까지 얼마의 인원을 볼 수 있는지 계산하라.)

참여할 수 있는 인원: _____

5단계: 각 그룹에 얼마의 인원이 있어야 할까?

참여할 수 있는 인원수(4단계)를 변형 개수(1단계)로 나눠서 버전당 인원수(표본 크기)를 계산하라. 버전당 인원수: _____

6단계: 필요한 사항이 있는가?

표본 크기	결정	다음 단계
LVE보다 적음	**멈춰라!** 굳이 테스트하지 마라. 해도 얻을 게 없다.	• 다른 테스트로 넘어가라.
LVE보다 많고 MME보다 적음	**신중하라!** 테스트가 영향을 보여줄지 모르지만 보여주지 않는다면 그 접근이 실패한 것인지 결론을 내릴 수 없다.	• 선택사항: 변형 개수를 줄여라. • 위험을 감수하고 테스트를 진행하라. • 더 많은 인원수를 확보하라. • 더 명확한 다른 테스트를 찾아라.
MME보다 많음	**진행하라!** 자신의 접근 방식이 효과적인지 아닌지 (비교적) 명확히 확인할 수 있다.	• 테스트를 실행하라! • 선택사항: 인원수를 MME 크기까지 줄여라. • 선택사항: 각각이 MME 크기가 될 때까지 변형을 추가하라.

실습: 다음 단계 평가

전환 퍼널에서 사용자가 이탈하는 지점 시각화하기

개입(커뮤니케이션, 기능, 제품)이 의도한 행동을 유도하지 못하는 이유를 이해하려면 사용자가 어디에서 이탈하는지 아는 것이 중요하다. 첫째, 다음의 전환 퍼널을 사용하여 행동을 취하려던 사용자가 행동을 중단하기 위해 거쳐야 하는 각 단계를 파악하라. 그리고 각 단계에서 집단의 몇 퍼센트가 이탈할 가능성이 있는지 추정하라.

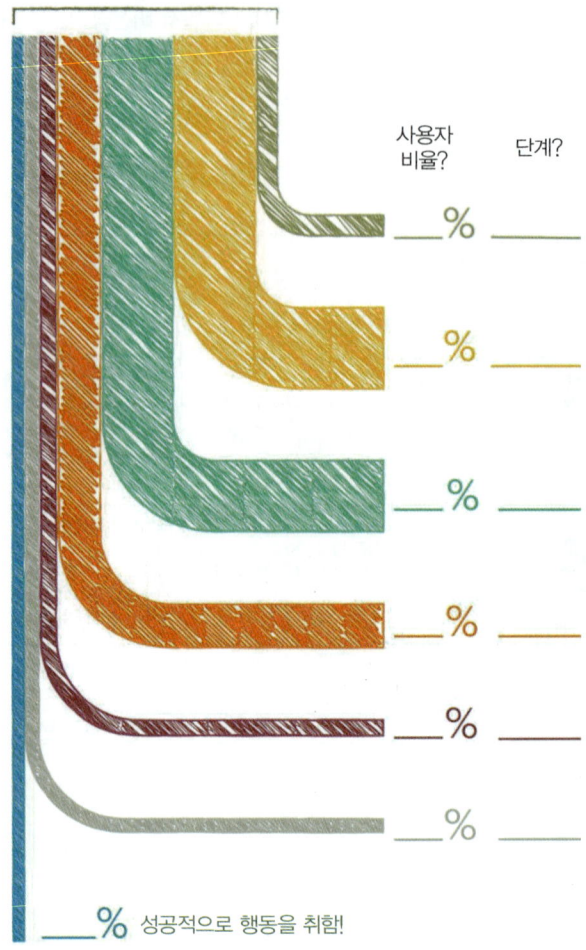

482 PART 4. 부록

APPENDIX B

용어집

이 책에는 행동 지도, CREATE 행동 퍼널 같은 새로운 개념과 용어가 많이 등장한다. 독자의 편의를 위해 본 용어집에 이러한 용어의 정의를 정리해두었다. 하지만 간결성을 유지하기 위해 이 책에 언급된 일반적인 행동 경제학 용어(예: 실행 의도)는 여기에 포함하지 않았다.

- **A/A 테스트**: 테스트할 실험군 사이에 차이가 없는 '실험'. A/A 테스트를 통해 무작위화 프로세스와 분석 코드가 제대로 작동하는지 확인할 수 있다. 두 그룹의 결과에 차이가 보이면 무언가가 잘못된 것이다!

- **A/B 테스트**: 제품의 두 가지 버전을 서로 비교하여 어느 쪽이 더 나은 성과를 내는지 정하는 방법. 사용자에게 두 변형을 무작위로 제시하고 통계 분석을 사용하여 어떤 변형이 주어진 결과 지표에 대해 더 좋은 성과를 내는지 정한다. A/B/C … 테스트는 3개 이상의 버전으로 확장한 테스트를 가리킨다.

- **무처리 대조군 테스트(A/Null Test)**: 기본 개입(제품 버전, 기능 버전 등)을 적용한 경우와 아무 개입이 없는 경우를 대조하는 테스트 방법. 해당 개입의 영향을 가장 명확하고 간단하게 측정한다. 개입이 실제로 사용자의 상황을 더 **악화**시키지 않는지 확인할 때도 유용하다(많은 A/B 테스트가 놓치는 부분이다).

- **능력(CREATE 행동 퍼널에서)**: CREATE 행동 퍼널의 한 단계로 사용자에게 지금 당장 목표 행동을 수행할 능력이 있는지 평가한다. 목표 행동을 하는 능력은 네 가지 기준이 있다. 실행 방법

을 아는 것, 행동하는 데 필요한 자원을 갖추는 것, 행동에 필요한 기술을 갖추는 것, 자기 효능감이나 성공하리라는 믿음을 갖는 것. **CREATE 행동 퍼널**을 참조하라.

- 행위자(목표 행위자라고도 함): 제품으로 인해 행동을 취하는 사람. **행위자**가 **행동**을 취하면 제품의 **결과**를 유발한다. **(목표) 행동, (목표) 결과**를 참조하라.

- 행동(목표 행동이라고도 함): 디자인 프로세스에서 발생시키려는 행동. **행위자**가 **행동**을 취하면 제품의 **결과**를 야기한다(이 책에서 'action'과 'behavior'는 동의어로 사용된다).[1] **(목표) 행위자, (목표) 결과**를 참조하라.

- 행동 브리지: 사용자가 이미 알고 있고 편하게 느끼는 행동과 새롭고 익숙하지 않은 행동을 연결하는 설명. 예를 들어 달리기 시합에서 달린다는 (익숙하지 않은) 행동을 평상 시 사무실에서 뛰어다니는 (익숙한) 행동과 비슷하다고 묘사하여 사용자가 쉽게 받아들이도록 하는 것이다.

- 행동 지도: 사용자가 제품을 처음 사용하는 순간부터 목표 행동을 달성하기까지 나아가는 상세한 '스토리'. 이 '스토리'는 여정 지도, 글로 쓴 이야기, 간단한 행동 목록 같은 다양한 형태를 취할 수 있다. 행동 지도는 제품의 기능적 요구사항을 제공함으로써 제품의 개념 설계를 제공한다. **개념 설계**를 참조하라.

- 행동 페르소나: 행동 변화를 유도하는 개입에 유사하게 반응할 가능성이 있는 사용자 그룹을 대표하는 전형적인 사용자. 예를 들어 '활동적인 제이크'라는 페르소나는 일상생활에서 활동적이고 운동량을 겨루는 경쟁에 참여할 가능성이 높은 제품의 사용자를 대표할 수 있다. **페르소나**를 참조하라.

- 행동 전략: 제품으로 행동을 변화시키는 고차원적인 전략. 이 책에서는 세 가지 전략을 논한다. 목표 행동을 취하는 의식적인 선택 지원하기, 습관 형성하기(또는 변화시키기), 그리고 '속임수'.

- 행동 전술: 제품에서 행동을 변화시키는 구체적인 기법. 예를 들어 또래 비교 보여주기, 손실 회피 강조하기, 특정 마인드셋 유도하기. **행동 전략**도 참조하라.

---

1 옮긴이_ 한국어판에서도 'action'과 'behavior'를 모두 '행동'이라고 옮겼다.

- 속임수(행동 전략 차원에서): 사용자의 작업 부담을 제품으로 옮겨서 사용자가 동의하기만 하면 제품이 행동을 대신하는 행동 변화 전략. **행동 전략**을 참조하라.

- 회사 목표: 회사가 제품을 만들어서 성취하고자 하는 것이다.

- 개념 설계: 제품이 어떤 행동을 해야 하는지(즉, 제품이 제공해야 하는 기능)를 개념적 수준에서 나타내는 문서나 그림 모음. 행동 변화를 위해 디자인할 때는 행동 지도가 이 역할을 수행한다. **행동 지도**를 참조하라.

- (행동의) 맥락: 사용자의 행동 여부를 결정하는 세 가지 요소, 즉 **사용자** 자신, 사용자가 속한 **환경**, 사용자가 하기로 한 **행동**을 가리킨다.

- CREATE 행동 퍼널: 마음이 행동하려는 의식적 결정을 내리는 방법을 나타내는 도식화된 모델. 마음이 단서를 감지하고 직관적인 반응이 일어나면, 행동할 가치가 있는지, 행동할 수 있는 능력이 있는지, 행동하기 적절한 타이밍인지에 대한 의식적인 평가가 이전 경험을 고려하여 이루어진다. 이 모든 정신적 프로세스를 성공적으로 통과한 뒤에 주의가 산만해지지 않거나 행동하지 않겠다고 결정하지 않으면 사용자는 행동을 실행한다. 모든 요소의 머리글자를 모으면 CREATE라는 줄임말이 만들어진다. **단서**, **반응**, **평가**, **능력**, **타이밍**, **경험**을 참조하라.

- 단서(습관 관련): 습관이 생기게 하는 것. 단서는 환경에서 보고 듣고 냄새 맡고 촉감을 느끼는 것(외적 단서)일 수도 있고 습관적 루틴을 시작하게 하는 배고픔 같은 내적 상태(내적 단서)일 수도 있다.

- 단서(CREATE 행동 퍼널에서): CREATE 행동 퍼널의 첫 번째 단계로, 사용자에게 목표 행동을 상기시키는 단계. 단서는 사람이 환경에서 보고 듣고 냄새 맡고 만지는 것(외적 단서)일 수도 있고 행동을 취하는 과정을 시작하는 배고픔 같은 내적 상태(내적 단서)일 수도 있다. 습관적 행동의 경우 단서만으로도 충분히 행동이 일어날 수 있다. **CREATE 행동 퍼널**을 참조하라.

- 데이터 브리지: 제품 외부에 있는 목표 결과를 제품 내에 이루어지는 행동과 연결짓는 수학적 관계 또는 통계 모델. 예를 들어 '사용자가 애플리케이션에서 텃밭을 만들겠다고 표시한 경우, 실제로 텃밭을 만드는 비율은 60%다'처럼 애플리케이션 내부 행동과 외부 결과를 수학적으로 연결지어 설명하는 개념이다.

- 행동 변화를 위한 디자인, DECIDE: 사용자의 행동을 변화시킨다는 구체적인 목적을 가지고 제품을 디자인하는 여섯 단계 프로세스. 여섯 단계는 문제 **정의**, 맥락 **탐색**, 개입 **제작**, 제품 내 **구현**, 영향 **확인**, 다음 단계 **평가**로 이루어진다.

- 이중 처리 이론: 마음에 실질적으로 신중한 프로세스와 직관적인 프로세스, 두 가지 독립된 의사결정 프로세스가 있다고 상정하는 심리학 관련 이론 계열. '시스템 2'라고도 불리는 신중한 프로세스는 의도적이고 의식적인 사고와 관련이 있다. '시스템 1'이라고도 불리는 직관적인 프로세스는 감정적인 자동 반응 또는 드러나지 않는 '잠재의식' 수준의 행동과 관련이 있다.

- (행동의) 환경: 행동하려는 사용자의 결정을 형성하는 의사결정 맥락의 세 가지 부분 중 하나. 환경은 사람들이 상호작용하는 제품과 행동 여부를 결정하는 순간에 그 사람을 둘러싸고 있는 물리적 환경으로 구성된다. **맥락**을 참조하라.

- 평가(CREATE 행동 퍼널에서): CREATE 행동 퍼널의 세 번째 단계로 사용자가 의식적으로 목표 행동의 가치를 평가하며 행동에 따르는 비용과 이익을 고려하는 경우가 많다. **CREATE 행동 퍼널**을 참조하라.

- 경험(CREATE 행동 퍼널에서): CREATE 행동 퍼널의 여섯 번째 단계로 행동 디자이너에게 개개인의 이전 경험이 지닌 엄청난 힘을 상기시켜준다. 사람들 '대부분'에게 일어나는 반응이나 편향을 개인의 과거 경험이 무효화할 수 있다. **CREATE 행동 퍼널**을 참조하라.

- 외적 단서: 우리가 특정 행동을 생각하거나 실행하게 하는 환경적 요소. **단서**, **내적 단서**를 참조하라.

- 외적 동기: 보상(돈, 경쟁에서 승리 등)을 받는 등의 특정 결과를 달성하겠다는 욕구. **내적 동기**를 참조하라.

- 습관: 내적 또는 외적 단서에 의해 촉발되는 반복 행동. 습관은 자동이어서 행동이 의식적 통제 바깥에서 일어나고 심지어 행동이 일어난 것을 의식하지 못할 수도 있다. 습관은 단순한 단서-루틴 반복에 의해 형성될 수도 있고, 단서와 연결된 보상을 통해 사용자가 그 행동을 반복하도록 장려할 수도 있다. **단서**, **루틴**, **보상**을 참조하라.

- 인터페이스 디자인: 제품의 시각적 요소와 사용자와의 인터랙션 방식을 정의하는 문서나 그림 모음이다.

- 내적 단서: 특정 행동을 생각하거나 실행하게 하는 이전의 생각이나 신체 상태(배고픔 같은). **단서**, **외적 단서**를 참조하라.

- 내적 동기: 행동 자체에 내재된 즐거움에서 온다. 외적인 압력이나 보상을 고려하지 않는다. **외적 동기**를 참조하라.

- 마인드셋: 세상을 해석하고 반응하는 정신적 메커니즘으로 우리의 행동을 형성한다. 마인드셋은 다양한 맥락에서 만들어지는 마음의 여러 측면이다. 이 책에서는 모호한 맥락에서 행동을 안내하는 다양한 심리적 메커니즘을 아우르는 용어로 사용되며 스키마와 활성화된 프레임도 포함된다.

- 최소 실행 가능 행동minimum viable action(MVA): 사용자에게 요청할 수 있는 목표 행동의 가장 짧고 단순한 버전. 이를 통해 회사는 제품이 행동에 원하는 영향을 미치는지 테스트할 수 있다. **목표 행동**을 참조하라.

- 다변량 테스트: 독립적인 여러 개입을 동시에 테스트하는 기법. 목표는 가능한 모든 조합 중에서 어떤 조합이나 변형이 가장 좋은 성과를 내는지 확인하는 것이다.

- 결과(목표 결과라고도 함): 회사가 제품을 통해 현실 세계에 미치려고 하는 영향. 제품이 행동을 변화시키는 데 성공할 때 발생하는, 측정할 수 있는 변화. 행위자가 행동하면 제품의 결과가 발생한다. **(목표) 행위자**, **(목표) 행동**을 참조하라.

- 페르소나: 사용자 경험 분야에서 페르소나는 유사한 사용자 그룹을 대표하는 데 사용하는 전형적인 사용자를 가리킨다. 대개 특정 인구 통계학적 프로필을 기반으로 한다. **행동 페르소나**를 참조하라.

- 반응(CREATE 행동 퍼널에서): CREATE 행동 퍼널의 두 번째 단계로 사용자가 자동적인 시스템 1 반응을 보이는 순간이다. 이러한 반응은 행동이나 유사한 경험에 대한 이전 연관성을 기반으로 직감적인 판단(행동이 흥미로운지 아닌지)을 내린다. 이는 자신이 할 수 있는 다른 행동에 대한 생각도 활성화한다. **CREATE 행동 퍼널**을 참조하라.

- 보상(습관 관련): 행동을 반복할 이유가 되는 것. 맛있는 음식처럼 본질적으로 즐거운 것일 수도 있고 사용한 그릇을 전부 치우는 것처럼 스스로 설정한 목표를 완수하는 것일 수도 있다.

- 루틴(습관 관련): 습관의 단서에 노출되었을 때 취하는 습관적 행동. 예컨대 오전 9시에 사무실 옆에 있는 스타벅스 간판을 볼 때마다 스타벅스 커피를 사는 것 같은 행동을 가리킨다.

- 자기 서사: 우리가 자신을 정의하고 과거 자신의 행동을 묘사하는 방법.

- 작은 성공: (비교적 작은) 행동을 취한 후에 따르는 성취감.

- 타이밍(CREATE 행동 퍼널에서): CREATE 행동 퍼널의 다섯 번째 단계로 사용자가 언제 행동할지 결정하는 단계다. **CREATE 행동 퍼널**을 참조하라.

- 사용자 스토리: 제품 개발(특히 애자일 개발)에서 사용자의 요구를 평이하게 서술한 문장으로, 제품 요건의 '누구', '무엇', '왜'를 설명한다. 예를 들어 '나는 사용자로서 [행동의 목적]을 위해 [행동을 취하기를] 원한다'라는 형태를 띈다. 더 자세한 정보는 위키피디아(https://oreil.ly/XA9Qv)를 참조하라.

- 비전(제품 비전이라고도 함): **제품이 개발되는** 고차원적인 **이유**다.

APPENDIX C

참고문헌

Alba, Joseph W. 2011. *Consumer Insights: Findings from Behavioral Research*. Edited by Joseph W. Alba. Cambridge, MA: Marketing Science Institute.

Albergotti, Reed. 2014. "Furor Erupts Over Facebook's Experiment on Users." *Wall Street Journal,* June 30, 2014. *https://oreil.ly/_j8xy*.

Allcott, Hunt. 2011. "Social Norms and Energy Conservation." *Journal of Public Economics* 95 (9–10): 1082–95. *https://doi.org/10.1016/j.jpubeco.2011.03.003*.

Alter, Adam. 2018. *Irresistible: The Rise of Addictive Technology and the Business of Keeping Us Hooked*. New York: Penguin Books.

American Thyroid Association. n.d. "Iodine Deficiency." Accessed April 1, 2020. *https://oreil.ly/DdXEW*.

Anderson, Stephen P. 2011. *Seductive Interaction Design: Creating Playful, Fun, and Effective User Experiences*. Berkeley, CA: New Riders.

Anderson, Stephen P. 2013. "Mental Notes." *http://getmentalnotes.com*.

Appiah, Kwame Anthony. 2008. *Experiments in Ethics*. Cambridge, MA: Harvard University Press.

Ariely, Dan. 2009. *Predictably Irrational: The Hidden Forces That Shape Our Decisions*. New York: HarperCollins.

Ariely, Dan. 2010. *The Upside of Irrationality: The Unexpected Benefits of Defying Logic at Work and at Home*. New York: Harper Perennial.

Ariely, Dan. 2013. *The Honest Truth About Dishonesty: How We Lie to Everyone— Especially Ourselves*. New York: Harper Perennial.

Ariely, Dan, Jason Hreha, and Kristen Berman. 2014. *Hacking Human Nature for Good: A Practical Guide to Changing Human Behavior*. Irrational Labs.

Balz, John, and Stephen Wendel. 2014. *Communicating for Behavior Change: Nudging Employees Through Better Emails*. HelloWallet.

Bandura, Albert. 1977. "Self-Efficacy: Toward a Unifying Theory of Behavioral Change." *Psychological Review* 84 (2): 191–215. https://doi.org/10.1037/0033-295X. 84.2.191.

Banerjee, Abhijit, Esther Duflo, Rachel Glennerster, and Cynthia Kinnan. 2015. "The Miracle of Microfinance? Evidence from a Randomized Evaluation." *American Economic Journal: Applied Economics*, 7 (1) 22–53. http://doi.org/10.1257/app. 20130533.

Bargh, John A., Mark Chen, and Lara Burrows. 1996. "Automaticity of Social Behavior: Direct Effects of Trait Construct and Stereotype Activation on Action." *Journal of Personality and Social Psychology* 71 (2): 230–244.

Baron, Jonathan. 2012. "The Point of Normative Models in Judgment and Decision Making." *Frontiers in Psychology 3,* December 24, 2012. https://doi.org/10.3389/fpsyg.2012.00577.

Baumeister, Roy F. 1984. "Choking Under Pressure: Self-Consciousness and Paradoxical Effects of Incentives on Skillful Performance." *Journal of Personality and Social Psychology* 46 (3): 610–620. https://doi.org/10.1037/0022-3514.46.3.610.

Bayer, Patrick J., B. Douglas Bernheim, and John Karl Scholz. 2009. "The Effects of Financial Education in the Workplace: Evidence From A Survey Of Employers." *Economic Inquiry* 47 (4): 605–624. https://dx.doi.org/10.1111/j.1465-7295.2008.00156.x.

Benartzi, Shlomo, and Richard H. Thaler. 2004. "Save More Tomorrow: Using Behavioral Economics to Increase Employee Saving." *Journal of Political Economy* 112 (1) (February): S164–S187. https://doi.org/10.1086/380085.

Berridge, Kent C., Terry E. Robinson, and J. Wayne Aldridge. 2009. "Dissecting Components of Reward: 'Liking', 'Wanting', and Learning." *Current Opinion in Pharmacology* 9 (1) (February): 65–73. https://doi.org/10.1016/j.coph.2008.12.014.

Beshears, John, and Katherine Milkman. 2013. "Temptation Bundling and Other Health Interventions." Action Design DC Meetup, April 21.

Blackson, Thomas. 2020. "The Tripartite Theory of the Soul." Ancient Greek Philosophy From the Presocratics to the Hellenistic Philosophers. Last modified January 23, 2020. https://oreil.ly/bXhqw.

Bogost, Ian. 2012. "The Cigarette of This Century." *The Atlantic*, June 6, 2012. https://oreil.ly/4u0jJ.

Bond, Samuel D., Kurt A. Carlson, and Ralph L. Keeney. 2008. "Generating Objectives: Can Decision Makers Articulate What They Want?" *Management Science* 54 (1): 56–70. https://oreil.ly/AWIaO.

Bond, Samuel D., Kurt A. Carlson, and Ralph L. Keeney. 2010. "Improving the Generation of Decision Objectives." *Decision Analysis* 7 (3): 235–326. https://doi.org/10.1287/deca.1100.0172.

Booth, Julie. 2019. "Assumption Slam: How Not to Make an A** out of U and ME." *Medium*, April 26, 2019. https://oreil.ly/OPNxs.

Brass, Marcel, and Patrick Haggard. 2008. "The What, When, Whether Model of Intentional Action." *The Neuroscientist* 14 (4) (August): 319–325. https://doi.org/10.1177/1073858408317417.

Brendryen, Håvar, and Pål Kraft. 2008. "Happy Ending: a Randomized Controlled Trial of a Digital Multi-Media Smoking Cessation Intervention." *Addiction* 103 (3): 478–484. http://doi.org/10.1111/j.1360-0443.2007.02119.x.

Cagan, Marty. 2008. *Inspired: How to Create Products Customers Love*. Sunnyvale, CA: SVPG Press.

Cash, Thomas F., Diane Walker Cash, and Jonathan W. Butters. 1983. "'Mirror, Mirror, on the Wall...?': Contrast Effects and Self-Evaluations of Physical Attractiveness." *Personality and Social Psychology Bulletin* 9 (3): 351–58. https://doi.org/10.1177/0146167283093004.

Chabris, Christopher, and Daniel Simons. 2010. *The Invisible Gorilla: How Our Intuitions Deceive Us*. New York: Broadway Books (Crown Publishing).

Chatzisarantis, Nikos L. D., and Martin S. Hagger. 2007. "Mindfulness and the Intention-Behavior Relationship Within the Theory of Planned Behavior." *Personality and Social Psychology Bulletin* 33 (5) (May): 663–676. https://doi.org/10.1177/0146167206297401.

Chatzky, Jean. 2009. *Pay It Down! Debt-Free on* $10 a Day. New York: Penguin.

Choi, James J, David Laibson, Brigitte C Madrian, and Andrew Metrick. 2002. "Defined Contribution Pensions: Plan Rules, Participant Choices, and the Path of Least Resistance." *Tax Policy and the Economy* 16: 67–114.

Cialdini, Robert B. 2008. *Influence: Science and Practice*. 5th ed. Boston: Pearson.

Cialdini, Robert B., Carl A. Kallgren, and Raymond R. Reno. 1991. "A Focus Theory of Normative Conduct: A Theoretical Refinement and Reevaluation of the Role of Norms in Human Behavior." *In Advances in Experimental Social Psychology*, ed. Mark P. Zanna, 24: 201–243. https://doi.org/10.1016/S0065-2601(08)60330-5.

Clear, James. 2012. "Identity-Based Habits: How to Actually Stick to Your Goals This Year." In *Atomic Habits*. New York: Penguin. https://oreil.ly/MGDMd.

Curtis, Dustin. 2009. "You Should Follow Me on Twitter." *Dustin Curtis* (blog).

Dai, Hengchen, Katherine L. Milkman, and Jason Riis. 2014. "The Fresh Start Effect: Temporal Landmarks Motivate Aspirational Behavior." *Management*

Science 60 (10): 2381–617. *http://dx.doi.org/10.1287/mnsc.2014.1901.*

Damasio, Antonio R, B.J. Everitt, and D Bishop. 1996. "The Somatic Marker Hypothesis and the Possible Functions of the Prefrontal Cortex [and Discussion]." *Philosophical Transactions: Biological Sciences 351* (1346): 1413–1420.

Darley, John M, and C Daniel Batson. 1973. "'From Jerusalem to Jericho': A Study of Situational and Dispositional Variables in Helping Behavior." *Journal of Personality and Social Psychology* 27 (1): 100–8. *https://doi.org/10.1037/h0034449.*

Darling, Matthew et al. 2017. "Practitioner's Playbook." ideas42. *https://oreil.ly/bpyoA.*

De Bono, Edward. 1973. *Lateral Thinking: Creativity Step by Step.* New York: Harper & Row.

De Bono, Edward. 2006. *Six Thinking Hats.* London: Penguin Books.

Dean, Jeremy. 2013. *Making Habits, Breaking Habits: Why We Do Things, Why We Don't, and How to Make Any Change Stick. Boston,* MA: Da Capo Press.

Deci, Edward L., Richard Koestner, and Richard M. Ryan. 1999. "A Meta-Analytic Review of Experiments Examining the Effects of Extrinsic Rewards on Intrinsic Motivation." *Psychological Bulletin* 125 (6) (November): 627–668; 692–700.

Deci, Edward L., and Richard M. Ryan. 1985. *Intrinsic Motivation and Self-Determination in Human Behavior.* New York: Plenum Press.

Demaree, David. 2011. "Google+ and Cognitive Overhead." *David Demaree* (blog), July 20,2011. *https://oreil.ly/YDxBG.*

Design Council. 2019. "What Is the Framework for Innovation? Design Council's Evolved Double Diamond." *Design Council. https://oreil.ly/W-4KG (January 20, 2020).*

Deterding, Sebastian. 2010. "Just Add Points? What UX Can (and Cannot) Learn from Games." UXCamp Europe, Berlin, May 30, 2010. *https://oreil.ly/c7e_2.*

Dominus, Susan. 2017. "When the Revolution Came for Amy Cuddy." *The New York Times*, October 18, 2017. *https://oreil.ly/q4X2X.*

Doyen, Stéphane, Olivier Klein, Cora-Lise Pichon, and Axel Cleeremans. 2012. "Behavioral Priming: It's All in the Mind, but Whose Mind?" PLoS ONE 7 (1) (January): e29081. *https://doi.org/10.1371/journal.pone.0029081.*

Duckworth, Angela L., Tamar Szabó Gendler, and James J. Gross. 2016. "Situational Strategies for Self-Control." *Perspectives on Psychological Science* 11 (1): 35–55. *https://doi.org/10.1177/1745691615623247.*

Duhigg, Charles. 2012. *The Power of Habit: Why We Do What We Do in Life and Business*. New York: Random House.

Dutch Authority for the Financial Markets. 2019. "AFM Invites Businesses to Respond to Its 'Principles for Choice Architecture'." *AFM*, November 25, 2019. https://oreil.ly/Z-E1b.

Egan, Dan. 2017. "Our Evidence-Based Approach to Improving Investor Behavior." *Betterment*, October 12, 2017. https://oreil.ly/ZWGCm.

Eldridge, Laura L., Donna Masterman, and Barbara J. Knowlton. 2002. "Intact Implicit Habit Learning in Alzheimer's Disease." *Behavioral Neuroscience* 116 (4): 722–6. https://doi.org/10.1037/0735-7044.116.4.722.

Elliott, Justin, and Lucas Waldron. 2019. "Here's How TurboTax Just Tricked You Into Paying to File Your Taxes." *ProPublica*, April 22, 2019. https://oreil.ly/fZer2.

Engber, Daniel. 2016. "Everything Is Crumbling." *Slate*, March 6, 2016. https://oreil.ly/oSO6G.

Eyal, Nir. 2012. "How To Manufacture Desire" *TechCrunch*, March 4, 2012. https://oreil.ly/HepWM.

Eyal, Nir. 2013. "Hooked Workshop." Slideshare, *March 31, 2013.* https://oreil.ly/0xI76.

Eyal, Nir. 2014. *Hooked: How to Build Habit-Forming Products*. ed. Ryan Hoover. New York: Portfolio.

Fellowes, Matt, and Katy Willemin. 2013. "The Retirement Breach in Defined Contribution Plans." HelloWallet Research Reports.

Fernandes, Daniel, John G. Lynch, and Richard G. Netemeyer. 2014. "Financial Literacy, Financial Education, and Downstream Financial Behaviors." *Management Science* 60 (8): 1861–2109. https://doi.org/10.1287/mnsc.2013.1849.

Festinger, Leon. 1957. *A Theory Of Cognitive Dissonance*. Redwood City, CA: Stanford University Press.

Filiz-Ozbay et al. 2013. "Do Lottery Payments Induce Savings Behavior: Evidence from the Lab." *Journal of Public Economics* 126 (June): 1–24. https://oreil.ly/YZibp.

Fisher, Robert J. 1993. "Social Desirability Bias and the Validity of Indirect Questioning." *Journal of Consumer Research* 20 (2): 303–315.

Fogg, B.J. 2002. *Persuasive Technology: Using Computers to Change What We Think and Do*. San Francisco: Morgan Kaufmann.

Fogg, B.J. 2009a. "A Behavior Model for Persuasive Design." In *Persuasive 2009: Proceedings of the 4th International Conference on Persuasive Technology*, 40 (April): 1–7. https://doi.org/10.1145/1541948.1541999.

Fogg, B.J. 2009b. "The Behavior Grid: 35 Ways Behavior Can Change." *In Persuasive 2009: Proceedings of the 4th International Conference on Persuasive Technology*, 42 (April): 1–5. *https://doi.org/10.1145/1541948.1542001*.

Fogg, B.J. 2012. "Motivation Wave." *Keynote Address at Health User Experience Design Conference*, April 15, 2012. *https://oreil.ly/b71AS*.

Fogg, B.J. 2020. *Tiny Habits: The Small Changes That Change Everything*. Boston: HMH Books.

Fogg, B.J., and Jason Hreha. 2010. "Behavior Wizard: A Method for Matching Target Behaviors with Solutions." In *Persuasive Technology*, ed. Thomas Ploug, Per Hasle, and Harri Oinas-Kukkonen. Lecture Notes in Computer Science 6137: 117–131. Springer Berlin Heidelberg. *https://doi.org/10.1007/978-3-642-13226-1_13*.

Fogg, B.J., et al. 2001. "What Makes Web Sites Credible? A Report on a Large Quantitative Study." In *Persuasive Technology Lab: Proceedings of the SIGCHI Conference on Human Factors in Computing Systems*, 61–68. CHI '01. New York: ACM.

Freedman, Jonathan L., and Scott C. Fraser. 1966. "Compliance Without Pressure: The Foot-in-the-Door Technique." *Journal of Personality and Social Psychology* 4 (2): 195–202. *https://doi.org/10.1037/h0023552*.

Gabaix, Xavier, and David Laibson. 2005. "Shrouded Attributes, Consumer Myopia, and Information Suppression in Competitive Markets." *The Quarterly Journal of Economics* 121 (May): 505–40. *http://doi.org/10.3386/w11755*.

Gabriel, Felice Miller. 2016. "App Makers: It's Time to Stop Exploiting User Addiction and Get Ethical." *VentureBeat*, April 2, 2016. *https://oreil.ly/899Pr*.

Gallwey, W. Timothy. 1997. *The Inner Game of Tennis: The Classic Guide to the Mental Side of Peak Performance*. Revised Edition. New York: Random House.

Garner, Randy. 2005. "Post-It Note Persuasion: A Sticky Influence." *Journal of Consumer Psychology* 15 (3): 230–237.

Gazzaniga, Michael S., and Roger W. Sperry. 1967. "Language After Section of the Cerebral Commissures." *Brain* 90 (1): 131–148.

Gerber, Alan S., and Todd Rogers. 2009. "Descriptive Social Norms and Motivation to Vote: Everybody's Voting and so Should You." *The Journal of Politics* 71 (01): 178–191.

Gigerenzer, Gerd. 2004. "Fast and Frugal Heuristics: The Tools of Bounded Rationality." *Blackwell Handbook of Judgment and Decision Making* (January): 62–88. *https://doi.org/10.1002/9780470752937.ch4*.

Gigerenzer, Gerd, and Peter M. Todd. 1999. "Fast and Frugal Heuristics: The Adaptive Toolbox." *Evolution and Cognition: Simple Heuristics That Make Us Smart* 3–34, Oxford University Press.

Gilbert, Daniel, and Timothy D. Wilson. 2011. "The Social Psychological Narrative, or, What Is Social Psychology, Anyway?" *Edge.org*, June 7, 2011. https://oreil.ly/LVulI.

Gladwell, Malcolm. 2005. *Blink: The Power of Thinking Without Thinking*. New York: Little, Brown and Company.

Gneezy, Uri, Stephan Meier, and Pedro Rey-Biel. 2011. "When and Why Incentives (Don't) Work to Modify Behavior." *The Journal of Economic Perspectives* 25 (4): 191–209.

Goel, Vindu. 2014. "Facebook Tinkers With Users' Emotions in News Feed Experiment, Stirring Outcry." *The New York Times*, June 29, 2014. https://oreil.ly/EaxaF.

Goldstein, Daniel. 2011. "The Battle Between Your Present and Future Self." *TEDSalon NY2011*, November 2011. https://oreil.ly/pfxPd.

Gollwitzer, Peter M. 1999. "Implementation Intentions: Strong Effects of Simple Plans." *American Psychologist* 54 (7): 493–503.

Gonzalez, Robbie. 2018. "It's Time For a Serious Talk About the Science of Tech 'Addiction.'" *Wired, February* 1, 2018. https://oreil.ly/r1_iF.

GovTrack. 2019. "Deceptive Experiences To Online Users Reduction Act (S. 1084)." *GovTrack.us*. Last accessed June 29, 2019. https://oreil.ly/5pN2B.

Grier, Sonya, and Carol A. Bryant. 2005. "Social Marketing in Public Health." *Annual Review of Public Health* 26 (1): 319–39.

Gupta, Shubhankar. 2020. "Multi-Armed Bandit (MAB) – A/B Testing Sans Regret" *Split Testing Blog*. https://oreil.ly/BMjIW.

Guynn, Melissa J., Mcdaniel, Mark A., and Einstein, Gilles O. 1998. "Prospective Memory: When Reminders Fail." *Memory & Cognition* 26 (2): 287-98.

Haidt, Jonathan. 2006. *The Happiness Hypothesis: Finding Modern Truth in Ancient Wisdom*. Cambridge, MA: Basic Books.

Hallsworth, Michael, John A. List, Robert D. Metcalfe, and Ivo Vlaev. 2017. "The Behavioralist as Tax Collector: Using Natural Field Experiments to Enhance Tax Compliance." *Journal of Public Economics*, Elsevier 148 (April): 14–31.

Halpern, David. 2015. *Inside the Nudge Unit: How Small Changes Can Make a Big Difference*. New York: Random House.

Hamilton, Jon. 2008. "Think You're Multitasking? Think Again." *NPR.org*, October 2, 2008. https://oreil.ly/90J55.

Hammond, John S., Ralph L. Keeney, and Howard Raiffa. 2002. *Smart Choices: A Practical Guide to Making Better Decisions*. New York: Crown Business.

Hanov, Steve. 2012. "20 Lines of Code That Will Beat A/B Testing Every Time." S*teve Hanov's Blog* (blog). *https://oreil.ly/0VABH*.

Hayes, Lucy, Anish Thakrar, and William Lee. 2018. "Now You See It: Drawing Attention to Charges in the Asset Management Industry." Rochester, NY: Social Science Research Network. SSRN Scholarly Paper. *https://oreil.ly/mKkRk*.

Heath, Chip, and Dan Heath. 2010. *Switch: How to Change Things When Change Is Hard*. New York: Broadway Books (Crown Publishing).

Hernandez, Marco, Jonathan Karver, Mario Negre, and Julie Perng. 2019. "Promoting Tax Compliance in Kosovo with Behavioral Insights." *World Ban*k, March 5, 2019.

Hershfield, Hal E., et al. 2011. "Increasing Saving Behavior Through Age-Progressed Renderings of the Future Self." *Journal of Marketing Research 48* (SPL, November): S23–S37. *https://doi.org/10.1509/jmkr.48.SPL.S23*.

Hilgert, Marianne A., Jeanne M. Hogarth, and Sondra G. Beverly. 2003. "Household Financial Management: The Connection Between Knowledge and Behavior." *Federal Reserve Bulletin* 89: 309–22.

Hofmann, Wilhelm, Roy F. Baumeister, Georg Förster, and Kathleen D. Vohs. 2012. "Everyday Temptations: An Experience Sampling Study of Desire, Conflict, and Self-Control." Journal of Personality and Social Psychology *102, no. 6 (June): 1318–35*.

Hopkins, Anna, Jonathan Breckon, and James Lawrence. 2020. "The Experimenter's Inventory: A Catalogue of Experiments for Decision-Makers and Professionals." *Alliance for Useful Evidence*, January, 2020. *https://oreil.ly/RgOfq*.

Ioannidis, John P. A. 2005. "Why Most Published Research Findings Are False." *PLoS Medicine* 2 (8): e124. *https://oreil.ly/PvCZz*.

Iyengar, Sheena S. 2010. *The Art of Choosing*. New York: Hachette Book Group.

Iyengar, Sheena S., and Mark R. Lepper. 2000. "When Choice Is Demotivating: Can One Desire Too Much of a Good Thing?" *Journal of Personality and Social Psychology* 79 (6): 995–1006.

Jachimowicz, Jon and Johannes Haushofer. 2020. "COVID-19 Italy Survey March 12 2020 (N = 2500)." OSF. *https://osf.io/4m2vh*.

Jachimowicz, Jon, Sandra Matz, and Vyacheslav Polonski. 2017. "The Behavioral Scientist's Ethics Checklist." *Behavioral Scientist*, October 23, 2017. *https://oreil.ly/qQkfx*.

Jarrett, Christian. 2016. "Ten Famous Psychology Findings That It's Been Difficult ToReplicate." *Research Digest*, September 16, 2016. *https://oreil.ly/lkYwy*.

Janz, Nancy K., and Marshall H. Becker. 1984. "The Health Belief Model: A Decade Later." *Health Education & Behavior* 11 (1) (March): 1–47.

Jenkins Jr., G. Douglas, Atul Mitra, Nina Gupta, and Jason D. Shaw. 1998. "Are Financial Incentives Related to Performance? A Meta-Analytic Review of Empirical Research." *Journal of Applied Psychology* 83 (5): 777–787.

Johnson, Eric, and Daniel Goldstein. 2003. "Do Defaults Save Lives?" *Science* 302(5649): 1338–39.

Johnson, Jeff. 2010. *Designing with the Mind in Mind: Simple Guide to Understanding User Interface Design Rules*. Burlington, MA: Morgan Kaufmann.

Johnson, Valen E. et al. 2017. "On the Reproducibility of Psychological Science." *Journal of the American Statistical Association 112* (517): 1–10.

Kahneman, Daniel, Barbara L. Fredrickson, Charles A. Schreiber, and Donald A. Redelmeier. 1993. "When More Pain Is Preferred to Less: Adding a Better End." *Psychological Science* 4 (6): 401–5.

Kahneman, Daniel, and Amos Tversky. 1984. "Choices, Values, and Frames." *American Psychologist* 39 (4): 341–50.

Kahneman, Daniel, Jack L. Knetsch, and Richard H. Thaler. 1991. "Anomalies: The Endowment Effect, Loss Aversion, and Status Quo Bias." *Journal of Economic Perspectives* 5 (1): 193–206.

Kahneman, Daniel. 2011. *Thinking, Fast and Slow*. New York: Farrar, Straus and Giroux.

Kaldestad, Øyvind H. 2018. "Report: Deceived by Design." *Forbrukerrådet*, June 27, 2018. *https://oreil.ly/Wj0ZP*.

Kantrowitz, Mark. 2018. "Millions of Students Still Fail to File the FAFSA Each Year." *SavingForCollege.com*, September 17, 2018. *https://oreil.ly/MND3w*.

Karlan, Dean, and Jacob Appel. 2011. *More Than Good Intentions: Improving the Ways the World's Poor Borrow, Save, Farm, Learn, and Stay Healthy*. New York: Penguin.

Karlan, Dean, and Rebecca Mann, Jake Kendall, Rohini Pande, Tavneet Suri, and Jonathan Sinman. 2016. "Making Microfinance More Effective." *Harvard Business Review*, October 5, 2016. *https://oreil.ly/BIkbY*.

Karlan, Dean S., Margaret McConnell, Sendhil Mullainathan, and Jonathan Zinman. 2011. "Getting to the Top of Mind: How Reminders Increase Saving." (working paper 16205, *National Bureau of Economic Research*). *https://oreil.ly/Ph04g*.

Kearon, Ewing, and Wood. 2017. "System1: Unlocking Profitable Growth." United States System1 group. *https://www.system1group.com*.

Kirby, Kris N. 1997. "Bidding on the Future: Evidence Against Normative Discounting of Delayed Rewards." *Journal of Experimental Psychology: General* 126 (1): 54–70. *https://doi.org/10.1037/0096-3445.126.1.54*.

Klein, Gary. 2007. "Performing a Project Premortem." *Harvard Business Review*, September 2007. *https://oreil.ly/n3RrN*.

Kolko, Jon. 2011. *Thoughts on Interaction Design a Collection of Reflections*. Second Edition. Burlington, MA: Morgan Kaufmann.

Kolotkin, Ronette L., Martin Binks, Ross D. Crosby, Truls Østbye, Richard E. Gress, and Ted D. Adams. 2006. "Obesity and Sexual Quality of Life." *Obesity* 14 (3): 472–479.

Kramer, Adam D. I., Jamie E. Guillory, and Jeffrey T. Hancock. 2014. "Experimental Evidence of Massive-Scale Emotional Contagion Through Social Networks." *Proceedings of the National Academy of Sciences* 111 (24): 8788–90.

Krug, Steve. 2006. *Don't Make Me Think: A Common Sense Approach to Web Usability*. Berkeley, CA: New Riders.

Krulwich, Robert. 2009. "There's a Fly in My Urinal." *NPR.org*, December 19, 2009. *https://oreil.ly/D_iSB*.

Kühberger, Anton, and Carmen Tanner. 2010. "Risky Choice Framing: Task Versions and a Comparison of Prospect Theory and Fuzzy-Trace Theory." *Journal of Behavioral Decision Making* 23 (3): 314–29.

Kwon, Diana. 2020. "Near Real-Time Studies Look for Behavioral Measures Vital to Stopping Coronavirus." *Scientific American*, March 19, 2020. *https://oreil.ly/GwXA4*.

Laibson, David. 1997. "Golden Eggs and Hyperbolic Discounting." *Quarterly Journal of Economics* 112 (2): 443–77.

Lally, Phillippa, Cornelia H. M. van Jaarsveld, Henry W. W. Potts, and Jane Wardle. 2010. "How Are Habits Formed: Modelling Habit Formation in the Real World." *European Journal of Social Psychology* 40 (6): 998–1009.

Lanaria, Vincent. 2019. "Apple Wants to Prevent Apps from Tricking Users into Signing up for Subscriptions." *Tech Times, January* 28, 2019. *https://oreil.ly/_jTa4*.

Langer, Ellen J., Arthur Blank, and Benzion Chanowitz. 1978. "The Mindlessness of Ostensibly Thoughtful Action: The Role of 'Placebic' Information in Interpersonal Interaction." *Journal of Personality and Social Psychology* 36 (6): 635–42.

Latané, Bibb, and John M. Darley. 1970. *The Unresponsive Bystander: Why Doesn't He Help?* New York: Appleton-Century-Crofts.

Leach, Will. 2018. *Marketing to Mindstates: The Practical Guide to Applying Behavior Design to Research and Marketing*. Lioncrest Publishing.

Lewis, Chris. 2014. *Irresistible Apps: Motivational Design Patterns for Apps, Games, and Web-Based Communities*. New York: Apress.

Lieb, David. 2013. "Cognitive Overhead, Or Why Your Product Isn't As Simple As You Think." *TechCrunch*, April 20, 2013. https://oreil.ly/eXo8c.

List, John A., Sally Sadoff, and Mathis Wagner. 2010. "So You Want to Run an Experiment, Now What? Some Simple Rules of Thumb for Optimal Experimental Design." (working paper 15701, *National Bureau of Economic Research*). http://doi.org/10.3386/w15701.

Litvak, Paul M., Jennifer S. Lerner, Larissa Z. Tiedens, and Katherine Shonk. 2010. "Fuel in the Fire: How Anger Impacts Judgment and Decision-Making." *International Handbook of Anger: Constituent and Concomitant Biological, Psychological, and Social Processes*, eds. Michael Potegal, Gerhard Stemmler, and Charles Spielberger. New York, NY: Springer, 287–310.

Lockton, Dan with David Harrison and Neville A. Stanton. 2010. "Design with Intent Toolkit." *Requisite Variety*. https://oreil.ly/537E-.

Lockton, Dan. 2013. "Design with Intent: A Design Pattern Toolkit for Environmental and Social Behaviour Change." PhD Thesis, Brunel University School of Engineering and Design.

Lusardi, Annamaria, and Olivia S. Mitchell. 2007. "Financial Literacy and Retirement Preparedness: Evidence and Implications for Financial Education." *Business Economics* 42 (1) (January): 35–44.

Lyons, Angela C., Lance Palmer, Koralalage S. U. Jayaratne, and Erik Scherpf. 2006. "Are We Making the Grade? A National Overview of Financial Education and Program Evaluation." *Journal of Consumer Affairs* 40 (2): 208–235.

Maier, Steven F., and Martin E. Seligman. 1976. "Learned Helplessness: Theory and Evidence." *Journal of Experimental Psychology: General* 105 (1): 3–46.

Mandell, Lewis, and Linda Schmid Klein. 2009. "The Impact of Financial Literacy Education on Subsequent Financial Behavior." *Journal of Financial Counseling and Planning Volume* 20 (1): 16–26.

Manis, Melvin, Jonathan Shedler, John Jonides, and Thomas E. Nelson. 1993. "Availability Heuristic in Judgments of Set Size and Frequency of Occurrence." *Journal of Personality and Social Psychology* 65 (3): 448–57.

Martin, Neale. 2008. *Habit: The 95% of Behavior Marketers Ignore*. Upper Saddle River, NJ: FT Press.

Mathur, Arunesh, et al. 2019. "Dark Patterns at Scale: Findings from a Crawl of 11K Shopping Websites." Draft, June 25, 2019. 1–32.

McAdam, Doug, Sidney Tarrow, and Charles Tilly. 2001. *Dynamics of Contention*. New York: Cambridge University Press.

McNeil, Barbara J., Stephen G. Pauker, Harold C. Sox, and Amos Tversky. 1982. "On the Elicitation of Preferences for Alternative Therapies." *New England Journal of Medicine* 306 (21) (May 27): 1259–62.

McNeil Jr., Donald G. 2006. "In Raising the World's I.Q., the Secret's in the Salt." *The New York Times*, December 16, 2006. https://oreil.ly/EmZdB.

Meyer, David. 2018. "Google Is Accused of 'Tricking' Users into Sharing Location Data Under the EU's Strict New Privacy Laws." *Yahoo Finance*. November 27, 2018. https://oreil.ly/4Nei3.

Michie, Susan, Maartje M. van Stralen, and Robert West. 2011. "The Behaviour Change Wheel: A New Method for Characterising and Designing Behaviour Change Interventions." *Implementation Science: IS* 6 (April): 42.

Milkman, Katherine L., Julia A. Minson, and Kevin Volpp. 2013. "Holding the Hunger Games Hostage at the Gym: An Evaluation of Temptation Bundling." SSRN Scholarly Paper ID 2183859. Rochester, NY: Social Science Research Network. https://oreil.ly/FR55W.

Miller, George A. 1956. "The Magical Number Seven, Plus or Minus Two: Some Limits on Our Capacity for Processing Information." *The Psychological Review* 63 (2): 81–97.

Miltenberger, Raymond G. 2011. *Behavior Modification: Principles and Procedures*. 5ed. Australia; Belmont, CA: Wadsworth Publishing.

Monaghan, Angela. 2019. "Hotel Booking Sites Forced to End Misleading Sales Tactics." *The Guardian*, February 6, 2019. https://oreil.ly/BoQwW.

Murgia, Madhumita. 2019. "When Manipulation Is the Digital Business Model." *Financial Times*. https://oreil.ly/skPIF.

Murphy, Anne L. 2005. "Lotteries in the 1690s: Investment or Gamble?" *Financial History Review* 12 (2): 227–46.

Nessmith, William E., Stephen P. Utkus, and Jean A. Young. 2007. "Measuring the Effectiveness of Automatic Enrollment." (working paper, Vanguard Center for Retirement Research, Valley Forge, PA).

Nisbett, Richard E., and Timothy D. Wilson. 1977. "The Halo Effect: Evidence for Unconscious Alteration of Judgments." *Journal of Personality and Social Psychology* 35 (4): 250–6.

Nisbett, Richard E., and Timothy D. Wilson. 1997b. "Telling More than We Can Know: Verbal Reports on Mental Processes." *Psychological Review* 84 (3): 231–59.

Noar, Seth M., Christina N. Benac, and Melissa S. Harris. 2007. "Does Tailoring Matter? Meta-Analytic Review of Tailored Print Health Behavior Change Interventions." *Psychological Bulletin* 133 (4): 673–93.

Norman, Donald A. 1988. *The Design of Everyday Things*. New York: Basic Books.

Norton, Michael I., Daniel Mochon, and Dan Ariely. 2011. "The 'IKEA Effect': When Labor Leads to Love." SSRN Scholarly Paper ID 1777100. Rochester, NY: Social Science Research Network. *https://oreil.ly/nPot9*.

Nusca, Andrew. 2019. "Facebook Exec: 'There Is No Such Thing as Neutral Design.'" *Fortune*, March 5, 2019. *https://oreil.ly/WBYQo*.

O'Donoghue, Ted, and Matthew Rabin. 2015. "Present Bias: Lessons Learned and to Be Learned." *American Economic Review* 105 (5): 273–79.

Oracle. 2020. "Oracle Utilities Measurement and Verification Reports of the Opower." January 19, 2020. *https://oreil.ly/3YDYM*.

Ouellette, Judith A., and Wendy Wood. 1998. "Habit and Intention in Everyday Life: The Multiple Processes by Which Past Behavior Predicts Future Behavior." Psychological Bulletin 124 (1): 54.

Pease, Edward C., and Everette E. Dennis. 1995. *Radio: The Forgotten Medium*. New Brunswick, New Jersey: Transaction Publishers.

Piacentini, John, et al. 2010. "Behavior Therapy for Children with Tourette Disorder: A Randomized Controlled Trial." JAMA 303 (19) (May): 1929–37.

Pomeroy, Ross. 2013. "Don't Be Afraid to Stereotype Strangers." RealClearScience, February 25, 2013. *https://oreil.ly/OqOhl*.

Pontefract, Dan. 2018. "The Foolishness Of Fail Fast, Fail Often." *Forbes, September 15, 2018. https://oreil.ly/wXBcD*.

Prochaska, James O., and Wayne F. Velicer. 1997. "The Transtheoretical Model of Health Behavior Change." *American Journal of Health Promotion* 12 (1) (September): 38–48

Resnick, Brian. 2018. "More Social Science Studies Just Failed to Replicate. Here's Why This Is Good." *Vox*, August 27, 2018. *https://oreil.ly/sszd9*.

Reuters. 2019. "U.S. Senators Introduce Social Media Bill to Ban 'Dark Patterns' Tricks." *Reuters*, April 9, 2019. *https://oreil.ly/6ARpC*.

Riet, Jonathan van't, Siet J. Sijtsema, Hans Dagevos, and Gert-Jan De Bruijn. 2011. "The Importance of Habits in Eating Behaviour. An Overview and Recommendations for Future Research." *Appetite* 57 (3): 585–96.

Roberts, Jeff John. 2015. "LinkedIn Will Pay $13M for Sending Those Awful Emails." *Fortune*, October 5, 2015. *https://oreil.ly/MhDyd*.

Rogers, Todd, Katherine L. Milkman, and Kevin G. Volpp. 2014. "Commitment Devices: Using Initiatives to Change Behavior." *JAMA* 311 (20): 2065–66.

Rolls, Barbara J. 2005. *The Volumetrics Eating Plan: Techniques and Recipes for Feeling Full on Fewer Calories*. New York: Harper Collins.

Roozenbeek, Jon, and Sander van der Linden. 2019. "Fake News Game Confers Psychological Resistance Against Online Misinformation." *Nature*, June 25, 2019. https://oreil.ly/24kS_.

Russo, J. Edward, and Paul J. H. Schoemaker. 2002. *Winning Decisions: Getting It Right the First Time*. New York: Crown Publishing Group.

Ryan, Richard M., and Edward L. Deci. 2000. "Intrinsic and Extrinsic Motivations: Classic Definitions and New Directions." *Contemporary Educational Psychology* 25 (1): 54–67.

Samuelson, William, and Richard Zeckhauser. 1988. "Status Quo Bias in Decision Making." *Journal of Risk and Uncertainty* 1 (1): 7–59.

Schechner, Mark, and Sam Secada. 2019. "You Give Apps Sensitive Personal Information. Then They Tell Facebook." *Wall Street Journal*, February 22, 2019. https://oreil.ly/Vt_Rg.

Schüll, Natasha Dow. 2012. *Addiction by Design: Machine Gambling in Las Vegas*. Princeton, NJ: Princeton University Press.

Schultz, P. Wesley, Jessica M. Nolan, Robert B. Cialdini, Noah J. Goldstein, and Vladas Griskevicius. 2007. "The Constructive, Destructive, and Reconstructive Power of Social Norms." *Psychological Science* 18 (5) (May): 429–34.

Schwartz, Barry. 2004. *The Paradox of Choice: Why More Is Less*. New York: Harper Perennial.

Schwartz, Barry. 2014. "Is the Famous 'Paradox of Choice' a Myth?" *PBS NewsHour*, January 29, 2014. https://oreil.ly/iVV7f.

Service, Owain et al. 2014. *EAST: Four Simple Ways to Apply Behavioural Insights*. London: The Behavioural Insights Team. https://oreil.ly/3pe0O.

Shapiro, Shauna L., Linda E. Carlson, John A. Astin, and Benedict Freedman. 2006. "Mechanisms of Mindfulness." *Journal of Clinical Psychology* 62 (3): 373–86.

Shariat, Jonathan, and Cynthia Savard Saucier. 2017. *Tragic Design: The Impact of Bad Product Design and How to Fix It*. Sebastopol, CA: O'Reilly Media.

Silver, Brian D., Barbara A. Anderson, and Paul R. Abramson. 1986. "Who Overreports Voting?" *The American Political Science Review* 80 (2) (June): 613–24.

Sin, Ray, Ryan Murphy, and Samantha Lamas. 2018. "Mining for Goals." *Morningstar*.

Singler, Eric. 2018. "The First Nudge Building in Paris." *Research World*, October 23, 2018.

Soll, Jack B., Katherine L. Milkman, and John W. Payne. 2015. "A User's Guide to Debiasing." *The Wiley Blackwell Handbook of Judgment and Decision Making II*, John Wiley & Sons, Ltd, 924–51.

Soman, Dilip. 2015. *The Last Mile: Creating Social and Economic Value from Behavioral Insights*. Toronto: Rotman-UTP Publishing.

Strack, Fritz, Leonard L. Martin, and Norbert Schwarz. 1988. "Priming and Communication: Social Determinants of Information Use in Judgments of Life Satisfaction." *European Journal of Social Psychology* 18 (5): 429–42.

Strauss, Valerie. 2012. "Mega Millions: Do Lotteries Really Benefit Public Schools?" *The Washington Post (blog)*, March 30, 2012. https://oreil.ly/_Das-.

Sussman, Abigail B., and Christopher Y. Olivola. 2011. "Axe the Tax: Taxes Are Disliked More than Equivalent Costs." Journal of Marketing Research *48 (SPL): S91–101*.

Syed, Matthew. 2015. *Black Box Thinking: Why Most People Never Learn from Their Mistakes—But Some Do*. New York: Portfolio.

Thaler, Richard H., and Cass R. Sunstein. 2008. *Nudge: Improving Decisions About Health, Wealth, and Happiness*. New Haven, Connecticut: Yale University Press.

Thaler, Richard H. 2018. "Nudge, Not Sludge." *Science* 361 (6401): 431–431.

Toft, Emma. 2017. "Trods Regler Om 48 Timers Tænkepause: Du Kan Stadig Låne Penge Her Og Nu." DR, September 15, 2017. *https://oreil.ly/d45vv*.

Tufano, Peter. 2008. "Saving Whilst Gambling: An Empirical Analysis of UK Premium Bonds." *The American Economic Review* 98 (2): 321–26.

Tversky, Amos, and Daniel Kahneman. 1973. "Availability: A Heuristic for Judging Frequency and Probability." *Cognitive Psychology* 5 (2) (September): 207–32.

Tversky, Amos, and Daniel Kahneman. 1981. "The Framing of Decisions and the Psychology of Choice." *Science* 211 (4481) (January): 453–58.

UK Behavioural Scientists. 2020. "Open Letter to the UK Government Regarding COVID-19." *https://oreil.ly/XwQgN*.

Valentino-DeVries, Jennifer. 2019. "How E-Commerce Sites Manipulate You Into Buying Things You May Not Want." *The New York Times*, June 24, 2019. *https://oreil.ly/M9dgE*.

van Caster, Sarah. 2017. "Data Science Meets Behavioral Science." *Datanami*, February 20, 2017. *https://oreil.ly/OI3Ls*.

Verba, Sidney, Kay Lehman Schlozman, and Henry E. Brady. 1995. *Voice and Equality: Civic Voluntarism in American Society*. Cambridge, MA: Harvard University Press.

Vinh, Khoi. 2018. "Design Is Never Neutral." *Fast Company*, August 15, 2018. *https://oreil.ly/QzGpN*.

Wallaert, Matt. 2019. *Start at the End: How to Build Products That Create Change*. New York: Portfolio (Penguin Random House).

Warren, Matthew. 2018. "First Analysis of 'Pre-Registered' Studies Shows Sharp Rise in Null Findings." *Nature*, October 24, 2018. *https://oreil.ly/h_BxX*.

Watson, P.C. 1960. "On the Failure to Eliminate Hypotheses in a Conceptual Task." *Quarterly Journal of Experimental Psychology* 12 (3): 129–40.

Webb, Thomas L., and Paschal Sheeran. 2006. "Does Changing Behavioral Intentions Engender Behavior Change? A Meta-analysis of the Experimental Evidence." *Psychological Bulletin* 132 (2): 249–68.

Wendel, Stephen. 2019. *Spiritual Design*. Oak Park, IL: Northeast Press.

Wilson, Timothy D. 2002. *Strangers to Ourselves: Discovering the Adaptive Unconscious*. Cambridge, MA: Belknap Press.

Wilson, Timothy D. 2011. Redirect: The Surprising New Science of Psychological Change. New York: Little, Brown and Company.

Wilson, Timothy D, and Daniel T Gilbert. 2005. "Affective Forecasting." *Advances in Experimental Social Psychology* 14 (3): 345–411.

Wilson, Timothy D., and Suzanne J. LaFleur. 1995. "Knowing What You'll Do: Effects of Analyzing Reasons on Self-Prediction." *Journal of Personality and Social Psychology* 68 (1): 21–35.

Wood, Wendy, and David T. Neal. 2007. "A New Look at Habits and the Habit-Goal Interface." *Psychological Review* 114 (4): 843–63.

Wood, Wendy, Jeffrey M. Quinn, and Deborah A. Kashy. 2002. "Habits in Everyday Life: Thought, Emotion, and Action." *Journal of Personality and Social Psychology* 83 (6): 1281–97.

Wood, Wendy, Leona Tam, and Melissa Guerrero Witt. 2005. "Changing Circumstances, Disrupting Habits." *Journal of Personality and Social Psychology* 88 (6): 918–33.

Wood, Wendy. 2019. *Good Habits, Bad Habits: The Science of Making Positive Changes That Stick*. New York: Farrar, Straus and Giroux.

Yates, Tony. 2020. "Why Is the Government Relying on Nudge Theory to Fight Coronavirus?" The Guardian. March 13, 2020. *https://oreil.ly/KdYx2*.

Zajonc, Robert B. 1968. "Attitudinal Effects of Mere Exposure." *Journal of Personality and Social Psychology* 9 (2, Pt.2): 1–27.